Gustav Weiß

Keramik-Lexikon

:Haupt

Gustav Weiß

Keramik-Lexikon

Praktisches Wissen griffbereit

Haupt Verlag
Bern · Stuttgart · Wien

Zum Autor:

Der in Berlin lebende Autor ist den Keramikbegeisterten als Verfasser von
»Freude an Keramik« und »Alte Keramik neu entdeckt« sowie als Herausgeber der
Zeitschrift NEUE KERAMIK und der Schriftenreihe NEUE KERAMIK WORKSHOPS
bekannt. Durch seinen telefonischen Beratungsservice,
durch Seminare in Deutschland, in der Schweiz und in Österreich hat er sich einen großen
Freundeskreis geschaffen. Nach dem Studium der Naturwissenschaften absolvierte er die
Kunstakademie in Berlin und war als Hochschullehrer in Halle tätig.
Er betreibt ein Innovationszentrum zur Lösung von Problemen der nichtindustriellen Keramik.

Zeichnungen: Jean Claude Lézin und Ursula Weiß
Umschlaggestaltung: Atelier Mühlberg, CH-Basel

1. Auflage: 1984
2. Auflage: 1991
3. Auflage 1998/2003

Bibliografische Information der *Deutschen Bibliothek*

Die Deutsche Bibliothek verzeichnet diese Publikation in der Deutschen Nationalbibliografie;
detaillierte bibliografische Angaben sind im Internet über http://dnb.ddb.de abrufbar.

ISBN 3-258-05871-7

Alle Rechte vorbehalten
Copyright © 1998/2003 by Haupt Berne
Jede Art der Vervielfältigung ohne Genehmigung des Verlages ist unzulässig
Printed in Germany

www.haupt.ch

Meiner Frau
Ursula
der Seele der »Neuen Keramik«
gewidmet

Vorwort

Keramik bietet unerschöpfliche Gestaltungsmöglichkeiten, die jede individuelle Ausdrucksform zulassen. Stets ist der Umgang mit Ton, das Formen mit den Händen, ein eigentümliches Erlebnis, das zu einer besonderen Beziehung zur Natur führt.
Aber die Beschäftigung mit dem natürlichen Material und die Auseinandersetzung mit praktischen Problemen, Effekten und Fehlern ergibt zwangsläufig höhere Ansprüche an Wissen und Erfahrung.
Dieses Buch ist ein Informationsspeicher, von dem jeder nach seinen Bedürfnissen Gebrauch machen kann. Wo es für den einzelnen zu sehr in die Details geht oder zu wissenschaftlich wird, soll es ein Reservoir für die Zukunft sein, wenn die Ansprüche weiter gestiegen sein werden.
Für den künstlerisch Schöpferischen wie für den Naturbegeisterten sind Theorie und Technik nur Mittel zum Zweck, und dieses Buch soll ihnen helfen, über Kenntnisse und Erfahrungen nach dem bis heute erreichten Stand zu verfügen.
Die große Spannweite des keramischen Wissens und Könnens ergibt sich aus der schier uferlosen Vielfalt der Bedingungen und Möglichkeiten. Praxis ist dabei ein kleiner Ausschnitt, in dem man mit Erfahrung auskommt. Die alten Töpfer – Handwerker und Künstler –, die sich auf ihren Ausschnitt aus der Wirklichkeit beschränkten, wurden darin sicher, und das war der Schlüssel ihres Erfolges. Sobald sich aber der Ausschnitt verändert, braucht man neue Einsichten, und gerade das ist das Wesen unserer Zeit. Dieses Buch ist aufgebaut als ein Symbol für die Entwicklung aus dem Einfachen zum Komplizierten. Die einleitende märchenhaft naive Schilderung der Vorgänge der Natur und in der Gesellschaft entspricht dem unbekümmerten ersten Umgang mit den natürlichen Dingen, in den allmählich Nachdenken, kritisches Unterscheiden, differenziertes und globales Denken einfließen – alles das, was in die Höhen einer guten Keramik führt, die mit einem einfachen Tonkloß angefangen hat.

Kurzbezeichnungen

- ⒢ Wissen, das bei der Gesellenprüfung verlangt wird
- Ⓜ Wissen zur Meisterprüfung
- GV Glühverlust (in chemischen Analysen)
- T Tonsubstanz (in rationellen Analysen)
- Q Quarz (in rationellen Analysen)
- F Feldspat (in rationellen Analysen)

Berechnete Zahlenangaben in den rationellen Analysen sind kursiv gesetzt

Von Erde und Feuer, Ordnung und Zufall

Märchenhafte Urzeit

Es war einmal vor vielen, vielen Jahren ein prächtiger, strahlender Quarz. Den hatte die Mutter Erde in fürchterlichen Wehen herausgeschleudert, und er nahm seine glänzende Gestalt inmitten eines Pegmatits an. Im Laufe seines langen Lebens hörte er von anderen Quarzen, von solchen, die nicht so angesehen waren: den kleinen, ruhelosen Sandkörnern, die ein Nomadenleben führten, aber auch von hochgeschätzten, seßhaften, wie dem gelben Aventurin mit seinen metallisch glänzenden Eisenschüppchen, dem violetten Amethyst, dem weißlichen Milchquarz und dem lauchgrünen Prasem. Sie alle gehörten zu seiner Sippe, die über die ganze Erde verstreut war. Sie nannten sich Rechte oder Linke, je nachdem, wie sich die Atome in ihrem Kristallgitter um die Schraubenachse wanden. Letzten Endes waren sie jedoch alle dasselbe: Kieselsäure. Allerdings konnte sich schon damals keiner unter dieser Bezeichnung etwas Wirkliches vorstellen. Das machten sich die abstrakten Denker zunutze und gaben ihr eine einfache geometrische Gestalt

mit vier Ecken. Sie sagten dazu aber gleich, daß es gar keine richtigen Ecken seien, nur gedachte. Und daß es eigentlich keine vier seien, sondern nur vier halbe, also zwei. Und daß es kein richtiger Körper sei, sondern nur ein angenommener. Und keine richtige Säure, sondern eine, bei der man sich das Wasser wegdenken müsse. Trotzdem, sagten sie, sei diese Gestalt auch als Körper wichtig, denn es sei einer von den fünf völlig gleichmäßigen, die es gäbe.
Dem Quarz ging es so wie jedem von uns: Er verstand das alles nicht. Er hielt sich lieber an das, was er sah. Er verglich diese Gebilde mit seiner eigenen Gestalt und konnte keine Übereinstimmung feststellen. Und er fand sich schöner. Schließlich sah er nicht ein, warum sein Körper nicht auch zu den fünf gleichmäßigen gehören sollte. Aber da waren noch weitläufige Verwandte von ganz anderem Aussehen, in deren Adern die gleiche Kieselsäure floß. Diese Kieselsäure war in einer Dreierbeziehung mit Tonerde und Wasser in Schichtpaketen seßhaft geworden. Die winzigen, schlüpfrigen Schichtpakete hatten sich auf der Erdoberfläche besonders breitgemacht. Sie waren nicht sonderlich angesehen, denn sie ließen sich mit allen möglichen Verunreinigungen ein und beugten sich jedem Druck. Es waren so richtig angepaßte Geschöpfe, aus denen eine starke Hand alles machen konnte, was sie wollte. In ihrer Dreierbeziehung ließ sich die Kieselsäure sogar so weit unterbuttern, daß sie ihren Namen aufgab und den Familiennamen Tonmineral annahm – nach der Tonerde, die den Ton angab. Der dritte Partner, das Wasser, war noch viel mehr angepaßt als die Kieselsäure. Es fügte sich widerspruchslos jeder Form, die sich ihm bot.
Die wasserhaltigen Tonminerale waren so winzig und zahlreich, daß sie eine riesige Oberfläche bildeten, sobald sie in Massen auftraten. Und diese Oberfläche gab ihnen eine Möglichkeit, über die sonst keiner verfügte: Sie konnten chemische Vorgänge beschleunigen.
Gerade zu jener Zeit kamen die chemischen Vorgänge in Mode. Die allgegenwärtigen, winzigen Tonminerale fanden eine regelrechte Lebensaufgabe darin, mitzuhelfen, große Moleküle aufzubauen, Eiweiß zu spalten und Geschöpfe zu schaffen, die sich selbst vermehren konnten. Diese Geschöpfe nahmen für sich in Anspruch, Leben darzustellen.

Die Tonminerale empfanden es als Sieg der Demokratie, daß sie als verachtete, niedrige Kaste mit einemmal eine so große Bedeutung erlangt hatten. Und sie schlachteten die Sache zu ihrer Propaganda aus.

Eines Tages kamen dem alten Patriarchen Quarz in seinem Pegmatit schreckliche Nachrichten zu Ohren. Ein Meteorit aus dem Weltall war auf die Erde gefallen und hatte einen riesigen Krater geschlagen. Der dort ansässige Quarz war unter dem ungeheuren Druck dieser Katastrophe in Coesit verwandelt worden.

Der alte Monarch kannte damals Herrn Coes noch nicht, aber er ahnte, daß da etwas Entscheidendes geschehen war. Schon früher gab es Gerüchte über Blitzeinschläge irgendwo in einen Sand, und daß der Sand in der großen Hitze zusammengeschmolzen sei. Aus den charakterfesten Kristallen sei eine amorphe Masse geworden.

Der Quarz hielt es für besser, diese Begebenheit nicht hochzuspielen. Er wollte den abstrakten Denkern keinen Anlaß geben, aus irgendwelchen Zufällen gleich wieder eine Theorie zu machen. Wo sollte das hinführen, sagte er sich, wenn wir schon am Anfang der Welt soviel unverständliches Zeug anhäufen. Aber er konnte nicht verhindern, daß doch etwas durchsickerte. Und so kam es, daß die Philosophen seither die Welt in eine kristalline und eine amorphe einteilten. Sie behaupteten, die edelsten Geschöpfe unter den kristallinen seien von idealer Ordnung und könnten mit geringster Energie existieren im Gegensatz zu den amorphen von extremer Unordnung, aber großer Energie. Sie fügten jedoch beschwichtigend hinzu, daß es beide Idealzustände nur in der Theorie gäbe. Und um zu zeigen, daß sie schon immer recht hatten, verwiesen sie auf ihr früher erfundenes Gebilde mit den vier Ecken, die keine waren, und sagten, daß lauter solche Gebilde sowohl in den kristallinen als auch in den amorphen Geschöpfen mit den Ecken aneinanderhängen, nur eben in unterschiedlichen Ordnungsgraden. Im übrigen sei nunmehr erwiesen, daß selbst diejenigen, die sich für unsterblich hielten, durch Druck und Hitze verwandelt werden konnten.

Der alte Monarch Quarz hielt diese Gedankenflüge und Anspielungen für ein angeberisches Gerede, mit dem sich die Eierköpfe als Abstrakte profilieren wollten. Und er beharrte darauf, daß es der reinste Zufall war, daß da ein Meteor herunterkam oder ein Blitz einschlug. Auf keinen Fall dürfe dem Zufall eine solche Kraft der Veränderung der ewigen Ordnung zugestanden werden, wo doch alle, die es zu etwas gebracht hatten, einzig und allein das gesetzmäßige Gestalten nach der klar umrissenen Vorstellung des Schöpfers gelten ließen.

Inzwischen war mit den Jahren das Leben auf der Erde immer zahlreicher und mächtiger geworden. Die neuen Geschöpfe waren völlig respektlos. Sie trampelten auf den Tonmineralen herum und preßten ihnen ihre Fußspuren auf. Sie fraßen alles kahl und waren Kannibalen. Die Mutter Erde verlor allmählich die Geduld gegenüber diesem sorglosen Umgang mit der Umwelt und dem Leben anderer. Als sich durch eine neue Katastrophe so viel Staub in der Luft sammelte, daß die Photosynthese ausblieb, nutzte sie die Gelegenheit und ließ die größten Trampeltiere aussterben. Nur wer sich auf Fischkost umstellen konnte, überlebte.

Einige von den Überlebenden begannen eines Tages, auf den Hinterbeinen zu gehen und bekamen auf diese Weise die Vorderbeine frei für allerlei Taten und Untaten. Und weil ihre Körper nun nicht mehr in der Höhe des Schwanzes lagen, sondern ganz oben, begannen sie, diese für das Höchste zu halten und heckten darin immer Neues aus. Es lag nahe, daß sie auch von den allgegenwärtigen Tonmineralen einen Klumpen in die Hände nahmen und daran herumkneteten.

In den Augen vieler Leute ist das heute noch das, was sie unter Keramik verstehen. Aber die Aufrechtgeher empfanden eine solche Ansicht schon damals als beleidigend. Sie behaupteten vielmehr, sie könnten mit Händen und Kopf erfassen und begreifen, ja sogar Möglichkeiten ergreifen. Diese Fähigkeit führte dazu, daß sie in ihren erhobenen Köpfen neben allerlei Unsinn auch manches Nützliche erfanden, wobei sie als nützlich nur das bezeichneten, was ihnen selbst nützte oder wovon sie dachten, daß es ihnen die Erde mit allem Drum und Dran untertan mache.

Zu diesen Erfindungen gehörte das Feuer. Sie waren sich nicht einig darüber, ob es nützlich oder ein Teufelszeug war, denn es war riskant, damit umzugehen. Schon damals war das Risiko der Zwillingsbruder des Zufalls. So suchten sie nach einem Sündenbock, dem sie die Verantwortung zuschieben konnten. Die Philosophen, die immer alles genau beobachteten, fanden eine gewisse Ähnlichkeit zwischen dem grellen Blitz beim Gewitter und dem grellen Schein des Feuers. Und da sich ab und zu der Blitz in Feuer verwandelte, bot sich ihnen eine gute Geschichte zur Anklage ihres Sündenbocks: Sie bezichtigten ihn, das Feuer vom Himmel geholt zu haben. Und viele Gutgläubige hielten das für die reine Wahrheit. Zur Strafe banden sie ihn an einen Felsen, wo ihm die Adler die Leber herauspickten.

Nun begannen die Menschen, alles mit dem Feuer auszuprobieren. Sie erhitzten Steine und warfen sie ins Wasser, sie brieten Fleisch und Pellkartoffeln, und sie setzten auch die Tonminerale der Hitze aus. Dabei gingen merkwürdige Dinge vor sich. In der Dreierbeziehung war es – wie zu erwarten – das Wasser, das in der Hitze zuerst aufgab und die beiden anderen verließ. Die Kieselsäure wollte auch schon die Tonerde verlassen, aber das gelang ihr nur zum Teil. Die Tonerde hielt den anderen Teil fest und verwandelte sich mit ihm in einen neuen Kristall – in der Hoffnung, in diesem Zustand geringer Energie nun endlich zu Ruhe zu kommen. Von dieser Hoffnung beseelt, gab der Kristall seine überschüssige Energie ab und erhitzte dadurch seine Umgebung noch mehr. Die Kieselsäure, die der Tonerde entronnen war, machte aus der Not eine Tugend und nannte sich fortan »freie« Kieselsäure.

Die Leute merkten, daß sich da etwas beim Erhitzen der Tonminerale verändert hatte, ohne zu wissen, was es im Grunde war. Sie mußten sich mit der oberflächlichen Feststellung begnügen, daß sich aus dem formbaren Tonkloß durch das Feuer eine unformbare, harte Masse gebildet hatte, die auch nicht wieder durch Wasser aufzuweichen war.

Der veränderte Tonkloß hatte eine schlechte Meinung vom Wasser, dessen Unzuverlässigkeit er am eigenen Leibe erfahren hatte. Seit jenen Vorfällen zeigten die gebrannten Tontöpfe kein Interesse, das Wasser festzuhalten. Die Leute, die Töpfe herstellten und sich deshalb Töpfer nannten, hatten ihre liebe Not, sie so dicht zu bekommen, daß sie das Wasser hielten. Diese Töpfer ließen kein gutes Haar an den Frauen, die in ihrer Freizeit für sich selbst ebenfalls Töpfe machten, ohne Meisterprüfung und sogar ohne die frustrierenden Jahre in der Designabteilung irgendeiner Kunstschule.

Meister und Nichtmeister plagten sich fünftausend Jahre lang, um die Oberfläche der Töpfe durch Polieren dicht zu bekommen. Bis eines Tages jemand kam und berichtete, ein Großonkel seines Schwiegervaters hätte am Sterbebett eines alten Töpfers gehört, daß man die Töpfe mit viel weniger Arbeit dicht bekommt, wenn man sie mit einem bestimmten Schlamm begießt. Es käme aber sehr auf den Schlamm an, woraus er besteht, und daß man Regenwasser nehmen muß, das sich bei Neumond in einer Pfütze sammelt und sie zum Leuchten bringt.

Den Leuten war völlig klar, daß es sich dabei nur um den Urfirnis handeln konnte, und sie machten sich über diese Bezeichnung lustig, ohne zu wissen, wie verkaufsfördernd sie war. Und sie schickten sich an, aus dem Urfirnis die Terra sigillata zu machen und damit das industrielle Zeitalter jener Epoche zu begründen.

Nun hatte man auch etwas in der Hand gegen die wildgewachsenen Möchtegern-Töpfer, die keine Ahnung hatten, wie man was verwenden muß, die aber nichtsdestoweniger angefangen hatten, ihre Selbstverwirklichungsobjekte auf den Trödelmärkten anzubieten.

So riß die Kluft zwischen den Eingeweihten und den Ahnungslosen weiter auseinander und führte zu gehässigen Bemerkungen auf den Versammlungen der Eingeweihten. »Wenn man davon leben muß«, sagten sie, »hört das Spaß auf.«

Abseits von diesem unerfreulichen Gezänk schritt das industrielle Zeitalter mit Riesenschritten voran. Reiche Leute rechneten sich große Gewinne aus durch die Errichtung von Fabriken für Öllampen und Figürchen, die man den Toten ins Grab legen konnte.

Das alles wäre hübsch so weitergegangen, wenn nicht der Krieg gekommen wäre und Verständnislosigkeit für die zerbrechliche Keramik verbreitet hätte.

Es folgt eine Zeit, die heute nur noch als grau bezeichnet wird.
Aber der menschliche Erwerbsdrang ließ sich auf die Dauer nicht verleugnen. So entstand das industrielle Zeitalter neu und mit noch viel wirksameren Mitteln. Für alle, die sich bisher alleine vor sich hin geplagt hatten, fanden sich Handgriffe in einer Fabrik. Und alle Handgriffe zusammen führten zu einer ungeheuren Zahl von Produkten, so daß die Leute überredet werden mußten, sie zu kaufen.
Es bildeten sich neue Berufe heraus. Die einen bereiteten die Masse auf, die anderen formten sie, andere wieder brannten, verpackten, transportierten, verkauften, entwarfen Formen auf dem Papier oder brachten Schiebebilder auf, die wieder in anderen Fabriken aus einzelnen Handgriffen hervorgegangen waren. Alle Berufe waren in verordneten Ausbildungsgängen festgelegt.
Die alten Meister sahen sich an die Wand gedrückt. Ihre Söhne gaben auf und wurden Kraftfahrer.

Das Uhrwerk

Dieses Papier reicht nicht aus, um dieses Zeitalter, das vor vierhundert Jahren begann, gebührend zu würdigen. Alles wurde jetzt leichter, die Arbeit verrichteten Maschinen. Keiner, der die Ausbildungsjahre überstand, brauchte sich mehr schmutzig zu machen. Er konnte mit weißem Kragen zur Arbeit gehen.
Wer das Glück hatte, in einer Industrienation geboren zu werden, nahm teil an einer sich anbahnenden rauschenden Orgie, in der die Schätze der Erde, die sich in vielen Jahrmillionen angesammelt hatten, verpraßt werden sollten.
Es ist unmöglich, alle Segnungen und Verbrechen dieses Zeitalters gegeneinander aufzuwiegen. Aber einiges, das wesentlich ist, muß um der Gerechtigkeit willen gesagt werden:
Ja, es war ein richtiges Uhrwerk, in dem jedes Rädchen Ursache in ein Rädchen Wirkung griff, angetrieben von der Federschlange aus dem Paradies, gesteuert von der Unruhe, die sich mit dem Erreichten nie zufriedengab. Eine schöne, runde Sache, in sich stimmig, und sie zeigte die Zeit an.
Diese Zeit hatte sich schon seit langem angekündigt. Leute, die zu einer Wirkung das passende Rädchen Ursache fanden, wurden berühmt und genossen hohes Ansehen. Aus lauter solchen Rädchen entstand in den vierhundert Jahren ein großartiges Werk. Die Chemie kam wieder in Mode und half mit, die Dinge zu erleuchten.
Dieses Uhrwerk war ein System, das die ideale Ordnung anvisierte, von der die Philosophen in der Urzeit gesagt hatten, daß sie nur in der Theorie existiere. In der Praxis kam Ordnung in die Gedanken, Kleider, Frisuren, Grüße, Schulen, Ämter und durch dies alles auch in die Kunst.
Die Ordnung der Gedanken war der Stolz jener Zeit, denn sie erbrachte reiche Ernten in Wissenschaft und Technik. Vor allem die herrlichen mathematischen Formeln, denen sich sogar das Weltall unterwarf und die beinah der Schlüssel zum Verständnis der Welt geworden wären, wenn es mehr Leute gegeben hätte, die sie verstanden – diese Formeln waren die Symbole der eigenen Vortrefflichkeit, der alle anderen Gesellschaften unterlegen waren. Mit ihnen konnte man sich in das abstrakte Reich der Zahlen aufschwingen und die Natur mit ihren Zufällen hinter sich lassen. Man konnte seine Überlegenheit über die Primitiven wirken lassen, indem man ihnen Autos, Fabriken und Touristen verkaufte. Die Mechanisten verachteten die Vitalisten, die sich durch Opferschnaps und Reis mit dem Zufall gutstellten.
Die Menschen der Uhrwerkszeit wußten alles, bis auf das, was sie als Nachholbedarf bezeichneten. Sie erwarteten von der Wissenschaft, alle Antriebsrädchen zu finden, die zu den Erfolgen der abergläubischen Leute führten, die sich mit dem Zufall arrangierten.

Man hielt auch Ausschau nach einer ordentlichen Vergangenheit. Man fand sie bei den alten Griechen, die man erst für Etrusker hielt. Wie kunstvoll hatten die ihre Geschichte auf die Amphoren gemalt! Es gab keinen Zweifel: Dies war der Höhepunkt abendländischer Keramikkunst der Vergangenheit.

Als die Uhrwerkszeit noch in den Kinderschuhen steckte, hatten Künstler die Perspektive gefunden. Das war eine ungeheure Sache mit Bewußtseinsfolgen. Ebenbürtig der Erfindung der Schrift. Nun brauchte man nicht mehr zu sehen, was man malte, man konnte es konstruieren. Und bald danach konnte man sogar errechnen, was schön war. Schönheit war das Verhältnis der kürzeren Strecke zur längeren wie der längeren zum Ganzen. Ein herrlicher Sieg über die Unsicherheit! Man maß alles und errechnete die Schönheit von Töpfen und Gebäuden. Es erschienen Tabellenwerke, die wieder neue Kunstwerke gebären sollten.

Die Kunst wurde eingeteilt in eine bildende und eine angewandte. Die bildende war richtiggehend frei von irgendwelchem Nutzen und mußte bestaunt werden. Die angewandte mußte nützlich sein und verbraucht werden. Feine Töpfe zu machen, war angewandte Kunst, und wehe dem Töpfer, der sich anmaßte, etwas anderes zu machen als Töpfe. Die Bezeichnung »keramisches Objekt« rief bei den freien Künstlern Übelkeit hervor. Ebenso Töpfe, die zu kleine Löcher, zu lange Hälse, zu schmale Füße hatten, oder Töpfe, die sich dadurch Aufmerksamkeit verschafften, daß sie mit einer besonderen Glasur überzogen waren. Nein, die Töpfe sollten weiter nichts als wohlproportioniert sein nach den klassischen Gesetzen der Ordnung – von edler Einfalt und stiller Größe.

Gesetze herrschten auch darin, wie man einen Topf bemalen muß. Die jungen Leute, die darauf abgerichtet wurden, lernten das »Dekorieren«, wie man es nannte, auf hoch angesehenen Schulen. Dort erfuhren sie etwas von den Wirkungen von Strichen und Strichelchen, von Punkten und Pünktchen, wenn sie sich kreuzen, parallel zueinander verlaufen oder eine Fläche füllen. In kleinen Schritten wurden ihre tatendurstigen Träume in die Realität hoffnungslos ordentlicher Dekorationskunst verwandelt.

Die Fabriken suchten solche Leute, Spezialisten, die Formen auf dem Papier entwerfen konnten, und andere, die diese Formen dekorieren konnten. Sie suchten sie, um ihren Dienst an der Kunst beweisen zu können, ohne ihnen aber das beglückende Gefühl zu geben, daß etwas von ihren Arbeiten in die Produktion gelangte. Dazu gab es andere mit einem viel höheren Marktwert, den sie sich als Maler, Bildhauer oder Karosserieentwerfer erworben hatten. Enttäuschung im Kreativitätstrott der Betroffenen und ihr bequemes Unglück.

Die Künstler hatten auf den hohen Schulen von ihren Lehrern gelernt, wie schlecht man über andere Künstler sprechen muß, um selbst als gut zu gelten. Sie waren stolz auf ihre Lehrer und identifizierten sich brav mit ihnen, weil sie möglichst lange keine eigene Identität besitzen sollten. Sie waren sich nicht einig darüber, ob man als guter Künstler die Erscheinungen der Welt in seinem Verstand reflektieren müsse oder ob nicht die Weisheit des Künstlers gerade darin bestünde, nichts zu wissen.

Es war eine Frage, die sich nicht nur die Künstler zu stellen hatten: War es nicht klüger, die Irrtümer, die die Wissenschaften hervorbrachten, nicht erst auswendig zu lernen, da man doch am Ende so klug war wie zuvor – oder wurde man durch Irrtümer reifer? Da viele Leute die Schwierigkeiten zum Verständnis der Wissenschaften als unüberbrückbare Hindernisse ansahen und insbesondere mit der Mathematik nichts im Sinn hatten, wurden viele Leute Künstler. Und viele dieser Künstler wurden dazu verwendet, Kinder in Kunst zu erziehen. Sie gerieten dabei in mancherlei Zwiespalt. Während sie sich nämlich vor sich selbst damit rechtfertigten, daß zuviel Wissenschaftlichkeit sie steril und für die Kunst untauglich gemacht hätte, gerieten sie jetzt unversehens in einen wissenschaftlichen Strudel, in dem sich die Kunstpädagogik bemühte, mit anderen Wissenschaften Schritt zu halten. Und während sie als Künstler eigentlich verpflichtet waren, bei dem Wort »Kreativität« Brechreiz zu empfinden, weil dieses Wort von Möchtegern-Künstlern als Vorwand zur Selbstverwirklichung benutzt wurde, mußten sie zusehen, wie die Kreativität in der Pädagogik der wissenschaftlichen Er-

forschung unterlag mit dem Ziel, sie bei den Kindern hervorzulocken. Genauso erging es dem Wort »Phantasie«, einem Bazillus, der die Kunst verseuchte.
Die Kinder, die von alledem nichts wußten, freuten sich über Kunst, weil sie dafür nichts zu lernen brauchten. Aber die Lehrer, die sich für gute Kunsterzieher hielten, hatten es nicht so leicht, ihrer Behörde weiszumachen, daß man Kunst nicht wie Mathematik benoten könne. Und sie mußten allerhand nebensächliche Kriterien erfinden, um für die Kunstübungen der jungen Leute Punkte verteilen zu können. Nach dem Willen der Beamten sollte Kunst die vorgeplante Realisierung einer klaren, nach den Gesetzen der Ästhetik korrigierten Vorstellung sein. Es gab keine Kunst ohne den Kauderwelsch der Pädagogen. Kunst sollte sich als etwas wissenschaftlich gefärbtes, von Autorität beherrschtes Künstliches im Bewußtsein der Menschen von Kindesbeinen an festsetzen.
War denn nicht das ganze Uhrwerk etwas Künstliches? Waren nicht die Menschen auf dem besten Weg, sich die Natur mit den Werkzeugen zu unterwerfen, die sie sich durch künstliche Abstraktion – Befreiung von unwesentlicher Vielfalt – und Verallgemeinerung objektiv geschaffen hatten?
Die Naturstoffe, die die alten Töpfer in Reichweite ihrer Füße und Hände benutzten, wurden mit Mikroskop und Reagenzglas untersucht, um herauszufinden, wie sie auf einen gemeinsamen Nenner gebracht werden könnten. Man fand in den Tonen eine für die Plastizität verantwortliche Substanz aus unfaßbar winzigen Teilchen. Auf der Suche nach Was und Wieviel begannen die Leute zu rechnen, und sie fanden für den schmalen Ausschnitt der Wirklichkeit, den man Praxis nannte: Je mehr man von einer Substanz nimmt, desto mehr beeinflußt sie die Eigenschaft des Ganzen. In Wirklichkeit rechneten sie auf einer dünnen Decke von Einsicht. Und das konnte gefährlich sein, denn: hatten sie Erfolg, kamen sie leicht zu falschen Schlüssen; hatten sie keinen Erfolg, experimentierten sie blind und endlos weiter.
Denker, die nach Einsichten bohrten, schmolzen alle möglichen Mischungen aus zwei und drei Stoffen und trugen die Erstarrungstemperaturen beim Abkühlen in Diagramme ein. Sie fanden heraus, daß das alte, »objektive« Gesetz »Je mehr, desto mehr« durch eine Menge neuer, subjektiver Gesetzmäßigkeiten ersetzt werden müsse, die für jede Stoffgemeinschaft individuelle, nicht geradlinig verlaufende Eigenschaften vorsahen.
Die neuen Erkenntnisse riefen eine große Ratlosigkeit hervor. Was galt nun wirklich, »Je mehr, desto mehr« oder die Individualität der Systeme? Man beschloß, nach dem alten Einmaleins weiterzurechnen – denn nach den neuen Einsichten hätte man es nicht so leicht gehabt – und die neuen Erkenntnisse im Auge zu behalten für den Fall, daß sie zur Rechtfertigung dafür taugten, daß das Ergebnis anders ausfiel als man vorausberechnet hatte.
Die Natur ist ein Universum, und was man erreicht hatte, war nur ein kleines Schrittchen im eigenen Sonnensystem – ein großer Schritt für die Menschheit?
Immerhin waren Theorien entstanden, Erkenntnisse gewonnen und das ganze Uhrwerk in Gang gehalten worden. Alle, die darin integriert waren, konnten gut leben – als Beamte, Lehrer, Forscher, Künstler, Kaufleute . . . Sie waren sich der Sicherheiten bewußt, die ihnen die perfekten Formulierungen ihrer Lebewelt in systematischer Technik und Wissenschaft boten. Außerhalb war unbekanntes Land, weiße Flecken auf der Landkarte des Wissens. Von draußen drangen aber immer stärker die Draußengebliebenen ein und streuten Sand in das Getriebe. Diejenigen, die nicht integriert waren, die das Haar, das sie in der Suppe fanden, aufbauschten, die auf den Schulen keine Perspektiven für sich sahen und die es mit der Existenzangst bekamen. Und da sich das Uhrwerk immer vollkommener technisierte und rationalisierte, wurden es draußen immer mehr.

*

Am Anfang ist eine Sache gut, auf ihrem Höhepunkt überzeugend und am Ende falsch. Aber im Falschen ist noch viel Gutes enthalten. Aus der Entrüstung rettet sich, was sich behaupten kann, hinüber in das, was folgt.
Es sieht so aus, als sei dies alles eine Schilderung von heute gewesen. Aber es war der Zustand

von gestern. Und wenn jemand in seinem Innersten getroffen wurde, so war es das Innerste von gestern.
Heute ist der Beginn von morgen. Morgen gilt, was Einstein für unmöglich hielt: daß Gott würfelt.

Das Würfelspiel

Die Uhrwerkszeit war logisch und erfolgreich gewesen. Sie war aber nur gut für das, was ihr nützte: für die Monokulturen und Farmen, für Nutztiere und Nutzpflanzen, nicht für Untiere und Unkräuter, nicht für nutzlosen Abfall und nutzlose Abgase.
Die Technokratie hatte nur das eine Ziel, der Industrie und ihrer Produktivität zu nützen.
Das kausal bestimmte Denken, das jeder Wirkung eine bestimmte Ursache zuschrieb, war zum Dogma für Wissenschaftlichkeit erklärt worden.
Dabei wäre es vielleicht geblieben, wäre nicht ausgerechnet die Physik, der Uhrwerkszeit liebstes Kind, dem Gesetz in den Rücken gefallen, und hätte sie damit nicht das Pendel in Schwung gebracht, das sich gerade anschickte, nach der anderen Seite auszuschlagen.
Aber diese andere Seite war bisher nur negativ definiert worden. Man hatte erkannt, was schlecht war, aber man wußte keine Lösung.
Die Mikrophysiker fanden nun heraus, daß sich bestimmte Vorgänge der kausalen Gesetzmäßigkeit entziehen und dem Zufall unterliegen. Sie vollenden sich unter unwägbaren Einflüssen, nachdem sie in Gang gesetzt wurden, und das Ergebnis ist nur in seiner Tendenz kausal bedingt.
Lag denn wirklich der Keim der Lösung in diesen neuen Erkenntnissen der Mikrophysiker? Konnte das, was im Allerkleinsten erkannt worden war, tatsächlich auf das komplizierte System der Gesellschaft oder auf irgendein anderes kompliziertes System, wie es zum Beispiel auch die Keramik darstellt, übertragen werden? Ist nun Schluß mit Ursache und Wirkung?
Die Denker bemächtigten sich dieses Problems, indem sie es in kleine Häppchen zerstückelten und sagten: »Die großen Erfolge der Naturwissenschaften geschahen dort, wo es sich um lineare Kausalketten, das heißt um Zusammenhänge von Ursache und Wirkung handelte; oder auch um unorganisierte Kompliziertheit, worin das Durchschnittsverhalten zahlreicher Elemente sich durch statistische Gesetze ausdrücken läßt, wie etwa in der Wochenstatistik von Autounfällen. Immer mehr tritt uns aber auf allen Gebieten, von subatomaren zu organismischen und soziologischen, das Problem der organisierten Kompliziertheit entgegen, das anscheinend neue Denkmittel erfordert – anders ausgedrückt, verglichen mit linearen Kausalketten von Ursache und Wirkung, geht es hier um das Problem von Wechselwirkungen in Systemen.« Zusammenhang, Wechselwirkung, Widerspruch, Qualitätsumschlag, das hatte man schon lange gewußt. Eine Annäherung durch Wandel oder eine Rechtfertigung des alten Systems? Neuer Zündstoff für das Gesellschaftsspiel.
Die mikrophysikalische Erkenntnis hatte an ihrer Peripherie große Wellen geschlagen, wie es nicht anders zu erwarten ist, wenn man zu dem Schluß kommt, daß Gott würfelt. In ihrem Zentrum aber steht die Korrektur der Auffassung von der Natur selbst.
Und diese Korrektur geschieht durch Rehabilitation des Zufalls.
Über Zufall kann man sich in der Diskussion leicht erhitzen, wenn jeder darunter etwas anderes versteht.
Die Bildung der Keramik beim Formen und Brennen ist ein Prozeß, dessen Ablauf vom Verhalten des Ganzen bestimmt wird. Das Ganze ist mehr als die Summe seiner Teile. Dieses Mehr besteht in den Beziehungen der Teile untereinander.
Wenn eine Substanz aus ihrer Umgebung Wärme zugeführt bekommt, so kann sie unter Aufnahme dieser Energie zerfallen, und aus den Zerfallsprodukten können unter Abgabe von

Wärme kristalline Neubildungen entstehen. Wenn einer anderen Substanz Wärme zugeführt wird, so kann sie zerfallen, und das Zerfallsprodukt kann mit anderen Partnern reagieren und zähflüssige Neubildungen hervorbringen, ohne daß Wärme abgegeben wird. Eine dritte Substanz kann Wärme aufnehmen und dabei ihre Wertigkeit und Farbe ändern. Eine vierte Substanz kann sich bei der Wärmezufuhr aus einem Gitter befreien und sich neue Partner suchen. Eine fünfte kann sich beim Erhitzen völlig in Gas auflösen, und die Bläschen können Reaktionen behindern. Wenn jede dieser fünf Substanzen mit den anderen vier in Beziehung tritt und wenn jede Beziehung, angenommen, nur zwei Formen haben kann – entweder sie existiert oder sie existiert nicht –, so ergibt das bereits 20^{20}, das sind über eine Million Beziehungsgeflechte. In Wirklichkeit gibt es noch viel mehr Funktionen von Substanzen, zum Beispiel solche, die die anderen in ihren Funktionen fördern oder behindern, und es gibt auch mehr mögliche Formen der Beziehungen als nur zwei.

Als Folge dieser verschiedenen Beziehungen zeigt das Ganze verschiedene Verhaltensweisen, und es können bestimmte Zustände des keramischen Prozesses ständig, andere besonders häufig und wieder andere selten auftreten.

Betrachtet man einen Stoff isoliert und erhitzt ihn, so wird er sich anders verhalten als in einer Umgebung, mit der er in Wechselwirkung steht. Eine Schmelze, die ein Quarzkorn auflöst, verändert sich ständig im Verlauf ihrer Lösungsfunktion und wirkt durch ihre ansteigende Zähigkeit wieder anders auf das Quarzkorn zurück. Eine solche Wechselwirkung kann man als kybernetisch bezeichnen und das kybernetische Verhalten als Funktionalismus.

Funktionalistische Erklärungen eines Verhaltens erweisen sich als nicht kausal, denn das Ganze ist aus Teilen zusammengesetzt, die alle ihre individuellen Eigenschaften besitzen und je nach den Beziehungen zu ihrer Umgebung an dem Ergebnis des Ganzen teilnehmen. Es ist schon beinah ähnlich wie in der Lebenswelt, in der Absichten, Motive, Wünsche von Menschen eine Rolle spielen.

Freilich fragt der eine nur, was kommt dabei heraus, wenn ich eine bestimmte Mischung erhitze? Er geht damit nicht anderes um als mit seinem Fernsehgerät, von dem er auch nicht weiß, wie es funktioniert. Hingegen ist Suche nach Erkenntnis von einem bestimmten Erkenntnisinteresse geleitet. Dieses liegt in der Erwartung, in der Erkenntnis ein Werkzeug zu finden, das man praktisch einsetzen kann.

Will man nicht einfach Rezepturen von anderen übernehmen, so muß man das Denken in Substanzen durch das Denken in Funktionen ersetzen. Dazu muß man wissen, wie die Substanzen unter bestimmten Bedingungen funktionieren. Man wird aus dieser weiteren Sicht souveräner entscheiden können, auf welchen alternativen Wegen man bestimmte Ergebnisse erzielen kann.

Die Amerikaner haben für diesen Zweck den »T-shaped-man« erfunden: Er hat einen breiten Überblick, entsprechend dem Querbalken des T, und verfügt über eine vertiefte Kenntnis in seinem Fachgebiet, entsprechend dem senkrechten Balken des T. Man darf nicht dem Irrtum verfallen, daß breiter Überblick und tieferes Wissen die Fähigkeit zur Kunst behindern. Vielmehr bündeln sich in der Kunst die Strahlen, die aus der Lebenserfahrung mit Dingen und Menschen kommen.

Wir Menschen haben, um zu überleben, unseren Intellekt stärker entwickelt als unsere künstlerische Sensibilität. Während wir die Logik zur Norm unserer Entschlüsse machten und dadurch einen festen Boden unter den Füßen gewonnen haben, sind wir in ästhetischen Fragen unsicher. Wir sind immer auf der Suche nach Maßstäben und hoffen, sie in der Natur zu finden. Aber diese Hoffnung ist romantisch. Die Forderung, von der Natur zu lernen, muß man in einem realistischen Licht sehen. Die Natur kann uns nicht lehren, was schön ist oder wie man Schönes gestaltet. Sie kann uns aber dazu verhelfen, das Schöne zu erkennen.

Indem wir uns um die Natur bemühen, lernen wir sehen. Was unser untrainiertes Auge an einem Naturgegenstand wahrnimmt, wird anders sein als nach einem längeren Training, weil sich durch dieses Training unsere innere Anlage verändert hat.

Kunst ist zum Teil ein Trainingseffekt. Man kann sie nicht auswendig lernen und man kann nicht definieren, was sie ist. Denn es gibt keine Kunst, die es deshalb wäre, weil sie einer Definition entspräche. Sie ist ein Mosaik aus den Fähigkeiten unserer Sinnesorgane, unseres Verstandes und unseres Gefühles.
Die Sinnesorgane müssen sehen und tasten lernen. Der Verstand muß lernen zu erkennen. Das Gefühl muß seine Empfindlichkeit auf den Ausdruck einstellen. Immer kann uns die Natur Trainingspartner sein.
Aber sie hat uns noch etwas Weiteres zu bieten, nämlich den Zufall. Zufall ist die Naturwirkung, die nur in ihrer Tendenz kausal bedingt ist. Keramik als Kunst bewegt sich zwischen Erde, Feuer, Ordnung und Zufall. Diese vier Elemente kann man sich als Ecken eines der fünf regelmäßigen Körper denken.

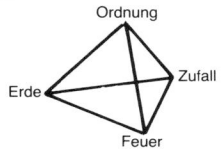

Natürlich ist in der Natur wie in der Kunst Ordnung vorhanden und nötig, um verstanden zu werden. Das Verstehen der Ordnung in der Natur und das Anwenden der Ordnung in der Kunst beruhen auf geistigen Fähigkeiten. Ordnung und Zufall schließen einander nicht aus, sondern stehen in einer Beziehung zueinander. Beides sind Prinzipien des natürlichen Wachstums, in dem die vollkommene Form von hohem Ordnungsgrad durch jene Beimischung von zufälliger Unregelmäßigkeit abgewandelt wird, die Wachstum sichtbar macht.
Wir können also durch Verbindung von Ordnung und Zufall mit Erde und Feuer ein räumliches Bild von Keramik in ihrer tiefen Einheit gewinnen. In diesem Raum lassen sich alle Kunstäußerungen auf der materialen Basis von Erde und Feuer durch ihren mehr oder weniger großen Anteil an Zufall oder Ordnung finden.
Keramik ist in erster Linie eine materiale Kunst, in zweiter Linie eine handlungsbezogene. Als materiale Kunst wird sie ästhetisch vorrangig erlebt durch die materialen Mittel, über die sie verfügt.
Als handlungsbezogene Kunst zeigt die Keramik ihre Spuren und die Dynamik ihrer Entstehung und bietet das Erlebnis der Form als Bewegung im erstarrten Zustand.
Wenn man sich das räumliche Gebilde als Darstellung der Konzentration der Determinanten in den Ecken vergegenwärtigt, so erkennt man, daß die als materiale und handlungsbezogene Kunst bezeichnete Keramik im Zentrum liegt und daß alle keramischen Kunstäußerungen sich um dieses Zentrum gruppieren. Die Kennzeichnung des Zentrums durch Material (Erde = Ton, Glasuren) und Hand verweist auf seine enge Beziehung zum Handwerk. Dieses unterscheidet sich von der Kunst unter anderem dadurch, daß es Vertrautes in vertrauter Weise routiniert wiedergibt, während in der Kunst sich Besonderheit ausdrückt.
So zeichnet sich schließlich ein Bild von der Keramik ab, das in mancher Beziehung an das Leben selbst erinnert. Sie bietet Platz für eine weite Skala wissenschaftlicher und künstlerischer Ansprüche. Wissenschaft und Kunst beinhalten beide die Gefahr, sich von der Gesellschaft zu entfernen und ein Eigenleben zu führen. Sie werden dann von allen links liegengelassen und reden gegen eine Wand von herabgelassenen Jalousien. Der Keramiker muß sich immer auf seinen Urstoff besinnen und menschlich bleiben.

Die folgenden Farbtafeln zeigen, wie sich die moderne Kunst in der Keramik widerspiegelt.
Die Keramiker benutzen den Fundus überlieferter technischer Erfahrungen ebenso wie moderne technische Möglichkeiten und merken oft gar nicht, wie sie dabei mit den Strömungen der Zeit übereinstimmen.

In der Kunst der Gegenwart stehen sich Konstruktion und Intuition gegenüber. Die einen verfeinern ihre Werkzeuge, den anderen glückt es, aus ihrem eigenen Labyrinth immer wieder mit einem neuen Fund herauszukommen.

Die menschliche Kultur ist ein Spiel mit Gegenkräften, und die Keramik ist ein Abbild davon.

Quellenangaben zu den Farbtafeln: I., VI., XVI. Museum of Contemporary Ceramic Art, Shigaraki. II. Josef Horschig, Dresden. III. Sammlung Werner Sahm-Rastal, Höhr-Grenzhausen, Foto studio baumann. IX. Foto René Funk. Zitat aus H. Stachelhaus: Joseph Beuys, München: Heyne, S. 90. X. Foto Ralf Cohen. XII. Galerie Nova Spectra, Den Haag.
Die übrigen Fotos stammen von den Künstlern.

Die Keramiker, die sich zur prähistorischen »Primitivkunst« hingezogen fühlen, sind von dieser Kraft des Urmenschlichen fasziniert und versuchen immer wieder, sie in einen eigenen Ausdruck zu übersetzen. Die altjapanische Jōmonkeramik ist die originellste Schöpfung der Steinzeit und eine inspirative Quelle der modernen Keramik, die in der Welt nicht ihresgleichen hat. Die Jōmonkultur wird nach der (nicht unumstrittenen) Radiokarbondatierung in die Zeit zwischen 10750 und 340 v. Chr. gesetzt. Die abgebildete Urne stammt aus der mittleren Jōmonzeit, 2900 bis 1700 v. Chr. H. 34 cm.

Von der Natur durch entsprechende Tonvorkommen zwischen dem 49. und 52. Breitengrad begünstigt, waren die Töpfer dieser Breiten schon früh in der Lage, ein dichtbrennendes Steinzeug herzustellen. In Westsachsen und Thüringen brachte das Töpferhandwerk schon im 15. Jahrhundert (in Waldenburg) ein Steinzeug hervor. Die Bürgeler Tüllenkanne von 1836 mit dem herzoglich-sächsischen Wappen und der Inschrift »D.E.T.H.« (Dem Ehrbaren Töpfer Handwerk) hat eine »Schürze« aus blauer Smalte unter Salzglasur. Die Zufälligkeiten des Glasurbegusses über dem aufgeklebten Relief tragen zum Reiz dieser Technik bei. H. 44 cm.

Im Rheinland entstand das Steinzeug aus der hartgebrannten Ware des Hochmittelalters schon im 14. Jahrhundert und machte vielerlei Färbungen und Techniken durch, bis 1587 Jan Emmens Mennicken in Raeren die hellgrauen Krüge mit kobaltblauer Smalte aufbrachte, die heute noch zum typischen salzglasierten Westerwälder Steinzeug gehören. Mit der individuellen Bemalung begann sich das Kunsthandwerk vom Handwerk abzusondern. Rahmtopf 1862, salzglasiert, blau bemalt, mit eingeritztem Besitzernamen »Maria Hehl«. Über dem Boden Holzpfropfen. H. 38 cm.

Einer der Höhepunkte der Glasurenkunst ist die hochgebrannte japanische Shinoglasur, vor allem die weiße mit zartrosa Schimmer. Risse und Nadelstiche, die sonst als Fehler gelten, machen die Oberfläche lebendig und lassen die unter der Glasur aufgebrachte Eisenmalerei durchtreten. Die Glasur entfaltet hier ihren eigenen Materialreiz und macht die gefühlsmäßige Tiefe der Form aus. Teeschale von Kozo Kato, Tajimi.

Shoji Hamada hat mit dem Gießstrahl aus der Schöpfkelle diesen Teller bemalt, dem tachistischen Prinzip der Spontaneität entsprechend, das die Beeinflussung des Pinsels im Sinne einer bewußten Gestaltung ablehnt. Es ist die keramische Spielart des Action Painting, das von Jackson Pollock in die moderne Kunst eingeführt wurde. Teller mit Temmokuglasur, Dmr. 32,5 cm.

Keramik, einfach dem Feuer ausgesetzt, ist wie ein Stück Natur – Rückzug auf ein Minimum an Kunst. Das Material unter strenger formaler Kontrolle überläßt die farbliche Gestaltung dem Feuer. Die Vorkämpfer dieser aus Neubesinnung und Selbstüberprüfung hervorgegangenen Reduktion in den 60er Jahren wollten dem Betrachter die spezifischen und physikalischen Materialeigenschaften so deutlich wie möglich machen. Keramik von Kamiyama Kiyoko, 1976.

Die naturverbundene Keramik, mit Holz bei hoher Temperatur gebrannt, bleibt unglasiert und überläßt es der im Feuerstrom mitgerissenen Holzasche, sich im Feuer mit dem Ton zu einer Glasur zu verbinden. Die wechselnde Ofenatmosphäre und die unterschiedliche Dicke des Aschenanflugs lassen diese Glasurbildungen in verschiedenen Farben schillern. Henkeltopf von Shimaoka Tatsuzo, H. 28 cm.

Raku ist die dreidimensionale Entsprechung der Feuerbilder, die Yves Klein in den 50er Jahren in die moderne Kunst einbrachte und die zu Happenings und Performances führten. Hier wie dort sind sie mit einer Energiemystik verbunden, und die Gegenstände sind in die Aktion einbezogen. In der Keramik entspricht das Raku bereits der klassischen Moderne. Im 16. Jahrhundert in Japan erfunden, im 20. in den USA zur heutigen Form verändert, ist es ein Beispiel dafür, wie die Kunst aus dem technischen Vorrat nimmt, was sie für ihre Zwecke gebrauchen kann. Becher von Peder Rasmussen, 1988, H. 38 cm.

Die »Brücke« von Philippe Lambercy entspricht der Definition der »Skulptur«, die Joseph Beuys der »Bildhauerei« entgegensetzte, wobei er den Ton als eine Art steifer Flüssigkeit betrachtete: »Alles, was sich in der menschlichen Physiologie später verhärtet, stammt ursprünglich aus einem Flüssigkeitsprozeß, ist ja auch ganz klar zurückzuverfolgen – Embryologie. Und nach und nach wird das fest – aus einem flüssigen, allgemeinen Bewegungsprozeß, aus einem evolutionären Grundprinzip, was Bewegung bedeutet« (Joseph Beuys). 1982, H. 65 cm.

Emil Schumachers Bildplatte ist nur noch Material, Geste und Zeichen – Abkehr von den formalen Kompositionsregeln, das Informelle, das die natürlichen Kräfte und Widerstände walten läßt. Die Linien und Formen sind in ihrer Unregelmäßigkeit voller Leben und besitzen ein hohes Maß an Spannungsintensität. 1974, 26 × 42 cm.

In ihrer Tonskulptur »Amme« verzichtet Sati Zech auf traditionelle ästhetische Regeln. Sie erreicht durch die krustige Oberfläche des Tones und der Farben eine Unmittelbarkeit des Ausdrucks, wie er Jean Dubuffet als schöpferischer Beleg für wahre Kunst galt, die er »Art Brut«, unverbildete Kunst, nannte. 1987, H. 85 cm.

Karel Appel, Mitglied der Cobra-Gruppe, bemalte diesen Teller in der ihm eigenen Spontaneität. Es ist ein Expressionismus großer Gefühlsintensität, die sich einer phantastischen Figurenwelt in stark vereinfachter Konturierung bedient. Künstlerkeramik wie diese ist eine Chance für das Wiederaufleben der Fayence. Fayenceteller »Tête II«, 1976, Dmr. 38 cm.

Diese vielflächige, präzise aufgebaute und mit Farbkörpern bemalte Steinzeugvase von Karen Bennicke erinnert an die Farbfeldmalerei des abstrakten Expressionismus. Das Gefäß hat sich von der Funktion befreit und vertritt eine auf Komposition geometrischer Elemente gerichtete Kunstauffassung. 1988, H. 31 cm.

John Middlemiss setzt sich in seiner Engobegrafik nicht der Unberechenbarkeit des Zufalls aus. Seine aufgespritzten Farbstreifen sind konzepttreu und hart konturiert – eine keramische Entsprechung zum »hard edge« der modernen Malerei. Aber in der Keramik spielt immer der Materialreiz mit. Sie ist unentrinnbar an ihre Natur und ihr Handwerk – das »Gewußt wie« – gebunden. Geometrie und Formenklarheit symbolisieren Ordnung und Objektivität und bilden einen Gegenpol zur subjektiven Freizügigkeit der informellen Kunst. 1990, H. 23 cm.

Unter den Zufälligkeiten der Oberfläche verbirgt sich nach der strukturalistischen Interpretation der Welt die wahre Realität als Wechselbeziehung zwischen elementaren Bausteinen. In ihrer vom Künstler vorgenommenen Verknüpfung findet der Konstruktivismus seinen perfekten Höhepunkt. Der Computer stellt Teile der in einer Wahrnehmung enthaltenen Information dem künstlerischen Willen zum Aufbau eines neuen Ganzen zur Verfügung. »Eusebia« von Aldo Rontini, im 3-D-Programm der Silicon Graphics entworfen, ausgeführt 1991, H. 42 cm.

Die naturorientierte Keramik findet ihren Höhepunkt in der großräumigen Einbeziehung der Elemente der Natur: Erde, Feuer, Wasser, Wind und Pflanzen. Seitdem der Iraner Nader Khalili 1977 ganze Häuser in einem Stück innen glasiert und gebrannt hat, übernahmen die Künstler das »Selffiring« in der Natur als keramische Variante der Land Art. »Gegabelter Wolkenweg« von Kawasaki Sentari, 1982, 116 × 119 × 30 cm.

A

Abblättern der Glasur. Abblättern von keram. Farben bei zu dickem Auftrag. Absprengen, Kantenabsprengung. Abdrängen der Glasur vom Scherben, wenn sich dieser beim Abkühlen stärker zusammenzieht als die Glasur.

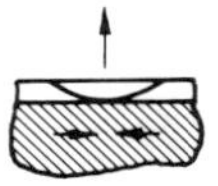

Typischer Fehler bei cristobalitreinem Steinzeug.
Abhilfe: Erhöhung des Anteils von Stoffen mit großem WAK im Glasurversatz, Vermeidung von Kalk und zu viel Quarz in der Masse. Schnelles Brennen.

[G] **Abdrehen.** Spanabhebendes Bearbeiten eines lederhart getrockneten Gefäßes auf der Scheibe, meistens das Herausarbeiten des Fußringes eines Gefäßes aus dem verdickt gelassenen Boden. Hat das Gefäß einen stabilen Rand, so wird es auf den Kopf gestellt und mit einem Würgel am Scheibenkopf befestigt. Ist der Rand dazu nicht geeignet, so setzt man es in oder auf einen Donsel (siehe dort). Zum Zentrieren des Gefäßes oder des Donsels zieht man mit einem Bleistift konzentrische Kreise auf der Scheibe und stellt dann das Gefäß mit seinem Rand in die Mitte. Geübte Dreher zentrieren die Gefäße ohne Hilfslinien, lediglich durch Anstoßen. Beim Abdrehen arbeitet man von der Gefäßmitte ausgehend zur Seite, dann hält man das Gefäß im Mittelpunkt mit einem Finger fest. Ist das Werkstück schon sehr hart getrocknet, so arbeitet man die Flächen mit der Werkzeugspitze vor und nimmt dann die Rillen von oben her ab. Das Abdrehen des Fußes muß einen gleichmäßig dicken Scherben ergeben. Man soll deshalb nicht versäumen, sich vor dem Abdrehen durch Befühlen des Gegenstandes klarzuwerden, wieviel man wegnehmen kann. Bei bauchigen Gefäßen, die eine gute Resonanz haben, kann man die Dicke auch durch Klopfen prüfen.

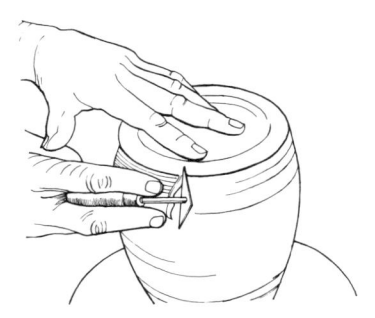

Abdrehwerkzeug. Zum Abdrehen des leder- [G] harten Gefäßes verwendete Hilfsmittel: Abdreheisen mit verschiedenen Schnittflächen und Abdrehschlingen. Sie müssen scharf sein, um nicht zu vibrieren.

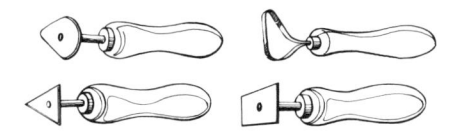

Abfallbeseitigung. Giftige Stoffe dürfen nicht [M] in den Ausguß gespült werden, weil sie von dort in die Gewässer fließen. Wenn es sich dabei auch nur um kleine Mengen handelt, ist es unverantwortlich, Reste, die folgende Stoffe enthalten, in fließendem Wasser abzuspülen: Antimonoxid, Arsenverbindungen, Bariumkarbonat, Blei-, Cadmium-, Kobaltverbindungen, Manganoxid (Braunstein), Nickel-, Selen-, Uran-, Vanadin- und Zinkverbindungen. Verschmutzten Abfall von gifthaltigen Glasuren bringt man in die Sondermüll-Sammelstelle.

Abfallverwertung. Tonabfälle sammelt man in einem Behälter und sumpft sie nach dem Trocknen ein. Sie lassen sich dann wieder zu einer plastischen Masse verkneten oder zu einem Gießschlicker verarbeiten (siehe unter Gießmasse).
Tonabfälle, die man in den Ausguß spült,

verstopfen die Kanalisation. Deshalb wäscht man den Ton von Händen und Werkzeugen in einen Eimer oder benutzt eine Kleinkläranlage unter dem Spülbecken (siehe unter Tonabscheider). Mit dem Schlammwasser kann man Pflanzen begießen; es ist humusbildend.

Glasurabfälle sammelt man getrennt in verschiedenen Behältern: transparente, weißdeckende, hell- und dunkelgefärbte Glasuren je für sich. In diese Restebehälter dürfen keine Schwämme oder Tücher gespült werden, mit denen man Tisch und Fußboden aufgewischt hat, denn Schmutz macht Glasuren unbrauchbar und läßt sich nicht mehr entfernen. Verschmutzte, ungiftige Glasurabfälle kommen getrocknet in den Müll. Giftige müssen zur Sondermüll-Sammelstelle gebracht werden. Unverschmutzte Abfälle werden getrennt gesammelt, bis es sich lohnt, aus ihnen Glasuren zu entwickeln. Die Trennung nach der Färbung ist wichtig, weil man sonst nur dunkle Farben bekommt, die sich aus dem Zusammentreffen der verschieden färbenden Substanzen ergeben.

Will man aus einer Abfallsorte eine neue Glasur entwickeln, so kommt es zunächst darauf an, daß diese Sorte als ein konstanter, neuer Rohstoff genommen wird, daß dieser gut durchgemischt ist und keine Körnchen enthält, die als Verunreinigungen beim Sammeln des Abfalls hineingeraten sein können. Man muß deshalb durch ein Sieb mit mindestens 900 Maschen/cm^2 naß sieben. Dann trägt man die Glasur auf ein Probeplättchen auf und brennt sie im Glattbrand mit. Fließt sie nicht aus, gibt man Kalziumborat hinzu. Läuft sie ab, so rührt man Kaolin ein. Will man sie schöner färben, so geht das nur in Richtung auf eine dunklere Farbe. Ein Braun kann man aber auch durch Zinn- und Zinkoxid schöner machen.

Abformen. Abgießen eines Gefäßmodells oder einer Plastik in Gips. Die gewonnene Hohlform (Negativform) ist im einfachsten Fall einteilig (bei Flachreliefs, Flachgefäßen, Schalen) oder zweiteilig (bei Kugelgefäßen, Kannen); in komplizierteren Fällen besteht sie aus mehreren Teilstücken (Keilen), die den Kern bilden, der mit einem Gipsmantel umfaßt werden muß. Ist nur eine Ausformung erforderlich, so genügt eine verlorene Form.

Abgase. Giftige Abgase, die beim Brennen Ⓜ freiwerden, sind Fluor, Kohlendioxid, Blei, Borsäure, Alkalien, Schwermetalle und Schwefeldioxid. Das Fluor stammt aus den Masserohstoffen. Es wird durch Kalk- oder Magnesiumzusatz zur Masse gebunden; deshalb ist es sinnvoll, bei niedrigen Temperaturen mit kalkhaltigen Massen zu arbeiten. Bei höheren Bränden, in denen blei- und borfreie Glasuren verwendet werden, die hauptsächlich die nichtverdampfenden Erdalkalien und Tonerde enthalten, können Schwermetalle in den Abgasen enthalten sein. (Siehe auch Bleiverdampfung, MAK-Tabelle, Umweltschutz.)

Abgasentgiftung. Verringerung oder Beseitigung von Schadstoffen im Abgas. Bei holz- oder gasgefeuerten Öfen, insbesondere bei reduzierenden Bränden, ist eine Nachverbrennung der Abgase beim Verlassen des Ofens durch Sauerstoffzutritt (Oxidation des Kohlenmonoxids und der Kohlenwasserstoffe) oder einen Gasbrenner oder durch Ab-

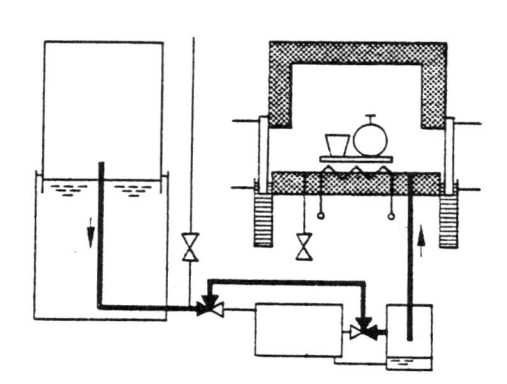

Der abgasfreie Elektroofen nach Hauser beim Aufheizen und beim Abkühlen.

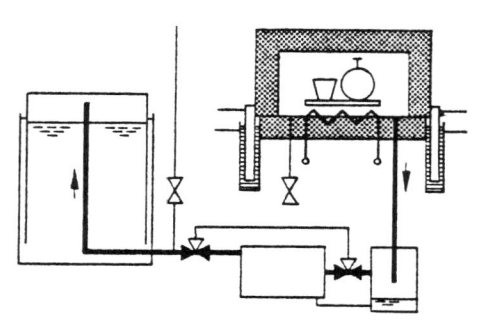

gasrückführung wirksam (siehe unter Wärmetauscher, Katalysator). Fluor wird in Industrie-Anlagen mit Hilfe eines Fluorfilters als Kalziumfluorid gebunden.

Abgasfreier Elektroofen. Von Josef Hauser erfundenes Ofenkonzept, bei dem eine gasdicht verschweißte Haube mit Hilfe einer in Wasser getauchten Tauchschürze hermetisch abgeschlossen ist. Die Heizdrähte liegen nur auf dem Ofenboden, durch den auch die Brenngase abgeleitet und in einem Gasometer gesammelt bzw. an Kalk gebunden werden.

Abgashaube für Toplader. Zur Seite schwenkbare Aluminiumblechhaube mit Ventilator und flexiblem Schlauch zur Ableitung der Abgse aus dem von oben zu beschickenden Schachtofen. Die Abgase können in einen Wasserbehälter mit Kalk geleitet werden, wo sich das Fluor zu Kalziumfluorid und der Schwefel zu Gips binden kann.

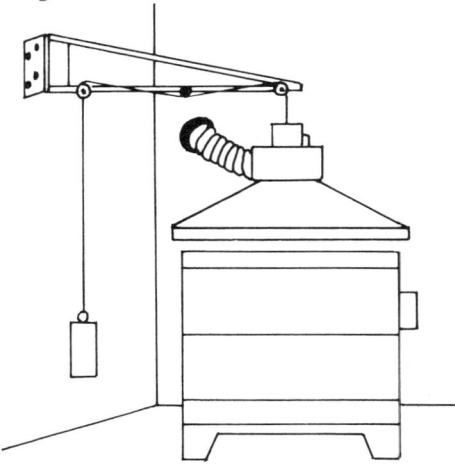

Abkühlung. Wärmeaustausch eines Körpers mit seiner Umgebung tieferer Temperatur, wobei sich der Temperaturunterschied ausgleicht. Im Ofen erfolgt der Wärmeaustausch in erster Linie durch Strahlung, bei Zutritt von Luft auch durch Konvektion über deren Strömung (in anderen Fällen auch über Wärmeleitung bei Berührung). Die Abkühlungsgeschwindigkeit ist um so größer, je größer der Temperaturunterschied ist (Newtonsches Abkühlungsgesetz). Verzögerte Abkühlung führt zu Spannungsausgleich (Tempern) oder Kristallisation. Forciertes Abkühlen (Sturzkühlung) verkürzt die Zeit der thermisch bedingten Reaktionen, z.B. der unerwünschten Umwandlungen des Quarzes in Cristobalit im Scherben. Abweichungen vom Newtonschen Abkühlungsverhalten lassen auf Phasenumwandlungen schließen.

Ablaufen der Glasur. Eine Glasur, die zu Ⓖ dünnflüssig ist und eine zu geringe Oberflächenspannung besitzt, fließt herunter. Zähigkeit und Oberflächenspannung sind von der chemischen Zusammensetzung und von der Temperatur abhängig. Durch Erhöhen des Kieselsäure-, Tonerde- oder Magnesiagehalts und durch Erniedrigung der Brenntemperatur kann das Ablaufen verhindert werden.

Abrieb. Gewichtsverlust durch mechanische Einwirkung (reibende und schleifende Kräfte). Er ist abhängig von der Härte, besonders Ritzhärte. In der Natur tritt Abrieb an Geröll durch fließendes und brandendes Wasser auf: Kanten werden abgerundet, und es entsteht in Flüssen, fortschreitend von der Quelle bis zur Mündung, aus Geröll Kies, Grob- und Feinsand, Schluff und Schweb.

Abriebfeste Glasur für 1200 °C, geeignet für Fußbodenfliesen oder ähnliche Beanspruchungen:
45,4 Kalziumborat
 9,6 Kaolin
45,0 Quarz.

Abriebfestigkeit. Widerstandsfähigkeit gegen mechanische Abnutzung durch reibende oder schleifende Kräfte. Sie läuft annähernd mit der Kaltdruckfestigkeit und der Ritzhärte konform. Prüfung siehe unter Pei-Test.

Abrollen der Glasur. Fehler, bei dem sich die Ⓖ Glasur so stark zusammenzieht, daß sie an freien Stellen überlappende Ränder und Klumpen bildet. Gleiche Ursachen wie beim Kriechen.

Abrollen über Unterglasur. Rollt sich die Glasur nur an den mit Unterglasurfarbe bedeckten Stellen ab, so ist das sicherste Mittel, die Unterglasurfarbe mit einer Borfritte zu verreiben. Dazu genügen etwa 5 % einer borhaltigen Fritte. Ist die Malerei schon aufgebracht, so kann man sie noch nachträglich mit dünner Boraxlösung bestreichen. Oft hilft auch vorheriges Schrühen der Malerei. Das Abrollen wird durch dicken Glasurauftrag begünstigt.

Abschneidedraht. 0,5–1 mm dicker, ein- bis dreifach verseilter, 30–40 cm langer Edelstahldraht mit Holzknebelgriffen.

Abschreckprüfung. Ermittlung der Haarrißsicherheit bei niedrig gebrannter Keramik und Steingut, indem man den glasierten Scherben 10 Minuten bei 120 °C stufenweise höher erhitzt und jedesmal 10 Minuten in Wasser abkühlt. Zeigt die Probe beim Abschrecken von 200 °C keine Haarrisse, so wird angenommen, daß die betreffende Kombination Scherben/Glasur im Gebrauch dauernd haarrissefrei bleibt. Das Verfahren ist jedoch unzulänglich, da es die Langzeitwirkung durch Quellen und Porosität des Scherbens nicht erfaßt.

M **Absetzen von Frittenglasuren.** Fritten, die nur aus Na_2O, CaO, PbO und SiO_2 bestehen, setzen sich steinhart ab. Durch Zugabe von Kaolin, plastischem Ton, Bentonit, CMC, ein wenig Essig oder Borax kann diese Erscheinung gemildert werden.

Absorption. Aufnahme eines Absorbats durch ein Absorptionsmittel (Absorbens), wobei Wärme frei wird.

Abstrakte Kunst. Jede Kunst, die sich ungegenständlicher Ausdrucksmittel bedient. Sie kann aus philosophischem Idealismus kommen und als solche, wie die Keramik der Indianer oder die prähistorische Keramik, Religion und Symbole versinnbildlichen, oder sie kann als Ausdruck der modernen Kunst der Vorstellung einer inneren Wirklichkeit dienen und als solche einen kritischen Realismus vertreten. In der modernen Kunst geht sie zum Teil auf den Expressionismus, zum Teil auf den Kubismus zurück und strebt in dem einen Fall zur informellen Kunst, im anderen zum Konstruktivismus.

Abstrakter Expressionismus. An die frühen abstrakten Werke W. Kandinskys anknüpfende Kunst, die zum freien Ausdruck geistiger Empfindungen bis zur Ausschaltung der rationellen Kontrolle beim Gestaltungsvorgang strebt.

Abutment (engl.) Gewölbefundament des Ofens.

Abziehbilder, Dekals. Von Spezialfirmen (z. B. Roffenmark, Stoke-on-Trent) auf Übertragungspapier gedruckte Bilder, die (selten) auf die geschrühte oder (meist) auf die glattgebrannte Keramik gelegt und abgezogen werden. Unterglasur-Abziehbilder müssen in einem Zwischenbrand eingebrannt werden. Für die eigene künstlerische Gestaltung eignen sich dagegen einfarbige Abziehfolien, aus denen man mit der Schere beliebige Elemente herausschneiden kann, oder Abziehbilder mit geometrischen Mustern, die sich für verschiedene Kombinationen eignen.

Académie Internationale de la Céramique, AIC. Gemeinnützige Vereinigung zur Förderung der internationalen Zusammenarbeit zwischen Künstlern, Sammlern, Amateuren und Institutionen mit Sitz in Genf, Museum Ariana. Mitglieder werden nach Prüfung durch die Generalversammlung aufgenommen. Bewerber müssen einen Paten vorweisen. Es werden Mitgliedsbeiträge, gestuft nach Einzelpersonen, Schulen und Gruppen, erhoben. Gründung 1953, Dokumentationszentrum seit 1973, Bulletin seit 1969. Seit 1965 stiftet die AIC alljährlich einen Preis für die internationalen Ausstellungen in Vallauris und Faenza in Form einer Medaille. Jahresversammlungen in verschiedenen Ländern.

Acrylfarben. Schnelltrocknende wäßrige Dispersionen von Polyacrylharzen.

Adsorption. Anlagerung eines Adsorbats (Sorbeds, Adsorptivs) an ein Adsorptionsmittel (Adsorbens), die umkehrbar (physikalisch) oder nicht umkehrbar (chemisch) sein kann.

Ägyptischblaue Glasuren = Alkaliglasuren, die mit Kupfer gefärbt sind.

Äquivalentgewicht. Menge eines Elements oder einer Verbindung, die einem Grammatom Wasserstoff entspricht (äquivalent ist). Äquivalentgewicht = Atom- oder Molekulargewicht durch Wertigkeit. Bei zweibasigen Säuren wie der Kieselsäure beträgt es die Hälfte des Molekulargewichts.

Äscher. Bei mäßiger Rotglut durch Rühren in einer Metallpfanne oxidierte Mischung aus metallischem Zinn und Blei zur feineren Verteilung der beiden Substanzen, um die Weißtrübung in Fayenceglasuren zu verbessern. Gesundheitsschädliches, veraltetes Verfahren.

Ätzen. Abtragung der Oberfläche, bei Steinzeug und Porzellan mit 2 %iger Flußsäure 5 bis 20 Minuten bei Raumtemperatur.

Ahornasche. Eine Asche von Dolomittyp; sie kann infolge ihres hohen Kalk- und Magnesiagehalts wie ein durch Sand verunreinigter Dolomit verwendet werden. Der Alkaligehalt ist gering. Sie besitzt so wenig Schwefel, daß sie nicht gewaschen werden muß. Die Asche der Blätter ist kalkreicher und entspricht einem durch Magnesia und Sand verunreinigten Kalkspat. Die Naturfarbe der Ahornaschenglasuren ist Seladon im reduzierenden, gelb im oxidierenden Brand. Anhaltswerte: 19,88 % SiO_2, 1,965 % Al_2O_3, 2 % Fe_2O_3, 0,2 % MnO, 42,79 % CaO, 8,2 % MgO, 7,835 K_2O, 3,22 Na_2O, 5 % P_2O_5, 1 % SO_3, 0,5 % Cl. Segerformel zum Einrechnen in Glasuren: 0,30 SiO_2, 0,02 Al_2O_3, 0,01 Fe_2O_3, 0,70 CaO, 0,18 MgO, 0,07 K_2O, 3,22 Na_2O, 0,04 P_2O_5. Mol.-Gew. 85.

AIC (Académie Internationale de la Céramique) in Genf.

AK = Ausdehnungskoeffizient.

Akazienasche. Eine Asche vom Kalktyp. Sie besitzt 60 bis 75 % CaO, wenig Magnesia und braucht nicht gewaschen zu werden. Man kann sie an Stelle von Kalkspat in Versätzen verwenden. Um zu einer Glasur zu werden, braucht die Asche Glasbildner, also einen Zusatz von Quarz, und möglichst auch Kaolin, da sie selbst kaum Tonerde besitzt. Die Naturfarbe der Akazienaschenglasur ist Seladon im reduzierenden, gelb im oxidierenden Brand. Anhaltswerte: 8,335 % SiO_2, 2,91 % Al_2O_3, 1,07 % Fe_2O_3, 0,13 % TiO_2, 70,15 % CaO, 5,4 % MgO, 6,61 % K_2O, 0,32 % Na_2O, 3,77 % P_2O_5. Segerformel zum Einrechnen in Glasuren: 0,10 SiO_2, 0,02 Al_2O_3, 0,01 Fe_2O_3, 0,86 CaO, 0,09 MgO, 0,05 K_2O, 0,01 Na_2O, 0,02 P_2O_5. Mol.-Gew. 70.

Akrothal. Handelsbezeichnung für ferritische Heizleiterlegierungen der Kanthal AB in Schweden.

Aktivfarben. Unterglasurfarben mit einem oberflächenaktiven Fluß. Infolge ihrer geringen Oberflächenspannung dringt die Farbe durch die Glasur hindurch bis zur Oberfläche, wobei sie sich ausbreitet.

Alabaster. Feinkörniger Gips der Toskana, $CaSO_4 \cdot 2 H_2O$.

Alabastergips, $CaSO_4 \cdot 0,5 H_2O$, gebrannter Gips, Modellgips: auf 100 g Gips nimmt man 70 cm^3 Wasser. Für keramische Arbeitsformen vermischt man ihn mit Hartformgips: zwei Drittel Alabaster zu einem Drittel Hartformgips. Bei dieser Mischung nimmt man auf 100 g Gips 60 cm^3 Wasser.

Alaun, Kalialaun, mäßig wasserlösliches, wasserhaltiges Kaliumaluminiumsilikat KAl$(SO_4)_2 \cdot 12 H_2O$.

Alaunschiefer, bituminöser Tonschiefer mit hohem Schwefelkiesgehalt (Schwefelbakterien) zur Gewinnung von Vitriolen und Alaunen.

Albany slip. Alluviale Ablagerungen des Hudson-Flusses zwischen Albany und Catskill im Staat New York. Allein gibt dieser Ton Glasuren in den Farben Dunkelbraun (1170 °C), Braunschwarz (1210–1250 °C) und Gelbbraun (1290 °C). Ersatzmischung für Albany slip: 27,21 Lavalit, 0,56 Manganton, 20,87 Niederahrer Ton 178/RI, 18,14 Kalifeldspat 82/K11, 3,12 Natronfeldspat Na 427, 4,99 Kalkspat 344, 0,44 Rutil, 4,38 Kaolin, 20,29 Quarzmehl. Albany-slip-artige Glasur für 1180–1300 °C:

30,05 Kalifeldspat 82 K/11
6,50 Talkum
6,69 Kalkspat
5,38 Eisenoxid
20,96 Kaolin
24,42 Quarz.

Albit, Natronfeldspat, als Mineral $Na_2O \cdot Al_2O_3 \cdot 6 SiO_2$, Mol.-Gew. 524,29. Hauptgemengteil von Plutoniten und kristallinen Schiefern, Endglied der Plagioklasreihe (Kalknatronfeldspäte): Mischkristalle mit Anorthit, so auch in dem handelsüblichen Gestein »Feldspat NA 427« mit der chem. Analyse: 67,9 % SiO_2, 19,9 % Al_2O_3, 0,19 % Fe_2O_3, 0,95 % CaO, 0,15 % MgO, 0,60 % K_2O, 9,48 % Na_2O, 0,007 % F, 0,9 % Glühverlust. Vereinfachte Molekularformel $Na_2O \cdot Al_2O_3 \cdot 6,3 SiO_2$. Mol.-Gew. 556.

Alkalien. Hydroxide der Alkalimetalle, jedoch auch Kurzbezeichnung für Alkalimetalloxide: Li_2O, Na_2O, K_2O, Rb_2O, Cs_2O. Sie wirken als Flußmittel.

Alkalien in Glasuren. Mischungen der Alkalien mit Kieselsäure allein besitzen eine so geringe hydrolytische Beständigkeit, daß sie als Wassergläser bezeichnet werden. Tonerde und Erdalkalien sind erforderlich, um diesen Nachteil zu beseitigen. Mit Borsäure und Kieselsäure können die Alkalien Flüssig-

Flüssig-Entmischungen bilden. Die Natrium-, Kalium- und Lithiumverbindungen sind die wichtigsten keramischen Flußmittel. Bei niedrigen Temperaturen führen sie zu Haarrissen, da sie die Wärmedehnung erhöhen und die Zugfestigkeit verschlechtern. Ihre niedrige Oberflächenspannung begünstigt das Ablaufen. Die am leichtesten schmelzbaren Alkali-Kieselsäure-Mischungen sind relativ kieselsäurereich:

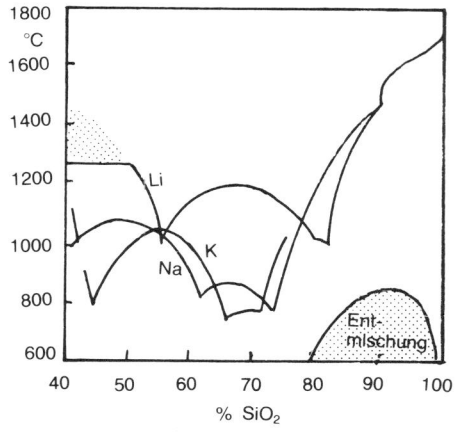

$K_2O \cdot 3,258 \; SiO_2$ (745 °C)
$K_2O \cdot 4,28 \; SiO_2$ (775 °C)
$K_2O \cdot 1,879 \; SiO_2$ (780 °C)
$Na_2O \cdot 3,09 \; SiO_2$ (780 °C)
$Na_2O \cdot 1,72 \; SiO_2$ (840 °C)
$Na_2O \cdot 0,779 \; SiO_2$ (1030 °C)
$Li_2O \cdot 0,633 \; SiO_2$ (1024 °C)
$Li_2O \cdot 2,268 \; SiO_2$ (1028 °C)
$Li_2O \cdot 1,99 \; SiO_2$ (1033 °C)

Zwischen 80 und 100 % SiO_2 befindet sich ein unterhalb der Schmelztemperatur liegendes Entmischungsgebiet.

Alkalien in Massen. In gewöhnlichen keramischen Massen sind Alkalien durch glimmerartige Tonminerale oder Feldspat vertreten, seltener durch Nephelinsyenit oder Sintermehl. Nach dem Zerfall der Tonminerale treten die ersten Schmelzphasen auf. Die Alkalien bilden mit Tonerde und Kieselsäure ein zähes Scherbenglas, das eine gute Standfestigkeit im Feuer und einen günstigen, weiten Sinterbereich verursacht. Forciertes Sintern erreicht man durch höhere Alkalikonzentration, z. B. Sintermehl-Zusatz.

Alkalifritten, blei- und borsäurefrei:

M1233 = 0,3 CaO, 0,4 Na_2O, 0,3 K_2O, 0,03 Al_2O_3, 2,4 SiO_2, Mol.-Gew. 127.
Sintermehl = 0,41 CaO, 0,05 MgO, 0,52 Na_2O, 0,02 K_2O, 0,05 Al_2O_3, 0,007 Fe_2O_3, 2,75 SiO_2, Mol.-Gew. 231.
Degussa 90208 = 1 Na_2O, 0,2 Al_2O_3, 2,2 SiO_2, Mol.-Gew.. 214,5.
Blythe 84396 = 0,95 Na_2O, 0,05 CaO, 0,04 Al_2O_3, 1,6 SiO_2, Mol.-Gew. 161,87.

Alkaligesteine. »Atlantische Sippe«. Endglieder der Mischungsreihe der Alkali-Erdalkali-Gesteine mit vielen Alkalimineralien: Hornblende, Albit. Dazu gehören u. a. Alkaligranit, Natronsyenit, Foyait, Phonolith, Trachyt.

Alkaliglasuren. Von altägyptischen Glasuren der Zusammensetzung

0,7 Na_2O
0,02 MgO   0,046 Al_2O 3,066 SiO_2
0,28 CaO

abgeleitete Glasuren. Diese ursprüngliche Glasur schmilzt bei 900 °C und färbt sich mit Kupfer blau. Eine derartige, leichtschmelzbare Glasur kann man aus Wasserglaspulver und Natronfeldspat für 970 °C herstellen:
60 Wasserglas
40 Natronfeldspat
 3 Kupferoxid

Alle Alkaliglasuren werden haarrissig und erfordern einen quarzreichen Scherben (»Quarzfritteschreben«), wenn sie wasserdicht sein sollen. Das engmaschige Rissenetz besitzt jedoch einen großen Reiz und verleiht den Transparentglasuren optische Tiefe. Besonders schöne ägyptischblaue Glasuren erhält man mit Hilfe von Lithiumkarbonat, z. B. für 1050 °C:
87,0 Fritte M1233
 4,8 Lithiumkarbonat
 3,2 Zinkoxid
 2,1 Bentonit
 2,9 Kupferoxid

Bei 1240 °C kann man diese Alkalifritte ebenfalls einsetzen:
25,7 Fritte M1233
39,7 Natronfeldspat
 5,1 Lithiumkarbonat
 1,9 Zinkoxid
 6,2 Kaolin
19,4 Quarzmehl
 2,0 Kupferoxid

Bei allen ägyptischblauen Glasuren empfiehlt sich, eine weiße Engobe unter der Glasur, damit dioe Farbe klarer wird.

Alkaligranit. Tiefengestein aus den Gemengteilen Quarz, Orthoklas, Anorthoklas und Alkalihornblende. Anhaltswerte: 75,22 % SiO_2, 0,13 % TiO_2, 9,93 % Al_2O_3, 2,31 % Fe_2O_3, 2,19 % FeO, 0,17 % MnO, 0,09 % MgO, 1,08 % CaO, 4,78 % Na_2O, 4,06 % K_2O, 0,31 % H_2O. Segerformel zum Einrechnen in Glasuren: 0,18 FeO, 0,12 CaO, 0,47 Na_2O, 0,24 K_2O, 0,59 Al_2O_3, 0,06 Fe_2O_3, 7,35 SiO_2. Mol.-Gew. 585.

Alkalimetalle. Gruppe der einwertigen Metalle Lithium (Li), Natrium (Na), Kalium (K), Rubidium (Rb) und Cäsium (Cs).

G **Alkalirohstoffe.** Kaum wasserlöslich sind Kali-, Natron-, Lithiumfeldspat, Nephelinsyenit sowie Alkalifritten. Wasserlöslich sind Soda und Pottasche (siehe die Löslichkeitstabelle unter »Wasserlöslichkeit«).

Alkalische Reaktion, basische Reaktion. Durch Lösung von Alkalien in Wasser verursachter Überschuß an OH-Ionen. Der pH-Wert der alkalischen Lösungen liegt zwischen 7 und 14. Rotes Lackmuspapier wird blau.

Allophan. Nichtkristallisiertes, stark wasserhaltiges Aluminiumsilikat, Bestandteil von Tonen.

Alsichrom. Ferritische Fe-Cr-Al-Heizleiter der Thyssen Edelstahlwerke AG in 5802 Wetter 4 (Wengern).

Alsiflex, Alsiblock. Aluminiumsilikat-Faserdämmstoffe der Promat GmbH in 4030 Ratingen.

Altdeutsche Kacheln, siehe unter Ofenkacheln.

Alterung. Temperatur- und zeitabhängige Veränderung von Eigenschaften z. B. des Glasurschlickers (siehe unter Glasurschlicker 6.). Bei Glasuren, die sich nicht im thermodynamischen Gleichgewicht befinden, ist die Alterung auf eine Änderung des Ordnungszustandes zurückzuführen. Temperaturerhöhung beschleunigt die Alterung.

Altglas. Getrennt vom allgemeinen Hausmüll in Spezialcontainern gesammeltes Glas, das der Produktion wieder zugeführt wird. Es wird in Prallmühlen zerkleinert, die Fremdteile über 2 mm Korngröße werden ausgesiebt, die magnetische Metallverunreinigung im Wirbelstromverfahren entfernt, das zerkleinerte Gut in manchen Hütten im Transparenz-Sortierer nach Farbe und Transparenz sortiert. Das Rücklaufglas eignet sich nur zur Grünglasproduktion, d. h. für grünes Hohlglas. 1 % Scherbenzusatz zur Schmelze gibt eine Energieersparnis von 8 kJ/kg Glas. Durchschnittliche Zusammensetzung des Altglases: 71,1 % SiO_2, 1,43 % Al_2O_3, 0,44 % Fe_2O_3, 0,28 % Cr_2O_3, 0,06 % TiO_2, 9,17 % CaO, 2,34 % MgO, 0,15 % BaO, 14,1 % Na_2O, 0,59 % K_2O, 0,11 % SO_3. Segerformel zum Einrechnen in Glasuren: 0,36 CaO, 0,13 MgO, 0,50 Na_2O, 0,01 K_2O, 0,03 Al_2O_3, 2,59 SiO_2. Mol.-Gew. 219. Das Altglas selbst schmilzt bei 1100 °C. Ägyptischblaue Glasur für 1000 °C: 70 Gwt. Altglas, 5 Gwt. Zinkoxid, 25 Gwt. Lithiumkarbonat, dazu 5 Gwt. Bentonit und 3 Gwt. Kupferoxid.

Alumina. Engl. Bezeichnung für Tonerde, Al_2O_3.

Aluminium, Al, 3wertiges Leichtmetall, Atomgewicht 26,9815, Schmelzpunkt 658 °C, kommt in der Natur nur in Form seiner Verbindungen vor. Die wichtigste ist die Tonerde (Al_2O_3). Aluminiumpulver ist zerkleinerte Aluminiumfolie. Es wird zur inneren Reduktion von Glasuren verwendet. Mit einem Schmiermittel versetzt, dient es zur Herstellung von pyrotechnischen Erzeugnissen und Sprengstoffen.

Aluminiumoxid, siehe unter Tonerde.

Aluminiumphosphat, $AlPO_4$, Mol.-Gew. 121,95, Schmelzpunkt über 1500 °C, eine mit der Kieselsäure, SiO_2, isotype Verbindung, d. h., sie zeigt eine überraschende Übereinstimmung mit deren Verhalten. Das Aluminiumphosphat bildet mit Borphosphat, BPO_4, unbegrenzte Mischkristalle. Beide können interessante Glasurstoffe sein.

Alundum. Künstliche, kristallisierte Tonerde (Al_2O_3).

Amblygonit, $2LiF \cdot Al_2O_3 \cdot P_2O_5$, Lithiumphosphatmineral, kommt in Granitpegmatiten, z. B. in Frankreich, vor.

Ammoniumkarbonat, $(NH_4)_2CO_3 \cdot H_2O$, Mol.-Gew. 114,11. Zusatz zur Erleichterung des Trocknens, wenn die Poren der Keramik (z. B. durch organische Plastifizierungsmittel) verstopft sind. Das Ammoniumkarbonat zersetzt sich bei 58 °C zu einem Gas, das die Poren freibläst. Ebenso wirkt NH_4HCO_3, das Ammoniumbikarbonat.

Amphibole. Gruppe gesteinsbildender Minerale mit silikatischer Kettenstruktur. Dazu gehören z. B. Hornblende, Anthophyllit, Aktionolith. Gemengteile in metamorphen und Eruptivgesteinen.

Amphibolit. Hauptsächlich aus Amphibolen gebildetes, dunkles, metamorphes Gestein (kristalliner Schiefer) mit weniger als 50 % Plagioklasen, dem Hornblendeschiefer verwandt.

Amphotere Oxide. Oxide, die sowohl als Säuren (in basischen Milieus) als auch als Basen (in sauren Milieus) wirken können. Sie haben meist die allgemeine Form R_2O_3, z. B. Al_2O_3, Fe_2O_3, Cr_2O_3; aber auch V_2O_5, MoO_3 u. a. sind amphoter. Hingegen wird die Borsäure B_2O_3 in der Segerformel als sauer betrachtet, weil sie ein Glasbildner ist.

Anagama. Einkammeriger ostasiatischer, bei einer Neigung von 10 bis 15 Grad ohne Schornstein, sonst mit Schornstein versehener Ofen, besonders für Ascheanflug geeignet.

Analysen. Informationen über die chemische Zusammensetzung von Rohstoffen, Massen, Glasuren und Werkstoffen gibt die chemische Analyse. Die rationelle Analyse dient zur Berechnung von Masseversätzen. Die röntgenographische Mineralanalyse (Röntgenfeinstrukturanalyse) gibt Auskunft über die mineralogische Zusammensetzung der Roh- und Werkstoffe. Die Sedimentations- und die Siebanalyse geben die Verteilung der Korngrößen an. Die Differenzthermoanalyse (DTA) gibt Aufschluß über die kalorischen Effekte beim Erhitzen, die durch Zerfall und Neubildungen hervorgerufen werden. Die Röntgenfluoreszenzanalyse ermittelt zerstörungsfrei die chemische Zusammensetzung von Oberflächen, die Thermolumineszenzanalyse gibt Auskunft über das Alter einer Keramik. Der Nachweis von Blei und Cadmium erfordert nach den Prüfvorschriften die Anwendung der Atomabsorptions-Spektralanalyse.

Anatas, Titan(IV)oxid, TiO_2, Mol.-Gew. 79,90 gelb bis braunes, auch dunkelblaues oder rötliches Mineral, kommt u. a. im Fichtelgebirge vor.

Anauxit, Tonmineral der Kaolingruppe.

Andalusit, $Al_2O_3 \cdot SiO_2$, rhombisch kristallisierendes Mineral in Glimmerschiefern und Pegmatiten, z. B. Gefrees (Fichtelgebirge), Lisens (Österreich).

Andesin. Zu den Plagioklasen gehöriger Kalknatronfeldspat mit 30–50 Mol.-% Anorthit (= Kalkfeldspat).

Andesit. Ergußgestein, wird an der Pazifikküste entlang der »Andesitlinie« vom geologisch älteren Basaltgestein getrennt. Hauptgemengteile: Plagioklas und Hornblende bei hohem Glasanteil. Vorkommen: Eifel (Hornblendeandesite bei Kelberg, Müllenbach und Welcherath), Siebengebirge (Trachyandesit = Wolkenburgandesit), Westerwald (Hornblendeandesite, Augitandesite, Trachyandesite). Anhaltswerte für die Zusammensetzung: 57,35 % SiO_2, 0,64 % TiO_2, 17,54 % Al_2O_3, 3,33 % Fe_2O_3, 3,87 % FeO, Spuren MnO, 4,29 % MgO, 6,91 % CaO, 4,01 Na_2O, 2,54 % K_2O, 0,08 % P_2O_5, 0,03 % S, 0,79 % H_2O. Segerformel zum Einrechnen in Glasuren: 0,14 FeO, 0,01 MnO, 0,23 MgO, 0,35 CaO, 0,20 Na_2O, 0,07 K_2O, 0,57 Al_2O_3, 0,07 Fe_2O_3, 3,34 SiO_2, 0,03 TiO_2, 0,006 P_2O_5, Mol.-Gew. 337.

Anflugglasuren. Salz- und Sodaglasuren, die sich durch Reaktionen des dampfförmig niedergeschlagenen Salzes mit dem Scherben im Feuer bilden. Bei den Salzglasuren verwendet man Kochsalz (eventuell mit Zusätzen von Borax oder Borsäure) bei hohen Temperaturen, während die Sodaglasuren (Soda-Raku) mit einer Mischung aus Soda und Sägemehl bei niedrigen Temperaturen angewandt werden (siehe unter Salzglasur, Soda-Raku).

Anguß, Beguß, siehe unter Engobe.

Anhydrit, $CaSO_4$, kommt zusammen mit Gips und Steinsalz vor, geht durch Wasseraufnahme in Gips über. Naturanhydrit ist ein unhydraulisches, an der Luft erhärtendes Bindemittel (Luftmörtel).

Ankerit, $Ca(Mg,Fe)(CO_3)_2$, Kalzium-Magnesium-Eisen-Karbonat, bildet mit Dolomit eine stufenlose Mischkristallreihe, wobei das Magnesium des Dolomits zunehmend durch Eisen ersetzt wird.

Anlaßwert, siehe unter Fließgrenze.

Anlauffarbe. Glasurfärbung durch Wiedererhitzen (»Anlaufenlassen«), das eine Vergrößerung der submikroskopischen, dispergierten Teilchen bewirkt, so daß sie in einen bestimmten Wellenlängenbereich des Lichts kommen. Solche Anlauffarben sind Rot durch Kupfer, Gelb durch Silber, Rosa bis Rubinrot durch Gold, Gelb durch Cadmiumsulfid und Orange durch Cadmiumselenid. Beispiel für eine solche kupferrote Glasur (A), die im Elektroofen in oxidierender Atmosphäre bei 1280 °C dreimal im Zusammenwirken mit einer zweiten Glasur (B) gebrannt werden muß:

Glasur A
33,78 Kalifeldspat
27,51 Quarz
 5,35 Kaolin
 1,40 Talkum
 1,89 Zinkoxid
 3,53 Wasserglas
11,10 Borax, krist.
 0,90 Fritte M70
 0,75 Zinnoxid
 0,23 Kupferkarbonat
 0,22 Siliziumkarbid

Glasur B
 6,76 Kalifeldspat
38,20 Natronfeldspat
25,32 Quarz
13,48 Kalkspat
 1,36 Kaolin
 2,55 Zinkoxid
 1,22 Wasserglas
 3,82 Borax, krist.
 5,38 Ferro-Fritte 3134
 0,30 Fritte M70
 1,02 Zinnoxid
 0,28 Kupferkarbonat
 0,30 Siliziumkarbid

Das Wasserglas soll die Zusammensetzung $Na_2O \cdot 3,33 \ SiO_2$ haben; es ist in Drogerien erhältlich und soll als Pulver zugesetzt werden, d. h., wenn man es nur flüssig bekommt, läßt man es erst trocknen. Das Siliziumkarbid muß äußerst fein auf der Glasplatte verrieben werden, ehe man es zusetzt. Glasur A wird für den ersten Brand dick aufgetragen. Sie läuft ab, und man schleift die Verdickungen weg, ehe man sie zum zweiten Mal brennt, wobei sich das gleiche wiederholt. Vor dem dritten Brand spritzt man Glasur B auf und brennt sodann zum letzten Mal.

Anmachwasser, mechanisch gebundenes Wasser, das für eine verarbeitbare Masse oder Glasur erforderlich ist. Der Anmachwasserbedarf einer Mischung steigt mit der Kornfeinheit und der Anwesenheit plastischer, quellfähiger Substanzen. Anhaltswerte für Massen 25 % Wasser auf 75 %Feststoff, in Glasuren 50:50, jedoch sind für die Konsistenz des Glasurschlickers die Porosität (Wasseraufnahme) des Scherbens und die gewünschte Glasurdicke maßgebend. (siehe unter Auftragsdicke und Glasurenschlicker).

Anorthit, Kalkfeldspat, $CaO \cdot Al_2O_3 \cdot 2SiO_2$. Gemengteil von Kalkstein und Dolomit, Endglied der Plagioklase (Kalknatronfeldspäte) = Mischkristalle mit Albit. Unter dem Handelsnamen »Anorthit« wird von Mandt, Wunsiedel, ein Feldspat angeboten, der aus 7,2 % Orthoklas, 50,5 % Albit und 35,4 % Anorthit besteht; chem. Zusammensetzung: 57,6 % SiO_2, 26,5 % Al_2O_3, 0,54 % Fe_2O_3, 7,13 % CaO, 0,34 % MgO, 1,22 % K_2O, 5,98 Na_2O. Segerformel siehe unter Feldspäte.

Anorthosit. Tiefengestein, das hauptsächlich Plagioklas enthält, dazu Pyroxene als dunkle Gemengteile. Mittlere Zusammensetzung: 54 % SiO_2, 29 % Al_2O_3, 13 % CaO, 4 % Na_2O. Segerformel zum Einrechnen in Glasuren: 0,78 CaO, 0,22 Na_2O, 0,96 Al_2O_3, 3,03 SiO_2. Mol.-Gew. 337,45.

Antimon, Sb, 3- und 5wertiges Metall, Atomgewicht 121,75, Vorkommen als Antimonglanz (Sb_2S_3, Grauspießglanz, Antimonit, Stibnit). Das giftige Antimon(III)oxid Sb_2O_3 (Mol.-Gew. 291,51) kommt in der Natur als Senarmonit und Valentinit vor. Als Glasurrohstoff ist es ein durch Rösten von Grauspießglanz gewonnenes weißes Pulver mit der durchschnittlichen Zusammensetzng 91,3 % Sb_2O_3, 5,25 % Sb_4O_6, 1,6,% SiO_2, 1,15 % Fe_2O_3 und 0,15 % H_2O. Das ebenfalls künstliche, jedoch ungiftige Antimon(V)-oxid Sb_2O_5 (Mol.-Gew. 323,52) ist ein blaßgelbes Pulver. Beide Oxide gehen beim Erhitzen in Antimon(III,V)oxid Sb_2O_4 über, das bei 656 °C schmilzt. Antimonvergiftung äußert sich in Schweißausbrüchen und Erbrechen wie beim medizinisch gebrauchten Brechweinstein.

Antimonglasuren. Mit Antimonoxid als wei-

ßes oder farbiges Trübungsmittel versetzte Glasuren. Infolge ihrer geringen Hitzebeständigkeit eigenen sich die Antimonoxide nur für Temperaturen bis 1130 °C. Die Weißtrübung erfordert ein bleifreies Milieu. Man erhält z. B. eine weißdeckende Glasur für 1080 °C aus:
62,2 Fritte M1233
 2,3 Kalkspat
 1,7 Zinkoxid
24,3 Quarzmehl
 0,5 Bentonit
 9,0 Antimon(V)oxid

Die bekannteste Antimonfärbung ist das Neapelgelb $Pb_3(SbO_4)_2$, das man am schönsten aus einer Mischung aus
52 Mennige
34 Antimon(III)oxid
14 Zinnoxid
erhält, die man bei 915 °C glüht, dann verreibt und auswäscht. Man kann mit diesem Farbkörper z. B. folgende Glasur für 1130 °C gelbfärben:
17,9 Fritte M1233
50,4 Fritte M70
14,3 Kaolin
 2,4 Zinkoxid
 9,0 Quarzmehl
 6,0 Antimonfarbkörper

Eine gelbe Glasur erhält man aber auch, wenn man einfach das Antimonoxid als Färbemittel benutzt, z. B. bei der folgenden Glasur für 1000 °C:
23,5 Fritte M1233
51,5 Fritte M70
14,8 Kaolin
 3,0 Quarzmehl
 1,1 Zinkoxid
 6,1 Antimon(III)oxid

Mit 3 % Eisen(III)oxid kann das Gelb zu Orange abgetönt werden, mit Kobalt- oder Chromoxid zu Grün.
Es gibt auch ein Antimonblau, das man als Farbkörper aus einer Mischung aus 9 Teilen Zinn(II)oxid (SnO, Mol-Gew. 143,7) mit 1 Teil Antimon(III)oxid ebenfalls selbst herstellen kann.

Anzeigerpflanzen, siehe unter Bodenzeiger. Pflanzen, die Bodenschätze anzeigen.

Apatit, feinkristallin als Phosphorit, $9CaO \cdot 3P_2O_5 \cdot Ca(ClF)_2$, grünlich bis graugrünes Mineral, kommt in großen Kristallen in Pegmatiten, sonst als Gemengteil in magmatischen Gesteinen und kristallinen Schiefern vor, Fundorte in der Eifel und im Fichtelgebirge.

Apfelholzasche. Eine schwefelarme Asche vom Kalktyp, die über 80 % CaO enthalten kann. Die aus ihr hergestellten Glasuren besitzen keine klare Seladonfarbe, denn die Asche enthält viel Mangan. Man kommt aber durch Färbungen mit Kobalt- oder Kupferoxid und durch Trübung mit Phosphor zu guten Ergebnissen. In Temmokuglasuren ist Apfelholzasche ein guter Ersatz für Kalkspat und wirkt gegen Nadelstiche, da sie eine hohe Oberflächenspannung erbringt. Daher ist sie auch günstig für schwarze Sinterengoben vom Tz'u chou-Typ. Anhaltswerte: 3,335 % SiO_2, 2,49 % Al_2O_3, 0,88 % Fe_2O_3, 17,345 % MnO, 68,29 % CaO, 4,095 % MgO, 1,12 % K_2O, 2,45 % Na_2O, 1,99 % P_2O_5. Segerformel zum Einrechnen in Glasuren: 0,04 SiO_2, 0,01 Al_2O_3, 0,01 Fe_2O_3, 0,15 MnO, 0,76 CaO, 0,06 MgO, 0,01 K_2O, 0,002 Na_2O, 0,01 P_2O_5. Mol.-Gew. 64.

Aplit. Helles Ganggestein mit feinkörnig nebeneinander auskristallisierten Mineralen. Nach dem Tiefengestein benannt (z. B. Syenit-Aplit). Unbenannt ist Granit-Aplit gemeint.

Aplitgranit. Feinkörniges Ganggestein des Granits, das überwiegend aus Orthoklas besteht. Kommt hauptsächlich in der Lausitz vor. Aplitgranit aus Fürstenstein, nordwestlich von Görlitz: 75,7 % SiO_2, 0,09 % TiO_2, 13,17 % Al_2O_3, 0,43 % Fe_2O_3, 0,74 % FeO, 0,15 % MgO, 0,92 % CaO, 3,59 % Na_2O, 4,77 % K_2O, 0,68 % H_2O. Segerformel zum Einrechnen in Glasuren: 0,07 FeO, 0,14 CaO, 0,43 Na_2O, 0,36 K_2O, 0,93 Al_2O_3, 9,0 SiO_2, Mol.-Gew. 714.

APM. Kanthal-Heizleiterlegierung.

Apophyllit, $KFCa_4Si_8O_{20} \cdot 8H_2O$. Glasglänzendes Mineral in Hohlräumen basaltischer Gesteine und in Magnetiten, z. B. im Schwarzwald, am Kaiserstuhl, im Siebengebirge und in den Alpen.

Aquatinta-Malerei auf Porzellan. Siehe unter Lösungsfarben.

Araeometer, Senkwaage. Glasstab, der infolge seines Gewichts in eine Flüssigkeit mit geringem spezifischem Gewicht (= Dichte) tiefer eintaucht als in eine mit hohem spez. Gewicht. Die Skalen sind entweder nach Baumé-Graden (°Bé) oder nach dem spezifischen Gewicht eingeteilt. Das spezifische Gewicht läßt sich nach folgender Formel aus den Baumé-Graden errechnen:

$$\text{spez. Gew.} = \frac{144{,}3}{144{,}3 - °\text{Bé}}$$

spez. Gewicht.	°Bé
1,0	0
1,2	24,5
1,4	41,2
1,6	54,1
1,8	64,1
2,0	73,0

Aragonit, $CaCO_3$, rhombisch, bildet mit dem trigonalen Calcit eine Mischkristallreihe.

Arbeitsgemeinschaft Schweizerischer Keramiker (ASK). Berufsvereinigung mit einem Präsidenten, zehn Vorstands- und fünf Jurymitgliedern. Mitglieder sind Berufskeramiker und Autodidakten mit Paten. Generalversammlungen, Keramiksammlung. Interne »Mitteilungen« erscheinen vierteljährlich. Sekretariat: Postfach CH-8607 Aathal-Seegräben.

M **Arbeitshygiene.** Der vorbeugende Gesundheitsschutz gegen Gefährdungen bei der Arbeit betrifft: Beschaffenheit des Arbeitsraumes, Beleuchtung, Belüftung, Arbeitskleidung, Atemschutz, Gefahrenschutz (z. B. bei Vergiftungen oder bei elektrischen Geräten und Gas), Sozialräume (Toiletten). Beim Umgang mit Glasuren kommt man mit Stoffen in Berührung, die giftig oder krebserregend sein können. Die gesundheitsgefährdenden Stoffe sind in einer Tabelle der maximalen Arbeitsplatzkonzentration zusammengefaßt (siehe MAK-Werte). Für elektrische Brennöfen, die im Bildungs-, Handwerks- oder Freizeitbereich eingesetzt werden, gelten die Bestimmungen der DIN 57700/VDE 0700: »Sicherheit elektrischer Geräte für den Hausgebrauch und ähnliche Zwecke.« Für den Umgang mit Flüssiggas gelten die »Richtlinien für die Verwendung von Flüssiggas« der Berufsgenossenschaft der keramischen und Glas-Industrie, Würzburg. (Siehe auch unter Brennen)

Arbeitsstoffverordnung enthält die Kennzeichnungspflicht von gefährlichen Substanzen in Stoffen, die in den Handel kommen (Aufkleber).

Arbeitstherapie. Arbeit von Kranken unter der Anleitung von Arbeitstherapeuten mit dem Ziel der Wiedereingliederung in den Arbeitsprozeß. Schulen siehe unter Beschäftigungstherapie.

Arch (engl.) Ofengewölbe.

Argalvan. Poliersilber zur Galvanisierung von Keramik.

Argillaceous (engl.) tonhaltig.

Argoplast. Handelsname der Fa. Kirulan für eine Abformmasse zum Formen von Körperteilen (z. B. Gesichtsmasken).

Archäometrie. Wissenszweig der Naturwissenschaften, der sich mit chemisch-pyhsikalischen Untersuchungen archäologischer Objekte, Lagerstätten, Technologien und Werkstoffen befaßt.

Arkose. Feldspat- und quarzreiches, rötliches oder graues Sedimentgestein, für die Feldspatgewinnung in Deutschland von Bedeutung.

Arsen, As. Atomgewicht 74,9216, dem Phosphor ähnliches, 3- und 5wertiges Element. Seine Verbindungen dienten früher als Trübungsmittel in Emails.

Arsenopyrit, FeAsS, Arsenkies, monoklines, silbrig glänzendes Mineral, kommt verstreut in Dolomit, Kalkstein, Gneis vor, z. B. im Harz, Erzgebirge, Kärnten, Binnatal (Schweiz).

Art Brut. Unverbildete Kunst. Von Jean Dubuffet gebrauchte Bezeichnung für spontan und unreflektiert Gestaltetes.

Asbest. $CaO \cdot 3\,MgO \cdot 4\,SiO_2$.

ASK. Arbeitsgemeinschaft Schweizer Keramiker in CH 8607 Aathal-Seegräben

Aschen. Anorganische Reste bei der Verbrennung pflanzlicher und tierischer Substanzen bzw. Staub von Vulkanausbrüchen. Dementsprechend unterscheidet man zwischen Pflanzenaschen, unter denen die Holzaschen besonders wichtig sind, Kohlenaschen, Knochenasche und vulkanischen Aschen.

Aschengewinnung und -aufbereitung. Will man Aschen brennen, so muß man vor allem darauf achten, daß sie nicht durch Erde verunreinigt sind. Holz und Wurzeln müssen sauber sein, gegebenenfalls gewaschen werden. Laub muß trocken sein. Der Verbrennungsplatz ist festzustampfen, die Asche soll man dann nicht vom Boden abkratzen. Beim

Verbrennen soll Windstille herrschen, damit die Asche nicht wegfliegt. Ein Verbrennungsofen ist vorteilhaft, vor allem zum Verbrennen von Stroh, weil dieses nur dann zu einer hellgrauen Asche verbrennt, wenn man die Glut wie in einer Tabakspfeife feststampft, damit sie weiterglimmen kann. Zu diesem Zweck eignet sich auch eine kleine Blechtonne, die man durchlöchert. Ist die Asche kalt, siebt man sie trocken durch ein Sieb mit 100 Maschen/cm^2 (Sieb Nr. 10), indem man das Sieb in einen Plastiksack, wie er für Müll verwendet wird, zwängt, so daß es beim Sieben nicht staubt. Dabei werden Holzkohlestückchen, Unverbranntes und grobe Verunreinigungen ausgesiebt. Bei Holzaschen genügt das meistens schon. Trotzdem kann man sie, vor allem aber sulfat- und chlorhaltige Aschen, durch Waschen und Naßsieben verbessern. Wasserlöslich sind Alkalichloride, -sulfate und -karbonate, die entweder durch reduzierendes Brennen oder durch Ausschlämmen vor dem Gebrauch unschädlich gemacht werden müssen. Am schwefelreichsten sind die Aschen von Heidekraut, Holunder, Birnbaum, Lorbeer, Zeder und die Blätter der Eiche. Sehr viel Chlor besitzen Birke, Buchsbaum, Esche, Edelkastanie, Liguster, Stechginster, Heidekraut, Weißbuche, Stechpalme und Goldregen. Hingegen kann Apfelbaumholzasche auch für den oxidierenden Brand ungewaschen verwendet werden. Unlösliche Bestandteile der Aschen sind Karbonate, Phosphate und Silikate des Kalziums, Magnesiums und Eisens. Die Aschen werden also durch das Waschen erdalkali- und kieselsäurereicher und ergeben eine intensivere Glasurfärbung. Im Vergleich zu einer ungewaschenen Holzasche schmilzt eine gewaschene um etwa 60 °C höher. Das Waschen geschieht mit viel Wasser, indem man die Aufschlämmung durch ein feineres Sieb (mit mindestens 900 Maschen/cm^2) von einem Behälter in den anderen gießt, absitzen läßt, das Wasser abzieht und frisches hinzufügt, bis es klar bleibt. Zu schnell absitzende Klumpen, die einen Bodensatz bilden, soll man wegwerfen oder als Isolierstoff beim Ofenbau verwenden, denn Asche ist ein guter Wärmedämmstoff. Die saubere Asche soll trocknen. Um diesen Vorgang zu beschleunigen, legt man ein grobes Sieb mit mehreren Lagen Zeitungspapier aus und schüttet die nasse Asche darüber. Nach ein paar Stunden entnimmt man die noch feuchte Asche mitsamt dem Zeitungspapier dem Sieb und läßt sie so lange trocknen, bis sich das Papier ablösen läßt. Saure Aschen sind oft so grobkörnig, daß sie die angegebenen Siebe nicht passieren; dann muß man sie in der Trommelmühle naß mahlen, ehe man sie wäscht und fein siebt.

Aschenglasuren. Die Zusammensetzung der Asche, die man verwendet, ist kaum jemals genau bekannt. Deshalb lassen sich Aschenglasuren nur annähernd berechnen.
1. Bei Holzaschen kann man einen Versatz nach der Faustregel zusammensetzen, die unter Holzaschen angegeben ist.
2. Aus den hier wiedergegebenen Diagrammen für 1000 und 1280 °C lassen sich Versätze entnehmen.
3. Bei sämtlichen Aschen, die unter den Stichwörtern erscheinen, kann man die dort angegebenen Anhaltswerte in eine Leitglasur einrechnen. Die Berechnung ist unter Leitglasuren erläutert.
In allen diesen Fällen erhält man entweder einen Versatz, der bereits eine zufriedenstellende Glasur ergibt oder als Ausgangspunkt zur Entwicklung einer solchen Glasur dienen kann (siehe unter Glasurentwicklung).

Assemblage. Aus der Collage hervorgegangene räumlich-plastische Verwendung eines vorgefundenen Objekts, indem es als Materialbild an eine senkrechte Platte angebracht wird. Verbindung der Assemblage (= Ansammlung) mit der Malerei heißt Combine Painting.

Atomabsorptions-Spektralanalyse. Verfahren zum Nachweis und zur Mengenbestimmung chemischer Elemente aus ihrem Linienspektrum. Es ist als Prüfmethode zur Bestimmung der Blei- und Cadmiumlässigkeit vorgeschrieben.

Atomgewicht, Atommasse, relative Masse eines Atoms, bezogen auf Kohlenstoff = 12. Die Atomgewichte der Tabellen werden gebraucht, um die Molekulargewichte von Substanzen zu berechnen. Die Atome in den keramischen Massen und Glasuren sind als elektrisch geladene Teilchen, Ionen, wirksam.

ASCHENGLASUREN FÜR 1000° C

Aschglasuren für 1000 °C

Glasurversätze, die aus dem Aschengewicht zu ermessen sind

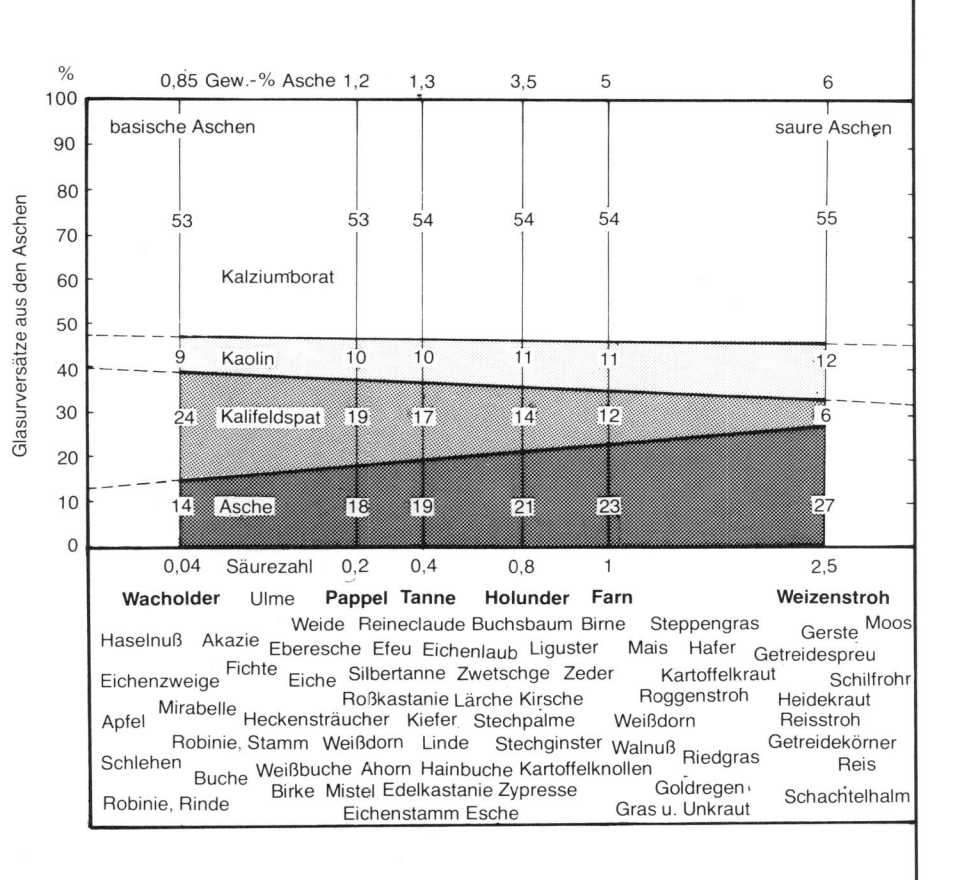

Wacholder	Ulme	Pappel	Tanne	Holunder	Farn		Weizenstroh
0,85 Gew.-% Asche	1,2	1,3	3,5		5		6
basische Aschen							saure Aschen
53		53	54	54	54		55
Kalziumborat							
9 Kaolin		10	10	11	11		12
24 Kalifeldspat	19	17	14	12			6
14 Asche	18	19	21	23			27
0,04 Säurezahl	0,2	0,4	0,8		1		2,5

Pflanzenliste (von links nach rechts):

Wacholder — Haselnuß, Eichenzweige, Apfel, Schlehen, Robinie, Rinde

Ulme — Akazie, Fichte, Mirabelle, Buche

Pappel — Weide, Eberesche, Eiche, Roßkastanie, Heckensträucher, Robinie, Stamm, Weißbuche, Birke

Tanne — Reineclaude, Efeu, Silbertanne, Lärche, Kiefer, Weißdorn, Ahorn, Mistel, Eichenstamm

Holunder — Buchsbaum, Eichenlaub, Zwetschge, Kirsche, Stechpalme, Linde, Hainbuche, Edelkastanie, Esche

Farn — Birne, Liguster, Zeder, Stechginster, Kartoffelknollen, Zypresse

Steppengras, Mais, Hafer, Kartoffelkraut, Roggenstroh, Weißdorn, Walnuß, Goldregen, Gras u. Unkraut

Gerste, Getreidespreu, Riedgras

Weizenstroh — Moos, Schilfrohr, Heidekraut, Reisstroh, Getreidekörner, Reis, Schachtelhalm

Die Aschenmenge, die man beim Verbrennen der Pflanze erhält, in Gewichtprozenten auf das Gewicht der Pflanze bezogen, läßt ungefähr auf die Säurezahl schließen. In dieser Zusammenstellung sind die Pflanzen von links nach rechts zunehmend sauer, ihr Kieselsäuregehalt steigt an. Man braucht ihnen weniger Glasbildner zuzusetzen, um sie zu einer Glasur zu machen, wohl aber Flußmittel (hier Kalziumborat), damit die Glasuren bei 1000° C schmelzen. Die extrem basischen Aschen sind reich an Erdalkalien, besonders Kalk, so daß sie sowohl Glasbildner als auch stärker wirkende Flußmittel benötigen. Die Glasurversätze findet man, indem man von der Pflanze senkrecht nach oben geht und im Diagramm die Anteile an Asche, Kalifeldspat, Kaolin und Kalziumborat abschätzt. Die an den senkrechten Linien angegebenen Vorsatzzahlen der fettgedruckten Pflanzen sollen dabei als Markierung dienen.

ASCHENGLASUREN FÜR 1280° C

Aschglasuren für 1280 °C

Glasurversätze, die aus dem Aschengewicht zu ermessen sind

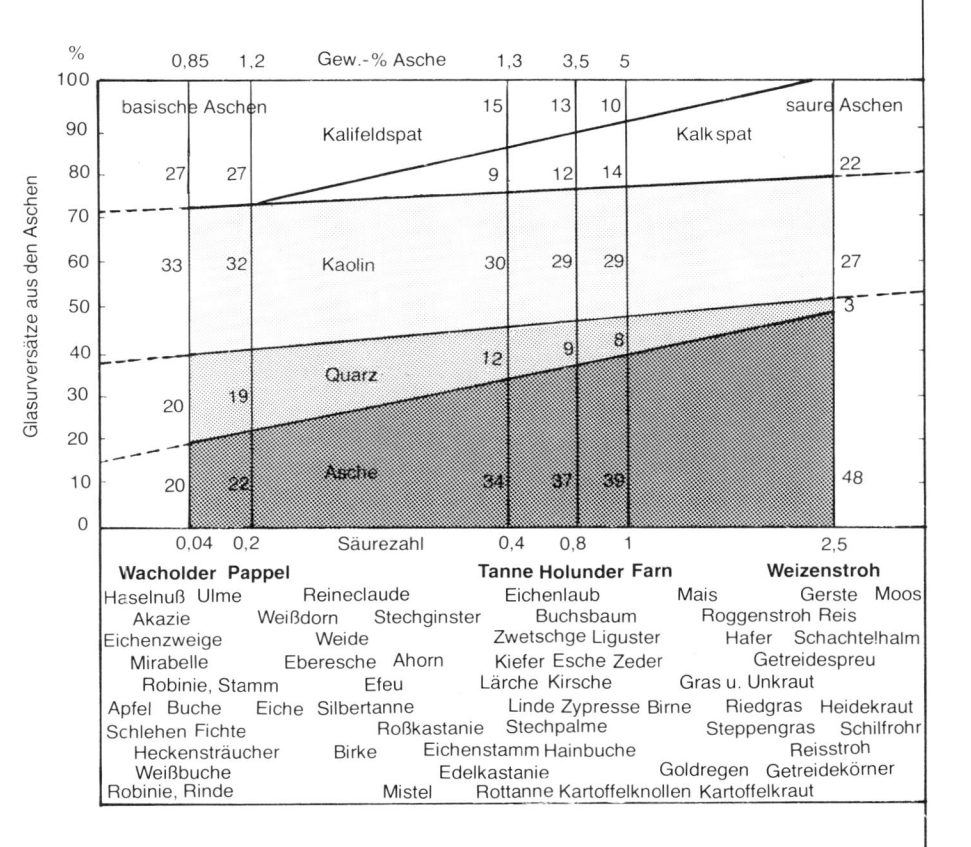

Gew.-% Asche	0,85	1,2		1,3	3,5	5	
basische Aschen			Kalifeldspat	15	13	10	saure Aschen
	27	27		9	12	14	22
	33	32	Kaolin	30	29	29	27
			Quarz	12	9	8	3
	20	19					
	20	22	Asche	34	37	39	48

Säurezahl: 0,04 — 0,2 — 0,4 — 0,8 — 1 — 2,5

Wacholder Pappel   **Tanne Holunder Farn**   **Weizenstroh**
Haselnuß Ulme   Eichenlaub   Mais   Gerste Moos
Akazie   Weißdorn Stechginster   Buchsbaum   Roggenstroh Reis
Eichenzweige   Weide   Zwetschge Liguster   Hafer Schachtelhalm
Mirabelle   Eberesche Ahorn   Kiefer Esche Zeder   Getreidespreu
Robinie, Stamm   Efeu   Lärche Kirsche   Gras u. Unkraut
Apfel Buche Eiche Silbertanne   Linde Zypresse Birne   Riedgras Heidekraut
Schlehen Fichte   Roßkastanie Stechpalme   Steppengras Schilfrohr
Heckensträucher   Birke   Eichenstamm Hainbuche   Reisstroh
Weißbuche   Edelkastanie   Goldregen Getreidekörner
Robinie, Rinde   Mistel   Rottanne Kartoffelknollen Kartoffelkraut

Wiegt man eine Pflanze vor dem Veraschen und danach die erhaltene Asche, so kann man die Asche nach den am oberen Rand des Diagramms angegebenen Gewichtsprozenten einordnen. Saure Aschen fallen reichlicher an als basische, weil sie kieselsäurereicher sind. Die Zahlenreihe der Gewichtsprozente hat die gleiche Tendenz wie die Skala der Säurezahlen am unteren Rand des Diagramms. Darunter sind die Pflanzen nach ihrer mittleren Säurezahl, von links nach rechts saurer werdend, angeordnet.
Man erhält eine Mattglasur bei 1280° C, wenn man von der betreffenden Pflanze senkrecht nach oben geht und im Diagramm den Glasurversatz abschätzt. Eingetragen sind die Versatzzahlen der fettgedruckten Pflanzen.

Attapulgit. Silikatisches Tonmineral.

Aufbauen. Freies Aufbauen bedeutet, daß der Gegenstand nicht auf der Scheibe gedreht wird. Er kann aber auf der Ränderscheibe (= »langsam laufende Scheibe«) hergestellt werden. Man kennt dreierlei Techniken: 1. das Aufwülsten (Wulsttechnik), 2. die Plattentechnik und 3. die Pinch-Technik.

1. Das Aufwülsten kann durch Aufsetzen von Ring auf Ring oder durch spiraliges Aufsetzen eines endlosen Tonwulstes geschehen.

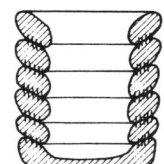

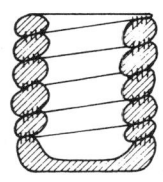

Man formt den Boden des Gefäßes wie ein Schälchen aus dem Vollen und gibt ihm einen etwa 3 cm hohen und 8 mm dicken Rand. Das Bodenstück soll sauber und gleichmäßig gestaltet sein und den Grundstein für die weitere Arbeit legen, die ebenso sauber und gleichmäßig erfolgen soll. Man rollt mit den Händen aus Ton etwa 1 cm dicke Wülste über einer ebenen Unterlage aus. Statt der Wülste kann man auch Streifen dadurch anfertigen, daß man 3 cm dicke Wülste breitklopft, wodurch sie zu 5 cm breiten Streifen werden. Es genügt nicht, die runden Wülste einfach übereinander zu legen; die Berührungsflächen wären zu klein. Zur Vermeidung von Lufteinschlüssen ist der runde Querschnitt der Wülste jedoch günstig, denn dadurch verbreitet sich die Berührungsfläche durch Druck vom zentralen Berührungspunkt aus nach beiden Seiten und schiebt gewissermaßen die Luft vor sich her.

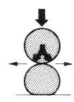

Die Verbindung der Wulstlagen soll nicht allein durch Druck geschehen, sondern auch durch kleine, radiale Verschiebungen, bei denen man durch Anwachsen des Widerstandes das einsetzende Festhaften spürt. Bei normal feuchtplastischem Ton genügt es, die Verbindungsstellen mit Wasser zu befeuchten. Nur bei zu festem Ton, bei dem die Haft-

ATOMGEWICHTE

Atomgewichte
(Wertigkeiten in Klammern)

Element	Symbol	Atomgewicht
Aluminium (III)	Al	26,9815
Antimon (III,V)	Sb	121,75
Arsen (III,V)	As	74,216
Barium (II)	Ba	137,34
Beryllium (II)	Be	9,0122
Blei (II, IV)	Pb	207,19
Bor (III)	B	10,811
Cadmium (II)	Cd	112,40
Chlor (I, III, V, VII)	Cl	35,453
Chrom (II, III, VI)	Cr	51,996
Eisen (II, III, VI)	Fe	55,847
Fluor (I)	F	18,9984
Gold (I, III)	Au	196,967
Kalium (I)	K	39,102
Kalzium (II)	Ca	40,08
Kobalt (II, III)	Co	58,9332
Kohlenstoff (IV, III)	C	12,01115
Kupfer (I, II)	Cu	63,563
Lithium (I)	Li	6,939
Magnesium (II)	Mg	24,305
Mangan (II, III, IV, VI, VII)	Mn	54,9380
Molybdän (II ... VI)	Mo	95,94
Natrium (I)	Na	22,9898
Nickel (II, III)	Ni	58,71
Phosphor (III, V)	P	30,9738
Platin (II, IV)	Pt	195,09
Praseodym (III)	Pr	140,907
Sauerstoff (II)	O	15,9994
Schwefel (II, IV, VI)	S	32,064
Selen (II, IV, VI)	Se	78,96
Silber (I)	Ag	107,868
Silizium (IV)	Si	28,086
Stickstoff (III, V)	N	14,0067
Strontium (II)	Sr	87,62
Thorium (IV)	Th	232,038
Titan (II, III, IV)	Ti	47,90
Uran (III, IV,VI)	U	238,03
Vanadin (II, III, IV, V)	V	50,942
Wasserstoff	H	1,00797
Wismut (III, V)	Bi	208,980
Wolfram (II, III, IV, V, VI)	W	183,85
Zink (II)	Zn	65,37
Zinn (II, IV)	Sn	118,69
Zirkonium (IV)	Zr	91,22

AUFBAUEN 32

wirkung beim Verschieben ausbleibt, muß Schlicker als Klebemittel genommen werden. Dazu werden die Flächen aufgerauht, damit das Wasser besser eindringen kann. Da die Ränder schneller austrocknen als die Flächen, müssen sie während des Aufwülstens öfter mit Wasser benetzt werden. Wülste, die beim Krümmen Risse bekommen, sind ebenfalls zu trocken. Man legt sie sich am besten auf einem feuchten Tuch zurecht. Ein besonderes Problem ist das Absacken von bauchigen Gefäßen. Man kann ihm begegnen, indem man den unteren Teil des Gefäßes erst festwerden läßt, ehe man weiterarbeitet (so machen es die Töpfer in den Mittelmeerländern), indem man den unteren Teil dick läßt und ihn erst am Schluß auf die gewünschte Form schneidet (so machen es die Töpfer in Japan), indem man eine Schale (»Puki«) als Formungshilfe verwendet (so machen es die Pueblo-Indianer) oder durch Umwickeln mit einer Schnur (so machen es die Töpfer in den Golfstaaten). Man kann die Wandung glätten oder die Wülste sichtbar stehen lassen, die sich auch dekorativ mit eingefügten Kugeln, als Wellenlinien uws. verarbeiten lassen. Klopft man die Wülste mit einem Schlegel flach, nachdem sie etwas fester geworden sind, so bleiben nur die Rillen als Vertiefung erhalten.

2. Die Plattentechnik ist weniger zeitraubend, weil man schneller vorankommt, wenn man an Stelle der Wülste Platten senkrecht übereinandersetzt. Die Platten kann man mit einem Nudelholz zwischen zwei Holzleisten auf 8 bis 10 mm Dicke auswalzen, und zwar entweder auf einem Blatt Fettpapier oder auf einem mit Teak-Öl eingefetteten Brett, damit die Tonplatte nicht festklebt. Das Fettpapier ist zugleich eine Hilfe beim Hantieren mit den Platten. Man kann die Platten auch aus einem Masseblock schneiden und sie dann aufteilen in Bodenstück, Seitenwände usw. Muß man zwei Platten aneinanderfügen, um eine größere zu erhalten, so schneidet man die Verbindungskanten schräg und klebt sie mit Wasser oder Schlicker, je nach dem Feuchtigkeitsgrad der Masse, zusammen. Bei senkrecht aneinanderstoßenden Wänden verstärkt man die Garnierfuge mit einem Massewulst. Die Plattentechnik läßt sich auch für zylindrische Formen anwenden, indem man eine Papprolle, mit Fettpapier umhüllt, als Formhilfe nimmt. Um sie legt man eine entsprechend große Platte herum, verstreicht die Naht, setzt alles auf das etwas überstehende Bodenstück, streicht den überstehenden Ton hoch und in die Wandung ein und zieht abschließend die Rolle aus dem hohlen Tonzylinder heraus.

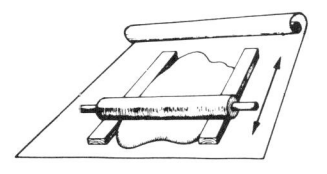

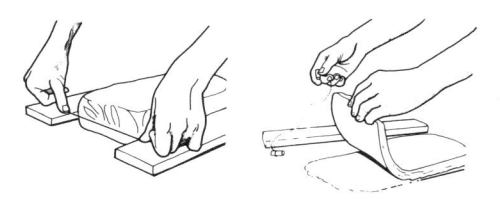

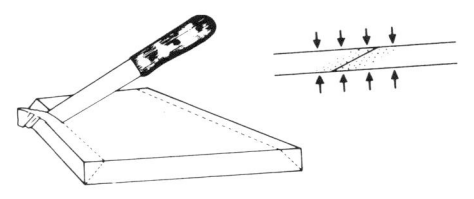

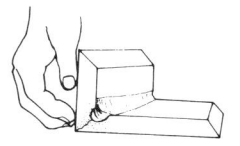

Die Pattentechnik eignet sich für runde und eckige Gefäße genauso wie zum Aufbauen von Figuren. Hierbei kann man als innere Formstütze Wellpappe benutzen, die man gegen Wasserabsaugen mit Lack bestreicht. Man legt die Tonplatten um die aufgebaute, zusammengeklebte Wellpappenfigur, die beim Brennen im Inneren verbleiben kann.

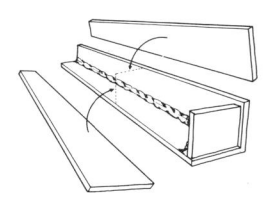

3. Die Pinch-Technik (to pinch = kneifen, zwicken, quetschen) wird zur Herstellung von »Daumenschälchen«) benutzt und entstand ursprünglich in Japan, ist aber auch in Mittelamerika und in den USA verbreitet, wo man selbst größere Gefäße aus einem Tonbatzen über der Faust und dem Unterarm vorformt, um sie auf der langsam laufenden Scheibe oder auf einem konkaven Scherbenstück fertigzuformen.

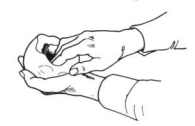

G **Aufbaumasse.** Ton, der für die Aufbautechnik verwendet wird, wofür er (im Gegensatz zur Drehmasse) mit 15 bis 30 % Schamottezusatz mittlerer Körnung (0–3 mm) versetzt werden kann. Bei fetten Tonen soll der Zusatz höher sein als bei mageren. Die Schamotte erlaubt einen dickeren Scherben, verringert die Trockenschwindung und die Gefahr der Rißbildung beim Trocknen und Brennen.

Aufbereitung. Überführen der Rohstoffe in einen verarbeitbaren Zustand.

Aufblasen von Glasur. Aufstäuben eines Glasurschlickers durch Blasen auf dünnwandige Gegenstände (Porzellan), die nur wenig Wasser aufsaugen können. Man verwendet dazu ein Bambus- oder Schilfrohr von 25 mm Durchmesser und 18 cm Länge, dessen eines Ende mit Gaze überspannt ist. Dieses Ende taucht man in den Glasurschlicker und bläst durch das andere einen feinen Regen wiederholt auf. Gröber ist das Aufspritzen mit einer Glasuraufspritzbürste, Blumen- oder Fixativspritze, deren längeres Ende man in einen Gummiball (Malbällchen) steckt, der mit dem Glasurschlicker gefüllt ist. Durch Drücken steigt der Schlicker hoch, und man braucht nicht so angestrengt zu blasen.

Auffangglasur. Glasur, die Laufglasuren beim Herabrinnen abbremst. Es ist meistens eine Mattglasur. Sie wird nur im unteren Drittel der Gefäßwand aufgetragen, in den oberen beiden Dritteln liegt die Laufglasur, die Auffangglasur überlappend, da sonst Bremswülste entstehen könnten.

Aufglasurdekoration. Auftragen von G Schmelzfarben auf die geschmolzene Glasur und Einbrennen in einem erneuten Dekorbrand bei 720 bis 850 °C. Arten: Aufglasurmalerei, Aufglasurfonds, Abziehbilder, Umdruck, Edelmetalldekoration.

Aufglasurfarben, auch »Emailfarben«, siehe unter Schmelzfarben.

Aufglasurfonds. Farbige Flächen werden mit Schmelzfarben durch Stupfen oder Spritzen aufgebracht. Zum Stupfen wird die Farbe mit Dicköl angespachtelt, mit einem Tropfen Nelkenöl verdünnt und mit einem Stupfpinsel oder Stupfballen auf die Glasur getupft. Der Stupfballen besteht aus Schafwolle in Batist. Stoffflusen sengt man mit einem Streichholz ab. Sobald der Fond getrocknet ist, kann man mit einem Federmesser Ränder begradigen oder Radierungen anbringen. Gebrannte Fonds lassen sich ausbessern oder übermalen und nochmals brennen. Das Aufstupfen gibt lebendigere Fonds als das Spritzen, für das es Spritzfarben zu kaufen gibt.

Aufglasurmalerei. Bei der klassischen Malerei verwendet man mit Dicköl gesättigte Farbpulver, die man mit Haftvermittlern (Dicköl, Kopaiva-Balsam, Nelken-, Lavendel-, Anis-, Fenchelöl) auf die glatte Glasuroberfläche aufträgt. 4 Teile Farben werden auf einer aufgerauhten Glasplatte mit 1 Teil Dicköl angespachtelt (Dicköltropfen neben das Farbpulver), als Verdünnung dient Terpentinöl für die Pinselmalerei, Terpentinöl mit Nelken- oder Lavendelöl zum Fondstupfen, Nitrobenzol (Sorte Mirbanöl), Terpentinöl, Petroleum oder Aceton zum Bemalen von Figuren, zum Rändern und für Federzeichnungen. Vor dem Malen reinigt man die Oberflächen mit Brennspiritus und stellt sich eine Farbpalette her, indem man auf einem Teller oder einer Fliese Bänder, die vom dicken zum dünnen Farbauftrag verlaufen, und Bänder, die sich überkreuzen, anlegt.

Aufglasurfarben in Tuben werden mit Wasser angerührt.

Aufkochen der Glasur. Blasiges Auftreiben der Glasur durch Gase aus dem Scherben bei Überfeuerung. Die Blasen sind dünnwandig, oft gleichzeitig mit glasurlosen, matten Stellen und abgelaufener Glasur. Abhilfe: niedriger brennen, Erhöhung der Viskosität durch Quarz, Tonerde, auch durch mehr Zink-, Kalzium- oder Magnesiumoxid. Höherer Schrühbrand. Auch die Ofenatmosphäre kann Ursache sein.

G **Auftragsdicke** von Glasuren. Glasuren erfordern verschiedene Schichtdicken; niedrigschmelzende werden sonst fehlerhaft, hochschmelzende verändern ihre Farbe. Bei leichtschmelzenden Borglasuren soll die aufgetragene Glasurmenge höchsten $0,04\,g/cm^2$ betragen.

Zur Messung der Schichtdicke kann man sich einen Dickenmesser anfertigen. Es ist eine etwa 5 cm große, 5 mm dicke Platte, die an beiden Seiten Dorne als Abstandhalter enthält, zwischen denen eine ansteigende Reihe von Dornen angeordnet ist. Setzt man die Platte mit den Abstandhaltern auf die Glasur, so stechen nur die Dornen ein, die unter die Glasuroberfläche reichen. Durch Abzählen der Einstichpunkte kann man die Schichtdicke ermitteln.

Auger machine (engl.) Strangpresse.

Augit (Ca, Mg, Fe, Ti, Al) (Al, Si)$_2$O$_6$, Mineral der Pyroxengruppe, ist in Eruptivgesteinen verbreitet, kommt am Kaiserstuhl und in einzelnen Kristallen am Laacher See in der Eifel vor.

Ausbildungsberufe. Berufe in Handwerk und Industrie, die in einem gesetzlich geregelten Verfahren in Zusammenarbeit zwischen verschiedenen Bundesministerien, Verbänden der Wirtschaft und den Gewerkschaften entworfen, anerkannt werden und für die Ausbildungsordnungen als Rechtsverordnung vom Bundesminister für Wirtschaft im Einvernehmen mit dem Bundesminister für Bildung und Wissenschaft erlassen werden. Diese Ausbildungsordnungen enthalten 1. die Bezeichnung des Ausbildungsberufs, 2. die Festlegung der Ausbildungsdauer, 3. die Fertigkeiten und Kenntnisse, die Gegenstand der Berufsausbildung sind (Ausbildungsberufsbild), 4. eine Anleitung zur Gliederung der Ausbildung (Ausbildungsrahmenplan) und 5. die Prüfungsanforderungen.

Ausbildungsberufe in der Keramik sind: a) handwerkliche: Keramiker mit den Fachrichtungen 1. Scheibentöpferei, 2. Baukeramik, 3. Dekoration; b) industrielle: Industriekeramiker mit den Fachrichtungen 1. Formgebung und 2. Mechanik.

Ausblühungen. Austreten wasserlöslicher Salze aus dem Scherben. Man macht sie unlöslich durch Zusatz von 3–5 % Bariumkarbonat.

Ausbrennstoff. Zusatz zur Masse, um ihre Porosität zu erhöhen: Sägemehl, Styropor, Korkmehl, Braunkohlenmehl.

Ausdehnungskoeffizient, AK, siehe unter Wärmeausdehnungskoeffizient.

Ausscheidungsglasuren. Ausscheidung kann auf Kristallisation beruhen und wird im unerwünschten Fall als Entglasung bezeichnet; sie kann aber auch darauf beruhen, daß sich innerhalb einer Glasur eine zweite Schmelze ausscheidet, die sich mit der ersten nicht mischt. In diesem Fall spricht man von Flüssig-flüssig-Entmischung. Und schließlich können sich auch Gase ausscheiden, die den Charakter der Glasur bestimmen, wie z. B. bei den Orangenhautglasuren. Mehrere Ausscheidungsformen können gleichzeitig

Schichtdicke der Glasur

Glasurart	zu dünn	optimal	zu dick
Frittenglasur	–	0,1 mm	blasig
farb. Transparentglasur	farblos	0,05–0,15 mm	läuft ab
deckende Glasur	nicht deckend	0,15–0,35 mm	speckig
Mattglasur	–	0,1 mm	wird glänzend
schw. Temmokuglasur	braun	0,2–0,4 mm	speckig
transp. Braunglasur	–	0,1–0,2 mm	oliv
Steinzeug Mattglasur	–	0,1–0,2 mm	speckig

auftreten, indem z. B. nur eine entmischte Phase kristallisiert, wie z. B. bei den Ölflekkenglasuren. Alle Ausscheidungen können unerwünscht sein oder zu Effekten gesteigert werden. Diesen Fall meint man, wenn man von Ausscheidungsglasuren spricht. Es sind Mattglasuren, Kristallglasuren. Entmischungsglasuren und getrübte Glasuren, sofern sie nicht durch ungelöste Pigmente (Farbkörper) getrübt sind.

Aussommern, siehe unter Sommern.

Aussparungen. Das Herstellen freier Flächen in Engoben oder Glasuren: 1. durch Bestreichen mit einem wasserabweisenden Mittel (Wachs, Möbelpolitur, Flüssigwachs), 2. durch Belegen der Fläche mit feuchtem Papier, das sich beim Trocknen löst und eine magere Engobe- oder Glasurschicht abhebt (chinesische Technik; siehe auch feuille mort und Scherenschnitt-Technik), 3. durch Bestreichen der Fläche mit Latex-Abziehlack (amerikanische Technik) und Abziehen des Latexfilms vor dem Brennen, 4. durch Verwendung von Schablonen, 5. durch Ausschaben (Camplevé-Technik).

Austenitische Heizleiterlegierungen. Cr-Ni-haltig, zunderfest durch Bildung einer Chromoxidhaut. Schwefelempfindlich.

Auswintern, siehe unter Wintern.

Automatik, siehe unter Temperaturregelung.

Aventurin, durch feine Glimmerblättchen rötlich-braun schillernder Quarz oder durch Hämatitschüppchen rötlich schillernder Plagioklas (»Sonnenstein«).

Aventuringlasur. a) Eisenaventurin. Glasur, in der Hämatitteilchen (Fe_2O_3) suspendiert sind. Das kann entweder dadurch erreicht werden, daß man der Glasur viel Eisen(I-II)oxid zusetzt, das erst gelöst und beim Abkühlen wegen Übersättigung kristallin ausgeschieden wird, oder indem man ein Konzentrat herstellt, das man einer beliebigen Glasur zusetzen kann.

Im ersten Fall gelingen die Aventuringlasuren am besten in Gegenwart von Natriumoxid und Borsäure. Die Natriumboratfritte Degussa 90158 (entsprechend der Ferro-Fritte 37590) gibt allein für sich, mit 18 % Fe_2O_3 und 2 % Bentonit eine Aventuringlasur bei 805 °C. Für höhere Temperaturen hat es sich gezeigt, daß der günstigste Kieselsäuregehalt einer Glasur, die bei 1200 °C schmelzen soll, in der Segerformel zwischen 2,4 und 3,4 SiO_2 und der günstigste Eisengehalt zwischen 0,73 und 0,81 Molen Fe_2O_3 liegt. Eine solche Glasur läßt sich unter Verzicht auf Blei gewinnen aus:

13,3 Fritte 90158
53,6 Fritte M1233
 1,5 Bentonit
31,6 Eisen(III)oxid

Im zweiten Fall – der Zugabe künstlicher Hämatitkristalle – lassen sich diese aus 1 Teil Eisensulfat ($FeSO_4$) und 2 Teilen Kochsalz durch Glühen dieser Mischung bei 1000 bis 1100 °C herstellen. Nach dem Glühen liegt das Produkt in Form silbrig-glänzender, 1 bis 2 mm großer Kristalle vor und kann einer beliebigen Glasur zugesetzt werden. In einer hellgelben Glasur glitzern die Kriställchen goldgelb, in einer kupfergefärbten silbrig.

b) Kupfer- und Chromaventurin. Nach der zuletzt beschriebenen Methode lassen sich auch (mit Kupfersulfat = $CuSO_4$ und Kochsalz bzw. mit Kaliumbichromat = $K_2Cr_2O_7$ und Kochsalz) Kupfer- oder Chromaventuringlasuren gewinnen, die man auf eine andere Art nicht zustandebringt.

Axinit, $Ca_2(Fe,Mn)Al_2[BO_3OH|SiO_4O_{12}]$, ein nelkenbraunes Borosilikat-Mineral, das in Kalkgesteinen, Granitklüften und kristallinen Schiefern z. B. im Harz und in den Alpen vorkommt.

B

Babosil-Fritte aus BaO, B_2O_3 und SiO_2.

Baddeleyit, Zirkondioxid, ZrO_2. Gelbe, braune oder schwarze, tafelige Kristalle. Vorkommen: am Vesuv, auf Ceylon, in Brasilien.

Badische Tone. Miozäne Tone liegen im Rheintalgraben, besonders zwischen Freiburg und Basel, oligozäne im Gebiet zwischen Bodensee und Donaueschingen, besonders bei Lörrach-Stetten und Wiesloch.

Im südlichen Breisgau (bei Kandern und Liel und am Isteiner Klotz), in der Baar, im Randen-Hegau-Gebiet und im Klettgau kommen Bohnerztone vor mit bohnengroßen Eisenklümpchen. Es sind rote Tone und Lehme, die sich gut für Lehmglasuren eignen. In Kandern und Unterbaldingen kommen auch verwitterte Juratone vor, in Mittelbaden tertiäre, helle, feuerfeste Tone in Malsch wie auch im südlichen Odenwald in Aglasterhausen, Schwarzach und unweit des Neckars bei Waldhilsbach und Wiesenbach.

Aus Trias und Jura sind alte mergelige Gesteine und Lehme verbreitet, so bei Villingen und Donaueschingen. Sie ergeben besonders schöne Lehmglasuren.

Bänderton, Warventon. Hell- und dunkelschichtiger Ton aus Ablagerungen eiszeitlicher Gletscherseen.

Bag wall (engl.) Feuerständer.

Bakterien im Ton. Schleimstoffe produzierende Bakterien, Hefen und Fadenpilze tragen zur Erhöhung der Plastizität und Trockenbiegefestigkeit bei. Gasförmige Stoffwechselprodukte von Streptomycesarten ergeben den Erdgeruch. Siehe auch unter biologische Tonaufbereitung und Tongeruch.

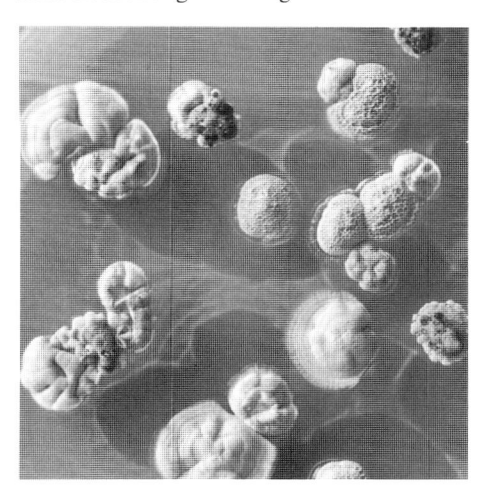

Die weißen, gelblichen und bläulichen Polster der Streptomyceten, die in plastischen Tonen zahlreich vorkommen, bestehen aus 1 μm dicken Zellfäden.

Ball clay. Plastischer Steingutton. Im rohen Zustand durch bis zu 30 % organische Stoffe dunkel gefärbt, sehr feinkörnig, hochplastisch, Brennfarbe weiß bis hellcreme. Hauptmineral ist fehlgeordneter Kaolinit (Fireclay). Vorkommen in Dorset, Nord- und Süddevon (früher in »balls« abgestochen), in Witterschlick, Meißen, Sézanne (Frankreich), Wildstein (CSFR).

Auf dem deutschen Markt wird u. a. ein Ball clay 232 angeboten mit folgender Zusammensetzung: 45,02 % SiO_2, 34,74 % Al_2O_3, 0,62 % TiO_2, 1,09 % Fe_2O_3, 0,29 % CaO, 0,75 % MgO, 1,70 % K_2O, 0,56 % Na_2O, 14,98 % GV, entsprechend einer vereinfachten Mol.-Formel: 1 Al_2O_3 · 2,2 SiO_2, Mol.-Gew. 293. In den USA wird ein Ton mit der Bezeichnung »Ball clay« verwendet, der einer Mischung aus Ball clay 232; 35,72 Kaolin 233; 10,37 Quarzmehl und 1,17 TiO_2 entspricht.

Bank kiln (engl.) Hangofen.

Barbotine. Archäologen bezeichnen den bis in die Jungsteinzeit nachweisbaren Schlammbewurf als Barbotine. In der Renaissance nannten die venezianischen Töpfer ihre an gehämmertes Metall erinnernden weißen, flachen, plastischen Verzierungen auf Tellerfahnen »a barbottina«. Immer ist es eine aufgetragene Engobe Ton in Ton – wie bei der Engobemalerei – in kontrastierenden Farben. Der Auftrag kann mit einem Werkzeug nachbearbeitet sein und ein Flachrelief bilden.

Barium. Ba, 2wertiges Erdalkalimetall, Atomgewicht 137,34, kommt in der Natur in seinen Verbindungen mit Baryt (Schwerspat, Bariumsulfat, mit bedeutenden Vorkommen in Deutschland), Witherit (Bariumkarbonat, mit bedeutenden Vorkommen in England) und in den Bariumfeldspat-Mineralen Celsian, Kasoit und Hyalophan vor, die jedoch nur von geringer Bedeutung sind. Von den künstlich hergestellten Bariumverbindungen sind das Bariumoxid (BaO) und das Bariumsuperoxid (BaO_2) in der Keramik nicht verwendbar, da sie nicht beständig sind. Dagegen sind Bariumsulfat und Bariumkarbonat sowohl als Minerale als auch als chemisch hergestellte Pulver die hauptsächlichen Bariumrohstoffe. Das Bariumkarbonat ist giftig, das reine Bariumsulfat ungiftig.

Bariumfeldspat. Begleitmineral anderer Feldspäte, meist mit geringem Bariumgehalt. Das wichtigste Bariumfeldspatmineral ist der

Celsian oder Cassinit, der auf der Halbinsel Caernarvon in Wales vorkommt. Seine Zusammensetzung ist $BaAl_2Si_2O_8$, entsprechend $BaO \cdot Al_2O_3 \cdot 2\,SiO_2$, Molekulargewicht 375,42. Der Hyalophan enthält Celsian und über 50 % Orthoklas, der Kaosit über 50 % Celsian. Der Paracelsian hat dieselbe Zusammensetzung wie der Celsian, jedoch eine andere Kristallform.

Bariumfritten. Als ungiftige Bariumrohstoffe verwendbare Fritten: Degussa 90420 mit 35 % Bariumoxidgehalt, Blythe 2689 mit 24 % Bariumoxidgehalt (siehe unter Barium-Rohstoffe).

Barium in Glasuren. Das Barium-Ion Ba^{2+} hat die Koordinationszahlen 6, 8 und 12. Es wirkt in geringen Konzentrationen als Flußmittel. Die hohen Zerfallstemperaturen der Bariumrohstoffe lösen die Flußmittelwirkung des Bariums erst spät aus, dann aber wirkt es sehr energisch, vergleichbar mit Blei und energischer als Kalk. Barium-Kieselsäure-Schmelzen zeigen, wie die anderen Erdalkalien auch, eine starke Entmischungstendenz, die die Ursache von Effekten sein kann. Im allgemeinen besitzen Bariumglasuren eine hohe Lichtbrechung und Transparenz, also Leuchtkraft und Durchsichtigkeit, was für Unterglasurfarben sehr wichtig ist. Das gilt für niedrigschmelzende Glasuren bei geringen Bariumgehalten von etwa 0,1 Mol BaO, in höherschmelzenden bis zu 0,3 Mol BaO. Barium wirkt auch den Haarrissen entgegen und ist, da es außerdem die Bleilöslichkeit herabsetzt, auch in Bleiglasuren bei niedrigen Temperaturen sinnvoll. Mit Barium lassen sich durchsichtige Mattglasuren erzielen. Bei höheren Konzentrationen scheidet sich Barium aus und bildet narbige Oberflächen infolge der hohen Oberflächenspannung. Geringe Zähigkeit der Schmelzen führt zu Kristallisation. Typische Barium-Mattglasur für 1050 °C:

0,15 K_2O
0,05 ZnO
0,15 PbO   0,25 Al_2O_3 1,88 SiO_2
0,30 CaO
0,35 BaO

Barium in Massen. Im Gegensatz zum Magnesiumoxid verringert Bariumoxid das Sinterintervall von Steinzeugmassen; es führt zu großer Schwindung und zur Blasenbildung. Deshalb wird es in gewöhnlichen Steinzeugmassen nicht verwendet, sondern nur in Steatit-Sondermassen für elektrische Bauteile für die Fernmeldetechnik.

Bariumkarbonat, $BaCO_3$, Molekulargewicht 197,37. Kommt als Mineral Witherit in England und Kalifornien vor, meist wird es aber als weißes, wasserlösliches, giftiges Pulver aus Baryt hergestellt. Wasserlöslichkeit bei 20 °C: 0,02 g pro Liter, bei 100 °C 0,06 g pro Liter. Das Bariumkarbonat enthält 77,7 % BaO und 22,3 % CO_2. Witherit wandelt sich bei 811 % in α-$BaCO_3$ und dieses bei 982 °C in β-$BaCO_3$ um. Bei 1400 °C zerfällt es in BaO und CO_2. Das handelsübliche Bariumkarbonat enthält fast 99 % $BaCO_3$, den Rest bilden $BaSO_4$, Tonerde u. a. Spuren.

Bariumlässigkeit von Glasuren. Für fertig aufgeschmolzene, bariumhaltige Glasuren gibt es keine Vorschriften über die maximal zulässige Lösungsmenge an Barium. Die EG-Richtlinien »Über Qualität von Wasser für den menschlichen Gebrauch« nennen für Barium 100 g/l. Diese Werte werden in Alkaliglasuren nicht erreicht, in Bleiglasuren nur bei höherer Bariumkonzentration, in Borsäureglasuren werden sie hingegen weit überschritten. In niedrigschmelzenden, borhaltigen Glasuren ist Barium, in welcher Form auch immer, zu vermeiden, sofern es sich um Gegenstände handelt, die mit Lebensmitteln in Berührung kommen.

Barium-Rohstoffe

Rohstoff	Mol.-Formel	Mol.-Gew.
Bariumkarbonat, Witherit	$BaO \cdot CO_2$	197,37
Bariumsulfat, Schwerspat, Baryt	$BaO \cdot SO_3$	233,42
Fritte Degussa 90420	0,45 BaO · 0,50 ZnO · 0,05 Li_2O · 0,075 Al_2O_3 · 1,35 SiO_2	200,00
Fritte Blythe 2689	0,47 BaO · 0,11 K_2O · 0,42 Na_2O · 0,11 Al_2O_3 · 2,4 SiO_2 · 0,6 B_2O_3	306,00

Bariumoxid. BaO, Molekulargewicht 153,36, schmilzt bei 1910 °C. Mit Kieselsäure bildet es ein Eutektikum aus 54 % SiO_2 und 46 % BaO bei 1360 °C, mit Borsäure aus 60 % B_2O_3 und 40 % BaO bei 869 °C und mit Kieselsäure und Borsäure bei 815 °C aus 8 % SiO_2, 55 % B_2O_3 und 37 % BaO.

Bariumsulfat, $BaSO_4$. Molekulargewicht 233,42. Kommt in der Natur als Baryt oder Schwerspat vor, künstlich wird es als weißes Pulver durch Schwefelsäurebehandlung von Bariumsalzen gewonnen. Dieses Pulver wird als Kontrastmittel beim Röntgen eingenommen und ist ungiftig. Bariumsulfat macht eine Umwandlung von β- in α-$BaSO_4$ bei 1149 °C durch und zersetzt sich bei 1510 °C. Die Zersetzung in BaO + SO_3 kann in Gegenwart reduzierender Stoffe (Kohlepulver) beschleunigt werden.

M **Bariumvergiftung.** Alle wasserlöslichen Bariumsalze sind giftig und werden als Schädlingsbekämpfungsmittel verwendet. Symptome: Leibschmerzen, Atembeschwerden, Herzkrämpfe. Erste Hilfe: Erbrechen herbeiführen, Atmung forcieren, Arzt holen. Gegengift: 20 g Natriumsulfat auf 1 l Wasser. Die maximal zulässige Arbeitsplatzkonzentration ist 0,5 mg Staub pro Kubikmeter.

Barnard clay. Roter US-Ton, entsprechend dem englischen Sandblend, ersetzbar durch 37,76 Odenwälder Ton 84/rf, 5,37 Sintermehl, 4,59 Braunstein, 32,12 Fe_2O_3, 18,86 Quarz.

Baryt, Schwerspat, natürliches Bariumsulfat, $BaSO_4$, Mol.-Gew. 233,42. Mineral aus farblosen oder weißen, auch andersfarbig durchscheinenden Kristallen. Häufiges Begleitmaterial von Erzlagerstätten. Hohes spezifisches Gewicht. Wichtigstes Ausgangsmaterial für künstliche Bariumverbindungen. Die Vorkommen sind sehr zahlreich, z. B. in Meggen an der Lenne in Westfalen, Nentershausen bei Sontra in Hessen, im Schwarzwald, Odenwald, Spessart, Harz und in der Rhön.

Basalt. Ergußgestein mit den Gemengteilen Plagioklas (mit über 50 % Anorthit) und Pyroxen sowie weiteren Gemengteilen, nach denen man zwischen einer Kalkalkali- und einer Alkalireihe unterscheidet. Basaltmandelsteine besitzen Blasenräume, die mit Calcit, Zeolithen oder Chalcedon ausgefüllt sind. Basalt kommt in Deutschland sehr häufig vor:
– in der Eifel (tertiäre Basalte: Plagioklasbasalte, Nephelin- und Leuzitbasalte, Nephelin- und Leuzitbasanite. Diluviale Basaltlaven: Alkalibasalte, Lavaströme im Umkreis von 15 km um den Laacher See, insbesondere bei Mayen),
– im Westerwald und angrenzenden Gebieten (Sohlbasalt, Dachbasalt, Durchbruchbasalte mit Tufferuptionen),
– im Vogelsberg (Ergußgesteine, Tuffe und Schlackenagglomerate)
– in Niederhessen und angrenzenden Gebieten (das Zentrum der vulkanischen Tätigkeit war der Habichtswald westlich von Kassel;

Basalte	1	2	3	4	5	6	7	8
SiO_2,	43,06	45,92	42,78	49,08	40,40	43,50	46,46	43,82
Al_2O_3	16,60	17,04	13,90	13,43	14,70	14,80	14,56	22,90
TiO_2	1,05	–	2,98	1,82	2,70	2,60	3,10	–
Fe_2O_3	10,51	10,96	6,34	6,49	6,10	6,50	11,75	11,46
FeO	–	–	5,26	5,92	6,20	5,30	–	–
MnO	Sp.	Sp.	–	–	–	–	–	–
CaO	11,80	11,52	10,91	8,92	12,20	14,90	9,46	10,24
MgO	11,52	9,63	8,90	9,58	9,10	3,20	4,87	4,71
K_2O	1,00	–	0,51	1,00	1,10	2,10	1,63	1,30
Na_2O	1,98	4,65	3,09	3,42	3,30	3,50	2,48	2,56
P_2O_5	–	0,28	0,78	0,51	–	0,60	–	–
GV.	2,87	–	4,44	0,32	–	–	–	–

1 = Basaltmehl Jäger. 2 = Lavamehl 133 (Lavalit) Jäger/Kreutz Mineralmahlwerk Haiger. 3 = Basischer, glasreicher Basalt aus Hardt bei Lich in Hessen. 4 = Olivinbasalt, »Trapp«, Londorf, Hessen. 5 = Olivin-Nephelinit, Kaiserstuhl. 6 = Alkalibasalt, Limberg, Kaiserstuhl. 7 = Basalt von Nentershausen/Großholbach, Westerwald. 8 = Basaltmehl WB, Schmidt, Neuwied.

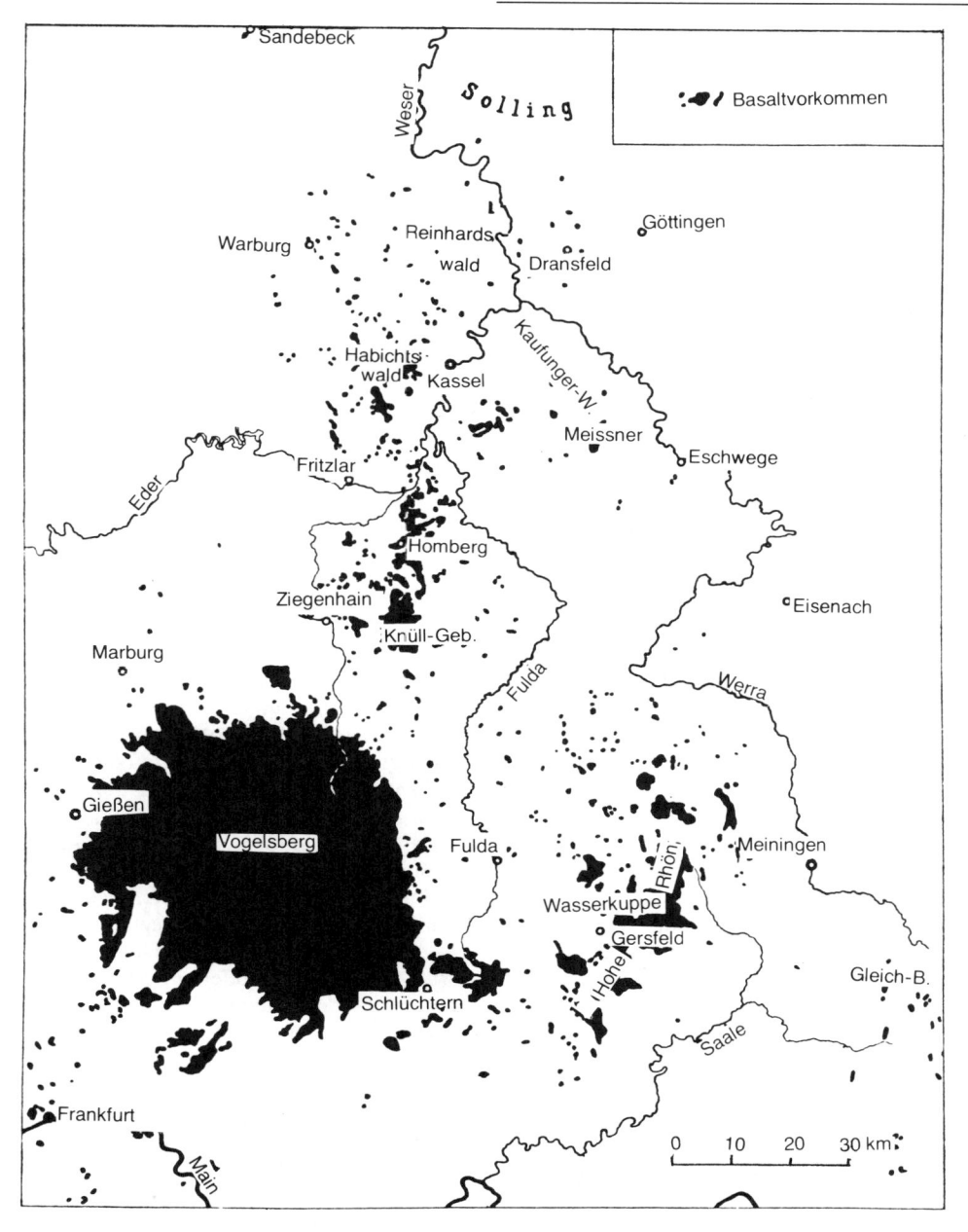

Die hessischen Basaltvorkommen mit dem Naturpark Hoher Vogelsberg.

vorherschend sind Plagioklasbasalte; unregelmäßig treten Sonnenbrenner auf, jedoch nicht in den Doleriten des Knüllgebirges;

sehr seltene olivinfreie Feldspatbasalte gibt es im Solling, Nephelin- und Leuzitbasalte nördlich von Kassel),
– in der Rhön (Feldspatbasalte, Nephelinbasalte, Tephrite, Basanite),
– im Odenwald (Nephelinbasalt im Erup-

tionsschlot »Katzenbuckel« bei Eberbach),
– am Kaiserstuhl (Tephrite, Basalte, Phonolite; Limburgit, ein glasreicher Basalt bei Sasbach),
– Im Hegau (Melilithbasalt),
– in Oberfranken und in der Oberpfalz (Nephelinbasalte) Feldspatbasalte, Tuffkegel Kleiner Kulm bei Neustadt (Basaltlava),
– in der Rheinpfalz (glasführender Nephelinbasalt und Limburgit in der Hardt am Pechsteinkopf bei Forst, südlich Dürkheim),
– im Nördlinger Ries (Basalttuff, durchsetzt von dunklen, glasigen Stücken).

Basalte in Glasuren. Die hohen Eisengehalte der Basalte lassen nur dunkle Glasuren entstehen. Man kann sie mit Titan-, Zinnoxid oder Knochenasche aufhellen. Zusätze von 15 bis 20 % an Kaolin oder plastischem Ton sind erforderlich, um das Gesteinsmehl im Glasurschlicker in Schwebe zu halten. Basalte haben im Mittel die Säurezahl 0,5. Das bedeutet, daß sie Mattglasuren ergeben, wenn man sie pur (mit Klebstoffen versetzt) anwendet oder nur mit Kaolin oder Ton versieht. Basische Flußmittel können rauhe Oberflächen ergeben. Will man glänzende Glasuren erzielen, so muß man dem Basalt Glasbildner zusetzen, am besten durch Feldspat oder borhaltige Rohstoffe. Mit Nephelinsyenit werden die Glasuren seidig matt. Für niedrigschmelzende, bleifreie Glasuren ist die Verwendung von Zinkborat zusammen mit Titandioxid zu empfehlen. Zinkoxid gibt rötliche Töne, Erdalkalien gelblichbraune, rotbrennender Ton schwarze Glasuren.

Basalte in Massen. Basaltmehl kann als färbendes Magerungsmittel an Stelle von Schamotte verwendet werden, wenn man aus einem plastischen Ton eine farblich abwechslungsreichere Aufbau- oder Modelliermasse herstellen will. Die Zusatzmenge kann bis zu 30 % betragen. Auch in glasierten, niedrigbrennenden Massen ist Basaltmehl günstig, weil es die Wärmedehnung erhöht und daher gegen Haarrisse wirkt. Der Scherben wird außerdem härter und klingender. Für Steinzeugmassen eignet sich ein geringer Basaltmehlzusatz von 3 bis 8 % zur Erzielung von Sprenkelungen, die erst nach dem Glattbrand sichtbar werden. Infolge seines hohen Eisengehalts erhöht der Basaltzusatz die Temperaturleitfähigkeit des Scherbens und wirkt damit Kühlrissen entgegen.

Basanit. Dunkles Ergußgestein mit feinkörniger Grundmasse und Einsprenglingen aus aus Plagioklasen, Pyroxen, Olivin.

Base. Chemische Verbindung, die mit Säuren Salze bildet oder in wäßriger Lösung OH^--Ionen erzeugt. Basische Oxide sind die Alkalimetalloxide Na_2O, K_2O, Li_2O, die Erdalkalioxide CaO, MgO, BaO, SrO und die Metalloxide ZnO, PbO, FeO, MnO, CuO und CoO. In der Segerformel werden sie – zu einer Gruppe (»RO-Gruppe«) zusammengefaßt – den amphoteren (allg. Formel R_2O_3) und sauren Oxiden (allg. Formel RO_2) gegenübergestellt.

Basic hydrated cupric carbonate. Engl. Bezeichnung für $CuCO_3 \cdot Cu(OH)_2$.

Basic hydrated cuprous carbonate. Engl. Bezeichnung für $CuCO_3 \cdot 2Cu(OH)_2$.

Batch (engl.) Versatz.

Baukeramiker. Handwerksberuf mit Gesellen- und Meisterprüfung. Gesellenprüfung:
1. Gesellenstück. Die Gesellenstücke setzen sich aus zwei Arbeiten zusammen: a) das Herstellen einer Gipsform, möglichst mit Keilstück, von einem werkstatteigenen Modell und Anfertigung der technischen Zeichnung dieser Gipsform, b) die Vorlage eines wichtigen Teiles eines geformten oder überschlagenen Ofens (Eckkachel, Sims, Lüftungsgitter usw.) und Anfertigen der Werkszeichnung dieses Teils. Die Bestätigung des Ausbildungsbetriebes über das selbständige Anfertigen der eingereichten Stücke muß dem Prüfungsausschuß vorgelegt werden.
2. Arbeitsprobe. Es wird verlangt, daß der Prüfling eine Kachel oder einen Sims formt, aus einem lederharten Blatt eine Kachel oder Eckkachel zuschneidet und verstegt und diese Kachel mit einer Dekoration versieht. Als Nachweis der dreherischen Fähigkeiten ist eine Schüsselkachel 18×18 cm zu drehen.
3. Wie bei den anderen handwerklichen Fachrichtungen der Keramik müssen Glasurproben, d. h. Einfärbungen einer Grundglasur mit mindestens vier verschiedenen Oxiden und drei Mengenangaben vorgelegt werden, außerdem Glasurproben, die das Eintrüben und Mattieren einer Grundglasur zeigen. Zum Drehen steht bei der Prüfung Ton zur Verfügung, es kann aber auch eigener Ton mitgebracht werden.

Baumégrade. Siehe Araeometer.

Bauxit. Überwiegend aus Aluminiumhydroxiden (Diaspor, Böhmit, Hydrargilit) bestehendes Gestein. Vorkommen im namengebenden Les Baux (Südfrankreich), in Deutschland vor allem in Hessen am Westabhang des Vogelsberges in der Nähe der Ortschaften Grünberg, Lich und Hungen in Form von eisenverunreinigten Knollen in einer bunten Tonschicht unter Löß. Bauxit von Steinbach Vogelsberg: 49,84 % Al_2O_3, 24,35 % H_2O, 5,61 % SiO_2, 17,89 % Fe_2O_3 und 2,13 % TiO_2. Bauxit von Garbenteich, Hessen: 51,73 % Al_2O_3, 26,58 % H_2O, 3,78 % SiO_2, 14,90 % Fe_2O_3 und 2,73 % TiO_2.

Bayerische Tone. Im Donautal liegen zwischen Deggendorf und Passau am Südrand des Bayerischen Waldes kleinere Vorkommen von tertiären Tonen; es sind Ausläufer der sogenannten oberen Süßwassermolasse. Ein fetter, kalkfreier, eisenhaltiger, feuerfester Ton kommt in der Straubinger Gegend bei Loitzendorf vor, desgleichen in Wolferzell, Autsdorf und Schwarzach, nördlich von Passau in Tiefenbach, Niederpretz, Aussernbrünst, Wiesenfelden, Oed, oberhalb von Deggendorf in Finsing und Neuhausen, südlich der Donau in Heining und Rittsteig. Aus Malgersdorf stammt eine kieselgurhaltige »Weißerde«, ein ähnliches Gestein kommt aus Kronwinkl bei Landshut. In der Gegend von Regensburg sind zahlreiche kleinere Tonvorkommen in Bad Abbach, Wolkering, Gebelkofen und, zusammen mit Braunkohle, in Prüfening. Ein weißer feuerfester Ton aus der Gegend Kelheim, Abensberg-Langquaid, Großmuß wurde früher in Nymphenburg und Wien zu Porzellan verarbeitet. Von Kapfelberg a. D. über Lindach, Reichenstetten, Viehausen und Adlstein verläuft ein größeres Vorkommen von tertiären Tonen.

Auf dem linken Naabufer liegen von Regensburg bis Nabburg Braunkohlentone. Im Gebiet des Sauforstes, südlich von Maxhütte-Haidhof, liegt der hochfeuerfeste Oberpfälzer Wecoton. Das größte oberpfälzische tertiäre Tongebiet ist das von Schwandorf-Wackersdorf mit dem nördlichen Anschluß an das Becken von Schwarzenfeld. Die Tone von Schwarzenfeld, Stulln, Kronstetten, Weiding, Steinberg und Roding bei Cham dienten zur Geschirrfabrikation. Weißbrennende Tone kommen auch im Prentenberger Forst bei Batzenhausen und in Schwarzentonhausen vor. In Amberg führte der grauschwarze, weißbrennende Ton Mitte des 18. Jhs. zur Gründung einer Steingutfabrik. Im Fichtelgebirge zieht sich eine reiche, tertiäre Tonschicht von Böhmen her (wo der Wildsteiner Blauton vorkommt) durch die Umgegend von Schirnding, Hohenberg, Seussen, Marktredwitz bis Pullenreuth und von Mitterteich nach Wiesau. Gute Tone liegen im Gebiet des Reichsforstes, Kaolintone bei Waldsassen, Tirschenreuth, südwestlich

Bayerische Tone

	1	2	3	4	5	6	7	8
SiO_2	50,46	49,80	58,90	48,48	51,89	49,70	55,29	54,30
Al_2O_3	33,93	33,50	26,60	36,09	32,25	31,20	25,18	29,20
TiO_2	–	1,20	1,20	1,11	–	1,28	–	1,31
Fe_2O_3	2,87	1,90	2,20	1,83	2,93	3,33	3,88	1,90
CaO	0,12	0,10	0,23	0,05	–	0,37	0,52	0,14
MgO	0,05	0,30	0,27	0,03	0,88	0,60	0,72	0,35
K_2O	1,22	1,50	1,28	0,52	–	0,88	0,86	0,92
Na_2O	0,10	0,03	0,07	0,08	–	0,61	1,33	0,13
GV.	12,36	12,00	9,20	11,80	13,49	11,62	12,19	10,88
T	82	76	73	84	82	92	63	83
Q	10	21	23	12	17	6	21	15
F	8	3	4	4	1	2	10	2

1 = Deggendorfer Blauton. 2 = Klardorfer Universalton. 3 = Ponholzer Steinzeugton. 4 = Deglhofer Binde-Kontakt-Ton. 5 = Heininger Ton. 6 = Keramikton KG, dunkelgelb, Landshut/Kroning. 7 = Malgersdorfer Weißerde. 8 = Gelbbrennender Steinzeugton GFR, Großheirath.

von Marktredwitz bei Waldershof und Neusorg, bei Mitterteich, am Hohen Parkstein und bei Eschenbach.

Vortertiäre feuerfeste Tone mit Pyrit- und Markasiteinschlüssen finden sich in Linsen in der Umgebung von Coburg in einem Bogen von Kipfendorf und Einberg bis Sonnenfeld sowie auf dem Tonberg bei Heldburg.

In Oberfranken gibt es vortertiäre Tone in Jägersburg bei Forchheim, Kersbach, Eggolsheim, Baunach, Schney, Langheimer Wald, Geutenreuth, Limmersdorf, Neustädtlein am Forst, Forkendorf, Mistelbach, Euben, Eckersdorf, Creussen – wo es die berühmte Steinzeugindustrie gab, für die der Ton jedoch aus Unterfranken geholt wurde –, Schnabelwaid, Veitlahm und Küps, tertiäre Tone in der Gegend von Pegnitz, Betzenstein, Stierberg und Gräfenberg.

In Mittelfranken holten die Nürnberger Töpfer ihre (vortertiären) Tone aus Gruben zwischen Winkelhaid und Ungelstetten, die Töpfer aus Fürth und Erlangen aus Gruben am Tiegelberg in der Nähe von Nürnberg. Weitere vortertiäre Tone sind in Mittelfranken bei Engelthal, Henfenfeld, Sendelbach, Ottensoos, Penzenhöfen, Unterferrieden, Ebenricht, Jahrsdorf und Eysölden, tertiäre Tone bei Bitz und Dietfurt bei Weißenburg, kalkhaltige Töpfertone bei Adelschlag und Rittersbach. Juratone in der Umgebung von Nürnberg, Erlangen, Bamberg und Altstadt sind kalkahltig, ein roter Ton bei Troschenreuth wurde früher als Rötel genommen.

Juratone liegen auch an der Pegnitz auf dem Großen Hassberg, bei Ebern, Seßlach, Schnaittach und Schottenstein.

Unterfranken besitzt Buntsandsteintone bei Marktheidenfeld, Rotenfels und Hafenlohr, mehr oder weniger sandige und kalkige, vortertiäre Tone in Uffenheim, Schweinfurt, östlich von Mellrichstadt, bei Kitzingen und Würzburg, weiße vortertiäre Tone in Bischofsheim, nördlich von Bad Kissingen.

Südlich der Donau treten kalkhaltige Tone zahlreich auf, z. B. bei Ursberg a. d. Mindel, Memmingen, wo es eine berühmte Fayencemanufaktur gab, und bei Günzburg.

Bayerit. α-Al(OH)$_3$, Begleitmineral im Bauxit, Fundorte in Ungarn und Israel.

Bazirit. Barium-Zirkon-Silikat-Mineral BaZr(Si$_3$O$_9$), Fundorte in Island und Schottland.

Bedarfsgegenstände. Nach dem Lebensmittel- und Bedarfsgegenstände-Gesetz § 5, Abs. 1, sind es »Gegenstände, die dazu bestimmt sind, bei dem Herstellen, Behandeln, Inverkehrbringen oder dem Verzehr von Lebensmitteln verwendet zu werden und dabei mit den Lebensmitteln in Berührung zu kommen oder auf diese einzuwirken«. § 30, Abs. 1: »Es ist verboten, Bedarfsgegenstände derart herzustellen oder zu behandeln, daß sie bei bestimmungsgemäßen oder vorauszusehendem Gebrauch geeignet sind, die Gesundheit durch ihre stoffliche Zusammensetzung, insbesondere durch toxikologisch wirkende Stoffe oder durch Verunreinigungen zu schädigen.«

Befall. Körnchen, die während des Brandes von den Brennhilsmitteln (Platten, Kapseln) auf die Glasur fallen und festkleben.

Befähigungsnachweis. Nachweis der Befähigung zur selbständigen Ausübung eines Gewerbes (Handwerks), gewöhnlich durch Ablegung einer Meisterprüfung. Er soll gewährleisten, daß der Gewerbetreibende für seinen Beruf die nötigen Voraussetzungen – Können, Tüchtigkeit, Zuverlässigkeit – mitbringt. Der »große Befähigungsnachweis«, der durch die 3. AufbauVO des Handwerks vom 18. 1. 1935 eingeführt wurde, gestattet die selbständige Ausübung eines Handwerks nur Personen, die in die Handwerksrolle eingetragen sind.

Beguß, Anguß, siehe unter Engobe.

Begußkachel. Ofenkachel, deren Blatt im rohen Zustand vor dem Glasieren mit einer meist weißen Tonmasse durch Begießen überzogen wird und dann eine durchsichtige Glaur erhält. Brennen im Einbrandverfahren. Daraus hergestellte Kachelöfen wurden als Meißner Öfen bezeichnet.

Begußton. Weißer Magerton, der sich für Engoben eignet.

Behauten, Behauben. Eindrücken einer dünnen Schicht feiner Masse (»Vorformmasse«) in die Gipsformen von Reliefkacheln und Hinterformen mit Kachelmasse (»Arbeitston«).

Behindertenscheibe. Von Amaco, USA, gebaute Töpferscheibe (Amaco Rehabilitation Potter's Wheel), die der Behinderte im Rollstuhl sitzend bedienen kann. In der Höhe verstellbar, stufenlos mit Handknüppel

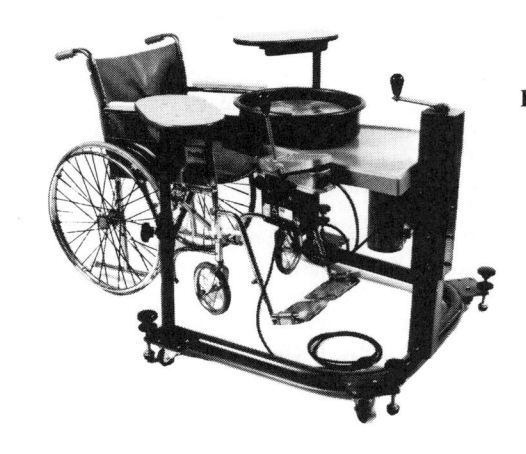

schaltbar, Auflagestützen für die Arme.
Beidellit. Tonmineral der Montmoringruppe.
Beipaß. Am Mantel von Elektro-Kammeröfen angebrachtes Abzugsrohr an der Austrittsöffnung der Abgase, durch das diese ins Freie oder in einen Schornstein abgeleitet werden. Das Beipaßrohr darf nicht dicht an die Austrittsöffnung des Ofens angeschlossen werden, da sonst durch die Sogwirkung der vorbeistreichenden Luft oder des Schornsteins die Luft aus dem Ofen abgesaugt wird, wodurch eine unerwünschte Strömung durch die Undichtigkeiten des Ofens (vor allem durch untere Belüftungskanäle oder an der Tür) verursacht wird.
Belleek China. Englisches und amerikanisches Frittenporzellan von hohem Glasgehalt und hoher Transparenz. Brenntemperatur 1260 °C, aus 35 Kalifeldspat, 35 Natronfeldspat und 30 Borsäure (B_2O_3).
Bell feldspar. US-Feldspat, entsprechend dem englischen Podmore Potash feldspar. Ersatzmischung: 30 Kalifeldspat 82/K11, 35,8 Kaolin 233, 34,2 Quarz.
Benetzung des Scherbens durch die Glasur. Sie ist bei chemisch verwandten Partnern, wie es in der Keramik der Fall ist, groß, weil die Grenzflächenenergie gering ist. Ist sie Null, so tritt vollständige Benetzung (Spreitung) ein. Da die Oberflächenenergie des Scherbens kaum beeinflußbar ist, sorgt man für eine benetzungsfreudige Glasur. Das kann durch Glasurmischungen erreicht werden, die dem Scherben möglichst verwandt sind (Alkaliglasuren) oder durch Substanzen, die die Oberflächenspannung der Glasur erniedrigen, wie z. B. Borsäure.

Bentonit, Bleicherde, Ton, der durch Verwitterung vulkanischer Aschen und Tuffe entstanden ist und aus dem Tonmineral Montmorillonit gebildet wird. Er kann das fünf- bis sechsfache Volumen an Wasser aufnehmen und ist deshalb ein Plastifizierungsmittel, das aber nur in geringen Mengen (1 bis 5 %) in Massen oder als Stellmittel in Glasuren verwendet werden soll, weil es sonst wegen der großen Schwindung Risse verursacht. Bentonitaufschlämmungen neigen zur Thixotropie. Vorkommen in Niederbayern, sonst in Texas und Wyoming. Von Brunnenbauern für Bohrlochspülungen verwendeter Bentonit wird unter der Bezeichnung »Tixoton« angeboten. Im Keramikbedarfshandel erhältlicher »Bentonit 57« besteht aus 75 % Montmorillonit, 6 % Glimmer, 8 % Quarz und 11 % Illit und Kaolit. Er hat die chemische Zusammensetzung 56,7 % SiO_2, 20,2 % Al_2O_3, 2,9 % CaO, 4,3 % MgO, 2,7 % Na_2O + K_2O, 6 % Fe_2O_3 und 7,6 % Glühverlust. Das entspricht der Segerformel 0,26 CaO, 0,54 MgO, 0,16 Na_2O, 0,04 K_2O, 1,0 Al_2O_3, 0,19 Fe_2O_3, 4,77 SiO_2 und dem Molekulargewicht 507.
Berdel, Eduard, 1878–1945. Chemiker, Direktor der keramischen Fachschule in Höhr 1913–25 sowie 1941–45 und Bunzlau 1925–41. Verfaßte »Einfaches chemisches Praktikum für Keramiker«, IV Teile. Coburg: Sprechsaal 1911 und 1945.
Berechnungen siehe unter Glasurberechnungen, Masseberechnungen.
Berufsgenossenschaft. Selbstverwaltungsorgan und Träger der gesetzlichen Unfallversicherung. Die Mitgliedschaft tritt kraft Gesetzes ein. Mitglieder sind Unternehmer, selbständig Tätige und freischaffende Künstler. Sitz der Hauptverwaltung der Berufsgenossenschaft der keramischen und Glas-Industrie ist Würzburg.
Berufsschulen. Dreijährige Teilzeit-Pflichtschule für Lehrlinge und Facharbeiter in Landshut, Büsum und Selb (mit Internat).
Beryll. Mineral der Zusammensetzung $3BeO \cdot Al_2O_3 \cdot 6SiO_2$, Mol.-Gew. 537,36. Fundorte im Bayerischen Wald, Oberpfalz, Kärnten, im Habachtal/Hohe Tauern, UdSSR, Indien, Brasilien, Madagaskar; Rohstoff für die Herstellung von Berylliumoxid.

Beryllium, Be, Erdalkalimetall, 2wertig, Atomgewicht 9,01. Schmelzpunkt 1284 °C, kommt in der Natur vor allem im Beryll vor. Gefärbt sind es Edelsteine: Smaragd (grün), Aquamarin (blau), Heliodor (gelb), Morganit (rötlich). Das Berylliumoxid wird als Rohstoff für ultraviolett-durchlässige Gläser verwendet. Billiger ist das Berylliumfluorid $BeFe_2$ (Mol.-Gew. 47,02). Alle Berylliumverbindungen sind giftig. In Glasuren beeinflußt das Berylliumoxid die Farben, reduzierend gebrannte Steinzeugglasuren färbt es blau. Es wirkt kristallisationsfördernd und mattierend.

Berylliumoxid, BeO, Mol.-Gew. 25,02, giftige Verbindung, die zur Herstellung von Tiegeln mit hoher Temperaturwechselfestigkeit verwendet wird. BeO hat von allen Oxiden bis 1000 °C die höchste Wärmeleitfähigkeit. In Massen fördert es als Katalysator die Bildung von Mullit und Cristobalit. Es wird für Glasuren benutzt, die Massen von geringer Wärmeausdehnung bedecken sollen.

Beschäftigungstherapie. Betätigung von Kranken unter Anleitung von Beschäftigungstherapeuten im Rahmen einer Heilbehandlung zur Rehabilitation oder in der Altenpflege. Staatlich anerkannte Schulen für Beschäftigungs- und Arbeitstherapie:
Bad Abbach, Rheuma-Zentrum.
Bad Bevensen, Diana-Klinik.
Berlin, Oskar-Helene-Heim.
Berlin, Karl-Bonhoeffer-Klinik.
Berlin, Evang. Waldkrankenhaus.
Bergzabern, Sozialpäd. Bildungszentrum.
Birkenfeld, Elisabethstiftung des DRK.
Celle, Schule für Frauenberufe.
Düren, Rhein. Landeskrankenhaus.
Düsseldorf-Reisholz, DRK.
Essen, Rh. Landes- und Hochschulklinik f. Psychiatrie.
Frankfurt/Höchst, Städt. Krankenhaus.
Hannover, Annastift e. V.
Karlsbad-Langensteinbach, Südwestdt. Reha-Krankenhaus.
München, Städt. Berufsschule Bogenhauser Kirchplatz.
Regensburg, Dr. Robert Eckert.
Remscheid, Stiftung Tannenhof.
Stuttgart, BFW des DGB.
Wahlsburg-Lippoldsberg, Reha-Zentrum.

Biegefestigkeit. Die Festigkeit eines zu einem Balken geformten Werkstoffes gegen Zugspannung. Der Bruch des der Biegebeanspruchung unterworfenen Balkens entsteht auf der Zugseite. Die Biegefestigkeit ist bei Wand- und Bodenfliesen und bei Dachziegeln wichtig. Sie beträgt bei Steinzeug 250–300, bei Porzellan 600–1000 kp/cm^2.

Bildsamkeit, siehe unter Plastizität.

Bimsstein. Schaumig-poröse vulkanische Asche, ist leicht und schwimmt auf dem Wasser. Er hat den gleichen Mineralbestand wie Obsidian. Bimssande kommen im Neuwieder Becken vor. Bims kann als Feldspatersatz verwendet werden, wenn der Eisengehalt nicht stört: 55,28 % SiO_2, 21,9 % Al_2O_3, 2,66 % Fe_2O_3, 6,21 % K_2O, 5,1 % Na_2O, 0,28 % TiO_2, 1,88 % CaO, 0,37 % MgO, 5,64 % H_2O. Segerformel zum Einrechnen in Glasuren: 0,35 K_2O, 0,43 Na_2O, 0,18 CaO, 0,05 MgO, 1,13 Al_2O_3, 0,09 Fe_2O_3, 4,82 SiO_2, 0,02 TiO_2. Mol.-Gew. 520.

Bindevermögen. Die Fähigkeit von plastischen Tonen, unplastische Teilchen einzubinden. Sie steigt mit der spezifischen Oberfläche und dem Ionenaustauschvermögen an. Ein besonders hohes Bindevermögen erreicht Montmorillonit in Gegenwart von Natriumionen. (Sodazusatz).

Biogas. Methangas aus der Faulung organi-

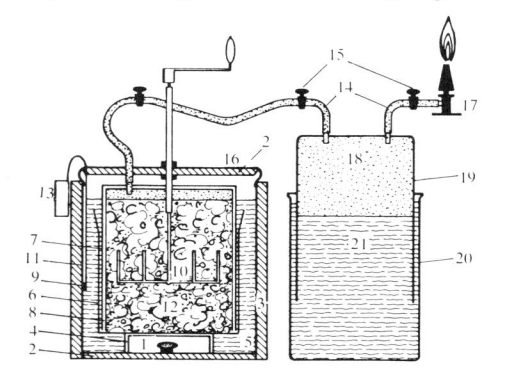

Biogas-Selbstbauanlage nach W. Martin. 1 Heizung, 2 Wärmeisolierung (Styropor), 3 Wärmeisolierung (Glaswolle), 4 Heizungsabdeckung (wasserdurchlässig), 5 Wasserbad, 6 Tragekorb, 7 Faulbehälterdeckel, 8 Faulbehälter, 9 Temperaturfühler, 10 Rührer, 11 Heizbehälter, 12 Faulgut, 13 Temperaturregler, 14, Gasschläuche, 15 Absperrhähne, 16 Heizbehälterdecke, 17 Bunsenbrenner 18 Biogas, 19 Gasglocke, 20 Behälter, 21 Wasser.

scher Stoffe unter Luftabschluß mit Hilfe von Methanbakterien. Die Gasbildung wird durch Erhitzen auf etwa 30 °C (z. B. durch Solarkollektoren) gefördert. Biogas mit 50–70 % Methan (CH_4) und 30–50 % heizwertminderndem Kohlendioxid (CO_2) hat einen Heizwert von 21 000 bis 25 000 kJ und somit etwas mehr als Stadtgas.

Biologische Tonaufbereitung. Aufbereitung von Tonen unter dem Einfluß von Mikroorganismen. Mit Bakterien geimpfter Ton erreicht sein Maximum an Plastizität viel früher (in Versuchen russischer Forscher nach 17 Tagen) als ein unbehandelter Ton (in 300 Tagen). Gefunden wurden Bacillus Extorquens, Aspergillus niger, die Hefe Lipomyces lipoter und andere organische Säuren produzierende Mikroorganismen, deren Ausscheidungsprodukte Kalium-, Eisen-, Aluminium- und Siliziumionen aus silikatischen Mineralien freisetzen (biologische Verwitterung) und so u. a. durch Verringerung der Partikelgröße die Bildsamkeit verbessern. Zitronensäure ist wirksamer als Essigsäure. Ascorbinsäure (Vitamin C) kann kurzfristig die Bildsamkeit verbessern; da sie jedoch von Bakterien abgebaut wird, eignet sich ihr Zusatz nicht für das Maukverfahren.

Biotit, Eisenglimmer, $K_2O \cdot 6MgO \cdot 6MnO \cdot 3Fe_2O_3 \cdot Al_2O_3 \cdot 6SiO_2 \cdot 4F \cdot 2H_2O$.

Birkenasche. Eine Asche vom Dolomittyp, gleichzeitig mit hohem Alkali- und geringem Sulfatgehalt. Sie braucht also nicht gewaschen werden und ist günstig für niedrigschmelzende Mattglasuren unter Zusatz von Kaolin und Quarz. Die Naturfarbe ist ein kräftiges Seladon im reduzierenden, ein helles Braun im oxidierenden Brand. Anhaltswerte: 11,52 % SiO_2, 1,26 % Fe_2O_3, 0,34 % MnO, 29,62 % CaO, 14,28 % MgO, 22,62 % K_2O, 9 % Na_2O, 7,9 % P_2O_5, 2 % SO_3, 1 % Cl.. Segerformel zum Einrechnen in eine Glasur: 0,15 SiO_2, 0,01 Fe_2O_3, 0,41 CaO, 0,28 MgO, 0,19 K_2O, 0,12 Na_2O, 0,05 P_2O_5. Mol.-Gew. 80.

Birnbaumasche. Eine Asche mit hohem Alkaligehalt, für seladonfarbene Craquelée-Glasuren im reduzierenden Brand besonders geeignet. Für den Oxidationsbrand ist der Schwefelgehalt zu hoch; dazu muß sie gewaschen werden. Der hohe Phosphoranteil macht diese Asche für hohe Brenntemperaturen zusätzlich interessant. Anhaltswerte: 1,52 % SiO_2, 1,2 % Fe_2O_3, 7,99 CaO, 5,42 % MgO, 55 % K_2O, 8,69 % Na_2O, 13,93 % P_2O_5, 5,73 % SO_3, 0,52 % Cl. Segerformel zum Einrechnen in Glasuren: 0,03 SiO_2, 0,01 Fe_2O_3, 0,14 CaO, 0,13 MgO, 0,59 K_2O, 0,14 Na_2O, 0,10 P_2O_5. Mol.-Gew. 101.

Biskuit. Unglasiertes Porzellan mit gesinterter Oberfläche, zweimal gebrannt.

Bisquit fire (engl.) Schrühbrand.

Bizen-Ofen. Von Fujiwara Yu in Bizen, Japan, entwickelter Holzbrandofen, der eine Zwischenkonstruktion zwischen Noborigama und Anagama darstellt.

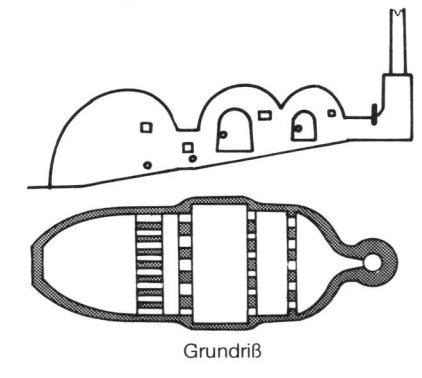

Grundriß

Blanc de chine. Weißes, südchinesisches Porzellan mit elfenbeinfarbener Glasur. Die Porzellanmasse wurde aus einem Glimmer-Quarz-Gemisch mit wenig Kaolin und Feldspat zusammengesetzt und ist infolge des Muskovits kalireich, so daß sie nur bis 1270 °C im Oxidationsfeuer gebrannt werden durfte und dabei einen transparenten Scherben ergab. Scherbenanalyse: 75,88 % SiO_2, 16,97 % Al_2O_3, 0,1 % TiO_2, 0,38 % Fe_2O_3, 0,06 % CaO, 0,08 % MgO, 6,14 % K_2O, 0,38 % Na_2O, 0,02 % P_2O_5. Eine Analyse der Elfenbeinglasur: 69,46 % SiO_2, 15,38 % Al_2O_3, 1,00 % TiO_2, 0,53 % Fe_2O_3, 6,69 % CaO, 0,58 % MgO, 6,04 % K_2O, 0,49 % Na_2O, 0,09 % P_2O_5. Die Glasur kann folgendermaßen zusammengesetzt werden:
42,0 Kalifeldspat
28,0 Quarzmehl
10,0 Kalkspat
17,5 zur Hälfte geglühter Kaolin
 2,5 Dolomit.
Brenntemperatur 1260–1280 °C in oxidierendem Feuer.

🅜 **Blasen im Scherben.** Das Auftreiben des Scherbens durch sich ausdehnende Gase kann entweder auf zu frühen Porenschluß oder auf Überfeuerung zurückzuführen sein. Der erste Fall ist häufig bei Mangantonen, bei flußmittelreichen Tonen und bei Gießmassen. Diese Blasenbildung läßt sich bekämpfen, indem man den Scherben magert, um ihn gasdurchlässiger zu machen, oder indem man die Temperatur anhält, wenn die gasabspaltenden Reaktionen vor sich gehen, nämlich eine halbe Stunde bei 950 °C. Mangantone dürfen nicht zu hoch und nicht zu langsam gebrannt werden, weil die Sauerstoffabgabe aus Mangan und Eisen über 1000 °C einsetzt und mit der Branddauer zunimmt.
Aufblähen durch Überfeuern des Scherbens ist darauf zurückzuführen, daß sich in den geschlossenen Poren des dichtgebrannten Scherbens Sauerstoff aus dem Zerfall des Eisenoxids ansammelt und die Poren auftreibt. Je eisenreicher die Masse, desto stärker tritt dieser Fehler hervor. Eine solche Masse muß niedriger und schneller gebrannt werden.

🅜 **Blasen in Glasuren.** Die gasabspaltenden Reaktionen – das Verdampfen des mechanisch und chemisch gebundenen Wassers und der Zerfall der Karbonate – verlaufen in der Hauptsache beim Erhitzen bis 1000 °C. Glasuren, die unter 900 °C glattschmelzen sollen, dürfen keinen Kalkspat und Dolomit enthalten und nicht auf kalkhaltigem Scherben aufgebracht sein. Deshalb verwendet man für Raku einen kalkfreien Ton und Glasuren, die aus Fritten oder Stoffen zusammengesetzt sind, die bei dieser Temperatur kein Kristallwasser mehr enthalten. Fayencen sollen, da sie einen kalkhaltigen Scherben besitzen, nicht unter 1000 °C glattgebrannt werden.
Bei höheren Temperaturen beginnt das Eisenoxid Fe_2O_3 Sauerstoff abzugeben und sich allmählich in FeO zu verwandeln. Die dadurch entstehenden Blasen in der Glasur lassen sich bekämpfen, indem man dafür sorgt, daß das Fe_2O_3 bereits vor dem Schließen der Glasur reduziert wird, oder indem man kürzer brennt, denn die Glasur löst den Scherben auf und setzt immer neue Blasen frei. Blasen sind auch die Ursache von Glasurefekten, nämlich der Krater- und der Ölfleckenglasuren. Blasen, die kleiner sind als 80 µm, kann man nicht sehen.

Bläuen siehe unter Eisen in Massen.

Blaudämpfen, Blauschmauchen, siehe unter Dämpfen.

Blaue Glasuren.

a) Kobaltverbindungen sind die in erster Linie verwendeten Mittel zum Blaufärben von Glasuren. Kobalt besitzt eine starke Färbekraft, besonders in Bleiglasuren, in denen es sich leicht löst. Man verwendet in diesen nicht mehr als 3 %, in bleifreien Glasuren bis 5 % CoO, in der Segerformel 0.025 bis 0,1 äquiv. Mole. In diesen Grenzen verlaufen die Farbtöne von Hell- bis Dunkelblau. Die Blautöne werden beeinflußt von der Art der Verbindungen (CoO, Co_3O_4, $CoCO_3$, $Co_3(PO_4)_2$, $CoCrO_4$), von der Zusammensetzung der Glasur und von der eingesetzten Kobaltmenge. Die alten chinesischen Blauglasuren enthielten äußerst geringe Mengen an Eisen-, Nickel- und Manganoxid, die in den Analysen nicht ausgewiesen sind. Gegenwart von Blei ergibt warme Töne, bei höherer Konzentration Ultramarin. Bleifreie Blauglasuren sind heller und kälter. Großen Einfluß haben Zink und die Erdalkalien. Zink ist in geringen Mengen günstig für ein reines, allerdings kaltes Blau, in größeren Mengen kann es violett verfärben. Bei Steinzeugtemperaturen ergibt 5 % CoO mit 2–3 % Zinkoxid das Königsblau. Magnesium führt zu rotstichigem Blau, während sich Kalk günstig verhält. Barium fördert das Türkis. Tonerde hellt das Blau auf. Phosphor, z. B. in Aschenglasuren, gibt violette Verfärbungen. Kobaltblau bleibt auch in Reduktion und bis in hohe Temperaturen erhalten.

b) Kupferblau erreicht man in niedrigschmelzenden, möglichst tonerdefreien Alkaliglasuren bis höchstens 1100, meist nur bis 1000 °C mit bis zu 10 % Kupferoxid.

c) Nickelblau ist sehr empfindlich gegenüber der Glasurzusammensetzung. Eine bleifreie blaue Nickelglasur erhält man in Anwesenheit von Barium und Zink. Ist der Zinkgehalt zu niedrig, wird die Glasur braun. Steigt er an, geht die Farbe über Altrosa zu Dunkelblau über.

d) Titan gibt in eisenfreien Glasuren ein bläuliches Weiß, in Reduktion verwandelt sich das TiO_2 in Ti_2O_3, das kupferrötlich

färbt, in reduzierender Atmosphäre oder mit innerer Reduktion kann man jedoch auch ein Titanblau erhalten. Mit Kobalt gibt Rutil grüne Töne.
e) Eisenblau ist im Schwarzbrand zu erzielen in Gegenwart von Phosphaten.
f) Antimonblaue Farbkörper erhält man aus 9 Teilen SnO + 1 Teil Sb_2O_3.
g) Berylliumblau in Reduktionsglasuren.

Blauton, Blue ball clay. Durch organische Bestandteile blaugrau gefärbter, weißbrennender, hochplastischer Ton. Der Witterschlikker Blauton HFF enthält 98,7% Teilchen unter 2 μm Korngröße. 70% der feinen Tonminerale sind Fireclay-Mineral, 20% Illit, 6% Montmorillonit und 4% Quarz. Die chemische Zusammensetzung: 48,4% SiO_2, 34,5% Al_2O_3, 1,12% TiO_2, 1,36% Fe_2O_3, 0,21% CaO, 0,64% MgO, 2,01% K_2O, 0,32% Na_2O, 11,3% Glühverlust. Der Witterschlicker Blauton HB ist etwas quarzreicher. Er brennt bei 1100 °C dicht.

Blautone

	1	2	3
SiO_2	51,2	54,3	55,9
Al_2O_3	32,3	29,2	18,4
Fe_2O_3	1,33	1,31	6,6
TiO_2	1,50	1,29	0,0
FeO	–	–	0,5
CaO	0,20	0,11	0,6
MgO	0,63	0,65	2,0
Na_2O	0,17	0,47	0,9
K_2O	2,0	3,10	3,6
GV	9,7	9,27	8,5

1 = Witterschlicker Blauton HB. Braun Tonbergbau Alfter-Witterschlick. 2 = Siershahner Blauton I 27. Itschert Söhne Vallendar. 3 = Friedländer Ton. Tonwerk Friedland, Mecklenburg.

Blei, Pb, 2- und 4wertiges Schwermetall, Atomgewicht 207,19, Schmelzpunkt 327 °C; zum Schmelzen sind nur 16 kcal/kg erforderlich. Das wichtigste Bleierz ist das Bleisulfid PbS (Bleiglanz), das stets gemeinsam mit Silber vorkommt. Die für die Keramik wichtigen Bleiverbindungen sind, wie alle Bleiverbindungen, giftig: die gelbe Bleiglätte = Blei(II)oxid (PbO), die rote Mennige = Blei(II, IV)oxid (Pb_3O_4), das weiße Bleiweiß ($PbCO_3$); auch als Mineral Cerussit (Weißbleierz). An Stelle dieser giftigen Rohstoffe, die nur noch ausnahmsweise (z. B. für chromrote Glasuren) gebraucht werden, verwendet man besser die arbeitshygienisch unbedenklicheren Bleifritten.

Blei-Rohstoffe

Rohstoff	Mol.-Formel	Mol.-Gew.
Bleiglätte	PbO	223,21
Mennige	$3PbO \cdot O$	685,63
Bleiweiß	$PbO \cdot CO_2$	267,22
Bleimonosilikatfritte	$PbO \cdot SiO_2$	283,27
Bleidisilikatfritte	$PbO \cdot 2SiO_2$	343,33

Bleicherde siehe Walkerde.

Bleidisilikatfritte, (engl.: – bisilikat –) Fritte mit etwa 8% Bleilöslichkeit. Mit noch geringerer Bleilöslichkeit durch geringfügigen Tonerdegehalt:
Degussa 90173 = 1 PbO, 0,1 Al_2O_3, 1,5 SiO_2 (Mol.-Gew. 32),
Ferro 113501000 = 1 PbO, 0,05 Al_2O_3, 2,10 Si_2 (Mol.-Gew. 354),
Blythe = 1 PbO, 0,05 Al_2O_3, 1,94 SiO_2 (Mol.-Gew. 344,6).

Bleifreie Glasuren. Blei ist in seinen technischen Eigenschaften ein idealer Glasurstoff bis 1200 °C. Der gesundheitsgefährdende Umgang mit Bleiverbindungen wird durch die Verwendung von Bleifritten weitgehend vermieden. Wichtigster Bleiersatz ist die Borsäure, die als Kalziumborat, Natriumboratfritte, Zinkborat oder bleifreie Borfritte, notfalls auch als Borax, zur Verfügung steht. Borsäure muß, um Blei als Flußmittel zu ersetzen, in doppelter Menge eingesetzt werden. Als Flußmittelersatz für niedrige Temperaturen eignen sich auch Strontium- und Wismutoxid. Die Verwendung von Fritten ist charakteristisch für niedrigschmelzende, bleifreie Glasuren. Technisch schwierig sind bleifreie, transparente Mattglasuren für niedrige Temperaturen zu entwickeln. Deshalb zwei Versätze:

Transparente Mattglasur für 950 °C
31,52 Fritte D 90158
14,05 Kalifeldspat 82/K11
24.10 Strontiumkarbonat
18,81 Talkum 22 H
10,13 Kaolin 233
 1,40 Tonerdehydrat

Transparente Mattglasur für 1130 °C
20,76 Kalziumborat 238
33,17 Kalifeldspat 82/K11
15,40 Natronfeldspat Na 427
 5,24 Wollastonit A 38
18,87 Bariumsulfat
 6,37 Kaolin 233
 0,18 Quarzmehl.

Bleifritten. An Kieselsäure oder weitere Stoffe gebundene Bleiverbindungen, die durch den Schmelzprozeß weniger bleilöslich werden. Die häufigste Bleifritte ist die Bleimonosilikatfritte PbO · SiO$_2$ mit dem Molekulargewicht 283,27. Sie enthält 78,8 % PbO und 21,2 % SiO$_2$, schmilzt bei 765 °C und gibt 31,2 % ihres Bleis an eine 4 %ige Essigsäure ab. Die Bleidisilikatfritte (auch »bisilikat«) PbO · 2SiO$_2$ mit dem Molekulargewicht 343,33 enthält 65 % PbO und 35 % SiO$_2$ und gibt 7,61 % Blei an die Säure, 0,12 % Blei an Wasser ab. Sie schmilzt bei 980 °C zu einer zähflüssigen Glasur. Mit einem geringen Zusatz von Tonerde erhält man eine dünnflüssige Fritte bei 770 °C, die nur 1,23 % Blei an die Säure, 0,2 % an Wasser abgibt. Ihre Formel ist PbO · 0,254 Al$_2$O$_3$ · 1,91 SiO$_2$. Es ist das Eutektikum im System PbO-Al$_2$O$_3$-SiO$_2$. Seine Zusammensetzung ist 61,3 % PbO, 7,12 % Al$_2$O$_3$ und 31,53 % SiO$_2$. Dieses Eutektikum ist jedoch als Fritte nicht handelsüblich. Ein höherer Anteil an Kieselsäure und ein Zusatz von Tonerde machen also die Fritte weniger löslich und gefährden den mit ihnen arbeitenden Keramiker weniger. Bei der Bleimonosilikatfritte ist hingegen ein größerer Zusatz von Kaolin im rohen Zustand möglich, wodurch die Verarbeitbarkeit der Frittenglasur verbessert wird. Der Kaolin macht sie sämig.

M **Bleigehalt, zulässiger.** Die Grenzwerte der Bleiabgabe an die Prüfflüssigkeit (4 % Essigsäure) sind in DIN 51032 festgelegt. Die Bleilöslichkeit ist nicht von der Höhe des Bleigehalts der Glasur abhängig. Wohl aber nimmt sie mit steigendem Kieselsäuregehalt bis zu einem Minimum bei 1 PbO : 2,5 SiO$_2$ ab, um dann wieder anzusteigen.

Bleiglätte, PbO.

Bleiglanz. PbS, Bleisulfid, Bleischweif. Metallisch glänzende, graue, würfelförmige oder oktaedrische Kristalle. Kommt oft zusammen mit Zinkblende vor und spielt wegen seines Gehaltes von bis zu 1 % Silber bei der Silbergewinnung eine Rolle. Fundorte: Braunbach am Rhein, Bad Ems, Siegerland, Harz, Eifel, Bleiberg i. Kärnten, Südspanien.

Blei in Glasuren. Das Blei-Ion Pb^{2+} hat die G Koordinatenzahlen 6, 8 und 12, das vierwertige Pb^{4+} die Koordinationszahlen 6 und 8. Blei ist als Flußmittel in Glasuren nur vom Wismut übertroffen. Das Bleioxid (PbO, Mol.-Gew. 223,21, Schmelzpunkt 890 °C) bildet mit Kieselsäure drei Eutektika zwischen 700 und 720 °C, die – im Gegensatz zu den kieselsäurereicheren Eutektika der Alkalisilikate – nicht mehr als 30 % Kieselsäure besitzen. Mit zunehmendem Kieselsäuregehalt steigen daraufhin die Schmelztemperaturen stark an.

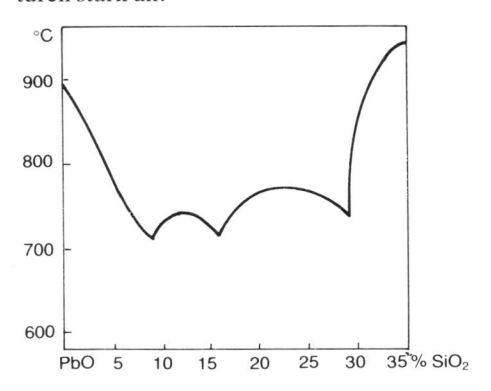

Die Segerformeln der drei Eutektika sind:
PbO · 0,337 SiO$_2$ (704 °C)
PbO · 0,684 SiO$_2$ (706 °C)
PbO · 1,574 SiO$_2$ (711 °C)
Die Kieselsäuregehalte der Mischungen betragen lediglich 8,3, 15,5 bzw. 29,75 Gew.-%.

Reine Bleiglasuren (die nur aus Bleioxid und Kieselsäure bestehen) haben einen schwachen Gelbstich, der in Gegenwart von Alkalien verschwindet. Bleiglasuren besitzen eine hohe Lichtbrechung, die durch Borsäure noch gesteigert wird. In bleireichen Glasuren färbt Chromoxid rot oder gelb, Kupferoxid smaragdgrün, Manganoxid braun. Diese Färbungen weisen auf Blei in der Glasur hin.

Blei in Massen. Blei wird zusammen mit Titan in keramischen Sondermassen für Kaltleiter (PTC-Widerstände), piezoelektrische Keramik (PZT) und elektrooptische Keramik

(PLZT) verwendet, die u. a. als Temperaturfühler, Tonabnehmer bzw. in optischen Speichern (ROMS) eingesetzt werden.

M **Bleilöslichkeit,** Bleilässigkeit, die Menge des in Lösung gehenden Bleis. Die Prüfmethode ist in DIN 51031, Teil 1 bis 3, entsprechend ISO 6486, vorgeschrieben: 22 °C in 4 %iger Essigsäure und atomabsorptionsspektroskopische Analyse der Extraktionsflüssigkeit. Die zulässige Lösungsmenge ist in DIN 51032 festgelegt. Danach dürfen flache Tafel- und Küchengeräte nicht mehr als 1 mg Pb/dm^2 an die Prüfflüssigkeit abgegeben, hohe nicht mehr als 5 mg Pb/dm^2, flache Koch- und Backgeräte höchstens 0,5 mg Pb/dm^2, hohe Gegenstände höchstens 2,5 mg Pb/l. Die gleichen Werte gelten für Verpackungsbehälter. Der 2 cm breite Trinkrand darf nur maximal 2 mg Pb pro Gegenstand abgeben.

Die Bleilöslichkeit von Mischungen aus Bleioxid und Kieselsäure sinkt mit zunehmendem Kieselsäuregehalt und steigt dann wieder an.

Am meisten verringert Tonerde die Bleilöslichkeit, während sie Borsäure am stärksten erhöht. Auch alle Alkalien erhöhen sie, K_2O mehr als Na_2O. Dagegen wirken die Erdalkalien eher vermindernd, vor allem Kalk, aber auch Barium, dann auch Zink, Titan, Zirkon. Schwermetalloxide hingegen treiben die Löslichkeitswerte stark in die Höhe. Man darf also eine als bleisicher geltende Glasur nicht arglos mit Schwermetalloxiden färben, sondern man muß dazu Farbkörper nehmen, weil diese sich im Glasfluß nicht lösen. Man erhält dann allerdings keine durchsichtigen Farbglasuren, sondern opake. Ist man bei niedrigschmelzenden Glasuren darauf angewiesen, Blei und Borsäure zu verwenden, so benutzt man zwei getrennte Fritten, eine mit dem Blei, die andere mit der Borsäure, nicht aber eine einzige Bleiborsäurefritte. Es wurde festgestellt, daß dadurch die Bleilöslichkeit vermindert werden kann. Die Bleifritte soll säurebeständig sein, also viel Tonerde und Kieselsäure enthalten.

Bleimennige. Pb_3O_4.

Bleimonosilikatfritte. Glasurrohstoff mit an Kieselsäure gebundenem Blei, Bleilöslichkeit etwa 31%: 1 PbO · 1 SiO_2, Mol.-Gew. 283, handelsüblich unter den Nummern M70, Degussa 90001, Ferro 113527000, Blythe 2994.

Bleioxide. Blei(II)oxid, PbO, Molekulargewicht 223,21, Schmelzpunkt 890 °C, ein gelbes und rötliches Pulver, das bei dieser Temperatur schon merklich flüchtig ist. Es entsteht als kristallinschuppige Bleiglätte bei der Oxidation von Bleimetall bei 900–1000 °C.

Blei(IV)oxid, PbO_2, ist ein dunkelbraunes Pulver und kommt in der Natur (selten) als Schwerbleierz vor. Es bildet sich in Akkumulatoren und ist ein starkes Oxidationsmittel, das beim Reiben mit Schwefel und Phosphor entflammt (Zündhölzer).

Blei(II, IV)oxid, Pb_3O_4, Mennige, ist ein künstliches, leuchtend rotes Pulver.

Bleitest. Um festzustellen, ob eine aufgeschmolzene Glasur bleihaltig ist, betupft man sie mit Flußsäure und gibt darauf einen Tropfen Kaliumjodid. Gelbfärbung zeigt Blei an.

Bleiverdampfung. Verlust von Blei aus Glasuren beim Brennen. Die Bleimonosilikat- oder -disilikatfritte für sich allein geben beim Erhitzen bis 500 °C ständig Blei ab und erreichen bei dieser Temperatur nach einer Stunde den Höchstwert der Bleiverdampfung von 18, die Disilikatfritte von 17 mg/cm^2 Oberfläche. Bei weiterem Erhitzen steigt die Bleiverdampfung nicht mehr an, nimmt aber auch nicht ab. Es bildet sich also bereits bei niedriger Temperatur aus 1 PbO · 1 SiO_2 durch Verdampfen von Blei 0,81 PbO · 1 SiO_2; das bedeutet, daß der Kieselsäuregehalt ansteigt. Aus dem Verhältnis 1:1 wird 1:1,23. Noch stärker steigt der Gehalt an SiO_2 bei höheren Bleigehalten an. So wird aus 2 PbO · 1 SiO_2 beim Schmelzen 2:1,26, aus 3:1 wird 3:1,56. Bei wiederholtem Schmelzen wird die Glasur immer kieselsäurereicher, in der Oberflächenschicht mehr als in der Tiefe. Das kann dazu führen, daß eine Bleiglasur matt wird. Auch die Begleitstoffe spielen eine große Rolle. In Anwesenheit von Kalk verdampft am meisten Blei und man erhält ein Kalkmatt. Während des Brennens von bleiglasierter Keramik soll man sich nicht im gleichen Raum aufhalten; der Raum soll gut gelüftet werden. Die Bleidämpfe lagern sich in den Poren des Ofenmauerwerks ab, verdampfen von dort bei den nächsten Bränden und vergiften bleifreie Glasuren.

Ⓜ Bleivergiftung. Durch eingeatmeten oder in den Magen gelangten bleihaltigen Staub oder aus Glasuren gelöstes Blei verursachte Bleikrankheit. Symptome der Bleivergiftung: Schwäche, Unwohlsein, Blässe, dunkler Bleisaum am Zahnfleischrand, Kolik und Verstopfung (mit Blinddarmentzündung verwechselbar). Erste Hilfe: Erbrechen, Abführen, Arzt rufen. Abheilung nach mehreren Monaten.

Bleiweiß, $PbCO_3$, als künstliches, basisches Bleikarbonat dient es als weißes Farbpigment. In der Natur kommt es als Cerussit oder Weißbleierz vor.

Blockscheibe. Frühe Form der Fußdrehscheibe, bei der der Scheibenkopf mit einer kleineren Führungsscheibe durch Streben verbunden war (siehe untere Töpferscheibe).

Blythe Colours B. V., Bloemenweg 8, Maastricht, Holland. Frittenhersteller.

Bodenfliesen, siehe unter Fußbodenfliesen.

Bodenzeiger, Pflanzen, die Bodenschätze anzeigen (siehe unter diesen: Dolomit-, Eisen-, Zink-(= Galmei)-, Gips-, Kalk-, Kupfer-, Lehm-, Sand-, Serpentin-, Sodazeiger.

Body (engl.) Scherben.

Böhmit, AlO(OH), Aluminiumhydroxid, kommt zusammen mit Gibbsit, Diaspor und Kaolinit in Tonen vor und ist wichtiger Bestandteil von Bauxit.

Ⓖ **Bördeln.** Rand-auf-Rand-setzen von kreisrunden Gefäßen, die sich gegenseitig vor dem Deformieren bewahren. Die Ränder dürfen nicht glasiert sein und werden mit einer Paste aus kalzinierter Tonerde und Dextrin bestrichen. Bei gebördeltem Porzellan wird der Rand nach dem Brennen durch einen Polierschliff geglättet.

Böttger, Johann Friedrich. Alchemist (4. 2. 1682–13. 3. 1719). Im Gewahrsam Augusts des Starken in Dresden, dem Freiherrn E. W. von Tschirnhaus unterstellt, gelang Böttger die Herstellung des roten »Jaspisporzellans« und am 15. Januar 1708 um 17 Uhr des weißen Hartporzellans. Er leitete die 1710 gegründete Meißner Porzellanmanufaktur bis zu seinem Tode.

Bogengewölbe-Öfen. In den USA entwickelte Ofenkonstruktionen mit absteigender Flammenführung für den Holzbrand. Es sind durchwegs etwa 1-m^3-Öfen. Das Bogengewölbe hat den Vorteil, daß man keine Widerlager braucht.

Bolminerale. Wasserhaltige Tonerdesilikate mit wechselnden Gehalten an Eisen und Mangan. Sie gehören zur Allophangruppe, sind also im Gegensatz zu den Mineralen der Kaolingruppe amorph. Die schwankende chemische Zusammensetzung läßt keine klare Abgrenzung der einzelnen Arten zu: Bolus oder roter Bol, Terra di Siena oder Hypoxanthit, Melinit oder Gelberde, Eisensteinmark oder Teratolith, Bergseife oder Oropion, Cimolit, Walkerde oder Smektit, auch Fullererde.

Bolus, roter Bol, rote, fettige Erde, meist im Buntsandstein, z. B. im Habichtswald bei Kassel, bei Wunsiedel in Bayern, bei Dransfeld unweit Göttingen. Historisch berühmt ist der armenische Bolus (Sphragid) als Unterglasurfarbe auf osmanischen Fayencen. Lemnische Erde kam von der Insel Lemnos.

Bomse. Brennhilfsmittel, das dichtsinternde Ⓖ Keramik vor dem Deformieren bewahrt. Bomsen werden aus derselben Masse wie die Keramik hergestellt, weil sie genauso schwinden müssen wie diese. Stützbomse verhindern das Absinken abstehender Teile (z. B. bei Figuren), Spannbomse dienen kreisförmigen Gefäßen als Auflage. Tassen werden mit dem Rand auf Spannbomse gestellt oder Rand auf Rand gesetzt (gebördelt).

Bor, B. 3wertiges, nichtmetallisches bis halbmetallisches Element, Atomgewicht 10,811, Schmelzpunkt 2300 °C. Kommt in der Natur in Form der Borate vor, die als Minerale der Klasse V zusammengefaßt werden. Sie sind wichtige keramische Rohstoffe neben künstlich hergestellten Borverbindungen und Borfritten.

Borsäure und Borax sind wasserlöslich und daher nur bedingt verwendbar. Borax enthält einige Tausendstel Prozente Arsen und ist daher giftig. Beim Colemanit ist zu berücksichtigen, daß er streut (siehe unter Colemanit).

Weitere Borminerale, die aber als Keramikrohstoffe nur selten oder gar nicht benutzt werden, sind: Pandermit $4 CaO \cdot 5 B_2O_3 \cdot 7 H_2O$ (Mol.-Gew. 698,66), Mayerhofferit $2 CaO \cdot 3 BO_3 \cdot 7 H_2O$ (Mol.-Gew. 447,22), Inyoit $2 CaO \cdot 3 BO_3 \cdot 15 H_2O$ (Mol.-Gew. 591,38), Proberit $Na_2O \cdot 2 CaO \cdot B_2O_3 \cdot H_2O$

Bogengewölbe-Öfen

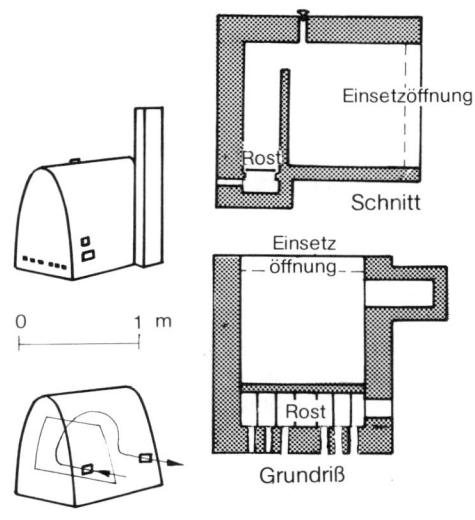

Flammenführung

Ein-Kammer-Ofen mit einer seitlichen Feuerung.

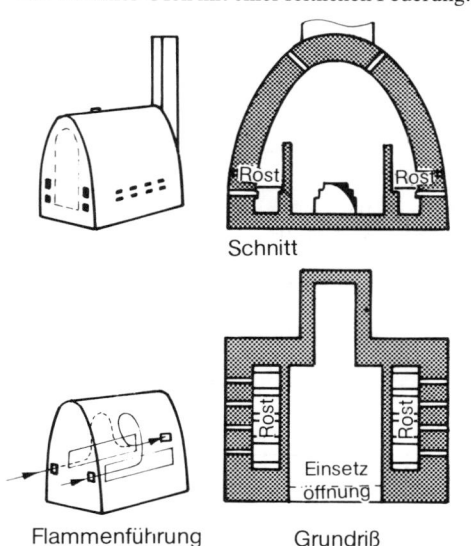

Flammenführung   Grundriß

Ein-Kammer-Ofen mit zwei Feuerungen an der Stirnseite.

(Mol.-Gew. 528,45) und das Magnesiumborat Boracit: $5\,MgO \cdot MgCl_2 \cdot 7\,B_2O_3$ (Mol.-Gew. 784,31).

Boracit, Staßfurtit, kommt aus den Salzlagerstätten des Harzvorlandes sowie im Gips von Lüneburg und Bad Segeberg vor.

Borate. Salz der Orthoborsäure.

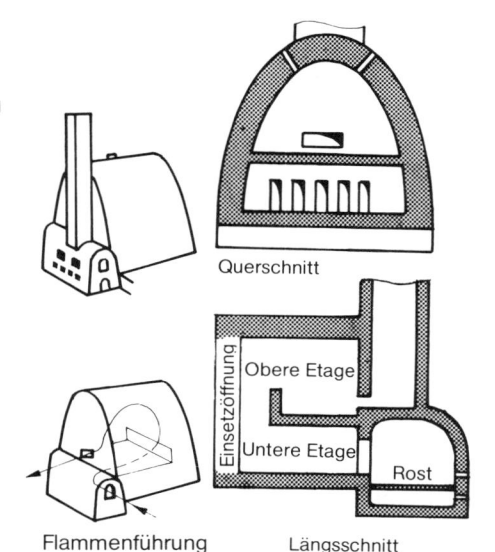

Flammenführung   Längsschnitt

Zwei-Etagen-Ofen mit einem der Stirnseite vorgelagerten Feuerungsrost, die untere Etage für Aschenanflugglasuren, die obere für glasierte Ware.

Borcarbid, B_4C, nichtoxidische Keramik, nach Diamant und kubischem Bornitrid (Borazon) der härteste Stoff.

Borfritten. Praktisch wasserunlösliche Borsäurerohstoffe für Glasuren. Je weniger Tonerde sie enthalten, desto wasserlöslicher sind sie, andererseits kann man ihnen um so mehr Kaolin zusetzen, was für die Verarbeitbarkeit niedrigschmelzender Glasuren günstig ist. Universell einsetzbar ist die Natriumboratfritte aus Na_2O, $2\,B_2O_3$ und $3\,SiO_2$; sie ist besonders willkommen, weil sie gleichzeitig einen wenig wasserlöslichen Alkalirohstoff darstellt. Die Fritten der einzelnen Hersteller weichen voneinander ab.

Bornitrid, BN, nichtoxidische Keramik, als kubisches Bornitrid (Borazon) nach dem Diamant der Stoff mit der größten Härte.

Boronatrokalzit, Natroborokalzit, Bezeichnungen für eine Reihe von wasserhaltigen Natrium-Kalzium-Boraten unterschiedlicher Zusammensetzung:

$Na_2O \cdot 2\,CaO \cdot 5\,B_2O_3 \cdot 12\,H_2O$,
$Na_2O \cdot 2\,CaO \cdot 5\,B_2O_3 \cdot 16\,H_2O$,
$Na_2O \cdot 2\,CaO \cdot 6\,B_2O_3 \cdot 18\,H_2O$,
$2\,Na_2O \cdot 4\,CaO \cdot 9\,B_2O_3 \cdot 27\,H_2O$.

Borphosphoroxid, BPO_4. Doppelverbindung von B_2O_3 und P_2O_5, Mol.-Gew. 105,8, ein für niedrige Temperaturen interessanter, jedoch sehr teurer Rohstoff, wirkt farbverändernd, in größeren Mengen mattierend. Durch emulgierte, nichtmischbare, feste Flüssigkeiten erhalten Bleiglasuren durch Borphosphat eine glasperlenartige Struktur (Perlenglasur), bleifreie Mattglasuren Narben (Narbenglasuren) oder Sprenkelungen, z. B. für 1040 °C:

19,5 Kalziumborat
9,4 Zinkborat,
1,4 Zinkoxid
30,7 Kalifeldspat
1,2 Kaolin
7,8 Quarz
30,0 Borphosphat

Die Glasur kann mit allen färbenden Oxiden, nur nicht mit Eisen, gefärbt werden, denn Eisen färbt Phosphate nicht.

Borsäure, Orthoborsäure, H_3BO_3 (entsprechend $B_2O_3 + 3 H_2O$, Mol.-Gew. 123, 68), ein weißes, blättriges, wasserlösliches Pulver, wandelt sich bei trockenem Erhitzen über Metaborsäure in Bortrioxid um: $2 H_3BO_3 - 2 H_2O = 2 HBO_2$; $2 HBO_3 - H_2O = B_2O_3$. Dieses Borsäureanhydrit wird verkürzt ebenfalls Borsäure genannt. In der Natur kommt H_3BO_3 in warmen Mineralwässern (Wiesbaden, Aachen), insbesondere in den Maremmen der Toskana als »Sassolin« vor. Die Salze der Borsäure (Borate) sind Bor-Rohstoffe für Massen und Glasuren.

Borsäureanomalie. Unregelmäßiger Eigenschaftsverlauf in borsäurehaltigen Alkalisilikatglasuren. Bis 16 % Na_2O (in der chemischen Analyse) wirkt die Borsäure netzwerklockernd (Erniedrigung der Erweichungstemperatur, Erhöhung der Ausdehnung), über 16 % Na_2O wird das Netzwerk verfestigt (Erhöhung der Erweichungstemperatur, Erniedrigung der Wärmeausdehnung). Zur Anomalie der Borsäure-Alkalisilikatgläser gehört auch die Entmischung, d. h. die Nichtmischbarkeit der Alkaliborat- mit der Alkalisilikatphase im Bereich zwischen 12 und 30 Mol-% B_2O_3. Darauf beruhen die

Borsäure-Rohstoffe

Rohstoff	Mol.-Formel	Mol.-Gew.
Borsäure	$B_2O_3 \cdot 3 H_2O$	123,68
Borax, kristallin, Tinkal. Natriumtetraborat	$Na_2O \cdot 2 B_2O_3 \cdot 10 H_2O$	381,43
Borax, kalziniert, wasserfreies Natriumtetraborat	$Na_2O \cdot 2 B_2O_3$	201,23
Kernit, Rasorit	$Na_2O \cdot 2 B_2O_3 \cdot 4 H_2O$	273,31
Colemanit	$2 CaO \cdot 3 B_2O_3 \cdot 5 H_2O$	411,18
Kalziumborat 238	$CaO \cdot 5 B_2O_3 \cdot 2 H_2O$	161,18
Ulexit	$Na_2O \cdot 2 CaO \cdot B_2O_3 \cdot 16 H_2O$	636,57
Zinkborat	$ZnO \cdot B_2O_3$	151,02

Borfritten

Hersteller	Zusammensetzung	Mol.-Gew.
Degussa 90158	$Na_2O \cdot 2 B_2O_3 \cdot 3 SiO_2$	381,45
Ferro 37590	ds.	
Blythe 3701	$Na_2O \cdot 2 B_2O_3 \cdot 2,83 SiO_2$	371,24
Bayer ET 71130	$Na_2O \cdot 2,1 B_2O_3 \cdot 7 SiO_2$	628,65
Blythe 3221	$CaO \cdot B_2O_3$	125,72
Mondré & Manz V 15098	$0,35 K_2O \cdot 0,28 CaO \cdot 0,28 ZnO \cdot 0,09 Li_2O \cdot$ $0,35 Al_2O_3 \cdot 3,16 SiO_2 \cdot 0,16 B_2O_3$	210,00

Bleihaltige Borfritten sind für Rakuglasuren geeignet, verhindern jedoch die Craquelierung.

Degussa 90036	$PbO \cdot B_2O_3 \cdot 2 SiO_2$	412,97
Mondré & Manz M1511	$0,5 PbO \cdot 0,5 Na_2O \cdot 1 B_2O_3 \cdot 1,5 SiO_2$	302,33
Bayer ET 71103	ds.	
Blythe 3700	$PbO \cdot 1,38 B_2O_3 \cdot 2,86 SiO_2$	490,98

Borschleier. Die Entmischungstendenz kann durch Zinkoxid (ZnO) verstärkt, durch Tonerde (Al_2O_3), aber besonders durch Strontiumoxid (SrO) verringert werden.

Borsäure in Glasuren. Das Borion B^{3+} hat die Koordinationszahlen 3, 4 und 6. Es kann als Flußmittel oder Glasbildner wirken. In Dreierkoordination befindet es sich zwischen drei Sauerstoffionen, wobei jedes Sauerstoffion zu zwei Borionen gehört und eine BO_3-Gruppe bildet. Da die drei Sauerstoffe nicht in einer Ebene liegen, ergeben sie ein ungeordnetes Netzwerk, was zur Folge hat, daß es beim Abkühlen nicht kristallisiert. Im Gegensatz zum SiO_4-Tetraeder hält die BO_3-Gruppe mit nur drei Bindungen nicht so fest zusammen, was wiederum eine niedrigere Schmelztemperatur bedeutet. Darin liegt die größte Bedeutung des Bors für bleifreie, niedrigschmelzende Glasuren: Es ist das wirksamste Flußmittel nach dem Blei und – wenn man von Wismutoxid absieht – das einzige Mittel, um ohne Blei niedrigschmelzende Glasuren zu erhalten. Als BO_3-Gruppe tritt das Bor vor allem in Glasuren mit relativ wenig Kieselsäure und wenig Alkalien auf, so daß es selbst einen relativ hohen Anteil hat. Das Bor hat aber auch die Möglichkeit, als BO_4-Gruppe, also in Viererkoordination, in das SiO_4-Netzwerk eingebaut zu werden und dann zur Festigkeit und zur Verringerung der Wärmeausdehnung beizutragen. Dann gibt es besonders harte und abriebfeste Glasuren, und in diesem Zustand ist Bor auch das wirksamste Mittel gegen Haarrisse. Durch Koordinationswechsel ändern sich die Eigenschaften vor allem der Alkali-Borglasuren sehr stark und zeigen keine linearen Abhängigkeiten mehr von der Konzentration, was man als Borsäureanomalie bezeichnet. Dazu kommt, daß Boratschmelzen in Silikatschmelzen zwei nichtmischbare, getrennte, flüssige Phasen darstellen, die als kleine Tröpfchen Borschleier bilden. Da es bei der Mischbarkeit der flüssigen Phasen auf deren Zusammensetzung ankommt, lassen sich Borschleier durch Erhöhen des Tonerdegehaltes, durch Barium oder Strontium verringern oder verhindern, während Zink die entgegengesetzte Wirkung hat.

Borsäure in Massen. Das Borkarbid (B_4C) hat einen Schmelzpunkt von 2350 °C; es wird bei 2600 °C im Lichtbogenofen aus Borsäure und Koks geschmolzen und ergibt eine hochfeuerfeste Keramik. Das Bornitrid (BN) schmilzt bei 2730 °C und ist ein hochfeuerfester elektrischer Widerstand, der in der Kerntechnik verwendet wird. Das Titanborid (TiB_2) schmilzt erst bei 2900, das Zirkonborid (ZrB_2) bei 3060 °C. Beide besitzen eine hohe Leitfähigkeit, Feuerfestigkeit und Härte und ergeben keramische Werkstoffe, die für Düsenflugzeuge, in der Kerntechnik und Elektronik gebraucht werden.

Borschleier. Durch Boratglaströpfchen, die im Silikatglas nicht mischbare Flüssigkeiten darstellen, verursachte weißliche Trübungen. In Abhängigkeit von den übrigen Bestandteilen treten Borschleier in Glasuren über einem B_2O_3-Gehalt von 10 bis 15 % (in der chemischen Analyse) auf. (Siehe unter Borsäureanomalie).

Borschleier

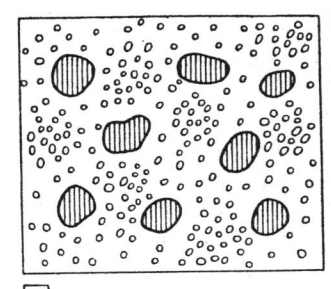

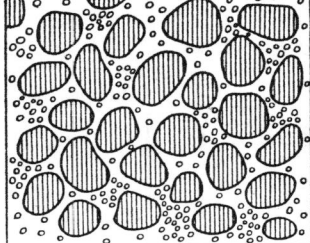

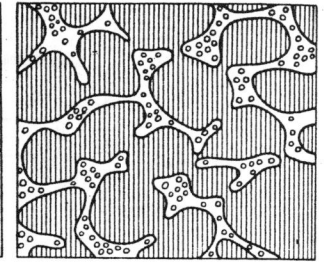

☐ borsäurereiche Glasphase
∘₀∘ natriumreiche Boratglasphase
▥ kieselsäurereiche Glasphase

Borschleiertypen in Glasuren aus Na_2O, B_2O_3, SiO_2. Links: bei geringem Kieselsäuregehalt; Mitte: bei mittlerem Kieselsäuregehalt: rechts: Glasur mit 70 Mol-% SiO_2, 22 B_2O_3, 8 Na_2O.

Bossiereisen. Handgeschmiedetes Stahlwerkzeug zum Bearbeiten von erhärteten Gipsteilen.

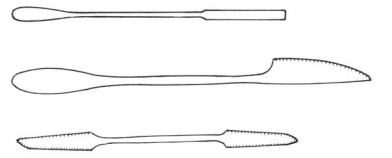

Bossieren. Montieren von mehrteiligen Gegenständen im lederharten Zustand, vor allem das Zusammenbringen von getrennt gegossenen Teilen einer Figur und Nachbearbeiten des ganzen Objekts durch Verputzen der Nähte. Hingegen Anbringen von Henkeln und Tüllen siehe unter Garnieren.

Boudouardsches Gleichgewicht. Für den keramischen Schwarzbrand wichtiges Gesetz, das die Reaktion des Kohlenstoffs mit dem Kohlendioxid wiedergibt. Die Reaktion $C + CO_2 \leftrightarrows 2\,CO$ führt zu einem Gleichgewicht, das mit steigender Temperatur zur Bildung von Kohlenmonoxid neigt. Bei 450 °C stehen 98 Vol.-% CO_2 mit 2 Vol.-% CO im Gleichgewicht, bei 800 °C 7 CO_2 mit 93 CO. Die Reaktion wird durch Eisen, Kobalt und Nickel katalysiert. Aus Kohlenmonoxid scheidet sich bei 500–700 °C an Eisen Kohlenstoff ab.

Bourry-Ofen. Von Emile Bourry 1897 beschriebener, holzgefeuerter Brennofen mit Unterzug-Feuerung. Hauptsächlich in Australien verbreitet. Die auf Feuerbänken liegenden, auf Länge geschnittenen Holzstämme werden vergast, wobei das Holzgas durch den Schornsteinzug (4,6 m Kaminhöhe) durch den Feuerraum in den Brennraum gezogen wird. Die durch den faserisolierten Metalldeckel über den Holzstämmen durch Öffnungen zutretende Verbrennungsluft kann durch Öffnen von Sekundärluftöffnungen unterhalb des Holzes, durch die Schüröffnung oder durch einen Luftkanal im Boden des Feuerraumes unter dem Aschenkegel verstärkt werden. Auf diese Weise läßt sich auch der Ascheanflug forcieren.

Braunbrennende Tone. Von Natur aus braunbrennende Tone sind bei niedrigen Temperaturen rosa und gehen bei etwa 1100 °C in Braun über, das sich als Mischung aus rotem

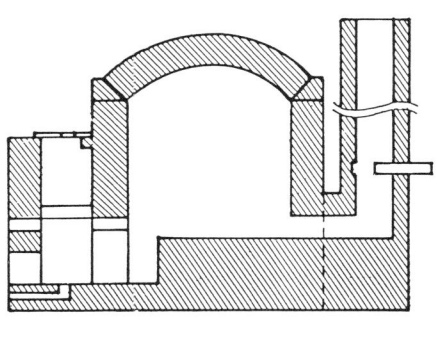

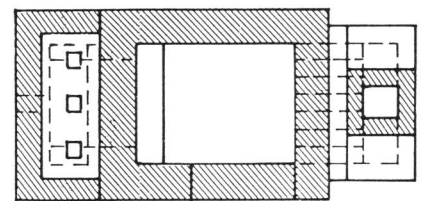

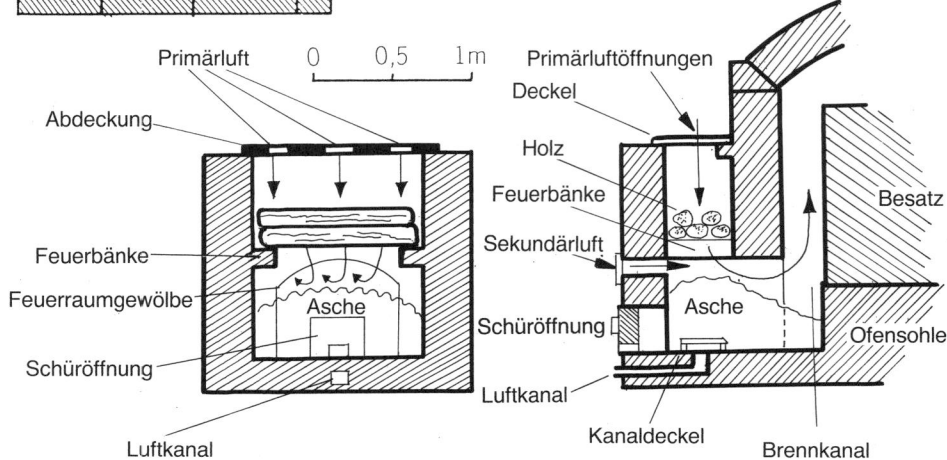

Fe_2O_3 und schwarzem FeO ergibt. Bei höherer Temperatur gehen auch alle rotbrennenden Tone in Braun über. Will man ein intensives Braun, ein Leder- oder Korkbraun, so muß die Naturfarbe durch Eisen- und Mangan- mit 1–2 % Chromoxid oder durch Braunfarbkörper verstärkt werden. Intensiv braun bei niedrigen Temperaturen sind die Mangantone (siehe unter disesen).

Braunbrennende Tone

	1	2
SiO_2	54,0	57,1
Al_2O_3	28,1	25,8
TiO_2	1,05	1,65
Fe_2O_3	3,63	4,5
CaO	0,04	0,35
MgO	0,58	–
K_2O	2,41	2,05
Na_2O	0,19	0,15
GV	9,02	8,72
1000 °C	rosa	rötlich
110 °C	hellbraun	dunkelbeige
1200 °C	graubraun	gelbbraun
1300 °C	graubraun	gelbbraun

1 = Keramischer Ton 732, Wallmerod, Tonbergbau A. J. Müller, Siershahn. 2 = Ton Fr gelb, Schmittenhöhe, Bergbauges. Marx, Ruppach-Goldhausen.

Braune Glasuren.
a) Eisenbraun erhält man mit 3 bis 6 % Fe_2O_3 in Bleiglasuren, 4 bis 8 % in bleifreien Glasuren. Bor und Tonerde verbessern den Farbton, wenig Barium macht ihn kräftiger, Zink ist günstig für gelb- bis schokoladenbraune Töne. Bei Steinzeugtemperaturen erhält man das Braun der Kochgeschirre aus Eisen und Rutil in magnesiumreichen Glasuren oder aus 5–10 % Eisen- und 1 % Chromoxid.
b) Manganbraun erhält man in bleihaltigen und bleifreien Glasuren in Gegenwart von Tonerde und Bor in Mengen von 1–4 % MnO bis zu 1100 °C. Darüber verliert die Farbe ihre Kraft. Die Tonerde sollte nicht zu hoch bemessen werden. Kieselsäure, Kalk und Zink verfärben ins Violette. Mangan verdampft leicht und ist gegen Schwefel empfindlich, was bei Aschenglasuren zu beachten ist.
c) Nickelbraun erhält man mit bis zu 2 % NiO in Bleiglasuren um so eher, je mehr Bor und Tonerde sie enthalten. Das Braun wird kräftiger durch Strontium, Barium, Kalium. Die Brauntöne, auch Lederbraun, sind temperaturabhängig. Lederbraun ergibt Nickel in bleifreien Borglasuren mit 0,35–0,45 äquiv. Molen CaO, höchstens 0,2 BaO und nicht über 0,3 BaO + MgO in der Segerformel.
d) Chrom gibt mit ansteigendem Zinkgehalt die Farben Grün, Gelbbraun und mit viel Zink Rotbraun. Ist außerdem Magnesium zugegen, so verfärbt es das Braun nach Violett.

Brauneisenstein, siehe unter Limonit.
Braunstein, MnO_2, Mangan(IV)oxid, Molekulargewicht 86,93. Verwitterungsprodukt verschiedener Manganminerale: Pyrolusit, Psilomelan, Polianit. Der handelsübliche Braunstein 161/C (entsprechend der Handelsbezeichnung »Mangalox C«) enthält MnO_2 76 %, Fe O,7 %, SiO_2 9 %, MnO 2,4 %, Al_2O_3 1,7 %, CaO 1,3 %, CO_2 2,5 %, Pb 1 %, H_2O 1,2 %, entsprechend einem Molekulargewicht von 79,4.
Brauntöpferei. Siehe unter Farbengoben.
Brechungsindex. Maßzahl für die Lichtbrechung. Sie hängt von der Glasurzusammensetzung und von der Wellenlänge des Lichts ab und ist maßgebend für den Glanz der Glasur und ihre Trübung durch Trübungsmittel. Glasuren haben im Mittel einen Brechungsindex von 1,5 bis 1,57. Die Wirkung der Trübungsmittel ist um so stärker, je höher ihr Brechungsindex ist.

Zinnoxid	2,00–2,10
Zirkondioxid	2,10–2,40
Zirkon	1,60
Titandioxid	2,50–2,90
Zinkoxid	2,00–2,02
Antimonoxid	2,18–2,60
Natriumfluorid	1,32
Kalziumfluorid	1,43

Brennblasen. Blähen des Scherbens, verursacht durch Gase, die nicht entweichen konnten, weil die Oberfläche schon dicht war. Häufig ist das bei frühsinternden Tonen, bei Mangantonen oder bei Sintermehlzusatz der Fall. Bei frühsinternden Tonen kann Kohlendioxid aus dem Zerfall der Karbonate die Ursache sein, bei Mangantonen und Sintermehl (mitunter auch bei Feldspäten) der Sauerstoff aus der Umwandlung der Mangan- bzw. Eisenoxide. Brennblasen treten häufiger bei gedrehter Ware auf als bei aufgebauter, weil beim Drehen die Oberfläche durch Feinschlicker verdichtet wird. Schamottezusatz bzw. Austausch des Feldspats, Weglassen des Sintermehls, Temperaturhalten bei 950 °C zum Entweichen des Kohlendioxids können den Fehler abstellen.

Brennen, Überführen einer Masse in einen Scherben. In der Anheizperiode wird das Anmachwasser bis 250 °C ausgetrieben, dann das Kristallwasser, beginnend bei 450 bis 550 °C und über eine Strecke von 130 Grad fortdauernd.

Das Brenngut wird gewöhnlich (wenn es nicht im Trockenschrank getrocknet wurde) lufttrocken, d. h. mit einem Wassergehalt von 1 bis 3 % eingesetzt. Diese Feuchtigkeit entspricht einer Temperatur von 30 bis 40 °C. (Siehe unter Trocknung.)

Über 250 °C werden alle Reaktionen nur noch beherrscht von der mineralischen und chemischen Zusammensetzung und dem Kornaufbau der Masse. (Siehe unter Scherbenbildung.) Im gesamten Brennverlauf sollen die Temperaturen, bei denen Zerfall oder Neubildung vor sich gehen, die Volumenänderungen des Scherbens nach sich ziehen, langsamer durchschritten werden, um den dadurch verursachten Spannungen Zeit zu geben, sich auszugleichen.

Die Endtemperatur wird möglichst eine halbe Stunde oder länger gehalten, um die Temperatur im Ofen und im Brenngut auszugleichen und die Reaktionen bis zu dem gewünschten Zustand zu Ende gehen zu lassen. Beim Abkühlen sollen die Volumenänderungen der Kieselsäuremodifikationen dadurch berücksichtigt werden, daß man im Bereich der folgenden Temperaturen nicht forciert abkühlt: bei niedriggebrannten Massen, die noch grobe Quarzkörper enthalten, um 570 °C, bei gesinterten, hochgebrannten Massen zwischen 250 und 100 °C. Je länger die Haltezeit bei der Endtemperatur ist, desto gefährlicher ist diese Abkühlungstrecke und um so langsamer soll gekühlt werden, um Spannungen auszugleichen.

Brennen im Elektroofen. Das Brenngut soll möglichst weitgehend getrocknet sein, weil der Wasserdampf aus dem Brennraum entweichen muß und an diesen Stellen zum Rosten des Metallmantels führt. Auch das chemisch gebundene Wasser, das aus der trockenen Masse bis 500 °C noch entweicht, ist Wasser von derselben Wirkung. Die Korrosion des Ofenmantels begrenzt die Lebensdauer eines Elektroofens, vor allem wenn man ihn als Trockner benutzt. Eingesetzte Ware von unterschiedlichem Trocknungsgrad läßt Wasser an den trockenen Stücken kondensieren, wodurch sie dadurch wieder feucht werden, wodurch sie Schaden leiden können. Man steigert die Temperatur mit Rücksicht auf die Austreibung von Wasser jeder Form bis 500 °C langsam, das heißt entweder mit einem Drittel der Leistung oder mit einem Temperaturanstieg von 1 Grad pro Minute = 60 °C/h. Ein zu schneller Temperaturanstieg würde einen Überdruck des Wasserdampfes erzeugen, der die Waren zerstören kann. Hat der Ofen einen Schieber, so läßt man ihn während dieser Zeit geöffnet.

Um seinen Ofen kennenzulernen und die angezeigten oder eingestellten Temperaturen, deren Werte auch von der Anordnung des Temperaturfühlers im Ofen beeinflußt werden, besser beurteilen zu können, empfiehlt es sich, die ersten Brände zusätzlich mit Segerkegeln zu kontrollieren. Man erzielt im allgemeinen die doppelte Lebensdauer der Heizdrähte, wenn man um 50 Grad niedriger brennt.

Brennen mit Gas. Die an fest verlegte Leitungen angeschlossenen Gasöfen unterliegen in Aufstellung und Betrieb der technischen Überwachung. Hierbei handelt es sich meist um handelsübliche Öfen, deren Brenner fest eingestellt sind und die entweder automatisch eine Brennkurve einhalten oder manuell z. B. so gesteuert werden können, daß durch Zurücknehmen der Brennerflamme die Vorwärmzeit verlängert oder durch Herunterheizen die Abkühlphase (z. B. für Kristallglasuren) in die Länge gezogen wird. Sie werden piezoelektrisch gezündet. Bei ihnen erfolgt die Reduktion nur mit Hilfe des Abgasschiebers, da die Injektorteller der Brenner, die die Primärluftmenge regulieren, festgeschraubt sind.

Schiebt man den Abgasschieber ein wenig zu, so steigt der Druck im Ofen an. Je höher

der Druck, desto stärker die Reduktion. Der Ofen reagiert sehr empfindlich auf die geringste Druckveränderung. Am besten markiert man sich die Schieberstellung durch Bleistiftstriche am Schieber.
Bei allen Gasöfen kann die Temperaturverteilung im Brennraum ein Problem darstellen. Man kann ihm durch entsprechende Setzweise, die die Flamme zwingt, lange im Ofen zu verweilen, oder dadurch begegnen, daß man die Flamme gegen eine schräg darübergelehnte, an die Ofenwand gestützte kleine Schamottplatte oder ein Plattenbruchstück prallen läßt. Sie verteilt sich dann besser. Außerdem sollte man bei 900 bis 1000 Grad eine Haltezeit von 30 bis 60 Minuten einlegen, in der sich die Temperatur, die naturgemäß an der Flamme höher ist als im übrigen Ofenraum, ausgleichen kann. Die kalten Stellen des Ofens holen auf und nähern sich den vorausgeeilten. Dann kann ab 1000 Grad mit der Reduktion begonnen werden, die ohnehin einen geringeren Temperaturanstieg zur Folge hat. Man reduziert im Wechsel mit Oxidationsphasen alle 15 Minuten. Am Ende des Brandes, bei der Höchsttemperatur, bewirkt eine weitere Haltezeit von 30 Minuten unter Beibehaltung der Reduktionsintervalle den endgültigen Ausgleich nicht nur im Ofenraum, sondern auch innerhalb der Scherbenquerschnitte. Man muß jedoch beachten, daß die längere Einwirkung der hohen Temperatur zur Folge hat, daß sich mehr Cristobalit bildet, der infolge seiner sprunghaften Schrumpfung beim Abkühlen bei etwa 100 Grad (siehe unter Kieselsäure) Glasurabplatzungen, Kantenabsprengungen und Risse verursachen kann.

Brennen im Sägemehl. Keramisches Brennverfahren, bei dem das Brenngut im Kontakt mit Sägemehl gebrannt wird. Der Ofen kann eine Öltonne sein oder aus Ziegeln errichtet werden. Die Öltonne kann man im Garten bis an den Rand eingraben. Sie braucht einen Deckel aus nicht brennbarem Material. Es gibt drei Methoden des Brennens:

1. Man läßt durch einen oder mehrere Holzstäbe beim Einbauen Luftschächte durch Herausziehen der Stäbe und entzündet das Sägemehl durch Einführen von brennenden Ölsteinen durch die Schächte. Bei dieser Methode glimmt das Sägemehl von unten nach oben. Der Ofen braucht keine weitere Luftzufuhr, es genügt die in den Schächten befindliche Luft. Der Brand dauert etwa zwei Tage.

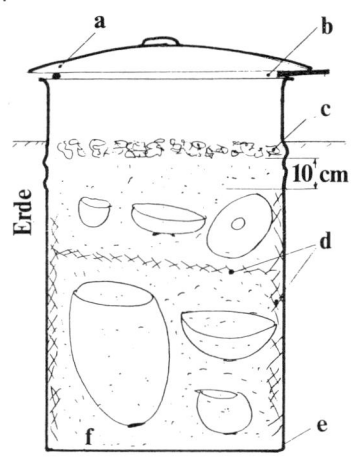

In den Erdboden eingelassene metallene Öltonne als Ofen für den Sägemehlbrand. *a* Deckel, gewölbt oder flach (dann saugfähig, um Kondensat aufzunehmen); *b* Luftspalt, veränderlich; *c* Papier, zerrissen und geknüllt zum Anzünden; *d* Drahtgitter, grob, falls die Stücke beim Abbrennen durch Berühren gefährdet wären; *e* Eisentonne (Ölfaß), größtenteils in die Erde eingegraben; *f* Sägemehl, möglichst fein und ganz trocken.

2. Das Brenngut wird mit Sägemehl dicht aneinandergepreßt ohne Luftschächte eingelegt, dann entzündet man das Sägemehl mit einer Lage von zusammengeknülltem Zeitungspapier oder mit einem petroleumgetränkten Tuch, wobei die oberste Schicht des Sägemehls schwarz wird. Dann schließt man den Deckel und legt, wenn der Deckel flach ist, zwischen ihn und den Tonnenrand ein etwa 1 cm dickes Holzklötzchen, durch das die glimmende Sägemehlschicht genügend Luft erhält, um nach unten weiterzuglimmen. Der Brand dauert etwa ein Woche. Die Umweltbelastung ist minimal durch geringen Räuchergeruch, der anfangs stärker ist und später nachläßt.

3. Das Brenngut wird lagenweise zwischen petroleumgetränkte Tuchlagen in die Öltonne eingefüllt, die wegen der besseren Belüftung einen Wellblechdeckel erhält. Zuunterst in die Tonne kommt eine 25 cm dicke Lage Sägemehl, darauf ein petroleumge-

tränktes Tuch, auf das zunächst die großen Stücke gestellt werden. Um den Rand des Tuches herum wird das Sägemehl mit Petroleum befeuchtet. Die eingesetzte Ware wird in Sägemehl eingebettet, das noch 10 cm darüberreicht. Dann folgen die nächsten Lagen in gleicher Weise mit einem Petroleumtuch beginnend, darauf Brenngut und Sägemehl, vollgestopft. Zuoberst wird das petroleumgetränkte Tuch nicht mehr mit Brenngut besetzt, sondern nur mit einer 25 cm dicken Sägemehlschicht (die Vorwärmzone), die schließlich noch mit einem weiteren derartigen Tuch bedeckt wird. Das an den Rändern befindliche petroleumdurchtränkte Sägemehl wirkt wie ein senkrechter Docht. Nach dem Entzünden läßt man 20 bis 30 Min. brennen, ehe man den Wellblechdeckel auf die Tonne legt. Der Brand schwelt drei Tage.

In allen Fällen erhält man eine schwarze Keramik, die besonders schön ausfällt, wenn sie poliert war.

Brennen in Gruben. Keramischer Brand im offenen Feuer. Es gibt zwei Methoden. Bei der einen wird die Brenngrube mit Holz und Stroh ausgelegt, darauf das Brenngut, mit Brennstoffen vermischt, aufgeschichtet und mit Kuhfladen und Holz bedeckt, dann erst angezündet. Statt Kuhfladen kann man auch Fladen aus Sägemehl, etwas Ton und Kleister formen. Bei der anderen Methode wird in der offenen Grube gebrannt. Das Brenngut steht auf Holzknüppeln mit dazwischengestopftem Stroh. Im Unterschied zur ersten Methode wird hier Brennholz nachgelegt und eine bis anderhalb Stunden offen gebrannt, wobei das Brenngut während des ganzen Brandes von Holz bedeckt bleibt. Der Bodenwall um die Grube, der aus dem ausgehobenen Erdreich gebildet wurde, schützt vor stärkerem Wind. Ist die Keramik zum Glühen gebracht, wird eine Lage Laub über das Feuer gebreitet und darüber eine Erdschicht, die das Feuer erstickt. Auf diese Weise erhält man eine schwarzgebrannte Keramik. Soll oxidierend gebrannt werden, läßt man das Feuer völlig abbrennen und schützt das Brenngut vor zu schnellem Abkühlen, indem man es mit Asche umgibt (siehe auch unter Pitfiring).

Brennen mit Biogas. Verwendung von Gas, das aus der Faulung organischer Stoffe unter Luftabschluß mit Hilfe von Methanbakterien gewonnen wird. Das Gas kann in Selbstbau-Anlagen unter Erhitzung durch Sonnenenergie erzeugt werden. Es hat aber einen geringen Druck und braucht, ähnlich wie Erd- und Stadtgas, einen Ofen mit ausreichendem Schornsteinzug und einen oder mehrere Brenner mit großer Primärluftbohrung, damit die angesaugte Luft das Gas mitreißt.

Brennen mit Flüssiggas. Keramisches Brennen G mit einem Propan/Butan-Gemisch (»Flüssiggas«) im Gegensatz zu Erdgas (Naturgas) oder Stadtgas (Leuchtgas).

Flüssiggas ist in 6-, 12- oder 33-kg-Flaschen (Flaschengas) oder in Tanks verflüssigt. Bei Nachlassen des Drucks wird die Flüssigkeit zu Gas; deshalb haben diese Flaschen oder Tanks ein »Reduzierventil«. Der Umgang mit ihnen unterliegt der Druckgas-VO (Polizeiverordnung über ortsbewegliche, geschlossene Behälter für verdichtete, verflüssigte und unter Druck gelöste Gase). Ferner sind die »Richtlinien für die Verwendung von Flüssiggas«, herausgegeben von der Berufsgenossenschaft der keramischen und Glas-Industrie, zu beachten.

Auf den Flaschen sind Leer- und Vollgewicht eingeprägt, so daß man den Verbrauch durch Wiegen feststellen kann. Das Gas ist schwefelfrei. Der Heizwert beträgt etwa 1100 kcal/m^3. Erdgas kommt meistens aus Leitungen, kann aber auch als Methan in Behältern verflüssigt sein. Es enthält Schwefelwasserstoff und hat etwa 9000 kcal/m^3 Heizwert. Stadtgas kommt aus Leitungen. Es hat 20 % Methan, 50 % Wasserstoff und weniger als 2 g/m^3 Schwefelwasserstoff. Der Heizwert beträgt 3800–4200 kcal/m^3.

Das Brennen mit Flüssiggas unterscheidet sich vom Brennen mit den heizwertärmeren Gasen mit niedrigerem Druck dadurch, daß Flüssiggas Brenner zuläßt, bei denen das Gas infolge seines Drucks die atmosphärische Luft nachzieht (atmosphärische Brenner). Der Luftbedarf beträgt das Zwei- bis Sechsfache der Gasmenge. Erd- und Stadtgas hingegen benötigen zehnmal mehr Luft als Gas und einen Brenner, bei dem die Luft das Gas mitreißt. Dieser Brenner muß eine sehr viel größere Primärluftbohrung besitzen. Die Luft wird in diesem Fall mit einem Gebläse in den Brenner gedrückt (Geschwindigkeits-,

Hochgeschwindigkeits- oder Gebläsebrenner).

Einen kleinen, beweglichen Flüssiggasofen kann man ohne Formalitäten betreiben, wenn man ihn im Freien aufstellt, von Wind und Regen geschützt. Er darf nicht tiefer stehen als das Niveau des umgebenden Erdbodens, weil das Gas schwerer ist als Luft und sich in einer Vertiefung sammeln könnte. Die Brenner sind über eine Schlauchleitung an die Gasflaschen angeschlossen. Diese Leitung darf mit der heißen Ofenwand nicht in Berührung kommen. Sie ist mit einer Schlauchbruchsicherung versehen.

Zur Inbetriebnahme des Gasofens wird der Schlauch mit dem Druckminderer (Druckregler) an die Gasflaschen angeschlossen. Man öffnet das Flaschenventil und die Luftdrosselklappe am Brenner und stellt den Druckregler über das Manometer auf 0,1 bar ein. Während man das Absperrventil am Brenner langsam aufdreht, entzündet man mit einem Streichholz den Brenner. Man stellt eine kleine Flamme ein, die ein stabiles Flammenbild haben soll. Beim Zünden ist zu beachten, daß sofort nach Öffnen der Absperreinrichtung gezündet wird, damit sich kein Gas im Ofen sammeln kann, das durch eine verspätete Entzündung zur Verpuffung führen könnte. Beim Öffnen der Schaulöcher während des Betriebes können heiße Gase heraustreten und sich an der Luft entzünden. Mit Hilfe des Injektortellers am Brenner kann die Flammentemperatur verändert werden. Nach der Anheizphase schiebt man den Brenner in die Brenneröffnung. Kann man durch eine schräge Bohrung über dieser Öffnung ein Thermoelement einführen und die Flammentemperatur messen, so läßt sich das Gas-Luft-Gemisch optimal einstellen, indem man den Injektorteller aus der geöffneten Stellung so lange zudreht, bis das Temperaturanzeigegerät eine leicht ansteigende Tendenz erkennen läßt. Bei dieser Stellung des Injektortellers kann der Brand bis zum Beginn der Reduktion oder – wenn man nicht reduzieren will – bis zum Brandende geführt werden. Der atmosphärische Brenner holt sich selbsttätig genügend Verbrennungsluft. Die Verbrennung ist neutral bis schwach reduzierend. Durch langsames Zudrehen des Injektortellers wird die angesaugte Verbrennungsluft gedrosselt, die Flammentemperatur geht etwas zurück und die Ofenatmosphäre wird sauerstoffarm. Bei der Reduktion tritt das giftige Kohlenmonoxid im Abgas auf, das sich sofort an der Luft entzündet, sofern die Abgastemperatur über 700 °C liegt. Unterhalb dieser Temperatur soll nicht reduziert werden.

Man kann im Gasofen auch gassparend mit Holzkohle oder Holz reduzieren, das man durch die Brenneröffnung einführt, wenn sich der Brenner beiseite schieben läßt.

Brennen mit Holz. Keramisches Brennen in Holzöfen.

Für das Erreichen einer hohen Temperatur sind eine große Rostfläche, ein richtig dimensionierter Schornstein, trockenes Holz und ein trockener Ofen (deshalb mit Überdachung) Voraussetzung. Pro Quadratmeter Ofensohle rechnet man bei einem Brennraum, der so hoch ist wie breit, ein Fünftel bis ein Viertel Quadratmeter Rostfläche. Der Schornsteinquerschnitt soll unten ein Zehntel der Rostfläche betragen. Bei niedergehender Flamme soll die Schornsteinhöhe dreimal die Scheitelhöhe der Brennkammer plus 0,33-mal die Sohlenlänge betragen (die Sohlenlänge ergibt sich aus Ofensohle + Fuchskanal + Schornsteinsohle). Als Brennholz eignen sich sehr gut Kiefernschwarten oder Abfälle aus einer Schreinerei. Kiefernholz ist langflammig und kann allein verwendet werden. Buche verbrennt mit kurzer, heißer Flamme und muß mit Kiefer gemischt werden. Solange der Ofen noch kalt ist, haben die Brenngase nicht genügend Auftrieb, und der Schornstein zieht schlecht. Beim Anheizen verbrennt man die ersten Scheite in der Aschengrube unter dem Rost. Dadurch wird der Ofen besser durchgewärmt. Dann geht man auf den Rost über und belegt ihn stets gleichmäßig mit Holz, damit die durchziehende Luft überall gut vorgewärmt wird. Ein Schüren ist nicht nötig. Das Nachlegen erfolgt etwa alle fünf Minuten, lieber häufiger als umgekehrt. Durch Nachlegen und Klarbrennen wechseln Reduktion und Oxidation, Temperaturstagnation und Temperaturfortschritt ab. Das heißt, es bedarf beim Aufheizen keiner besonderen Manipulation, um zu reduzieren, und der Temperaturanstieg vollzieht sich treppenförmig. Erst bei der Endtemperatur muß der Schornsteinschieber geschlossen und die Luftzufuhr verhindert werden, wenn der Ofen reduzierend abkühlen soll.

Brennen mit Öl. Öl liefert eine außerordentlich heiße, aber kurze Flamme. Da moderne Heizöle leicht zugänglich sind, ist die Ölheizung in der Industrie mit Luftdruckzerstäuberbrennern verbreitet. In den USA und in Neuseeland brennen Keramiker mit Altöl (drainoil) in abenteuerlicher Weise. Da das Öl einen hohen Flammpunkt hat (245 °C), wird erst mit Propangas, Diesel oder Holz vorgeheizt. Der einfachste Brenner besteht darin, daß man Öl in die Propangasflamme tropfen läßt. In Mehrkammeröfen läßt sich auch eine Mischung aus Öl und Wasser zum Höherheizen der zweiten Kammer einsetzen, in der das Gemisch aus einem durch die Ofenwand gesteckten Rohr auf ein kurzes Stück Eisenrinne oder auf treppenförmig angeordnete glühende Eisenplatten tropft. Die

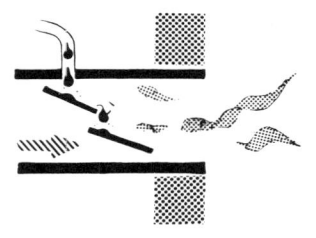

Behälter für Öl und Wasser sind dabei erhöht angebracht, um den nötigen Druck zu erzeugen. Mit dem Wasserzusatz wurden wider Erwarten gute Erfahrungen gemacht. Zur Beseitigung der Verunreinigungen ist ein Absetzgefäß und zur Verringerung der Viskosität eine Erwärmung des Öls vorgeschaltet.

Brenner, siehe unter Gasbrenner.

Brennfarbe. Färbung des Tones oder der Masse durch das Brennen. Das Eisenoxid Fe_2O_3 (Hämatit) färbt braun bis rot und hat die Tendenz, bei Temperaturanstieg über Fe_3O_4 (Magnetit) in FeO (Wüstit) überzugehen. Da Fe_3O_4 und FeO schwarz färben, werden braune und rote Tone mit steigender Temperatur immer dunkler. Dabei wird zugleich auch Sauerstoffgas frei (Fe_2O_3 besitzt 30 % Sauerstoff, FeO nur 22 %). Dieses Gas bläht den Scherben auf, wenn die Sinterung schon eingesetzt hat, oder gelangt in die Glasur, wenn der Scherben noch durchlässig ist. Wenn die Masse bis herab auf 1000 °C so langsam oxidierend abkühlt, daß Sauerstoff tief eindringen kann, wird die rote Farbe wieder regeneriert, denn Oxidation und Reduktion der Eisenoxide sind umkehrbar.

Massen, die weniger als 0,35 % Fe_2O_3 besitzen, brennen auch bei hoher Temperatur weiß. Mit etwas höheren Eisengehalten können sie bis 1100 °C noch weiß brennen, über 1100 °C werden sie im oxidierenden Feuer gelblich. Im Reduktionsbrand brennen Scherben schon mit 0,8 % Eisen grau. Titandioxid vertieft die Farben des Eisens.

Die rote Brennfarbe eisenreicher Tone ist bei 900 °C am intensivsten. In Anwesenheit von Kalk oder Magnesia tritt Gelbfärbung ein, weil die sich bildenden Kalziummagnesiumsilikate Eisen in ihr Gitter einbauen. Je mehr Tonerde vorhanden ist, desto mehr Kalk oder Magnesia sind erforderlich, um Gelbfärbung zu bewirken.

Das Mangandioxid, MnO_2, färbt dunkelbraun bis schwarz. Es wandelt sich zwischen 300 und 500 °C nacheinander in Mn_2O_3 und Mn_3O_4 und über 1000 °C in MnO um, wobei ebenfalls Sauerstoff abgegeben wird, denn die Kette dieser Verbindungen besitzt immer weniger Sauerstoff: 36,8–30–28–22,6 %. Auch diese Reduktionsvorgänge sind umkehrbar, über 1200 °C bilden sich mit Kieselsäure jedoch Schmelzen.

Brennhaut. Verdichtung der Scherbenoberfläche im Brand, hervorgerufen durch Anreicherung von feinsten Körnungen, namentlich bei illitischen Tonen. Diese Anreicherung findet beim Freidrehen statt. Beim Gießverfahren sammeln sich Verflüssiger (Soda, Wasserglas) in der Oberflächenschicht an und wirken als Flußmittel. Lösliche Salze treten beim Trocknen an die Oberfläche (siehe unter selbstglasierende Massen).

Brennhilfsmittel. Feuerfeste Spezialerzeugnisse zum Setzen oder Abkapseln der Ware im Ofen. Sie bestehen entweder aus Schamotte, aus Cordierit oder aus Siliziumkarbid. Spitzen können auch aus Metallblech oder -draht sein.

Brennhilfsmittel dürfen nicht streuen, weil der Befall die glasierte Ware verderben würde.

Zu den Brennhilfsmitteln gehören Einsetzplatten, Kapseln, Tellerkapseln, Kassetten (Paragon pin cranks), Pinnen (Dreispitze), Hahnenfüße, Fingerhüte, Sparstäbe.

Bennkapsel, siehe unter Kapsel.

G **Brennschwindung.** Kleinerwerden im Brand. Je mehr Schmelze sich im Scherben bildet, d. h. je alkalireicher und je feinkörniger er ist, desto größer ist die Brennschwindung. Sie ist um so kleiner, je mehr Quarz er enthält. Schamotte kann die Brennschwindung so lange verzögern, bis ihre eigene Sintertemperatur erreicht ist. Je größer die Brennschwindung, desto geringer die Porosität. In der Regel ist die Brennschwindung bei langsamem Erhitzen größer als bei schnellem. Es kann aber auch umgekehrt sein, wenn nämlich die entstandenen Schmelzen keine Zeit haben, Quarz aufzulösen und dadurch zäher zu werden. Die flüssigere Schmelze gibt eine größere Schwindung. Deshalb setzt man Massen, die im Schnellbrand schwinden sollen, lieber Erdalkalien (Wollastonit, Talkum, Anorthit) zu, denn sie ergeben dünnflüssigere Schmelzen als die Alkalien. Die Brennschwindung von Steinzeugtonen bei 1200 °C beträgt 1,5 bis 15 %.

Brennzange. Stahlzange zum Anfassen von Brenngut.

Bristolglasuren. Von William Powell 1835 in Bristol eingeführte Zinkglasuren, um braune und cremefarbene Glasuren auf Steinzeug auf anderem Wege als dem Salzen zu gewinnen. Die ursprüngliche Bristolglasur, die bis 1866 geheimgehalten wurde, war zusammengesetzt aus Feldspat, Kalk, Zink, Ton und Quarz. Der Tonerdegehalt war stets höher als der an Alkalien, so daß sie als Rohglasur aus Feldspat gewonnen werden konnte. Zum Rohglasieren wurde über die Hälfte des Tones geglüht. Die Glasuren waren sehr zähflüssig und auf die großen Öfen bei Bränden von 60 Stunden Dauer abgestellt. Unter heute normalen Bedingungen muß man ihren Tonerde- und Quarzgehalt geringer ansetzen. Für 1150 bis 1400 °C liegen die Grenzen nach der Segerformel zwischen 0,3 und 0,4 Alkalioxiden, 0,2 und 0,3 CaO, 0,35 und 0,45 ZnO, 0,5 und 0,6 Al_2O_3 sowie 3 und 3,5 SiO_2.

Der Kalk kann durch Magnesium, Barium oder Strontium ausgetauscht werden, wodurch man individuelle Ergebnisse erzielt. Im allgemeinen ist das Tonerde-Kieselsäure-Verhältnis in Bristolglasuren niedriger als sonst. Im Mittel beträgt es 1:5,5. Eine Bristolglasur für 1280 °C:

56,5 Kalifeldspat
 5,8 Kalkspat
10,6 Zinkoxid
17,2 Kaolin
 9,4 Quarzmehl, braun mit 8 % Fe_2O_3.

Buchenasche. Eine typische Asche vom Kalktyp mit 50 bis 80 % Kalkgehalt. Der Alkaligehalt kann gleichzeitig sehr hoch sein; er schwankt zwischen 2 und 25 %. Die Buchenaschenglasuren haben fast keine Eigenfarbe und sind deshalb für klare Färbungen mit Farboxiden gut geeignet. Die Asche braucht nicht gewaschen zu werden. Um eine Glasur zu bilden, benötigt sie Kaolin und Quarz oder, für glänzende Glasuren, Feldspat oder Nephelinsyenit. Anhaltswerte: 6,69 % SiO_2, 0,76 % Al_2O_3, 0,5 % Fe_2O_3, 0,02 % TiO_2, 1 % MnO, 56,81 % CaO, 8,187 % MgO, 14,35 % K_2O, 3,685 % Na_2O, 6,9 % P_2O_5. Segerformel zum Einrechnen in Glasuren: 0,08 SiO_2, 0,01 Al_2O_3, 0,01 MnO, 0,71 CaO, 0,14 MgO, 0,10 K_2O, 0,04 Na_2O, 0,03 P_2O_5, Mol.-Gew. 68.

Buchsbaumasche. Eine Asche vom Dolomittyp mit gleichzeitig hohem Alkaligehalt. Sie ist für craquelierende Aschenglasuren bei niedriger Temperatur besonders geeignet, bei hoher Temperatur gibt sie im Reduktionsbrand eine klare Seladonfarbe. Ihr Schwefelgehalt ist gering, und somit erübrigt sich das Schlämmen. Anhaltswerte: 12,62 % SiO_2, 1,06 % Fe_2O_3, 0,34 % MnO, 30,12 % CaO, 14,28 % MgO, 19,8 % K_2O, 8,26 % Na_2O, 7,11 % P_2O_3, 2,46 % SO_3, 1,23 % Cl. Segerformel zum Einrechnen in Glasuren: 0,17 SiO_2, 0,01 Fe_2O_3, 0,44 CaO, 0,28 MgO, 0,17 K_2O, 0,11 Na_2O, 0,04 P_2O_5. Mol.-Gew. 79.

Buckingham feldspar. US-Feldspat, entspricht dem englischen HM Potash feldspar und läßt sich ersetzen durch 88,4 Kalifeldspat 82/K11 und 11,6 kanadischen Nephelinsyenit.

Bütschliit. Mineral der Zusammensetzung $K_2OCa(CO_3)_2$, das man nur in der Asche von

Buchen-Asche-Glasuren

aus dem Stamm

1000° C

18 Asche
46 Kalziumborat
26 Kaolin
10 Quarz
+ 3 Eisenoxid

1280° C

34 Asche
15 Kalkspat
31 Kaolin
20 Quarz

aus den Blättern
1000° C

8 Asche
9 Zinkborat
40 Natriumboratfritte
3 Bariumsulfat
23 Kaolin
17 Quarz
+ 4 Eisenoxid

1280° C
*

14 Asche
20 Zinkoxid
3 Kalkspat
5 Bariumsulfat
18 Kaolin
33 Quarz
7 Titandioxid

aus den Zweigen
1000° C
*

16 Asche
22 Zinkoxid
24 Natriumboratfritte
5 Kalifeldspat
5 Bentonit
28 Quarz
+ 3 Kobaltoxid

1280° C
**

45 Asche
3 Zinkoxid
30 Kalifeldspat
3 Titandioxid
4 Bentonit
15 Quarz

*Kristallglasuren   **weißdeckend

Waldbränden fand (siehe auch Fairchildit).

Bullers Ringe. Ringförmige Rohlinge aus vier verschiedenen Massen, je nach Brennbereich. Sie werden mit einem Haken aus dem Ofen genommen und auf einen Konus geschoben, der eine Skala besitzt. Wenn sie stark geschwunden sind, lassen sie sich nicht weit aufschieben. Die Brenntemperatur zwischen 960 und 1400 °C kann vom Konus abgelesen werden. Von der Farbe der Ringe läßt sich auf die Ofenatmosphäre schließen.

Bundesverband Kunsthandwerk e. V. Dachverband der Landesverbände des deutschen Kunsthandwerks mit dem Sitz in Frankfurt/Main, Bleichstraße 38 A (Tel. 069-28 05 10). Mitglied in einem der Landesverbände kann ein Kunsthandwerker nur dann werden, wenn die Jury des betreffenden Landesverbandes anhand seiner eingereichten Arbeiten eine Aufnahme befürwortet. Die Mitgliederzahl aller Landesverbände beträgt (1988) 1776 Einzelmitgliedschaften, wobei je Werkstatt nur eine Mitgliedschaft möglich ist. 28,8 % der Mitglieder (488 Keramikbetriebe) gehören zum Gewerk Keramik. 40 % der Betriebe sind Einpersonenbetriebe, 21 % beschäftigen einen, 10 % zwei oder mehr Familienangehörige. 66,2 % der Keramikbetriebe sind Kleinstverdiener bis zu 50 000,– Jahresumsatz. 65,6 % dieser Kleinstverdiener sind als freischaffende Künstler anerkannt. Dia- und Informationszentrum, Standverteilung bei der Internationalen Frankfurter Messe mit regelmäßiger, jurierter Sonderschau »Form aus Handwerk und Industrie«.

Bunzlau. (Boleslawiec) Stadt am rechten Ufer des Bobers, Geburtsstadt des Dichters Martin Opitz, gehört heute zur Woiwodschaft Wroclaw. Zentrum des schlesischen Töpferhandwerks seit dem 16. Jh. Das lehm- und/oder salzglasierte Braunzeug wurde bei 1300 °C in kohlebeheizten, viereckigen Brennöfen gebrannt. »Königliche keramische Fachschule«, gegr. 1887, mit den Direktoren Wilhelm Pukall bis 1925, Eduard Berdel bis 1941, G. Weber bis 1941 und Karl Litzow bis 10. 2. 1945.

Bunzlauer Geschirr. Hochgebrantes Kochgeschirr. Es läßt sich herstellen aus
72 Ponholzer Hochfeuerfest-Ton VI
23 kaust. Magnesit.
Geschrüht bei 855–900 °C, glattgebrannt bei 1240–1280 °C mit einer Glasur aus
43,73 Feldspat 82 K/11
 2,63 kaust. Magnesit
 3,82 Zinkoxid
15,67 Kalkspat
 4,07 Kaolin
30,08 Quarz,
braun durch Zusatz von 5–10 % Eisenoxid + 1 % Chromoxid oder 5 % Eisenoxid + 1 % Rutil.

Burning (engl.) Brennen. Open burning porös brennen. Tight oder dense burning dichtbrennen.

Bytownit. Zu den Plagioklasen gehöriger Natriumfeldspat mit 70–90 Mol.-% Anorthit (= Kalkfeldspat).

C

Cadmium. Cd, 2-wertiges Metall, Atomgewicht 112,4, Schmelzpunkt 321 °C, kommt in der Natur in Zinkerzen vor. Die löslichen Verbindungen sind giftig, das Cadmiumoxid (CdO, Mol.-Gew. 128,4), ein braunes Pulver, ist jedoch unlöslich. Das Cadmiumsulfid ist ein gelbes Pigment, im Gemisch mit Cadmiumselenid ist es rot. Aus Glasuren oder Aufglasurfarben gelöstes Cadmium ist giftig.

Cadmiumgehalt, zulässiger. Die Grenzwerte Ⓜ sind in DIN 51032 festgelegt: flache Tafel- und Küchengeräte dürfen 0,1 mg Cd/dm^2 enthalten, hohe 0,5 mg Cd/l, flache Koch- und Backgeräte 0,05 mg Cd/dm^2, hohe 0,25 mg Cd/l. Die gleichen Werte gelten für Verpackungsbehälter. Der 2 cm breite Trinkrand darf maximal 0,2 mg Cd pro Gegenstand abgeben. Bestimmung wie Bleilässigkeit.

Calcareous (engl.) kalkhaltig.

Calcia. Engl. Bezeichnung für CaO.

Calcit = Kalkspat.

Carolina stone. Dem englischen Podmore Cornish stone ähnliches Feldspatgestein aus Carolina, USA, mit der Durchschnittsanalyse 72,30 % SiO_2, 16,23 % Al_2O_3, 0,07 % Fe_2O_3, 0,62 % CaO, 4,42 K_2O, 4,14 % Na_2O, 1,23 % CaF_2, 1,06 % Glühverlust. Ersatzmischung: 60,58 Kalifeldspat 82/K11, 13,24 Kaolin 233, 25,1 Quarz, 1 Kalkspat 344.

Casting (engl.) Gießen. Casting seam Gießnaht.

Catenary kiln (engl.) Kettengewölbeofen.

Cawk stone (engl.) verunreinigter Baryt.

Celsian, Bariumfeldspat, $BaO \cdot Al_2O_3 \cdot 2\ SiO_2$. Mol.-Gew. 375,56.

Cer, Ce, seltenes Erdmetall, Atomgewicht 140,12, kommt in der Natur als Phosphat $CePO_4$ = Monazit vor. Das Ceroxid CeO_2 (Cerianit) »Opaline« kann als Trübungsmittel Zinnoxid ersetzen.

Ceramica-Stiftung. Stiftung zur Förderung der keramischen Wissenschaften mit dem Sitz in Basel. Sie bewilligt Druckkostenzuschüsse für keramische Werke. Keine Mitglieder.

Chalcedon. SiO_2. Feinkristalline, nur unter dem Mikroskop zu erkennende Ausbildung von schaligen, traubigen oder kompakten Massen aus Kieselsäure. Vorkommen in Hohlräumen von Ergußgesteinen oder in den schwärzlichen Varietäten Flint, Feuerstein, Hornstein. Schmucksteinvarietäten sind Achat, Onyx, Carneol, Chrysopras.

Chalk (engl.) Kreide. French chalk Speckstein.

Charcoal (engl.) Holzkohle.

Chemische Analyse. Quantitative Elementaranalyse nach Aufschluß der Substanz in Soda, um einzelne Gruppen in Freiheit zu setzen, die dann nach geeigneten Abtrennungsverfahren durch spezifische Reaktionen ermittelt werden. Die chemische Analyse liefert wichtige Anhaltspunkte für die Beurteilung von Rohstoffen und für die Berechnung von Massen und Glasuren. Aussagekraft der Analysewerte: Bei Tonen läßt ein hoher Tonerdegehalt auf gute Plastizität und – bei gleichzeitig niedrigem Gehalt an Flußmittel – auf Feuerfestigkeit schließen. Ein hoher Gehalt an Kalk (CaO) macht einen Ton für Steinzeug unbrauchbar, jedoch für Töpferware, Fayencen, Kalksteingut besonders gut geeignet. Frühzeitig dicht wird ein Ton durch viel Flußmittel (Alkalien, Erdalkalien, Eisen, Mangan), er neigt dann aber zum Blähen. Gehalte an Eisen-, Mangan- und Titanoxid lassen auf die Brennfarbe schließen.

Chesterfield. US-Feldspat, entsprechend dem englischen Ferro Potash feldspar. Ersatzmischung: 74 Kalifeldspat, 82/K11, 13 Natronfeldspat Na 427, 13 Quarz.

China Clay, Kaolin, insbesondere die Kaoline aus Cornwall in England, dann auch diejenigen aus USA zwischen Vermont und Georgia und im Mississippital aufwärts. In Deutschland handelsüblich z. B. als »China Clay 232« mit der chem. Analyse: 48,3 % SiO_2, 36,9 % Al_2O_3, 0,68 % Fe_2O_3, 0,04 % TiO_2, 0,1 % MgO, 0,1 % CaO, 0,04 % Na_2O, 2,14 % K_2O, 11,64 % Glühverlust, Mol.-Gew. 273,54.

Clinchfield. US-Feldspat, entsprechend dem englischen Podmore Potash feldspar und einer Mischung aus 93,5 Kalifeldspat 82/K11 mit 6,5 Quarz.

Chlor, Cl, Halogen, Atomgewicht 35,453, verbindet sich mit sämtlichen anderen Elementen außer Edelgasen und ist ein- sowie drei- bis siebenwertig. Chlor ist ein giftiges Gas, doch warnt der Geruch, lange bevor gefährliche Konzentrationen erreicht werden. Es wirkt oxidierend, bleichend, keimtötend. Rohstoffe, die an der Meeresküste oder dem Watt entnommen werden, enthalten Chlorverbindungen (Chlorwasserstoff), aus denen beim Brennen Chlor entweicht. Pflanzenaschen sind in geringen Mengen chlorhaltig.

Chloribonatar. Keramik-Dichtbrennmittel, das beim Schrühbrand (nicht unter 850 und nicht über 1040 °C) aus einem in den Ofen gestellten Schälchen verdampft (100 g auf 100 Liter Brennraum). Danach kann glasiert und glattgebrannt werden, wobei man einen dichten Scherben erhält. Eingetr. WZ.DP Nr. 33287/1.

Chlorit. Nicht quellfähiges, glimmerähnliches Tonmineral, Hauptbestandteil des Chloritschiefers, Nebengemengteil in Feldspäten und Lehm.

Chrom, Cr, zwei-, drei- und sechswertiges Metall, Atomgewicht 51,996, kommt als Chromerz (Chromit, $FeCr_2O_4$) in der Natur vor und ist auch in Meteoriten gefunden worden. Das Chrom(III)oxid Cr_2O_3 (Mol.-Gew. 152,02) schmilzt erst bei 2000 °C und stellt deshalb in Glasuren ein sehr widerstandsfähiges Pigment dar. Wie in der Natur, so färbt das Chrom auch in den Glasuren: grün (im Smaragd), rot (im Rubin) und gelb als Bleichromat $PbCrO_4$ (in der Natur als Rotbleierz); auch das Bariumchromat ist gelb.

Chromeisenerz, Chromit, $FeO \cdot Cr_2O_3$. Nichtmagnetisches, braunes Erz, das 40–50 % Cr_2O_3 und 14–25 % FeO neben SiO_2, Al_2O_3 und MgO enthält. Es kann zur Färbung von Glasuren und – wie Pyrit – zur Sprenkelung von Massen verwendet werden.

Chromglasuren. Chrom färbt in Alkali- und Alkaliborglasuren bis in höchste Temperaturen grün, in Bleiglasuren unter 1000 °C rot oder gelb.

Grüne Glasuren kann man aus der Alkalifritte M1233 erzielen, indem man eine Grundmischung herstellt, der man je nach der gewünschten Farbe Stoffe zusetzt, die das Grüne abwandeln, z. B. Mattglasuren bei 1180 °C aus der Grundmischung:
90,8 Fritte M1233
 8,0 Kaolin
 2,0 Chromoxid
und folgenden Zusätzen:
40 % Kaolin für Moosgrün
60 % Wollastonit für gelbliches Grün
50 % Talkum für Hellgrün
40 % Zinkoxid für Graugrün
20 % Titanoxid für Braungrün.

Da sich das Chromoxid nicht löst, sind chromgefärbte Glasuren immer undurchsichtig.

Aus der bleifreien Borfritte läßt sich eine gelbe Chromglasur gewinnen, wenn man ihr Barium zusetzt, z. B. für 1180 °C:
48,00 Fritte V 15098
10,00 Kaolin
40,00 Bariumsulfat
 2,00 Chromoxid.

Eine chromrote Glasur braucht mehr Blei als in der Bleimonosilikatfritte enthalten ist, man muß also noch Mennige hinzufügen. Zinnoxid ist günstig. Z. B. erhält man eine korallenrote Glasur für 880 °C aus:
54,3 Fritte M70
28,3 Mennige
 2,5 Kalkspat
 5,0 Kaolin
 4,5 Zinnoxid
 4,5 Chromoxid

Wollte man die Glasur ohne Mennige zusammensetzen, so würde sie braun infolge des zu hohen Kieselsäuregehalts.

Chromvergiftung. Einatmen von Chromatstaub kann zu Geschwüren in der Nasenschleimhaut führen. Vorsichtsmaßnahmen: Gummihandschuhe, Atemschutzmaske.

Chromit, $FeO \cdot Cr_2O_3$.

Chromitherm. Austenitische NiCr-Heizleiter der Thyssen Edelstahlwerke AG in 5802 Wetter 4 (Wengern).

Chün-Effekt. Blaue bis rötliche, zarte, opalisierende Farbeffekte von optischer Tiefe, hervorgerufen durch Lichtreflexionen in verschiedenen Glasurschichten. Der Effekt ist vermutlich auf Überlagerungen mehrerer Vorgänge in der Glasur zurückzuführen: Bildung von Gasbläschen aus phosphorhaltigem Rohstoff, Kristallisation von Wollastonit und Phasentrennung in zwei nichtmischbare Flüssigkeiten, von denen die eine in der anderen tröpfchenförmig emulgiert ist. Möglicherweise ist ein bestimmtes Verhältnis zwischen Titanoxid : Phosphorpentoxid vorteilhaft oder gar entscheidend. Nach der Analyse beträgt es 3 : 4.

Die Analyse ergibt folgende Werte: 72,5 SiO_2, 10,4 Al_2O_3, 0,27 TiO_2, 0,89 FeO + Fe_2O_3, 10,4 CaO, 0,51 MgO, 5,00 K_2O, 0,3 Na_2O, 0,35 P_2O_3 auf einen Scherben aus 65,80 SiO_2, 28,10 Al_2O_3, 1,06 TiO_2, 2,19 FeO + Fe_2O_3, 0,91 CaO, 0,36 MgO, 1,7 K_2O, 0,09 Na_2O.

Das Rezept der Glasur:
33,0 Kalifeldspat
40,0 Quarzmehl
 8,5 gebrannter Kaolin
 2,5 Dolomit
15,5 Kalkspat
 1,0 Eisenoxid
 1,0 Knochenasche.

Dick auftragen, der Scherben soll eine helle Brennfarbe haben, Brenntemperatur 1250–1300 °C bei kräftiger Reduktion und verzögerter Abkühlung zwischen 1250 und 1150 °C.

CMC = Carboxymethylcellulose, entsprechend der »Tylose«.

Cobra. (Copenhagen Brüssel Amsterdam). Eine 1948 in Amsterdam gegründete avantgardistische Künstlergruppe. Karel Appel (siehe Farbtafel), Asker Jorn und Carl Henning Petersen haben expressionistisch-surrealistische Kunstkeramik hergestellt.

Coelestin, $SrSO_4$, Strontiumsulfat, Mol.-Gew. 183,69.

Himmelblaues (coelestis) Mineral. Vorkommen in Giershagen bei Stadtberge in Westfalen, Waldeck bei Helmscheid und Orgembeck.

Colemanit, $2\,CaO \cdot 3\,B_2O_3 + 5\,H_2O$, Mol.-Gew. 411,18, kommt in Südkalifornien und Nevada vor. Colemanit besitzt 22,26 % Zeolithwasser, das sich in Hohlräumen des Kristallgitters befindet, beim Erhitzen verdampft, sich ausdehnt und feinste Teilchen absprengt. Er hat zwei endotherme Reaktionen: bei 350–390 °C und bei 410 °C, wobei unter Wärmebrauch Wasser frei wird, und eine exotherme Umsetzung bei 710–770 °C, wobei sich eine neue Kristallform unter Wärmeabgabe bildet. Die spontane Abgabe des Zeolithwassers kann zum Streuen der Glasuren, die mit Colemanit versetzt sind, führen. Es läßt sich durch Vorglühen des Colemanits im geschlossenen Behälter unter 710 °C vermeiden. Das Molekulargewicht beträgt danach 321.

Combing (engl.) Tonmaserung, die sich durch Kämmen (Comb = Kamm) einer nassen Engobe mit einer Lederbürste ergibt.

Computer Aided Design (CAD). Für die Industrieproduktion bestimmtes Entwurfsprogramm mit anschließender Berechnung des Materialbedarfs, der Wirtschaftlichkeit usw.

Computer Designed Ceramic (CDC). Der Computer stellt entweder 3-D-Entwürfe im Sinne eines Zufallsgenerators nach Eingabe einer Zahlenkombination zur Auswahl, oder er gestattet das vom Willen des Künstlers geleitete Modellieren eines Netzwerks (»Wireframe«) in einem 3-D-Programm und gibt nach einer »Evolution« durch stimulierende Zufälle und nach zusätzlichen Visualisierungen durch Farbe, Struktur, Oberfläche, Lichtreflexe, Schatten eine Reihe von Fotogrammen zur Animation. Der Entwurf muß per Hand in Keramik ausgeführt werden. Daneben sind Grafikprogramme geeignet, Bildelemente zu entwerfen, zu verändern oder zu kombinieren, die danach über einen Plotter mit kermischen Farben zu Aufglasur-Abziehbildern verarbeitet werden können. (s. a. u. Formenberechnungen).

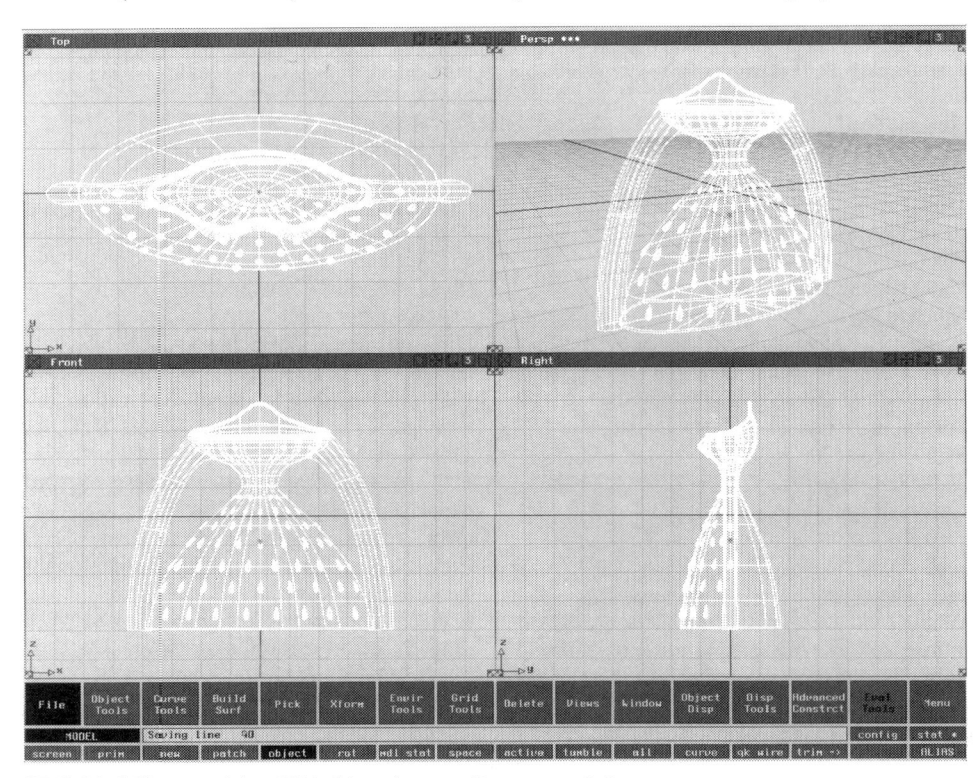

CDC. Modellieren auf dem Bildschirm als erster Programmschritt.

Concept art. Konzept-Kunst, Ideenkunst. Darstellung von Konzepten und Ideen ohne materielle Verwirklichung durch Notizen, Fotos, Interviews, Landkarten usw. Der Betrachter soll modellhaft vorgestellte Situationen weiterdenken und ausbauen, angeregt durch die dargestellten, bisher nicht bewußten Wirklichkeitsbezüge. Kunstströmung der 70er Jahre.

Cone (engl.) Kegel.

Coperta, holländisch »Kwaart«. Transparente, bleihaltige Überzugsglasur auf Fayence, um die mit Rücksicht auf Konturentreue schwer schmelzbar gehaltenen und daher matten Malfarben besser zum Leuchten zu bringen. Im 16. Jh. in Italien und Holland nach persischem Muster (Minai-Fayencen) angewandtes Verfahren. Die Glasurmischung aus 7 Teilen Kochsalz, 4 Teilen Pottasche, 42 Teilen Bleiglätte und 66 Teilen Natriumsilikatfritte wurde vor Verwendung dreimal vorgeglüht.

Cordierit, $2\,MgO \cdot 2\,Al_2O_3 \cdot 5\,SiO_2$, in der Natur seltenes, in der Keramik stets synthetisch verwendetes Material mit der außergewöhnlich niedrigen thermischen Ausdehnung (zwischen 20 und 100 °C) von $0{,}6 \cdot 10^{-6}/°C$. Er verwandelt sich beim Erhitzen zu Mullit und Schmelze.

Cordoflam. Handelname für ein kochfestes Geschirr aus Cordieritkeramik.

Cornish stone. Cornwall stone, China stone. Teilweise kaolinisiertes, feldspathaltiges Gestein, das neben Feldspat, Quarz, Glimmer und Kaolin geringe Mengen Flußspat enthält. Es gibt vier Sorten. Nr. 1 hat den höchsten Feldspat-, Nr. 4 den höchsten Kaolingehalt: 1. Hartpurpur (durch Flußspat rötlich gefärbt), 2. Weichpurpur, 3. Trockenweiß (fast ohne Flußspat), 4. Beige stone (durch Eisen beige gefärbt). Durchschnittsanalyse: 71,10 % SiO_2, 16,82 % Al_2O_3, 0,16 % Fe_2O_3, 1,60 % CaO, 0,05 % MgO, 6,57 % K_2O, 2,29 % Na_2O, 0,50 % CaF_2, 1,25 % Glühverlust.

Cornwall stone. US-Handelsname für einen Feldspat, der dem englischen Potclay Potash feldspar entspricht. Esatzmischung: 60 Kalifeldspat 82/K11, 2,5 Kalkspat 344, 14,5 Kaolin 233 und 23 Quarz.

Crank (engl.) Sparkapsel.

Craquelée-Glasur. Von Rissen durchzogene Glasur, die auf Spannungsunterschiede zwischen Glasur und Scherben zurückzuführen sind, und zwar muß sich die Glasur stärker zusammenziehen als der Scherben. Diese Forderung ist bei niedrigschmelzenden Glasuren leicht zu erfüllen. Sie müssen reich an Alkalien, möglichst an Natriumoxid, sein, weil diese die Ausdehnung der Glasur erhöhen. Beispiel sind die ägyptischblauen Alkaliglasuren. Zinngetrübte, weiße Glasuren craquelieren nicht so leicht, weil das Zinnoxid die Glasur elastisch macht. Weiße Hochtemperatur-Craquelée-Glasuren sind nur zu erzielen, wenn man nicht nur die Glasur alkalireich hält, sondern auch dafür sorgt, daß sich der Scherben nicht zu stark zusammenzieht. Die chinesische Kuan-Ware besaß einen tonerdereichen Scherben mit geringem Flußmittelgehalt. Man hat die Glasuren in mehreren Schichten sehr dick aufgetragen, denn dann reißen sie leichter. Das Rissenetz war weitmaschig, das besagt, daß die Ausdehnungsdifferenz nicht groß war. Eine weiße Craquelée-Glasur bei 1280 °C erhält man auf einem Ton wie dem Klardorfer Universalton 3 aus:

65,7 Kalifeldspat 82/K11
8,3 kanad. Nephelinsyenit
6,5 Kalkspat
6,5 Quarz
5,5 Kiefernholzasche
7,5 Ultrox.

Ohne das Zirkon (Ultrox) hat die Glasur im Reduktionsfeuer einen graugrünen Farbton. Die Risse der Craquelée-Glasuren kann man mit Tusche oder mit färbenden Oxiden einfärben, wobei die Tusche dauerhaft einsikkert und nicht mehr gebrannt zu werden braucht.

Cristobalit. Eine der drei Kristallformen der Ⓖ Kieselsäure.

Cristobalit kommt in einer Tieftemperaturform vor, die zwischen 163 und 275 °C existenzfähig ist, und in einer Hochtemperaturform von etwa 200 bis 1710 °C, seinem Schmelzpunkt. Die Umwandlung von Tridymit in Cristobalit und umgekehrt geht mit einer Volumenänderung (Zusammenziehung beim Abkühlen) von 5 % vor sich. Der Cristobalit selbst verwandelt sich beim Abkühlen zwischen 275 und 220 °C aus seiner Hochtemperatur- in seine Tieftemperaturform, wobei er ebenfalls um 5 % schrumpft.

Cuenca-Technik. Füllung von Vertiefungen im horizontal liegenden Scherben (Cuenca = Napf) mit Glasur. Alte mediterrane (bes. spanische) Fliesentechnik.

Cullet (engl.) Glasscherbenmehl.

Cupric oxide. Engl. Bezeichnung für CuO.

Cuprous oxide. Engl. Bezeichnung für Cu_2O.

Custer. US-Feldspat, entsprechend 93,5 Kalifeldspat 82/K11 und 6,5 Quarz.

Cyanit, Disthen, $Al_2O_3 \cdot SiO_2$. Blauer Kristall, Vorkommen in kristallinen Schiefern, z. B. am Monte Campione bei Faido im Tessin, am Südhang des St. Gotthard und am Greiner in Tirol.

D

Dachziegel. Frostbeständige, poröse Keramik und daher vorbildlich für Gartenkeramiken. Die Frostbeständigkeit des Scherbens wird durch Korngrößenabstufungen erzielt. Die Masse besitzt 22–55 % Körner kleiner als 2 µm = 0,002 mm (= Tonfraktion), 10–50 % Körner zwischen 2 und 20µm (Schlufffraktion) und 10–50 % größer als 63 µm (Sandfraktion). Lehme enthalten überwiegend Schluff, Tone überwiegend Tonfraktion. Die Dachziegelmasse ist also eine Mischung aus Ton und Lehm.

Dämpfen. Früher bei Dachziegeln angewandtes Reduktionsverfahren, das dem Dachschiefer ähnliche graublaue Dachpfannen ergab. Dazu hatte man spezielle Dämpföfen, niedrige Langöfen, die von beiden Stirnseiten aus beheizt wurden. Nach beendetem Brand wurden alle Ofenöffnungen durch Sandfüllungen luftdicht abgeschlossen und das Dämpföl oder Teer durch Trichter in der Decke eingelassen. Um Oxidation zu vermeiden, brachte man auf dem Ofen eine Sandschicht auf, die mit Wasser gekühlt wurde. Außerdem wurde etwas Wasser in den abkühlenden Ofen eingelassen. Der Brand dauerte 14 Tage. Als Dämpfmittel dienten Rohpetroleum, Gaskohle, Teer, Asphalt.

Damper (engl.) Schornsteinschieber.

Danborit, $CaO \cdot B_2O_3 \cdot 2H_2O$.

Dannerpreis. Von der Dannerstiftung in München im Dreijahresturnus verliehener Kunsthandwerkerpreis für deutsche Staatsbürger, die mindestens seit fünf Jahren in Bayern leben.

Daumenschälchen. In der Hand geformtes Gefäß.

Dazit. Tiefengestein aus den Gemengteilen Plagioklas, Quarz, wenig Orthoklas, Biotit, Hornblende und Apatit. Anhaltswerte für die Zusammensetzung: 66,76 % SiO_2, 1,02 % TiO_2, 14,41 % Al_2O_3, 2,74 % Fe_2O_3, 2,23 % FeO, 2,01 % MgO, 3,64 % CaO, 3,02 % Na_2O, 2,51 % K_2O, 1,39 % H_2O, 0,39 % P_2O_5. Segerformel zum Einrechnen in Glasuren: 0,14 FeO, 0,23 MgO, 0,27 CaO, 0,23 Na_2O, 0,14 K_2O, 0,64 Al_2O_3, 0,09 Fe_2O_3, 5,05 SiO_2, 0,05 TiO_2. Mol.-Gew. 455.

Decal (engl.) Abziehbild.

Deckelformen. Konstruktionen für Deckelgefäße, insbesondere Dosen.

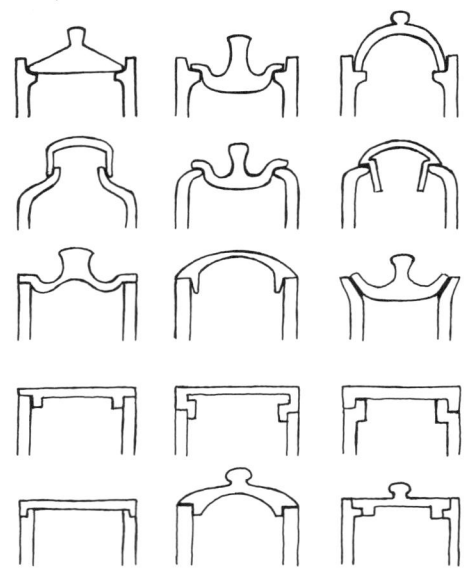

Deckende Glasuren, undurchsichtige, getrübte, opake Glasuren. Sie verdecken den Scherben. Weißdeckende Glasuren bei Fayencen, farbige bei Majolika. Die Trübung wird durch Trübungsmittel oder durch Farbkörnerpigmente erreicht. Deckende Glasuren sind farbkräftig, aber optisch flach.

Deformationen. Absichtliche können ein künstlerisches Ausdrucksmittel sein.

Unbeabsichtigte Deformationen zeigen sich nach dem Brand, können jedoch bereits durch falsches Aufbereiten, Formen oder Trocknen verursacht sein. Man kann ihnen bei der Formgebung durch Spannringe, das sind Verdickungen des Randes oder unterhalb desselben, vorbeugen; beim Trocknen, indem man für gleichmäßigen Wasseraustritt aus der gesamten Oberfläche sorgt; beim Brennen, indem man notfalls die Gefäße bördelt (Rand auf Rand stellt) oder auf Bombsen brennt. Gestaltfestigkeit ist ein weitgehender Schutz vor Deformation: runde, eingezogene Formen ohne abstehende Teile, Tellerfahnen in einem Winkel von 15 Grad. Die Erweichung des Scherbens bringt es mit sich, daß die Formen unter dem Einfluß der Schwerkraft, wenn auch nur geringfügig, deformieren.

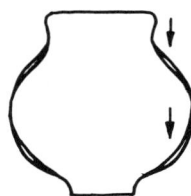

Deformationseutektikum. Mischung, die eine genügende Menge Schmelze entwickelt, um bei der niedrigsten Temperatur im Sinne des Erweichungsbeginns (siehe diesen) zu deformieren. Die entsprechenden Mischungen sind als Flußmittel für Massen interessant. Beispiele mit Angabe der Deformationstemperaturen in Klammern:
1. 36 % Kalifeldspat + 64 % Natronfeldspat (1200 °C).
2. 98 % Kalifeldspat + 2 % Kalkspat (1205–1225 °C).
3. 97 % Kalifeldspat + 3 % Magnesit (1190–1215 °C).
4. 5,1 % kaust. Magnesit + 11 % Kaolin + 8,2 % Quarz + 75,7 % Kalifeldspat (1190–1202 °C).
5. 30,5 % Kalkspat + 2 % kaust. Magnesit + 31,2 % Kaolin + 36,3 % Quarz (1185 °C).
6. 6 % Kalkspat + 5,8 % Kaolin + 6,2 % Quarz + 29,5 Kalifeldspat + 52,5 % Natronfeldspat (1125–1132 °C).

Degussa. Bereich Keramische Farben. Weißfrauenstraße 9, D-6000 Frankfurt 1.
Dekoration, siehe unter Verzierungstechniken.
Dekrepitieren. Das Zerfallen von Gesteinen beim Erhitzen. Im eigentlichen Sinne das Zerplatzen infolge des expandierenden Wasserdampfes, aber auch das Zermürben infolge von Ausdehungsunterschieden. Durch die thermische Zerkleinerung können Gesteine in eine für den Keramiker verwendbare Körnung gebracht werden.
Design. Entwurfsbereich für formgerechte Gebrauchsgegenstände.
Deutsche keramische Gesellschaft e. V., DKG, Berufsvereinigung der Keramiker mit dem Sitz in 5000 Köln 90, Frankfurter Str. 19 b. Offizielles Organ der Gesellschaft ist »CFI« (Ceramic Forum International), Zeitschrift für die keramische Industrie und Forschung.
Deutsches Museum, München, keramische Abteilung seit 1982, 500 m^2 Ausstellungsfläche. Vollautomatische Ziegelfertigungsanlage in Miniaturmaßstab.
Devitrit, $Na_2O \cdot 3CaO \cdot 6SiO_2$. Kristallausscheidung in Natron-Kalk-Glasuren.
Dextrin. Klebstoff aus gesäuerter Stärke.
Diabas. Ergußstein mit den Hauptgemengteilen Plagioklas und Augit, wenig Apatit, Orthoklas und Quarz. Vorkommen im Rheinischen Schiefergebirge (Hunsrück, linksrheinisch), Land-Dill-Gebiet: Hornblende-, Glimmerdiabase, körnige Diabase, Schalstein = Diabastuff; Sauerland: chlorithaltiger Grünstein im östlichen Sauerland, feinkörnige Gangdiabase im westlichen Sauerland), Harz: Oberharzer Diabasabzug von Osterode bis Altenau, reichlich Mandelsteine in der darüberliegenden Blättersteinzone, Frankenwald (östlich von Hof), Fichtelgebirge, Lausitz. Zusammensetzung, Anhaltswerte: 50,2 % SiO_2, 1,21 % TiO_2, 16,08 % Al_2O_3, 9,3 % Fe_2O_3, 3,87 % FeO, 0,54 % MnO, 6,82 % MgO, 7,85 % CaO, 2,34 % Na_2O, 1,24 % K_2O, 0,67 % H_2O. Segerformel zum Einrechnen in Glasuren: 0,12 FeO, 0,02 MnO, 0,40 MgO, 0,33 CaO, 0,10 Na_2O, 0,02 K_2O, 0,38 Al_2O_3, 0,14 Fe_2O_3, 2,0 SiO_2, 0,05 TiO_2. Mol.-Gew. 240.
Diaspor, AlO(OH), Aluminiumhydroxid, Gemengteil von Bauxit.
Diatomit. Amorphe Kieselsäure, Hauptbestandteil der Kieselgur, besteht aus Skeletten der Diatomeen. Wegen seiner hohen Porosi-

DICHTHEIT DES SCHERBENS **Differenzthermoanalyse (DTA)**

tät wird Diatomit als Wärmedämmstoff verwendet.

Dichtheit des Scherbens, siehe unter Wasseraufnahme.

Dickit. Tonmineral der Kaolingruppe. $Al_2O_3 \cdot 2SiO_2 \cdot 2H_2O$.

Differenzthermoanalyse, DTA. Verfahren zur Bestimmung des thermischen Verhaltens von Stoffen durch Messung ihrer kalorischen Effekte. Die Probe wird zusammen mit einer gleichgroßen, reaktionslosen Vergleichprobe (einem geglühten Oxid) in zwei gleichen Gefäßen gleichmäßig erhitzt. Finden in der Probe wärmeverbrauchende (endotherme) oder wärmeabgebende (exotherme) Vorgänge statt, so gibt die Temperaturdifferenz zu dem sich stetig erwärmenden Vergleichsstoff einen Ausschlag auf der Meßkurve. Nach unten gehende Spitzen zeigen eine wärmeverbrauchende, nach oben gehende eine wärmeabgebende Reaktion an. Die Kurven sind spezifisch für die einzelnen Minerale, so daß man sie zu deren Identifizierung und – nach der Größe der Spitze – auch zur mengenmäßigen Abschätzung heranziehen kann. Die Kurven zeigen auch sehr anschaulich, bei welchen Temperaturen Zerfalls- (= endotherme) oder Neubildungsvorgänge (= exotherme Spitzen) vor sich gehen.

Dilatometrische Erweichungstemperatur. Temperatur, bei der sich im Dilatometer beim Erhitzen Ausdehnung und Komprimierung durch die Apparatur die Waage halten. Sie entspricht einer Viskosität von $10^{11,3}$ dPa·s.

Diopsid, $CaO \cdot MgO \cdot 2SiO_2$.

Diorit. Tiefengestein mit den Hauptgemengteilen Plagioklas und Hornblende, wenig Biotit, Quarz, Mikroklin, Apatit. Vorkommen u. a.: Odenwald (von »Stichen« = helle, quarz- und feldspatreiche Streifen durchsetztes Gestein, teils in hellgrünen Epidot umgewandelt), Passauer Wald (Quarzglimmerdiorit mit Titanit als charakteristischem Bestandteil). Anhaltswerte für die Zusammensetzung: 56,06 % SiO_2, 0,6 % TiO_2, 17,61 % Al_2O_3, 1,65 % Fe_2O_3, 7,59 % FeO, 0,16 % MnO, 3,38 MgO, 7,26 % CaO, 3,47 % Na_2O, 1,67 % K_2O, 0,95 % H_2O. Segerformel zum Einrechnen in Glasuren: 0,28 FeO, 0,20 MgO, 0,33 CaO, 0,15 Na_2O, 0,05 K_2O,

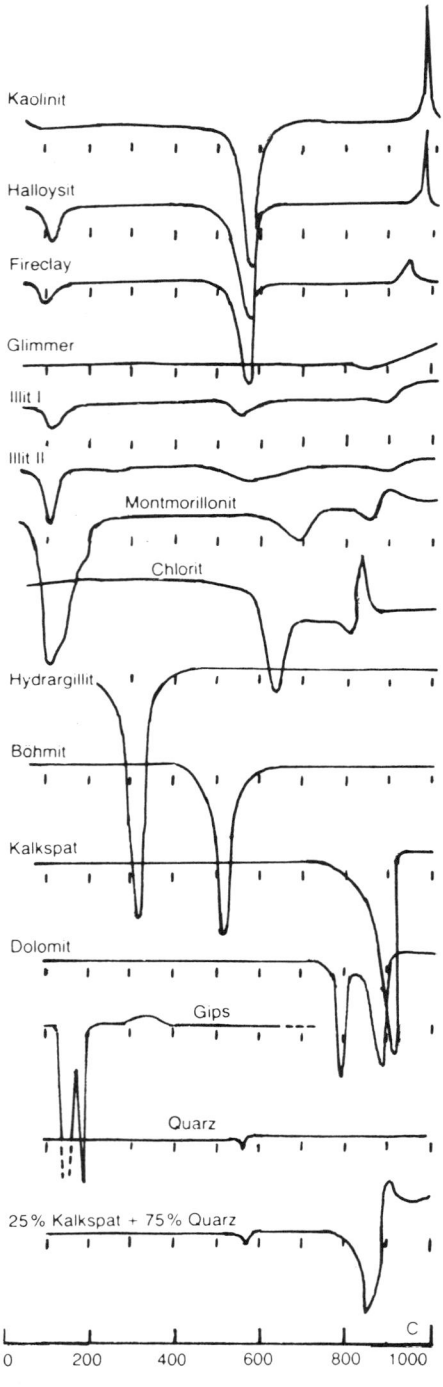

DTA-Kurven zeigen, wann die Stoffe zerfallen ↓ und wann sich neue bilden ↑.

0,43 Al$_2$O$_3$, 0,03 Fe$_2$O$_3$, 2,33 SiO$_2$, 0,03 TiO$_2$, Mol.-Gew. 254.

Disperzon. Handelsname für Zirkon in Großbritannien.

Disthen, siehe unter Cyanit.

Dolerit. Dunkles, grobkörniges, basaltartiges Gestein.

Dolomit, CaCO$_3$ · MgCO$_3$. Mol.-Gew. 184,42. Gesteinsbildendes Mineral, das mit Ankerit eine zunehmend eisenreiche und magnesiumarme Mischungsreihe bildet. Vorkommen in den devonischen Kalksteinmulden der Eifel, im Siegerland, Lahn-Dill-Gebiet und in den Alpen. Der handelsübliche »Dolomit 5/T« hat die chem. Zusammensetzung: 29,8 % CaO, 20,75 % MgO, 2,8 % SiO$_2$, 0,7 % Al$_2$O$_3$, 0,75 % Fe$_2$O$_3$, 45,2 % Glühverlust, entsprechend der Mol.-Formel MgO · CaO · 2CO$_2$ und dem Mol.-Gew. 188,17.

Dolomitsteingut. Magnesiumhaltiges Steingut, das für Ofenkacheln verwendet wird. Rationelle Zusammensetzung:
50 Tonsubstanz
25 Quarz
25 Dolomit.
Schrühbrand bei 1050 °C, Glattbrand mit Ofenkachelglasuren.

Dolomitzeiger. Pflanze, aus deren Vorkommen auf Dolomit geschlossen werden kann. Bergsteinkraut *(alyssum montanum)*, Grasnelke *(armeria)*, Kugelschötchen *(kernera alpina)*, Sandkraut *(arenaria)*, Streifenfarn *(asplenium)*.

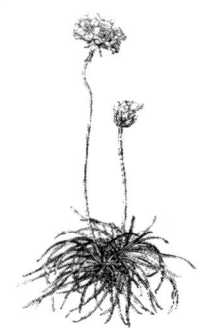

Grasnelke

G **Donsel.** Stößel. Hohler Tonzylinder mit ausladendem Rand, in den ein abzudrehendes Gefäß kopfüber eingesetzt wird, oder voller Tonzylinder, über den man das Gefäß stülpt. Donsel werden in allen Größen und Formen verschrüht bereitgehalten. Der Donsel wird auf der Scheibe zentriert und mit einem Tonwulst (Würgel) festgehalten. Um diesem Tonwulst nicht das Wasser zu entziehen, taucht man den Donsel vorher in Wasser oder versieht ihn von vornherein mit einem glasierten Streifen.

Downdraft-kiln (engl.). Ofen mit absteigender oder überschlagender Flamme.

Drachenzähne. Risse an den Kanten des Tonstrangs beim Austreten aus der Strangpresse.

Drehen vom Stoß. Drehen mehrerer kleiner G Gefäße oder Deckel von einem Tonkegel auf der Scheibe, wobei nur die in Arbeit befindliche Kegelspitze exakt zentriert zu sein braucht. Die Partie, aus der das beabsichtigte Gefäß entstehen soll, wird mit den Handkanten eingeschnürt. Aufbrechen und Zangengriff entsprechen dem sonstigen Freidrehen. Von den übrigen Arbeitsgriffen wird nur noch der Schließgriff angewandt. Zum Abschneiden wird eine Kordel, die weich

DREHEN VON DECKELN

und fest sein muß, bei langsam laufender Scheibe mit einem Ende an der Schnittstelle flach gedrückt, so daß sie sich einmal um die Schnittstelle wickelt. Dann wird das Stück mit einem Zug abgeschnitten. Der Fadenschnitt kann auch in der Weise geführt werden, daß man die Kordel in ihrer Mitte um die Schnittstelle wickelt, wobei sich die beiden Enden überkreuzen und so beim Ziehen ein anderes Fadenschnittbild ergeben. Das Abheben kann entweder im Zangengriff oder durch Daumen und Zeigefinger beider Hände erfolgen. Ist das fertige Stück entfernt, wird der Stoß erneut hochgedrückt, im oberen Teil zentriert und der Arbeitsbereich eingeschnürt.

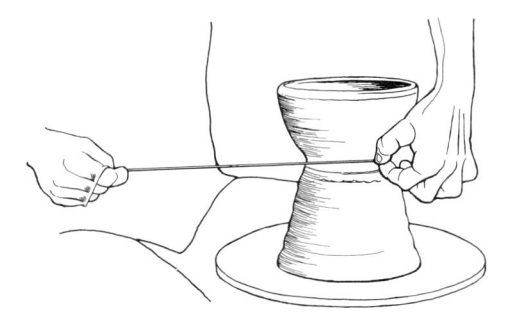

G **Drehen von Deckeln.** Herstellen von Deckeln für Dosen, Kannen, Krüge oder Kasserollen auf der Scheibe. Die Masse soll dieselbe sein wie die des Grundkörpers. Das Maß wird von dem frisch gedrehten Grundkörper mit dem Tastzirkel bei gekreuzten Zirkelschenkeln abgenommen und muß bei gespreiztem Zirkel auf den Deckel übertragen werden. Dazu markiert man sich die Weite auf einem Stück Papier. Flache Deckel für ein Gefäß mit Deckelauflage und Deckel mit versenktem Knauf kann man direkt auf dem Scheibenkopf oder – bei größeren Durchmessern – auf einer Platte drehen. Beim Anlegen der horizontalen Fläche muß man einen Dickenverlust von 5 mm beim späteren Abschneiden mit dem Draht berücksichtigen. Der Deckelknauf wird wie ein kleines Gefäß gedreht. Zum Schluß fährt man mit einem Modellierholz oder mit einer Drehschiene unter den Deckelrand, um ihn nach unten hin abzurunden, ehe man mit dem Draht abschneidet. Deckel mit versenktem Knauf dreht man ähnlich wie eine Napfkuchenform, d. h., man bricht den Hubel nicht in der Mitte auf, sondern läßt dort so viel Masse stehen, daß man daraus den Knauf formen kann.

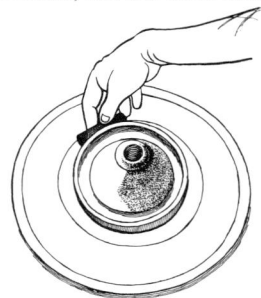

Kleinere Deckel dreht dreht man gern vom Stoß. Geschickte Dreher formen erst die Unterseite, kneifen den Deckel dann mit den geschlossenen Fingern vom Stoß ab, drehen ihn schnell um und legen ihn so flink zentriert wieder auf den Stoß, daß sie bei laufender

Scheibe gleich weiterarbeiten und den Knauf formen können. Wer nicht so geübt ist, dreht den Deckel von vornherein aufrecht.
Deckel mit Kragen dreht man mit dem Kragen nach oben und läßt den Boden so dick, daß man ihn später abdrehen kann. Nach dem Ansteifen setzt man den Deckel in das Gefäß, für das er bestimmt ist und das eine Deckelauflage besitzt und benutzt dieses als Donsel. Man dreht dann den Deckel rund ab und setzt nach dem Einritzen der Zentriermarke einen kleinen, frischgedrehten Ring auf, den man zum Deckelknauf formt.

Als Schälchen gedrehte Deckel sind am einfachsten herzustellen. Sie haben entweder die Form flacher, steilwandiger Schalen, um über einen hochstehenden Kragen des Grundkörpers gestülpt zu werden, oder sie haben die Form von Glocken mit einem kleinen Knauf und sind für Gefäße mit einer Deckelauflage bestimmt. Man stellt beide Formen aufrecht auf der Scheibe her und dreht sie im lederharten Zustand ab. Alle Deckel läßt man gemeinsam mit dem Grundgefäß so, wie sie für den Gebrauch bestimmt sind, trocknen und brennt sie so auch im Schrühbrand.

G **Drehen von Hochfußschalen.** Anfertigen von Schalen oder Schüsseln mit hohem, hohlem Fuß auf der Scheibe. Die Schale wird erst fertiggestellt, wie unter Schüsseldrehen beschrieben, dann wird ihr Boden rund abgedreht und ein Kreis mit der Nadel eingeritzt, der als Markierung für das zentrierte Aufsetzen des Fußringes dient. Den gesondert gedrehten Fußring setzt man im frischen Zustand mit dem Rand nach unten auf, verstreicht die Ansatzstelle und zieht den Fuß im Schienenzug hoch.

Drehen von Riesengefäßen. Anfertigen von M Gefäßen aus mehr als 5 kg Ton auf der Töpferscheibe. Da das Zentrieren, Aufbrechen und Hochziehen große Kraft erfordert, kann man entweder die Arbeit aufteilen oder die Wandung erst aufbauen und dann fertigdrehen. Beim Aufteilen des Arbeitshubels kann man ihn entweder in mehreren Portionen übereinander zentrieren, indem man auf einen zentrierten Zylinder einen zweiten setzt und beide ineinander verarbeitet (die Masse erst vom zentrierten Teil nach oben, dann von oben nach unten drücken), oder indem man das Gefäß in mehreren Ringen dreht und diese zusammenmontiert. Das soll nicht

DREHEN VON TEEKANNEN

im lederharten Zustand geschehen, sondern solange sich die einzelnen Teile noch durch Drehen bearbeiten lassen. Günstig ist es, über zwei Töpferscheiben zu verfügen, damit man die gedrehten Teile nicht von der Scheibe nehmen und später erneut zentrieren muß. Um diese erneute Zentrierung zu ermöglichen, muß der unterste Ring mit dem Boden auf einer runden Platte gedreht werden. Die weiteren Ringe werden mit dickerer Wandung gedreht und Rand auf Rand gesetzt. Um die Ringe nicht zu deformieren, dreht man sie auf runden Platten und setzt sie mit deren Hilfe auf. Das Verarbeiten der Ringe geschieht wieder zuerst von unten nach oben, dann von oben nach unten. Das weitere Hochziehen des aufgesetzten Ringes erfordert viel Fingerspitzengefühl.

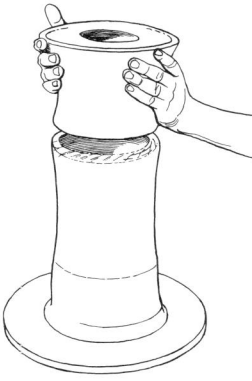

Zum Aufwülsten von großen Flachgefäßen legt man erst den Boden an, indem man eine Tonschicht, deren Dicke sich nach der Größe des Gefäßes richtet, auf dem Scheibenkopf oder auf einer runden Platte in enge Spiralen von der Mitte zum Rand aufdreht. Die Wülste, die möglichst gleichmäßig geformt sein sollen, legt man auf den Rand und schneidet sie schräg auf die Ringlänge. Dann verstreicht man den untersten Ring erst innen mit der Bodenplatte, dann außen. Jetzt zieht man die Wandung, während man die Scheibe ganz langsam dreht, aufwärts, läßt sie aber dick. Da der Rand immer ungleichmäßig wird, schneidet man ihn mit der Nadel ab, ehe man die nächste Wulst aufsetzt. Es wird völlig ohne Wasser gearbeitet. Beim Verstreichen der einzelnen Lagen beginnt man wieder mit dem bereits zentrierten unteren Teil. Nach den ersten drei Wülsten läßt man die Form ein paar Stunden absteifen, ehe man weiterarbeitet. Dann feuchtet man den Rand etwas an. Beim Trocknen des fertiggeformten Gefäßes hängt man eine Glühbirne über den Boden, damit das Wasser von der Mitte aus nach den Rändern verdunstet und der Boden keine Risse bekommt.

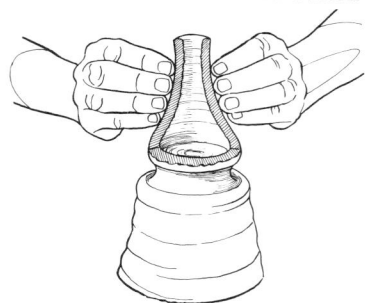

Drehen von Teekannen. Anfertigen des Kannenkörpers, der Tülle und des Deckels auf der Scheibe, Montage der Tülle und Henkelziehen oder Anbringen von Bügelösen. Der Kannenkörper wird mit den beim Freidrehen beschriebenen Handgriffen gedreht. Den Deckel dreht man meistens auf dem Knauf stehend. Er soll einen langen Hals bekommen, damit er beim Neigen der Kanne fest sitzt. Die Tülle dreht man am besten vom Stoß, und zwar in verschiedenen Formen, damit man die passendste am Objekt auswählen kann. Tülle und Körper läßt man erst lederhart trocknen, ehe man sie zusammenmontiert. Das ruhige, d. h. nicht turbulente Ausfließen des Tees wird begünstigt, wenn man die Ansatzstelle nicht ganz ausschneidet, sondern mit Löchern versieht. Dadurch ist auch die Gefahr des Deformierens beim Montieren geringer. Die Tülle soll in einer sanften Steigung aus dem Kannenkörper herauswachsen, ohne verdickten Hohlraum am Ansatz, denn der würde zum »Wassersprung« (Übergang vom Strömen zum Schießen) führen (siehe auch unter »Teekanneneffekt«). Sie muß so lang sein, daß man die Kanne bis oben hin füllen kann, und daß trotzdem beim Anheben nicht gleich Tee ausfließt. Die Tüllenmündung soll den Flüssigkeitsstrom abschneiden, sobald man mit dem Gießen aufhört, d. h., sie soll eine innere scharfe Kante haben. Da die Teile lederhart sind, muß man die Verbindungsflächen zur Montage aufrauhen und mit Schlicker bestreichen. Um die Ansatzstelle wird ein Würgel aus weicher Masse gelegt, mit einem Kochlöffel angeklopft und verstrichen. Zum Schluß zieht man den Henkel wie unter Henkelziehen beschrieben. Sollen Ösen für einen Bügel angesetzt werden, so formt man diese vor, läßt sie lederhart trocknen und montiert sie dann wie die Tülle an.

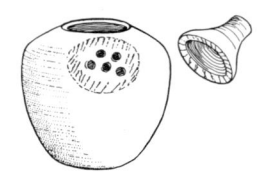

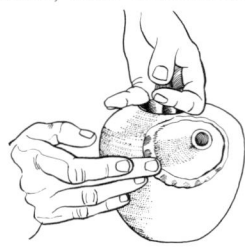

G **Drehen von Schüsseln.** Schüsseln und Teller dreht man auf einer Gipsplatte, mit der man sie dann auch wieder von der Scheibe nimmt, damit sie nicht deformieren. Die Gipsplatte wird zentrisch auf eine auf den Scheibenkopf aufgedrehte, etwa 0,5 bis 1 cm hohe Tonscheibe aufgeklebt. Man hält die Tonscheibe in der Mitte niedriger, so daß die Gipsplatte nur auf dem äußeren Rand aufliegt. Auf diese Weise kann sie zum Schluß auch leichter durch Ansetzen eines hölzernen Hebels abgehebelt werden.

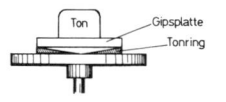

Der Tonklumpen wird auf der Gipsplatte zentriert und gedreht. Man hält den Boden breiter und verzichtet auf das Setzen der Bodenkante. Zangengriff und Knöchelzug werden ebenfalls breiter angelegt (siehe unter Freidrehen).

Um eine saubere Innenwandung zu erzielen, empfiehlt es sich, innen eine nierenförmige Drehschiene zu verwenden, gegen die außen eine gerade gehalten wird.

Auf diese Weise wird die Fahne zwischen zwei Schienen fertiggeformt. Zum Schluß umspannt man den Rand mit den Fingern, um ihm das gewünschte Profil zu geben.

Drehmasse. Zum Freidrehen geeignete Tonmasse. Sie darf sich nicht unter ihrem Eigengewicht verformen, das heißt, sie sollte einen hohen Anlaßwert (siehe unter Fließgrenze) besitzen, der dem Kraftaufwand des Freidrehers angemessen ist. Wasserzusatz setzt den Anlaßwert herab und beansprucht weniger Kraft. Hohe Plastizität und geringer Wassergehalt ist eine widersprüchliche Forderung. Es liegt an der Geschicklichkeit des Drehers, einen Kompromiß zu finden. Schnelles Drehen und großer Preßdruck beim Zentrieren erhöhen die Plastizität. Das Auf- und Abzentrieren zerstört die Teilchenorientierung, das Formen des Hubels vor der eigentlichen Formgebung paßt die Masse ihrer Aufgabe an. Im allgemeinen ist eine Masse von guter Plastizität auch eine gute Drehmasse.

[G] **Drehwerkzeug.** Zum Freidrehen verwendetes Werkzeug: Drehschienen, Flaschenknecht, Abschneidedraht, Abschneidenadel, Schwamm (Elefantenohr), Stockschwamm, Zirkel (Taster), Gefäßabheber. Drehschienen verschiedener Form sind aus 6 mm dikkem, geschliffenem Hartholz. Die Abschneidenadel besteht aus einer dicken Nähnadel im Holzgriff.

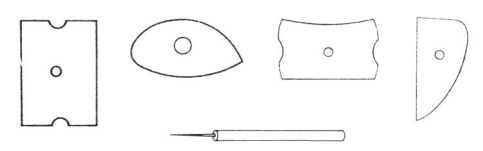

Dreiecksdiagramm. Graphische Darstellung aller Mischungen zwischen drei Stoffen. In den Ecken ist jeweils einer dieser Stoffe konzentriert (= 100 %), auf der dieser Ecke gegenüberliegenden Dreiecks-Seiten ist seine Konzentration Null. Auf dieser Dreiecks-Seite sind also nur die beiden anderen Stoffe vertreten, wodurch sie zu einer Mischungsgeraden zwischen diesen beiden Stoffen wird. Hingegen sind in jedem Punkt der Dreiecksfläche alle drei Stoffe vertreten. Ihre Konzentrationen lassen sich aus dem Abstand von der Nullinie aus abzählen. In dem dargestellten Beispiel besteht die Mischung im Punkt P aus 50a, 32b und 18c. Die Summe der Werte ist stets 100. Die Dreiecksdarstellung erhält ihre Bedeutung dadurch, daß man in ihr konzentrationsabhängige Eigenschaften übersichtlich darstellen kann, z. B. lassen sich die Bereiche tauglicher Mischungen oder Schmelztemperaturen als Höhenschichtlinien eintragen. Zwischen den Höhen verläuft eine eutektische Linie, von den binären Eutektika an den Seiten ausgehend, zum gemeinsamen ternären Eutektikum im Dreiecksfeld. Die Höhenschichtlinien sind auf die Ebene projizierte Höhen der Schmelztemperaturen der einzelnen Mischungen. Dreidimensionale Modelle zeigen dies sehr viel anschaulicher. Zum Beispiel ist in dem System $FeO-MnO-SiO_2$ ersichtlich, welche Mischungen im Tal der tiefen Temperaturen liegen, und welches Plateau die kieselsäurereichen, nichtmischbaren Phasen einnehmen. Innerhalb der Dreiecksdiagramme ist die Hebelregel gültig.

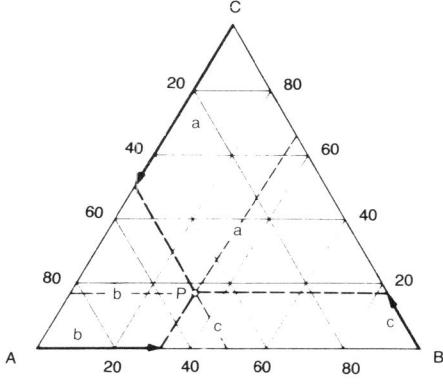

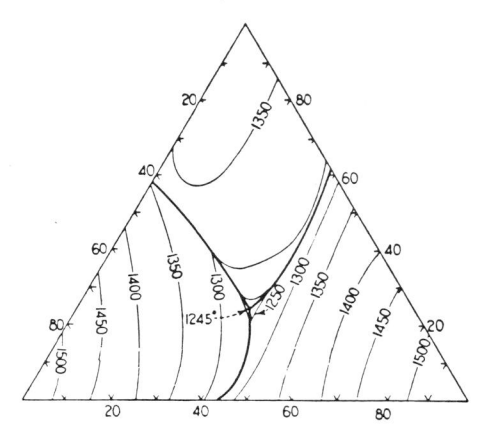

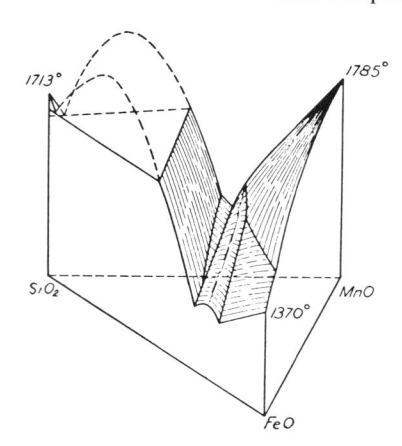

Dreikantleisten. Brennhilfsmittel, s. u. Pinne.

Dreisatz. Schlußrechnung von drei gegebenen Zahlen auf eine vierte. Häufigste Rechnungsart beim keramischen Rechnen. Voraussetzung ist Verhältnis- bzw. Produktgleichheit. Die drei Sätze sind a) Bedingungssatz, b) Mittelsatz und c) Antwortsatz. Beispiel: a) 6 Mole sind in 563 Gewicht enthalten, b) 1 Mol ist in 93,8 Gewicht enthalten, c) 0,23 Mole sind in 21,58 Gewicht enthalten. Bei umgekehrter Proportion (je mehr, desto weniger): a) 5 Töpfer brauchen 22 Tage, b) 1 Töpfer braucht 110 Tage, c) 11 Töpfer brauchen 10 Tage.

Dreischichtminerale. Tonminerale, deren atomare Schichtpakete aus drei Schichten bestehen, einer inneren Oktaeder- und zwei äußeren Tetraederschichten. Oktaederschicht: $Al_2(OH)_6$, Tetraederschicht $Si_2O_3(OH)_2$. Die drei Schichten sind durch Brückensauerstoffe miteinander verbunden. Minerale: Pyrophyllit, Glimmer, Montmoringruppe, Illite. Infolge von negativen Überschußladungen kommt es bei den Montmorilloniten zur Aufnahme von Zwischenschichtwasser, wobei der Abstand der Schichtpakete größer wird (innerkristalline Quellung; sie ist bis 550 °C reversibel).

Dreispitz. Brennhilfsmittel zum Stützen einer glasierten Fläche im Ofen. Steingut oder Fayence wird meist allseitig glasiert und dann mit der glasierten Fläche auf spitze Dreifüße oder auf Stahlspitzen gestellt. Die Spitzen müssen scharf sein, damit sie in der Glasur nur unauffällige Narben hinterlassen. Sie werden deshalb für diesen Zweck nur einmal verwendet.

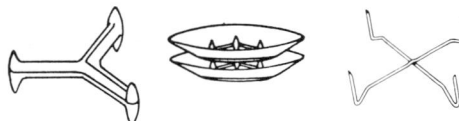

Dreistoffsystem. Wechselbeziehungen zwischen drei Stoffen, die anschaulich in einem Dreiecksdiagramm dargestellt werden können. Das wichtigste Dreistoffsystem der Keramik ist das System $K_2O-Al_2O_3-SiO_2$. Es umfaßt die Rohstoffe Quarz, Kaolin (geglüht) und Feldspat (Orthoklas), die aus einem, zwei bzw. drei Oxiden bestehen und demnach in einer Spitze, auf einer Dreiecks-Seite bzw. in der Dreiecksfläche angeordnet sind. Die kristallinen Ausscheidungen sind Cristobalit, Tridymit, Quarz, Korund, Mullit, Orthoklas und Leuzit. Da K_2O in Massen und Glasuren das häufigste Flußmittel darstellt, lassen sich durch Vereinfachung ihrer Zusammensetzung sämtliche Tone, Kaoline und Feldspäte in dieses Dreiecksdiagramm eintragen. Sie liegen alle (mit Ausnahme der Bauxittone) in einem Feld, das von SiO_2 (= Quarz), $Al_2O_3 \cdot 2 SiO_2$ (= geglühter Kaolin) und $K_2O \cdot Al_2O_3 \cdot 6 SiO_2$ (= Feldspat) begrenzt wird, und in dem sich Mullit als kristalline Phase ausscheidet. Da die Hebelregel gilt, lassen sich Massemischungen graphisch ermitteln (s. u. Masseberechnung).

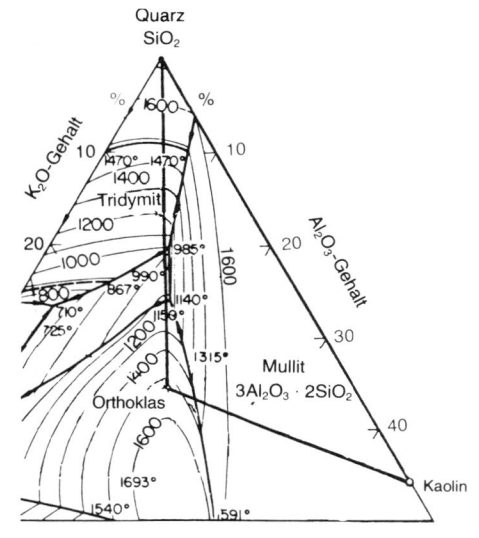

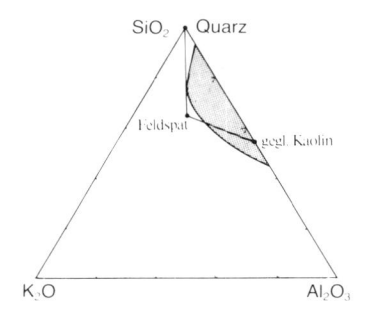

Dunit. Basisches Tiefengestein, das fast ausschließlich aus Olivin besteht.

Durchzugofen. Liegender Ofen mit durchziehender Flamme, in der Regel auf einen Hang gebaut, wodurch auf einen Schornstein verzichtet werden kann. Japanische Durchzugöfen: Anagama, Hebigama, Tamba-Öfen.

Druckfestigkeit. Widerstand gegen Druckspannung. Er ist bei allen silikatischen Stoffen sehr hoch und spielt im Zusammenwirken zwischen Scherben und Glasur eine große Rolle. Die Glasur soll möglichst unter geringer Druckspannung stehen, damit jede Zugbelastung zunächst eine Entlastung von der Druckspannung darstellt, ehe die sehr geringe Zugfestigkeit gefordert wird. Eine solche druckvorgespannte Glasur erhöht die Festigkeit der Keramik, obwohl sie nur Zehntel Millimeter dick ist. Das ist darauf zurückzuführen, daß beim Bruch der Riß erst außen auftritt. Durch die Druckvorspannung mit Hilfe der Glasur wird die Herstellung von zugbeanspruchten Hängeisolatoren für Überlandleitungen ermöglicht. Die hohe Druckfestigkeit der Glasur hat auch zur Folge, daß Glasurabplatzungen seltener auftreten als Haarrisse. Wenn jedoch ihre Druckfestigkeit überschritten wird, so kann es zur Zerstörung des ganzen Objekts kommen, weil sich infolge des großen Widerstandes auch eine große Kraft angestaut hat, die sich beim Überschreiten der Widerstandskraft plötzlich entlädt. Die Druckfestigkeit einer Glasur läßt sich aus der chemischen Analyse berechnen, indem man deren Werte mit den Faktoren der Tabelle multipliziert. Vergleichswerte: Glas 2000, glasiertes Porzellan 4500–5500, unglasiertes 4000–4500, Steinzeug 4000, Kalksteingut 500–2000 kp/cm^2.

Faktoren zur Berechnung der Druckfestigkeit

SiO_2	12,0	ZnO	5,9
MgO	11,0	Na_2O	5,1
Al_2O_3	9,8	PbO	4,7
B_2O_3	8,8	CaO	2,0
BaO	6,4	K_2O	0,5

Die Werte der chemischen Analyse, mit diesen Faktoren multipliziert, ergeben die Druckfestigkeit in kp/cm^2.

Druckfeuerbeständigkeit. Deformationswiderstand beim Erhitzen unter Belastung.

DVGW. Deutscher Verein von Gas- und Wasserfachmännern e. V., Frankfurt a. M., gegr. 1859; gibt das »DVGW-Regelwerk« heraus.

E

Earth Art, Earthwork. Keramische Variante der Land Art, die eins sein will mit der Landschaft. Sie integriert Erde, Wasser, Wind und Feuer großräumig in das Kunstwerk. Künstlerische Anwendungen in Valencia (Southern California Institute of Architecture), Tokoname (Japan), Amiens (»Bastille in Flammen«), Norwegen.

5 m lange und 2,2 m hohe Schiffsskulptur (»Wrack«) von Nobuho Nagasawa in Tokoname, Japan, 1984.

Ebereschenasche. Eine Asche mit mehr als 50 % Erdalkalien und etwa einem Fünftel Alkalien, schwefelarm und manganarm, muß also nicht gewaschen werden und gibt eine klare Seladonfarbe im Reduktionsbrand. Oxidierend gebrannt hat sie einen hellbraunen Farbstich. Für niedrigschmelzende, craquelierende Aschenglasuren gut geeignet, wofür sie mit Nephelinsyenit versetzt werden kann. Anhaltswerte: 10,34 % SiO_2, 0,65 % Al_2O_3, 1,92 % Fe_2O_3, 49,34 % CaO, 10,55 % MgO, 18,96 % K_2O, 1,21 % Na_2O, 5,72 % P_2O_5, 1 % SO_3, 0,31 % Cl. Segerformel zum Einrechnen in Glasuren: 0,13 SiO_2, 0,01 Al_2O_3, 0,01 Fe_2O_3, 0,65 CaO, 0,19 MgO, 0,15 K_2O, 0,01 Na_2O, 0,03 P_2O_5. Mol.-Gew. 75.

Eckkacheln. Ofenkacheln aus zwei rechtwinklig mit abgerundeter Kachel aneinanderstoßenden Kachelblättern, von denen eines nur halb so breit ist wie das einer gewöhnlichen Kachel. Zum Formen einer Eckkachel eignet sich am besten eine eiserne Form, bei der die schmale Fläche (»Halbteil«) in einem abgerundeten rechten Winkel gegen die größere

Fläche (»Ganzteil«) umgebogen ist. Weniger gut geeignet ist eine solche Form aus hartem Gips. Das Masseblatt wird wie unter Ofenkacheln beschrieben hergestellt, es ist aber anderthalbmal so lang wie das für eine gewöhnliche Kachel. Man drückt es mit der Hand an die Form, wobei der Winkel entsteht. Dann wird die überstehende Masse mit einem Draht entfernt, indem man an den Kanten der Form entlangfährt. Der Rumpf soll um ein Viertel länger sein als für eine gewöhnliche Kachel. Man trennt ein Drittel davon ab und befestigt es auf der mit etwas Wasser benetzten Rückseite des Ganzteils durch leichtes Andrücken und mit Hilfe eines Würgels. Der Rumpf des Ganzteils soll an die Rückseite des Halbteils anstoßen. Dann wird auf gleiche Weise das restliche Rumpfdrittel auf der Rückseite des Halbteils befestigt, daß beide Rumpfstücke aneinanderstoßen. Sie werden durch Zusammendrücken verbunden.

Damit sich die Eckkacheln beim Trocknen nicht verziehen, werden sie paarweise, auf dem Halbteil stehend, die aufrecht stehenden Ganzteile einander zugekehrt, getrocknet.

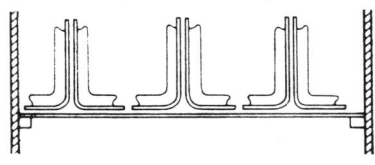

Edelkastanienasche. Die ungeschlämmte Asche des Kastanienbaumholzes enthält zu mehr als einem Drittel Alkalien, ist also sehr flußmittelreich und daher für niedrigschmelzende Aschenglasuren gut geeignet. Bei den stacheligen Hüllenblättern der Früchte und bei den Schalen der Früchte selbst muß man mit einem höheren Phosphor- und Mangangehalt rechnen. Die daraus hergestellten Glasuren werden dunkelbraun irisierend. Anhaltswerte: 12,82 % SiO_2, 3,89 % Fe_2O_3, 0,8 % MnO, 32 % CaO, 16,46 % MgO, 27,82 % K_2O, 10,61 % Na_2O, 2,31 P_2O_5, 3,1 % SO_3, 1,11 % Cl. Segerformel zum Einrechnen in Glasuren: 0,14 SiO_2, 0,01 Fe_2O_3, 0,01 MnO, 0,39 CaO, 0,28 MgO, 0,21 K_2O, 0,12 Na_2O, 0,01 P_2O_5. Mol.-Gew. 75.

Edelmetalle. Glanzgold, das ohne poliert zu werden, glänzt, Poliergold, Glanzplatin und verschiedene Lüster für Porzellan; Glanzgold, Glanzzitronengold, Glanzplatin, Poliergold und Lüster für Steingut, zu verarbeiten mit dem Pinsel oder im Siebdruck. Einbrennen in einem dritten Brand bei 550 bis 800 °C. Die Dicke der Goldschicht beträgt weniger als 1 Zehntausendstel Millimeter.

Efeuasche. Außergewöhnlich alkalireiche Asche mit geringem Sulfatgehalt. Sie braucht nicht gewaschen zu werden und gibt mit Feldspat schon bei niedrigeren Temperaturen eine glänzende, im oxidierenden Feuer hellbraune, im reduzierenden kräftig seladonfarbene Glasur. Anhaltswerte: 11,38 % SiO_2, 0,12 % Al_2O_3, 2,45 % Fe_2O_3, 0,54 % MnO, 24,61 % CaO, 8 % MgO, 25,53 % K_2O, 20,08 % Na_2O, 5,61 % P_2O_5, 1,03 % SO_3, 0,64 % Cl. Segerformel zum Einrechnen in Glasuren: 0,15 SiO_2, 0,02 Fe_2O_3, 0,01 MnO, 0,35 CaO, 0,16 MgO, 0,22 K_2O, 0,26 Na_2O, 0,03 P_2O_5. Mol.-Gew. 82.

Effektglasuren, Kunstglasuren. Glasuren, bei denen Fehler zu künstlerischen Oberflächenstrukturen verwandelt wurden.

Effekte aus Fehlern

Effekte	Fehler	Hauptursache
Kraterglasur	Aufkochen	Blasen
Orangenhaut	Eierschaligkeit	Bläschen
Craquelée	Haarrissigkeit	Ausdehnungsdifferenz
Laufglasur	Ablaufen	Leichtflüssigkeit
Schlangenhaut	Kriechen	Oberflächenspannung
Flockenglasur	Entmischung	Inhomogenität
Mattglasur	Erblindung	feine Kristallisation
Kristallglasur	Entglasen	grobe Kristallisation
Farbglasur	Verfärbung	Strahlenabsorption
Trübung	Schleier	Lichtstreuung

Effusivgestein, Ergußgestein, durch vulkanische Ereignisse an die Erdoberfläche gelangte und erkaltete Lava. Gehört zu den Eruptivgesteinen (siehe unter diesen). Im Gegensatz zum Intrusiv- oder Tiefengestein ist es feinkörnig oder glasig mit Einsprenglingen. Altes Effusivgestein ist von porphyrischer Struktur.
Die wichtigsten, einander entsprechenden alten und jungen Effusivgesteine (Vulkanite):

alte	junge
Quarzkeratophyr	Quarztrachyt
Quarzporphyr	Rhyolith
Keratophyr	Alkalitrachyt
Orthophyr	Trachyt
Porphyrit	Andesit
Melaphyr, Diabas	Plagioklasbasalt
–	Phonolith
–	Leucittephrit
–	Nephelinit
Pikrit	Pikritbasalt

Ehrenpreis Deutsche Keramik. Vom Westerwaldkreis verliehener Preis, mit dem das Lebenswerk eines deutschen Keramikers ausgezeichnet wird. Urkunde, Goldmedaille, Katalog und Ausstellung im Westerwaldmuseum Höhr-Grenzhausen. Preisträger 1983 Hubert Griemert († 1990), 1988 Otto Meier.

Eichenasche. Die Asche des Stammholzes besitzt relativ viel Tonerde, die ihren basischen Charakter verstärkt. Kalk überwiegt zwar, ist aber nicht über 65 % vorhanden. Der Alkaligehalt ist mäßig. Die Asche der Zweige besitzt mehr Natrium als Stamm und Blätter, das Laub ist hingegen kaliumreich bei nicht allzu hohem Schwefelgehalt. Für den reduzierenden Brand erübrigt sich das Schlämmen der Asche. Er gibt eine seladonfarbene Glasur. Anhaltswerte: 9,3357 % SiO_2, 5,6628 % Al_2O_3, 1,018 % Fe_2O_3, 0,173 % TiO_2, 53,46 % CaO, 7,07 MgO, 7,845 % K_2O, 3,17 % Na_2O, 4,83 % P_2O_5. Segerformel zum Einrechnen in Glasuren: 0,13 SiO_2, 0,05 Al_2O_3, 0,01 Fe_2O_3, 0,75 CaO, 0,14 MgO, 0,06 K_2O, 0,04 Na_2O, 0,02 P_2O_5. Mol.-Gew. 73.

Eierschalen, $CaCO_3$, Kalkschalen ähnlicher Zusammensetzung wie Muschelschalen, die zur leichteren Zerkleinerung im Schrühbrand über 850 °C kalziniert werden und dann mit dem Molekulargewicht 56 in Glasuren eingerechnet oder an Stelle von 100 Gwt. Kalkspat (im Verhältnis 56:100) in Glasurversätze eingeführt werden können.

Eierschaligkeit. Glasurfehler, bei dem kleine Bläschen unter der Glasuroberfläche liegen. Abhilfe: Erniedrigung der Viskosität, Erhöhung der Oberflächenspannung, höherer Glattbrand.

Eifeltone. Am Ostrand der Eifel liegen tertiäre Tone am Ort ihrer Entstehung am Herchenberg bei Burgbröhl. Weitere Tonlager auf den Höhen der östlichen Eifel sind bei Lonnig, östlich von Poulch und bei Kruft. Feuerfeste Tone finden sich im Neuwieder Becken unterhalb von Koblenz bei Mühlheim, Rübenach, Kärlich und Kettig. In Lützel-Koblenz gab es im 16. und 17. Jh. eine Töpferindustrie. Die Tone aus Mülheim und Kettig wurden als Glashafentone und für feuerfeste Steine verarbeitet, Tone von Gondorf und Niederfell zu Tonpfeifen und die von Dreckenach in Tönnisstein zu Mineralwasserkrügen.

Einbrandverfahren. Brennen ohne Vorschrühen und daher energiesparend. Es wird hauptsächlich bei Steinzeug angewandt, das zum Salzen bestimmt ist. Soll Glasur aufgetragen werden, so muß die Keramik lufttrocken sein. Nach dem Glasieren des Gefäßinneren muß das Gefäß wieder völlig austrocknen, ehe man es außen glasiert. Lehmglasuren brauchen länger zum Trocknen als Fritteglasuren, weil sie fetter sind. Speziell für das Einbrandverfahren geschaffene Glasuren sind die zinkhaltigen Bristolglasuren, doch eignet sich jede Steinzeugglasur für das Einbrandverfahren. Die Reaktion der Glasuren mit dem Scherben ist im Brand intensiver als bei vorgeschrühter Ware. Ein häufiger Fehler ist das Abrollen. Es wird durch einen plastischen Glasurschlicker begünstigt. Abhilfe bringt Vorglühen eines Teils der plastischen Glasursubstanz, damit die Glasur beim Trocknen nicht reißt.

Eindrehen. Mechanische Formgebungsmethode, bei der ein meist konisches Gefäß (Tasse, Schale, Becher, Blumentopf) mit Hilfe einer Schablone in einer rotierenden Gipsform geformt wird. Die Schablone ist an einem Schablonenhalter befestigt, die Gips-

Eichen-Asche-Glasuren

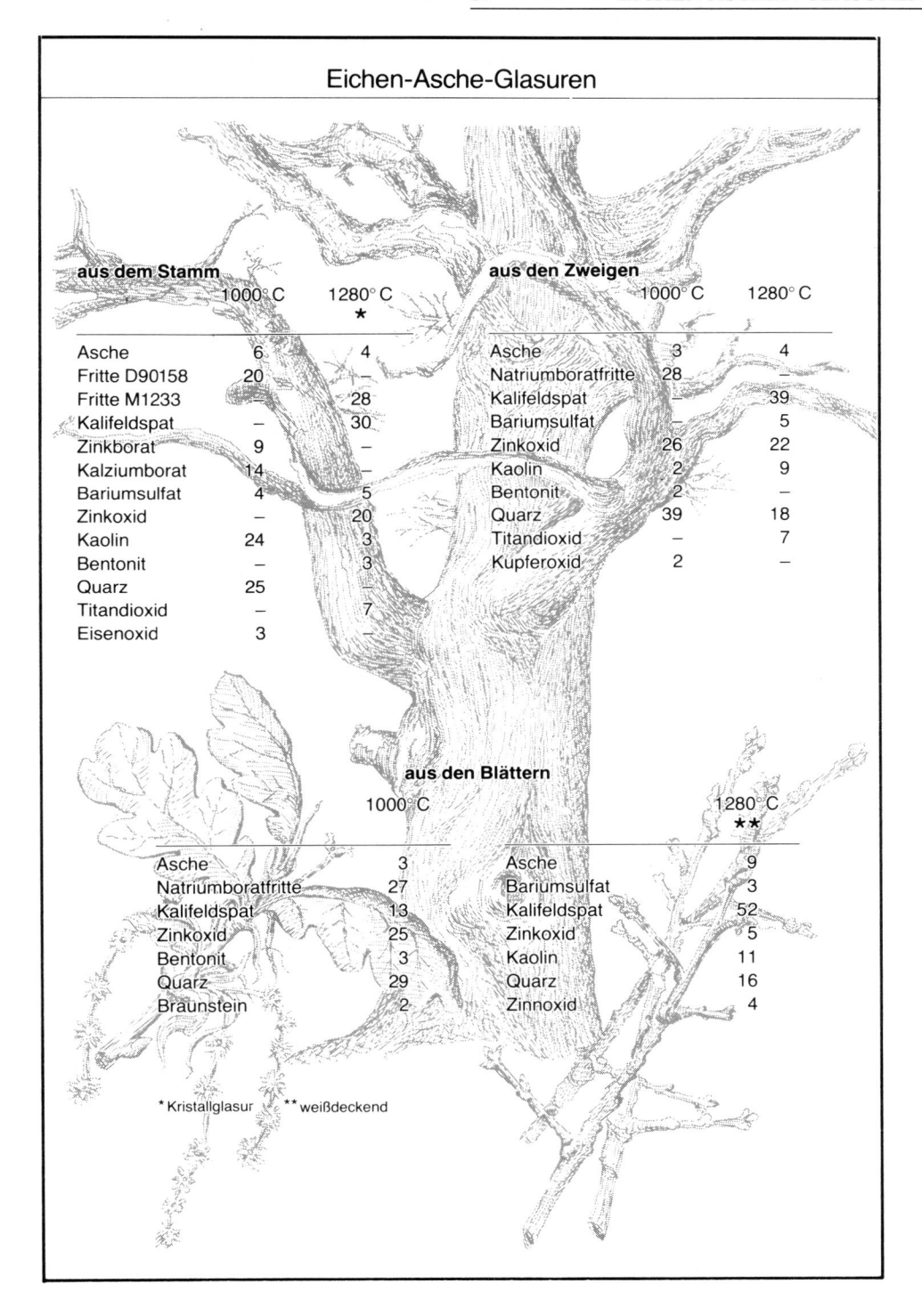

aus dem Stamm

	1000°C	1280°C *
Asche	6	4
Fritte D90158	20	–
Fritte M1233	–	28
Kalifeldspat	–	30
Zinkborat	9	–
Kalziumborat	14	–
Bariumsulfat	4	5
Zinkoxid	–	20
Kaolin	24	3
Bentonit	–	3
Quarz	25	–
Titandioxid	–	7
Eisenoxid	3	–

aus den Zweigen

	1000°C	1280°C
Asche	3	4
Natriumboratfritte	28	–
Kalifeldspat	–	39
Bariumsulfat	–	5
Zinkoxid	26	22
Kaolin	2	9
Bentonit	2	–
Quarz	39	18
Titandioxid	–	7
Kupferoxid	2	–

aus den Blättern

	1000°C
Asche	3
Natriumboratfritte	27
Kalifeldspat	13
Zinkoxid	25
Bentonit	3
Quarz	29
Braunstein	2

	1280°C **
Asche	9
Bariumsulfat	3
Kalifeldspat	52
Zinkoxid	5
Kaolin	11
Quarz	16
Zinnoxid	4

* Kristallglasur   ** weißdeckend

form (Arbeitsform) steckt in einem Metalltopf der Eindrehspindel. Soll ein Hohlgefäß (Kanne, Vase) eingedreht werden, so ist ein Säulen-Schablonenhalter mit Gelenkarm erforderlich, um die Schablone durch Schwenkungen aus der Gefäßöffnung herausziehen zu können. Die Umdrehungsgeschwindigkeit für Schalen beträgt 300, für Tassen 400 U/min.

G **Einrichtung.** Gipsformensatz, bestehend aus einer Bodenplatte, einem Ring und den eigentlichen Formteilen, in dem durch Eingießen von Gips mehrere Arbeitsformen hergestellt werden.

G **Einsetzen.** Beim Einsetzen von Rohware in den Ofen zum Verschrühen kann sich die Ware berühren; man muß jedoch beim In- und Übereinanderstapeln darauf achten, daß die Stücke keiner zu großen Belastung ausgesetzt werden. Sie müssen sich beim Schwinden bewegen können. Teller setzt man nur bis zu 15 Stück übereinander.
Glasierte Keramik, die glattgebrannt werden soll, darf sich im Ofen nicht berühren, weil sie sonst aneinanderklebt. Ablaufende Glasur kann das Objekt auf der Unterlage festkleben oder ein nachträgliches Abschleifen erforderlich machen. Arbeitet man mit unbekannten Glasuren, bei denen die Gefahr des Ablaufens nicht ausgeschlossen ist, so stellt man die Gefäße auf Dreifüße oder Aufbaustützen. Im Elektroofen soll die glasierte Ware 5 cm Abstand von den Heizdrähten haben. Beim Aufbau der Regale aus Einsetzplatten und Stützen ergeben drei Stützpfeiler eine bessere Stabilität als vier. Die Stützen sollen in jeder Etage genau übereinander angeordnet sein. Die Einsetzplatten sollen im Elektroofen nicht in der Höhe der Heizspiralen liegen, da sie sonst zu stark einseitig erhitzt werden. Wenn man seinen Ofen kennt und weiß, wo dessen heißeste und kälteste Stellen liegen, wird man bei größeren Temperaturdifferenzen die Glasuren abstufen und die glasierte Ware entsprechend einsetzen.

G **Einsetzplatten.** Feuerfeste Ofenplatten, die mit Hilfe von Aufbaustützen zur Errichtung von Regalen im Ofen dienen. Meist sind sie viereckig, seltener (für runde oder vieleckige Schachtöfen) rund. Manche besitzen Durchbrüche zur besseren Zirkulation der Ofengase. Einsetzplatten bestehen aus Schamotte, aus Cordierit oder aus Siliziumkarbid. Man kann sie aus Kapselmasse auch selbst formen (siehe unter Kapsel) oder aus feuerfestem Beton gießen. Sie dürfen nicht streuen, weil sonst die glasierte Keramik durch Befall verdorben wird.

Einstoffsystem. In der Gleichgewichtslehre ein System aus einer Komponente (z. B. H_2O), deren Aggregatzustände (Phasen) in Abhängigkeit von Druck (p) und Temperatur (T) in einem p-T-Diagramm dargestellt werden. Die Grenze zwischen der (oder den) kristallinen Phase(n) und der flüssigen Phase ist die Schmelzkurve, zwischen flüssiger und Gasphase die Siedekurve, die im kritischen Punkt (gleiche Dichten von Gas und Flüssigkeit) endet. Bei wachsendem Druck steigt die Schmelztemperatur gewöhnlich an.

Eisen, Fe, 1- bis 6wertiges, meist 2 oder 3wertiges Metall, Atomgewicht 55,847, Schmelzpunkt 1540 °C, Härte 4,5. Oberhalb 769 °C verliert es seine magnetische Eigenschaft. Der größte natürliche Eisenklumpen (26 t) befindet sich am Bühl bei Kassel. Die Eisen-(II)-Verbindungen werden manchmal noch als Ferro- oder Eisenoxydul-, die Eisen(III)-Verbindungen als Ferri- oder Eisenoxyd-Verbindungen bezeichnet. Das rote Eisen(III)oxid Fe_2O_3 findet sich in der Natur als Hämatit und ist Hauptbestandteil des Okkers. Rost ist FeO(OH). Das schwarze Eisen-(II, III)oxid Fe_3O_4 kommt in der Natur als Magnetit vor. Es bildet sich beim Verbrennen von Eisen an der Luft als »Hammerschlag« oder beim reduzierenden Brennen aus Fe_2O_3. Das schwarze Eisen(II)oxid FeO, Wüstit, entsteht ebenfalls bei der Reduktion von Fe_2O_3. Magnesium und Zink bilden mit Eisen(I–II)oxid Spinelle: $MgFe_2O_4$ bzw. $ZnFe_2O_4$. Verbindungen mit Schwefel sind Magnetkies, FeS, und Pyrit oder Markasit, FeS_2, mit Kohlenstoff Eisenkarbonat, $FeCO_3$, mit Stickstoff Eisen(II)nitrat, $Fe(NO_3)_2 \cdot 6 H_2O$ oder Eisen(III)nitrat, $Fe(NO_3)_3 \cdot 9 H_2O$, beide für Lüster geeignet.

Eisen in Glasuren. Wie in Massen, so wirken die Eisenoxide auch in Glasuren sowohl als Flußmittel als auch als färbende Stoffe. Seger hat bei der Zusammenstellung seiner Brennkegel zwischen Kegel 010a und 3a, die damals den Temperaturen 950 bzw. 1190 °C entsprachen, Fe_2O_3 als Flußmittel eingesetzt. Aus diesen Segerkegelmischungen erhält man bleifreie, eisenhaltige Glasuren bei 1050 bis 1300 °C. Unter Verwendung der handelsüblichen Natriumborafritte Degussa 90158 lassen sich danach folgende Glasuren zusammensetzen:

Glasur für °C	1050	1180	1280
Fritte 90158	21,8	10,9	–
Kalifeldspat	6,4	16,2	41,8
Kaolin	14,7	7,4	6,5
Quarzmehl	33,6	36,0	30,1
Kalkspat	16,0	20,0	17,6
Fe_2O_3	7,5	9,5	4,0

Die Wirkung des Eisens ist von den atomaren Radienverhältnissen abhängig, d. h. von der gegenseitigen Anordnung der Ionen. Umgeben sechs andere Ionen ein dreiwertiges Eisen-Ion, so wirkt das Eisen, wie in diesen Fällen, als Netzwerkwandler, also als Flußmittel. In dieser Sechserkoordination färbt das dreiwertige Eisen-Ion, Fe^{3+}, gelblich rot. Umgeben es nur vier Nachbarn, so wirkt es als Netzwerkbildner und färbt braun. Auch das zweiwertige Eisen-Ion, Fe^{2+}, kann in Viererkoordination auftreten, meist aber ist es ein Netzwerkwandler mit sechs Nachbarionen. Es färbt blau. Die verschiedenen Oxidationsstufen des Eisens sind in Abhängigkeit vom Sauerstoffdruck und von der Temperatur miteinander im Gleichgewicht. Mit steigender Temperatur verschiebt sich das Gleichgewicht in Richtung FeO, und die Farbe verwandelt sich ebenfalls, beeinflußt von den anwesenden Kationen. So ergeben sich Farbtonskalen von gelbbraun-rot und blau-grün-grau, die sich vermischen, wenn FeO und Fe_2O_3 gleichzeitig anwesend sind.
Solange das Fe_2O_3 nicht als Flußmittel wirkt, ist es in Alkalischmelzen, besonders in Anwesenheit von Kalk, Zink und Tonerde, nur schwer (zu 3 bis 14 %) löslich, leichter in bleihaltigen Schmelzen. Gelingt es, die Löslichkeit zu erhöhen, so erhält man aus Fe_2O_3 rote Glasuren, z. B. für 1280 °C aus:

63,4 Kalifeldspat	11,4 Kaolin
4,6 Fritte M 70	4,1 Quarzmehl
15,2 Nephelinsyenit	1,3 Fe_2O_3

Eine geringe Menge Blei ist auch zur Erzielung kaffeebrauner Glasuren günstig.

Im allgemeinen rechnet man bei Eisenfärbung mit folgenden Mengen:
Bis 4 % Fe_2O_3 gelb
4– 6 % Fe_2O_3 gelbbraun
6–10 % Fe_2O_3 braun
10–25 % Fe_2O_3 dunkelbraun matt, in alkalireichen, borsäurehaltigen, tonerdearmen Glasuren erhält man mit diesen Mengen Aventuringlasuren. In ihnen scheidet sich das Fe_2O_3, das die Glasur nicht mehr zu lösen vermag, in Form von metallisch glänzenden Hämatit-Flittern aus.
Mit zweiwertigem Eisen erzielt man durch
1– 3 % FeO blaßgrün bis Seladon
8 % FeO schwarz
8–12 % FeO Temmoku.
Man kann das FeO, ein schwarzes Pulver, von vornherein der Glasur zumischen und es durch Kohlezusatz vor Oxidation bewahren oder rotes Eisenoxid (Fe_2O_3) mit Hilfe von Kohlepulver reduzieren, wenn man ohne Reduktionsbrand oder vor dem Einsetzen der Reduktion das FeO zur Wirkung bringen will.
Seger hat auch eine Glasur beschrieben, die nur aus Eisenoxid und Sand bestand, nämlich aus 57 % rotem Eisenoxid und 43 % Sand, und die bei 1190 °C eine schöne Schwarzglasur mit schiefergrauem Schimmer bildete. Im System FeO-SiO_2 gibt es tatsächlich so niedrig schmelzende Mischungen. Sie entsprechen den Segerformeln FeO · 0,359 SiO_2 und FeO · 0,720 SiO_2.

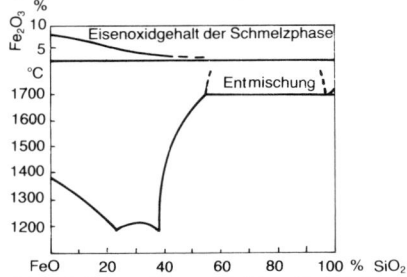

Im kieselsäurereichen Gebiet findet Entmischung statt.
Eine wichtige Eigenschaft des Eisenoxids ist die Abgabe von Sauerstoff, wodurch die Glasur blasig wird. Das kann ein Fehler sein, ist aber auch die Voraussetzung für Ölfleckenglasuren.

Eisen in Massen. Das Eisen ist in Tonen und

anderen Naturstoffen entweder in die Mineralstruktur eingebaut, oder es liegt in Form von Eisenverbindungen, z. B. als Hämatit (Fe_2O_3), Goethit (FeO(OH)), Magnetit (Fe_3O_4), Eisenhydroxid, $Fe(OH)_2$ oder $Fe(OH)_3$, als Pyrit (FeS_2), als Ilmenit ($FeTiO_3$) vor. In jeder Form beeinflußt Eisen die Brennfarbe des Scherbens: 0,35 % Fe_2O führen im Oxidationsbrand bereits zu einer Gelbfärbung, 0,8 % im Reduktionsbrand zur Graufärbung. Unter diesen Werten färbt Eisen nicht. Die Ursache des Gelbfärbens liegt in der geringen Löslichkeit des dreiwertigen Eisens in Alkalischmelzen; es wird als Kolloid ausgeschieden. Anwesendes TiO_2 intensiviert die gelbe Eisenfarbe, indem sich $Fe_2O_3 \cdot TiO_2$ oder $FeO \cdot 2TiO_2$ bildet. Wenn Eisen an Korngrenzen angelagert ist, kann man es durch Mahlen befreien und anschließend mit Magneten aus dem Masseschlamm herausziehen, wenn man einen eisenfreien, weißen Scherben erzielen will. Eine andere Methode besteht im Bläuen von Steingut (da es nicht reduzierend gebrannt wird) mit der Komplementärfarbe Blau, und zwar nimmt man zur Kompensation von 0,5 bis 1 % Fe_2O_3 einen Zusatz von 0,06 bis 0,1 % Kobaltchlorid ($CoCl_2 \cdot 6H_2O$; 1 Teil Kobaltchlorid entspricht 0,315 Teilen Kobaltoxid). Das Eisen färbt jedoch nur silikatische Schmelzen gelb, phosphatische nicht. Darauf beruht die weiße Farbe des Knochenporzellans. Eisenoxid gibt beim Erhitzen, auch wenn es als Silikat gebunden ist, Sauerstoff ab und verändert seine Farbe. Beim Abkühlen kann es an der Oberfläche wieder Sauerstoff aufnehmen und zur ursprünglichen Farbe zurückkehren. Fe_2O_3 ist rötlich-braun und färbt, wenn es fein verteilt ist, die Masse in dieser Farbe, es sei denn, daß Kalk anwesend ist, der die Farbe zu Gelb verändert. Das rote Eisenoxid beginnt im oxidierenden Brand schon bei 1100 °C, sich in Fe_3O_4 und dann in FeO umzuwandeln, d. h. daß rotbrennende Tone infolge des ansteigenden Schwarzwertes des reduzierten Eisenoxidanteils zunehmend brauner werden. Soll der Scherben trotzdem rot brennen, so muß er porös bleiben und bis herab auf 1000 °C unter oxidierenden Bedingungen äußerst langsam abkühlen, damit sich das Eisenoxid wieder zu rotem Fe_2O_3 zurückverwandeln kann.

Unter Reduktionsbedingungen verläuft die Umwandlung von Fe_2O_3 in FeO schneller, und es bilden sich leichtflüssige FeO-Silikat-Schmelzen, die zur frühen Verdichtung des Scherbens führen können. Man kann mit der Reduktion jedoch erst beginnen, wenn das Wasser und das Kohlendioxid der Karbonate aus dem Scherben entfernt sind, wozu man eine oxidierende Atmosphäre braucht. Während des Brandes oberhalb 1100 °C gibt das Eisenoxid ständig Sauerstoff ab. Das Gasvolumen, das sich aus 1 % Fe_2O_3 bildet, entspricht 30 % der Gesamtmasse. Solange der Scherben porös ist, gelangt dieses Gas in die Glasur. Im Reduktionsbrand soll die Reduktion des Eisenoxids im Scherben beendet sein, wenn die Sinterung einsetzt. Im weiteren Brennverlauf fördert das Eisen die Bildung von nadelförmigem Sekundärmullit und begünstigt das Längenwachstum der Mullitnadeln. Nach dem Dichtbrand, bei dem der Scherben zwar dicht ist, aber geschlossene Poren enthält, führen die gasabgebenden Reaktionen auch kleinster Mengen von Eisenoxid zum Wiederansteigen der Porosität und zum Aufblähen des Scherbens.

Eisenfuß. Durch reoxidiertes Eisen rot gefärbter Saum außerhalb der Glasur, besonders bei ungeschlämmten Ascheglasuren, deren Alkalien vom Scherben aufgesaugt wurden und Eisen mittransportierten.

Eisensilikate. Mischkristalle, in denen Fe^{2+} durch Mg und Mn, Fe^{3+} durch Al, Cr und Ti vertreten sein können. Gesteinsbildende Eisensilikatminerale sind Olivin, Pyroxene, Amphibole, Biotit und Granat.

Eisenzeiger. Pflanzenart, aus deren Vorkommen auf Eisen geschlossen werden kann. Alant *(inula)*, Backenklee *(dorycnium suffruticosum)*, Binsenpfriem *(spartium jun-*

Wolfsmilch

ceum), Strohblume *(helichrysum stoechas)*, Wolfsmilch *(euphorbia)*.

Elastizität. Die Eigenschaft, eine Verformung nach Aufhören der verformenden Krafteinwirkung rückgängig zu machen. Im allgemeinen sind keramische Körper spröde. Der Elastizitätsmodul von Porzellan beträgt 76, von Glas 70, von Mullit jedoch $100 \cdot 10^4$ kp/cm^2 (Stahl $200 \cdot 10^4$ kp/cm^2). Mullit macht die Masse also elastischer. Bei den Glasuren erhöht MgO die Elastizität sehr stark. Vergleichswerte:

SiO$_2$	3,9
Al$_2$O$_3$	11,8
Na$_2$O	10,8
CaO	23,5
MgO	29,4

Elastochrom. Heizleiter der Thyssen Edelstahlwerke AG in 5802 Wetter 4 (Wengern).

ⓖ **Elefantenohr.** Flacher Naturschwamm.

ⓖ **Elektrische Drehscheibe.** Elektrisch betriebene Töpferscheibe mit stufenlos regelbarer Umdrehungsgeschwindigkeit nach zweierlei Systemen: a) mit Schwungrad, an das ein Elektromotor durch Pedaldruck angepreßt wird; bei diesem System wird die Fußkraft durch den Motor ersetzt, b) ohne Schwungrad, mit Ring-Konus-Antrieb; durch Pedal oder Handhabung wird der Konus am Reibring verstellt. Der unterschiedliche Konusdurchmesser verändert die Geschwindigkeit.

Elektrische Leitfähigkeit der Glasuren. Sie wird erhöht durch Alkalien und Kalk, während der elektrische Widerstand mit Magnesium, Barium, Zink, Blei und Tonerde ansteigt.

Elektrolyt. Löslicher Stoff, der durch seine Lösung das Wasser leitend macht. Beim Gießverfahren werden Natriumionen bildende Elektrolyten (Soda, Wasserglas, siehe unter Verflüssiger) zur Herabsetzung des Wassergehaltes durch Kationenaustausch eingesetzt.

Elektrophoretische Formgebung. Formgebungsverfahren aus Masseschlamm unter Ausnutzung der Kraftwirkung eines elektrischen Feldes. Die negativ aufgeladenen Tonteilchen wandern zur Anode (daher »Anaphorese«), das positiv aufgeladene Wasser zur Kathode (»Kataphorese«). Auf diese Weise kommt es zur Trennung des Stoffgemisches. Dabei bleibt an der festen Phase eine monomolekulare Wasserschicht fest haften. Zwischen ihr und der bewegten Flüssigkeit tritt eine Gleitebene auf. Das Potential (= die potentielle elektrische Energie der Ladungseinheit) in der Gleitebene wird Zeta-Potential genannt.

Elephant-Verfahren. Ein auf elektrophoretischer Abscheidung beruhendes Formgebungsverfahren namentlich für sehr dünne Platten (< 5 mm z. B. für Chips), bei dem der Masseschlamm in den Reaktionsspalt zwischen zwei als Anoden wirkende, rotierende Zylinder gepumpt wird. Die Kathode ist als Zwickel zwischen diesen Zylindern angeordnet. Der sich an der Anode bildende Plattenstrang ist von unbegrenzter Länge; die Plattenbreite wird durch die Dimension der Maschine bedingt. Die Leistung beträgt 500 bis 1000 m^2 Platten in 24 h. Die auf die monomolekulare Wasserschicht zurückzuführende Feuchtigkeit der geformten Platte beträgt 15–17% (siehe elektrophoretische Formgebung).

Elektroöfen. Öfen, bei denen die elektrische ⓖ Energie über geeignete Widerstände in Wärme umgewandelt wird. Die Widerstände bestehen je nach Anwendungstemperatur aus unterschiedlichem Heizmaterial (siehe Heizleiter). Metallische Heizleiter werden als Draht oder Flachband hergestellt. Aus dem Draht werden z. B. Heizelemente in Form von Spiralen (Heizspiralen) gewickelt. Je nach Ofengröße und zu installierender Leistung wird eine bestimmte Anzahl von Heizelementen für einen Ofen benötigt. Die Heizspiralen werden auf keramische Rohre aufgefädelt oder in Rillensteine eingelegt. Beim Kapselbrand (siehe diesen) ist es schon vorgekommen, daß sich in den Rillen Kohlenstoff absetzte, der zu Lichtbogen-Überschlägen führte. Die Übertragung der Wärme von den Heizelementen auf das zu brennende Gut erfolgt durch Konvektion und mit steigender Temperatur hauptsächlich durch Strahlung. Elektroöfen werden als Kammer-, Schacht-, Hauben-, Herdwagen- oder Tunnelöfen gebaut. Um die Ofentemperatur entsprechend der zu brennenden Keramik langsam ansteigen zu lassen, ist eine Temperatur-Regelung erforderlich (siehe diese). Für die Auskleidung der Elektroöfen werden durchweg leichte, wenig Wärme speichernde

Feuerleichtsteine oder keramisches Fasermaterial eingesetzt.

Die Schaltungen können einfache Parallelschaltungen, Serienschaltungen, Dreieck- oder Sternschaltungen sein, und die erforderliche Leistungsverminderung beim Anheizen kann durch Umschaltung z. B. von Dreieck auf Stern bewirkt werden. Die Temperaturmessung erfolgt meistens mit einem Thermoelement, seltener mit einem Kegel (Ortonkegel). Die Regelung ist eine sogenannte Zweipunktregelung, bei der die Wärmezufuhr bei Erreichen des Sollwertes ganz abgeschaltet oder durch Pendeln gehalten wird. Sind Leistungsverminderung, Pendeln und Abschalten nach Sollwerten einstellbar, so spricht man von Automatik.

Elektroöfen als Freizeitgeräte. Beim wohnraumnahen Brennen wird der für diesen Zweck optimale Elektroofen wie ein Haushaltsgerät betrachtet. Die zahlreich angebotenen Typen sollte man so verwenden, wie sie konzipiert sind, d. h. ohne Veränderung. Dünne, hinter die Heizdrähte geschobene Fasermatten erhöhen zwar die sehr wichtige Wärmedämmung, kommen aber mit den beim Brennen erweichenden Heizelementen in Berührung und können deren Lebensdauer beeinträchtigen. Dasselbe gilt für Tonbatzen, die man zwischen die Drahtwicklungen klemmt, damit sich keine Nester bilden.

Das starre Verbinden des Abgasstutzens mit einer Abgasleitung bringt zuviel Zug in den Ofen; er saugt durch die Türritzen Kaltluft an und bekommt kalte Stellen. Am besten ist eine Abzugsvorrichtung, bei der ein kurzes, knieförmiges, nach oben gerichtetes Rohrstück, am Ofen montiert, in einen nach unten offenen Trichter mündet, ohne ihn zu berühren, so daß die aus dem Ofen aufsteigende Warmluft kalte Luft aus der Umgebung mitreißt. Eine nachträgliche Außenumhüllung des Ofens mit Fasermatten erhitzt nur den metallenen Ofenmantel und bildet zwischen ihm und der Matte einen Wärmestau.

Das längere Brennen bei der Endtemperatur in der Absicht, einen höheren Segerkegel zum Fallen zu bringen, verbraucht die Heizdrähte und beansprucht die Isolation zu sehr. Strebt der Keramiker nach einem durch verschiedene Glasuren erzielten abwechslungsreichen Bild seiner Erzeugnisse, so muß er mit dem unterschiedlichen Verhalten seiner Glasuren rechnen. Die Schamotteplatten werden vor dem ersten Brennen mit einer Plattenengobe bestrichen. Abgelaufene Glasurtropfen können dann mit einem Meißel von der über die ganze Fläche plan aufliegenden Schamotte abgeschoben oder mit leichten Schlägen mehr oder weniger vollständig beseitigt werden. Die Platte bestreicht man danach, auch wenn noch Glasur auf ihr haftet, erneut mit der Plattenengobe. Dichtes Heranstellen des Brenngutes an die Heizspirale, das bei kleinen Öfen verlockend ist, um den Brennraum auszunutzen, gefährdet die Heizdrähte durch Berühren mit der Glasur.

Elektrostatisches Glasieren. Industrielles Verfahren, bei dem die positiv geladene Keramik negativ geladene, versprühte Glasur anzieht.

Element. 1. Chemischer Grundstoff, 2. Einheit der Kombinatorik.

Elementensystem, kombinatorisches. Die archäometrische Beobachtung, daß die Urglasuren, aus denen durch Kombination alle anderen Glasuren entstanden waren, Eutektika gewesen sind, führte dazu, zehn eutektische Mischungen als kombinatorische Elemente zu verwenden, die in allen 20^{12} Kombinationsmöglichkeiten Glasuren ergeben. Danach lassen sich Glasuren auch durch Würfeln gewinnen, wobei es durch das Zusammentreffen von nichtmischbaren flüssigen Phasen oder von kristallisationsfördernden Umständen zu Überraschungen kommen kann. Diese Glasuren sind an bestimmte Temperaturen gebunden, die in den Spielregeln eines Würfelspiels angegeben sind (siehe dieses). Die kombinatorischen Elemente sind einfache Eutektika, meist aus drei Stoffen. Jedes Element ist nach seinem Flußmittel benannt. Fünf Elemente sind aus Alkalien oder leichtschmelzend, fünf schwererschmelzend. Versätze:

1. Pb: 64,5 Fritte M70
           19,4 Quarzmehl
           15,2 Kaolin.
2. Na: Nephelinsyemit
3. K: Kalifeldspat 82/K11
4. Li: 31,5 Lithiumkarbonat
           54,5 Quarz
           14 Kaolin.
5. B: 21 Kalifeldspat 82/K11

	79 Kalziumborat 238.
6. Ca:	46 Wollastonit
	19 Quarz
	36 Kaolin.
7. Mg:	59 Talkum
	41 Kaolin.
8. Sr:	37 Strontiumkarbonat
	41 Quarz
	22 Kaolin.
9. Ba:	49 Bariumsulfat
	26 Quarz
	25 Kaolin.
10. Zn:	39 Zinkoxid
	41 Quarz
	20 Kaolin.

Das kombinatorische Elementensystem eignet sich besonders für Kurse: als Würfelspiel für Anfängerkurse, in systematischen Anwendungen zur Demonstration der Wirkungen von Glasurbestandteilen und Glasurmilieus auf Farben und Effekte in extremen Zusammensetzungen.

Email. Auf Metall aufgeschmolzenes Glas.

Emailfarben, siehe unter Schmelzfarben.

Enantiotropie. Eigenschaft eines kristallinen Stoffes, je nach Druck und Temperatur verschiedene Modifikationen zu bilden (z. B. SiO_2).

Endothermer Prozeß. Wärmeverbrauchende Reaktion. Sie findet beim Übergang eines Stoffes aus einem energiearmen in einen energiereichen Zustand statt: beim Zerfall von Kristallen oder Salzen (Karbonaten, Sulfaten).

Engobe, Beguß, Anguß. Aufgebrannter, dünner, nicht geschmolzener, matter Überzug auf einer keramischen Masse zur Verbesserung der Oberfläche durch Feinheit oder Farbe. Ist die Grundmasse des Scherbens hell, so kann diese mit färbenden Zusätzen (siehe Farbengoben) und etwas Quarzmehlzusatz verwendet werden. Die Engobe muß um so magerer sein, je später sie aufgebracht wird, je weiter also die Grundmasse in der Trockenschwindung vorausgeeilt ist. Der Quarzmehlzusatz dient der Magerung und dem Ausgleich der Schmelzwirkung der färbenden Zusätze. Am besten hält die Engobe, wenn sie auf die noch frische Grundmasse dünn aufgetragen wird, und wenn sie dazu aus der Grundmasse selbst aufgebaut ist. Zu dick aufgetragene Engobe springt ab. Man stellt die Engobe aus feinster Tonmasse her, indem man den Ton aufschlämmt, ein wenig absitzen läßt, dann den in Schwebe befindlichen Feinschlamm abschöpft, absitzen läßt, dekantiert (das Wasser zum nächsten Aufschlämmen benutzt!) und auf die Konsistenz von $1,6 g/cm^3$ zum Tauchen oder $1,3 g/cm^3$ zum Spritzen eindickt. Aufbürsten der Engo-

Die zehn kombinatorischen Elemente

Element	Chemische Zusammensetzung (Gew.-%)				Segerformel (Mole)			
	SiO_2	Al_2O_3	Flußmittel		RO		Al_2O_3	SiO_2
Pb	31,7	7,1	61,2	PbO	1,0	PbO	0,254	1,91
Na	70	18	12	Na_2O +K_2O	0,75 0,25	Na_2O K_2O	1,02	6,8
K	66	18	1	K_2O +Na_2O	0,7 0,3	K_2O Na_2O	0,97	5,8
Li	77	7	16	Li_2O		Li_2O	0,128	2,39
B	21,3	6	72,7	CaO +K_2O +B_2O_3	0,9 0,1	CaO K_2O	0,10	0,6 SiO_2 0,9 B_2O_3
Ca	62,3	14,7	23	CaO	1,0	CaO	0,35	2,5
Mg	61,4	18,3	20,3	MgO	1,0	MgO	0,35	2,0
Sr	60	10	30	SrO	1,0	SrO	0,34	3,45
Ba	47,2	12,5	40,3	BaO	1,0	BaO	0,464	2,99
Zn	52,13	8,12	39,75	ZnO	1,0	ZnO	0,16	1,78

be (Hakeme-Technik) verbessert das Haften. Die aufgebürstete Engobe kann sogar als Zwischenschicht dienen und einen neuen Engobeauftrag aufnehmen.

⬚ **Engobemalerei.** Bemalen von Keramik vor dem Brennen mit Engobeschlicker mit Hilfe einer Malbüchse (Gießbüchse, früher auch Malhorn aus einem Rinderhorn). Die Malengobe kann man mit 5 % Glasur versetzen, um sie mit der später aufgebrachten Glasur besser zu verbinden und mit 5 % Glyzerin (das ausbrennt), um sie geschmeidiger zu machen. Trägt man sie auf den noch feuchten Gegenstand auf, so fließt sie etwas auseinander, was angenehm wirkt. Je nachdem, wie man die Gießbüchse neigt und wie schnell man sie zieht, entstehen breitere oder schmalere Striche. Diese können auch auf der rotierenden Scheibe gerade oder in Wellenlinien aufgebracht werden. Solange sie noch naß sind, lassen sich Striche und Punkte durch einen Draht oder eine Gänsefeder auseinanderziehen (Federmuster). Dazu müssen die Formlinge ebenfalls noch frisch sein. In diesem Zustand kann man dünnflüssige Engobefarbschlicker auch wie bei einer Marmorierung durch Hin- und Herbewegen ineinanderfließen lassen. Eine Äderung erreicht man durch Aufspritzen einiger Tropfen weißer oder dunkler Engobe auf eine noch flüssige Farbengobe und Verteilung der weißen Spritzer in dem noch breiigen, farbigen Beguß durch Rütteln, Drehen und Neigen. Eine Streifung erzielt man hingegen, wenn man in den Engobebottich weiße oder dunkle Engobetropfen spritzt, die obenauf schwimmen, und die Keramik langsam eintaucht, wobei sich beim Herausziehen die Tropfen in die Länge ziehen. Die Malerei darf nicht zu dick aufgetragen werden, denn die Engobe muß beim Brennen von der Glasur durchdrungen werden. Kocht die Glasur dabei auf oder wird sie an diesen Stellen rauh, so gibt man etwas Quarzmehl zur Engobe. Enthält sie zuviel Ton, wird sie von der Glasur nicht durchdrungen. Enthält sie zu wenig, so verwischt sich die Malerei leicht beim Glasieren. In diesem Fall ist es vorteilhaft, die Keramik vorher niedrig zu schrühen.

⬚ **Engobieren, Begießen.** Aufbringen einer Engobe. Zum einwandfreien Haften muß sie die gleiche Trocken- und Brennschwindung besitzen wie die darunterliegende Masse. Je frischer die Unterlage, desto besser das Haften. Ist sie bereits lederhart oder geschrüht, so muß die Engobe gemagert sein. Das Auftragen kann durch Begießen, Spritzen, Tauchen oder Bürsten geschehen. Der flächige Auftrag kann durch Wachs begrenzt werden. Engobeflächen eignen sich im rohen Zustand für die Ritz- oder Flächenschab-Verzierung, im gebrannten für die Schabetechnik. Damit die rohe Engobe beim Schneiden und Schaben nicht ausbricht, versetzt man sie mit einer geringen Menge Glyzerin zum Geschmeidigmachen. Zum Schaben soll die Keramik nicht zu hoch gebrannt sein.

Engosyn. Für Ziegelei- und Töpfereierzeugnisse entwickelte Spezialengobe. Als Warenzeichen eingetragen.

Enslin-Wert. Maß für das Wasserbindevermögen. Der E-Wert wird durch Wasseranstieg in einer Kapillare, unter der die wasserdurchtränkte Substanz liegt, gemessen. Er beträgt bei Sanden 40, bei Rohkaolinen 60–80, bei geschlämmten Kaolinen 80–120, bei Bentonit 500. Je feiner das Korn, desto größer die spezifische Oberfläche, desto höher der Enslin-Wert.

Enstatit, $MgO \cdot SiO_2$.

Entmischungsglasuren. Flüssig-flüssig-Entmischungen treten häufig in Alkali-Bor-Glasuren als Tröpfchenphase auf, die man als Borschleier bezeichnet. Sie sind unerwünscht, wenn eine niedrigschmelzende, bleifreie Transparentglasur, die ja auf Bor angewiesen ist, über einer Unterglasurmalerei wolkig wird. Andererseits geben diese Entmischungen oft erwünschte Effekte.
Entmischung beruht auf unterschiedlichen Ionenradien. Sie tritt, wie die Kristallisation beim Abkühlen auf, kann also durch deren Lenkung beeinflußt werden. Sie erfolgt auch über Keimbildung, die man an kleinen runden Tröpfchen erkennen kann. Diese liegen am Rand eines Entmischungsgebietes, dessen Grenze man als Spinodale bezeichnet. Entmischung und Kristallisation treten häufig zugleich auf. Sie sind beide konzentrationsabhängig. So befindet sich z. B. die Mischungslücke im System SiO_2-TiO_2 zwischen 20 und 90 % TiO_2, im System Na_2O-SiO_2 gibt es eine Mischungslücke weit unterhalb der

Schmelztemperatur zwischen 80 und 98% SiO$_2$. Barium-, Strontium-, Kalzium- und Magnesiumoxid bilden im kieselsäurereichen Feld der Erdalkali-Kieselsäure-Systeme zwei flüssige Phasen. Dieses Verhalten macht die Erdalkalien zu Effektbildnern. Weitere für Glasuren wichtige Systeme, in denen Entmischungen auftreten, sind: Li$_2$O-B$_2$O$_3$-SiO$_2$, Li$_2$O-TiO$_2$-SiO$_2$, CaO-TiO$_2$-SiO$_2$, PbO-B$_2$O$_3$-SiO$_2$ und CaO-B$_2$O$_3$-SiO$_2$, FeO-Fe$_2$O$_3$-SiO$_2$, FeO-MnO-SiO$_2$.

Entwicklungshilfe. Beratungs- und technische Hilfe nach den Bedürfnissen der Entwicklungsländer haben das Ziel, sich auf die Dauer selbst überflüssig zu machen. Informationsstellen:
Zentralstelle für Arbeitsvermittlung der Bundesanstalt für Arbeit, Feuerbachstr. 42, 6000 Frankfurt a. M. 1.
Arbeitskreis »Lernen und Helfen in Übersee e. V.« Truchseßstraße 100, 5300 Bonn 2.
Dienste in Übersee. Gerobstr. 17, 7000 Stuttgart 1.
Deutscher Entwicklungsdienst. Kladower Damm 299, 1000 Berlin 22.
Weitere Informationsstellen im Anschriftenverzeichnis der Deutschen Stiftung für internationale Entwicklung, Zentralstelle für Erziehung, Wissenschaft und Dokumentation. Hans-Boeckler-Str. 5, 5300 Bonn 3.

Environment. Aus Assemblage und Combine Painting hervorgegangene künstlerische Gestaltung eines Raumgebildes, in das der Betrachter mit einbezogen wird. Gestaltungselemente können Gegenstände, lebende Figuren, Geräusche, verbrauchte Objekte der Massenzivilisation sein.

Epidot. Kalziumsilikatmineral der Mol.-Formel CaO · 0,75 Al$_2$O$_3$ · 0,75 Fe$_2$O$_3$, 1,5 SiO$_2$, Mol.-Gew. 342,5. Häufiges Kontaktmineral in Kalksteinen oder metamorphen Gesteinen. Entstand durch hydrothermale Zersetzung von Feldspat und anderen silikatischen Gesteinen auf Gesteinsklüften.

EPK-Kaolin, Florida. US-Kaolin, entsprechend dem Podmore China clay. Ersatzmischung: 93,15 Kaolin 233, 5,93 Tonerdehydrat 276, 0,28 TiO$_2$.

Erbium, Er, 3wertiges Metall aus der Gruppe der Lanthaniden. Das Oxid Er$_2$O$_3$ (Erbinerde) färbt Glasuren rosa.

Erdalkalien. Oxide der Erdalkalimetalle: BeO, MgO, CaO, SrO, BaO.

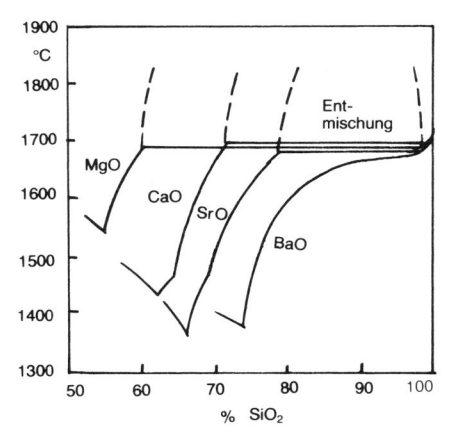

Erdalkalien in Glasuren. Unter den Erdalkalimetalloxiden ist Strontiumoxid das stärkste Flußmittel. Es wirkt schon bei niedrigen Temperaturen und kann zum Verzicht auf Blei beitragen. Bariumoxid entfaltet seine Flußmittelwirkung erst später, besonders wenn es als schwerzersetzbares Bariumsulfat in die Glasur gelangt. Die Flußmittelwirkung von Kalk und Magnesit setzt erst zwischen 1100 und 1200°C ein, allerdings können sich in Anwesenheit anderer Oxide schon früher Schmelzen unter Beteiligung von Erdalkalien bilden, vor allem wenn sie nicht in zu großen Mengen eingebracht wurden. Deshalb begrenzt man ihren Anteil in leichtschmelzenden Glasuren auf 0,3 Mole in der Segerformel. Dieses Maß schuf die altägyptische Glasur, bei der die basischen Flußmittel in der Segerformel 0,3 CaO und 0,7 Na$_2$O lauten, im Gegensatz zur Kegel-4-Glasur für Steinzeug, bei der das Verhältnis Erdalkalien : Alkalien umgekehrt ist. Der niedrige Erdalkaligehalt der leichtschmelzenden Glasuren zielt auf klare Transparentglasuren. Für Mattglasuren muß man die Erdalkaligehalte auch bei niedrigen Temperaturen merklich erhöhen, damit sie ihre typischen Mattstrukturen ergeben. Mit Kieselsäure bilden die Erdalkalien Eutektika zwischen 50 und 75% SiO$_2$, denen Entmischungsbezirke folgen. Die Mischungslücken zeichnen sich im flachen Verlauf der Schmelzkurven ab. Steigende Zusätze von Erdalkalien zu Kaolin zeigen nach einem steilen Abfall einen Wiederanstieg der Schmelztemperaturen, dem ein erneuter Abfall und leichtes Ansteigen folgen.

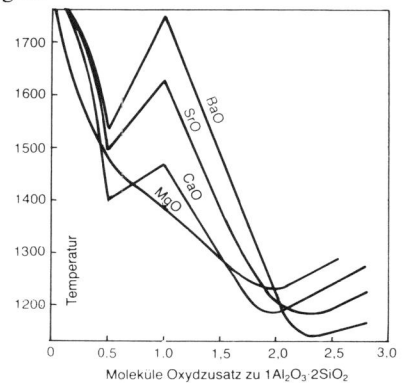

[M] **Erdalkalien in Massen.** Zumeist sind die Erdalkalien in Form ihrer Karbonate in keramischen Massemischungen vertreten. Ihre Zersetzung zu Erdalkalioxid + Kohlendioxid setzt bereits bei 400 °C (Magnesiumkarbonat) oder 890 °C (Kalziumkarbonat) ein und endet damit, daß Kohlenstoff im Scherben zurückbleibt. Erst wenn der Wasserdampf ausgetrieben ist und Sauerstoff in die Poren eindringen kann, beginnt der Kohlenstoff zu verbrennen. Der Anteil der Erdalkalien in Massen muß bei der Festlegung der Höhe des Schrühbrandes berücksichtigt werden. Die Zeit, die der Kohlenstoff zu seiner Verbrennung braucht, beträgt bei 900 °C noch Stunden, bei 906 °C nur noch Sekunden.

Die Erdalkalien Kalk und Magnesia wirken sich in niedriggebrannten Massen günstig aus. Sie erhöhen die Ausdehnung und verhindern Haarrisse. In Massen für Ofenkacheln und Kochgeschirr wird Magnesit bevorzugt. In Sintermassen verkürzt Kalk die Sinterspanne, während sich Magnesit günstig verhält. (Siehe Kalium bzw. Magnesium in Massen.)

Empirical formula (engl.) Segerformel.

Erdalkalimetalle. Gruppe der zweiwertigen Metalle Beryllium (Be), Magnesium (Mg), Kalzium (Ca), Strontium (Sr), Barium (Ba), Radium (Ra).

Erdgas. Gas mit 60–90 % Methan (CH_4), Heizwert 25000–33500 kJ.

Erdglasuren. Rohglasuren aus niedrigschmelzenden Tonen oder Lehmen. Da diese in der Regel eisenhaltig sind, ist die charakteristische Farbe der Erdglasuren braun. Die Verwendung nennenswerter Mengen dieser Erden setzt eine hohe Brenntemperatur voraus. Man rechnet überschläglich mit einem 10 % Flußmitteloxid-Anteil für eine Brenntemperatur von 1280 %, wobei der Kieselsäuregehalt 70 % nicht überschreiten soll.

Erdkrustenglasur. Die Zusammensetzung der Erdkruste (Lithosphäre) ist nach geologischen Schätzungen in der Tabelle mit den daraus errechneten Segerformeln angegeben. Faßt man die Erdalkalien zusammen, so erhält man die von Seger für seine Kegel gewählte Verteilung der basischen Flußmittel: 0,3 Alkalien, 0,7 Erdalkalien. Die übrigen Hauptbestandteile der Erdkrustenglasur weichen geringfügig von Segers Kegel-4-Formel ab. Stull und Howat haben das Umfeld dieser Kegel-4-Glasur bei konstantem Verhältnis der Flußmitteloxide untersucht. Sie fanden darin ein kleines optimales Feld neben der Kegel-4-Glasur. Genau in diesem Feld liegt die Erdkrustenglasur von 1280 °C. Sie läßt sich aus Gesteinen und Aschen (Bild auf S. 93) oder aus handelsüblichen Rohstoffen herstellen:

36,5 Nephelinsyenit
14,2 Dolomit
2,3 Kalkspat
0,4 Knochenasche
0,6 Titandioxid
15,0 Kaolin
31,0 Quarz

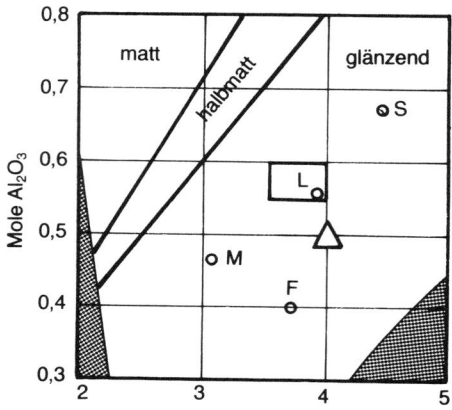

Lithosphäre-Glasur L im optimalen Bereich (= Quadrat, Kegel-4-Glasur = Dreieck) bei 0,3 K_2O und 0,7 CaO.

Auch die aus den Analysen der magmatischen (M) und Sedimentgesteine (S) gebildeten Versätze liegen im Bereich der glänzenden Glasuren. Infolge der großen Spannweite guter Ergebnisse im Umfeld der Erdkrustenglasur kann man auch nach der Faustregel (F) arbeiten: 4 Feldspat, 3 Quarz, 2 Kalk, 1 Kaolin.

Erdzeitalter. Gliederung der Erdgeschichte in Formationsgruppen, die durch Schichtfolgen und Leitfossilien unterscheidbar sind. Innerhalb der Formationsgruppen Paläozoikum, Mesozoikum und Känozoikum werden Formationen unterschieden, nach denen die darin entstandenen Tone benannt sind.

Erdgeschichtliche Formationen

Jahre	Formation	keramische Bedeutung
1 Mill.	Quartär	Lehme
70 Mill.	Tertiär	plastische Tone
135 Mill.	Kreide	feuerfeste Tone
180 Mill.	Jura	Schiefertone und Tonschiefer zum Magern von Steinzeugmassen
225 Mill.	Trias	
270 Mill.	Perm	
350 Mill.	Karbon	
400 Mill.	Devon	

Beispiele aus dem Quartär: Lauenburger Tone aus dem Gebiet von Oldenburg, Pleistozäne Tone Norddeutschlands, Tertiär: Westerwälder Tone, Marine Tone Norddeutschlands. Kreide: vorwiegend Tone Niedersachsens und Westfalens, Heisterholzer Schiefertone bei Minden aus der Hauterive-Stufe der Unterkreide, Wealdentone im Hils südlich von Hannover. Jura: Tone aus dem Gebiet nördlich Osnabrück sowie in der Schwäbischen und Fränkischen Alb. Trias: Keuperletten von Schönaich in Württemberg. Perm: Tonsteine aus dem Rotliegenden bei Ottweiler. Karbon: Schiefertone des Saargebiets und der Pfalz. Devon: Tonschiefer des Schiefergebirges im Weserbergland.

Ergonomie. Wissenschaft von der menschlichen Arbeit mit dem Ziel ihres wirtschaftlichen Einsatzes.

Erguߟgestein, siehe Effusivgestein.

Erweichungsbeginn. Das Schmelzverhalten von Fritten charakterisierender Wert. Er entspricht einer Temperatur, bei der die Viskosität $10^{9,5}$ dPa·s beträgt. Er wird gemessen als eintretende Verformung eines aus der Fritte hergestellten Probekörpers (ursprünglich unter seinem Eigengewicht, bei gewissen Meßverfahren jedoch unter Belastung). Der Erweichungsbeginn ist identisch mit dem Deformationseutektikumn (= Erweichungsbeginn einer eutektischen Mischung), aber nicht zu verwechseln mit dem dilatometrischen Erweichungsbeginn ($10^{11,3}$ dPa·s) und

Die Zusammensetzung der Erdkruste

	Lithosphäre insgesamt		Magmatische Gesteine		Sedimente	
	Chem. Analyse*	Segerformel	Chem. Analyse**	Segerformel	Chem. Analyse***	Segerformel
SiO_2	62,5	3,9	59,12	3,06	55,64	4,46
Al_2O_3	15,5	0,56	15,34	0,47	14,44	0,68
Fe_2O_3	6,1	0,14	3,08	0,06	6,87	0,20
FeO	–	–	3,80	0,16	–	–
MgO	3,2	0,3	3,49	0,28	2,93	0,35
CaO	6,0	0,4	5,08	0,28	4,69	0,40
Na_2O	3,4	0,2	3,82	0,19	1,21	0,10
K_2O	2,3	0,1	3,13	0,09	2,87	0,15
TiO_2	0,68	0,03	0,73	0,03	0,69	0,04
P_2O_5	0,18	0,004	0,18	0,004	0,17	0,006
MnO	0,13	0,01	0,124	0,005	0,12	0,006
C	–	–	–	–	0,65	0,26
flüchtige Bestandteile	–	–	1,15	–	10,37	–
Molekulargewicht		373,8		299,7		430,9
	100,09		99,04		100,00	

* Holland und Lambert, Geochemica and cosmochemica acta 1976, S. 365
** Clarke und Goldschmidt, in: O. E. Rasczewski: Die Rohstoffe der Keramik. Bln./Heidelberg.: Springer 68. *** Correns, ebda.

ERUPTIVGESTEINE

nicht gleichzusetzen mit der Schmelztemperatur, bei der die Fritte eine Glasur darstellen könnte. Dazu wären 100 bis 300 °C mehr nötig.

Eruptivgesteine, Magnetite, aus erstarrtem Magma entstandene Gesteine. In der Tiefe erstarrt sind Tiefengesteine (Intrusivgesteine, Plutonite), an der Oberfläche, aus Lava erstarrt, sind Ergußgesteine (Effusivgesteine, Vulkanite). Subvulkanische Gesteine entstanden in einem oberflächennahen Krustenniveau (Ganggesteine).

Eschenasche. Relativ kieselsäure-, kali- und magnesiumreiche basische Asche mit geringem Schwefelgehalt. Durch ihren hohen natürlichen Eisengehalt gibt sie den Glasuren eine kräftige Färbung. Zur Glasurbildung braucht sie Kaolin und Quarz. Anhaltswerte: 23,3 % SiO_2, 0,63 % Al_2O_3, 3,92 % Fe_2O_3, 0,41 % MnO, 25,52 % CaO, 12 % MgO, 16,02 % K_2O, 7,65 % Na_2O, 7 % P_2O_5, 2,52 % SO_3, 1,03 % Cl. Segerformel zum Einrechnen in Glasuren: 0,37 SiO_2, 0,01 Al_2O_3, 0,02 Fe_2O_3, 0,01 MnO, 0,43 CaO, 0,28 MgO, 0,16 K_2O, 0,11 Na_2O, 0,05 P_2O_5. Mol.-Gew. 95.

Eukryptit. Dem Nephelin ähnliches Mineral, jedoch ein Lithiumsilikat, $LiAlSiO_4$.

Eureka. US-Feldspat, entsprechend dem englischen Ferro Blended feldspar. Ersatzmischung: 81,2 Kalifeldspat 82/K11, 8 kanadischer Nephelinsyenit und 10,9 Quarz.

Eutektikum. Niedrigschmelzende Mischung, die im Gegensatz zu anderen Mischungen nicht in einem Temperaturbereich, sondern bei der eutektischen Temperatur schmilzt

Eruptivgesteine im Laacher Seegebiet.

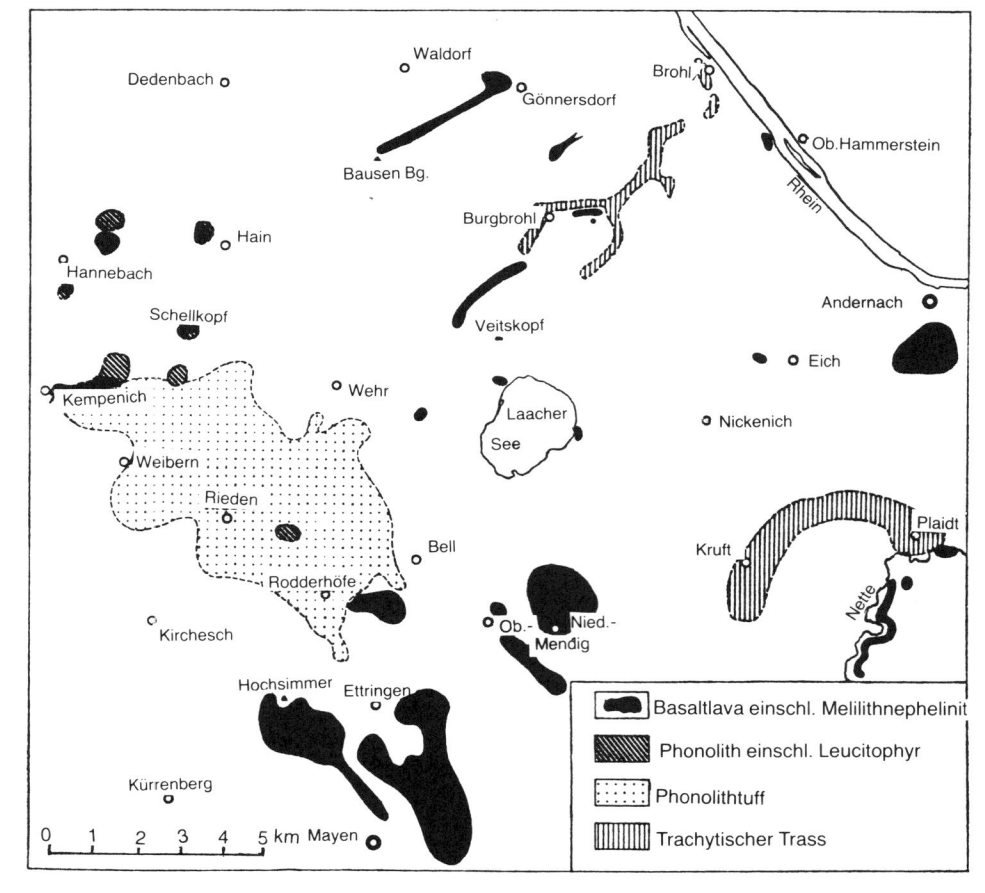

und erstarrt. Eutektika haben oft gute Glasureigenschaften. In Zweistoffsystemen treten binäre, in Dreistoffsystemen ternäre Eutektika auf.

Für die Keramik wichtige Eutektika (Segerformeln)

RO	Al$_2$O$_3$	SiO$_2$	eutektische Temperatur E.T.
0,62 FeO – 0,38 Na$_2$O	–	1,89	500 °C
1 PbO	0,25	1,91	650 °C
0,82 CaO – 0,18 Na$_2$O	–	2,64	725 °C

RO	Al$_2$O$_3$	SiO$_2$	E.T.
0,175 MgO – 0,825 K$_2$O		3,489	730 °C
1 K$_2$O	0,457 Fe$_2$O$_3$	6,079	750 °C
1 Na$_2$O	0,19	4,55	800 °C
1 K$_2$O	0,28	6,98	870 °C
1 Na$_2$O	–	2 TiO$_2$	985 °C
1 CaO	0,35	2,48	1170 °C
1 BaO	0,43	4,0	1200 °C
1 MgO	0,39	2,0	1350 °C
1 ZnO	0,23	0,9	1360 °C

Erdkrustenglasur aus Gesteinen und Pflanzen

Gestein	Werte	Pflanze
Diabas	88 / Q 9	Holunder
Diorit	83 / K 16	Schilf
Andesit	81 / K+Q 2	Zypresse
Porphyrit	73 / Ca+K+Q 7	Ulme
Basalt	67 / K 25	Stroh
Granit	66 / K 10	Wacholder
Lavalit	60 / Q 36	Weizenstroh
Porphyr	46 / K 39	Buche
Gabbro	40 / K+Q 20	Gras
Phonolit	34 / Ca+K+Q 29	Farn

Glasurversatz (%): 0 10 20 30 40 50 60 70 80 90 100

Die Erdkruste (Lithophäre) stellt eine Glasur für 1280° C dar. Man kann sie aus Kombinationen von Gesteinen und Pflanzen zusammensetzen.

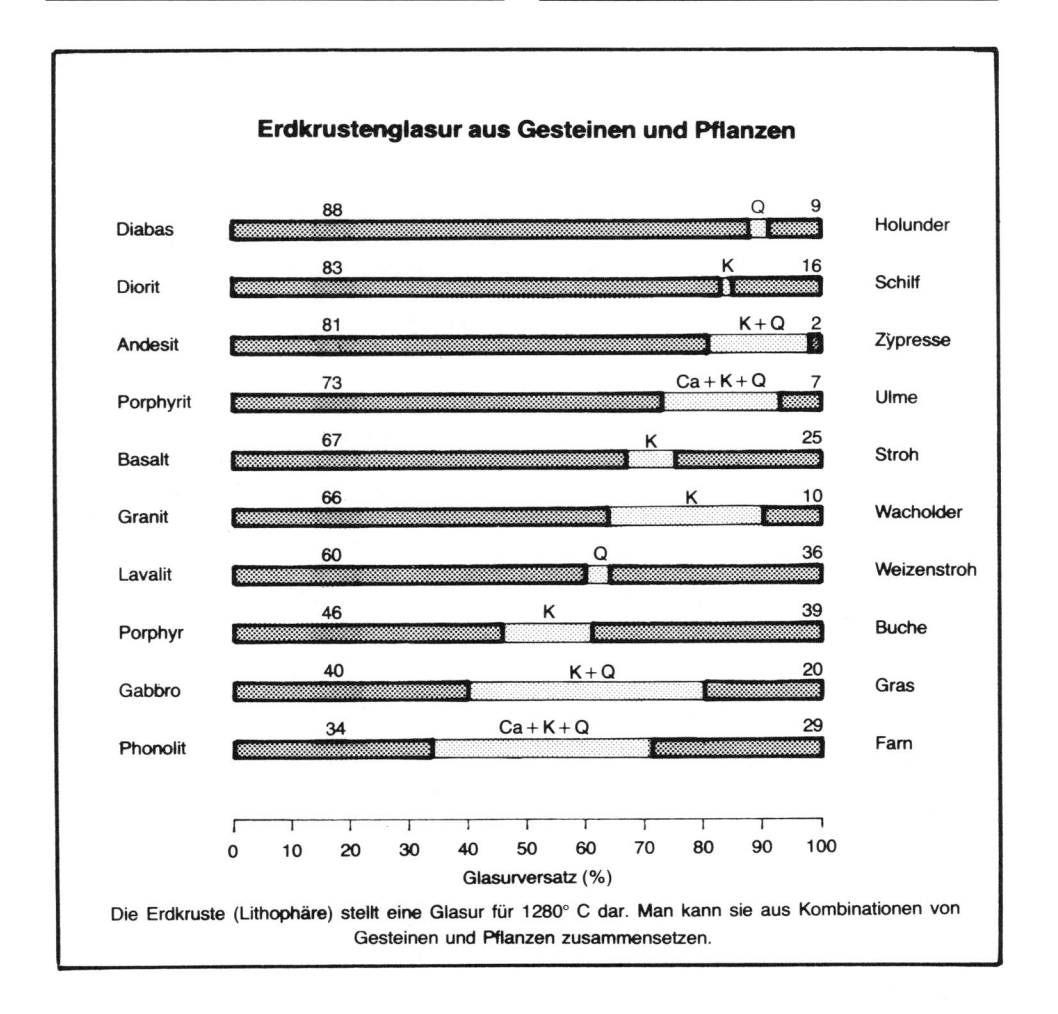

Exothermer Prozeß. Wärmeabgebende Reaktion. Sie findet beim Übergang einer energiereichen Form in eine energieärmere statt: bei der Kristallisation entsteht Kristallisationswärme. Die abgegebene Wärmemenge entspricht der Menge der entstandenen Kristalle.

Expressionismus. Kunstrichtung, die sich vom ästhetischen Genuß abkehrt und das elementare Erlebnis anstrebt. Ausdruckssteigernde Entstellungen durch Deformierung der Form und ungebrochene Farben sind ein Affront gegen den bürgerlichen Geschmack.

Extruder (engl.) Strangpresse.

F

Fabutit. Handelsbezeichnung der chem. Fabrik Budenheim für verschiedene Alkaliphosphate oder Gemische davon mit geringem Boratanteil. Westerwälder Rezeptur als Stell- und Flußmittel in Engoben: 3 % Fabutit, 2 % Borax, 95 % weißer Ton.

Fachhochschulen. Durch Aufwertung der Ingenieurschulen entstandene, praxisbezogene Hochschulen mit dem Abschluß Ingenieur (grad.) oder Diplom-FH. Promotion kann durch ein anschließendes Universitätsstudium erfolgen. Voraussetzung zum Studium ist die Fachhochschulreife. Studienzeit 3 Jahre. Für Keramiker: FH Rheinland-Pfalz, Abtlg. Koblenz, FB Höhr-Grenzhausen, FH Nürnberg (Werkstofftechnik), FH Duisburg (Glastechnik und Keramik).

Fachschulen. Berufsbildende Schulen mit Vollzeitunterricht: Fachschulen für Keramikgestaltung in Höhr-Grenzhausen und Selb, für Keramik in Landshut, für angwandte Kunst in Heiligendamm, Staatl. Glasfachschule Rheinbach mit Keramikklasse.

Farbe. Als Substanz: Unterglasur-, Inglasur-, Aufglasur- (=Schmelz-)farbe. Farbmittel der Keramik sind in der Glasur mehr oder weniger lösliche Oxide der Übergangsmetalle (sie ergeben bei Löslichkeit transparente Glasuren) oder unlösliche Pigmente = Farbkörper; diese ergeben opake (undurchsichtige) Glasuren. Als Sinnesempfindung: Wahrnehmung der sichtbaren Strahlung von 380 bis 750 nm Wellenlänge.

Fairchildit. Mineral der Zusammensetzung $K_2OCa(CO_3)_2$, das man nur in der Asche von Waldbränden fand (siehe auch Bütschliit).

Farbengoben. Gefärbte Tonüberzüge auf keramischen Massen. Zur Erzielung der Farben dienen die unter »Farbige Massen« genannten Zusätze. Bei den Farbengoben ist jedoch zusätzlich zu beachten, daß sich die Trocken- und Brennschwindungen sowie die Garbrandtemperaturen durch die Farbzusätze gegenüber der Grundmasse verändern. Im allgemeinen muß die Engobe beim Trocknen um so viel weniger schwinden, als die Grundmasse in der Trockenschwindung vorausgeeilt ist. Sie muß also magerer sein als die Grundmasse. Das ist durch die Farbzusätze oft schon gegeben. Die Farbengobe darf aber auch keine zu große Brennschwindung und unerwünschte Sinterung aufweisen, wozu die Farbzusätze wiederum neigen. Durch Zusatz von Quarzmehl läßt sich die Anpassung bewerkstelligen, falls sich Fehler zeigen. Man mahlt die Farbengobe 12 Stunden naß und bringt sie, wenn sie durch Tauchen aufgebracht werden soll, auf ein spezifisches Gewicht von $1,3 g/cm^3$, zum Spritzen auf $1,6 g/cm^3$ (Aräometer!). Durch vorsichtiges Umrühren entfernt man Luftblasen aus dem Engobeschlicker. Das Engobieren mit einem rotbrennenden Ton war Kennzeichen der »Brauntöpferei«, die rotbraunes, glasiertes Geschirr herstellte, das meistens innen mit einem weißen Ton (»Begußton«) engobiert war. Durch Braunsteinzusatz wird das Braun dunkler. Größere Mengen Braunstein zum roten Ton ergeben nach dem Glasieren ein Schwarz bereits bei 1000 °C. Smaltezusatz zu einem roten Ton ergibt Grau. Dünne Engobeschichten, unter einer Glasur aufgetragen, aus Ocker, Braunstein, Eisenoxid, Smalte usw., mit wenig fettem Ton zum Haften vermischt, lösen sich in der Glasur.

Farbfritten. Fritten, die färbende Oxide enthalten, wodurch diese in feinerer Verteilung in die Glasur eingeführt werden.

Farbglasuren. Ihr Aussehen wird bestimmt durch 1. den färbenden Stoff, 2. das Glasurmilieu, 3. die Brennatmosphäre und 4. die

Brennhöhe. Für die Gleichmäßigkeit der Färbung spielt auch die feine Vermahlung eine Rolle. Farbfritten bieten eine gleichmäßige Verteilung. Bei Effektglasuren ist die Gleichmäßigkeit oft unerwünscht. Ist der färbende Stoff ein Oxid, das sich in der Glasur löst, so erhält man transparente, andernfalls opake Farbglasuren. Borsäurereiche sowie farbkörpergefärbte Glasuren sind ebenfalls opak. Tansparentglasuren besitzen optische Tiefe. Sie werden durch Färbungen mit Eisen-, Mangan-, Kobalt-, Kupfer- und z. T. mit Antimonverbindungen erzielt. In leichtschmelzenden Glasuren kann es erforderlich sein, die Flußmittelwirkung der Farboxide zu kompensieren. Man nimmt dazu die anderthalbfache Menge des Oxids an Quarz. Nickel und Chrom führen infolge ihrer geringen Löslichkeit in niedrigerschmelzenden Glasflüssen zu opaken Färbungen. Chromoxid bietet genauso wie Kobalt- und Eisenoxid Färbemöglichkeiten bei hohen Temperaturen und oxidierendem Brand. Im reduzierenden Brand kommen neue Farben durch Eisen, Kupfer und Titan hinzu. (Siehe unter den einzelnen Farben.)

G **Farbige Massen.** Man kann sie aus Oxiden oder Farbkörpern herstellen, muß sie dann aber mahlen, oder – bei Gießmassen – aus gefällten Lösungen, wobei sich das Mahlen erübrigt.

1. Aus Oxiden oder Farbkörpern. Nach dieser Methode hat Wedgwood gearbeitet, indem er eine weiße Grundmasse mit geringen Mengen stark färbender Oxide einfärbte: blau mit 0,5 % Kobaltoxid, dunkelgrün mit 1 % Chromoxid, blaugrün mit 0,3 % Chrom- und 0,3 % Kobaltoxid, hellgrün mit Nickel-, blaugrün mit Kupferoxid. Braun erhielt er durch Ersatz eines Drittels des plastischen Tones durch gebrannten Ocker unter Hinzufügung von 8 % Braunstein. Die berühmte schwarze Masse »Basalt« oder »Aegyptian black« setzte er zusammen aus 44,6 fettem Ton, 40,5 gebranntem Ocker, 4,1 Eisenhammerschlag und 10,8 Braunstein. Kobaltoxid und Braunstein müssen mit der Masse 6 Stunden in der Kugelmühle naß gemahlen werden, alle anderen färbenden Verbindungen und Farbkörper nur 1 Stunde. Um die plastischen Substanzen nicht zu übermahlen, wird nur ein Teil des Tones, aber auch des Quarzes, mit in die Mühle genommen, und dieses Konzentrat dann der restlichen Masse zugesetzt. Die Dosierung der färbenden Zusätze, berechnet auf Trockenmasse ist:

Blau = 1–3 % Kobaltoxid (CoO) oder 1–3 % Kobalthydroxid (Co(OH)$_2$) oder 1–4 % Kobaltkarbonat (CoCO$_3$); hellblau = 0,01–0,05 % Kobaltoxid (CoO). Graublau = 0,5–2 % Kobaltoxid (CoO) + 1–4 % Nickeloxid (NiO). Braun = 3–10 % Eisenoxid (Fe$_2$O$_3$) oder 4–10 % Braunfarbkörper oder 5–10 % Braunstein (MnO$_2$).
Grün = 0,3–3 % Chromoxid (Cr$_2$O$_3$) + 0,1–0,5 % Kobaltkarbonat (CoCO$_3$) oder 0,5–3 % Türkisfarbkörper.
Gelb = 1–3 % Eisenoxid (Fe$_2$O$_3$) + 1–3 % Rutil (TiO$_2$).
Rot = 1–3 % Farbkörper.
Schwarz = 6–8 % Eisenoxid (Fe$_2$O$_3$) + 1 % Chromoxid (Cr$_2$O$_3$) + 1–2 % Kobaltoxid (CoO) oder 4–6 Eisenoxid (Fe$_2$O$_3$) + 2,5 % Braunstein (MnO$_2$) + 1 % Chromoxid (Cr$_2$O$_3$) + 1–2 % Kobaltoxid (CoO). Das Schwarz muß gegebenenfalls korrigiert werden, wenn eine Komponente vorherrschen sollte.

2. Aus gefällten Lösungen. Diese Methode, die mit wasserlöslichen Metallsalzen arbeitet, ist nur für Gießmassen empfehlenswert, nicht für Engoben, da das als Fällungsmittel verwendete Soda das Haften der Engoben beeinträchtigt. Die Gießmasse wird wie üblich mit Soda angesetzt, wobei man jedoch die Sodamenge erhöht, und zwar um den Betrag, der zum Ausfällen der Metallsalze erforderlich ist:
je 1 g Kobaltnitrat um 0,98 g krist. Soda,
je 1 g Chromnitrat um 1,07 g krist. Soda,
je 1 g Eisenchlorid um 2,64 g krist. Soda,
je 1 g Nickelnitrat um 1,05 g krist. Soda.
Man löst die Metallsalze in der zehnfachen Menge Wasser auf und schüttet sie in die Gießmasse, wo die Salze in feiner Verteilung ausfällen. Man kann die Masse jedoch auch färben, indem man sie nach dem Schrühen in die Metallsalzlösung taucht und sie danach noch einmal schrüht.

Farbkörper. Durch Wärmebehandlung hergestellte färbende Verbindungen, die der lösenden Wirkung der Glasurschmelze oder des Scherbenglases widerstehen. Solche widerstandsfähigen Verbindungen sind Spinelle, die durch Reaktionen im festen Zustand gebildet werden und hohen Temperaturen standhalten. Farbkörper sind färbende Pigmente, die die Glasuren undurchsichtig machen. Sie werden nicht nur zum Färben von Glasuren und Massen, sondern auch als Unter- und Aufglasurfarben verwendet, wozu sie noch mit besonderen Flüssigkeiten versetzt werden. Die Farbskala ist sehr variationsreich. Darin und in der Farbstabilität liegen die hauptsächlichen Vorteile der Farbkörper. Damit sie von der Glasur nicht angelöst werden, sollen die Glasuren genügend von den Grundbestandteilen enthalten, die der betreffende Farbkörper besitzt. So ist z. B. für einen Chrom-Zink-Aluminium-Rosa-Farbkörper eine zink- und tonerdereiche Glasur besonders günstig. Die meisten Farbkörper sind jedoch so beständig, daß sie auch ohne diese stabilisierende Wirkung der Glasur ihren Farbton behalten. Trotzdem soll man darauf achten, daß die Auflösung nicht durch Glasurkomponenten begünstigt wird. Negativ wirkt sich z. B. Zinkoxid auf chromhaltige Grün- oder Blaugrün-Farbkörper aus. Farbkörper sind mischbar, doch empfiehlt es sich, die Mischungen vorher auszuprobieren. Mischungen aus mehr als drei Farbkörpern sollten vermieden werden. Die Farbintensität hängt auch von der Mahlfein-

Farbkörper. Dosierung und Anwendbarkeit in verschiedenen Glasurtypen

	Farbkörper-Zusatz	transparent glänzend blei-kalk	transparent glänzend alkali-kalk	transparent matt blei-zinn	weiß glänzend blei-zinn	weiß glänzend zirkon-kalk	weiß glänzend zirkon-zink	weiß glänzend zink	transparent glänzend kalk
	%	950–1100°	1000–1150°	950–1100°	950–1100°	1000–1150°	1000–1150°	1150–1300°	1150–1300°
Schwarz	5	×	Mn-frei	×	–	–	–	–	Cr-frei
Grau									
Sn-Sb	5	×	×	×	×	×	×	×	×
übrige	5	×	×	–	×	×	×		×
Blau									
Co + Zr-Si-V	3	×	×	×	×	×	1100 °C	×	×
Gelb									
Sb-Pb	8	bis 1060 °C	–	bis 1060 °C	bis 1060 °C	–	–	–	–
Sn-V	5	×	×	×	×	×	×	×	×
Zr-V	5	×	×	×	×	×	×	×	×
Zr-Si-Pr	5	×	×	×	×	×	×	×	×
Braun									
Fe-Cr-Zn	5	×	×	×	×	×	×	×	×
Rot (Rosa)									
Cr-Sn-Ca	11	×	bis 1040 °C	bis 1000 °C	×	bis 1040 °C	–	–	bis 1200 °C
Rosa									
Cr-Al-Zn	8	–	–	×	bis 1000 °C	–	×	×	–
Violett									
Cr-Sn	9	×	bis 1060 °C	bis 1060 °C	×	–	–		bis 1200 °C
Grün									
Cr + Co-Cr	3	×	×	bis 1100 °C	×	×	bis 1060 °C	–	×

Das Kreuz bedeutet, daß diese Farbkörper in den betreffenden Glasurtypen anwendbar sind. Bei – sind sie nicht anwendbar.

heit ab. Die Farbkörper werden so geliefert, daß man sie noch mit der Glasur oder Masse mahlen muß, um sie optimal zu nutzen. Die Eignung der Farbkörpergruppen für verschiedene Glasurtypen, die Temperaturhöhe und die Dosierung gibt die Tabelle an.

Farbkörperstifte zum Malen auf den geschrühten Scherben als Unterglasmalerei. Weiche Stifte wurden früher aus Farbkörpern mit Bienenwachs hergestellt. Sie ergaben sehr weiche Pastellzeichnungen. Härtere und feinere Linien lassen sich durch Vermischen der Farbkörper mit plastischem weißen Ton erzielen. Sie werden bei 700–900 °C gebrannt. Da die Farbkörper unterschiedliche Farbkraft besitzen, ist ihr Anteil entsprechend verschieden: bei den ergiebigen Kobaltkörpern kommen auf 10% Farbkörper 90% Ton, dagegen 70 Chrom-Zinn-Pink-Farbkörper auf 30 Ton, und bei Chromgrün nimmt man 50:50.

Farnkrautasche. Typische neutrale Asche mit hohem Natriumgehalt. Sie gibt pur eine Erdalkalimattglasur bei 1260 °C, besser wird sie jedoch durch Kaolinzusatz und dann bei 1280 °C. Sie läßt sich erst durch den Kaolin zufriedenstellend verarbeiten. Leider ist Farn sehr locker und leicht, so daß man sehr viel ernten muß, um eine größere Menge Asche zu bekommen. Gewichtsmäßig sind es etwa 5% an Asche. Die mittelalterlichen Aschebrenner ernteten das Farnkraut zu Johannis; da hat es den höchsten Natriumgehalt. Anhaltswerte: 50,35% SiO_2, 1,56% Al_2O_3, 0,5% Fe_2O_3, 0,1% TiO_2, 19,05% CaO, 6,6% MgO, 16% Na_2O, 5,2% K_2O. Segerformel zum Einrechnen in Glasuren: 1,02 SiO_2, 0,02 Al_2O_3, 0,41 CaO, 0,20 MgO, 0,32 Na_2O, 0,07 K_2O. Mol.-Gew. 121.

Faserbewehrte Gießmassen. In Gießmasse getauchte Glas- und Kaolinfasermatten lassen sich auf Formhilfen aus Holz oder Papier aufbringen und behalten ihre Form, wenn die Formhilfen im Brand wegbrennen. Die Gebilde sind sehr dünn und zerbrechlich. Die Fasermatten dienen in erster Linie zum Stützen des Gießschlickers, um ihn formen zu können; sie beeinflussen aber auch die Struktur der gebrannten Keramik. Wenn die Zerbrechlichkeit nicht erwünscht ist, lassen sich mehrere Schichten übereinanderlegen, bis man die gewünschte Dicke erreicht. Die Fasern dürfen nicht mit Kunststoff überzo-

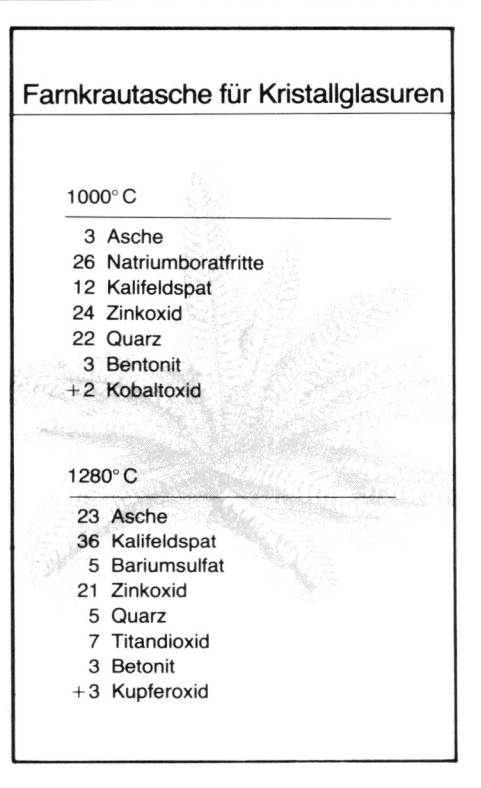

Farnkrautasche für Kristallglasuren

1000° C
- 3 Asche
- 26 Natriumboratfritte
- 12 Kalifeldspat
- 24 Zinkoxid
- 22 Quarz
- 3 Bentonit
- +2 Kobaltoxid

1280° C
- 23 Asche
- 36 Kalifeldspat
- 5 Bariumsulfat
- 21 Zinkoxid
- 5 Quarz
- 7 Titandioxid
- 3 Betonit
- +3 Kupferoxid

gen sein. Ein leichtes Faservlies, wie es für Dekorationen verwendet wird, ist am besten geeignet. Gewöhnlicher Tonschlicker ist nicht geeignet. Die Gießmasse soll nicht mehr als 30% Wasser enthalten.

Fasern. Definition nach ASTM D30 (1966): M »Eine Faser ist jegliches längliches Gebilde, dessen Länge sich zu seiner größten mittleren Querabmessung (Breite) mindestens wie 10:1 verhält, mit einer Querschnittsfläche kleiner als 0,5 mm² und einer Breite von maximal 0,25 mm.« Die meisten synthetischen keramischen Fasern haben mittlere Durchmesser um 3 µm (Aluminiusilikatfasern) bis maximal 7 µm (bestimmte Aluminiumoxidfasern) und Längen zwischen 50 und 250 mm.

Fasern, keramische. Sie werden meistens aus Schmelzen natürlicher Rohstoffe oder synthetischer Oxidgemische durch Zerblasen oder Schleudern gewonnen. Ausnahmen sind Zirkonoxid- und Aluminiumoxidfasern; sie werden durch Verspinnen wäßriger Lösungen entsprechender Metallsalze unter

Verwendung organischer Hilfsmittel erzeugt. Fasern werden zu Matten, Platten, Moduln, Formstücken, Papieren, Schnüren, asbestfreien Handschuhen, Kleidung, Decken teils durch Vakuumverformung verarbeitet. Filze, die durch doppelte, versetzte Nadelung hergestellt werden, besitzen eine hohe Zugfestigkeit. Vorteilhaft ist die hohe Wärmedämmung der Faserwerkstoffe bei geringer Wärmespeicherung. Die Grafik auf Seite 309 zeigt den Anstieg der Wärmeleitfähigkeit mit der Temperatur im Vergleich mit Feuerleichtsteinen und anderen Stoffen. Bei 1000 °C entspricht die Wärmeleitfähigkeit keramischer Fasermodule von 128 kg/m^3 Rohdichte den Feuerleichtsteinen 28.

Die Wärmeleitfähigkeit der Faserwerkstoffe ist um so geringer, je kleiner Faser- und Porendurchmesser sind. Feuerleichtsteine haben etwa 45–80 Vol.-% Poren, Faserwerkstoffe über 90 %. Mit steigender Rohdichte nimmt das Porenvolumen ab; die Wärmeleitfähigkeit sinkt bei 200 kg/m^3 auf ein Minimum und steigt danach wieder an.

Bis 800 °C überwiegt die Konvektion, darüber die Strahlung. Die Wärmeleitfähigkeit steigt um 25 % an, wenn die Fasern parallel zum Wärmestrom verlaufen. Sie erhöht sich um das Drei- bis Vierfache, wenn die Ofenatmosphäre viel Wasserstoff enthält (die Wärmeleitfähigkeit des Wasserstoffs ist siebenmal so hoch wie die der Luft).

Bis 600 °C beständige Fasern bestehen aus 52–60 % SiO$_2$, 10–12 % Al$_2$O$_3$, 3–13 % B$_2$O$_3$, 16–25 % CaO, 0–6 % MgO und 0–1 % Alkalien. Bis 1260 °C beständige bestehen aus 52,8 % SiO$_2$, 47,0 % Al$_2$O$_3$, 0,02 % Fe$_2$O$_3$, 0,05 % CaO, 0,02 % MgO, 0,25 % Na$_2$O (»Cerafelt«, »Fiberfrax«, »Kerlane«, »Isoflex«, »Alsiflex«, »Zetex«). Bis 1450 °C beständige bestehen aus 54,5 % SiO$_2$, 41,5 % Al$_2$O$_3$, 0,1 % FeO, 0,15 % Na$_2$O und 3,5 % Cr$_2$O$_3$ (»Fiberchrom«). Der Chromzusatz ist ein Mittel zur Erhöhung der thermischen Stabilität gegen Rekristallisation. Ohne Chrom beginnen die Fasern über 1200 °C zu entglasen und zu streuen. Ein zweiter Nachteil bei höheren Temperaturen ist die Schwindung, die zu Spalten führt.

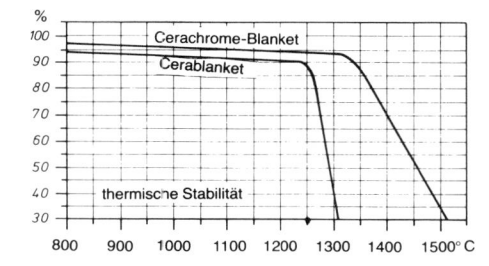

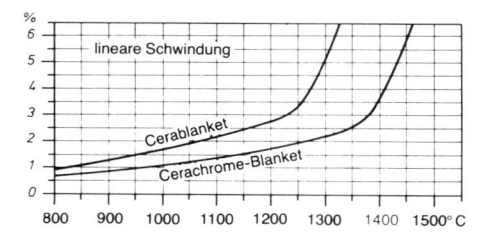

Fayalit, 2 FeO · SiO$_2$. Endglied der Olivin-Mischreihe. Kommt in Pegmatiten vor.

Fayence, Schmelzware. Keramik mit naturfarbenem Scherben und weißdeckender Glasur. Echte Fayencen sind in die ungebrannte Glasur bemalt (Inglasurmalerei), Aufglasurfayencen mit Schmelzfarben (Aufglasur-, Emailfarben) auf die Glasur und einem dritten Brand (Dekorbrand) ausgesetzt.

Fayenceglasur. Ursprünglich eine blei- und zinnhaltige Glasur. Die beiden Metalle Zinn und Blei wurden im Verhältnis 25:100 zu einem Äscher vereinigt, in dem das Zinnoxid fein verteilt war. Der Äscher (40 %) wurde zusammen mit Sand (31 %), Feldspat (7 %), Pottasche, gebrannter Hefe oder gebranntem Weinstein (3 %) und Kochsalz (12 %) (zum Forttragen der Verunreinigungen, besonders des Eisens) und Scherbenmehl, jedoch ohne Kalk, zu einer glänzenden weißen Frittenglasur geschmolzen. Eine so kalireiche Glasur läßt sich aus handelsüblichen Fritten nicht herstellen. Man muß Natron zu Hilfe nehmen. Die Glasur wird dadurch etwas mehr haarrißgefährdet, was man mit wenig Kalk wieder ausgleichen kann. Man erhält dann eine zinnweiße Glasur für 1000 °C aus:

23,79 Fritte D 90208
47,73 Fritte M70
 1,31 Kalkspat
 8,32 Kaolin
 8,71 Quarzmehl
10,15 Zinnoxid.

Um die Glasur noch strahlender weiß zu machen, kann man ihr Borsäure zusetzen. Sie braucht dann mehr Zinnoxid, weil dieses

vom Bor gelöst wird:
12,43 Fritte D 90198
16,97 Fritte D 90208
29,67 Fritte M70
5,16 Kalkspat
8,60 Kaolin
16,39 Quarzmehl
10,78 Zinnoxid.
Grenzwerte nach Seger für 900–1000°C: RO
· 0,1–0,3 Al_2O_3 · 2,0–4,0 SiO_2 · 0,2–0,4 SnO_2 ·
0,1–0,3 B_2O_3.
Heute sind zirkonweiße Glasuren neben dem teureren, jedoch wärmeren Zinnweiß verbreitet.

Fayencemasse. Sie bestand ursprünglich aus gewöhnlichem Töpferton, dem man jedoch als Mittel gegen Haarrisse besser 10 bis 35 % Kalkspat oder Kreide beimischt, wenn er nicht von Natur aus mergelig ist.

Feinkeramik. Eine Keramik, deren Poren, Kristalle, Körner, Verunreinigungen mit dem bloßen Auge nicht zu erkennen sind. Das bedeutet, daß sie sich gegenüber der Grobkeramik durch feinere Aufbereitung der Scherbenmasse auszeichnet. Feinkeramische Werkstoffe sind Fayence, Steingut, Feinsteinzeug und Porzellan.

Feinsteinzeug. Massen aus feinaufbereiteten Mischungen oder auch ungemischten Steinzeugtonen innerhalb der Grenzwerte der rationellen Analyse:
1. Feinsteinzeug für 1150–1250°C: 40–50 % Tonsubstanz, 10–30 % Feldspat, 40 % Quarz.
2. Feinsteinzeug für 1256–1300°C, Reduktion ab 1100°C: 40–50 % Tonsubstanz, 7–20 % Feldspat, 45 % Quarz.
Schrühbrand in beiden Fällen bei 800–930°C.
Die ganze Tonsubstanz wird aus plastischem Steinzeugton bestritten. Verzieht sich der Scherben, so erhöht man den Quarzgehalt. Man setzt diesen Massen auch gern zerkleinerte Steinzeug- oder Quarzgutscherben zu, um Verziehen und Reißen zu verhindern. Die Wasseraufnahme des Feinsteinzeugscherbens kann bis zu 2,5 % betragen.

Feldofen. Meilerofen mit einer aus Ziegeln aufgeschichteten niedrigen Mauer, in der ein Schürloch freigelassen wird. Das Brenngut ist mit dem Brennstoff (Holz, Sägemehl) vermischt. Der aufgehäufte Ofeninhalt wird mit Grassoden bedeckt. Die Schürgasse dient dem Zutritt der Verbrennungsluft.

Feldspat. Feldspatminerale kommen in der Natur nie rein vor, sondern meist von Quarz und Glimmer, in Feldspatsanden auch von Kaolinit begleitet. Die reinsten Feldspatvorkommen finden sich in Schweden, Norwegen und Finnland. In Großbritannien wird Feldspat in Form von Cornish Stone, Cornwall Stone, China Stone gewonnen. In Deutschland kommt Feldspat in Birkenfeld (Saarspat) sowie in Pegmatiten (Hagendorf) und Arkosen (Weiherhammer) vor.
Die Feldspatminerale sind Tonerdesilikate der Alkalien und Erdalkalien: Orthoklas

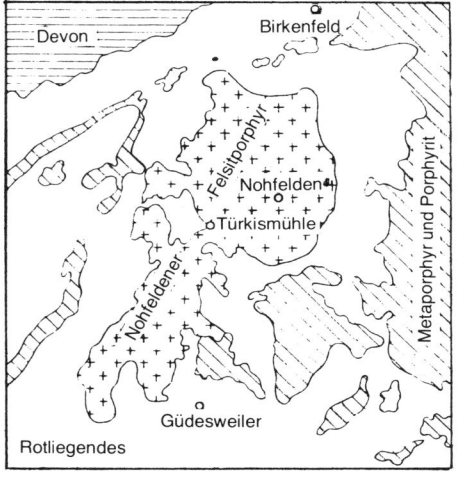

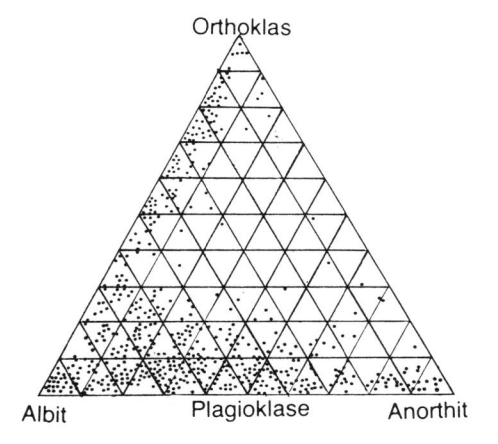

Fast alle Feldspäte (Punkte) bestehen aus den Mineralen Orthoklas (oder Mikroklin), Albit und Anorthit.

FELDSPÄTE

oder Mikroklin, aus Albit (Natronfeldspat) und Anorthit (Kalkfeldspat) bestehende Plagioklase sowie die selteneren Feldspatminerale des Lithiums und Bariums (siehe unter diesen). In der Keramik sind die Feldspäte vor allem als Rohstoffe, die praktisch wasser-

Feldspat-Rohstoffe

Rohstoff	Mol.-Formel	Mol.-Gew.
Orthoklas, Mikroklin (Mineral)	$K_2O \cdot Al_2O_3 \cdot 6\,SiO_2$	556,50
Feldspat 82/K11 (Gestein)	$0,69\,K_2O \cdot 0,26\,Na_2O \cdot 0,05\,CaO \cdot 1,02\,Al_2O_3 \cdot 6,2\,SiO_2$	563,1
Saarfeldspat Q1 (Gestein)	$0,101\,Na_2O \cdot 0,852\,K_2O \cdot 0,026\,CaO \cdot 0,022\,MgO \cdot 0,007\,Fe_2O_3 \cdot 1,032\,Al_2O_3 \cdot 8,841\,SiO_2$	724,22
Albit (Mineral)	$Na_2O \cdot Al_2O_3 \cdot 6\,SiO_2$	524,29
Feldspat Na 427 (Gestein)	$0,85\,Na_2O \cdot 0,04\,K_2O \cdot 0,09\,CaO \cdot 0,02\,MgO \cdot 1,08\,Al_2O_3 \cdot 6,28\,SiO_2$	556,11
Anorthit (Mineral)	$CaO \cdot Al_2O_3 \cdot 2\,SiO_2$	278,14
Anorthit (Gestein)	$0,52\,CaO \cdot 0,03\,MgO \cdot 0,40\,Na_2O \cdot 0,05\,K_2O \cdot 1,1\,Al_2O_3 \cdot 3,91\,SiO_2$	405,36
Nephelin (Mineral)	$Na_2O \cdot Al_2O_3 \cdot 4\,SiO_2$	404,17
Nephelinsyenit 334 (Gestein)	$0,77\,Na_2O \cdot 0,23\,K_2O \cdot 1,09\,Al_2O_3 \cdot 4,77\,SiO_2$	470,21
Nephelinsyenit M 325 (Gestein)	$0,5\,Na_2O \cdot 0,4\,K_2O \cdot 0,1\,CaO \cdot 1\,Al_2O_3 \cdot 4,27\,SiO_2$	437,24

Feldspat- analysen	Kalifeldspäte					Natronfeldspäte			Anorthit
	1	2	3	4	5	6	7	8	9
SiO_2	66,30	66,62	82,20	72,70	83,10	73,20	67,90	62,80	57,60
Al_2O_3	18,50	18,14	9,90	14,30	10,80	14,52	19,90	23,30	26.50
TiO	–	0,01	0,05	–	–	–	–	–	–
Fe_2O_3	0,10	0,10	0,09	0,40	0,30	0,20	0,19	0,37	0,54
CaO	0,50	0,10	0,03	0,40	0,40	0,20	0,95	4,07	7,13
MgO	–	0,02	0,01	0,30	0,20	0,12	0,15	0,30	0,34
K_2O	11,50	11,53	6,90	9,70	4,10	10,50	0,60	0,91	1,22
Na_2O	2,90	2,92	0,27	1,30	0,50	0,86	9,48	7,73	5,98
GV.	0,30	0,34	0,42	0,80	1,20	0,78	0,30	0,60	0,30
Halbkugelpkt.		1450	1585				1260	1310	

1 = Feldspat 82/K11, Jäger (0,008 % F). 2 = Hagendorfer Feldspat H/M 10, Amberger Kaolinwerke. 3 = Tirschenreuther Pegmatit. 4 = Birkenfelder Saarfeldspat. 5 = Pegmatit von Weiherhammer (Feldsparsand Arcos). 6 = Saarfeldspat Q1. 7 = Feldspat B 427, Jäger/Mandt. 8 = Feldspat B 505, Mineralwerke Mandt. 9 = Anorthit, Mineralwerke Mandt, Wunsiedel.

Schmilzt man einen Würfel aus Feldspat, so verformt er sich zu einer Halbkugel, ehe er breitfließt. Der »Halbkugelpunkt«, im Erhitzungsmikroskop gemessen und in Grad Celsius angegeben, ist für jeden Feldspat eine individuelle Größe. 50 Grad höher wäre er eine Glasur. Er schmilzt meistens milchig-weiß, durch kleine Bläschen getrübt, selten klar durchsichtig. Bei Temperatursteigerung wird er leicht nadelstichig.

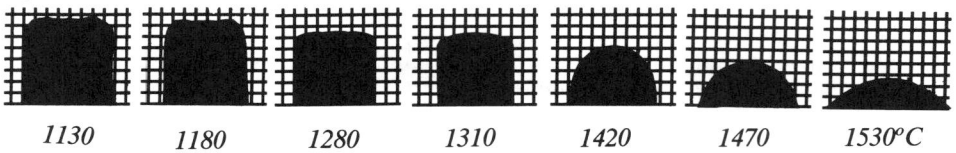

1130 *1180* *1280* *1310* *1420* *1470* *1530°C*

Der Hagendorfer Feldspat im Erhitzungsmikroskop. Der Halbkugelpunkt liegt bei 1460 °C. Sinterbeginn 1150, Sinterende 1280, Fließbeginn 1290, Fließende 1530 °C.

unlösliche Alkalien besitzen, von Bedeutung. Der wichtigste ist der Orthoklas; er beginnt bei 1150 °C zu schmelzen. Er ist monoklid und hat dieselbe Zusammensetzung wie der trikline Mikroklin. Im Handel werden aufbereitete Feldspatgesteine angeboten.

G **Feldspat in Glasuren.** Feldspäte sind Hauptbestandteile von bleifreien Rohglasuren. Da sie außer Alkalien hohe Anteile von Tonerde und Kieselsäure besitzen, müssen ihnen weitere Flußmittel zugesetzt werden. Oft hilft auch der kieselsäureärmere Nephelinsyenit, zu niedriger schmelzenden Glasuren zu kommen. Feldspatschmelzen haben eine hohe Viskosität, besonders diejenigen aus Kalifeldspat. Hingegen haben Lithiumfeldspäte eine geringe Viskosität. Eisen im Feldspat ist, auch wenn es nur in geringen Mengen vorhanden ist, Ursache von Gasblasen, die in der Glasur stören können, z. B. beim Birkenfelder Feldspat. Dann muß man den Feldspat wechseln. Feldspäte enthalten meist auch Fluor.

G **Feldspat in Massen.** Mit der Schmelzwirkung des Feldspats im Scherben kann man bei etwa 1000 °C rechnen. Mischungen aus Alkalifeldspäten können jedoch schon bei 925 °C eine Schmelze bilden, wenn das Verhältnis Kali- zu Natronfeldspat 36:64 beträgt. Bei etwa 1150 °C bildet sich Orthoklas in Leucit um: $K_2O \cdot Al_2O_3 \cdot 4\,SiO_2$. Das Verhältnis zwischen K_2O und Al_2O_3 ist entscheidend für das Verhalten des Aluminiumions. Im Orthoklas beträgt es wie auch im Leucit 1:1. Höhere Al_2O_3-Gehalte machen die Schmelze dünnflüssiger, höhere SiO_2-Gehalte zähflüssiger. SiO_2-Gehalte und Viskosität der Schmelze steigen durch zunehmende Auflösung von Quarzteilchen an, um die sich ein Hof von höherer SiO_2-Konzentration innerhalb des Scherbenglases bildet. In gleicher Weise verhält sich der Natronfeldspat, nur daß seine Schmelze dünnflüssiger ist als die des Kalifeldspats. Natronfeldspat oder Nephelinsyenit wird man wählen, wenn es auf schnelles Dichtbrennen ankommt, z. B. bei Schnellbrandverfahren. Dann ist ein Gehalt von 15 % Anorthit erwünscht. Für gewöhnliches Steinzeug ist Kalk jedoch in der Masse zu vermeiden. In diesem Normalfall wird man eine Kaliumsilikatschmelze, sei es aus Kalifeldspat oder aus einem illitischen Ton, anstreben, um ein weites Sinterintervall und Standfestigkeit im Feuer zu erzielen. Da das Scherbenglas aus Kalifeldspat infolge seiner Zähigkeit nicht kristallisiert, ist es auch die Ursache für die Transparenz des Porzellans.

Feldspatsand, in Deutschland oft als »Pegmatit« bezeichnetes, aus der Verwitterung von Gesteinen (Granit oder Gneis) hervorgegangenes, feldspathaltiges Sedimentgestein. Ungünstig kann ein hoher Gehalt an verunreinigenden Schwermetallen (Fe_2O_3 und TiO_2) sein. Durch Anreicherungsmethoden werden Feldspatsande mit 12 bis 14 % Feldspatgehalt (das Übrige besteht aus Quarz und Tonmineralen) auf 93 bis 95 % Gesamtfeldspat veredelt, z. B. die Feldspatsande 0305, 900 S und L, 905 S und 930 L der Amberger Kaolinwerke in Hirschau/Bayern. Feldspatvorkommen in Deutschland: Thansüß, Bauscher, Weiterhammer (»Arcos« und »Pegmatit«), Schmelitzhöhe/Oberpfalz, Birkenfeld/Saar.

Feldspatsteingut, Hartsteingut. Keramische G Werkstoffgattung aus einer Masse mit 50–60 % Tonsubstanz, 40–50 % Quarz und 5–10 % Feldspat, roh gebrannt bei 1260–1320 %, glattgebrannt bei niedrigeren Temperaturen (935–1240 °C). Die Tonsubstanz wird durch einen weißbrennenden, plastischen Ton oder Kaolin eingebracht, Kaolin besonders bei Gießmassen. Für die Masse ist die weiße Brennfarbe wichtig, denn die soll, mit einer farblosen Transparentglasur versehen, weiß sein. Glasuren siehe unter Hartsteingut und Steingutglasuren.

Feldstärke. Anziehungskraft zwischen einem Kation und seinen benachbarten Sauerstoffionen. Sie ist abhängig von der Wertigkeit und vom Ionenabstand. Ionen mit großer Feldstärke sind Netzwerkbildner, mit geringer Netzwerkwandler, mit mittlerer Zwischenoxide.

Netzwerkwandler sind eindeutig als Flußmittel zu beurteilen, während die Funktion der Zwischenoxide von Feldstärke und Koordinationszahl abhängt. (Siehe auch unter Koordinationszahl.)

Ferric oxide (engl.) Fe_2O_3.

Ferritische Heizleiterlegierungen. Cr-Al-Fe-haltig, zunderbeständig durch Bildung einer Aluminiumoxidhaut. Werden im Betrieb durch Kornwachstum spröde. Lebensdauer in reduzierender Atmosphäre eingeschränkt.

Ferro. Firmenbezeichnung, Frittenhersteller in USA, Großbritannien, Holland: Van Helmontstraat 20, Rotterdam. Ferro Deutschland: Langenbergstr. 10, D-6750 Kaiserslautern-Eselsführt oder P. F. 1428 in D-5410 Höhr-Grenzhausen.

Ferrogenous (engl.) eisenhaltig.

Ferrous oxide (engl.) FeO.

Ferrous-ferric oxide. (engl.) Fe_3O_4.

Fertigglasuren. Gebrauchsfertige Mischungen, die in Pulverform oder als Glasurschlikker (»Flüssigglasuren«) angeboten werden. Die meisten sind für eine Brenntemperatur von 1050 °C bestimmt, weil sie von der für Steingutfabriken bestimmten Produktion der Glasurwerke abgezweigt wurden. Dadurch haben sie den Vorteil der abwechslungsreichen Farbigkeit, die durch Verwendung von Farbkörpern bei dieser niedrigen Glattbrandtemperatur erzielt wird. Viele Fehler beim Arbeiten mit solchen Fertigglasuren können durch Verwendung einer Steingutmasse, die man bei höherer Temperatur schrüht, vermieden werden, während die Steingut-Fertigglasuren auf Steinzeugtonen wegen deren geringerer Schrumpfung reißen.

Festigkeit. Siehe unter Abriebfestigkeit, Biegefestigkeit, Druckfestigkeit, Feuerstandfestigkeit, Gestaltfestigkeit, Scherbenfestigkeit, Stoßfestigkeit, Trockenfestigkeit, Zugfestigkeit. Siehe a. u. Scherbenfestigkeit.

Feuchtigkeitsdehnung. Ausdehnung des Scherbens um etwa 0,1 % durch Wasseraufnahme im Gebrauch, woraus beim Steingut nachträgliche Glasurrisse entstehen. Die Dehnung nimmt mit dem Gehalt an Erdalkalien (Kalk) im Scherben und mit der Brennhöhe ab, mit dem Alkaligehalt des Scherbens zu. Maximale Feuchtigkeitsdehnung besitzen Scherben, die bei 1000 °C gebrannt wurden.

Feuer. Die sichtbare Erscheinung einer Verbrennung. Farben des Feuers siehe unter Glühen.

Feuerbeton. Beton aus Tonerdezement + Schamotte (zerkleinertes Feuerfestmaterial) für Temperaturen 1250 °C = hitzebeständig, 1520–1830 °C = feuerfest, 1830 °C hochfeuerfest.

Feuerfeste Tone. Tone mit mindestens 33 % Al_2O_3 und nicht mehr als 6 % $K_2O+Na_2O+CaO+MgO+Fe_2O_3$. Der Kegelfallpunkt darf nicht unter SK 18 = 1775 °C liegen. Sie werden zur Herstellung von Schamottematerial, bei niedrigerem Tonerdegehalt für Ofenkacheln verwendet (siehe auch unter Lausitzer Kaoline und Tone).

Feuerfestigkeit. Die Fähigkeit eines Werkstoffs, 1650 °C (entspr. SK26) auszuhalten. Bei 1850 °C ist er hochfeuerfest.

Feuerleichtsteine. Feuerfeste Schamottesteine gleichmäßiger Mikrostruktur mit geringer Rohdichte (kg/m^3), hoher Temperaturwechselbeständigkeit, allseitig geschliffen und daher maßhaltig, Raumbeständigkeit auch bei reduzierenden Bränden, genormt nach ASTM-C 155-70 und ISO 2245 (Auszug):

Feuerfeste Tone

	1	2	3	4	5
SiO_2	51,74	53,96	44,50	47,70	55,70
Al_2O_3	39,56	38,12	36,60	34,80	33,60
Fe_2O_3	2,27	3,23	2,00	1,80	3,86
TiO_2	2,00	1,88	0,70	1,10	3,37
CaO	0,53	0,80	0,22	0,10	1,00
MgO	0,14	0,53	0,14	0,40	0,75
K_2O	0,40	1,35	0,46	1,20	1,67
Na_2O	0,75	0,35	0,02	0,02	0,37
GV	17,0	13,57	15,30	13,00	11,40
Kegelfallpunkt SK			35/36	33	

1 = Ton Wetro. Feuerfestwerke Wetro, Puschwitzer Feld. 2 = Ton Großdubrau. Bezugsquelle wie 1. 3 = Ponholzer Hochfeuerfestton XIII. Rohrhof. 4 = Klardorfer Hochfeuerfestton B. Tongrube Klardorf in Schwandorf. 5 = Brandiser Fetton. Silikatwerk Brandis.

ASTM	23	25	26	28
ISO	130-0,5L	137-0,6L	140-0,9L	150-0,9L
°C	1260	1370	1400	1550
kg/m³	500	650	800	880

Wärmeleitfähigkeit siehe unter Wärme.
Formate: NF1 = 229×114×64 mm, NF2 = 250×124×64 mm.

Feuerstandfestigkeit. Widerstand gegen Deformationen des Scherbens während des Brandes. Sie ist von der Menge der stützenden Quarzkörner und von der Viskosität des Scherbenglases abhängig, die beide die Standfestigkeit im Feuer erhöhen. Knapp oberhalb des Transformationsbereichs des Scherbenglases, bei etwa 800°C, steigt die Festigkeit an, weil die Schmelze Gefügerisse ausheilt. Bei höherer Temperatur fällt die Festigkeit ab. Beim Absinken von abstehenden Teilen infolge Schwerkraft tritt Zugbeanspruchung auf. Die Zugfestigkeit ist um so größer, je viskoser das Scherbenglas ist. Da aber die Verteilung und Zusammensetzung der Glasphase im Scherben von der Ausrichtung der Tonmineralteilchen beeinflußt wird, ist die Zugefestigkeit im Brand (ebenso wie die Trockenfestigkeit) von der Textur des Scherbens abhängig. Die Zugbeanspruchung kann durch entsprechende Gestalt (Form) des Gegenstandes verringert werden (Gestaltfestigkeit).

Feuerständer, Brücke. Durchbrochene Wand beim Kasseler Ofen zwischen Feuerung und Brennraum. Er hat die Aufgabe, den Zug zu hemmen, Flugstaub zurückzuhalten und in glühendem Zustand Unverbranntes nachzuverbrennen. Vorläufer waren Säulen aus ineinandergesetzten Töpfen in liegenden slawischen Öfen des Spätmittelalters.

Feuerstein, SiO₂. Vorwiegend aus Chalcedon (graues bis bläulichgraues, hohlraumfüllendes Mineral mit muscheligem Bruch) bestehende Knollen, die man meist in Kreide eingelagert findet. In Südengland, in Jütland und auf der Insel Møn findet er sich auch gangförmig in größeren Platten.

Feuerton. Keramischer Werkstoff aus einer Grundmasse, die bis zu 98 % Schamotte der Körnung bis 3 mm enthält, im Gießverfahren geformt und mit einer Feintonhaut aus weißbrennendem Ton, Kaolin und Quarz überzogen und glasiert ist. Er hat eine hohe mechanische Festigkeit und geringe Schwindung.

Feuille morte. Verwendung eines wirklichen Blattes in der Temmokuglasur, dessen Rippen und Umrisse sich nach dem Brand in helleren Brauntönen abzeichnet, während das Fleisch in einem bläulichen Farbton erscheint. Eine chinesische Technik, die darauf beruht, daß die eisenreiche Temmokuglasur, die in dünnerer Lage, also über dem Blatt, braun wird, durch die Pflanzenasche verdünnt und dadurch heller wird. Ein phosphorreiches Blatt bringt mit Eisen Blaufärbung hervor.

Fibermax. Polykristalline Faserform von Mullit, 72 % Al₂O₃ und 28 % SiO₂, hergestellt in Form von Modulen und Dämmplatten von der Carborundum Resistant Materials GmbH, Düsseldorf.

Figurengefäße. Gefäße von vorwiegend kultischer Bedeutung mit Höhepunkten im 5./4. Jh. v. Chr. am Balkan und in verschiedenen südamerikanischen Kulturen zwischen 100 und 900 n. Chr.

Figurenkeramformer. Lehrberuf der Industrie mit dreijähriger Ausbildung. Verlangt werden freihändiges Formen von Figuren, Scheibendrehen und Glasurkenntnisse.

Filler (engl.) Ofenstreu (»flint bed«).

Filterpresse. Maschine zum Herauspressen von Wasser aus dem Tonschlamm mit Hilfe von Filtertüchern, die zwischen aneinandergereihten Platten aus Gußeisen oder Hartgummi eingespannt sind. Diese Platten bilden Kammern, in die der Tonschlamm mit Hilfe einer Membranpumpe mit 6 bis 10 bar gedrückt wird. Die Filterzeit dauert 4 bis 6 Stunden, dann werden die Filterkuchen entnommen.

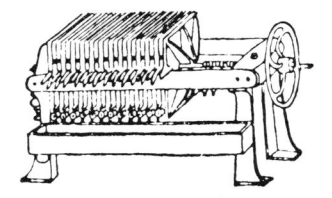

Fingerhut. Brennhilfsmittel mit Nase zum Auflegen von Tellern in offenen Kassetten (siehe unter Tellerkapseln).

Firebar (engl.) Feuerrost.

Firebox (engl.) Feuerraum.

Fire China. Amerikanisches Frittenporzellan,

entsprechend dem Belleek China.

Fire clay. US-Ton, entsprechend dem englischen Glenboig fire clay. Ersatzmischung: 78,51 weißfetter Ton 178/wf1, 0,58 kaust. Magnesit 346, 1,04 Kalkspat 344, 1,51 Rutil, 1,83 Fe_2O_3, 6,21 Kaolin 233, 10,25 Quarz.

Fireclay. Feuerfester Ton, eigentlich unplastischer Schieferton, oft aber auch als Bezeichnung für plastische und halbplastische feuerfeste Tone gebraucht. Hauptbestandteil ist das Fireclay-Mineral, das für hohe Plastizität und Feuerfestigkeit verantwortlich ist. Vorkommen: Großbritannien, ČSFR, USA.

Fireclay-Mineral, Levisit, Tonmineral der Kaolingruppe, $Al_2O_3 \cdot SiO_2 \cdot H_2O$. Es ist ein Kaolinit mit stark gestörtem Gitter.

Fireproof (engl.) feuerfest.

Firestream (Feuerstrom) -Verfahren. Glasiermethode für Fliesen, die in horizontaler Lage und rotglühend mit Glasur bestreut werden, die sofort ausschmilzt.

Fischschuppenglasur. In Regenbogenfarben schillernde Glasur, die durch einen Sinterengobe-Film zustandekommt, den man auf eine zinngetrübte, weiße Glasur aufspritzt und in einem dritten Brand brennt.

Flachgefäße. Im Gegensatz zu Hochgefäßen sind es Formen, die bei ihrer Herstellung in Gipsformen nur eine Abheberichtung haben: Teller, Schüsseln, Schalen.

Flachschnitt. In den Ton geschnittene oder abgeformte Muster, die ihre optische Tiefe dadurch erhalten, daß die durchsichtige Farbglasur an den vertieften Stellen dicker aufliegt und dadurch intensiver gefärbt erscheint.

Fladerung. Sammelbezeichnung für alte Töpfertechniken zur Belebung der Keramik durch farbige Tone. Das kann auf verschiedene Weise geschehen.

1. Fladerung mit farbigen Massen. Sie ist aus der Beobachtung von Strukturfehlern bei der Formgebung entstanden. Es wird ein heller Ton sowohl naturbelassen als auch mit Eisen- und Kupferhammerschlag, Kobaltsmalte oder Braunstein gefärbt verwendet. Aus jeder dieser Massen wird ein Würfel geformt, mit dem Draht in Scheiben geschnitten, die Farben abwechselnd übereinandergelegt, zusammengestaucht, quergeschnitten, bis die farbigen Massen als kleiner Würfel in einem großen Würfel liegen. Die Massen werden dann gerollt und auf der Scheibe verarbeitet. Viele weitere Möglichkeiten für die Verarbeitung bieten sich an, z. B. Aufrollen zu Spiralmustern, Auslegen einer Gipsform, Behauten von Fliesen mit der Fladermasse, indem man sie mit dem Nudelholz dünn ausrollt und auf die Fliesenmasse legt. Die beim Drehen gebildete Schlickerhaut kann ganz oder zum Teil durch Abdrehen entfernt werden, wenn die Keramik lederhart getrocknet ist. Ebenso werden die Fliesen mit einer Ziehklinge abgezogen. Die Kombination mit Schlickermalerei aus der Gießbüchse oder mit eingelegten Motiven und die Verwendung transparenter Farbglasuren ergeben weitere Variationsmöglichkeiten.

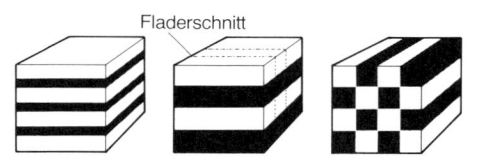

2. Fladerung Engobe in Engobe. Man stellt das Gefäß auf die Scheibe und läßt im Drehen farbige Tonschlicker aus Gießbüchsen so darauf tropfen, daß die Farben ineinanderfließen, was man noch durch kleine Erschütterungen beeinflussen kann. Das kann auch ohne Scheibe geschehen, indem man die Farbengobe mit kleinen Birkenruten auf-

spritzt und durch stoßweise Bewegungen das Ineinanderfließen fördert. Eine andere Wirkung wird erzielt, wenn man eine gegen das Vermischen mit Rindergalle versetzte Farbengobe mit der Birkenrute auf den in einem Bottich befindlichen farblosen Engobeschlicker spritzt, das Gefäß eintaucht und es beim Herausziehen so dreht, daß sich eine streifige oder wolkige Fladerung ergibt.

3. Engobefladerung mit tropfflüssigen Treibstoffen. Hierbei handelt es sich um eine Weiterführung der ursprünglichen Techniken. Bei dieser Art der Fladerung wird Okker oder Rötel mit Borax, Soda oder Ammoniak fein verrieben. Einige Tropfen aus einem Tropfenzähler läßt man auf einen frischen Engobegrund tropfen. Die oberflächenaktive Substanzen lassen die Tropfen flechtenartig zerfließen (Spreitung). Die Flechtenmuster sind je nach den Substanzen verschieden und können auch allein durch Färbung der Treibmittel mit Oxiden, Chloriden oder Nitraten der Metalle ohne Engobemasse erzielt werden, z. B. mit Soda + Glyzerin + Gerbsäure + Eisenoxid oder Zitronensaft + Ocker usw., jedoch stets auf frischem Engobegrund. Variationsmöglichkeiten ergeben sich durch Ineinandertropfen verschiedener Farben oder Veränderungen der Engobe, etwa durch Zusatz von Zinkoxid, oder durch Kombination von mehr zusammenziehenden Treibmitteln wie Glyzerin, Terpentin, Alkohol, Salicylsäure, mit zerfließenden wie Soda, Wasserglas, Borax, Essigsäure. Kampfer, Paraffin und Naphthalin geben fellartige Wirkungen, eine Mischung aus Wasserstoffsuperoxid, Salycilsäure und Farboxid kristallglasurartige Blütengebilde.

4. Fladerung auf vorgebranntem Scherben mit organischen Begüssen. Die Spreitung von färbenden Substanzen kann auch als Unterglasurtechnik auf geschrühtem Scherben angewandt werden. Dazu begoß man früher das geschrühte Gefäß mit dem Schleim von gekochtem Leinsamen und spritzte darauf mit Rindergalle vermischte Farben. Weitere Fladerungsmittel waren gekochter Urin und Essig, die man auf frisch aufgebrachte Glasur spritzte, wodurch sie an den benetzten Stellen auseinanderlief und ähnliche Wirkungen ergab wie bei der Engobefladerung. Bei porösen Scherben kommt es darauf an, sie abzudichten, um das Zerfließen zu ermöglichen. Notfalls kann der Scherben auch mit einer Gummilösung abgedichtet werden. Auch Kartoffelstärke ist gut geeignet. Diese Hilfsmittel brennen im Feuer weg, während die zerlaufende Farbe zurückbleibt.

Flammenwächter. Vorrichtung zur Wahrnehmung und Signalisierung einer Flamme durch Ionisations- oder UV-Prinzip, dient zur Vermeidung des ungezündeten Gasaustritts aus dem Brenner. Falls die überwachte Flamme erlischt, wird das Signal zum Gasfeuerautomaten unterbrochen und die Gaszufuhr blockiert bzw. neu gestartet.

Flaschenofen. In England verbreiteter Ofen mit aufsteigender Flamme. Der äußere flaschenförmige Kegel ist ein Umbau, der die Gase aus den verschiedenen Abzugslöchern sammelt und zu dem Mittelschornstein führt. Trotz vieler Schieber und Reguliermöglichkeiten ist die Temperaturverteilung ungleichmäßig.

Flaschenknecht. Freidrehwerkzeug, entsprechend einem halbierten Kochlöffel. Es dient zum inneren Glätten von Gefäßen mit engem Hals.

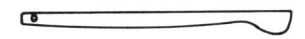

Fliesen, siehe unter Fußbodenfliesen und Wandfliesen.

Fließgrenze. Übergang vom elastischen in den plastischen Zustand eines Werkstoffes bei mechanischer Belastung. Der elastische Zustand ist der eines Festkörpers mit Rückverformung, der plastische ist dadurch gekennzeichnet, daß der Festkörper auf eine von außen einwirkende Kraft mit einer bleibenden Formänderung reagiert. Die Fließgrenze spielt bei allen Ton-Wasser-Systemen, also sowohl bei Massen als auch bei Schlickern, eine wichtige Rolle bei der Formgebung. Während Wasser (eine Newtonsche Flüssigkeit) schon durch das eigene Gewicht, d. h. sofort bei Krafteinwirkung (ohne Fließgrenze), zu fließen beginnt, brauchen kolloide Systeme, Suspensionen, Dispersionen, aber auch Schmelzen erst eine Krafteinwirkung. Je größer diese Kraft sein muß, desto höher ist die Fließgrenze (der Anlaßwert). Die Fließeigenschaften bestimmen das plastische Verhalten der Tonmasse beim Formen. Plastische Tone haben eine hohe Fließgrenze. Magere Tone oder Lehme brauchen einen hohen Verformungsdruck (5 bis 15 bar), um die gleiche Fließgrenze zu erreichen wie die plastische Tone; d. h., sie sind für die Handverformung ungeeignet und müssen mit Maschinen verformt werden. Dabei spielt auch der Wassergehalt eine große Rolle. Um 2 bis 5 % weniger Wasser in der Tonmasse erfordert die doppelte Verformungskraft. Die Abhängigkeit der Fließgrenze vom Formgebungsdruck ist ein Maß für die Bildsamkeit. Beim Gießschlicker wird durch die Entwässerung in der Gießform bei der Scherbenbildung die Fließgrenze so weit heraufgesetzt, daß der gegossene Hohlkörper anschließend die notwendige Eigenstabilität aufweist. Auch beim Verhalten der Masse im Feuer und beim Ablaufen der Glasuren spielt die Fließgrenze eine Rolle; sie nimmt mit steigender Temperatur ab.

Flint = Feuerstein.

Flockenglasur. Durch Flüssig-Flüssig-Entmischung verursachte Effekte bei niedrigen Temperaturen, vor allem durch Lithium und Borsäure bewirkt, z. B. aus

31,4 Petalit
 2,0 Lithiumkarbonat
32,0 Kalziumborat
33,0 Kalifeldspat
bei 1050 °C.

Flöten. Musikinstrumente aus Ton. Bei ihrer Herstellung kann man auf Hilfsmittel nicht verzichten, denn das Flötenrohr muß aus einem Stück sein. Je länger es ist, desto tiefer klingt das Instrument. Man verwendet als Formhilfe ein konisches Rundholz, das man mit Fettpapier umwickelt, ehe man den Ton darum legt. Es soll sich bei 35 cm Länge von 1,6 auf 1 cm Durchmesser verjüngen. Wenn der Ton etwas angesteift ist, zieht man das Rundholz am Mundstück heraus. Nun ist eine nach unten enger werdende Röhre geformt, die man fast lederhart trocknen läßt. In diesem Trocknungsstadium muß die Flöte bis zu ihrer Vollendung bleiben, denn die spitz zulaufende, keilförmige Zunge muß einjustiert werden, solange der Ton plastisch formbar ist. Man muß sie ganz wenig nach unten drücken, damit sie wie auf der Zeichnung in der Mitte vor dem Blasluftkanal liegt. Wenn sie zu tief gerät, kann man sie nur mit einem Stäbchen durch das Rohr korrigieren. Um das Mundstück sauber auszuarbeiten, bereitet man ein Tonklötzchen aus einem etwas stärker mit Schamotte gemagertem Ton vor, das man ebenfalls fast lederhart trocknen läßt, dann nacharbeitet und paßgerecht so zuschneidet, daß es in die vorbereitete obere Öffnung des Flötenrohres geschoben werden kann, wozu man es mit dünnem Schlicker bestreicht. Es soll so eingeschoben werden, daß es mit dem Rand der oberen Öffnung abschließt. Die Flöte kann acht oder zehn Grifflöcher haben. Je höher ein Griffloch liegt, desto höher ist der Ton.

Bei den oberen Löchern spielt der Durchmesser eine große Rolle, bei den unteren ist die Lage entscheidend. Größere Löcher geben im allgemeinen höhere und offenere Töne. Die Löcher bohrt man konisch, sie nach innen erweiternd, weil dadurch der Ton stabil wird. Nur bei den beiden untersten bohrt man senkrecht, damit die Flöte nicht gurgelt. Man kann die Löcher korrigieren, sie nach oben oder unten verschieben durch Ansetzen bzw. Wegnehmen von Ton, solange er noch bildsam ist. Das heißt, daß die Flöte während des ganzen Abstimmens nicht völlig austrocknen darf. Erst zum Schluß kann man ans Verzieren denken. Der eingeschobene Block soll porös bleiben, während das Mundstück außen glasiert werden soll, damit es nicht an den Lippen klebt.

Flow blue. Im 19. Jh. in England beliebte Verzierung, die dadurch zustande kam, daß man die Risse von Craquelée-Glasuren mit Kobaltoxid einrieb und die Glasur einem zweiten Brand aussetzte. Dabei verbreitete sich das Kobalt von den Rissen aus in der Glasur.

Flügelvasen. Flache Vasen, deren Innenraum seitlich erweitert ist, wodurch sie ein größeres Wasserreservoir bilden. Sie können in der Plattentechnik hergestellt werden, wobei darauf zu achten ist, daß die Tonplatten nicht deformieren. Deshalb bedient man sich stützender Hartfaserplatten als Formgebungshilfen, sowohl für die Gestaltung des Hohlraums als auch für die Montage.

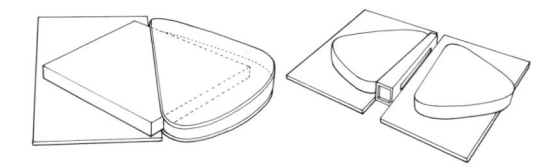

Nach dem Trocknen in horizontaler Lage werden die Flügelvasen auch liegend verschrüht, damit keine Zugbeanspruchung auftritt, die das Werk zerstören könnte.

Flüssiggas. Mischung aus Propan (C_3H_8) und Butan ($C_4H_{11}0$) mit einem Heizwert von 46 000 kJ.

Flüssigglasur. Mit Wasser und einem Stellmittel auf der Basis von organischen Polymeren angemachte Fertigglasur, die beim Auftragen mit dem Pinsel keine Pinselspuren aufweist.

Flue (engl.) Fuchskanal.

Flugasche. Die bei der Ascheabscheidung in Schornsteinen von Verbrennungsanlagen zurückgehaltene Asche kann als Rohstoff für dunkle Glasuren benutzt werden. Die Flugasche aus dem Berliner Kohlekraftwerk Reuter hat folgende Zusammensetzung: 42,79 % SiO_2, 27,37 % Al_2O_3, 15,09 % Fe_2O_3, 5,9 % CaO, 1,26 % MgO, 3,9 % K_2O, 1,12 % Na_2O, 1,89 % P_2O_5, 1,82 % SO_3. Segerformel zum Einrechnen in Glasuren: 0,54 CaO, 0,16 MgO, 0,21 K_2O, 0,09 Na_2O, 1,37 Al_2O_3, 0,48 Fe_2O_3, 3,64 SiO_2, 0,07 P_2O_5. Mol.-Gew. 516.

Fluor, F, Halogen, Atomgewicht 18,988, ein giftiges Gas von stechendem Geruch. Kommt in Flußspat, in Glimmern, in Pegmatiten, die Kryolith oder Apatit enthalten, und in Amphibolen vor. Flußsäure (HF, im Handel 40 %ig) ätzt Glas. Fluor tritt in Ofenabgasen auf, da tonmineralhaltige (besonders illithaltige) Massen im Mittel 0,05 % Fluor enthalten, das über 700 °C (unter Bildung von HF) entweicht, am stärksten zwischen 1000 und 1200 °C. In niedrigbrennenden Massen kann man das Fluor durch Kalk- oder Magnesiazusätze binden. Bei Steinzeugmassen läßt sich durch schnelles Brennen und rasche Bildung von Schmelze die Fluorabgabe eindämmen.

Das Fluorion F^- hat die Koordinationszahlen 2, 3, 4 und 6. Dementsprechend kann seine Wirkung in Glasuren sehr verschieden sein. Man verwendet meist Flußspat (CaF_2, Mol.-Gew. 78,08), wenn man es absichtlich einsetzen will. Fluor ist aber auch in Gesteinen und Aschen in geringen Mengen vorhanden. Dort wird es in Steinzeugglasuren gern in Kauf genommen, denn es wirkt als Flußmittel und veränderte die Farben günstig: Kupfer färbt blauer, Eisen rötlicher braun, Mangan mehr violett. Fluor bildet aber mit Kieselsäure, Tonerde und Natriumoxid flüchtige Fluoride, die zu Blasen und Nadelstichen führen können. Zu viel Fluor führt zur Fluorgalle.

Flußspat, CaF_2, Mol.-Gew. 78,08, aus 51 % Ca und 39 % F, kommt in der Natur in vielen Farben, meist violett oder grün, vor, die durch Kohlenwasserstoffverbindungen hervorgerufen werden und nicht hitzebeständig sind. Der Flußspat von Wölsenhofen in der Oberpfalz ist dunkelviolett und gibt beim Anschlagen Kohlenwasserstoff ab; deshalb heißt er »Steinfluß«. Ferner kommt Flußspat vor östlich von Regensburg bei Bach an der Donau, bei Naila in Oberfranken, im südlichen Harz, im Einbachtal und bei Oberkirch im Schwarzwald, bei Warmensteinach im Fichtelgebirge. Häufiges Begleitmaterial ist Schwerspat. Mit Hilfe von Flußspat werden Opalgläser geschmolzen. Er ergibt auch opalisierende Glasuren, die zur Schmuckherstellung dienen können. Eine zirkongetrübte Flußspatglasur für 1050 °C:

25,59 Kalifeldspat 81/K11
 8,58 Nephelinsyenit
 9,71 Kalziumborat 238
 8,32 Zirkon
 6,89 Wollastonit
 2,47 Flußspat
 1,77 Talkum
 6,22 Bariumkarbonat
 5,15 Zinkoxid
 3,29 Kaolin
22,08 Quarz.

Fluß. Zusatz, den man Unter- oder Aufglasurfarben zur Haftung beimischt. Unterglasurflüsse müssen die Farbe vor Beschädigung beim Glasieren schützen und sollen im Brand die Farbkörper nur so weit verkitten, daß sie zwar die Farbe fixieren, nicht aber die Glasur abstoßen. Unterglasurflüsse bestehen oft aus Glattscherben und Feldspat, aus Quarzgutscherben, aus Borax und Quarz oder aus Bleifritten. Aufglasurflüsse sind hingegen leichtflüssige Fritten, die bei 700–850 °C in die Glasur hineinschmelzen und dabei die Aufglasurfarbe befestigen sollen. Sie müssen der Glasur angepaßt sein und dürfen nicht wegen unterschiedlicher Ausdehnung abblättern. Sie dürfen im Spülwasser ihren Glanz nicht verlieren und sollen möglichst kein Blei abgeben (siehe unter Geschirrspüler). Beispiel für einen Fluß mit guter Säure- und Alkalifestigkeit: 58 SiO_2, 22 PbO, 5–10 CaO oder MgO, 10–15 Na_2O.

Flußkiesel. Früher in Italien und England verwendeter Quarzrohstoff. Die Kieselsteine müssen erst auf 900 °C erhitzt werden, damit sie leichter weiter zerkleinert werden können. Die Kiesel der einzelnen Flüsse sind verschieden; man hat bestimmte Flüsse bevorzugt.

Flußmittel. Das Brenn- und Schmelzverfahren von Mischungen beeinflussender Stoff, der in Massen die Bildung des Scherbenglases, in Glasuren das frühe Schmelzen und eine Erniedrigung der Viskosität bewirkt. Die wirkungsvollsten Flußmittel sind Blei, Borsäure und die Alkalien in der Reihenfolge Li_2O, Na_2O, K_2O. Die Flußmittelwirkung der Erdalkalien ist unterschiedlich. Gute Übersichten vermitteln die Zweistoffsysteme der Flußmittel mit Kieselsäure und die Dreistoffsysteme aus Flußmittel, Tonerde und Kieselsäure. An den Schmelzkurven der Zweistoffsysteme erkennt man, daß Blei wenig Kieselsäure braucht, um die größte Flußmittelwirkung zu entfalten, während die Alkalien, ganz besonders das Lithium, erst mit viel Kieselsäure die am niedrigsten schmelzenden Mischungen bildet. Die Erdalkalien nehmen in dieser Hinsicht eine Mittelstellung ein. Die in den Diagrammen auf Seite 90 und 267 wiedergegebenen Kurven aus den Dreistoffsystemen mit Tonerde zeigen das nichtlineare, konzentrationsabhängige Flußmittelverhalten der Alkalien, Erdalkalien, des Titans, Eisens und Mangans in Aluminiumsilikaten. Diese Darstellung erklärt die oft unverständliche Wirkung der Erdalkalien und dieser Schwermetalle in Glasuren.

Flußsäure Lösung von Fluorwasserstoff (HF) in Wasser handelsüblich mit 40 % HF; glasätzende Säure.

Form. Wahrnehmbare Gestalt eines Gegenstandes. Trägerin des Ausdrucks und der Bedeutung eines Kunstwerks. Das Material kann gesetzmäßig (z. B. nach dem Goldenen Schnitt proportioniert) oder organisch geformt sein. Die Darstellung (=äußere Form) kann unter Verlust des Gehalts (=innere Form) zum Formalismus gesteigert sein.
In der Technologie ist die Form (Gipsform) Hilfsmittel zum Abformen.

Formalismus. Betonung des Formalen: Wohlgefügtheit, Rhythmus, Proportion, Harmonie. Gegensatz zum »Informel«.

Formenberechnungen. Algebraische Berechnungen von Flächen höherer Ordnung nach den Regeln der analytischen Geometrie, in der die Punkte des Raumes in einem Koordinatensystem durch Zahlentripel festgelegt werden. Auf dieser Grundlage ergeben sich interessante Konfigurationen im Raum als Computerentwürfe.
Eine weitere Möglichkeit bietet der Computer nach der Art von Zufallsgeneratoren durch Eingabe zufälliger Zahlenkombinationen.

Fläche 4. Ordnung im komplex-projektiven Raum (nach E. Kummer benannte »Kummerfläche« mit 8 reellen Doppelpunkten und Doppelebenen).

⃞G **Formenschmiere.** Trennmittel beim Abformen mit Gips. Es besteht aus einer Abkochung von Rüböl und Kernseife.

⃞G **Formgebung.** In der nichtindustriellen Keramik spielt die plastische Formgebung die größte Rolle. Bei ihr ist die Forderung nach Homogenität am schwersten zu erfüllen, weil sie auf einer Gleitung der Masse beruht, bei der sich die plättchenförmigen Tonmineralteilchen im Geschwindigkeitsgefälle ausrichten. Sie stellen sich parallel zur Wandung ein, wenn die Oberfläche bearbeitet wird und der Kern ruht. Hingegen ist das Homogenitätsprinzip beim Gießverfahren in Gipsformen am weitesten erfüllt. Alle Inhomogenitäten führen zu Spannungen und Formgebungsfehlern.

Formschüssel. Von den Römern verwendete Terra-sigillata-Schüsseln mit eingedrückten Mustern, die als Negativformen auf der Töpferscheibe verwendet wurden. Die Formschüsseln wurden zentriert und mit einem Würgel festgehalten. Der eingeworfene Tonbatzen wurde im Drehen gehen die Formwand gedrückt und der überstehende Rand frei weitergedreht.

Forsterit, $2 MgO \cdot SiO_2$. Magnesium-Endglied der Olivin-Mischreihe.

Fotografieren von Keramik. Die Kamera muß notfalls durch eine Versatzlinse in der Lage sein, das aufzunehmende Objekt möglichst bildfüllend zu erfassen. Als Hintergrund nimmt man eine große, farbige (am besten hellgraue) Pappe, die man so biegt, daß Hintergrund und Unterlage ohne Knick ineinander übergehen. Damit die Schatten nicht zu hart werden, kann man sie durch weiße, reflektierende Flächen aufhellen. Glasuren sollen möglichst keine Glanzlichter zeigen. Das muß durch entsprechende Stellung des Objekts zur Lichtquelle versucht werden.

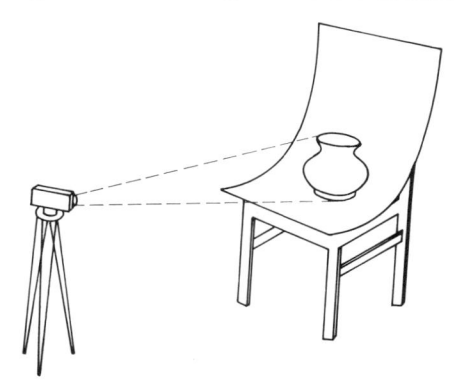

Fotokeramik. Übertragung fotografischer Aufnahmen auf die Keramik nach zweierlei Verfahren: 1. Einstaubverfahren, 2. Naßverfahren.

1. Einstaubverfahren. Auftragen einer lichtempfindlichen Chrom-Gelatine-Schicht auf die Keramik, Dia auflegen, belichten, abspülen, die unbelichteten, klebrigen Stellen mit Aufglasurfarbe einpudern, trocknen und bei 800–900 °C einbrennen.

2. Naßverfahren (Pigmentverfahren). Herstellen einer lichtempfindlichen Lösung aus $100 cm^3$ dest. Wasser, 14 g Gummi arabicum, 7 g weißem Zucker, 1,5 g Kaliumbichromat ($K_2Cr_2O_7$), 10 g schwarzem (oder andersfarbigem) Farbkörper. Die Mengen von Kaliumbichromat und Farbkörpern können nach der optischen Dichte des Negativs abgeändert werden. Diese Mischung wird innig verrieben und durch mehrfach übereinandergelegte Gaze filtriert. Die Lösung muß im Dunkeln aufbewahrt werden. Eine plangeschliffene Glasplatte wird erwärmt und mit der erwärmten lichtempfindlichen Lösung gleichmäßig überzogen (aufgießen und mit einem Glasstab verteilen). Dann wird im Trockenschrank bei 150 °C nicht zu schnell getrocknet. Um Rissigwerden zu verhindern, muß eventuell Wasserdampf zugeführt werden. Die trockene Platte kann nun über ein Negativ 3 Minuten im Sonnenlicht oder eine halbe Stunde oder länger im diffusen Tageslicht belichtet werden. Von Vorteil ist, wenn Negativ und Platte zum Belichten angewärmt werden. Um reproduzierbare Erfahrungen zu sammeln, ist ein Belichtungsmesser zu empfehlen. Infolge des in der Mischung enthaltenen Schwarzfarbkörpers ist die Platte schwarz und undurchsichtig. Nach dem Belichten wird sie mit Rohkollodium, dem 2–3 % Glyzerin zugesetzt wurden, übergossen. Ist die Kollodiumsschicht erstarrt, wird sie an drei Seiten eingeschnitten. In einer Schale werden 100 g Borax und 15 g Ätznatron (NaOH) in 2 Liter Wasser gelöst. In diese Schale legt man die mit der eingeschnittenen Kollodiumsschicht versehene Platte. Das Kollodiumhäutchen hebt die Schicht von der Glasplatte. Durch sanftes Schwen-

ken der Schale wird das Bild entwickelt. Die unbelichteten Teile lösen sich im Wasser. Ist genügend entwickelt, legt man das Bild in eine Schale mit reinem Wasser, in die man zuvor ein Blatt Papier gelegt hat. Auf dieses Papier wird das Häutchen gebracht und die vierte Seite eingeschnitten. Die Kolldiumschicht liegt auf dem Papier mit der Bildschicht nach oben. Man schiebt unter das Papier mit Häutchen eine Glasplatte zum Festhalten und braust das Bild bis zur klaren Entwicklung tüchtig mit Wasser ab. Zum Schluß wird mit einer Mischung aus Wasser und Spiritus, zuletzt mit reinem Spiritus übergossen. Nach dem Abwaschen wird das Bild auf die glasierte Keramik gebracht, und zwar mit der Bildseite nach unten. Mit einem weichen Tuch preßt man es an und hebt das Papier vorsichtig ab. Luftblasen können durch Überstreichen mit einem in Spiritus getauchten Pinsel entfernt werden. Dann läßt man an der Luft trocknen. Vor dem Einbrennen muß die Kollodiumschicht entfernt werden, indem man sie nach dem Trocknen mit einem weichen, in Essigäther getauchten Pinsel abwäscht. Fehler können mit der Farbkörper enthaltenden Mischung ausgebessert werden. Um das Bild aufzuschmelzen, wird es mit einem Fluß dünn durch Stupfen, Spritzen oder Pudern überzogen. Als Fluß kann die Fritte 90078 von Degussa, der man 1 % Farbkörper zureibt, verwendet werden. Eingebrannt wird bei 800 bis 900 °C. Weiterentwicklung der Fotokeramik siehe unter Keramographie.

Foyait, Tiefengestein mit Feldspatvertretern. Hauptgemengteile sind Orthoklasmikroperthit, Nephelin, wenig Augit und Titanit. Anhaltswerte für die Zusammensetzung: 55,22 % SiO_2, 0,59 % TiO_2, 22,59 % Al_2O_3, 1,14 % Fe_2O_3, 1,17 % FeO, 0,13 % MnO, 0,28 % MgO, 2,12 % CaO, 8,76 % Na_2O, 5,59 % K_2O, 2,16 % H_2O, 0,43 % Cl, 0,09 % SO_3. Segerformel zum Einrechnen in Glasuren: 0,07 FeO, 0,04 MgO, 0,15 CaO, 0,52 Na_2O, 0,22 K_2O, 0,81 Al_2O_3, 0,04 Fe_2O_3, 3,41 SiO_2, 0,04 TiO_2. Mol.-Gew. 374.

Frankfurter Messe. Auf der alljährlich stattfindenden internationalen Frankfurter Messe stellen etwa 350 im Bundesverband Kunsthandwerk e. V. organisierte Kunsthandwerker aus. Regelmäßige Sonderschauen »Form aus Kunst und Handwerk« u. a. und Vergabe des »Hessischen Staatspreises für das Deutsche Kunsthandwerk«, gestiftet von der Hessischen Landesregierung (seit 1951).

Fraunhofer-Gesellschaft zur Förderung der angewandten Forschung e. V. Sie ermöglicht Forschungsarbeiten auf dem Gebiet der Naturwissenschaft und Technik zum Nutzen der Wirtschaft. Ihr Institut für Silikatforschung befindet sich in Würzburg.

Frechener Keramikpreis. Förderpreis der Frechener Keramikstiftung, für den von der Stiftung beauftragte Personen die Kandidaten vorschlagen. Preisverleihung seit 1985 alle drei Jahre.

Frechener Kulturstiftung. Örtliche, gemeinnützige Stiftung privaten Rechts mit dem Sitz in 5020 Frechen zur Förderung von Kultur und Kunst: 1. durch finanzielle Unterstützung begabter Künstler, z. B. Frechener Keramikpreis, 2. durch Erhaltung historisch wichtiger Baudenkmäler, z. B. vorindustrieller Töpferöfen, 3. durch kunstwissenschaftliche Aktivitäten, z. B. Ankauf von Keramik, Herausgabe von Literatur zur Keramik.

Freidrehen. Durch Zentrieren, Aufbrechen und Ziehen eines Tonklumpens auf der rotierenden Töpferscheibe gekennzeichnetes Formen mit den Händen im Gegensatz zum Aufwülsten und Fertigdrehen und zum mechanischen Eindrehen und Überdrehen. Siehe auch unter Drehen und Töpferscheibe.
Die beste Arbeitskleidung ist eine Latzhose ohne Gürtel.
Der Scheibenkopf soll zum Drehen von Gefäßen bis zu 30 cm Höhe um 10 cm höher sein als der Sitz. Sind größere Gefäße vorgesehen, so ist der Sitz höher zu stellen.
Der Arbeitsabstand von der Scheibe ist so zu bemessen, daß – von oben gesehen – die Mitte der Knierundungen in gleicher Höhe mit dem Scheibenmittelpunkt liegt.

Die Körperhaltung soll nicht gebückt und nicht verkrampft sein. Die Ellbogen werden locker an den Körper angelegt oder auf die Oberschenkel aufgestützt.

Das Rollenstück wird nicht hochkant (also nicht Tonrollenachse über Drehscheibenachse), sondern quer auf den Scheibenkopf aufgeworfen, damit die durch das Rollen entstandene Struktur der Tonrolle zerstört wird. Das ist wichtig zur Vermeidung von Bodenrissen.

Das Zentrieren
Die Hände umfassen die Masse möglichst großflächig, wobei die Finger der linken Hand über denen der rechten Hand liegen. Mit dem linken Handballen drückt man die Masse zu einem stumpfen Kegel, wobei sie zugleich vom Körper weg ins Zentrum der Scheibe gedrückt wird.

Durch den Druck steigt der Kegel in die Höhe.

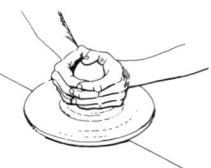

Die Handkanten drücken den Ton von unten nach oben zu einem Rundkegel. Die rechte Hand umfaßt als »Schablonenhand« die Kuppe, die linke liegt über der rechten, die Finger bilden ein schräges Gitter. Die linke Hand drückt den Kegel herunter, wobei die Hände leicht und gleichmäßig zum Körper herangezogen werden.

Durch das Niederdrücken des Kegels entsteht der flachere Ausgangshubel für das Freidrehen.

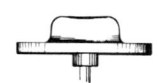

Es ist stets zu berücksichtigen, daß die ansetzende Kraft so lange beibehalten werden muß, bis die Masse eine Umdrehung gemacht hat. Hört man früher auf, so entstehen unsymmetrische Massenverteilungen (Unwuchten), die den rotierenden Körper sofort oder bald aus dem Zentrum bringen können. Auch der Druckansatz darf niemals abrupt vor sich gehen. Richtig ist: Den Druck ansetzen und bis zum erforderlichen Arbeitsdruck steigern. Die Arbeitsphase vollenden und den Druck langsam wieder lockern. Dann die nächste Arbeitsphase in gleicher Weise durchführen.

Die Umdrehungsgeschwindigkeit beträgt 50 bis 200 Umdrehungen pro Minute. Beim Zentrieren läßt man die Scheibe schneller laufen (mit 120 Umdrehungen pro Minute) als beim folgenden Drehen, extrem langsam in der Endphase von Tellern oder großen Gefäßen.

Das Aufbrechen
Um den Hohlraum zu schaffen, muß der Hubel aufgebrochen werden. Dazu bohrt sich der rechte Daumen, gestützt vom linken, in das Zentrum des Klumpens, den die Finger beider Hände zur Führung umfassen.

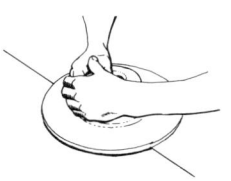

Ungefähr 7 mm über dem Scheibenniveau wird der Druck beendet, wenn man beabsichtigt, den Boden später (im lederharten Zustand) abzudrehen. Ist dies nicht beabsichtigt, so geht man bis 5 mm Bodendicke herunter.

Zur Ausformung des Bodens erweitert man diesen zunächst in Richtung des rechten Daumens. Bei kleinen Gefäßen kann man den Boden auch mit dem Zeigefinger der rechten Hand bilden. Stets sollte aber beim

FREIDREHEN

Ballenaufbrechen eine Hand die andere abstützen (meist die linke die rechte).

Durch glättendes Pressen mit beiden Daumen übereinander verdichtet man den Boden, um ihm gleiche Druckstruktur zu geben wie der folgenden Wandung, die ja ebenfalls durch Drücken geformt wird. Diese Ausformung des Bodens ist wichtig, um Bodenrisse zu vermeiden.

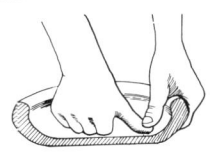

Der Zangengriff
Zeigefinger und Mittelfinger der rechten Hand greifen zangenförmig über die Wandung. Der rechte Daumen liegt außen gegen das Gefäß und stützt sich am linken Daumen scharnierförmig ab. Der linke Daumen befindet sich im Gefäß, die Finger der linken Hand greifen außen um das Gefäß. Der rechte Zeigefinger formt die innere Bodenkante.

Mit dem Zangengriff wird der aufgebrochene Klumpen zum Hubel hochgezogen, wobei die Haut zwischen Zeige- und Mittelfinger der rechten Hand sowie der linke Daumenballen für einen ruhigen laufenden Rand sorgen.

Zwischen Zeige- und Mittelfinger wird der Rand durch Pressen verfestigt (Abschlußgriff).

Der Knöchelzug
Abgestützt von der linken Hand, formt die Daumenkante der rechten Hand die Ansatzkerbe für den Knöchelzug.

Der Knöchelzug wird mit gekrümmtem Zeigefinger durchgeführt, in dem vertieft das untere Glied des Daumens liegt.

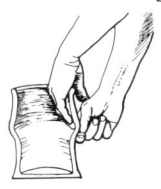

Der Knöchelzug wird in der Ansatzkerbe außen am Boden angesetzt, dann wird der entstehende Wulst (»Balkon«) nach oben gezogen.

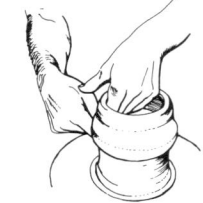

Die linke Hand greift in das Gefäß, wobei die Kuppe des Mittelfingers von innen gegen den Daumen der rechten Hand, die außen angesetzt ist, drückt. Die übrigen Finger stützen die Arbeitsfinger ab.
Die Wandung wird durch gleichmäßiges Drücken und Hochziehen mit einem Arbeitsfortschritt von 2 bis 5 mm Höhe pro Umdrehung ausgezogen. Bei sehr hohen Gefä-

ßen kann dieser Griff ein-, höchstens zweimal wiederholt werden, wobei man stets von neuem unten ansetzen muß, um den Balkon hochzuziehen. Darauf folgt stets wieder der Randabschlußgriff.

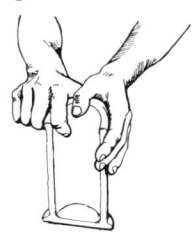

Der Randabschlußgriff beschließt diese Arbeitsphase. Auf den Knöchelzug folgt stets der Schienenzug.
Der Schienenzug
Die abgestützte Schienenkante sticht die endgültige Bodenbreite ab und schafft somit die Ansatzkerbe für den Schienenzug.

Der Hubel wird zur endgültigen Scherbendicke ausgezogen, wobei man während des Schienenzuges die Gestalt formen kann.

Bei jedem Zug ist wieder der Randabschluß zu empfehlen.

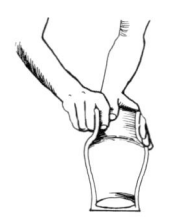

Für enghalsige Gefäße benutzt man einen »Flaschenknecht«, der innen an Stelle der

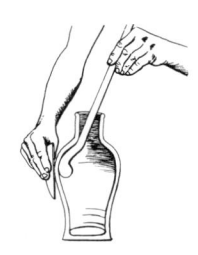

Finger angesetzt wird, während außen die Schiene die endgültige Form gibt.

Der Schließgriff
Der Schließgriff wird wie der Randabschlußgriff angesetzt. Die bis dahin gediehene Form wird nicht einfach zusammengewürgt, sondern man achtet durch leichtes Pressen darauf, daß sie ihre Spannung nicht verliert. Die Masse wird im Schließgriff, wie auch bei den anderen Griffen, innen und außen bearbeitet.

Beim Schultersetzen halten die Finger innen

gegen die formenden Finger der rechten Hand.

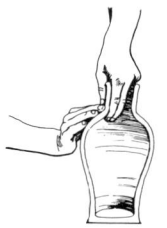

Die Schulterkante wird wie beim Knöchelzug, diesmal jedoch mit dem Zeigefinger gezogen.

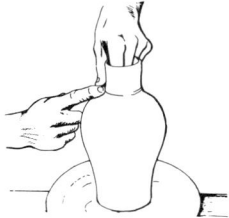

Im Abschlußgriff umfassen die Finger wieder den Rand und drücken ihn so, daß er das gewünschte Schlußprofil erhält.

Der gute Töpfer dreht mit wenig Wasser und nutzt die Gleitfähigkeit des Schlickers voll aus. Dabei macht ein guter Ton einen guten Töpfer.

Das Abnehmen

Bevor das Gefäß abgeschnitten wird, muß der Boden gründlich ausgeschwammt werden. Für hohe Gefäße benutzt man dazu einen Stockschwamm.

Dann schneidet man das Gefäß mit einem Draht ab.

Zum Abnehmen braucht man trockene Hände. Mit ihnen faßt man das abgeschnittene Gefäß großflächig tief unten an und setzt es auf das Trockenbrett.

Freidrehmasse, siehe unter Drehmasse.

Freilandofen, siehe unter Gasofen, Holzofen, Kohleofen, Brennen mit Biogas.

Freizeitkeramik. Keramische Beschäftigung in der von Berufspflichten freien Zeit. Mit fortschreitender Arbeitszeitverkürzung nimmt ihre Bedeutung zu und erfordert eine sozialpädagogisch verantwortliche Einstellung. Freizeitkeramik kann als sinnvolle Freizeitgestaltung zur Kompensation unbewußter Enttäuschungen über mangelhafte Entfaltungs- und Selbstbestätigungsmöglichkeiten im Beruf beitragen. Als gewinnbringende Zusatzbeschäftigung enthält sie hingegen die Gefahr des unlauteren Wettbewerbs. Da die Freizeitkeramik nicht an volkstümliches Brauchtum gebunden ist, gehört sie nicht zur Volkskunst. Sie ist vielmehr eine vom internationalen Stilwechsel beeinflußte Popularkunst, die sich, unter anderem in Volkshochschulen, weitesten Kreisen öffnet.

Fremington clay. US-Ton der Zusammensetzung 52,66 % SiO_2, 18,17 % Al_2O_3, 6,22 % Fe_2O_3, 1,02 % TiO_2, 4,69 % CaO, 3,42 % MgO, 3,68 % $KNaO$.
Ersatzmischung: 55 Niederahrer Ton 178/RI, 21 Kalifeldspat 82/K11, 15 Dolomit 5/T, 8 Quarz, 1 Rutil.

Frieren des Tones, siehe unter Wintern.

Fritte. Vorgeschmolzener Teil eines Glasurversatzes. Es ist ein Glas, das in einem Fritteofen geschmolzen, abgeschreckt und zerkleinert wurde und als Pulver in den Handel kommt. Es kann allein für sich als Glasur verwendet werden, ist jedoch schlecht verarbeitbar, weil es als Aufschlämmung keinen Schlamm bildet, sondern sich sofort absetzt. Dagegen braucht man ein Stellmittel. Das natürliche Stellmittel ist ein Zusatz von etwa 10 % Kaolin oder plastischem Ton oder etwa 3 % Bentonit. Mit diesen Zusätzen bleibt die aufgeschlämmte Mischung in Schwebe und bildet einen Glasurschlamm. Man kann demnach Fritten als Halbfertigglasuren betrachten.

Die genannten Stellmittelzusätze machen das Gemisch schwer schmelzbar. Die Frittenhersteller geben keine Schmelztemperatur an, sondern die Druckerweichungstemperatur.

Fritten haben folgende Vorteile:
.1. Wasserlösliche Stoffe wurden durch das Fritten in unlösliche Produkte überführt. Das ist vor allem wichtig, wenn man reichlich Alkalien oder Borsäure in einer Glasur braucht.
2. Giftige Stoffe werden in arbeitshygienisch weniger bedenkliche Stoffe verwandelt. Das gilt vor allem für Bleiverbindungen.
3. Die Mischungen werden durch das Vorschmelzen leichter schmelzbar und
4. homogener.

Frittenglasur. Die ursprüngliche Frittenglasur besteht aus etwa 90 % Fritte und 10 % Mühlenzusatz (Kaolin oder Glasurton, seltener Kalk und Feldspat). Für solche Frittenglasuren werden die Fritten eigens angefertigt. In der nichtindustriellen Keramik verwendet man für niedrigschmelzende Glasuren die im Keramikbedarfshandel angebotenen Fritten und versucht, durch Kombinationen die gewünschte Zusammensetzung zu erreichen. Im allgemeinen nimmt man Fritten für Glasuren, die mehr Alkalien erfordern, als man durch Feldspat einbringen kann oder mehr Borsäure, als Kalziumborat oder Zinkborat hergeben. In solchen Fällen sind Fritten günstig, die wenig Tonerde enthalten, damit man ihnen noch genügend Kaolin als Stellmittel zusetzen kann. Damit steigt jedoch ihre Wasserlöslichkeit.

Frittenporzellan. Zwischen 1120 und 1300 °C gebranntes, transparentes Porzellan, zu dessen Herstellung sich die Alkalifritte M1233 eignet. Dadurch, daß sie wenig Tonerde besitzt, kann man die Masse mit viel Kaolin zusammensetzen, wodurch sie besonders weiß wird. Drehmassen kann man plastischen, möglichst eisenfreien Ton zusetzen, bei Gießmassen verzichtet man auf dieses Risiko der Gelbverfärbung.

Plastische Masse für 1200 °C:
14 Fritte M1233
42 Kalifeldspat 82/K11
10 Quarz
15 weißfetter Ton 178/wfE
16 Kaolin 233.

Wird die Masse blasig, so vermindert man die Fritte, wird sie zu wenig transparent, so erhöht man sie.

Frittenvergleich. Die wichtigsten in ausländischen Rezepten vorkommenden Fritten.

	D	NL	GB	USA
Bleimonosilikat	M 70	F 113527	–	Ho 61
	D 90001	Bl 2994		
Bleidisilikat	ET 71102	F 113531	P 2950	Pc Pb63
		Bl 3647	F 201100	Ho 265
Blei-borfreie Alkalifritte	M 1233	Bl 84396	P 2961	Pc 25
			F 201105	F 5301
Natriumboratfritte	D 90158	F 113759	P 2953**	F 3223
ET 71130*		Bl 3701	F 14019	
		Bl 8513**	F 201102**	
Kalziumboratfritte		Bl 3221	P 2954	F 3211
			F 14024	

M = Mondré & Manz, D = Degussa, F = Ferro, Pc = Pemco, P = Potterycraft, Bl = Blythe, ET = Bayer, Ho = Hommel.   * mit 7 SiO_2, ** Standard borax frit mit Alkalien, Erdalkalien, Tonerde und Borsäure.

Die Glasur dazu ist eine durch Barium hochglänzende, borhaltige, bleifreie Farbglasur, die man entweder mit 3,5 % Kobaltoxid blau oder mit 2,5 % Kupferoxid türkis färben kann (1200 °C):
23 Fritte D90158
32 Fritte M1233
10 Kalifeldspat 82/K11
17 Bariumsulfat
 8 Kaolin, geglüht
18 Kaolin, roh.

Fritteöfen. Die industriellen Fritteöfen sind Drehöfen. Für den eigenen Gebrauch genügt ein gasbeheizter Tiegelofen, in dem ein mit Frittengemenge gefüllter Tiegel, der im Boden ein Loch besitzt, erhitzt wird. Ist die Fritte dünnflüssig genug, so fließt sie durch das Bodenloch in einen Eimer mit Wasser, wo sie in kleine Stücke zerspringt. Während des Schmelzvorganges wird immer wieder Gemenge nachgefüllt. Der Schmelztiegel besteht aus Glashafenton oder Passauer Grafit und ist handelsüblich.

Zur Isolierung gegen Wärmeverlust errichtet man den Ofen auf einer etwa 10 cm hohen, losen Schüttung von Holzasche. Für einen Ofen mit einem 5-Liter-Tiegel braucht man 100 Normalsteine, davon 70 Leichtsteine von besserer Qualität für den Tiegelraum. Die Steine werden nur aufgelegt und brauchen nicht vermauert zu werden. Der rechteckige Unterofen (2,5 Steine breit und 2 Steine tief) nimmt den Wasserbehälter auf. Der Oberofen ruht auf einem groben Eisengitter als »Rost«; es gibt dem Ofen die nötige Stabilität und wird so bemessen, daß die geschmolzene Fritte durch eine Masche dieses Gitters ablaufen kann.

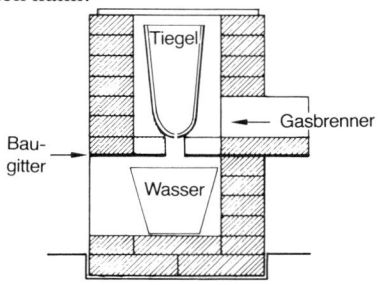

Für den 5-kg-Fritte-Ofen braucht man 99 Normalformatsteine und einen großformatigen Schamottestein.

Der Brennraum wird mit einer Schamotteplatte abgedeckt, die man beim Nachfüllen des Gemenges beiseitehebt. Die Brenneröffnung ist so angeordnet, daß die Flamme den Tiegel tangential trifft und durch dreieckig geschnittene Leitsteine um den Tiegel herumgelenkt wird. Der Tiegel wird auf diese Weise nur in seinem unteren Teil erhitzt, wo der Schmelzvorgang am weitesten fortgeschritten sein muß. Wegen des unterschiedlichen Schmelzfortschritts ist es erforderlich, das Gemenge vor dem Aufgeben gut durchzumischen. Eine leichtschmelzende Natriumboratfritte kommt in anderthalb Stunden zum Ausfließen. Bis zu diesem Zeitpunkt steigert man den Gasdruck und vermindert ihn dann wieder etwas, sobald das Ausfließen in Gang kommt.

Frittenschmelzen im Brennofen. Herstellen von Fritten besonderer Zusammensetzung, z. B. für Aventuringlasuren oder zinnblaue Farbkörper oder Impfkristalle aus Zink und Titan. Man schmilzt die kleinen Frittemengen in Tiegeln, die so bemessen sein müssen, daß man sie gut mit der Zange erfassen und dem Ofen entnehmen kann. Der mit dem pulverigen Gemenge vollgefüllte Tiegel wird in den Ofen gestellt, nach dem Herunterschmelzen des Gemenges glühend herausgenommen und nachgefüllt. Das geschieht so oft, bis sich im Tiegel genügend Schmelze angesammelt hat und diese so dünnflüssig geworden ist, daß man sie in kaltes Wasser ausgießen kann.

Frostbeständigkeit. Widerstandsfähigkeit gegen gefrierendes Wasser (das sich um 9 % ausdehnt.) Dichte Keramik ist, da sie kein Wasser aufnimmt, frostbeständig. Bei porösen Terrakotten hängt diese Eigenschaft von der Größe und Verteilung der Poren ab. Sie sollen größer als 0,0008 mm sein und sich nur zu höchstens 70 % mit Wasser füllen können. Die Frostwiderstandsfähigkeit läßt sich nicht durch Gefrieren in der Tiefkühltruhe prüfen, weil sich dabei die Wassersättigung ändert und das sich einstellende Temperaturgefälle anders ist als in der Natur. Hingegen entspricht die Frostbeständigkeit dem »Sättigungswert«, das ist das Verhältnis der Wasseraufnahme bei dreitägiger Wasserlagerung zur maximal möglichen Wasseraufnahme, die man dadurch feststellt, daß man den 200 °C heißen Scherben zwei Stunden im Vakuum liegen läßt und dann ins Wasser bringt. Frostbeständigkeit erzielt man durch die Verwendung dichter Zuschlagstoffe, und zwar entweder grobkörnigen Sand oder dichtgebrannte Schamotte, Zusatz von Flußmitteln (z. B. 5 % Sintermehl) und etwas höheren Brand, beides in der Absicht, durch Bildung von Glasphase mehr geschlossene Poren zu erhalten. Nach den Erfahrungen bei der Dachziegelherstellung genügt es auch, einen illitischen (d. h. flußmittelhaltigen) Ton zu verwenden und dafür zu sorgen, daß der Anteil der Korngröße zwischen 0,01 und 0,038 mm möglichst hoch ist.

G **Fuchs.** Kanal vom Brennraum zum Schornstein bei Öfen mit niedergehender Flamme.

Fuller's earth (engl.) Walkerde.

M **Fußbodenfliesen,** Fußbodenklinker. Für Fußboden geeignete, dichtgesinterte Platten, die in der Regel im Trockenpreßverfahren hergestellt werden, weil Anmachwasser nach dem Trocknen Poren hinterläßt, die das Sintern erschweren und zum anderen, weil wenig plastische Schiefertone, die mit geringer Grubenfeuchtigkeit gewonnen werden, besonders gute Rohstoffe für Fußbodenfließen darstellen. Trotzdem ist auch das traditionelle feuchtplastische Formen weiterhin möglich, wozu es ausgesprochene Klinkertone gibt (siehe unter diesen).

Während Fußbodenklinker auf die technischen Eigenschaften gerichtet sind, sollen Fußbodenfließen auch eine ästhetische Funktion erfüllen. In dieser Absicht entwickelten sich die sogenannten Füllmassenplatten oder Feinklinker, für die besonders Mettlach berühmt geworden ist (siehe unter Mettlacher Platten).

In der Massemischung werden häufig Gesteinsmehle verwendet, z. B. für schwarze Fußbodenplatten bei 1140–1160 °C:
12 gelbbrennder Ton 157/G
40 Niederahrer Ton 178/RI
18 Manganton 262
20 Quarzporphyr
10 Sand.

Zur Vermeidung eines braunen Farbstichs kann noch etwas Kobaltoxid zugesetzt werden. Da sich das Gesteinsmehl schlecht verarbeiten läßt, mahlt man es mit einem Teil der plastischen Tone in der Naßmühle auf eine Siebfeinheit von 1000 Maschen/cm und mischt die übrigen Massebestandteile als Trockenpulver mit diesem Schlamm. Dann gibt man die Masse in die Strangpresse.

Farbige Fliesenmassen erhält man durch Einfärben einer hellen, z. B. aus dem Ton 306 aus Winkels (Stephan Schmidt, Langendernbach) oder einer Mischung aus:
16 weißfettem Ton 178/wf1
58 weißem Magerton 1/m
16 Spezialgießton 132/1
10 Kalifeldspat 82/K11.

Grau erhält man mit 5–8 % Basaltmehlzusatz, Blau mit 2–5 % Kobaltoxid, Grün mit 6–8 % Chromoxid oder einer Mischung aus Blau und Gelb, Gelb aus einem gelbbrennenden Ton mit 5 % Rutil, Rot aus einem rotbrennenden Ton, Braun aus rotbrennendem mit 3–8 % Braunsteinzusatz oder je zur Hälfte Braunstein und Chromoxid.

Die farbigen Massen können als Engoben oder Mosaikfliesen ineinander eingelegt werden. In beiden Fällen müssen die Massen aufeinander abgestimmt sein. Das geschieht durch Zugabe von Quarz, Kaolin oder Feldspat je nach der gewünschten Veränderung:

	Sinterungstemperatur	Schwindung
Quarz	erhöht	vermindert
Kaolin	erhöht	vermehrt
Feldspat (Kalk)	erniedrigt	vermehrt

Fußgestaltung. Die Ausbildung des Fußes von G Gefäßen ist bei japanischen Kennern ein Kriterium für die Qualität des ganzen Gefäßes. Der Fuß soll neben der naheliegenden Forderung der Standfestigkeit auch die Notwendigkeit einer handwerksgerechten Fertigung und des dauerhaften Gebrauchs erfüllen. Eine solche Gestaltung ist zugleich von ungekünstelter Schönheit.

Herstellungsgerecht ist ein Fuß, der sich gut greifen läßt, wenn man das Gefäß kopfüber in Glasur taucht oder mit Glasur begießt. Gebrauchsgerecht ist er, wenn er nicht in einem ausladenden Rand endet, der leicht verletzt werden könnte.

Fußscheibe. Töpferscheibe, bei der die G Schwungscheibe mit den Füßen, bei der englischen Tretscheibe (Kick wheel) nur mit einem Fuß in Drehung versetzt wird.

G

Gabbro. Tiefengestein mit den Gemengteilen Plagioklas, Pyroxen, Hypersthen, Apatit. Steinbrüche u. a. im Radautal (Harz), Harzburger Gabbromassiv, Odenwald (Olivin-, Hypersthengabbro), Fichtelgebirge, Penig (Sachsen). Anhaltswerte für die Zusammensetzung: 48,61 % SiO_2, 0,17 % TiO_2, 17,83 % Al_2O_3, 2,08 % Fe_2O_3, 5,23 % FeO, 8,23 % MgO, 17,72 % CaO, 2,63 % Na_2O, 0,32 % K_2O, 0,99 % H_2O, 0,08 % P_2O_5, 0,05 % S. Segerformel zum Einrechnen in Glasuren: 0,13 FeO, 0,36 MgO, 0,44 CaO, 0,07 Na_2O, 0,31 Al_2O_3, 0,02 Fe_2O_3, 1,47 SiO_2. Mol.-Gew. 178.

Galenit. Bleiglanz.

Galle. Enthält eine Glasur mehr Sulfat oder mehr Fluor, als sie gelöst halten kann, so scheidet sie dieses als trübes, blasiges, wasserlösliches Alkalisulfat oder -fluorid aus, das beim Abkühlen als Oberflächenbelag kristallisiert.

Galmei. Veraltete Bezeichnung für Zinkerze: Zinkspat und Kieselgalmei.

Galmeipflanzen, siehe unter Zinkzeiger.

Galvanisieren von Keramik. In Schichtdicke und Haltbarkeit sind galvanische Überzüge den aufgebrannten Metallschichten überlegen. Die Glasur wird durch eine Anstrichmasse leitend gemacht. Sie besteht aus

    8 Teilen Terpentinöl
    4 Teilen Leinöl
  100 Teilen Kolophonium
  300 Teilen geschlämmtem Graphit.

Nach dem Schmelzen und Abkühlen dieser Mischung wird sie mit einem Pinsel aufgetragen, getrocknet und auf 150 °C erhitzt, hierauf mit Petroleum gewaschen und mit feingeschlämmtem Kalk mit einer weichen Bürste entfettet. Der Kalk soll 10 Minuten einwirken und wird dann mit einem Wasserstrahl abgespült. Der Gegenstand soll erst verkupfert werden, dann können Verchromen, Versilbern oder Vernickeln folgen. Der galvanische Überzug ist 0,002 bis 0,03 mm dick.

Garnieren. Aufkleben von Teilen (Henkeln, Tüllen) im lederharten Zustand an Gefäße oder das Zusammenfügen einzeln gegossener Teile.

Garnierschlicker. Mit Zelleim angemachte Trockenmasse oder
30 plastischer Ton
35 Glasur
35 Drehbruch
oder
30 plastischer Ton
32 Glasur
23 Drehbruch
15 Dolomit.

Gasbrenner. Man kann zwischen atmosphärischen und Druckluftbrennern (Gebläsebrennern) unterscheiden. Für kleinere, nichtindustrielle Öfen kommen fast ausschließlich die unkomplizierten atmosphärischen Brenner in Betracht. Bei ihnen wird die zur Verbrennung erforderliche Luft durch die Strömungsenergie des Gases angesaugt (Venturi-Rohr). Die Vermischung von Gas und Luft erfolgt zwischen der Gasdüse und der Stauscheibe am Brennerkopf. Die Stauscheibe besteht aus keramischem Werkstoff mit vie-

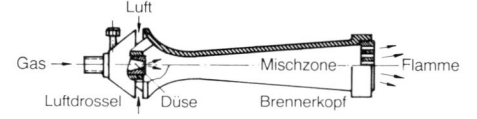

len kleinen Bohrungen oder aus einem Metallgitter. Sie teilt die Flamme in zahlreiche kleine Flämmchen auf, wodurch eine Oberflächenvergrößerung der Flamme (besserer Sauerstoffzutritt), eine schnellere und leisere Verbrennung sowie ein stabileres Flammenbild erzielt werden. Um die Energie des Gases optimal auszunutzen, ist es wichtig, je nach Gasdruck und Zug des Ofens die Menge der selbsttätig angesaugten Verbrennungsluft einstellen zu können. Dies geschieht mit Hilfe einer verstellbaren Luftdrosselscheibe. Der Ansaugquerschnitt der Luft wird hiermit verändert. Zum Anschluß des Brenners an eine Gasflasche oder einen Tank wird ein Druckregler benötigt.

Die Leistung des Brenners wird durch die Düsenbohrung, den Gasdruck und den Heizwert des Gases bestimmt.

Während des Brennvorganges wird der Gasdruck normalerweise entsprechend der Brenntemperatur geändert, z. B. beim Anfahren des Ofens in der Aufheizphase 0,05 bar und dann steigend bis zur Endtemperatur etwa 1,2 bar (die Werte beziehen sich auf einen Brenner von 140 mm Länge und 55 mm Brennerkopfdurchmesser). Gasdruckerhöhung über 2 bar führt meistens zu hohen Gasaustrittsgeschwindigkeiten und zum Abreißen der Flamme. Die Anzahl der atmosphärischen Brenner je Ofen hängt im wesentlichen von der Ofenkonstruktion, Aufheizgeschwindigkeit, Endtemperatur und den Strö-

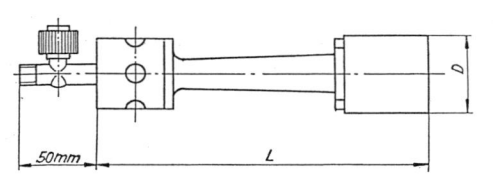

Abmessungen und Leistungen der meist gebrauchten handelsüblichen atmosphärischen Brenner für Flüssiggas

Düse ⌀ mm	Leistung in kW/h bei 1 bar	1,5 bar	Verbrauch in kg bei 1 bar	1,5 bar	⌀ D mm	L mm
0,8	9,6	14,0	0,75	0,94	53	185
1,1	20,8	26,8	1,40	1,80	50	210
1,5	40,2	52,1	2,70	3,30	60	215
2,1	74,4	95,23	5,00	6,40	80	278

Düsendurchmesser (mm) für atmosphärische Gasbrenner nach K. Schwarzenauer

Gas		Flüssiggas (Propan)			Erdgas		Stadtgas	
Brennerleistung kW	kcal/h	50 mbar	500 mbar = 0,5 bar	1 bar	22 mbar	500 mbar = 0,5 bar	7,5 mbar	8,0 mbar
1	900	0,45	0,30	0,20	0,85	0,40	1,60	1,60
2	1 700	0,65	0,30	0,30	1,20	0,50	2,30	2,20
3	2 600	0,80	0,40	0,35	1,50	0,65	2,80	2,70
4	3 400	0,90	0,50	0,40	1,70	0,75	3,20	3,10
5	4 300	1,00	0,55	0,40	1,90	0,80	3,50	3,50
6	5 200	1,10	0,60	0,45	2,10	0,90	3,90	3,80
7	6 000	1,20	0,65	0,50	2,30	0,95	4,20	4,10
8	6 900	1,30	0,65	0,55	2,40	1,00	4,50	4,40
9	7 700	1,35	0,70	0,55	2,60	1,10	4,70	4,70
10	8 600	1,40	0,75	0,60	2,70	1,15	5,00	4,90
12	10 300	1,60	0,80	0,65	3,00	1,25	5,50	5,40
14	12 000	1,70	0,90	0,70	3,20	1,35	5,90	5,80
16	13 800	1,80	0,95	0,75	3,40	1,45	6,30	6,20
18	15 500	1,90	1,00	0,80	3,60	1,50	6,70	6,60
20	17 200	2,00	1,05	0,80	3,80	1,60	7,00	6,90
22	18 900	2,10	1,10	0,85	4,00	1,65	7,40	7,30
24	21 000	2,20	1,15	0,90	4,20	1,75	7,70	7,60
26	22 000	2,30	1,20	0,95	4,30	1,80	8,00	7,90
28	24 000	2,40	1,25	0,95	4,50	1,90	8,30	8,20
30	26 000	2,45	1,25	1,00	4,70	1,95	8,60	8,50
32	28 000	2,50	1,30	1,05	4,80	2,00	8,90	8,80
34	29 000	2,60	1,35	1,05	5,00	2,10	9,20	9,00
36	31 000	2,70	1,40	1,10	5,10	2,20	9,40	9,30
38	33 000	2,75	1,45	1,15	5,30	2,20	9,70	9,50
40	34 000	2,80	1,45	1,15	5,40	2,30	9,90	9,80

mungsverhältnissen des heißen Gases durch den Ofen ab. Mit einem atmosphärischen Brenner von etwa 140 mm Länge, Brennerkopf-Durchmesser 55 mm, Düsenbohrung 0,8 mm und einstellbarem Gasdruck von 0,05 bis etwa 1,5 bar läßt sich ein 100-Liter-Ofen bis 1300 °C gut betreiben. In den Gasöfen sind die Brenner stets für höhere Leistungen ausgelegt als z. B. der berechneten Leistung für Elektroöfen entspricht, denn es muß die durch den Schornstein abfließende Wärmeenergie berücksichtigt werden. Die maximalen Brennerleistungen werden im Gasofen selten ausgenutzt; man kann sie deshalb zu schnellerem Temperaturanstieg nutzen.

Gebläsebrenner werden vorwiegend bei niedrigen Gasdrücken (50 bis 500 mm WS) bei Stadt- und Erdgas, aber auch bei Flüssiggas eingesetzt. Bei diesen Brennern wird der Verbrennungsluft dem Gas über ein elektrisch angetriebenes Gebläse zugemischt. Über Mischventile und Druckregler kann man die Leistung und Art der Verbrennung über einen weiten Bereich einstellen.

Gaskammerofen. Gasbeheizter Einzelkammerofen, Flammofen (bes. in Holland) oder Gaskammerringofen (Mendelheimofen). Es sind Öfen mit überschlagender Flamme, die zum Klinkerbrand benutzt werden, weil bei ihnen die größte Hitze an der Decke und nicht an der Sohle entsteht, wo die gestapelten Klinker der größten Druckfeuerbelastung ausgesetzt sind.

Gasöfen. Öfen, die mit Flüssiggas, Erd-, Stadt- oder Biogas beheizt werden. Dabei wird über geeignete Brenner (siehe Gasbrenner) das Gas mit Luft gemischt und zur Entzündung gebracht. Die heißen Brenngase durchströmen den Ofen und übertragen die Wärme auf das zu brennende Gut. Als Ofenbaustoffe für die Feuerfestauskleidung werden insbesondere bei kleineren Öfen speicherarme, gut wärmedämmende Feuerleichtsteine oder keramisches Fasermaterial verwendet. Im Bereich der Brenner, wo die höchsten Temperaturen auftreten, werden besondere Brennersteine eingesetzt. Für die gefahrlose Ableitung der ständig aus dem Ofen austretenden heißen Abgase ist bei ortsfesten Anlagen ein Schornstein erforderlich. Bei kleineren, beweglichen Öfen, die im Freien aufgestellt werden, entweichen die Abgase aus der durch Verschlußsteine ver-

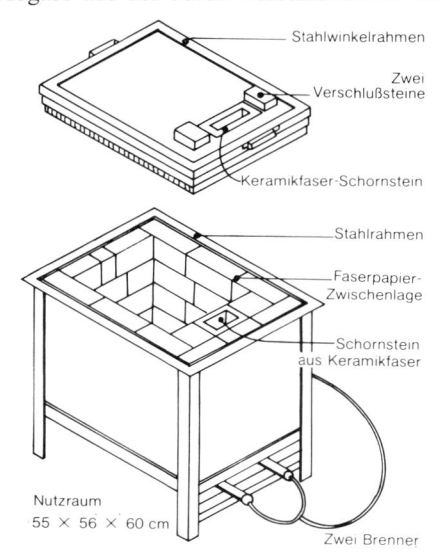

Faserisolierter Sayvit Holden Kiln.

änderbaren Abgasöffnung des Ofens ohne aufwendige Schornsteinkonstruktion.

Gedächtnis des Tones. Selbständige Rückverformung beim Trocknen und Brennen. Das Formen des Tones ist zum Teil ein plastischer, zum Teil ein elastischer Vorgang. Der elastische Anteil äußert sich nicht nur in einer geringfügigen Rückverformung beim Aufhören der formenden Krafteinwirkung, sondern auch in einer größeren elastischen Nachwirkung beim Trocknen, weil sich die Teilchen beim Zusammenrücken energetisch günstigere Lagen aussuchen, die meistens die ursprünglichen Lagen sind. In der Praxis äußert sich das z. B. darin, daß verputzte Nähte beim Trocknen wieder herauskommen. Beim Brennen kann sich eine geringe Rückbildung dieser Erscheinungen einstellen. Sie läßt sich bekämpfen durch Schamotte, und zwar je mehr und gröbere Schamotte man verwendet. Auch 15 %iger Zusatz von Wollastonit + Talkum oder von Carboxymethylcellulose ist als wirksam festgestellt worden.

Gedämpfte Glasuren. Bezeichnung für Lüsterglasuren.

Gedeck, siehe unter Service.

Gefäßabheber. Hilfsmittel zum Abheben von

frischgedrehten Gefäßen von der Töpferscheibe, ohne sie zu deformieren.

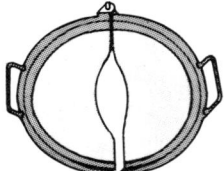

Gefäßflöte. Musikinstrument aus Ton, bei dem nicht, wie bei anderen Flöten, eine Luftsäule in einem Rohr, sondern die Luft in einem gefäßförmigen Hohlkörper zum Schwingen gebracht wird. Besondere Formen von Gefäßflöten sind die Pfeifgefäße südamerikanischer Kulturen, bei denen die Luft durch Schaukeln von Wasser durch den

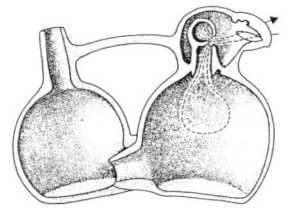

Konstruktion der präkolumbischen Schaukelflöte.

Blasluftkanal gedrückt wird. Dagegen gelangt bei Mehrkammerflöten eingeblasene Luft von einer Kammer in die nächste. Sie

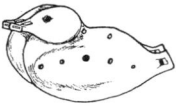

Mehrkammerflöte, von beiden Enden bespielbar.

werden hergestellt, indem man an einen Ausgangskörper, der ein Flötenmundstück enthält, halbschalenförmig weitere Hohlkörper ansetzt, die entweder nur von ihren Nachbarräumen Blasluft erhalten oder eigene Mundstücke besitzen. So kann die Gefäßflöte von mehreren Seiten gespielt werden.

Gefäßtypen. Gefäßformen werden seltener nach dem Verwendungszweck (Gießer, Schöpfer) benannt als nach der Form:
1. Flachformen
breit, klein = Schale
breit, klein mit Henkel = Teetasse
schmal, klein = Becher
schmal, klein mit Henkel = Kaffeetasse
breit, groß = Schüssel

GELBE GLASUREN

flach, rund, oval, eckig = Platte
flachbodig mit Rand = Teller (Boden = Spiegel, Rand = Fahne); mit hochgewölbtem Rand = Coupteller
flachbodig mit Rand und Stiel = Griffschale
flachbodig mit Rand und Deckel = Kasserolle
flachbodig mit Rand, Stiel und Deckel = Stielkasserolle
2. Hohlformen
geradwandig, groß = Eimer
schmal, hoch = Vase
schmal, hoch mit Henkel = Kanne
schmal, hoch mit Henkel und Deckel = Kaffeekanne
bauchig, groß = Topf
bauchig, groß mit Henkel und Deckel = Terrine
bauchig, hoch = Vase
bauchig mit engem Hals = Flasche
bauchig mit weitem Hals und Henkel = Krug
bauchig mit Henkel und Deckel = Teekanne
bauchig mit Deckel = Dose.

Geflammte Glasuren. Reduktionsglasuren, einschließlich Lüster.

Gefüge. Zusammenfassende Bezeichnung der Begriffe Struktur und Textur, zwischen denen es keine strenge Grenze gibt. Struktur bezeichnet mehr den inneren Aufbau einer komplexen Einheit, in der alle Elemente eine eigene Aufgabe erfüllen. Feinstruktur ist der räumliche Aufbau eines Kristallgitters aus Atomen oder Ionen (Kristallstruktur, Glasstruktur). Der Aufbau eines Verbandes aus Mineralaggregaten und anderen Baugruppen ist die Scherbenstruktur. Textur wird mehr gebraucht für bevorzugte Orientierungen von Kristallen in einer Richtung.

Gehlenit, $2CaO \cdot Al_2O_3 \cdot SiO_2$. Kristalline Ausscheidung in Kalk-Tonerde-Glasuren.

Gelbbrennende Tone. Durch Eisen- und Titanminerale gefärbte Tone, die ihre gelbe Brennfarbe bis 1200 °C behalten.

Gelbe Glasuren.
a) Antimongelb, das nur bis 1000 °C beständig ist, erhält man in bleireichen Glasuren. Es gelingt bei Verwendung von fertigem Bleiantimonat (Neapelgelb). Gelb ergibt auch der Zusatz von 2–3 % einer Mischung aus 1–5 % Chromoxid + 10–20 % Antimonoxid + TiO_2 (Rest).

GELTAFTAN 122

b) Chromgelb ist auf hohen Blei- oder Bariumgehalt angewiesen bei wenig Kieselsäure.
c) Titangelb ist ein Elfenbeingelb mit 1–2 % Rutil im oxidierenden Brand, vor allem in Bleiglasuren, mit oder ohne Zinnoxid.
d) Eisengelb erhält man in Bleiglasuren mit 1–3 % Fe_2O_3. In Alkaliglasuren ist das Eisenoxid schwer löslich und bildet in leichtschmelzenden Glasuren Pünktchen. Es löst sich erst bei höherer Temperatur.
e) Nickelgelb, ein Strohgelb in Bleiglasuren.
f) Molybdän, Praseodym und Vanadin werden zur Herstellung von Gelbfarbkörpern verwendet.

Geltaftan (pers. gel = Erde, taftan = Gebranntes). Von dem Iraner Nader Khalili 1977 in Javadabad erprobtes Brennen von Häusern, die aus Lehmziegeln (Adobes) errichtet, innen mit Hilfe von Baumspritzen glasiert, mit Ölbrennern bei etwa 1000° C gebrannt wurden. Künstlerische Anwendung siehe unter Earth Art.

Grundschulkomplex mit zehn Klassenräumen in Javadabad (Iran), der im Geltaftan-Verfahren gebrannt wurde. (Foto Khalili)

Geologische Karten und »Karten oberflächennaher mineralischer Rohstoffe« sind erhältlich bei: GeoCenter GmbH, Schockenriederstr. 40a, D-7000 Stuttgart 80.

Geophagie, Erdeessen. Bei Naturvölkern verbreitete Sitte, z. T. als Fruchtbarkeitszauber, aber auch als Heilerde (siehe diese). Röllchen aus weißem Ton werden z. B. auf dem Markt von Kapandu in Ghana verkauft.

Georgia Kaolin. US-Kaolin, entsprechend dem englischen China clay no. 1 von Harrison Mayer. Ersatzmischung: 96,83 Kaolin 233, 1,57 Tonerdehydrat 276, 1,14 TiO_2, 0,28 Fe_2O_3.

Gelbbrennende Tone

	1	2	3
SiO_2	56,2	62,0	56,6
Al_2O_3	26,8	24,7	26,1
TiO_2	2,16	–	1,43
Fe_2O_3	1,92	1,6	3,19
CaO	0,44	1,5	0,61
MgO	0,52	0,9	0,63
K_2O	1,71	0,7	0,80
Na_2O	0,13	0,8	0.09
GV	9,98	11,62	9,86
1000 °C	creme	beige	dkl.-rosa
1100 °C	hellgelb	dkl.-gelb	hellgelb
1200 °C	dkl.-gelb	dkl.-gelb	gelb
1300 °C	hellbraun	–	gelbl.-grün

1 = Keramischer Ton 2001, Königswinter/Oberpleis, Goerg u. Schneider Tonbergbau, Siershahn. 2 = Gelbbrennender Ton 157/G Geilenkirchen bei Aachen. 3 = Ton GFU, Großheirath, Tonwerke Adolf Gottfried.

Geröll. Durch Wassertransport abgerundetes Gestein, »fluviales Geröll« in Flüssen, »maritimes Geröll« in der Meeresbrandung.

Gerstenasche. Saure Asche, die allein für sich bei 1330 °C im Oxidationsbrand eine gelbstichige, im Reduktionsbrand eine zart seladonfarbene, glänzende Glasur ergibt. Die Asche ist kaliumreich und natriumarm und bietet gute Voraussetzungen für die Verwendung als Glasurrohstoff. Sie entspricht etwa einer Mischung aus 2,5 Feldspat : 1 Dolomit und kann diese beiden Substanzen in einem Glasurversatz ersetzen. Der Eisengehalt ist gering, so daß die Asche klare Farben durch Farboxidzusätze zuläßt. Anhaltswerte: 61,92 % SiO_2, 1,37 % Al_2O_3, 0,51 % Fe_2O_3, 5,18 % P_2O_5, 0,07 % TiO_2, 9,18 %CaO, 2,76 % MgO, 18,23 % K_2O, 0,34 % Na_2O. Segerformel zum Einrechnen in Glasuren: 2,40 SiO_2, 0,02 Al_2O_3, 0,09 P_2O_5, 0,37 CaO, 0,16 MgO, 0,44 K_2O, 0,02 Na_2O. M. G. 229.

Gerstley borate. Nach dem Besitzer einer kalifornischen Colemanitmine benanntes Boronatrokalzit 0,273 Na_2O, 0,727 CaO, 0,033 Al_2O_3, 1,356 B_2O_3, 0,565 SiO_2. Mol.-Gew. 221,33. Es entspricht etwa dem Ulexit.

Gesamthochschule. Organisatorische Zusammenfassung von Hochschulen und Fachschulen. Für Keramiker: Kassel und Duisburg.

Geschiebe. Durch Gletschereis transportierte, kantengerundete, abgeschliffene, verschrammte (»gekritzte«) Gesteinsbrocken, die in Grundmoränen angelagert wurden. Große Geschiebeblöcke heißen Findlinge.

Geschiebelehm, Blocklehm. Verwitterte Geschiebemergel, mit Sand und Kies (Geschiebe) durchsetzte, durch Verwitterung entkalkte oder kalkarme Oberflächenschicht.

G **Geschirr.** Im Haushalt benutzte Gegenstände, aber auch Hotelgeschirr. Siehe auch unter Service. Einzelgeschirr: Kochgeschirr, Bratpfanne, Backform, Schüssel, Kasserolle.

M **Geschirrspüler.** Maschine zum Waschen und Trocknen von Geschirr und Besteck mit 60 °C heißem, enthärtetem und entspanntem Wasser. Die Spülmittel in Mengen von 1 bis 2 g pro Liter Wasser bestehen aus zwei Komponenten: zuerst wirkt das Reinigungsmittel (hochpolymerphosphat- und alkalihaltige Tenside = waschaktive Sustanzen), dann das nichtschäumende Nachspülmittel zum Glanzklartrocknen. Geschirrspülfeste Keramik muß laugen- und säurebeständig sein. Dieser Forderung entsprechen tonerdereiche Glasuren mit ausgewogenem Verhältnis von Flußmittel zu Kieselsäure, wobei unter den Flußmitteln Kalk enthalten sein sollte. Bei alkalischen Glasuren darf der Alkaligehalt nicht über 0,4 Mole, bei borsauren der Borsäuregehalt nicht über ein Sechstel der Kieselsäure, bei Bleiglasuren nicht über 0,2 PbO hinausgehen. In Untersuchungen an Bleifritten (reinen Bleisilikaten und Blei-Aluminiumsilikaten) wurde festgestellt, daß bei pH 10 die Bleiabgabe sehr gering, im stark alkalischen sowie im stark sauren Bereich dagegen groß ist. Aus Borfritten wird in allen Fällen viel Borsäure herausgelöst. Besonders Tonerde, aber auch Kalk wirken festigend. Je niedriger die Brenntemperatur, desto schwieriger ist es, ausreichende chemische Beständigkeit zu erzielen. Das gilt insbesondere für Aufglasurfarben.
Die Prüfung auf Resistenz gegenüber alkalischen Reinigungsmitteln erfolgt durch 30minütiges Kochen des Prüfkörpers in 1%iger Trinatriumphosphatlösung (Na_3PO_4). Sie entspricht 5000 Druchgängen im Spüler.

M **Gesellenprüfung.** Nachweis der für den Beruf erforderlichen Fähigkeiten und Kenntnisse nach Abschluß der Lehrzeit. Sie setzt sich zusammen aus einem praktischen und einem theoretischen Teil. Im praktischen Teil sind Gesellenstücke, deren selbständige Anfertigung der Ausbildungsbetrieb bestätigt, vorzuweisen und Arbeitsproben während der Prüfung anzufertigen. Im theoretischen Teil werden in den keramischen Handwerksberufen (Scheibentöpfer, Baukeramik und Keramikmaler) Grundkenntnisse über Material, Glasuren, Trocknen, Öfen und Brennen verlangt. Die Prüfungsurkunde ist der Gesellenbrief. Das Verfahren ist in der Handwerksordnung (= Gesetz zur Ordnung des Handwerks vom 17. 9. 1953, §§ 36–44) geregelt.

Gespaltener-Bambus-Ofen. Chinesischer, langgestreckter Hangofen, halb im Boden eingelassen. In Japan als »Hebigama«.

Gestaltfestigkeit. Im Gegensatz zur Werkstoffestigkeit die durch die Form beeinflußte mechanische Festigkeit. Der Unterschied zwischen beiden ist bei spröden Werkstoffen besonders groß. Die Beobachtung der Gestaltfestigkeit in der Keramik hat dazu geführt, Formen und Gestaltung von hoher Gestaltfestigkeit als »keramisch« zu bezeichnen. Dazu gehören bauchige Gefäße, verdickte Ränder als Spannringe, vom Gefäßfuß aufstrebende Konturen. G

Gesteine. Mineralaggregate. Einteilung:
1. Eruptivgesteine (Magmatite), durch Erstarrung von Magma entstanden; kieselsäurereiche, saure Eruptivgesteine besitzen Alkalien, kieselsäureärmere, intermediäre und basische besitzen Kalk, ultrabasische besitzen Magnesium und Eisen (mafitische Gesteine) als basische Komponenten. Nach den mineralischen Gemengteilen unterscheidet man Quarzfeldspatgesteine, Feldspatgesteine, Feldspat-Foid-Gesteine (Foide = Feldspatvertreter, z. B. Nephelin), Foidgesteine und Mafitgesteine. Nach der Lage unterscheidet man Tiefengesteine (Plutonite, Intrusivgesteine) und Ergußgesteine (Vulkanite, Effusivgesteine).
2. Sedimentgesteine, Schichtgesteine, Ablagerungen: Geröll, Sand, Ton, Tonschiefer, vulkanische Tuffe, Mergel, Kalkstein, Dolomit, Gips.
3. Metamorphe Gesteine, unter Druck oder Temperatur veränderte Gesteine: Quarzite, Schiefer, Marmor, Feldspäte, Wollastonit, Arkose, Gneise.

Gesteine in Glasuren. Zum Erkennen der Eruptivgesteine und ihrer keramischen Verwendbarkeit ist ihre Hell- oder Dunkelfär-

GESTEINSGLASUREN

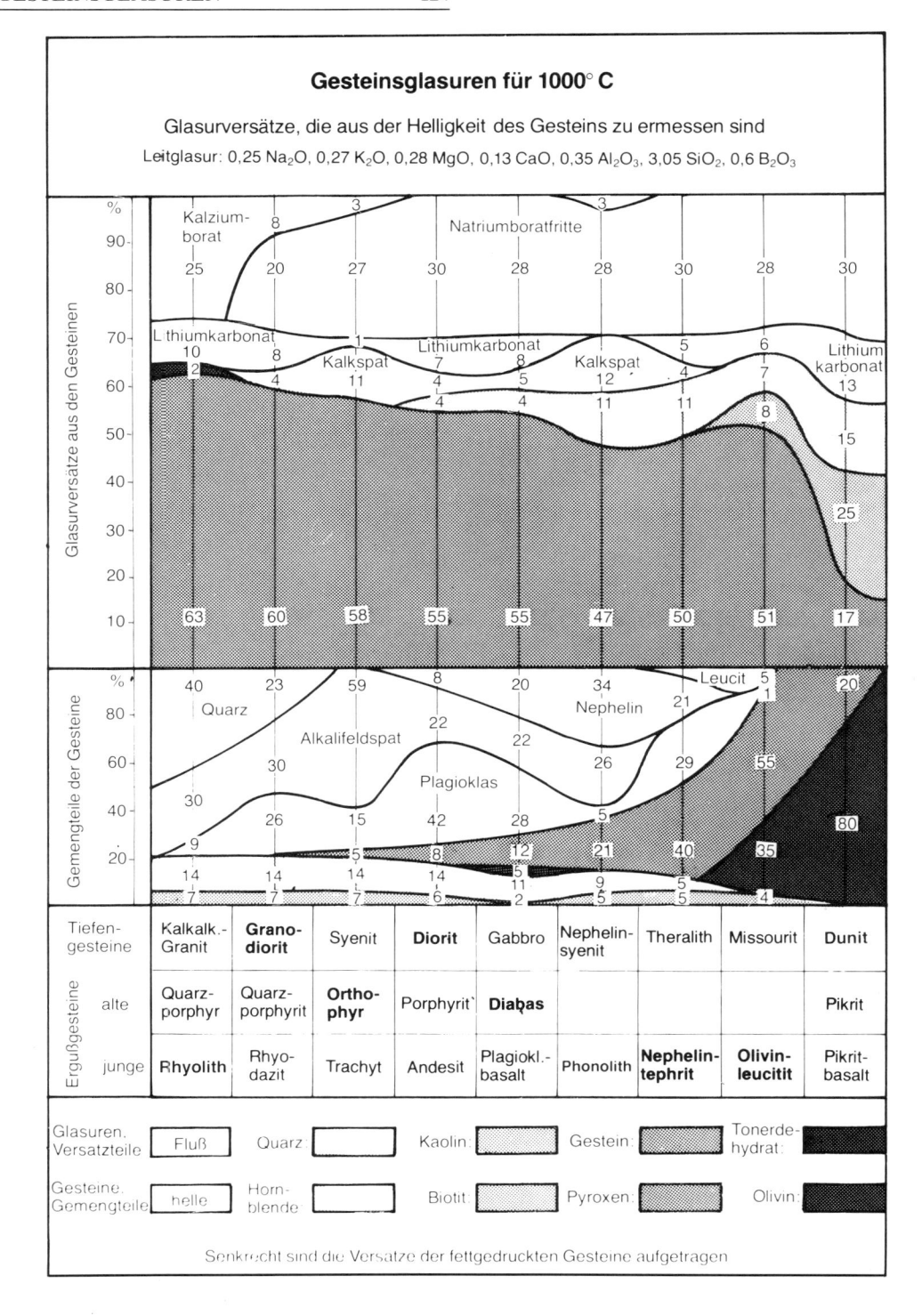

Gesteinsglasuren für 1000° C

Glasurversätze, die aus der Helligkeit des Gesteins zu ermessen sind

Leitglasur: 0,25 Na_2O, 0,27 K_2O, 0,28 MgO, 0,13 CaO, 0,35 Al_2O_3, 3,05 SiO_2, 0,6 B_2O_3

Glasurversätze aus den Gesteinen (%)

	Kalziumborat		Natriumboratfritte					
	25	20 / 3 / 27	30	28	28	30	28	30
Lithiumkarbonat	10 / 2	8 / 1 / Kalkspat 11 / 4	Lithiumkarbonat 7 / 4 / 4	8 / 5 / 4	Kalkspat 12 / 11	5 / 4 / 11	6 / 7 / 8	Lithiumkarbonat 13 / 15 / 25
	63	60	58	55	55	47	50	51 / 17

Gemengteile der Gesteine (%)

	Quarz 40	23	59 / Alkalifeldspat	8 / 22	20 / Plagioklas 22	34 / Nephelin 26	Leucit 5 / 21 / 29	5 / 20
	30 / 9	30 / 26	15	42	28 / 5	5 / 21	40 / 5	55 / 80 / 35
	14 / 7	14 / 7	14 / 7	14 / 6	11 / 5 / 2	9 / 5	5 / 5	4

Tiefengesteine	Kalkalk.-Granit	**Granodiorit**	Syenit	**Diorit**	Gabbro	Nephelinsyenit	Theralith	Missourit	**Dunit**
Ergußgesteine alte	Quarzporphyr	Quarzporphyrit	**Orthophyr**	Porphyrit	**Diabas**				Pikrit
Ergußgesteine junge	Rhyolith	Rhyodazit	Trachyt	Andesit	Plagiokl.-basalt	Phonolith	**Nephelintephrit**	**Olivinleucitit**	Pikritbasalt

Glasuren-Versatzteile: Fluß, Quarz, Kaolin, Gestein, Tonerdehydrat

Gesteine-Gemengteile: helle, Hornblende, Biotit, Pyroxen, Olivin

Senkrecht sind die Versätze der fettgedruckten Gesteine aufgetragen

125 GESTEINSGLASUREN

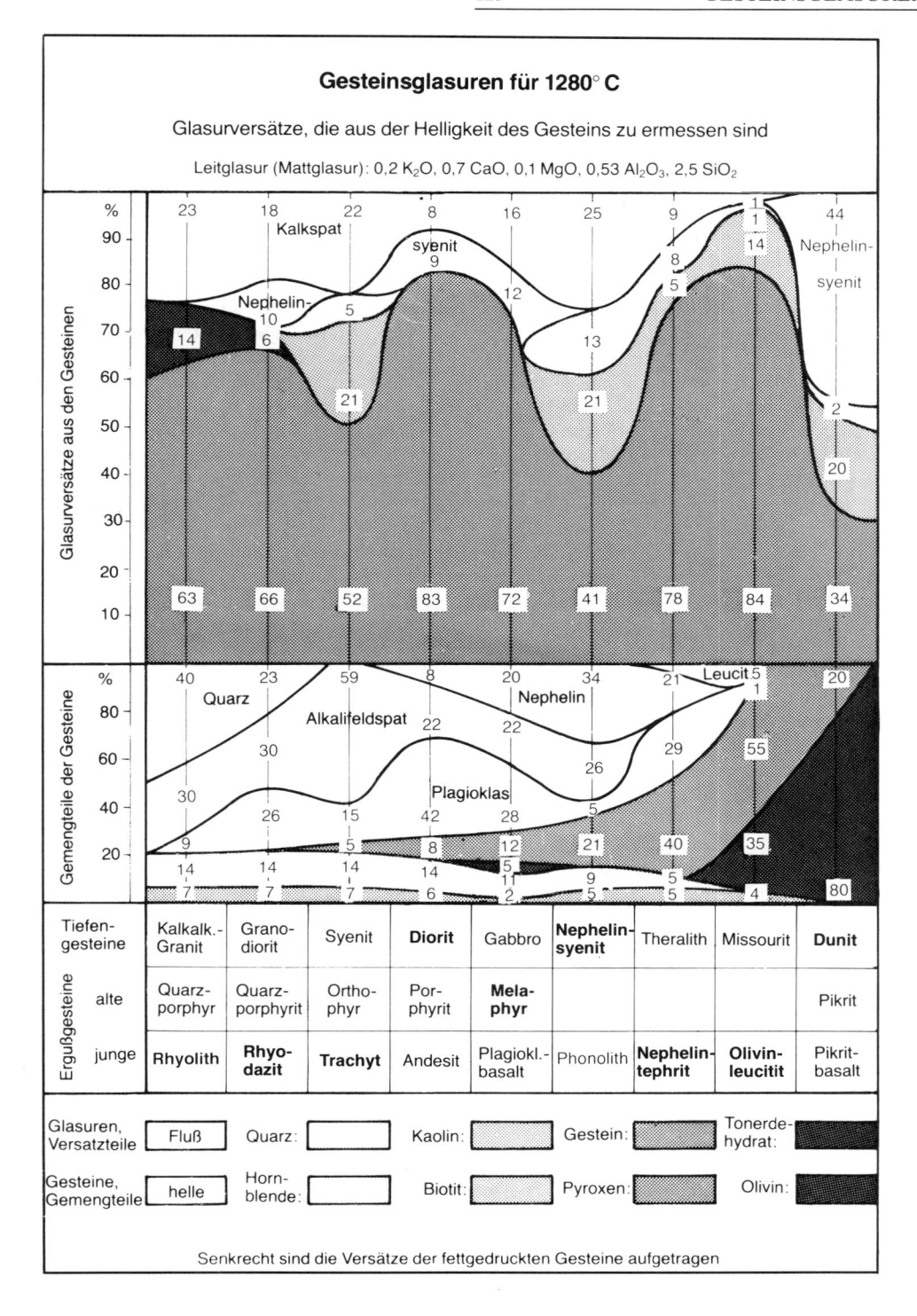

Gesteinsglasuren für 1280° C

Glasurversätze, die aus der Helligkeit des Gesteins zu ermessen sind

Leitglasur (Mattglasur): 0,2 K_2O, 0,7 CaO, 0,1 MgO, 0,53 Al_2O_3, 2,5 SiO_2

Tiefengesteine	Kalkalk.-Granit	Granodiorit	Syenit	**Diorit**	Gabbro	**Nephelin-syenit**	Theralith	Missourit	**Dunit**
Ergußgesteine alte	Quarzporphyr	Quarzporphyrit	Orthophyr	Porphyr	**Melaphyr**				Pikrit
Ergußgesteine junge	**Rhyolith**	**Rhyodazit**	Trachyt	Andesit	Plagiokl.-basalt	Phonolith	**Nephelintephrit**	**Olivinleucitit**	Pikritbasalt

Glasuren, Versatzteile: Fluß, Quarz, Kaolin, Gestein, Tonerdehydrat

Gesteine, Gemengteile: helle, Hornblende, Biotit, Pyroxen, Olivin

Senkrecht sind die Versätze der fettgedruckten Gesteine aufgetragen bung ein guter Anhaltspunkt. Sie wird durch den mehr oder weniger großen Anteil an hellen oder dunklen Gemengteilen verursacht. Helle Gemengteile sind Quarz, die Feldspäte (Alkalifeldspäte, Plagiokase) und Feldspatvertreter (Nephelin, Leucit) sowie der helle Glimmer (Muskovit). Dunkle Gemengteile sind der dunkle Glimmer (Biotit), Hornblende, Pyroxene und Olivin. Saure Eruptivgesteine sind hell und besitzen durch die Alkalifeldspäte und durch den Muskovit alkalische Flußmittel. Man erhält aus ihnen Alkaliglasuren, denen man zum leichteren Schmelzen Erdalkalien (Kalkspat), für niedrige Temperaturen borsäurehaltige Flußmittel und für eine Mattglasur außerdem Tonerde oder Kaolin zusetzen muß. Eruptivgesteine mittlerer Farbe (Phonolit, Nephelinsyenit) sind durch Plagioklase (Natrium-Kalzium-Feldspäte) oder durch Nephelin hell und durch Biotit, Hornblende und Pyroxene dunkel gefärbt. Man muß ihnen Quarz und Feldspat zusetzen, um sie zu einer Glasur zu machen; dazu noch Kaolin, wenn sie matt werden soll. Für 1000 °C sind sie wiederum auf Borsäure als Flußmittel angewiesen, wenn man kein Blei verwenden will. Die ganz dunklen Eruptivgesteine schließlich haben mehr magnesiumhaltige Gemengteile (Pyroxene, Olivine) und sind bei hohem Olivingehalt auch noch durch dessen Eisen dunkel. Sie haben fast keine hellen, also sauren, Gemengteile und sind deshalb ultrabasisch. Ihnen muß man sehr viel Feldspat oder besser Nephelinsyenit, dazu Kaolin und Quarz zusetzen, um zu einer guten Mattglasur zu kommen, in der dann auch der Anteil des Gesteins nur noch gering sein kann. Bei der Benutzung der Diagramme kann man großzügig vorgehen.

Gesteine in Massen. Vulkanische Gesteine wirken in Massen als Flußmittel infolge ihres Alkali-, Kalk- und Eisengehalts. Deshalb sind sie besonders für niedrige Brenntemperaturen geeignet, wenn die Brennfarbe nicht stört. Sie führen zu einem harten, hellklingenden Scherben.

Getreideaschen. Mäßig saure Aschen mit beträchtlichen Schwankungen in der Zusammensetzung. Die mittlere Zusammensetzung aus zehn Analysen ergibt zwar eine Mischung, die bei 1350 °C schmilzt, aber es ist für die Verarbeitung und das Aussehen besser, die Asche mit Kalk und Kaolin zu versetzen, um eine Mattglasur bei 1280 °C zu erzielen. Für glänzende Glasuren eignet sich auch Kalziumborat zur Herabsetzung der Schmelztemperatur. Anhaltswerte: 66,62 % SiO_2, 3,11 % Al_2O_3, 1,3 % Fe_2O_3, 0,11 TiO_2, 6,877 % CaO, 3,088 % MgO, 9,668 % K_2O, 3,094 % Na_2O, 2,578 % P_2O_5. Mol.-Gew. 277.

Gibbsit = Hydrargillit.

Gießbüchse, Malbüchse, Malhorn, Malbällchen. Gerät zum Aufbringen der Engobemalerei. Die älteste Form ist das Kuhhorn, das an seiner Spitze abgeschnitten und mit einem Korken versehen wurde, in dem ein Federkiel steckte. Später drehten sich die Töpfer Malbüchsen aus Ton, die sie handgerecht zurechtdrückten, mit einem kurzen Hals, der den Korken mit Federkiel aufnahm. Eine oben angebrachte Öffnung sorgte dafür, daß der Malschlicker durch Unterdruck am Ausfließen gehindert wurde. In ein mit einem langen Ausgußröhrchen versehenes Malbällchen aus Gummi kann man ebenfalls eine obere Luftöffnung schneiden.

Gießfähigkeit. Die Eigenschaft, unter dem Einfluß von Verflüssigungsmitteln an die Tonminerale gebundenes Wasser frei zu machen und dadurch nur ein Drittel mehr Wasser zum Gießen zu benötigen als für die plastische Verformung.

Gießfleck. Fehler, der beim Eingießen des Gießschlickers in die Gipsform durch Entmischung des Gießschlickers beim Aufprall auf die Gießform entsteht und sich nach dem Brand als gelbliche Verfärbung sichtbar macht. Er kann auch an der Gefäßwand auftreten, wenn man den Schlicker in die schräge Form einlaufen läßt. Abhilfe: Eingießen durch einen Gummischlauch, der bis auf den Gefäßboden reicht.

Gießform. Für das Schlickergießen bestimmte Gipsform. Beim Hohlguß besitzt sie einen als Schonung bezeichneten Gipstrichter, der den Gießschlicker nachsinken läßt und dessen Innenfläche die Führung für das Abschneiden des überstehenden Randes mit dem Messer bildet.

Gießmasse. Ein plastischer Steinzeugton ist zu fein, um eine Gießmasse zu bilden; er verstopft die Poren der Gipsform. Die weißbrennenden Steinguttone und Porzellanmassen sind dagegen grobkörniger und von Natur aus besser geeignet. Bei einem plastischen Ton rechnet man mit 600 g Magerungsmittel (Quarz, Schamottemehl, Kalkspat) auf 1 kg trockenes Tonpulver. Soll es eine bei niedriger Temperatur dichte Ware werden, so nimmt man die 600 g zur Hälfte aus feinem Quarz und zur Hälfte aus feinem Kalkspat. Dazu kommen 4,8 g wasserfreie Soda, in heißem Wasser gelöst, und insgesamt 280 bis 560 g Wasser. Man mahlt diese Masse in der Naßmühle oder verrührt alles, läßt durchziehen und verrührt am nächsten Tag erneut. Die Gießmasse gießt man dann noch durch ein Sieb. Ihre Konsistenz muß sahnig sein.

Gießton. In der Regel eignen sich alle Steinguttone sowie alle Steingut- und Porzellanmassen zum Gießen, da sie grobkörniger und magerer sind als die Steinzeugtone. Als Steinzeuggießmasse geeignet ist der Gießton 502 aus der Grube Maienburg in Mengerskirchen/Weilburg der Stephan Schmidt KG in Langendernbach (im Handel unter 132/1). Er enthält 72,9 % SiO_2, 18,0 % Al_2O_3, 0,94 % TiO_2, 0,80 % Fe_2O_3, 0,09 % CaO, 0,52 % MgO, 2,33 % K_2O, 0,13 % Na_2O. 4.76 % Glühverlust. Die Mineralzusammensetzung: 23 Kaolinit, 22 Illit, 2 Montmorillonit, 50 Quarz, 1–2 Feldspat. Er brennt bei 1300 °C dicht mit hellgrauer Farbe. Das günstigste Verflüssigungsmittel ist hier Gießfix C 30, der günstigste Zusatz 0,2 % auf Trockensubstanz bei 33 % Wasser. Bei geringfügig steigendem Zusatz an Verflüssigungsmitteln nimmt bei allen Gießmassen die Verflüssigungswirkung (gemessen an der Kürze der Auslaufzeit aus einer Pipette) stark ab.

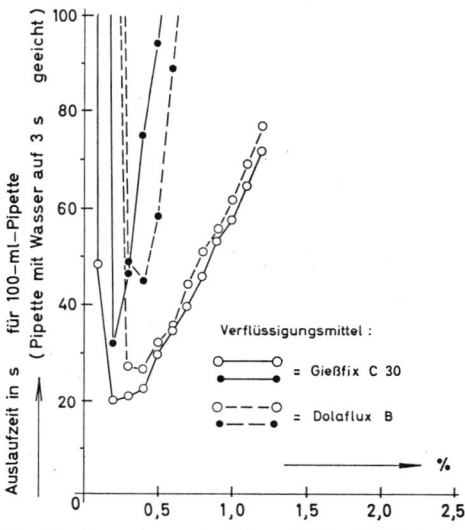

Gießverfahren. Auf der Tonverflüssigung beruhendes Formgebungsverfahren, bei dem ein Gießschlicker in eine Gipsform gegossen wird, wo er durch Wasserentzug an der Formwand eine feste Tonwand bildet. Die Zeit, die er dazu braucht, ist die Standzeit. Danach wird der restliche Gießschlicker ausgegossen.

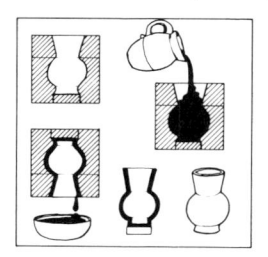

Griffin-Scheibe. Zentrierscheibe mit drei Bakken zum Festhalten des Gefäßes im Zentrum des Scheibenkopfes. Hersteller: Griffin Earthworks, Box 4057, Boulder, Colorado 80300.

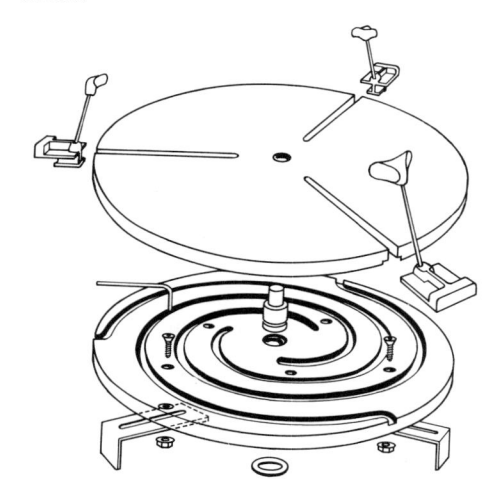

Verflüssigungskurve des Tones 502 bei 31 % (volle Punkte) und 33 % Wassergehalt (offene Punkte), auf Trockensubstanz berechnet.

Gifte. Gesundheitsschädliche Stoffe, die den Verarbeiter (siehe MAK-Tabelle) oder den Verbraucher gefährden. Die Giftverordnung

(VO.G) bestimmt die Abgabe, Aufbewahrung (Giftschrank), Verwendung, Beseitigung und die Kennzeichnungspflicht. Giftklasse 1 und 2: besonders gefährliche Gifte und ätzende Stoffe, schwarz gekennzeichnet mit Totenkopf, sind z. B. Bariumkarbonat, Bleisilikatfritte, Cadmiumoxid und -selenid, Kobaltkarbonat und -sulfat, Vanadiumoxid. Giftklasse 3: starke Gifte und ätzende Stoffe, gelb gekennzeichnet, z. B. Blei-Tonerde-Fritten, Kupferkarbonat, Mennige, Nickeloxid, Strontiumkarbonat. Giftklasse 4: weniger gefährliche Gifte, rot gekennzeichnet, z. B. Borsäure, Kobaltoxid, Kupferoxid, Magnesiumoxid, Mangankarbonat, Silberoxid, Zinnoxid, Zirkonsilikat. Giftklasse 5: schwache Gifte sind z. B. Borax und Braunstein. Giftklassefrei sind z. B. Bariumsulfat, Kalziumphosphat, Eisenoxide, Titandioxid und Zinkoxid.

Gips. Der Rohgips ($CaSO_4 \cdot 2H_2O$) wird gebrannt und fein gepulvert. Die verschiedenen Gipssorten ergeben sich aus den Brenntemperaturen von mindestens 130 °C für Alabastergips ($CaSO_4 \cdot 0,5 H_2O$), 160 °C für Hartformgips und 200 °C für Anhydrit ($CaSO_4$). Für keramische Arbeitsformen eignet sich am besten eine Mischung aus 1 Drittel Hartformgips + 2 Drittel Alabastergips. Die Härte des Gipses hängt außer von der Gipssorte vom Wasserfaktor ab. Beim Wasserfaktor 6 (= 1 Teil Wasser zu 1,75 Teilen Gips) hat der Alabastergips eine Druckfestigkeit von 160, der Hartformgips von 500 kg/cm^2. Mit steigendem Wasserfaktor verringert sich die Festigkeit. Welchen Wasserfaktor man wählt, hängt auch von der Form des abzugießenden Gegenstandes ab. Ein Modell mit feinen Vertiefungen erfordert einen leichtfließenden Brei, der mit mehr Wasser angesetzt werden muß. Schon wenige Minuten nach dem Anrühren beginnt der Gips abzubinden. Er erwärmt sich infolge Kristallisationswärme und dehnt sich aus: der Alabastergips um 1 bis 1,7 %, der Hartformgips um 1,5 bis 3 %. Die Druckfestigkeit steigt während des Abbindevorgangs stark und danach in geringerem Maße an. Einen besonders starken Festigkeitsanstieg zeigt der Hartformgips zwischen dem dritten und siebenten Tag nach dem Anrühren, während sich die Festigkeit des Alabastergipses nur geringfügig verbessert. Man soll also nach dem Gießen der Arbeitsformen und Platten eine Woche warten, bis man sie in Betrieb nimmt. Synthetischen Gips »Ludur« ($CaSO_4 \cdot 0,5 H_2O$) mit hoher Festigkeit stellt Giulini Chemie, Ludwigshafen, her.

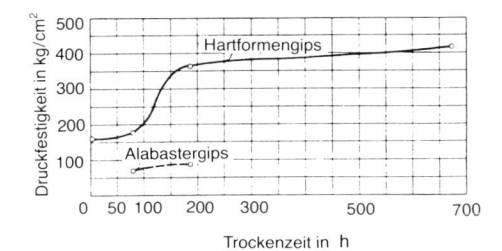

Gipsform. Poröse Form, die entweder von einem modellierten Tongegenstand oder von einem Gipsmodell (selten von einem fertigen, gebrannten Gegenstand) abgenommen wird. Die Gipsform dient der Vervielfältigung. Eine hohe Zahl von Abformungen wird von einer »Arbeitsform« verlangt, die entweder für das Gießverfahren oder zum Ein- und Überdrehen bestimmt ist. Solche Arbeitsformen entstehen aus dem auf der Modelleurscheibe aus einem Gipszylinder gedrehten Modell, von dem eine »Mutterform« hergestellt wird. Die Vervielfältigung der Mutterform ergibt die Arbeitsformen. Zu dieser Vervielfältigung dient eine »Einrichtung«.

Formenarten:
1. einteilige Form zum Eingießen oder plastischen Ausformen. Das Modell muß konisch sein.
2. zweiteilige Form zum Gießen oder plastischen Ausformen. Die Quetschform braucht einen umlaufenden Kanal für die überschüssige Masse. Das Modell muß in den beiden Abheberichtungen konisch sein.
3. zweiteilige Form mit Bodenstück und Schonung, die den gewölbten Boden bzw. den Rand oder die Deckelauflage formen. Diese Form besteht aus vier Teilen und hat vier Abheberichtungen.
4. Mehrteilige Keilform mit Mantel für Modelle mit zahlreichen Unterschneidungen und Anheberichtungen, von denen jede einen Formkeil erfordert. Die Keile werden durch einen Gipsmantel zusammengehalten, der selbst ein- oder mehrteilig sein kann. Das korrekte Zusammenfügen von Formteilen

wird durch Schlösser (konische Vertiefungen) ermöglicht, die in die Paßseiten eingeschnitten und beim Ausgießen der Gegenstücke mit ausgegossen werden.
Für Teller und Henkel setzt man die Formen zu Türmen zusammen. Innerhalb der Turmform sorgen Kanäle und Luftöffnungen dafür, daß der Schlicker alle Hohlräume ausfüllt.
Gegossene Gegenstände haben eine Gießnaht und müssen verputzt werden.

G **Gipsplatten.** Man gießt sie in eine Umrandung auf einer vorher mit Formenschmiere isolierten, ebenen Unterlage. Gute Erfahrungen wurden mit ebenso saugfähigen keramischen Faserplatten an Stelle der Gipsplatten gemacht (Cerafelt CB, Gossler, Reinbek). Sie sind unbiegsam und haben eine Druckfestigkeit von 384 kg/cm. Wenn man auf ihnen etwas geformt hat, kann man das Objekt mitsamt der Platte bis 1260 bzw. 1500 °C, je nach Plattenqualität, brennen. (Siehe auch unter Kalziumsilikatplatten.)

G **Gipsschnitzen.** Da der abgebundene Gips spröde ist, tränkt man ihn mit Wasser, wenn man ihn schnitzen will. Zum Schnitzen von Henkeln und Tüllen für Kannenmodelle, die abgeformt werden sollen, zieht man erst eine senkrechte Mittellinie auf dem Kannenkörper, die geringfügig vertieft sein soll, damit sie sich beim Abformen abzeichnet. Dann formt man den zu schnitzenden Gipsklotz an seiner Ansatzstelle am Kannenkörper ab und verlängert die abgezeichnete Mittellinie über den ganzen Klotz. Sie ist die Leitlinie zum Schnitzen und muß immer wieder nachgezogen werden, wenn die Fläche abgeschnitten ist. Die Form von Henkel und Tülle wird mit dem Bleistift auf dem Gipsklotz vorgezeichnet.

Gipstisch. Tisch, auf dem Gipsarbeiten ausgeführt werden, aber auch ein Tisch mit Gipsplatte zum Tontrocknen. Für Gipsarbeiten muß er völlig horizontal sein, weil sonst beim Gießen schiefe Platten entstehen. Für das Trocknen von Ton kann man ihn mit einer Fußbodenheizung beheizen, indem man diese in die Tischplatte eingießt.

G **Gipswerkzeug.** Stahlwerkzeug zur Gipsbearbeitung: Ziehklinge zum Abziehen von Flächen, Gipsmesser und Kratzeisen (Bossiereisen) zum Schlösserschneiden, Henkel- und Tüllenschnitzen.

Gipszeiger. Pflanzenart, aus deren Vorkommen auf Gips geschlossen werden kann. Bergsteinkraut *(alyssum montanum)*, Federgras *(stipa capillata)*, Fingerkraut *(potentilla)*, Flechte *(acarospora nodulosa)*, Frühlingsadonisröschen *(adonis vernalis)*, Gipskraut *(gypsophila)*, Heideröschen *(fumana procumbens)*, kleine Felskresse *(hornungia petrella)*, Labkraut *(galium hypnoides)*, Levkoje *(matthiola vallesiaca)*, Steppenwolfsmilch *(euphorbia seguirana)*.

Links: Frühlingsadonisröschen, rechts: Gänsefingerkraut.

Glanz. Durch Reflexion hervorgerufene optische Eigenschaft der Glasuren. Sie ist bei getrübten höher als bei transparenten, die einen größeren Teil der Lichtstrahlen diffus zerstreuen. Blei und Barium verleihen den Glasuren den höchsten Glanz. G

Glanzgold. Lösliche, organische (harzsaure) Goldverbindung, die auf die fertiggeschmolzene Glasur aufgetragen und bei 600 bis 830 °C aufgebrannt wird. Dabei verbrennt der organische Anteil, und es scheidet sich ein äußerst dünnes, glänzendes Goldhäutchen auf der Glasur ab. Durch Mischen mit Silberchlorid entstehen gelbliche, mit Platin rote, mit Silberharz grüne Goldtöne. Glanzgoldlösungen gibt es in Fläschchen ab 2 g.

Glas. Unterkühlte, zu einem festen Körper erstarrte Schmelze, bei der sich während des Abkühlens – im Gegensatz zu Kristallen – keine sprunghaften Eigenschaftsänderungen ergeben. Das heißt, daß Gläser keinen festen Schmelz- oder Erstarrungspunkt besitzen, sondern beim Erhitzen allmählich erweichen und beim Abkühlen allmählich erstarren. Sie besitzen einen Transformationsbereich, in dem sie vom flüssigen in den festen Zustand übergehen. Gläser werden aus Gemenge geschmolzen. Dem Gemenge entspricht in der

GLASIEREN 130

Keramik der Versatz. Will man Gläser in ihrem technologischen Verhalten beurteilen, so betrachtet man ihre Abkühlungskurven, weil sie dann als einheitliche Stoffe vorliegen, während der Vorgang des allmählichen Schmelzens der Kristallkörner des Gemenges von sehr vielen individuellen Faktoren, wie zum Beispiel der Korngröße, beeinflußt wird. Der Erhitzungsverlauf entspricht genau dem Abkühlungsverlauf, vorausgesetzt, daß ein bereits geschmolzenes Glas erhitzt wird. Dann sind die Temperaturen des Transformationsbereichs beim Aufheizen und Abkühlen identisch.

Normalerweise würde eine Schmelze kristallisieren und als Kristall einen stabilen Zustand erreichen, zu dessen Aufrechterhaltung wenig Energie gehört. Verhindert man jedoch die Kristallisation durch Unterkühlung, so ergibt sich ein glasiger Zustand, der als »metastabil« bezeichnet wird, weil er sich unter entsprechenden Bedingungen, z. B. in langen Zeiträumen, verändern kann. Je zäher eine Schmelze ist, desto leichter läßt sie sich zu einem Glas einfrieren. In der Keramik kommen Gläser sowohl als Bestandteile des Scherbens (»Glasphase«) als auch in Form von Glasuren vor, die sich von den sonstigen Gläsern und Emails durch ihre Wärmeausdehnung unterscheiden.

Glasieren. Das Glasurpulver wird in Wasser aufgeschlämmt. Gewöhnlich ist das Feststoff-Wasser-Verhältnis 1:1 (siehe unter Glasurschlicker). Der Glasurschlamm soll keine Klümpchen haben. Man quirlt ihn am besten mit einem Haushaltsmixgerät auf und gießt ihn durch ein Sieb.

Die Glasur kann mit dem Pinsel, durch Spritzen, Gießen oder Tauchen aufgetragen werden (siehe unter Aufblasen, Spritzen).
Pinselauftrag ergibt Flecken, wenn der Glasurschlicker zu dick angemacht ist.
Das Begießen der Keramik mit Glasurschlamm soll über einer größeren Schüssel vorgenommen werden, damit der abfließende Schlamm aufgefangen und in das Gießgefäß zurückgegossen werden kann.
Grundsätzlich glasiert man jene Teile zuerst, die danach nicht mehr angefaßt zu werden brauchen, also bei Hohlgefäßen zuerst das Innere, indem man es zu einem Drittel füllt und drehend wieder leergießt, damit die ganze Innenfläche bedeckt wird.

Das Drehen zum Bedecken der ganzen Fläche gilt auch für außen. Man kommt mit einem Guß außen um das ganze Gefäß, wenn man es am Fuß mit der linken Hand anfaßt und die Hand in Richtung des Daumens so weit wie möglich verdreht. Setzt man jetzt den Guß an und dreht dabei die linke Hand in der Uhrzeigerrichtung so schnell, daß die gesamte Drehung während des Gusses verläuft, so bedeckt sich die Oberfläche gleichmäßig mit Glasur.

Teller taucht man am besten in eine größere Glasurmenge, indem man sie mit einer Glasierzange anfaßt.
Hohlgefäße kann man in japanischer Art tauchen, bei der der untere Teil des Gefäßes unglasiert bleibt.
Ähnlich kann man die Gefäße auch partiell begießen oder mehrere Glasuren übereinander auftragen.
Ist die glasierte Keramik trocken, so kann man sie mit trockenen Händen anfassen.

Glasierzange. Zange mit Dreipunktauflage

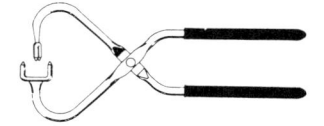

zum Glasieren von Gefäßen durch Tauchen.

Glas-Keramik-Verschmelzungen. Will man auf eine glasierte oder dichtgesinterte, unglasierte Keramik ein Glas aufschmelzen, so muß man die Ausdehnungskoeffizienten kennen und danach das Glas mit möglichst gleicher Ausdehnung wählen. Unterschiedliche Ausdehnungen müssen durch Zwischengläser (Glaslote), die in der Glasbläserei üblich sind, überbrückt werden. Aufgeschmolzen wird das Glas vor der Lampe in Glasbläserart. Soll es auf die unglasierte, gesinterte Keramik aufgeschmolzen werden, so erfordert die wesentlich höhere Transformationstemperatur der Keramik eine weit höhere Arbeitstemperatur, damit das Scherbenglas benetzt wird. Da die Transformationstemperatur des Scherbenglases kaum überschritten wird, arbeitet man nur im Spannungsbereich, das heißt, daß die Keramik leicht Risse bekommt.

Glasstruktur. Anordnung der atomaren Bauteile in Gläsern. Durch sie lassen sich die Glaseigenschaften erklären.

Wie in allen Silikaten, so ist auch in Gläsern, die Kieselsäure enthalten, der Grundbaustein das SiO_4-Tetraeder. Die Tetraeder möchten sich in der Schmelze aneinanderbinden, werden aber durch die Schmelzenergie, die Atomschwingungen zur Folge hat, daran gehindert. Beim Abkühlen bilden sich größere, jedoch regellose Einheiten, wodurch die Schmelze zäher wird.

Sobald die Zähigkeit (Viskosität) einen bestimmten Wert erreicht hat, wird aus der Schmelze ein fester Körper. Dieser Übergang findet im Transformationsbereich statt. Von jetzt an ist beim weiteren Abkühlen die Viskosität so groß, daß sich die strukturelle Anordnung der SiO_4-Tetraeder nicht mehr ändert. Sie ist eingefroren. Kühlt man schnell ab, so wird ein Zustand höherer Temperatur eingefroren als bei langsamerer Abkühlung.

In dem folgenden Diagramm ist die Längenänderung einer Schmelze und ihr Übergang in ein Glas beim Abkühlen zu sehen. Dabei werden Länge und Volumen kleiner. Im Transformationsbereich beginnt sich diese Veränderung zu verlangsamen. Legt man Tangenten an die verschieden steilen Kurvenäste, so erhält man den Transformationspunkt *(Tg)*, der für jedes Glas und jede Gla-

sur eine charakteristische Größe darstellt. Die Strecke zwischen dem dilatometrischen

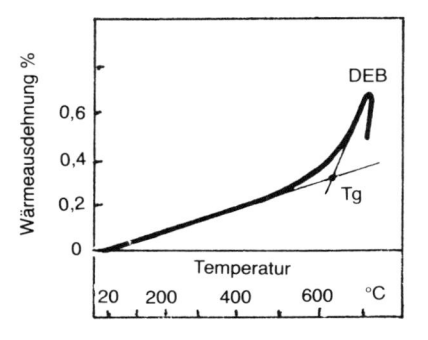

Erweichungsbeginn *(DEB)* und dem Transformationsbereich ist der Schmelzbereich der Glasuren, in denen sie sich den Veränderungen des Scherbens anpassen, ohne abzulaufen. Über der dilatometrischen Erweichungstemperatur sind sie dünnflüssig, unter der Transformationstemperatur starr.

Die Zunahme der Zähigkeit beim Abkühlen ist auf die Vernetzung der SiO_4-Tetraeder zu einem Netzwerk zurückzuführen. Netzwerkbildner ist vor allem das Silizium, aber auch das Bor und der Phosphor. Im reinen Quarzglas, das nur aus SiO_4-Tetraedern besteht, sind diese über gemeinsame Sauerstoffatome miteinander verbunden, so daß weniger Sauerstoff gebraucht wird und die Formel SiO_2 zustande kommt.

Ein solches Quarzglas (oder »Kieselglas«) ist jedoch sehr schwer schmelzbar (theoretisch bei 1713 °C) und könnte deshalb, sowie wegen seiner äußerst geringen Wärmeausdehnung (von $0,5 \cdot 10^{-6}$/K), nicht als Glasur verwendet werden. Die Schmelztemperatur läßt sich herabsetzen, indem man das Netzwerk durch Einfügung anderer Ionen auflockert und aufreißt. Diese Ionen heißen deshalb Netzwerkwandler. Die wichtigsten sind die

GLASUR 132

Alkalien und Erdkalien sowie das Blei. Andere Kationen können sowohl als Bildner als auch als Wandler auftreten. Das gilt z. B. für das Aluminiumion. In geringen Mengen wird es in das Kieselsäurenetzwerk eingebaut und kann darin die Kieselsäure ersetzen. In diesem Fall tritt es mit der Koordinationszahl 4 auf. Da es aber nur dreiwertig ist, bindet es noch ein einwertiges Kation, z. B. Na^+. Das ist aber nur so lange möglich, wie genügend einwertige Kationen zur Verfügung stehen, also in diesem Beispiel mit Natrium bis zum Mol-Verhältnis $Al_2O_3 : Na_2O = 1:1$. Sind die Aluminiumionen zahlreicher, so wirken die überzähligen als Netzwerkwandler (sie treten dann in der Koordinationszahl 6 auf). Das Netzwerk ist dann nicht mehr so stabil und es kommt zur Entglasung, was zur Erzielung von Mattglasuren genutzt wird (»Tonerdematt«).

Ebenso wie die Aluminiumionen in geringen Mengen, verhält sich auch eine geringe Menge von Borionen. Sie werden mit der Koordinationszahl 4 in das Netzwerk eingebaut und festigen es, indem sie Trennstellen schließen.

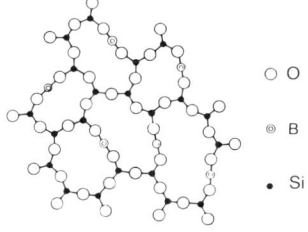

Führt man aber einer Glasur mehr Borsäure zu, so kann das verschiedene Wirkungen haben, die man als »Borsäureanomalie« bezeichnet, bei der das Borion mit der Koordinationszahl 3 als BO_3-Gruppe im Glas vorhanden ist. Das Boratglas kann innerhalb des Silikatglases eine eigene flüssige Phase bilden, die dann als Borschleier erscheint.

Eine Zwischenstellung zwischen Netzwerkbildnern und -wandlern nehmen auch Ti, Sn, Zr, Zn und Mg ein.

Glasur. Glasiger Überzug auf Keramik, der die natürliche Rauhigkeit des Scherbens beseitigt. Als künstlerisches Element dient sie zur Farbgebung und Oberflächstrukturierung.

Da Glasur und Scherben chemisch verwandt sind, benetzen sich beide Stoffe gut und haften unlösbar aneinander. Voraussetzung für ein einwandfreies Haften ist die Übereinstimmung ihrer Wärmeausdehung.

Bei niedrigen Temperaturen müssen wirksame Flußmitteloxide eingesetzt werden. Sie erniedrigen die Erweichungstemperatur, beeinflussen aber die Wärmedehung verschieden (siehe das Diagramm S. 133).

Glasuren für niedrige Schmelztemperaturen haben eine geringe Toleranz in der Zusammensetzung.

Dagegen ist der Schmelzbereich von Hochtemperaturglasuren sehr groß. Aus den ne-

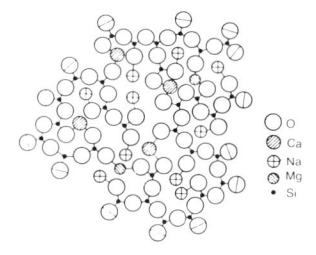

Für die Funktion der Ionen in der Glasstruktur wichtige Werte

Kation	häufigste Koordinationszahl	Ionenradius in pm (1 Å = 100 pm)	Feldstärke nach Dietzel	
P^{5+}	4	17	2,08	Netzwerkbildner
Si^{4+}	4	26	1,56	
B^{3+}	3	2	1,62	
	4	12	1,45	
Ti^{4+}	6	68	1,25	Zwischenoxide
Al^{3+}	4	39	0,97	
	6	53	0,84	
Fe^{3+}	6	65	0,91	
Mn^{7+}	4	54	3,00	
Zr^{4+}	8	84	0,77	
Mg^{2+}	4	49	0,51	
	6	72	0,45	
Fe^{2+}	6	77	0,52	Netzwerkwandler
Mn^{2+}	6	82	0,48	
Ca^{2+}	8	112	0,33	
Sr^{2+}	8	125	0,27	
Pb^{2+}	6	129	0,34	
Ba^{2+}	8	142	0,24	
Li^+	6	74	0,23	
Na^+	6	102	0,19	
K^+	8	151	0,13	

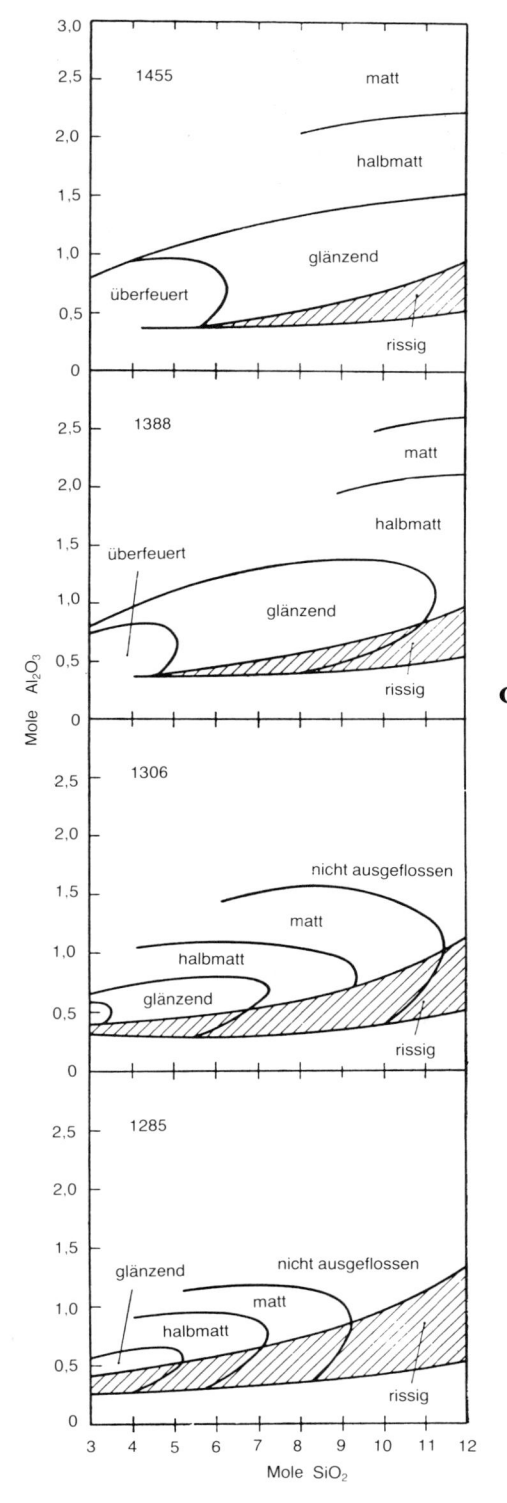

benstehenden Diagrammen ist zu ersehen, daß ein und dieselbe Glasur über eine Temperaturdifferenz von 170 Grad gute Ergebnisse bringen kann, indem sie bei niedriger Temperatur matt, bei höherer glänzend ausfällt. Bei diesen Untersuchungen von Norton handelt es sich um eine Steinzeugglasur mit 0,3 K_2O und 0,7 CaO in der Segerformel.

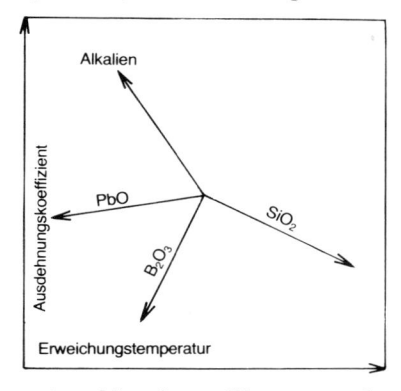

Glasurarten. Man kann Glasuren nach verschiedenen Gesichtspunkten unterscheiden: Zunächst die unter Verwendung von Fritten zusammengesetzten Frittenglasuren von den Rohglasuren, die nur aus den »rohen« Stoffen bestehen. Die Rohstoffe sind wieder namensgebend für die Glasuren, denen sie ihren Stempel aufdrücken, indem sie ein typisches Aussehen bewirken: Ascheglasuren, Gesteinsglasuren, Lehmglasuren, Feldspatglasuren, Dolomitglasuren. Anflugglasuren sind Salzglasuren aus Kochsalz oder Soda-Anflugglasuren. Die als wäßrige Suspensionen aufgetragenen Glasuren könnte man als Schlickerglasuren bezeichnen. Dieser Ausdruck ist jedoch im Deutschen nicht üblich.

Die Notwendigkeit, giftige Glasuren besonders zu kennzeichnen, führt zur Unterscheidung zwischen Bleiglasuren und bleifreien Glasuren sowie bleihaltigen, aber dem Bleigesetz entsprechenden Glasuren. Giftig sind auch Kadmiumglasuren, Selenglasuren.

Nach der Höhe der Glattbrandtemperatur unterscheidet man niedrigschmelzende Glasuren, auch »Schmelzglasuren« bis zu 1200 °C, von Hochtemperaturglasuren, auch »Scharffeuerglasuren«, seltener »Hartglasuren« oder »Hartbrandglasuren« über 1200 °C.

Bei tiefen Glattbrandglasuren kann man bei bleifreien Glasuren nicht auf Borsäure und Alkalien verzichten und benennt die betreffenden Glasuren auch nach diesen Stoffen. Ist in einer Glasur von irgendeinem Oxid mehr enthalten als normalerweise üblich, so wird die betreffende Glasur nach diesem Oxid benannt, z. B. Alkaliglasur, Erdalkaliglasur, Barytglasur, Magnesiaglasur, Zinkglasur, Titanglasur. Oder man betont das die Farbe verursachende Oxid: Eisenglasur, Manganglasur, Kupferglasur, Kobaltglasur, Nickelglasur, Chromglasur, Antimonglasur oder die Art der Trübung: Zinnglasur, Zirkonglasur.

Viele dieser Oxide versetzen eine Glasur in die Gruppe der Kunst- oder Effektglasuren. Dazu gehören die Farbglasuren, die Ausscheidungsglasuren und die Laufglasuren. Bei den Farbglasuren kann man unterscheiden zwischen transparenten (= durchsichtigen) und opaken (= getrübten), bei den Ausscheidungsglasuren zwischen Kristallglasuren, Mattglasuren und Entmischungsglasuren. Die Laufglasuren werden von den »stehenden« unterschieden. Daß eine Glasur »steht« und nicht abläuft, gehört normalerweise zu den Bedingungen, die man an sie stellt. Bei vielen Kunst- oder Effektglasuren wurden Fehler zu Effekten entwickelt (siehe unter Effektglasuren). Bei Steinzeug-Kunstglasuren wurden auch ostasiatische Bezeichnungen übernommen: Hasenfellglasuren, Pfirsichblütenglasur, Temmokuglasur, Ochsenblutglasur, Kuanglasur, Chünglasur, Seladonglasur. Die meisten dieser Glasuren gelingen nur im Reduktionsfeuer des Steinzeugbrandes und heißen deshalb auch Reduktionsglasuren im Gegensatz zu den Oxidationsglasuren. Schließlich kann man die Glasuren auch nach den betreffenden Warengattungen benennen: Rakuglasuren, Irdenwarenglasuren, Fayenceglasuren, Steingutglasuren, Steinzeugglasuren, Porzellanglasuren.

Glasuraufspritzbürste. Bürste mit verschiebbarer Hülse zum Aufstäuben von Glasur, um Sprenkelungen zu erzielen.

Glasurberechnungen. Die Notwendigkeit, eine Glasur zu berechnen, kann eintreten, 1. wenn man in der Literatur eine Segerformel findet, die man in eine Glasur verwandeln möchte, 2. wenn in der Literatur ein Versatz angegeben ist, dessen Rohstoffe man nicht besitzt, und wenn man diesen Versatz auf eigene Rohstoffe umstellen will, 3. wenn man die chemische Analyse eines Gesteins kennt, aus dem eine Glasur werden soll, 4. wenn man eine eigene Glasur entwickeln will. Im ersten Fall handelt es sich um die Berechnung eines Versatzes aus der Segerformel, wobei es vorkommen kann, daß man einen bestimmten, bevorzugten Rohstoff oder eine bestimmte Fritte verwenden möchte. Im zweiten Fall geht es um die Berechnung einer Segerformel aus einem Versatz, aus dem man, wie im ersten Fall, einen neuen Versatz berechnet. Im dritten Fall handelt es sich um die Berechnung der Segerformel aus einer chemischen Analyse und im vierten um die Aufstellung einer Segerformel. Somit steht die Segerformel im Zentrum aller Glasurberechnungen.

1a. Berechnung eines Versatzes aus der Segerformel.

Die Grundüberlegung lautet: Wenn sich im Molekulargewicht eines Stoffes ein Mol eines Oxids befindet, in welchem Gewicht des Stoffes befinden sich dann die in der Segerformel verlangte Anzahl von Molen? Es ist also immer eine einfache Dreisatzrechnung.

Beispiel:

Es soll der Versatz der Segerformel

0,10 K_2O
0,30 Na_2O
0,20 Li_2O 0,15 Al_2O_3 1,75 SiO_2
0,15 ZnO 0,90 B_2O_3
0,15 CaO
0,06 MgO
0,05 BaO

einer Glasur für 1050 °C berechnet werden. Aus der Rohstofftabelle auf Seite 135 ist ersichtlich, daß in dem Molekulargewicht 563 des Kalifeldspats 1 Mol K_2O enthalten ist. In welchem Gewicht sind die verlangten 0,1 Mole enthalten?

Das ist die Dreisatzaufgabe

563 : 1 = x : 0,1

$$x = \frac{563 \cdot 0{,}1}{1} \quad x = 56{,}3 \text{ Gewichtsteile Kalifeldspat.}$$

Die wichtigsten Glasurrohstoffe für überschlägige Berechnungen nach der Segerformel, geordnet in der Reihenfolge des Rechnens

Rohstoff	Leitoxid und weitere Oxide		Mol.-Gew.	flüchtiger Rest
1. komplexe Rohstoffe mit Alkalien				
Kalifeldspat	K_2O	$Al_2O_3 \cdot 6{,}2\,SiO_2$	563	–
Petalit	Li_2O	$1{,}1\,Al_2O_3 \cdot 8{,}9\,SiO_2$	692	–
Natronfeldspat	Na_2O	$Al_2O_3 \cdot 6{,}3\,SiO_2$	556	–
Nephelinsyenit	Na_2O	$Al_2O_3 \cdot 4{,}8\,SiO_2$	470	–
2. komplexe Rohstoffe mit Borsäure				
Kalziumborat	B_2O_3	CaO	161	$2\,H_2O$
Colemanit	B_2O_3	$0{,}7\,CaO$	137	$1{,}7\,H_2O$
Zinkborat	B_2O_3	ZnO	195	$2{,}4\,H_2O$
Borax	Na_2O	$2\,B_2O_3$	381	$10\,H_2O$
Nabofritte	Na_2O	$2\,B_2O_3 \cdot 3\,SiO_2$	381	–
3. einfache Alkalirohstoffe				
Lithiumkarbonat	Li_2O	–	74	CO_2
Soda, krist.	Na_2O	–	286	$CO_2 + 10\,H_2O$
4. komplexe Rohstoffe ohne Alkalien und Bor				
Kaolin	Al_2O_3	$2{,}2\,SiO_2$	270	$2\,H_2O$
Wollastonit	CaO	SiO_2	116	–
Dolomit	CaO	MgO	184	$2\,CO_2$
Talkum	MgO	$1{,}3\,SiO_2$	126	$0{,}3\,H_2O$
Bleimonosilikat	PbO	SiO_2	283	–
Zirkon	ZrO_2	SiO_2	183	–
5. einfache Rohstoffe mit amphoteren Oxiden				
Tonerdehydrat	Al_2O_3	–	156	$3\,H_2O$
Tonerde, kalz.	Al_2O_3	–	102	–
Chromoxid	Cr_2O_3	–	152	–
Eisenoxid	Fe_2O_3	–	160	–
Nickeloxid (schwarz)	Ni_2O_3	–	165	–
Antimontrioxid	Sb_2O_3	–	292	–
Antimonpentoxid	Sb_2O_5	–	324	2 O
6. einfache Rohstoffe mit sauren Oxiden				
Quarz	SiO_2	–	60	–
Zinnoxid	SnO_2	–	151	–
Titandioxid, Rutil	TiO_2	–	80	–
Zirkonoxid	ZrO_2	–	123	–
7. einfache, farblose basische Rohstoffe				
Bariumkarbonat	BaO	–	197	CO_2
Bariumsulfat	BaO	–	233	SO_3
Kalkspat	CaO	–	100	CO_2
Magnesit, kaustisch	MgO	–	45	–
Strontiumkarbonat	SrO	–	157	CO_2
Zinkoxid	ZnO	–	81	–
8. färbende basische Rohstoffe				
Kobalt (CoO)	CoO	–	75	–
Kobaltoxid (Co_3O_4)	CoO	–	80	O
Kobaltkarbonat ($CoCO_3$)	CoO	–	119	CO_2
Kupferoxid	CuO	–	80	–
Kupferkarbonat	CuO	–	115	$0{,}33\,(2\,CO_2 + H_2O)$
Braunstein	MnO	–	79	O
Nickeloxid (grün)	NiO	–	75	–
Nickelkarbonat	NiO	–	119	CO_2

GLASURBERECHNUNGEN

In diesen 56.3 Gewt. Kalifeldspat befinden sich (siehe die weiteren Oxide des Kalifeldspats in der Tabelle) genauso viel Al_2O_3 (Tonerde) und 6,2mal soviel SiO_2 (Kieselsäure). Man kann jetzt eine Tabelle anlegen, um alle auf diese Weise erzielten Ergebnisse übersichtlich anzuordnen:

Die Tabelle auf Seite 135 ist so angelegt, wie man beim Rechnen vorgeht: Man beginnt mit den Alkalien und der Borsäure. Nach den ersten drei Abschnitten schließt man die komplexen Rohstoffe ab und hat dann nur noch mit den einfachen zu tun. Alle Mol.-Formeln sind auf das Leitoxid = 1 und auf realistische Rohstoffe berechnet. Dadurch ergibt sich ein einfacheres Rechnen.

Rohstoff mit chem. Formel	Mol-Gew. des Rohstoffs mal verlangte Mole ergibt	Gewichtsteile	K_2O 0,10	Na_2O 0,30	Li_2O 0,20	CaO 0,15	ZnO 0,15	MgO 0,05	BaO 0,05	Al_2O_3 0,15	SiO_2 1,75	B_2O_3 0,90
Kalifeldspat $K_2O \cdot Al_2O_3 \cdot 6,2SiO_2$	563 · 0,1 =	56,3	0,10	–	–	–	–	–	–	0,10	0,62	–
Nabofritte $Na_2O \cdot 2B_2O_3 \cdot 3SiO_2$	381 · 0,3 =	114,3	–	0,30	–	–	–	–	–	–	0,90	0,60
Lithiumkarbonat $Li_2O \cdot CO_2$	74 · 0,2 =	14,8	–	–	0,20	–	–	–	–	–	–	–
Kalziumborat $CaO \cdot B_2O_3 \cdot 2H_2O$	161 · 0,15 =	24,2	–	–	–	0,15	–	–	–	–	–	0,15
Zinkborat $ZnO \cdot B_2O_3 \cdot 2,4H_2O$	195 · 0,15 =	29,3	–	–	–	–	0,15	–	–	–	–	0,15
Talkum $MgO \cdot 1,3SiO_2 \cdot O,3H_2O$	126 · 0,05 =	6,3	–	–	–	–	–	0,05	–	–	0,07	–
Bariumsulfat $BaO \cdot SO_3$	233 · 0,05 =	11,65	–	–	–	–	–	–	0,05	–	–	–
Kaolin $Al_2O_3 \cdot 2,2SiO_2 \cdot 2H_2O$	270 · 0,05 =	13,5	–	–	–	–	–	–	–	0,05	0,11	–
Quarz SiO_2	60 · 0,05 =	3,0	–	–	–	–	–	–	–	–	0,05	–
		273,35										

Die berechnete Rohstoffmenge macht insgesamt 273,35 Gewichtsteile aus. Um Gewichtsprozente zu erhalten, muß man jeden einzelnen Versatzbestandteil mit 100 multiplizieren und durch die Summe 273,35 dividieren. So erhält man als Versatz:

  20,60 % Kalifeldspat
  41,81 % Natriumboratfritte
   5,41 % Lithiumkarbonat
   8,85 % Kalziumborat
  10,72 % Zinkborat
   2,31 % Talkum
   4,26 % Bariumsulfat
   4,94 % Kaolin
   1,10 % Quarz
100,00

1b. Einrechnen von komplizierter zusammengesetzten Rohstoffen in einen Versatz.

Hierzu braucht man, wie für alle Rohstoffe, die molekulare Zusammensetzung und das Molekulargewicht des einzurechnenden Rohstoffes. Dann aber ist das Rechnen einfach, denn man braucht nur – bei den Alkalien beginnend – festzustellen, in welchem Bruchteil des Rohstoffs die in der Segerformel verlangte Menge Alkalien vorhanden ist. Dazu faßt man K_2O und N_2O zusammen, wodurch die Rechnung vereinfacht wird.
Beispiel:
In eine Mattglasur für 1280 °C mit der Segerformel

0,2 Alkalien
0,7 CaO   0,53 Al$_2$O$_3$ 2,5 SiO$_2$
0,1 MgO

soll Quarzporphyr eingerechnet werden. Unter dem Stichwort Quarzporphyr findet man die Segerformel zum Einrechnen und das Molekulargewicht:

0,84 Alkalien
0,08 CaO   0,92 Al$_2$O$_3$ 9,77 SiO$_2$
0,08 MgO

(das Eisen kann hier unberücksichtigt bleiben, es wirkt in diesem Fall schwach färbend). Das Molekulargewicht ist mit 772 angegeben. Die Rechnung geht nun von folgender Überlegung aus: Es stehen 0,84 Mole Alkalien im Porphyr zur Verfügung, es werden aber nur 0,2 verlangt. 0,2:0,84 = 0,238. Man braucht also vom Quarzporphyr das 0,238-fache und muß deshalb alle Werte, einschließlich des Molekulargewichts, mit 0,238 multiplizieren. Aus 772·0,238 werden 183,74 Gewichtsteile, und die eingebrachten Oxide haben folgende Werte:

0,20 Alkalien
0,02 CaO   0,22 Al$_2$O$_3$ 2,325 SiO$_2$
0,02 MgO

Man braucht diese Werte nur von der Ausgangs-Segerformel abzuziehen, wodurch noch zum Berechnen übrigbleiben:

0,68 CaO   0,31 Al$_2$O$_3$ 0,175 SiO$_2$
0,06 MgO

Jetzt rechnet man wie unter 1 a erläutert weiter. Man wird danach trachten, so viel Kaolin wie möglich in die Glasur zu bekommen, damit sie nicht nur chemisch stimmt, sondern sich auch gut verarbeiten läßt. Leider lassen sich in diesem Beispiel nur wenige Gewichtsteile Kaolin einbringen, und man wird deshalb die Hälfte davon als Bentonit einsetzen. Der Versatz lautet dann:

183,7 Gwt.	= 58,8 %	Quarzporphyr
68,0 Gwt.	= 21,8 %	Kalkspat
3,6 Gwt.	= 1,1 %	kaust. Magnesit
21,5 Gwt.	= 3,5 %	Kaolin
	3,4 %	Bentonit
35,7 Gwt.	= 11,4 %	Tonerdehydrat.
312,5	100,0	

2. Berechnung der Segerformel eines Versatzes. Dazu muß man die Zusammensetzungen der Versatzrohstoffe und ihre Molekulargewichte kennen. Lautet z. B. ein Versatz für 1180 °C

50,8 Kalifeldspat
8,0 Zinkoxid
19,0 Kalkspat
15,7 Kaolin
5,5 Quarz,

so geht man von der folgenden Überlegung aus:
In 563, dem Molekulargewicht des Feldspats aus der Tabelle auf Seite 135, ist 1 Mol K$_2$O enthalten. In den 50,8 % Versatzgewicht ist die Anzahl der Mole zu berechnen:

$$563:1 = 50,8:x$$
$$x = \frac{50,8 \cdot 1}{563}$$
$$x = 0,09 \text{ Mole K}_2\text{O}.$$

Außerdem sind im Feldspat genauso viele Mole Al$_2$O$_3$ und 6,2mal mehr = 0,559 Mole SiO$_2$ enthalten. Hat man alle fünf Versatzbestandteile auf diese Weise berechnet, so schreibt man sie in der der Segerformel entsprechenden Anordnung

0,09	K$_2$O	0,09 Al$_2$O$_3$	0,559 SiO$_2$	
0,0988	ZnO	+0,058	+0,128	aus Kaolin
0,19	CaO		+0,092	aus Quarz
0,3788		0,148	0,779	

Da in der Segerformel die links stehenden basischen Flußmitteloxide insgesamt 1 sein müssen, dividiert man sämtliche Zahlenwerte durch 0,3788 (denn eine Zahl durch sich selbst dividiert ergibt 1) und erhält die endgültige Segerformel

0,24 K$_2$O
0,26 ZnO   0,39 Al$_2$O$_3$ 2,06 SiO$_2$
0,50 CaO

3. Berechnung der Segerformel aus der Analyse. Auch hier überlegt man, wie der Dreisatz aussehen muß. Konstanten sind die Molekulargewichte der Oxide, Seite 226. Jede Analyse beginnt mit der Kieselsäure. In 60, dem Molekulargewicht der Kieselsäure, ist 1 Mol SiO$_2$ enthalten, in den Gewichtsprozenten der chemischen Analyse demnach x Mole SiO$_2$. Beträgt z. B. der Analysenwert für SiO$_2$ einer Holzasche 64,63 Gewichtsprozente, so lautet der Dreisatz:

$$60:1 = 64,63:x$$
$$x = \frac{64,63 \cdot 1}{60} = 1,077 \text{ Mole SiO}_2.$$

Nach diesem Schema dividiert man sämtliche Analysenwerte durch die betreffenden Molekulargewichte nach der Tabelle der Oxide auf Seite 226:

Analysenwerte	Mol.-Gew.	=	Mole
SiO_2	64,63 : 60,06	=	1,077
Al_2O_3	0,19 : 101,94	=	0,00186
Fe_2O_3	0,07 : 159,7	=	0,00044
CaO	20,46 : 56,08	=	0,36
MgO	3,14 : 40,32	=	0,0779
Na_2O	0,71 : 61,99	=	0,01145

Addiert man die Werte von CaO, MgO und Na_2O, so erhält man 0,44924, die Zahl, durch die man alles dividieren muß, damit der Forderung der Segerformel entsprochen wird, daß die basischen Flußmittel insgesamt 1 Mol betragen müssen. Nach dieser Division erhält man die endgültige Segerformel der Holzasche:

0,80 CaO	0,004 Al_2O_3	2,39 SiO_2
0,17 MgO	0,0009 Fe_2O_3	
0,03 Na_2O		

Das Molekulargewicht ergibt sich durch Multiplikation aller Segerformelwerte mit den betreffenden Molekulargewichten und Addition dieser Einzelergebnisse. Es beträgt 237.

4. *Aufstellung der Segerformel einer Glasur.* Siehe unter Segerformel.

Glasureffekte, siehe Effektglasuren.

Glasurentwicklung, historische, siehe unter Urglasuren.

Glasurentwicklung, technische. Übernimmt man ein fremdes Rezept oder rechnet man einen Versatz nach einer Segerformel aus, so kann man nicht unbedingt mit einem befriedigenden Ergebnis rechnen. In der Regel erfordert eine gute Glasur Entwicklungsarbeit. Man wird also das Rezept ausprobieren und wünschenswerte Veränderungen festlegen, wenn die Ausgangsglasur nicht ausgeschmolzen, überfeuert, unansehnlich gefärbt oder langweilig ist.

Man kann sie dann durch Mischungsreihen, nach dem Mischungskreuz, Mischungsdreieck oder Mischungsquadrat abändern oder färben. Diese Methoden sind unter den betreffenden Stichwörtern beschrieben.

Eine weitere Methode, die sich besonders für Glasuren aus Aschen, Lehmen und Gesteinen eignet, besteht darin, daß man die Versatzbestandteile in drei Gruppen zusammenfaßt. Die erste Gruppe bildet der Stoff, von dem man am meisten in der Glasur verwenden möchte. In die zweite Gruppe kommen die Versatzbestandteile, die die Flußmittel enthalten, in die dritte Kaolin und Quarz oder, falls man eine Mattglasur anstrebt, Kaolin allein.

Die Aufteilung des auf Seite 137 unter 1 b berechneten Versatzes würde lauten:
A Quarzporphyr = 58,8 %
B Kalkspat + Magnesit = 22,9 %
C Kaolin + Bentonit + Tonerde = 18,3 %.

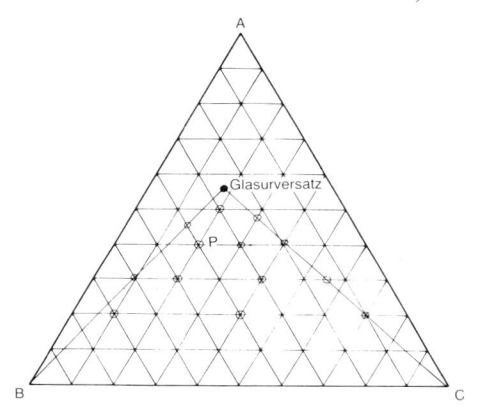

Diese drei Rohstoffgruppen sollen die Spitzen eines Dreiecks bilden, in das man die als Ausgangspunkt dienende Glasur nach ihrer Zusammensetzung einträgt. Besteht der Ausgangsversatz nur aus drei Komponenten, so wird jede von ihnen einer Dreiecksspitze zugeordnet. Um die Glasur zu finden, in der der bevorzugte Stoff (A) maximal vertreten ist, ordnet man Versuchspunkte entlang der Verbindungslinie zwischen ihm und den Versatzpunkten B und C an. Ist die Glasur nicht ausgeschmolzen, so wählt man Versuchspunkte, die näher an der Flußmitteldecke liegen; ist sie überfeuert, bewegt man sich in Richtung zu den schwer schmelzbaren Bestandteilen (C); soll sie matter werden, so nimmt man nur Kaolin als Eckpfeiler. Von den Mischungsreihen unterscheidet sich diese Methode dadurch, daß man ein Versuchsfeld absteckt, das sich auch außerhalb der Mischungslinien erstrecken kann.

Die Zusammensetzungen der Versuchsmischungen lassen sich aus dem Dreieck ablesen, z. b. entspricht Versuch P dem Optimum. Ist dessen Zusammensetzung ermittelt, so folgt die Einfärbung in Mischungsreihen oder -dreiecken, falls die Glasur nicht in ihrer Naturfarbe belassen wird.

G **Glasurfehler.** Nach dem Gesichtspunkt der Fehlerbeseitigung lassen sich die Glasurfehler in folgende Gruppen einteilen:
1. Fehler, die durch Veränderung der Viskosität behoben werden können. Wegweiser zu dieser Veränderung ist die Tabelle unter dem Stichwort Schmelzbarkeit. Fehler dieser Gruppe sind Unterfeuerungsblasen (dickschalige Blasen einer zähen Schmelze), Überfeuerungsblasen (dünnschalige Blasen einer leichtflüssigen Schmelze, daher mit scharfen Rändern), Ablaufen, Eierschaligkeit und Nadelstiche, die auf zu hohe Viskosität zurückzuführen sind, weil die Gase nicht entweichen können; dagegen Blasigkeit, die auf zu geringer Viskosität beruht, weil die Blasen an die Oberfläche steigen können. Entglasung, die durch zu große Leichtflüssigkeit zustande kommt, weil sich Kriställchen bilden können; dazu gehört auch das Mattwerden durch Kristallisation neben dem Mattbleiben durch Unterfeuerung.
2. Fehler, die sich durch Veränderung der Ausdehnung beheben lassen. Wegweiser zu dieser Veränderung ist die Tabelle unter dem Stichwort Ausdehnungskoeffizient. Diese Fehler sind Haarrisse durch zu hohe Ausdehnung der Glasur, Abplatzungen, große Risse und Zerstörungen durch zu geringe Ausdehnung der Glasur. Zu hohe Wärmedehnung der Glasur hat geringe Widerstandsfähigkeit gegen thermische und mechanische Beanspruchung zur Folge; die Glasur soll unter leichter Druckspannung stehen.
3. Fehler, die durch Veränderung der Oberflächenspannung zu beheben sind. Der Wegweiser zur Veränderung ist unter dem Stichwort Oberflächenspannung als Tabelle zu finden. Zu hohe Werte führen zum Kriechen und zu Abrollungen, zu niedrige zum Ablaufen und zu Nadelstichen.
4. Fehler, die durch Veränderung der mechanischen Festigkeiten beseitigt werden können. Die entsprechenden Tabellen sind unter Zugfestigkeit und Druckfestigkeit zu finden. Zu geringe Zugfestigkeit läßt die Glasur leichter reißen, zu geringe Druckfestigkeit leichter abplatzen.

Glasurmosaik. Bild aus aneinandergelegten Glasurstücken. Verschiedenfarbige Fertigglasuren werden zu einem dicken Brei angerührt und in einer Dicke von 3–6 mm auf Wachspapier ausgegossen, getrocknet und (wenn es Glasuren für 1050 °C sind) bei 1000 °C auf einer mit einem dünnen Brei aus Tonerdehydrat bestrichenen Schamotteplatte gebrannt. Danach sind es feste Platten, die mit einer Zange auseinandergebrochen werden können. Die verschiedenenfarbigen Splitter werden zu einem Mosaik zusammengesetzt, wobei man sie mit Bentonitschlamm auf die endgültige, als Scherben vorgesehene Unterlage aufklebt. Nach dem Trocknen wird die Oberfläche mit Sandpapier geebnet, dann wird bei der Nenntemperatur der Fertigglasur gebrannt.

Glasurspritzkabine, Spritzstand. Zum Auftragen von Glasuren mit der Spritzpistole dienender abgetrennter, nur nach vorn offener Raum in Arbeitshöhe mit Abzugsvorrichtung und Ränderscheibe, auf die das Werkstück gestellt wird. Die Spritzkabine soll den übrigen Arbeitsraum vor den Glasur-Sprühnebeln bewahren und danebengespritzte Glasur zurückgewinnen. M

Glasurspritzpistole. Mit Druckluft (Kompressor oder Staubsauger) betriebene Spritzpistole mit Stahlkopf-Düse, durch die bei Abzug des Hebels Glasur aus einem auf der Pistole angebrachten Behälter gespritzt wird. M

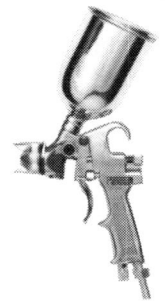

Eine einfache Konstruktion aus einer Fixativspritze ist robuster und gibt keine Düsenverstopfung.

Glasurschlicker. Im Wasser aufgeschlämmte Glasurbestandteile: Rohmaterialien oder Fritten. Im allgemeinen gilt, daß Glasuren G durch feinere Mahlung besser durchschmelzen. Die normale Mahldauer in der Trommelmühle beträgt 20 bis 28 h oder insgesamt 36 000 Umdrehungen. Längeres Mahlen ergibt einen zähflüssigen Schlicker, leichtere Schmelzbarkeit, intensivere Reaktion mit dem Scherben, erhöhte Ritzhärte, aber auch erhöhte Rißneigung (dünner auftragen!) und erhöhte Neigung zum Abrollen im Brand. Glasuren, die beim Auftragen abblättern, sich abschälen oder an den Kanten reißen, enthalten einen zu fein gemahlenen Quarz. Glasuren sollen das 4900er Maschensieb (Sieb Nr. 70) passieren, alkalireiche Glasuren sollten nicht so fein sein, da sich Alkalien immer in Wasser lösen. Bei ihnen genügt ein Durchgang durch das 1600er Maschensieb (Sieb Nr. 40).

Bei Verwendung von Gesteinen, die durch Abschrecken vorzerkleinert wurden, mahlt man zuerst die Hartstoffe mit ein wenig von den insgesamt vorgesehenen plastischen Bestandteilen (Ton oder Kaolin) und 70 bis 90 % des Wassers 10 bis 16 h, gibt dann den Rest zur Mühle und mahlt weitere 30 bis 120 min. So werden die plastischen Stoffe nicht übermahlen. Lehme und Aschen sollen das 2500er Maschensieb (Sieb Nr. 50) passieren und müssen notfalls auf diese Feinheit gemahlen werden. Das gilt für die Erzielung gut durchgeschmolzener Glasuren. Hingegen können gröbere Körner zu punktförmigen Effekten führen. Das gilt besonders für Eruptivgesteine.

Bei Bleiglasuren steigt mit der Mahlfeinheit die Bleilöslichkeit. Ein guter Glasurschlicker soll 1. sich nicht schnell absetzen, 2. die richtige Konsistenz besitzen, damit er die gewünschte Schichtdicke ergibt, 3. an einem eingetauchten Glasstab haften, 4. eine geringe Trockenschwindung, 5. eine hohe Trockenelastizität und -festigkeit sowie 6. geringe Alterung aufweisen.

Wenn diese Bedingungen nicht ohne weiteres erfüllt sind, kann durch folgende Zusätze geholfen werden:

1. plastische Rohstoffe (Ton oder Kaolin). Diese sollen nicht weniger als 5 % betragen, besser 18 bis 20 %. Alle Anteile über 14 % sollten jedoch geglüht sein (geglühter Kaolin oder zementfeine Schamotte), weil der Schlicker sonst beim Trocknen zu stark schwindet und reißt. Bentonit kann man mit 1 bis 5 % zusetzen. Ebenso wirken organische viskose Klebstoffe wie Relatin, Dextrin oder Gummi arabicum (von diesen Stoffen nimmt man 15 g auf 1 Liter Wasser) oder Zelluloseäther = Tylose, CMC (10 g pro Liter). Alkalireiche Glasuren setzen sich besonders schnell und hart ab. Sie werden mit ein paar Tropfen verdünnter Essigsäure in Schwebe gehalten.

2. Das Feststoff-Wasser-Verhältnis, die Konsistenz, bestimmt zusammen mit dem Wasseransaugvermögen des Scherbens und der Ansaugzeit die Schichtdicke der Glasur. Je dicker sie aufgetragen wird, desto leichter reißt sie. Da der Wassergehalt des Glasurschlickers von der gewünschten Schichtdicke der Glasur und der Beschaffenheit (d. h. Porosität und Dicke) des Scherbens abhängt, kann man ihn nur über die Bestimmung des spezifischen Gewichts (= Dichte) der in Versuchen als gut befundenen Glasur genau festlegen und durch Kontrollieren mit dem Araeometer konstant halten. Die spezifischen Gewichte der Glasurschlicker liegen zwischen 1,4 und 1,7 g/cm^3. Bei einer mittleren Scherbenporosität nach dem Verschrühen von 4,5 % (gemessen an Wasseraufnahme) ergibt ein Glasurschlicker mit einem spez. Gew. von 1,6 g/cm^3 einen Glasurauftrag von 0,04 g/cm^2, entsprechend einer Schichtdicke von 0,1 mm, wie sie für transparente Frittenglasuren richtig ist.

Den Einfluß der Scherbendicke bei gleicher Porosität zeigt die unten wiedergegebene Aufstellung für Rohglasuren: Ein dünner

Der Wassergehalt des Glasurschlickers bei verschieden dicken Scherben

Scherbendicke		dünn	mittel	dick
volumetrisch bemessen	Glasur cm^3	35,0	22,4	18,8
	Wasser cm^3	65,0	77,6	81,2
gewogen	Glasur g	58,7	43,1	37,5
	Wasser g	41,3	56,9	62,5

Scherben braucht einen wasserärmeren Glasurschlicker als ein dicker. Einen großen Einfluß auf die Konsistenz des Glasurschlickers hat das Zinkoxid, das vorgeglüht verwendet werden sollte. Bilden sich beim Glasieren Blasen, so liegt das an der unterschiedlichen Porengröße des Scherbens. Während die Glasur von einer gleichmäßigen Porosität gleichmäßig angesogen wird, kann die Luft bei verschiedener Porengröße aus den kleinen Kapillaren entweichen, wodurch die Glasur nicht vollständig eindringt. Abhilfe kann durch einen geringen Bentonitzusatz bewirkt werden, wodurch der Glasurschlicker Teilchen erhält, die kleiner sind als die Poren.

3. Haftet die Glasur nicht genügend, so kann man ihr als Stellmittel einige Promille eines rückstandslos verbrennenden Salzes zufügen: Ammoniumchlorid (Salmiak), Ammoniumnitrat (Ammoniaksalpeter) oder Ammoniumkarbonat.

4. Reißt die Glasur beim Trocknen, so muß ihre Trockenschwindung durch größere Körnung oder Verringerung der plastischen Bestandteile (Glühen eines Teils des Kaolins) herabgesetzt werden.

5. Ist die Glasur nach dem Trocknen nicht griffest, so setzt man ihr die unter 1. genannten plastischen Rohstoffe oder organischen Klebstoffe zu.

6. Ein Glasurschlicker kann altern, weil der in ihm enthaltene Ton einige Zeit braucht, um das Wasser in sich aufzunehmen. In diesem Fall sollte er möglichst eine Woche stehen. Er kann auch altern durch Bakterienwachstum. Dann kann man ihm ein wenig Formaldehyd (giftig!) zusetzen. Um das Absetzen von Frittenglasuren und das Kristallisieren von Alkali- oder Borglasuren von vornherein zu vermeiden, kann man ihnen Kaolin, Glasurton, auch Essig oder Ammoniumkarbonat zusetzen. Ist der Glasurschlicker einmal kristallisiert, so kann man versuchen, die Kristalle durch Erwärmen des Schlickers unter Zugabe von Essigsäure oder Speiseessig aufzulösen. Beim Stehen können sich auch Metallverbindungen zersetzen, neue Verbindungen sich bilden, Alkalien oder Borate in Lösung gehen. Glasurschlicker, die färbende Metallsalze, alkalische oder borsaure Rohstoffe oder Fritten enthalten, sollten nicht als wäßrige Suspension, sondern getrocknet als Pulver aufbewahrt werden. In bleifreien oder bleiarmen Fertigglasuren, die für niedrige Temperaturen bestimmt und nicht ausgesprochen als Steinzeugglasuren benannt sind, muß man stets auf alkalische und borsaure Fritten schließen, aus denen – in Abhängigkeit von ihrer Zusammensetzung und Mahlfeinheit – bereits nach ein, zwei Tagen so viel in Lösung gegangen sein kann, daß sie sich wie Rohglasuren aus wasserlöslichen Substanzen verhalten.

Glaszustand. Amorpher fester Aggregatzustand, der durch die Glasstruktur beschrieben wird.

Glattbrand. Brand mit glasiertem Brenngut. Die Glattbrandtemperaturen sind:

Backsteine	900–1000 °C
Fayence	900–1050 °C
Feldspatsteingut	900–1100 °C
Grafitkeramik	1000 °C
Hartporzellan	1410–1435 °C
Irdenware	900–1050 °C
Kalksteingut	950–1050 °C
Mischsteingut	1000–1100 °C
Raku	800–1200 °C
Schwarzkeramik	600–1000 °C
Steinzeug	1200–1300 °C
Weichporzellan	1200–1350 °C.

Glaukonit. Eisen-Aluminium-Glimmer, der in kleinen, runden, wie Schießpulver geformten grünen bis blauen Körnern, oft als Steinkern von Schnecken, im Grünsand (z. B. Essener Grünsand) sowie in Mergeln und Sandsteinen der Kreideformation vorkommt. Seine Zusammensetzung ist 43–55 % SiO_2, 19–27 % FeO, 5–9 % Al_2O_3, 4–8 % H_2O, 5–15 % K_2O, geringe Beimengungen an CaO und MgO. Segerformel zum Einrechnen in Glasuren: 0,75 FeO, 0,25 K_2O, 0,16 Al_2O_3, 1,90 SiO_2. Mol.-Gew. 223.

Glimmer. Gesteinsbildende, monoklin kristallisierende Minerale mit blättriger Struktur und großer Spaltbarkeit; chemisch sind es Silikate mit mehr oder weniger hohem Flußmittelgehalt. Nach diesem unterscheidet man:

Kaliglimmer = Muskowit, Serizit (heller Glimmer),

Magnesia-Eisenglimmer = Biotit (dunkler Glimmer),

GLIMMERARTIGE TONMINERALE

Magnesiaglimmer = Phlogopit,
Natronglimmer = Paragonit,
Kalkglimmer = Margarit,
Lithium-Eisenglimmer = Zinnwaldit,
Lithiumglimmer = Lepidolith.
Die Glimmerarten sind wesentliche Bestandteile von Eruptiv- und Tiefengesteinen und kommen in größerer Konzentration in Pegmatitgängen und Kontaktlagerstätten vor.

Glimmerartige Tonminerale = Illite.

Glimmerschiefer. Gruppe metamorpher, feldspatarmer bis -freier Gesteine mit schiefrigem Gefüge. Hauptgemengteile sind Quarz und die Glimmer Biotit, Muskowit und Paragonit. Quarz-Glimmerschiefer sind besonders quarzreich, Kalkglimmerschiefer besonders kalkspatreich. Verbreitung im Alpenraum.

Glocken. Die Masse soll möglichst verglasen, damit die Glocken einen schönen Klang geben. Schamottierte Masse ist ungeeignet. Zur Förderung der Verglasung setzt man dem Ton für eine Brenntemperatur bis 1200 °C 5 bis 10 % Sintermehl zu. Die Glocken werden auf der Scheibe gedreht, abgedreht und mit einem Henkel und Loch zum Durchziehen einer Schnur versehen. An der Schnur hängt der Klöppel. Unterschiedliche Massen, Formen und Oberflächenbehandlungen geben unterschiedliche Klänge.

Glost firing (engl.) Glattbrand.

Glühen. Leuchten des Brenngutes im Ofen. Es beginnt bei 400 °C mit kaum wahrnehmbarer Grauglut; sie geht bei 525 °C in beginnende Rotglut über, diese bei 700 °C in Dunkelrotglut, bei 850 °C in Kirschrotglut, bei 950 °C in Hellrotglut, bei 1000 °C in beginnende Gelbglut, bei 1100 °C in Gelbglut, bei 1200 °C in beginnende Weißglut, bei 1300 °C in Weißglut, bei 1500 °C in volle Weißglut. Bis zur Kirschrotglut ist die Unterscheidung noch verhältnismäßig gut möglich, dann wird sie zunehmend unsicher. Mit der Temperatur wächst der Anteil an ultravioletter Strahlung, die für das Auge schädlich ist, während unter 400 °C das Brenngut nur unsichtbare Infrarotstrahlen aussendet.

Gneis. Gruppe kalifeldspathaltiger metamorpher Gesteine mit geschichtetem Gefüge. Der Plagioklasgneis besitzt statt des Kalifeldspats Plagioklase. Orthogneise sind aus Eruptivgesteinen, Paragneise aus Sedimentgesteinen entstanden. Vorkommen im Schwarzwald (saure Gneise: Schapbachgneis, amphibolitische Gneise im Kinzigtal), Odenwald (Hornfelse), Pfälzer Wald (durch Feldspat rot gefärbter Gneis bei Albersweiler), Taunus (Serizitgneis zwischen Eltville und Kronberg), Harz (Eckergneis im Brokkenmassiv, dunkle Hornfelse am »Stumpfen Stein« bei St. Andreasberg und im Ockertal), Fichtelgebirge (helle und dunkle Glimmergneise; eine Besonderheit ist der grüne, rotgesprenkelte Eklogit aus grünem Augit, grüner Hornblende und rotem Granat am Weißen Stein bei Stambach im Münchberger Gneismassiv), Sachsen (Freiberger Gneise).

Goethit, Nadeleisenerz, $FeO(OH)$, kommt u. a. im Siegerland vor.

Gold, Au, 1- und 3-wertiges Edelmetall, Atomgewicht 196,967, Schmelzpunkt 1063 °C. Gold wird heute nur noch zum Vergolden und nicht mehr als Unterglasurfarbe (Goldpurpur) oder zur Färbung der Glasuren selbst verwendet. Das Aufglasurgold ist entweder ein (billigeres) Glanzgold, das von selber glänzt, oder ein (teureres, dicker aufliegendes) Mattgold (= Poliergold), das erst poliert werden muß, oder in das Muster einpoliert werden können. Das Einbrennen auf die fertige Glasur erfolgt in einem gesonderten Brand bei 600 bis 830 °C. Ist die Temperatur zu hoch, so sinkt das Gold in die Glasur ein, weil diese erweicht. Harzsaure Goldtinkturen sind im Handel erhältlich.

Goldart. US-Ton, entsprechend dem englischen Super Strength NDK. Ersatzmischung: 10,79 Niederahrer Ton 178/RI, 7,23 Kalifeldspat 82/K11, 1,97 TiO_2, 65,77 Kaolin 233, 13,98 Quarz.

Goldregenasche. Phosphorreiche, basische Asche mit hohem Alkaligehalt und wenig Magnesium. Eine Mischung aus 50 Asche, 33 Kaolin und 17 Quarz entspricht einer Glasur, die aus 70 Kalifeldspat und 30 Kalkspat zusammengesetzt ist und bei 1300 °C zu einer Mattglasur schmilzt. Sie ist im Oxidationsbrand gelblich, im Reduktionsbrand seladonfarben; der Phosphorgehalt gibt ihr aber die Chance zu interessanten Wirkungen, die dem Chün-Effekt entsprechen. Für den Reduktionsbrand braucht die Asche nicht geschlämmt zu werden. Anhaltswerte: 26,09 % SiO_2, 0,42 % Al_2O_3, 2,96 % Fe_2O_3, 0,54 %

MnO, 29,42 % CaO, 2,21 % MgO, 15,96 % K_2O, 4,56 % Na_2O, 12,73 % P_2O_5, 3,86 % SO_3, 1,04 % CI. Segerformel zum Einrechnen in Glasuren: 0,52 SiO_2, 0,02 Fe_2O_3, 0,01 MnO, 0,63 CaO, 0,06 MgO, 0,21 K_2O, 0,09 Na_2O, 0,11 P_2O_5. Mol.-Gew. 120.

Goldrelieftechnik. Mit einem feinen Haarpinsel wird ein mit etwas Glyzerin angemachter Schlicker Schicht für Schicht auf die Keramik aufgetragen, geschrüht, glattgebrannt und danach mit Glanzgold überzogen und erneut gebrannt.

Gosu, Asbolit. Verunreinigtes Kobaltmineral.

Granit. Überwiegend helles Tiefengestein mit hohem Kieselsäuregehalt und Alkalien als Flußmittel.

Granitart	helle Gemengteile	dunkle Gemengteile
1. Alkaliaplitgranit	AF + Q	–
2. Alkaligranit[*]	AF + Q	B + H + P
3. Aplitgranit[*]	KF + P + Q	fast keine
4. Kalkkalikalkgranit	KF + P + Q	B + H
5. Granodiorit[*]	P + KF + Q	B + H + P
6. Quarzdiorit[*]	P + Q	B + H + P

Helle Gemengteile: AF = Alkalifeldspat, Q = Quarz, KF = Kalifeldspat, P = Plagioklas. Dunkle Gemengteile: B = Biotit, H = Hornblende, P = Pyroxen. Die in Mitteleuropa am häufigsten vorkommenden Granite sind mit einem Stern versehen. Ihre chemischen Analysen sind bei den betreffenden Stichworten angegeben.

Granitvorkommen u. a. im Schwarzwald (durch Orthoklas rot gefärbt), Pfälzer Wald (Zweiglimmergranit Ludwigshöhe bei Edenkoben), Odenwald, Spessart (bei Aschaffenburg und Schweinsheim), Harz (Brocken und Rambergmassiv), Thüringer Wald, Fichtelgebirge, Steinwald, Oberpfälzer-, Bayerischer-, Passauer Wald, Erzgebirge, Lausitz.

Granate. Gruppe gesteinsbildender Minerale verschiedener Zusammensetzung, aber gleichen Kristallsystems, z. B. Pyrop $Mg_3Al_2Si_3O_{12}$, Almandin $Fe_3Al_2Si_3O_{12}$, Grossular $Ca_3Al_2Si_3O_{12}$.

Granitglasuren. Glasuren aus sauren, quarz- und feldspatreichen Gesteinen. Besonders günstige Glasurrohstoffe sind die Gesteine 1 und 3 in der obigen Aufzählung, die in ihrer chemischen Zusammensetzung den feinkörnigeren Ergußgesteinen entsprechen, die im folgenden in analoger Reihenfolge angeordnet sind:
1. Quarztrachyt, Quarzorthophyr
2. Alkalirhyolith, Quarzkeratophyr[*]
3. Rhyolith[*], Quarzporphyr[*]
4. Quarzlatit
5. Rhyodazit, Quarzporphyrit[*]
6. Dazit[*]

(die in Mitteleuropa häufigsten mit Stern). Sowohl die Tiefen- als auch die Ergußgesteine ergeben Glasuren, deren Aussehen in Abhängigkeit von der Kornfeinheit des Gesteins wie gesprenkeltes, natürliches Gestein – im Oxidationsbrand braun verfärbt, im Reduktionsbrand grau – aussehen. Diese Sprenkelung erzielt man mit 50 % Korngröße über und 50 % unter 0,15 mm (Sieb Nr. 40 mit 1600 Maschen/cm^2). Eine derartige Mattglasur für 1280 °C besteht aus

66,83 Granit
20,10 Kalkspat
1,23 kaust. Magnesit
3,00 Bentonit
9,84 Tonerdehydrat.

Granodiorit. Tiefengestein mit den Gemengteilen Plagioklas, Quarz, Orthoklas, Hornblende. Anhaltswerte für die Zusammensetzung: 63,85 % SiO_2, 0,58 % TiO_2, 15,84 % Al_2O_3, 1,91 % Fe_2O_3, 2,75 % FeO, 0,07 % MnO, 2,07 % MgO, 4,76 % CaO, 3,29 % Na_2O, 3,08 % K_2O, 1,93 % H_2O, 0,13 % P_2O_5, 0,06 % BaO, 0,04 % FeS_2. Segerformel zum Einrechnen in Glasuren: 0,16 FeO, 0,20 MgO, 0,32 CaO, 0,20 Na_2O, 0,12 K_2O, 0,64 Al_2O_3, 0,04 Fe_2O_3, 4,24 SiO_2, 0,04 TiO_2, Mol.-Gew. 399.

Granulat. Das zum Streuen im Winter in manchen Städten an Stelle von Salz verwendete Granulat wird aus Asche der Kohlenkraftwerke gesintert. Es kann wie Kohlenasche zu dunklen Glasuren verarbeitet werden. Zusammensetzung des Granulats aus dem Berliner Kraftwerk Reuter: 42,26 % SiO_2, 23,46 % Al_2O_3, 21,87 % Fe_2O_3, 6,66 % CaO, 1,50 % MgO, 2,06 % K_2O, 1,42 % Na_2O, 0,94 % P_2O_5, 0,25 % SO_3. Segerformel zum Einrechnen in Glasuren: 0,55 CaO, 0,20 MgO, 0,13 Na_2O, 0,12 K_2O, 1,26 Al_2O_3, 0,75

Fe_2O_3, 3,85 SiO_2, 0,04 P_2O_5. Mol.-Gew. 544.

Graphische Techniken. Zum Zeichnen mit der Feder auf Glasur säubert man die Fläche mit Brennspiritus, damit die Striche nicht verlaufen. Die Aufglasurfarbe wird mit Dicköl und Terpentinöl angerieben. Sie soll gut aus der Feder fließen. Das Terpentinöl dient zur Verdünnung. Man kann mit der Feder auch in aufgebrachte Fonds negativ zeichnen. Eine sehr reizvolle Technik ist das Diamantenreißen und -stippen, wobei die Risse und Punkte mit Druckerschwärze eingerieben werden. Zu den wichtigsten graphischen Techniken gehören Abziehbilder, Siebdruck und Fotokeramik (siehe diese).

Graphit, C. Man unterscheidet drei Graphitarten: den stengeligen Ganggraphit vom Ceylontyp mit 60–70 % C, den schuppigen Blättchengraphit vom Passautyp mit 10–30 % C (hierher gehört auch der Flockengraphit oder Flinz), und den dichten Lagergraphit vom Steiermarktyp mit bis zu 85 % C schwankendem Graphitgehalt. Das große bayerische Vorkommen liegt an der Donau nordöstlich von Passau. Das graphitführende Gestein ist grobfaseriger, glimmerreicher, schwefelkieshaltiger Cordieritgneis. Der Graphit findet sich in Form von glimmerartigen Blättchen (Flinz) in Graphit-Gneis-Linsen, die sich in parallelen Lagerzügen vereinigen.

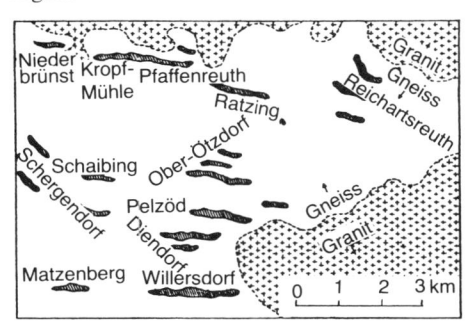

Graphitvorkommen bei Pfaffenreuth

Weitere Graphitvorkommen in der Oberpfalz bei Groß- und Kleinklenau, im Fichtelgebirge bei Wunsiedel, im Schwarzwald, im Harz und in Österreich in der Wachau bei Mühldorf und als dichter Lagergraphit in der Steiermark in den Rottenmanner Tauern, in der Schweiz im Kanton Wallis bei Isérables, 700 m oberhalb Riddes. Hochwertige Tiegelgraphite haben nach der Aufbereitung 60–90 % C. Künstlicher Graphit wird im Elektroofen aus Anthrazit und Petrolkoks hergestellt.

Graphitmassen. Feuerfeste Massen mit Graphitzusatz, meist für Tiegel zum Schmelzen von Metallen, aber auch für Haushaltsöfen und Herde. Der Mischung sollen außer dem Bindeton noch 3–5 % Feldspat zugesetzt werden, um durch Bildung einer Schmelze das Herausbrennen des Graphits im Gebrauch zu verhindern. Im Durchschnitt setzt man die Graphitmasse zusammen aus:

40–36 Gwt. Ton
13–12 Gwt. Quarz
43–48 Gwt. Graphit
3– 5 Gwt. Feldspat.

Der Quarz soll nicht mehlfein sein, sondern von 1–2 mm Korngröße; Ton und Feldspat hingegen sollen die Körner umhüllen und müssen dazu fein geschlämmt werden.

Graphittiegler. Lehrberuf der Industrie.

Grasasche. Eine typische neutrale Asche, aus der man in einer Mischung aus 72 Asche und 28 Kaolin eine Mattglasur für 1280 °C erhalten kann. Die Zusammensetzungen variieren stark, und deshalb ist Ausprobieren unerläßlich. Anhaltswerte: 61,2 % SiO_2, 10,39 % Al_2O_3, 14,29 % CaO, 6,16 % MgO, 4,8 % K_2O, 3,16 % Na_2O. Segerformel zum Einrechnen in Glasuren: 2,0 SiO_2, 0,2 Al_2O_3, 0,5 CaO, 0,3 MgO, 0,1 Na_2O, 0,1 K_2O. Mol.-Gew. 197.

Grate (engl.) Feuerrost.

Graubrennende Tone

	1	2	3
SiO_2	65,13	50,4	51,7
Al_2O_3	22,91	32,2	32,6
TiO_2	1,28	1,94	1,1
Fe_2O_3	1,53	2,59	1,15
CaO	0,18	0,39	0,2
MgO	0,04	0,09	–
K_2O	2,78	1,13	3,10
Na_2O	0,23	0,13	0,27
GV	6,02	11,8	9,76

1 = Ton OT 900, Obertiefenbach, Bergbauges. Marx, Ruppach-Goldhausen.
2 = Ton OT 35/38, Obertiefenbach, Bergbauges. Marx, Ruppach-Goldhausen.
3 = Ton Ia blauweiß fett, Ruppach-Goldhausen, Grube Niedersachsen.

Graubrennende Tone. Tone, die im Oxidationsbrand möglichst schon bei 1100 °C eine graue Brennfarbe besitzen. Hingegen brennen bei höheren Temperaturen unter reduzierenden Bedingungen die meisten Steinzeugtone grau.

Graue Glasuren. Nickelgrau erhält man bei sehr geringen Nickelmengen in Alkaliglasuren bei niedrigen Temperaturen. Eine schöngemaserte Grauglasur bei 1280 °C gewinnt man aus: 30,4 Kalifeldspat, 16,5 Nabofritte, 1,6 Lithiumkarbonat, 5,4 Kalkspat, 6,8 Strontiumkarbonat, 3,0 Bentonit, 36,3 Quarz bei innerer Reduktion mit 1 % Si. Sonst nimmt man Graufarbkörper.

Grauwacke. Dunkelgraues, sandsteinartiges Sedimentgestein aus 28–53 % Quarz, 25–47 % Feldspat, 4–21 % Glimmer, 4–25 % Chlorit, 0–6 % karbonaten und 1–3 % Akzessorien. Vorkommen im Oberharz und im Rheinischen Schiefergebirge.

Gravel (engl.) Kiesel.

Gravimetrische Thermoanalyse, GTA. Mit Hilfe einer Thermowaage ermittelte Gewichtsveränderungen beim Erhitzen. Empfindlicher ist die Differentialthermogravimetrie DTG, die die Gewichtsdifferenz zu einer Vergleichsprobe mißt. Temperaturabhängige Gewichtsverluste ergeben sich durch Entwässerung, Entweichen von Kohlendioxid, Hydroxiden, Schwefeldioxid, Verbrennung organischer Substanzen im Ton. Die aufgenommenen Kurven lassen erkennen, bei welcher Temperatur ein solcher Zerfall der Verbindungen stattfindet. Aus dem Kurvenverlauf kann auf die Gegenwart und prozentuale Menge bestimmter Minerale (bes. Tonminerale) geschlossen werden.

G **Grobkeramik.** Der technologische Bereich der Keramik, in dem keine Feinmahlung der Rohstoffe vorgenommen wird. Er umfaßt die Herstellung von Ziegelwaren und feuerfesten Steinen. Beim Steinzeug wird das Grobsteinzeug der Grobkeramik, das Feinsteinzeug der Feinkeramik zugerechnet.

Grog. Engl. Bezeichnung für Schamotte. Grogging: mit Schamotte magern.

Grolleg china clay. Englischer Kaolin, der dem Kaolin 233 entspricht.

Grubenbrand s. u. Pitfiring.

Grubenbrandofen. Primitivofen, der aus der Brenngrube hervorging und bei dem das Brenngut nicht mehr mit dem Brennstoff vermischt ist. Er besitzt eine feste Ummauerung, jedoch keine Trennung in Feuer- und Brennkammer. Die Ware wird auf eine treppenförmige Erhöhung der Grundfläche oder auf Lehmbatzen gestellt, zwischen die das Brennholz eingeschoben wird. Solche Öfen werden noch in Rumänien zum Schwarzbrennen betrieben. Man dichtet sie durch eine Sandschüttung ab, die durch einen Bretterumbau gehalten wird. Der Ofen wird mit Blechen abgedeckt.

Grüne Glasuren.

a) Kupfer färbt in Bleiglasuren smaragdgrün. Kalk hat keinen Einfluß auf die Farbe, Zink macht sie klarer, Kalium und Natrium verfärben zu Gelb. Kalium und Zink gemeinsam vertiefen den Farbton. Magnesium dämpft die Farbintensivität. Gesteigerter Alkaligehalt führt zu Türkis, das durch Zinnoxid gefördert wird. Rechnet man das Kupferoxid in die Segerformel ein, so nimmt man 0,03 bis 0,06 äquiv. Mole für helle Töne und 0,06 bis 0,1 Mole CuO für kräftige Farben. Da sich das Kupfer in der Glasur löst, trägt es auch zu seinen Eigenschaften bei. CuO erhöht den Ausdehnungskoeffizienten fast doppelt so stark wie Cu_2O. Kupfer verdampft beim Brennen und wird von den strömenden Feuergasen in Gas- und Holzöfen stärker abtransportiert als im Elektroofen.

b) Chromoxid ist sehr schwer löslich, deshalb ist das typische Chromgrün opak. Mit Chromoxidmengen unter 1 % erhält man infolge geringer Löslichkeit ein gelbliches Grün. Tonerde, Zink, Barium und Zinn verfärben ins Braune nahe dem Violett (Pink). Mit Zink bildet Chrom braunes Zinkchromat. Kalk neigt zu Gelbverfärbung.

c) Nickel löst sich ebenfalls nur zu 1–3 % in Glasuren bis 1100 °C und bildet daher opake Farben. Grün ergibt sich in Anwesenheit von Magnesium in Glasuren.

d) Eisengrün (Seladon) in Reduktion.

e) Antimon-Kobalt- oder Chrom-Grün in kobalt- (oder chrom-)gefärbten Antimonglasuren.

Guerda secca (trockener Faden). Abgrenzung von horizontalen Glasurflächen durch Textilfäden, die mit Mangan durchtränkt sind. Alte spanische Technik der mangankonturierten kupfergrünen Fayencemalerei.

H

Haarrisse. Glasurfehler, der auf Zugspannung in der Glasur zurückzuführen ist. Abhilfe durch Erniedrigung der Wärmeausdehnung der Glasur oder Erhöhung der des Scherbens. Anhaltspunkte für die Glasur gibt die Tabelle der Faktoren zur Berechnung des Wärmeausdehnungskoeffizienten. Längeres Brennen und schnelles Abkühlen können zur Abhilfe dienen. In der Masse soll möglichst viel Quarz zu Cristobalit umgewandelt oder Wollastonit enthalten sein.

Hämatit, Roteisenstein, Fe_2O_3, Mol.-Gew. 159,7, Mineral von verschiedenartiger Kristallform. Aufgeblättert als »Eisenrose« (besonders auf Elba). Wichtiges Eisenerz. Das handelsübliche »Eisenoxid 25« hat 96–97 % Fe_2O_3, 3 % $SiO_2 + Al_2O_3$, 0,3 % wasserlösliche Salze und 0,5 % Glühverlust.

Härte. Widerstand, den ein Körper dem Eindringen eines anderen entgegensetzt. Ein Maß ist die Härte nach Mohs, die nach einer Mineralskala geprüft wird. Wenn das zu prüfende Material von einem der Minerale der Skala nicht geritzt wird, hat es die gleiche Härte wie dieses. Wenn es eines der Vergleichsminerale ritzt und selbst von dem folgenden geritzt wird, so liegt seine Härte zwischen beiden. Die Stufung der Mohsschen Skala ist jedoch sehr ungleichmäßig, wie ein Vergleich mit der Mikrohärte in der Tabelle zeigt.

Das Siliziumkarbid hat die Mikrohärte 2500 und das Bornitrid kommt dem Diamanten gleich. Auch das Borkarbid gehört mit seiner Mohshärte 9,3 zu den härtesten Stoffen. Bei den keramischen Glasuren steigt mit dem Kieselsäuregehalt die Verschleißfestigkeit, auch die Kalziumboratglasuren gehören zu den härtesten und abriebfestesten. Die Mikrohärten der Glasuren liegen gewöhnlich zwischen 520 und 750 kp/mm^2.

In Mineralgemengen wie dem keramischen Scherben wird Härte durch hohe Packungsdichte gefördert. Die einzelnen Mineralkörner sind um so härter, je kompakter ihr Kristallgitter ist. Ein solches Gitter macht die Minerale auch schwer schmelzbar. Daher ist es zu erklären, daß man in der Keramik und bei Gläsern mit »hart« hochgebrannt oder hochgeschmolzen meint, wie Hartbrand, Hartporzellan, Hartsteingut.

Härteskala nach Mohs	Mikrohärte in kp/mm
1 Talkum	2,4
2 Gips	36
3 Kalkspat	110
4 Flußspat	190
5 Apatit	540
6 Feldspat	800
7 Quarz	1120
8 Topas	1430
9 Korund	2000
10 Diamant	10000

Haferasche. Schwach saure Asche mit hohem Kaligehalt. Sie gibt im Oxidationsbrand eine gelbstichige, im Reduktionsbrand eine zart seladonfarbene, glänzende Glasur bei 1280 °C, wenn man auf 43 Asche 35 Kaolin und 22 Quarz nimmt. Anhaltswerte: 50,98 % SiO_2, 1,51 % Al_2O_3, 0,61 % Fe_2O_3, 0,07 % TiO_2, 10,8 % CaO, 2,88 % MgO, 0,88 % Na_2O, 25,2 % K_2O, 5,92 % P_2O_5. Segerformel zum Einrechnen in Glasuren: 1,57 SiO_2, 0,02 Al_2O_3, 0,07 P_2O_5, 0,35 CaO, 0,13 MgO, 0,50 K_2O, 0,02 Na_2O. Mol.-Gew. 179.

Haften der Glasuren. Durch geringe Viskosität und niedrige Oberflächenspannung werden sowohl die Reaktionen mit dem Scherben (Zwischenschichtbildung) als auch das Benetzungsverhalten günstig beeinflußt. Chemische Verwandtschaft führt zu guter Haftung.

Hahnenfuß. Brennhilfsmittel mit drei nach unten und einer nach oben zeigenden Spitze. Es wird zum Stapeln glasierter Teller in Kapseln verwendet.

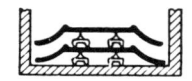

Hainbuchenasche. Basische Asche mit hohem Phosphorgehalt. Für den reduzierenden Brand braucht sie nicht gewaschen zu werden und ergibt eine seladonfarbene Glasur, die sich mit Kobalt- oder Kupferoxid vorteilhaft abwandeln läßt. Im oxidierenden Brand ist die natürliche Farbe der Glasur hellbraun. Man erhält eine matte Hainbuchenaschenglasur bei 1280 °C aus 26 Asche, 22 Kaolin und 52 Quarzmehl. Anhaltswerte: 14,51 % SiO_2, 0,14 % Al_2O_3, 2,16 % Fe_2O_3, 0,21 % MnO, 32,04 % CaO, 10,21 % MgO, 15,02 % K_2O, 8,63 % Na_2O, 12,96 % P_2O_5, 3 % SO_3, 1,21 % Cl. Segerformel zum Einrechnen in die Glasur: 0,21 SiO_2, 0,01 Fe_2O_3, 0,08 P_2O_5, 0,51 CaO, 0,22 MgO, 0,14 K_2O, 0,13 Na_2O. Mol.-Gew. 88.

Hakeme. Ostasiatische Technik, bei der eine weiße Engobe auf drehender Scheibe mit einem Reisbesen streifig aufgebracht wird.

Halbgasfeuerung. Feuerung, bei der feste Brennstoffe in gasförmige umgewandelt werden. Den auf zwei Feuerbänken aufgeschichteten Holzscheiten (»Pultfeuerung«) wird beim Bourry-Ofen Primärluft von oben zugeführt. Es soll möglichst viel CO gebildet werden, das mit der von unten (»Unterzugfeuerung«) vorbeistreichenden Zweitluft im Ofenraum verbrannt wird.

Halbmetalle. Chemische Elemente, deren Leitfähigkeit mit steigender Temperatur zunimmt: Silizium, Antimon, Selen, Arsen u. a.

Halbporzellan. Bezeichnung für Vitreous China.

Hallenser Kaoline und Tone. Aus der Gegend um Halle stammen hervorragende Kaoline. Südwestlich von Merseburg befinden sich hochplastische, illitreiche, tertiäre Tone im Roßbacher Becken.

Hallenser Tone

	1	2	3
SiO_2	49,09	69,30	58,88
Al_2O_3	36,98	19,50	26,80
Fe_2O_3	0,34	0,80	1,37
TiO_2	0,13	1,10	
CaO	0,14	0,16	1,08
MgO	Spuren	0,45	0,36
K_2O	0,07	1,60	0,25
Na_2O		0,08	0,57
GV.	13,25	6,5	11,14
T	93	50	65
Q	5	47	25
T	0,4	2	6

1 = Hallescher Edelkaolin 95, 2 = Ton Roßbach II, 3 = Nerchauer Steingutton.

Halloysit. Tonmineral der Kaolingruppe, $Al_2O_3 \cdot 2\,SiO_2 \cdot 2\,H_2O$.

Haltarkeit. Bezeichnung für chemische Beständigkeit.

Handtonpresse. Kleine, zylinderförmige Handpresse zum Herstellen von Profilsträngen entsprechend dem angeschraubten Mundstück.

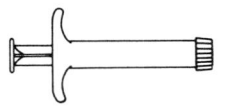

Handwedging (engl.) Masseschlagen.

Handwerk. Eine in Handarbeit ausgeübte gewerbliche Tätigkeit mit begrenztem Einsatz technischer Hilfsmittel und persönlichem Kapitalrisiko. Die Bedeutung des Begriffes wandelt sich von »Handarbeit« zu »Knowhow« (»sein Handwerk verstehen«).
Die Handwerksinnung ist die Grundlage sowohl der öffentlich-rechtlichen Einrichtungen (Kreishandwerkerschaft, Handwerkskammer), als auch der fachlichen, privatrechtlichen (Landesinnungsverband, Bundesinnungsverband). Die öffentlich-rechtlichen und die privatrechtlichen Organisationsformen sind im Deutschen Handwerkskammertag und in der Bundesvereinigung der Bundesinnungs- und Bundesfachverbände zusammengeschlossen und bilden den Zentralverband des Deutschen Handwerks e. V. (ZDH) mit dem Sitz in Bonn. Sämtliche Gliederungen werden von selbständigen Handwerkern ehrenamtlich geleitet: Innungsobermeister, Kreishandwerksmeister, Handwerkskammerpräsident, Landesinnungsmeister, Bundesinnungsmeister, Zentralverbandspräsident. Zeitschrift: »Das deutsche Handwerksblatt«, Schriftenreihe und Jahrbücher.

Handwerkerschutzgesetz. Gesetz zur Änderung der GewO. vom 26. 7. 1897 mit mehreren Ergänzungen, darunter 1933 über die Einführung der Pflichtinnung (obligatorische Zwangsinnung).

Handwerksberufe der Keramik. Scheibentöpfer, Baukeramiker, Keramikmaler – Berufe mit amtlichem Berufsbild, auf dessen Grundlage die fachlichen Vorschriften über das Lehrlingswesen, die Gesellen- und Meister-

HANDWERKSKAMMERN 148

prüfung erlassen werden. (siehe unter Keramiker-Ausbildungsverordnung).

Handwerkskammern. Selbstverwaltungskörperschaften des öffentlichen Rechts zur Vertretung der Handwerksinteressen nach § 90 der Handwerksordnung. Sie führen u. a. die Handwerksrolle und regeln die Berufsausbildung sowie gemeinsam mit den Innungsverbänden die Fortbildung.

Die Handwerkskammern in den alten Bundesländern: 1 Flensburg, 2 Lübeck, 3 Hamburg, 4 Bremen, 5 Ostfriesland, 6 Osnabrück-Emsland, 7 Oldenburg, 8 Lüneburg-Stade, 9 Hannover, 10 Braunschweig, 11 Hildesheim, 12 Münster, 13

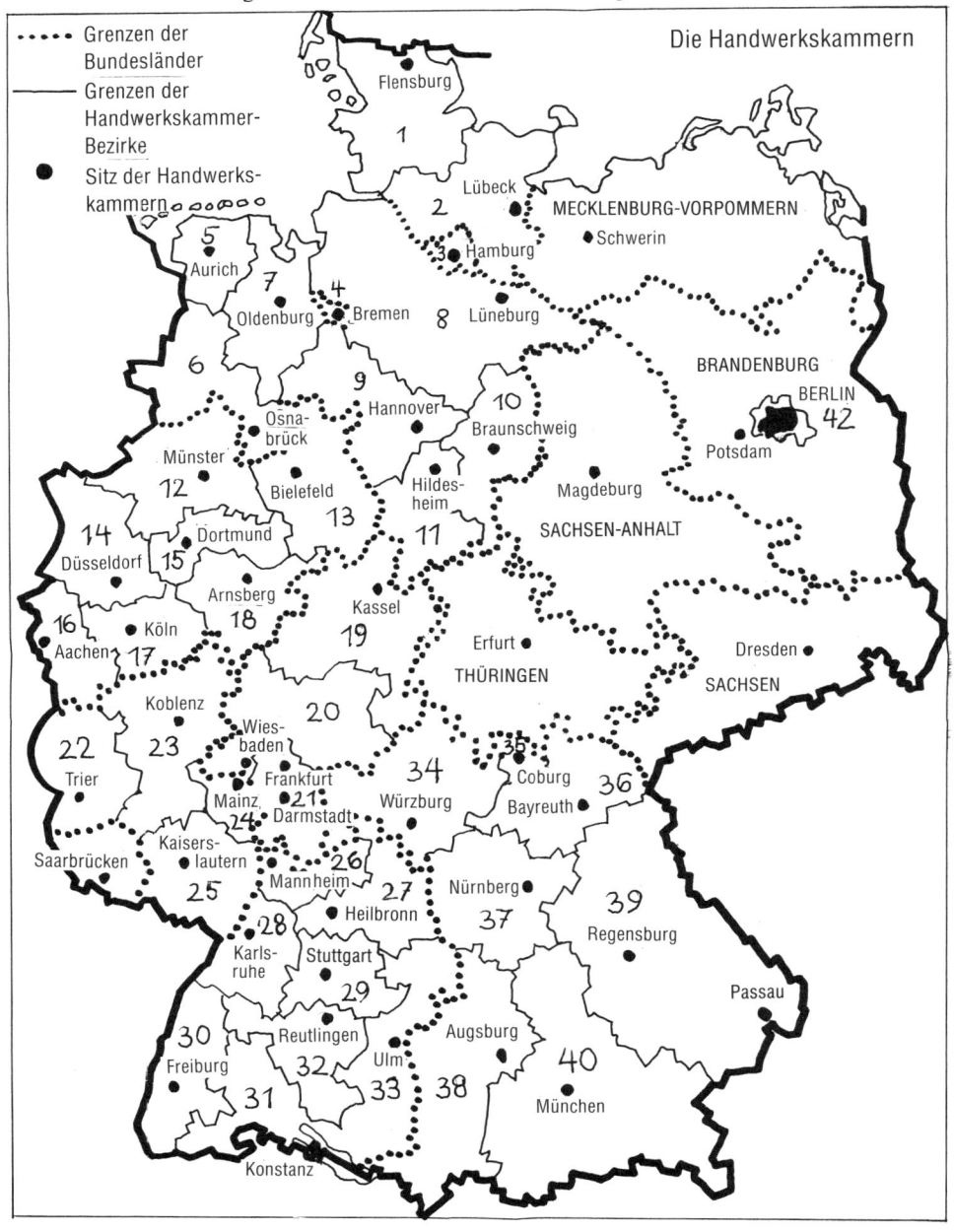

Ostwestfalen-Lippe, 14 Düsseldorf, 15 Dortmund, 16 Aachen, 17 Köln, 18 Arnsberg, 19 Kassel, 20 Wiesbaden, 21 Rhein-Main, 22 Trier, 23 Koblenz, 24 Rheinhessen, 25 Pfalz, 26 Mannheim, 27 Heilbronn, 28 Karlsruhe, 29 Stuttgart, 30 Freiburg, 31 Konstanz, 32 Reutlingen, 33 Ulm, 34 Unterfranken, 35 Coburg, 36 Oberfranken, 37 Mittelfranken, 38 Schwaben, 39 Niederbayern-Oberpfalz, 40 Oberbayern, 41 Saarland, 42 Berlin. In den neuen Bundesländern bestehen fünf Länderkammern.

[G] **Handwerkskarte.** Bescheinigung, die den in der Handwerksrolle eingetragenen Handwerkern von der Handwerkskammer ausgestellt wird.

[G] **Handwerksordnung.** Gesetz zur Ordnung des Handwerks vom 17. 9. 1953. Kombiniertes Berufsausbildungs- und Organisationsrecht. Ergänzungen 1954 und 1960, Erweiterung und Neufassung 1965. Es regelt die Ausübung eines Handwerks (§§ 1–20), Berufsausbildung (§§ 21–45), Meisterprüfung, Meistertitel (§§ 46–51), Organisation des Handwerks (§§ 52–115), Straf-, Bußgeld-, Übergangs- und Schlußvorschriften (§§ 116–129).

[G] **Handwerksrolle.** Ein von der Handwerkskammer geführtes Verzeichnis. Die Eintragung ist Voraussetzung für den selbständigen Betrieb eines Handwerks als stehendes Gewerbe nach § 1 Abs. 1 der Handwerksordnung. Eingetragen werden kann nur, wer die Meisterprüfung bestanden hat oder eine Ausnahmebewilligung der höheren Verwaltungsbehörde besitzt.

Hangofen. An einen Hang gebauter Ofen. In Ostasien verbreitete Bauart (siehe japanische Öfen), jedoch auch Öfen, die nur einen in den Boden vertieften Kanal darstellen, der in einen Schornstein mündet:

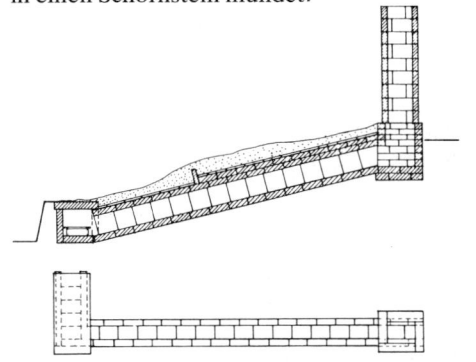

Der Ofen hat eine am unteren Ende seitlich angebrachte Feuerungsöffnung. Der Abschnitt, in den die Ware eingesetzt wird, liegt in der oberen Hälfte des Kanals und ist mit Platten verschlossen, die – wie der gesamte Kanal – während des Brandes mit Erde überdeckt werden. In einem solchen Ofen lassen sich Steinzeugtemperaturen erzielen.

Happening, Einbeziehung von Menschen in ein künstlerisches Ereignis.

Hartbrand über 1200 °C.

Hartschamotte. Bei über 1675 °C aus Kaolin, feuerfestem Ton oder Schieferton (= Tone, die nicht zum Blähen neigen) dichtgebrannte Schamotte.

Hartporzellan. Porzellan, das bei 1380–1460 °C gebrannt wird, bei einer Reduktionsperiode zwischen 960 und 1120 °C, dann folgt klares Feuer und zum Schluß natürliche, milde Reduktion. Der Scherben ist weiß und transparent. Man setzt die Masse möglichst aus mehreren Kaolinen zusammen, zu denen man 3–6 % weißbrennenden, plastischen Ton hinzufügt, wenn es eine Drehmasse werden soll. Die Eisenfreiheit der Rohstoffe ist wichtig. Die Mischung besteht aus rund 50 % Kaolin, 25 % Quarz und 25 % Feldspat. Die Transparenz wird durch Feldspat erhöht, besser jedoch durch mehr Quarz und höheres Brennen, weil dadurch die Feuerstandfestigkeit verbessert wird. Viel Tonsubstanz hingegen erhöht die thermische und mechanische Festigkeit, die bei Hotelporzellan besonders gefordert wird. Das bedeutet jedoch höheren Brand. Porzellanmassen eignen sich vor allem für das Gießverfahren, weil sie mager sind. Zu diesem Zweck gibt man noch 20–30 % gemahlene Porzellanglüh- und Glattscherben zur Masse. Die Glasur ist die Kegel-4-Glasur oder von ihr abgeleitet, indem man einen Teil des Kalis durch Magnesia, einen Teil des Kalkes durch Bariumsulfat ersetzt, den Tonerdegehalt etwas erhöht und Glattscherben einsetzt. Soll die Glasur besonders ritzhart sein, so besitzt sie Kalk als alleiniges Flußmittel. Ihr Versatz (für 1340 °C) besteht dann aus

26 Marmormehl
 7 Kaolin, roh
17 Kaolin, geglüht
50 Quarzmehl.

Hartsteingut, Feldspatsteingut. Bei 1260–1320 °C geschrühter und bei niedrigerer Temperatur glattgebrannter Werkstoff von weißer Brennfarbe, hoher Festigkeit und geringer Porosität. Der Scherben ist nicht transparent. Die Masse wird aus weißbrennenden, plastischen Steinguttonen zusammengesetzt. Sie sind grobkörniger als Steinzeugtone und eignen sich daher gut für das Gießverfahren. Die Glattbrandtemperatur richtet sich nach der verwendeten Glasur, die sehr verschieden beschaffen sein kann. Typisch ist die bleiborsäurehaltige Frittenglasur, die einen hohen Glanz besitzt und die für Steingut charakteristische Unterglasurbemalung strahlend wiedergibt. Eine solche Glasur für 970 °C besteht z. B. aus 89 Fritte, erschmolzen aus 8,3 Marmormehl, 44,3 Mennige, 7,2 Kaolin, 26,5 Quarz und 13,7 Borsäure, dazu roh als Mühlenzusatz 11 % Kaolin.

Haselnußasche. Basische Asche vom Kalktyp. Man kann sie wie einen durch Magnesia verunreinigten, kohlenstofffreien Kalk in Glasuren einsetzen. Der Alkaligehalt ist gering und wird in der Schmelztemperatur durch einen entsprechend höheren Tonerdegehalt kompensiert. Anhaltswerte: 1,965 % SiO_2, 10,52 % Al_2O_3, 0,65 % Fe_2O_3, 0,095 % TiO_2, 75,575 % CaO, 6,325 % MgO, 3,615 % K_2O, 0,72 % Na_2O. Segerformel zum Einrechnen in Glasuren: 0,02 SiO_2, 0,01 Al_2O_3, 0,87 CaO, 0,10 MgO, 0,03 K_2O, 0,01 Na_2O. Mol.-Gew. 58.

Hasenfellglasur. Sondertyp der ostasiatischen Temmokuglasuren mit fellähnlichen Ausscheidungen, die dadurch begünstigt werden können, daß man eine leichtflüssigere Glasur als Unterlage grob aufspritzt, die die Kristallisation fördert. Es ist eine tonerdereiche und relativ kieselsäurearme Glasur, die bei 1300 °C in oxidierender (zur Erzielung rötlicher bis gelblicher Töne) oder neutraler Atmosphäre (für silbrige Töne infolge Fe_3O_4) auf einem eisenreichen Scherben gebrannt wird. Die Analyse einer Glasur: 60,70 SiO_2, 18,06 Al_2O_3, 0,52 TiO_2, 6,89 FeO + Fe_2O_3, 7,39 CaO, 2,00 MgO, 3,39 K_2O, 0,11 Na_2O, 1,41 P_2O_5, 0,70 MnO, 0,6 SO_3; auf einem Scherben aus 63,62 SiO_2, 24,09 Al_2O_3, 8,11 FeO + Fe_2O_3, 0,04 CaO, 0,53 MgO, 2,6 K_2O, 0,02 Na_2O. Versatz:
21,0 Kalifeldspat
16,0 Kaolin, roh
14,0 Kaolin, geglüht
24,0 Quarzmehl
8,0 Dolomit
4,5 Kalkspat
0,5 Gips
6,0 Eisenoxid
3,0 Knochenasche
1,0 Braunstein
0,5 Titandioxid
Brenntemperatur 1290–1310 °C.

Hasseris-Ofen. In dem dänischen Ort Hasseris ausgegrabener Ofen aus dem 5. Jh. mit einem Gewölbe aus Weidengeflecht und Lehm, der in Ferienlagern und auf Abenteuerspielplätzen gern nachgebaut wird:

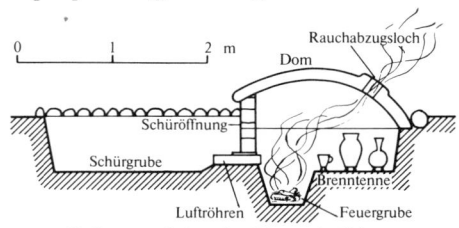

Rekonstruktion des Hasseris-Ofens.

Haubenofen. Ofen mit hochhebbarer Haube, die die Wände und Decke des Ofens bildet. Bei Elektroöfen ist die Haube beheizt, bei Raküöfen handelt es sich meist um einen Gasofen mit feststehendem Brenner im Sockel.

Hautcraquelée. Mit zwei Glasuren bedeckte Keramik, von denen die obere reißt und die Unterglasur durchblicken läßt. Damit die Risse groß genug werden, sorgt man schon beim Trocknen für das Reißen, indem man der Oberglasur Gelatine beimischt.

Hawthorn. US-Ton, entsprechend dem englischen Potclays Blue ball clay. Ersatzmischung: 91,9 Kaolin 233, 1,95 Fe_2O_3, 1 % TiO_2, 3,80 Quarz, 0,26 kaust. Magnesit 346.

Hebelregel. Am Hebel herrscht Gleichgewicht bei
Kraft × Kraftarm = Last × Lastarm.
In Mischungsdreiecken läßt sich die Zusammensetzung einer Mischung graphisch ermitteln, wenn der Drehpunkt und ein Hebelarm bekannt sind.

Hebigama. Japanischer Hangofen, entsprechend dem chinesischen Gespaltenen-Bambus-Ofen.

Heilerde. Feiner Ton zur äußeren Anwendung

als Gesichtspackung (Kosmetik) und als Deodorans, zur inneren Anwendung, um Krankheitserreger zu adsorbieren, Magensäure zu neutralisieren, Spurenelemente zu liefern und Darmgifte zu binden. Die in plastischen Tonen enthaltenen Streptomyceten haben eine antibiotische Wirkung (Streptomycin). Kieselerdepulver wird als Aufbaustoff für Haut, Haare, Zähne, Knochen und Gewebe bei Mineralmangel empfohlen (siehe auch unter Geophagie).

Aus der als Naturheilmittel angebotenen Luvos-Heilerde können mit einem geringen Zusatz von Flußmitteln (z. B. Kalziumborat und Titandioxid) Glasuren auch für niedrige Temperaturen erhalten werden. Zusammensetzung der Luvos Heilerde: 62,15 % SiO_2, 8,84 % Al_2O_3, 3,46 % Fe_2O_3, 9,28 % CaO, 2,19 % MgO, 1,62 % K_2O, 6,25 % CO_2. Segerformel zum Einrechnen in Glasuren: 0,7 CaO, 0,23 MgO, 0,07 K_2O, 0,37 Al_2O_3, 0,09 Fe_2O_3, 4,37 SiO_2. Mol.-Gew. 396.

Heizleiter. Elektrische Leiter mit hohem elektrischen Widerstand zur Wärmeerzeugung: Graphit, Siliziumkarbid, ferritische und austenitische Legierungen. Die Lebensdauer sinkt mit steigender Temperatur.

Heizwert. Die bei der Verbrennung von 1 kg bzw. 1 Nm^3 Brennstoff freiwerdende Wärmemenge. Bei Brennstoffen, bei deren Verbrennung Wasserdampf entsteht, wird zwischen Verbrennungswärme (H_o) mit flüssigem und dampfförmigem Wasser (H_u) unterschieden. Der Unterschied ist die Verdampfungswärme des Wassers.

Henkelpresse. Vertikale Handpresse, aus der ein profilierter Tonstrang entsprechend dem angesetzten Mundstück durch Herunterdrücken eines Kolbens herausgepreßt wird.

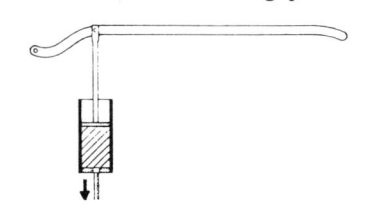

Henkelziehen. Formen von Henkeln durch Ausstreichen eines Tonbatzens mit der nassen Hand. Der Ton muß gut plastisch, ungemagert und sorgfältig geknetet sein. Man hält den Tonbatzen mit einer Hand hoch und streicht mit der anderen, deren Finger fast einen Ring bilden, mit viel Wasser das untere Ende in die Länge. Dann kneift man mit den Fingern ein 12 cm langes Stück ab und drückt es mit einer geringfügig drehenden Bewegung auf das Gefäß, indem man mit der an-

Heizwerte der wichtigsten Brennstoffe

Gasart	Bestandteile			Heizwert
	Methan (CH_4)	Wasserstoff (H_2)	Anderes	(1 kcal = 4,19 kJ)
Methan	100 %	–	–	H_u = 8 600 kcal/m^3
Erdgas	60–90 %	–	–	H_u = 6 000–8 000 kcal/m^3
Biogas	50–70 %	–	30–50 % CO_2	H_u = 5 000–6 000 kcal/m^3
Stadtgas	20 %	50 %	20 % CO Rest CO_2	H_u = 3 800–4 200 kcal/m^3
Propan	–	–	100 % C_3H_8	H_u = 22 190 kcal/m^3
Butan	–	–	100 % C_3H_{10}	H_u = 29 540 kcal/m^3
Flüssiggas	–	–	(Mischung zw. C_3H_8/C_4H_{10}	H_u = 11 000 kcal/kg
Dieselkraftstoff	–	–	85 % C, 14 % H	H_u = 10 600 kcal/kg
Erdöl	0,1–7	10–14	80–88 % C	H_u = 9 000–10 000 kcal/kg
leichtes Heizöl	0,1–0,5	11–13,5	85–87 % C	H_u = 9 600–10 000 kcal/kg
schweres Heizöl	2–3	7–11	82–87 % C	H_u = > 9 400 kcal/kg
Steinkohle	(3–12 % Asche)		0–10 % H_2O	H_u = 8 300 kcal/kg
Braunkohlenbrikett	(4–10 % Asche)		12–18 % H_2O	H_u = 5 000 kcal/kg
Holz, lufttrocken	(0,5–5 % Asche)		10–20 % H_2O	H_u = 4 000 kcal/kg
Torf, lufttrocken	(< 15 % Asche)		15–35 % H_2O	H_u = 3 900 kcal/kg

HENKELZIEHER

deren Hand dagegenhält.

Diesen nunmehr in einem gewünschten Winkel vom Gefäß abstehenden Tonzapfen zieht man mit der nassen Hand weiter in die Länge, indem man das Gefäß mit der anderen Hand in die Höhe hält. An dem geneigt gehaltenen Gefäß kann man gut die Richtung des Henkels steuern. Man zieht ihn immer wieder von seinem Ansatz aus nach unten, um das Auftreten von dünnen Stellen durch ungleichmäßiges Zusammendrücken zu vermeiden. Schließlich richtet man das Gefäß auf, wobei man den Henkelschwung bildet, und drückt das untere Ende mit dem Daumen fest an das Gefäß.

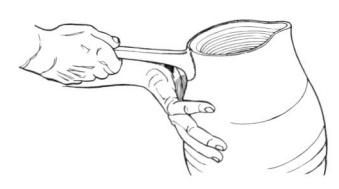

Bei Teekannen verfährt man meist anders: Man zieht sofort aus dem Tonbatzen den Henkel in voller Länge, biegt dann das schlanke Ende zu einer Schlinge, läßt es fast lederhart trocknen, schneidet den als Henkel bestimmten Teil ab und garniert ihn mit Schlicker an das Gefäß an.

Henkelzieher. Ösenförmiges Werkzeug zum Ziehen von Profilwülsten aus einem Tonbatzen. Größere Ausführung für Krüge, kleinere für Tassen.

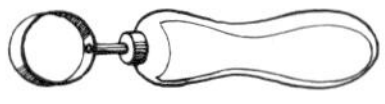

Herdwagenofen. Ofen, bei dem die Ware außerhalb des Ofens auf Wagen gesetzt wird. Der Wagen, der bei manchen Konstruktionen eine Stirnwand des Ofens enthält, wird in den Ofen eingefahren, abgebrannt und zum Abkühlen ausgefahren, während schon der andere Wagen eingeschoben wird. Dadurch spart man Zeit und Energie.

Hessische Tone. Südöstlich von Kassel liegt das bekannteste nordhessische Tonvorkommen, der alttertiäre Ton von Großalmerode. Es werden drei Sorten unterschieden: der Ober- oder Töpferton, der für Töpferware und Steinzeug geeignet ist, der fette Tiegelton und der magere Pfeifen- und Glashafenton. Weitere alttertiäre Tonvorkommen sind in Oberkaufungen und Möncheberg. Jungtertiäre Tone ziehen sich von Hofgeismar über Kassel, Fritzlar, Homberg bis Ziegenhain. Sie treten in einzelnen Nestern in muldenförmigen Vertiefungen des Buntsandsteins auf. Ausgedehnte Tonvorkommen finden sich bei Gensungen und im Ohse- und Efzetal in Unshausen und Mardorf, wo der weißbrennende Ton unter einer Decke von Treibsand liegt. Ein umfangreiches Tongebiet befindet sich am Nordfuß der Basaltkuppe des Knülls bei Frielendorf. Am Rand der Basaltdecke des Vogelsberges treten besonders im Norden und Westen graue und gelbe Tone zutage: bei Lauterbach, Alsfeld, Homberg a. d. Ohm und in der Gießener Gegend. Bei Wieseck kommen weiße Tone vor. Auch

jenseits des Vogelsberges treten weiße Tone auf, die jedoch aus vortertiärer Zeit stammen. Sie finden sich in kesselförmigen Vertiefungen des Muschelkalkes südöstlich von Abtsroda und hatten schon der Fuldaer Fayencefabrik als »Porzellanerde« gedient. Weiße, vortertiäre Tone liegen auch an der Wasserkuppe nordöstlich der Fuldaquelle sowie in Tann und auf der bayerischen Seite der Rhön in Bischofsheim. Auch am südlichen Saum der Basaltdecke des Vogelsberges treten Tone im Kinzigtal zutage.
Im Lahn-Taunus-Gebiet liegen tertiäre Tone im Limburger Becken und in der Idsteiner Senke. Ein weißer Ton kommt zwischen Nieder-Selters und Danhorn, ferner bei Linter und Mensfelden vor. Kleinere Vorkommen von mehr oder weniger sandigen, gelben Tonen, die z. T. früher als Töpfertone verwendet wurden, findet man bei Kettenbach, Mudershausen und Burgschwalbach sowie bei Nastätten, Miehlen und Singhofen. Bei Erbach kommt ein eisenreicher Ton vor, der als gelber Ocker zu verwenden ist. (Siehe auch unter Mittelrheinische Tone).

Hetjens-Museum. Deutsches Keramikmuseum im Palais Nesselrode, Düsseldorf. Stifter Laurenz Heinrich Hetjens, ein Kenner des rheinischen Steinzeugs, bestimmte mit seinem Tod 1906 seine Sammlung und sein Vermögen zum Bau des Museums, das 1909 eröffnet wurde. Bestand etwa 12000 Objekte. Freundeskreis des Hetjensmuseums. Ständige Publikation: Der Keramikfreund.

Heuasche. Neutrale Asche, die etwa zu einem Drittel aus Kalk besteht. Sie besitzt verhältnismäßig viel Tonerde. Um aus ihr eine Mattglasur bei 1280 °C zu gewinnen, kann man von folgendem Versatz ausgehen: 46 Asche, 29 Kaolin, 15 Quarz. Anhaltswerte: 43,47 % SiO_2, 8,16 % Al_2O_3, 30,39 % CaO, 3,18 % MgO, 1,98 % Na_2O, 12,91 % K_2O. Segerformel zum Einrechnen in eine Glasur: 0,91 SiO_2, 0,10 Al_2O_3, 0,68 CaO, 0,10 MgO, 0,04 Na_2O, 0,18 K_2O. Mol.-Gew. 126.

Hirseasche. Saure Asche, die für sich allein eine Glasur bei 1360 °C ergibt. Um sie auf 1280 °C herabzudrücken, kann man ihr Kalziumborat im Verhältnis 65 Asche : 35 Kalziumborat zusetzen, um eine glänzende Glasur zu erhalten, oder Kalk, Kaolin und Quarz, wenn man eine Mattglasur erzielen will: 50 Asche, 19 Kaolin, 16 Kalkspat, 15 Quarz. Anhaltswerte: 75,16 % SiO_2, 3,16 % Al_2O_3, 6,01 % CaO, 3,45 % MgO, 12,22 % K_2O. Segerformel zum Einrechnen in eine Glasur: 3,88 SiO_2, 0,09 Al_2O_3, 0,332 CaO, 2,65 MgO, 0,402 K_2O. Mol.-Gew. 310.

Hobby = Steckenpferd, Liebhaberei. Siehe unter Freizeitkeramik.

Hochschulinstitute für Keramik in Deutschland: Aachen, Berlin, Clausthal-Zellerfeld, Erlangen, Freiberg, Weimar. FH-Bereiche: Duisburg, Höhr-Grenzhausen (Koblenz) und Nürnberg.

Hochofenschlacke. Bei der Verhüttung von

Hessische Tone

	1	2	3	4	5	6	7	8
SiO_2	67,40	49,01	55,20	24,38	51,81	60,22	42,84	54,10
Al_2O_3	20,25	33,95	31,33	26,66	32,54	20,02	35,35	24,10
TiO_2	2,00	1,40	–	–	–	–	–	–
Fe_2O_3	2,30	2,38	2,30	4,36	1,52	3,73	2,43	11,20
CaO	–	–	0,32	0,75	0,20	0,64	0,36	0,40
MgO	0,12	–	–	1,42	0,14	0,41	0,45	0,40
K_2O	1,50	–	–	1,50	1,00	2,05	1,12	1,50
Na_2O	–	–	–	1,38	1,17	1,15	–	1,10
GV.	7,20	11,78	10,60	0,53	11,83	10,19	16,65	7,30
T	47	86	79	58	75	40	86	52
Q	44	14	20,4	17	9	36	6	28
F	9	0	0,6	25	16	24	8	20

1 = Großalmeroder Magerton. 2 = Großalmeroder Fetton. 3 = Fritzlarer Ton. 4 = Obersuhler Ton. 5 = Melsunger Blauton. 6 = Pliozän-Ton von Urberach. 7 = Pliozän-Ton von Erbstadt. 8 = Niederahrer Ton 178/RI.

Eisenerz im Hochofen anfallende basische Schlacke der mittleren Zusammensetzung 35 % SiO_2, 15 % Al_2O_3, 50 % CaO. Segerformel zum Einrechnen in Glasuren: 1 CaO, 0,165 Al_2O_3, 0,65 SiO_2. Mol.Gew. 112.

Hochschnitt: Beschneiden einer dicken Wandung, wodurch »hohe« Kanten entstehen.

Höhr-Grenzhausen: Mittelpunkt des »Kannenbäckerlandes«, wurde 1936 beim Zusammenschluß der Orte Höhr, Grenzhausen und Grenzau zur Stadt erhoben. Rheinland-Pfalz, Unterwesterwaldkreis. Seit 1879 bestand die staatl. Ingenieur- und Werkschule für Keramik, seit 1971 gibt es in der Rheinstraße den Fachbereich Keramik der Fachhochschule Rheinland-Pfalz (Abtlg. Koblenz), seit 1984 das Keramische Zentrum (Am Scheidberg) mit Fach- und Berufsschule, seit 1982 das Keramikmuseum Westerwald, seit 1990 das Institut für künstlerische Keramik.

Hofmeister-Reihe. Anordnung der Kationen nach ihrer Austauschbarkeit bei der Belegung der Tonkolloide in wäßriger Suspension. Li-Na-K-NH_4-Mg-Ca-Sr-Ba-Al-H. Die links stehenden sind leichter durch weiter rechts stehende auszutauschen als umgekehrt.

Hohlgefäße. Gefäße von geschlossener Form im Gegensatz zu Flachgefäßen. Siehe unter Gefäßtypen.

Hohlguß. Gießverfahren, bei dem die Außenwand des Gegenstandes von der Gipsform gebildet und der überschüssige Schlicker ausgegossen wird, im Gegensatz zum Kernguß.

Hohlkugeltechnik. Aufbautechnik, bei der eine Hohlkugel als Ausgangspunkt für weitere Gestaltungen angefertigt wird. Man geht dabei von zwei gleichgroßen Tonbatzen aus, die man zu Halbkugeln quetscht. Um sie zu einer Kugel zusammenfügen zu können, verbreitert man den Rand und erhält so eine Verbindungsfläche, die man mit Schlicker bestreicht. Wenn man nun die beiden Halbkugeln aufeinanderlegt, soll der Schlicker aus der Verbindungsfuge herausquellen, weil er damit sowohl Luft aus der Verbindungsquelle treibt als auch den inneren Hohlraum luftdicht abschließt. Man quetscht den überstehenden Kragen zusammen und verstreicht ihn mit einem breiten Messer, das man öfter ins Wasser taucht. Was noch zu viel vom Tonrand vorhanden ist, nimmt das Messer weg. Jetzt ist die Kugel im rohen Zustand fertig, das heißt, sie ist geschlossen, und die eingeschlossene Luft bildet einen Widerstand gegen das Deformieren. Man glättet die Oberfläche mit dem Messer, das man immer wieder anfeuchtet, und rollt die Kugel in den Händen, bis sie glatt und rund ist. Mit einem Holzstampfer drückt man den Boden hoch und setzt die Kugel dann auf die Ränderscheibe. Soll das Gefäß einen Hals bekommen, so formt man ihn über einem Holzstab durch schnelles Drehen. Es sieht dann wie auf der Scheibe gedreht aus. Der Hals wird aufgesetzt, solange die Kugel noch geschlossen ist. Erst ganz zum Schluß wird der Hals durchstoßen, wenn kein Druck mehr auf die Kugel ausgeübt wird.

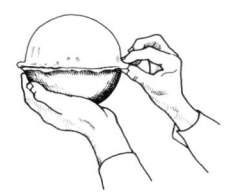

Holunderasche. Eine sulfatreiche Asche, die für den Oxidationsbrand geschlämmt werden muß. Hohe Temperatur und reduzierende Atmosphäre bewirken eine Zersetzung der Schwefelverbindungen. Die Holunderaschenglasur wird bei Reduktion zart seladonfarbig, bei Oxidation fast farblos mit einem geringen Gelbstich. Um zu einer Glasur zu werden, braucht die Asche ziemlich viel Quarz als Glasbildner und Kaolin, der die Mischung verarbeitbar macht. Anhaltswerte: 12,8 % SiO_2, 0,36 % Fe_2O_3, 0,09 % MnO, 35,96 % CaO, 15,62 % MgO, 15,55 % K_2O, 1,22 % Na_2O, 12,11 % P_2O_5, 0,26 % Cl. Segerformel zum Einrechnen in Glasuren: 0,17 SiO_2, 0,52 CaO, 0,32 MgO, 0,14 K_2O, 0,02 Na_2O, 0,07 P_2O_5. Mol.-Gew. 82. Eine Mattglasur für 1280 °C erhält man aus 24 Asche, 22 Kaolin und 54 Quarzmehl.

Holz. Hartes Pflanzengewebe der Holzgewächse (Bäume und Sträucher). Es besteht zum überwiegenden Teil aus Zellulose und Hemizellulosen, die je nach Standort, Klima und Wachstumsgeschwindigkeit ein verschiedenes spezifisches Gewicht ergeben. Darauf beruht die Einteilung in harte Hölzer: Eiche (0,707), Ahorn (0,659), Esche (0,644), Buche (0,591), Ulme (0,591), Birke (0,55), Kiefer (0,55), Erle (0,5) und weiche Hölzer: Tanne (0,48), Weide (0,48), Lärche (0,47), Linde (0,44), Espe (0,43) und Pappel (0,39). Dem Gehalt an Harzen und Gerbsäure hingegen entspricht die Einteilung in Nadel- und Laubhölzer. Die Mineralstoffe, die die Asche bilden, schwanken in ihrem Gehalt in verschiedenen Teilen des Holzes. In der Rinde sind sie zu 2 bis 3 % enthalten, in Blättern und faserigen Wurzeln zu 5 bis 7 %, in den sonstigen Teilen betragen sie durchschnittlich 1 % und bestehen hauptsächlich aus Kalium- und Kalziumkarbonat. Als Brennmaterial für Holzöfen eignet sich am besten weicheres Hartholz, vor allem wenn es harzreich ist. Im lufttrockenen Zustand enthält es noch 15 bis 20 % Feuchtigkeit und muß (am besten am Ofen) künstlich getrocknet werden, weil es hygroskopisch ist. Wegen seiner Langflammigkeit, seines geringen Aschegehalts und seiner Schwefelfreiheit ist Holz ein gutes Brennmaterial.

Holzaschen. Basische Aschen, denen Quarzmehl als Glasbildner zugesetzt werden muß, um eine Glasur zu erhalten, und Kaolin, um diese Glasur verarbeiten zu können und sie in ihren Eigenschaften zu verbessern. An schädlichen Substanzen enthalten Holzaschen Sulfate und Chloride, die durch hohe Temperaturen und Reduktionen zersetzt werden. Aschen mit mehr als 3 % SO_3 sollten für den oxidierenden Brand geschlämmt werden (siehe auch unter Galle). Dabei gehen zwei Drittel der Alkalien verloren. Man kann die Holzaschen nach dem vorherrschenden Flußmittel einteilen in:

1. Holzaschen vom Kalktyp.
Aschen mit einem CaO-Gehalt um oder über 70 %. Sie können als ein durch Erdalkalien und Alkalien verunreinigter, kohlensäurefreier Kalk angesehen werden. In diese Gruppe gehören die meisten Holzaschen.

2. Holzaschen vom Dolomittyp.
Solche Aschen kommen einem durch Quarz und Alkalien verunreinigten, kalkreichen Dolomit gleich. Von diesem Typ ist z. B. die Birkenasche. Für 10 Versatzteile Dolomit kann man 6 Teile einer Asche vom Dolomittyp nehmen.

3. Holzaschen vom Alkalityp.
Sie können als tonerde- und kieselsäurearmer Alkalirohstoff eingesetzt werden, z. B. die Asche der Eichenblätter.
Die Zusammensetzung der Holzaschen schwanken in weiten Grenzen:

Analysenwert:

	niedrigster	Mittel	höchster
SiO_2	1,07	15,26	29,44
Al_2O_3	0,06	6,53	13,00
CaO	6,39	44,38	82,38
MgO	2,21	9,34	16,46
Na_2O	0,16	10,12	20,08
K_2O	0,89	28,71	56,53

Bei den Nadelhölzern sind die Schwankungen geringer. Bei ihnen lauten die Mittelwerte: $SiO_2 = 12,18$, $Al_2O_3 = 3,48$, CaO $= 49,53$, MgO $= 8,49$, $Na_2O = 5,55$, $K_2O = 7,33$.
Da die Erdalkalien und Alkalien einen verschieden hohen Bedarf an Glasbildnern haben, nivellieren sich die Unterschiede, und es eröffnet sich die Möglichkeit, eine Faustregel anzugeben ohne Rücksicht darauf, wie die Flußmittel verteilt sind. Sie lautet:
40 Holzasche
40 Feldspat
20 Kaolin oder Ton.
Diese Mischung ergibt eine Glasur bei 1280 °C. Durch Erhöhung des Ascheanteils wird die Glasur matter, des Feldspatanteils glänzender und leichter schmelzbar, durch Vermehrung des Kaolins wird sie matter und strengflüssiger.

Holz-Keramik-Verbundstoffe. In Japan erfundenes Verfahren: Tränken von Tannenholz in Lösungen, die Barium und Titan enthalten, wobei sich 0,5µm große Teilchen zwischen den Holzfasern einlagern.

Holzofen. Holzgefeuerter Ofen. Bis zum Aufkommen der Kohlenfeuerung 1839 in Meißen gab es nur Holzöfen. Sie brauchen eine größere Rostfläche als Kohleöfen, oft aber verzichtet man auf einen Rost zugunsten eines großen Feuerraumes, wie beim Kasseler Ofen oder beim Noborigama, weil der Aschenanfall (0,5–5%) gering ist. Ein Rost ist jedoch günstig zum Vorwärmen der Verbrennungsluft, ebenso ein Feuerständer. Wegen ihrer guten Wärmeausnutzung werden heute kleine Öfen mit niedergehender Flamme bevorzugt (siehe auch Olsen-Ofen, Bogengewölbe-Öfen).

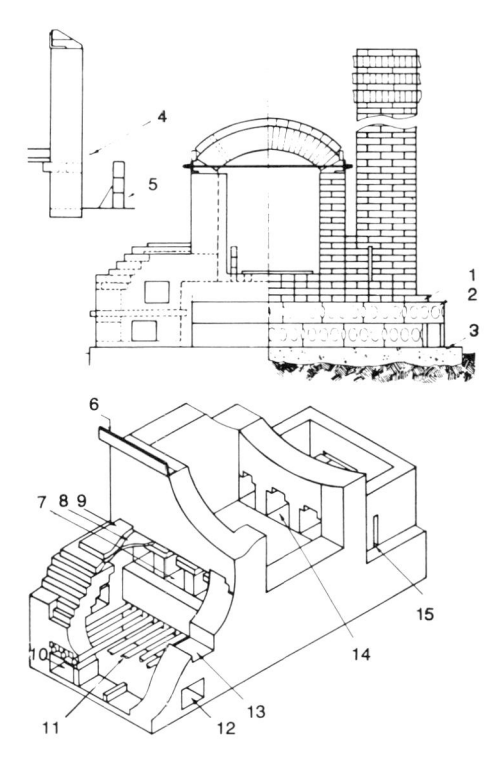

1-m³-Holzofen mit absteigender Flamme aus Alfred, USA. Grundriß als Bezugsgröße für sämtliche Maße: 3352 × 81 cm. 1 = 6 cm dicke Lage aus Isoliersteinen, 2 = Schlackensteine, 3 = 13 cm dickes Zementfundament, 4 = Auflage der Schamotteplatten, die die Feuerkammer abdecken, 5 = Prallsteine als Feuerwand, 6 = Verankerung aus Winkeleisen 3 × 3″, ¼″ dick, 7 = Züge von der Feuerkammer zum Brennraum, 8 = Abdeckung der Feuerkammer mit Schamotteplatten, 9 = Isoliersteine, 10 = Luftöffnungen unter dem Rost, 11 = Rost aus Stahlstäben, 12 = Öffnung zum Entaschen, 13 = Feuerungsöffnung, 14 = Züge zum Schornstein, 15 = Schlitz für einen von drei Schornsteinschiebern aus Schamotteplatten.

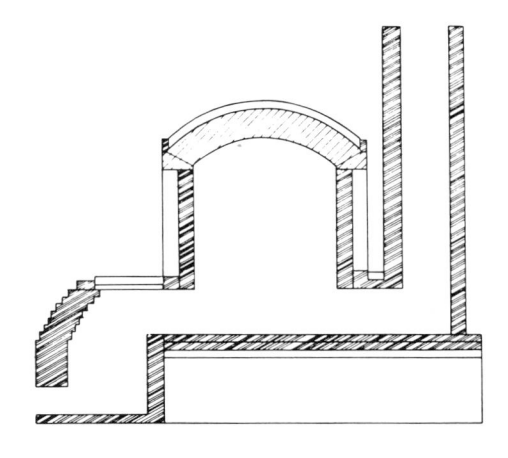

Hommel. US-Firma, Frittenhersteller.

Homogenität. Gleiche Beschaffenheit in allen Teilen. Die Homogenität spielt bei Massen eine entscheidende Rolle, während bei Glasuren Inhomogenitäten erwünschte Effekte ergeben können. Um in einer Masse gleiche Eigenschaften in allen Teilen zu erzielen, muß sie entsprechend aufbereitet und verarbeitet werden. Homogenität bedeutet hier: gleichmäßige Verteilung der Rohstoffe, der Korngrößen und des Wassers. Diese Forderungen sind schwer zu erfüllen, denn die Teilchen können sich ausrichten, die Oberfläche kann beim Lagern trocknen, mit dem Trocknungsstrom können lösliche Salze an die Oberfläche wandern. Bei jeder Bearbeitung der Masse richten sich die Teilchen nach der Bearbeitungsrichtung aus. Das ist bereits der Fall, wenn eine homogene Masse mit einem Draht durchschnitten wird:

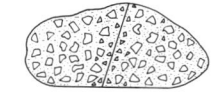

In der Schnittebene werden die gröberen Teilchen in die Masse zurückgedrückt, während sich die feinen anreichern. Der Schneidedraht übt eine »gleitende Deformation« aus, die genauso auftritt, wenn man mit dem Finger über die Oberfläche fährt.
Keramische Massen neigen um so mehr zur Entmischung durch plastische Deformation,

je mehr plastischen Ton sie enthalten. Deshalb setzt man ihnen unplastische Rohstoffe zu, die keine Plättchenform besitzen. Das können Schamotte, Sand, Feldspat, Kalk, Dolomit, Magnesit oder Gesteinsmehle sein. Die Homogenität erfordert, daß sie gleichmäßig zwischen den feinen Tonteilchen verteilt sind. Die gleichmäßige Verteilung fördern Winter, Sumpfen, Mauken, Strangpressen, Kneten und Massetreten. Eingeschlossene Luftblasen stören die Homogenität. Sie können nur durch Masseschlagen oder mit der Vakuumstrangpresse aus der Masse entfernt werden.

Fehlerfreie Formgebung, fehlerfreies Trocknen und Brennen bewahren die durch sorgfältige Aufbereitung erzielte Gleichmäßigkeit. Das ist der Schlüssel zur Vermeidung von Massefehlern.

Die Wissenschaft zur Beschreibung des Gefüges (Homogenitätsgrades) heißt Stereologie.

Hornblende. Gesteinsbildendes Mineral der Amphibolgruppe, gekennzeichnet durch ihren atomaren Aufbau aus Doppelketten von SiO_4-Tetraedern, die sich durch die Gruppe Si_4O_{11} kennzeichnen lassen. Gegenüber der gemeinen Hornblende ist die basaltische eisenreicher.

Hornblendit. Tiefengestein mit Feldspatvertretern. Hauptgemengteil ist Hornblende, wenig Olivin und Magnetit. Anhaltswerte für die Zusammensetzung: 44,78 % SiO_2, 0,74 % TiO_2, 9,38 % Al_2O_3, 4,51 % Fe_2O_3, 7,7 % FeO, 1,9 % MnO, 16,85 % MgO, 10,85 % CaO, 2,24 % Na_2O, 0,2 % K_2O, 0,33 H_2O, 0,24 % Cr_2O_3, 0,29 % S. Segerformel zum Einrechnen in Glasuren: 0,14 FeO, 0,04 MnO, 0,53 MgO, 0,24 CaO, 0,05 Na_2O, 0,11 Al_2O_3, 0,04 Fe_2O_3, 0,95 SiO_2, 0,01 TiO_2. Mol.-Gew. 127.

Hornfels. Bei hohen Temperaturen unter geringem Druck in inneren Zonen von Tiefengesteinen entstandenes Kontaktgestein (im Kontakt mit magmatischen Schmelzen) von grauer Farbe, horniger Bruchfläche und hoher Zähigkeit, deshalb zu Schotter verarbeitet. Vorkommen im Erzgebirge.

Hubel. Portionen des Tonstranges, der aus der Strangpresse herausgedrückt und mit einem Draht zerschnitten wird.

Hüpfendes Muster. Ostasiatische Engobetechnik, bei der das engobierte, lederharte Werkstück während des Drehens mit einem darübergehaltenen, l-förmig gebogenen Bandstahl (Tobigama) so bearbeitet wird, daß das vibrierende Werkzeug Kerbenbahnen in die Engobeschicht hackt.

Hüttenschlacken. Bei der metallurgischen Verhüttung von Erzen anfallende Schlacken, deren Zusammensetzung vom Verfahren abhängt: Bei Hochofen-, Niederschachtofen- und Rohkupferschlacken sind Kalzium- und Kalzium-Aluminium-Silikate die Hauptbestandteile, bei Nickelschlacken Magnesiumsilikate, bei Siemens-Martin-, Kupolofen-, Bessemer-Konverter und Bleihochofenschlacken Eisensilikate, bei Thomas-Konverter-Schlacken Kalziumphosphate.

Huflattich, Roßhuf, Eselslattich *(tussilago)*, Lehm- und Tonzeiger, blüht im Februar vor Entfaltung der Blätter, enthält einen Bitterstoff. Er ist ein sicherer Hinweis auf Lehm und Ton. In Sandböden zeigt er Lehmeinsprengungen an. Findet er sich in Bändern auf Hängen, so verlaufen diese nach Lehm- oder Tonadern.

Hyalophan. Bariumfeldspat veränderlicher Zusammensetzung, $BaO \cdot K_2O \cdot 2\, Al_2O_3 \cdot SiO_2$.

Hydrargillit, Gibbsit, $Al(OH)_3$, Aluminiumhydroxid. Gemengteil von Bauxiten, z. B. am Vogelsberg.

Hydrobiotit. Silikatisches Tonmineral mit Wechsellagerungsstruktur.

Hydroboracit. $CaO \cdot MgO \cdot 3\, B_2O_3 \cdot 6\, H_2O$.

Hypersthen, rhombischer Pyroxen.

I

Illite. Durch unvollständigen Abbau bei der Verwitterung von Glimmern entstandene, nicht quellfähige Tonminerale mit mehr oder weniger hydratisierten Glimmerresten und mit einem geringen Gehalt an Kalium. Sie entsprechen etwa der Formel $0,5\ K_2O \cdot 3\ Al_2O \cdot 6\ SiO_2 \cdot 3,5\ H_2O$. In illitischen Tonen kann der Illitgehalt bis zu 30 % betragen, so z. B. beim Westerwälder Ton aus Siershahn. Im Ausnahmefall des Heisterholzer Pottlehms, der zu Terra sigillata verarbeitet wird, beträgt er 65 %. Der K_2O-Gehalt in der chemischen Analyse von Tonen ist oft nicht auf Feldspat, sondern auf Illit zurückzuführen.

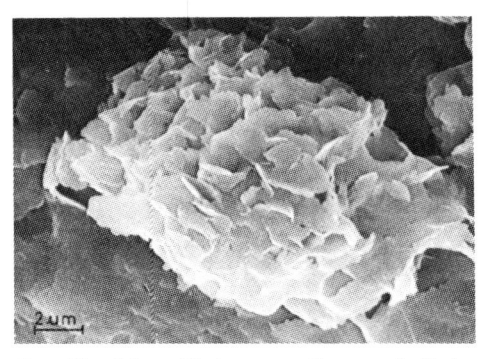

Das illitreichste Vorkommen Europas befindet sich in Füzérradvány in Ungarn. Es ist ein Ton mit 96 % Illit, 2 % Kaolinit und 1 % Quarz. Die Illitkristalle dieses Vorkommens haben eine sogenannte Wechsellagerungsstruktur, d. h. abwechselnde Schichtpakete von Illit und Montmorillonit. Man nennt diese Tonminerale mixedlayer Minerale. Füzérradvány entspricht der archäologischen Fundstätte Sárospatak. (Aufn. Kotsis u. Jónás)

Ilmenit, Titaneisen, $FeTiO_3$, Mol.-Gew. 151,75, schwarzbraunes, unmagnetisches Mineral, kommt u. a. im Gotthardgebiet in Form gut ausgebildeter Kristalle, sonst als Gemengteil in Eruptivgesteinen und mit Rutil in Apatitgängen sowie als Geröll in Sanden vor. In der Keramik wird es zur Braunfärbung von Glasuren verwendet.

Immission. Eigentumsverletzung am Nachbargrundstück durch Zuführung von Gasen, Gerüchen, Geräuschen, Erschütterungen. Luftverunreinigende Stoffe sind in folgenden Grenzwerten zumutbar (Auszug): a) kurzzeitig, b) dauernd in mg/m³: Fluor a) 0,02, b) 0,005; Kohlenmonoxid a) 3,0, b) 1,0; Ruß a) 0,15, b) 0,05; Schwefeldioxid a) 0,5, b) 0,15; Schwefelkohlenstoff a) 0,03, b) 0,003; Stickoxide (NO_2) a) 0,10, b) 0,04.

Immissionsschutzgesetz, s. u. Umweltschutz.

Indialith. α–Modifikation des Cordierits.

Indianerbrand. In Mittelamerika auf Yukatan übliches, primitives Brennverfahren, bei dem die Keramik im Kreis um ein offenes Feuer gestellt und während der Feuereinwirkung gedreht wird. Die so gebrannten Gefäße sind rot mit schwarzen Flecken.

Indianische Techniken, siehe unter Aufbauen, Polieren.

Industriekeramiker. Ausbildungsberuf, der 1983 die beiden früheren Berufe des Geschirrkeramikformers und des Technokeramformers ablöste. Nach zweijähriger Grundausbildung kann man sich auf Formgebung (Formen und Drehen) oder Mechanik (Einsatz, Überwachung und Instandhaltung von Maschinen und Anlagen) spezialisieren.

Informelle Kunst. Kunstrichtung, die feste Kompositionsregeln ablehnt und sich in frei erfundenen Zeichen, Rhythmen oder Strukturen ausdrückt.

Inglasurmalerei. Schmelzfarbenmalerei in die ungebrannte Glasur, typisch für Fayencen. Die Farben sinken beim Brand in die Glasur ein, ohne zu verlaufen. Aufgetragen werden sie, mit Wasser angerieben, entweder in die pulvrige Glasur oder in die bei 600-750 °C vorgeglühte, noch poröse Glasur. Da der den Farbkörpern zugesetzte Fluß schwer schmelzbar sein muß, wurden sie früher mit einer Deckglasur, Coperta, überglasiert. Man kann sich die Inglasurmalerei erleichtern, wenn man die Glasur vorher mit Glyzerin besprüht.

Inkrustierung. Eine bis ins 5. Jt. v. Chr. zurückgehende Technik von weißen Einlagen in Vertiefungen eines dunklen Scherbens. Die Inkrustierungen bestanden aus erhärtendem Kaseinmörtel. Die in Rekonstruktionsversuchen ermittelten Mischungen bestanden aus 50 Knochenasche, 2 Ätzkalk, 25 Magerquark oder nur aus 1 Ätzkalk und 8 Knochenasche. Beim Einfüllen der Inkrustationsmasse empfiehlt es sich, die umgebenden Flächen mit Wachs zu isolieren. Die Massen können auch mitgebrannt werden, wenn die Gefäße eine Innenglasur erhalten.

Innere Reduktion. Zusätze von reduzierenden Stoffen, Si, Al, SiC, C zu Reduktionsglasuren, die in oxidierender Atmosphäre gebrannt werden sollen. Siliziumkarbid und Graphit dürfen nur in Mengen von 0,5–2 % und feinstverrieben angewandt werden, weil sie sonst als krustige Ausscheidungen hervortreten. Graphit läßt sich außerdem schwer verarbeiten, weil es wasserabstoßend ist. Obwohl die Wirkung von SiC und C geringer ist als die der weitaus teureren Stoffe Aluminium und Silizium, bringen sie oft erstaunliche Effekte hervor. Es lohnt sich, sie in Glasuren versuchsweise einzusetzen, die Kristalle bilden sollen oder mehrwertige Schwermetalloxide enthalten, die mehrere Farben hervorbringen. Aluminium und Silizium können bis zu 8 % in der Glasur enthalten sein.

Mit Hilfe der inneren Reduktion lassen sich oxidierte und reduzierte Farben auf einem Stück nebeneinander erzielen. In ihren klassischen Versuchen über kupferrote Glasuren mit innerer Reduktion gingen die Amerikaner A. E. Baggs und E. Littlefield 1932 von einer zinngetrübten Glasur aus, die mit 7 % Zinnoxid und 3 % Kupferkarbonat unter oxidierenden Bedingungen bläulich und an den Stellen innerer Reduktion rot wurde. Sie ist (bei 1290 °C) zusammengesetzt aus

17,59 Fritte D90158
13,47 Fritte M1233
33,69 Kalifeldspat 82/K11
21,52 Kaolin
 6,21 Quarz
 7,52 Kalkspat
+1,5 Siliziumkarbid
+7,0 Zinnoxid
+3,0 Kupferkarbonat.

Die Brennkurve: Temperaturanstieg mit 40 °C/h bis 980 °C, 10 °C/h bis 1150 °C, 70 °C/h bis 1290 °C, Abkühlung mit 70 °C/h.

G **Innung.** Öffentlich-rechtliche Körperschaft entsprechend der Handwerksordnung mit folgenden Aufgaben: Überwachung der Lehrlingsausbildung, Abnahme der Gesellenprüfungen, Förderung der beruflichen Fortbildung, Unterstützung der Behörden durch Gutachten und Auskünfte. In einem Bezirk darf nur eine Innung mit Innungsversammlung, Vorstand mit Obermeister und veschiedenen Ausschüssen gebildet werden. Innungen – Kreishandwerkerschaften – Landesinnungsverbände sind auf Bundesebene zum Bundesfachverband zusammengeschlossen. Dieser fördert die angeschlossenen Innungen durch Unterhaltung von Fachschulen und Abschluß von Tarifverträgen.

Inosilikate. Silikate, bei denen die SiO_4-Tetraeder über Sauerstoffbrücken zu unendlichen Ketten verknüpft sind (inos, griech. = Faser). Zu ihnen gehören z. B. Pyroxene, Enstatit, Spodumen, Hornblenden, Wollastonit.

Interface (engl.) Zwischenschicht Glasur/Scherben.

Intrusivgestein, Tiefengestein, Plutonit. Magmatisches, im Gegensatz zum Effusivgestein in die Tiefe eingedrungenes und dort erkaltetes Gestein von körnigem Gefüge und gleichmäßiger Verteilung der kristallinen Gemengteile. Besonders groß- bis riesenkörnige Intrusivgesteine werden Pegmatite genannt.

Ionen. Durch Aufnahme von negativ geladenen Elektronen negative Anionen oder durch Abgabe positiv geladene Kationen. Ungleichnamige Ionen ziehen sich an bis zu einem Gleichgewichtszustand zwischen Anziehung und Abstoßung, wobei die Größe der Ionen, der Ionenradius, eine wichtige Rolle spielt. In den senkrechten Reihen des periodischen Systems steigen die Ionenradien an, in den waagerechten nehmen sie ab. Je größer der Ionenradius, desto mehr Nachbarn kann ein Ion haben. Die Zahl der Nachbarn ist die Koordinationszahl.

Irdenware entspricht der Töpferware.

Isoliermittel. Anstrich, der das Zusammenkleben von dichtsinternden Teilen im Brand verhindert. Meist nimmt man dazu eine Paste aus kalzinierter Tonerde und Dextrin, mit Wasser angemacht. (Für besonders hohe Ansprüche verwendet man das teure Thoriumdioxid.)

Isolierstoffe, siehe unter Wärme.

Isostatisches Presse. Verdichten eines Pulvers mit Hilfe einer mit Flüssigkeit gefüllten Gummiform (hydrostatisch). Auch Heißpressen in einer Druckkammer.

J

Japanische Öfen. Für handwerkliche und kunsthandwerkliche Zwecke interessante Ofenkonstruktionen.

1. Mit aufsteigender Flamme.
Tokkurigama, ein Flaschenofen mit Rostfläche unter der gesamten Ofensohle. Die Beheizung erfolgt von zwei Seiten:

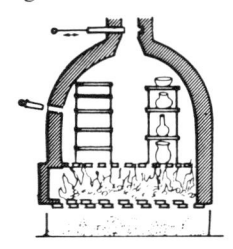

2. Mit absteigender Flamme.
Ankogama, ein Ofentyp, der als Mehrzweckofen für Raku und Steinzeug verwendbar ist:

Zu den Öfen mit absteigender Flamme gehört auch der Noborigama, bei dem, stufenförmig ansteigend, mehrere Brennkammern hintereinandergeschaltet sind.

Der außen mit Lehm isolierte Noborigama sieht wie modelliert aus:

3. Mit niederschlagender Flamme.
Marugama, ein Holzofen:

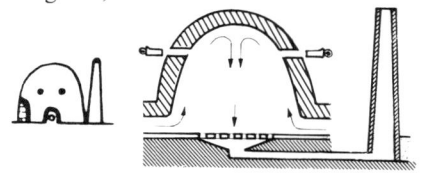

Kakugama, ein Gaskammerofen:

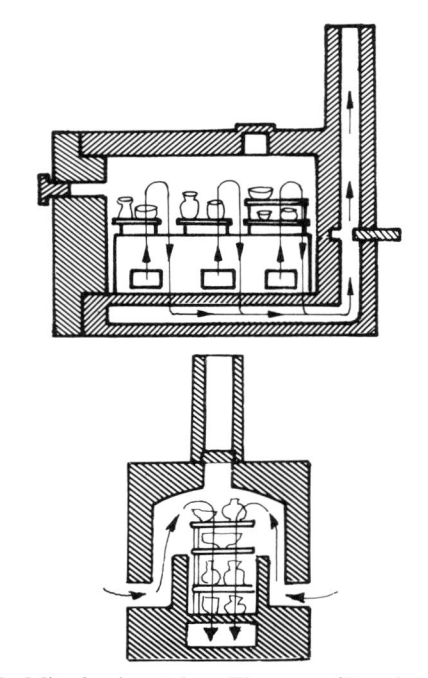

4. Mit horizontaler Flamme (Durchzugofen).
Anagama (siehe auch unter diesem):

Hebigama oder Gespaltener-Bambus-Ofen, auch Tamba-Ofen, ein bis zu 80 m langer Hangofen. Bei frontaler Hauptfeuerung und seitlichen Zusatzfeuerungen besitzt er einseitige Einsetzöffnungen, die an Bambusknoten erinnern; er ist halb im Boden vertieft, daher »gespaltener Bambus«.

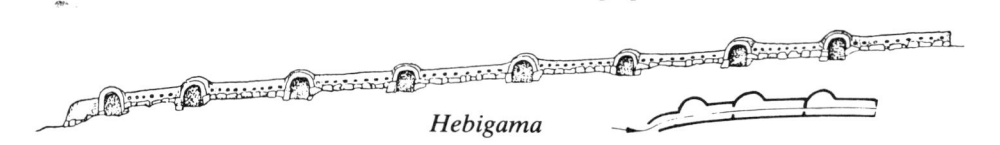

Hebigama

Japanische Töpferscheibe. Handscheibe, bei der der Scheibenkopf, der auf einem Zapfen aufsitzt, als Schwungscheibe dient. Sie wird mit einem Stab in Drehung versetzt. Dazu sind zwei Porzellannäpfe im Scheibenkopf eingelassen.

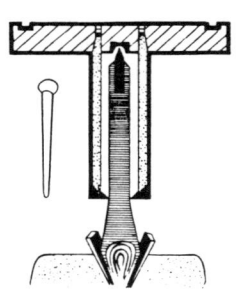

Jardinière-Glasur. Englische Bleiglasur für 1160 °C:
0,25 PbO
0,20 K_2O 0,25 Al_2O_3 2,0 SiO_2
0,35 CaO
0,20 ZnO

Jasper Ware. Englisches Weichporzellan aus Bariumsulfat, Ton und Flint, hauptsächlich für farbige Biskuitware.

Jiggering (engl.) Überdrehen.

Joll(e)ring (engl.) Eindrehen.

Jordan clay. US-Ton, entsprechend dem englischen Wengers Ball clay no. 2, Ersatzmischung: 14,07 weißfetter Ton 178/wfE, 12,83 Kalifeldspat 82/K11, 0,65 Magnesit, kaust., 346, 1,30 Rutil, 1,78 Fe_2O_3, 41,91 Kaolin 233, 27,54 Quarz.

K

Kacheln, siehe unter Ofenkacheln.

Kachelofen. Stubenofen aus Ofenkacheln. Die Kacheln speichern die Wärme und geben sie langsam ab. Die Ofenzüge werden so geführt, daß ein möglichst großer Teil der Ofenoberfläche erwärmt wird. Die wärmeabstrahlende Fläche soll ihrerseits wieder möglichst groß sein, was durch Napfkacheln, Reliefkacheln oder auf Füße gestellte Kachelöfen bewirkt wird. Kachelofenteile sind: gewöhnliche Ofenkacheln, Eckkacheln, Simse, Abdeckplatten, Füße und Kehrdeckel. In einem Stück werden Kachelöfen in Überschlagtechnik geformt.

Kakiglasur. Eisenreiche Glasur, deren Farbe an die Kakifrucht erinnert. Beispiel für 1280 °C:
15,0 Kalkspat 344
 7,5 Kaolin 233
26,5 Quarz
30,0 Feldspat 82/K11
11,0 rotes Eisenoxid

Kalifeldspat, Orthoklas, $K_2O \cdot Al_2O_3 \cdot 6\,SiO_2$, Mol.-Gew. 556,5, mit 16,9 % K_2O, 18,3 % Al_2O_3 und 64,8 % SiO_2, monoklin kristallisierendes Mineral im Gegensatz zu dem triklinen Mikroklin gleicher Zusammensetzung. Für die Keramik wichtigster Rohstoff zur Einführung von Kaliumoxid in wasserunlöslicher Form. Feldspat ist in Eruptivgesteinen weit verbreitet, in hoher Konzentration jedoch nur in bestimmten Vorkommen. Die reinsten Feldspäte befinden sich in Norwegen, Schweden, Finnland. Die deutschen handelsüblichen Feldspäte sind durch Aufbereitung angereicherte Pegmatite, feldspatreiche Sande oder Arkosen.
Die reichsten Vorkommen in Deutschland liegen in Bayern im Bayerischen und Oberpfälzer Wald (Hagendorf), wo sie im Gneis, und im Fichtelgebirge, wo sie im Granit auftreten. Die Vorkommen sind mit vielerlei Begleitmaterialien vergesellschaftet. Im Saarland liegt ein wichtiges Vorkommen von kaolinisiertem Felsitporphyr, der als Saarspat bezeichnet wird, südlich von Birkenfeld. Der im Fachhandel angebotene »Feldspat 82/K11« hat die Zusammensetzung 66,3 % SiO_2, 18,5 % Al_2O_3, 0,1 % Fe_2O_3, 0,5 % CaO, 11,5 % K_2O, 2,9 % Na_2O, 0,3 % Glühverlust, 0,008 % Fluor. Segerformel zum Einrechnen in Glasuren: 0,69 K_2O, 0,26 Na_2O, 0,05 CaO, 0,003 Fe_2O_3, 1,02 Al_2O_3, 6,21 SiO_2, 0,002 F. Mol.-Gew. 563,10

Kalium, K, 1wertiges Alkalimetall, Atomgewicht 39,102. Es kommt in der Natur in Form seiner Verbindungen vor: das Kaliumchlorid (KCl) als Mineral Sylvin, das Kaliumsulfat (K_2SO_4) in verschiedenen Salzmineralen – es dient zur Herstellung von Alaun, der früher als Glasurrohstoff verwendet wurde. Kalium ist Bestandteil vieler Minerale und Gesteine, darunter vor allem der glimmerartigen Tonminerale (Illite) und des Kalifeldspats (Orthoklas). In Eruptivgesteinen (vor allem in Trachyt, Phonolit, Nephelinsyenit) ist Kalium in den Gemengteilen Orthoklas und Biotit enthalten. Da Kalium für alle Organismen wichtig ist, kommt es auch in Pflanzenaschen vor, aus denen es seit dem Altertum durch Auslaugen und Eindampfen in Pötten als »Pottasche« (K_2CO_3) gewonnen wurde. In dieser wasserlöslichen Form wird das Kalium zur Herstellung von Fritten benutzt.

G **Kaliumoxid in Glasuren.** Es ist ein Netzwerkwandler. Das K^+-Ion hat die Koordinationszahlen 6,8 und 12, als Flußmittel tritt es mit 8 auf. Infolge seiner leichten Beweglichkeit bildet es mit Kieselsäure schon bei 742 °C ein Eutektikum. In Rohglasuren wird es ausschließlich als Feldspat eingebracht (über dessen Schmelzverhalten siehe unter Feldspat in Glasuren und Massen). An handelsüblichen Fritten gibt es leider keine, die so kalireich wäre, daß sie den Natronfritten entspräche. Da das Kaliumoxid die Viskosität weniger verringert als das Natriumoxid, bildet es Glasuren, die besser stehen. Die Wärmeausdehnung vergrößert es weniger stark als das Natrium, und in Steinzeugglasuren ist es wegen seines günstigen Viskositätsverhaltens das bevorzugte Alkalioxid.

G **Kaliumoxid in Massen.** In natürlichen Tonen kommt es selten in Form von Feldspat vor. Ihr Kaligehalt stammt meist aus Illiten oder aus dem Sericit, das ist ein sehr feinkörniger Muskowit, oder aus anderen Glimmermineralen (Biotit, Lepidolith, Zinnwaldit). Absichtliche Feldspatzugaben sind nur beim Feldspatsteingut und Porzellan die Regel. Dann gilt, was unter dem Stichwort Feldspat in Massen angegeben ist. In welcher Form auch immer das Kaliumoxid eingebracht wird, es bildet ein Scherbenglas von willkommener Zähigkeit, das durch Auflösung von Quarzkörnern immer zäher wird und zur Feuerstandfestigkeit beiträgt.

Kalk. Ungenaue Bezeichnung für einige Kalziumverbindungen: kohlensaurer Kalk ($CaCO_3$), doppeltkohlensaurer Kalk ($Ca(HCO_3)_2$), gebrannter Kalk = Ätzkalk (CaO) – er kommt als Stückkalk oder gemahlen als Sackkalk in den Handel –, gelöschter Kalk = Löschkalk ($Ca(OH)_2$); dieser wird häufig ebenfalls als Ätzkalk bezeichnet. Bei Glasuren spricht man von Kalk, wenn man CaO meint, bei Massen, wenn man $CaCO_3$ meint.

Kalkalkaligesteine, »Pazifische Sippe«. Magmatische Gesteine mit viel Kalk, Eisen und Magnesium, aus tieferen Erdschichten stammend, besonders am Pazifikrand vertreten (Anden). Dazu gehören u. a. die Tiefengesteine Granit, Diorit, Gabbro, Hornblendit, unter den Ergußgesteinen Andesit, Dazit, Rhyolit.

Kalkfeldspat, aus dem Mineral Anorthit $CaO \cdot Al_2O_3 \cdot 2SiO_2$ gebildetes Gestein $CaO/Na_2O \cdot 1,1 \cdot Al_2O_3 \cdot 3,9\ SiO_2$, Mol.-Gew. 405.

Kalkspat, $CaCO_3$, Mol.-Gew. 100,09, kommt als kristallisierter Kalkspat (»Doppelspat« wegen seiner hohen Doppelbrechung) in körnigen Kalken bei Auerbach an der Bergstraße und bei St. Andreasberg im Harz vor. Grobspätige Massen von Kalkspat sind weit verbreitet und füllen Hohlräume in anderen Gesteinen aus, z. B. im Rheinland in der Gegend von Brilon, Dornap und im Hönnetal. Als Aragonit bildet er in Thermalquellen sogenannte Sprudel- oder Erbsensteine. Der handelsübliche »Kalkspat 344« hat die Zusammensetzung 55,7 % CaO, 0,15 % MgO,

Kalium-Rohstoffe

Rohstoff	Mol.-Formel	Mol.-Gew.
Pottasche	$K_2O \cdot CO_2$	138,20
Orthoklas, Mineral Kalifeldspat 82/K 11,	$K_2O \cdot Al_2O_3 \cdot 6\ SiO_2$	556,50
Gestein, vereinfacht	$0,7\ K_2O \cdot 0,3\ Na_2O \cdot 1\ Al_2O_3 \cdot 6,2\ SiO_2$	563,10
Nephelinsyenit 334	$0,23\ K_2O \cdot 0,77\ Na_2O \cdot 1,1 Al_2O_3 \cdot 4,8\ SiO_2$	470,21
Trachyt, vereinfacht	$0,25\ K_2O \cdot 0,28\ Na_2O \cdot 0,22 CaO \cdot 0,10\ MgO \cdot 0,15\ FeO \cdot 0,7\ Al_2O_3 \cdot 4\ SiO_2$	395,91
Phonolith, vereinfacht	$0,20 K_2O \cdot 0,5\ Na_2O \cdot 0,3\ CaO \cdot 0,65\ Al_2O_3 \cdot 3\ SiO_2$	332,92

0,05 % SiO_2, 0,07 % Al_2O_3, 0,02 % Fe_2O_3, 43,93 % Glühverlust; entsprechend dem Mol.-Gew. 100,29.

G **Kalkspatz.** Ausplatzung des Scherbens, verursacht durch grobes Kalkkorn, das infolge seiner Größe (>0,8 mm=Sieb ASTM Nr. 20) im Brand nicht an Kieselsäure gebunden wurde und als gebrannter Kalk durch Luftfeuchtigkeit ablöscht, wobei es sich ausdehnt und den Scherben kraterförmig abdrängt.

Kalkstein. Aus Resten kalkabscheidender Tiere zusammengesetzte Meeresablagerungen, die entweder ausschließlich aus Kalk bestehen oder mit tonigen Substanzen vermengt sind. Sie werden als Massenkalke, Muschelkalke oder Plattenkalke bezeichnet. Kalkablagerungen in Süßwasser sind sogenannte Wiesenkalke. Feinkristallin ist der dichte Kalkstein. Die hauptsächlichen Verunreinigungen sind Magnesia, Eisen, Tonerde und Kieselsäure. Magnesiareiche Kalksteine bilden als Übergang zum Dolomit »dolomitische Kalksteine«, eisenreiche bilden Übergänge zum Spateisenstein (Siderit, $FeCO_3$), tonhaltige sind entweder »tonige« oder »mergelige« Kalksteine oder tonreichere mit bis zu 15 % Ton=»Kalkmergel«, mit bis zu 30 % Ton = »Mergel«, mit bis zu 75 % Ton=»Tonmergel«. Kalksteine mit erheblichem Kieselsäuregehalt heißen »Kieselkalke«, mit bituminösen Bestandteilen »Stinkkalke«.

G **Kalksteingut.** Bei 970 bis 1240 °C vorgebranntes Steingut mit 5 bis 20 % Kalkgehalt in der Masse. Die Glasuren sind meistens Bleiglasuren für 930 bis 1105 °C, die sich für die Unterglasurbemalung besonders gut eignen.

Kalkzeiger, Pflanzenarten, aus deren Vorkommen auf Kalk geschlossen werden kann. Ackerrittersporn *(delphinium consolida)*, Blaugras *(sesleria coerulea)*, Ehrenpreis *(veronica beccabunga)*, Felsensteinkraut *(alyssium saxatile)*, Fransenenzian *(gentiana ciliata)*, Rosmarin *(rosmarinus officinalis)*, Sommeradonis *(adonis aestivalis)*, Waldzwenke *(brachypodium silvaticum)*, Wiesensalbei *(salvia pratensis)*, Zwergbuchs *(buxus suffruticosa)*.

Kalzinieren. Austreiben von Kristallwasser, G Kohlendioxid oder anderen flüchtigen Substanzen durch Erhitzen. Aus kristallinem Borax entsteht z. B. kalzinierter = wasserfreier Borax, aus Kaolin kalzinierter = geglühter Kaolin.

Kalzium, Ca. 2wertiges Erdalkalimetall, Atomgewicht 40,08. Kalzium kommt in der Natur in Form seiner Verbindungen vor, die oft gesteinsbildende Minerale darstellen. Calcit, Kalkspat, Kreide, Marmormehl sind Kalziumkarbonate ($CaCO_3$), Dolomit ist Kalziummagnesiumkarbonat ($CaMg(Co_3)_2$), Wollastonit ist Kalziumsilikat ($CaSiO_3$), Diopsid ist Kalziummagnesiumsilikat ($CaMgSi_2O_6$), Albit ist Kalziumaluminiumsilikat ($CaAl_2Si_2O_8$), Colemanit ist Kalziumborat ($Ca_2B_6O_{11} \cdot 5H_2O$), Ulexit ist Kalziumnatriumborat ($Na_2O \cdot 2CaO \cdot 5B_2O_3 \cdot 16H_2O$). Anhydrit ($CaSO_4$) und Gips ($CaSO_4 \cdot 2H_2O$) sind Kalziumsulfate, Flußspat ist Kalziumfluorid (CaF_2), Knochenasche ist im wesentlichen ein Hydroxylapatit, $Ca_5(PO_4)_3OH$.

Kalziumkarbonat und Kalziumphosphat sind lebenswichtige Stoffwechselverbindungen und deshalb in Pflanzenaschen sowie in der Knochenasche enthalten. Aus Kalziumkarbonat bestehen Muschel- und Eierschalen.

Gemengteile von Eruptivgesteinen sind Albit und Diopsid. Alle diese chemischen Verbindungen, Minerale und Naturstoffe sind als keramische Rohstoffe verwendbar. Sulfate allerdings nur bei reduzierendem Brand. Kalkspat, Kreide und Marmormehl sind als Naturstoffe nicht ganz so rein, wie es die Formel angibt. Sie haben noch etwa 3 % SiO_2.

Kalziumborate. Der natürlich vorkommende Colemanit ist Rohstoff für die Herstellung von Kalziumboraten, die für Glasuren wichtig sind: künstliches Kalziumborat 238 mit der Zusammensetzung 33 % CaO, 43 % B_2O_3, 24 % H_2O und Kalziumboratfritte Blythe 3221 mit 44,4 % CaO und 55,6 % B_2O_3.

Kalziumfluorid siehe unter Flußspat.

G **Kalziumoxid in Glasuren.** Das Kalziumion Ca^{2+} hat die Koordinationszahlen 6 und 8. Als Flußmittel tritt es in der Koordinationszahl 8 auf. In niedrigschmelzenden Glasuren soll es nur in geringer Menge vorhanden sein. In größeren Mengen ist es ein Mattierungsmittel. Als Kalkspat, Kreide oder Marmormehl oder Dolomit eingeführt, bilden sich noch bis 1000 °C CO_2-Gasblasen aus dem Zerfall der Karbonate. Wollastonit entwickelt hingegen keine Gase und bildet keine Nadelstiche. Er gibt bei 0,6–0,8 CaO in der Segerformel seidig matte Glasuren. CaO reagiert bevorzugt mit SiO_2 und trägt dadurch auch zur Bildung einer Zwischenschicht bei, indem es den Quarz der Scherbenoberfläche auflöst. In Steinzeugglasuren ist CaO ein kräftiges Flußmittel.

Kalziumoxid in Massen. In Töpfer-, Fayence- G und Kalksteingutmassen führt es zu größerer Wärmedehnung und -schrumpfung und verhindert dadurch Haarrisse in der Glasur. Ferner gibt es ein besseres Haften von Glasuren und Engoben und eine höhere Scherbenelastizität. Der kalkhaltige Scherben quillt weniger, wenn er mit Wasser in Berührung kommt. Dadurch entstehen im Gebrauch nicht so leicht nachträgliche Glasurrisse. Voraussetzung ist, daß der Kalk in der Masse durch Kieselsäure zu einem Kalziumsilikat gebunden wird. Bleibt nach dem Brennen freier Kalk zurück, so besteht die Gefahr, daß er durch Wasseraufnahme ablöscht und sich dabei ausdehnt. Kalkkörner können dann Ausplatzungen verursachen. Kalk und Quarz müssen sehr feinkörnig sein, um vollständig miteinander zu reagieren. Die Bildung des Kalziumsilikats muß im Schrühbrand erfolgen, ehe der Scherben durch das Glasieren feucht wird.

In Steinzeugmassen ist Kalziumoxid hingegen nicht erwünscht. Seine Wirkung setzt oberhalb 1100 °C heftig ein: Kalkhaltige Tone schmelzen schnell und besitzen ein geringes Schmelzintervall. Wenig CaO macht allerdings die Alkalien durch Ionenaustausch beweglicher. Sie werden durch den Kalk aus ihren Bindungen verdrängt und können als Flußmittel wirken sowie alle Umwandlungs-

Kalzium-Rohstoffe

Rohstoff	Mol.-Formel	Mol.-Gew.
Kalkspat, Kreide, Marmormehl, Muscheln, Eierschalen	$CaO \cdot CO_2$	100,00
Dolomit	$CaO \cdot MgO \cdot 2\,CO_2$	184,42
Dolomit 5T	$0,5\,CaO \cdot 0,5\,MgO$	95,95
Wollastonit, theoretisch	$CaO \cdot SiO_2$	116,14
Wollastonit A 38	$CaO \cdot 1,1\,SiO_2$	130,00
Colemanit, theoretisch	$2\,CaO \cdot 3\,B_2O_3 \cdot 5\,H_2O$	411,18
Kalziumborat 28	$CaO \cdot B_2O_3 \cdot 2\,H_2O$	161,18
Kalziumboratfritte B 3221	$CaO \cdot B_2O_3$	125,72
Trikalziumphosphat	$3\,CaO \cdot P_2O_5$	310,28
Knochenasche	$13\,CaO \cdot 4\,P_2O_5 \cdot CO_2$	1340,89
Holzasche, vereinfacht	$0,8\,CaO \cdot 0,1\,MgO \cdot 0,05\,Na_2O\ 0,05\,K_2O \cdot 0,1\,SiO_2$	62,71
Gabbro, vereinfacht	$0,4\,CaO \cdot 0,4\,MgO \cdot 0,2\,FeO \cdot 0,3\,Al_2O_3 \cdot 1,55\,SiO_2$	193,25
Kalkfeldspat (Anorthit)	$0,52\,CaO \cdot 0,03\,MgO \cdot 0,40\,Na_2O \cdot 0,05\,K_2O \cdot 1,1\,Al_2O_3 \cdot 3,91\,SiO_2$	405,36

vorgänge beschleunigen: die Mullitbildung aus den Zerfallsprodukten des Kaolinits ab 1000 °C und die Umwandlung des Quarzes in Cristobalit oberhalb 1200 °C.

Kalziumkarbonat, $CaCO_3$, zerfällt ab 825 °C in $CaO + CO_2$. Kommt in der Natur als Kalkspat, Kreide, Marmor, Muscheln oder Eierschalen vor.

Kalziumsilikatplatten. Asbestfreie Platten zur Hinterdämmung von Öfen, thermisch belastbar bis 850 °C (weiß) bzw. 1060 °C (blau) in den Formaten 1250×500 mm (weiß) bzw. 1000×500 mm (blau). Dicken: 25, 40, 50, 65, 75 und 100 mm. Wärmeleitfähigkeit (s. a. u. Wärme) $0,12 - 0,16$ W/(m · K), Nachschwindung $0,7 - 0,8$ %, Druckfestigkeit $0,8 - 1,2$ N/mm^2, Dichte 0,2 g/cm^3, Wärmespeicherung 0,84 kJ/(kg · K).

Kalune. Runde Eckkachel beim Kachelofen.

Kammerofen. Ofen beliebiger Beheizungsart mit schwenkbarer Einsetztür, von vorn zu beschicken. Meist sind es Elektroöfen oder Öfen mit aufsteigender Flamme, gas- oder holzbeheizt.

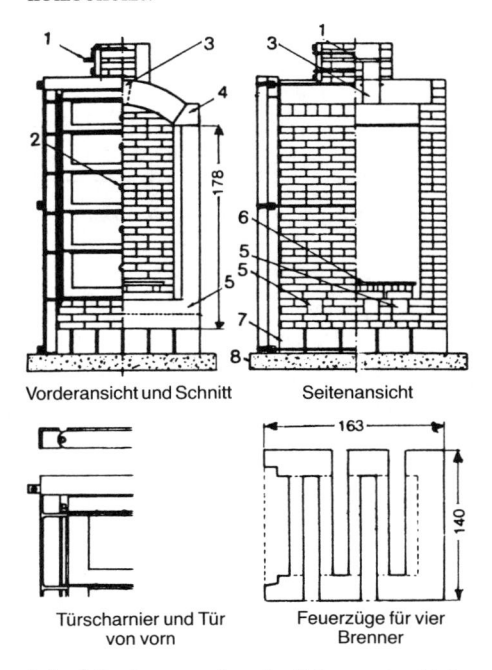

1,5-m^3-Gaskammerofen. 1 = Schornsteinschieber, 2 = Schauloch, 3 = Rauchabzug, 4 = Gewölbe-Widerlager, 5 = Brenneröffnungen, 6 = Platten, 7 = Blocksteine, 8 = Zementfundament.

Kannen siehe unter Teekannen.

Kanthal. Handelsname für Heizleiterlegierungen der Kanthal AB in Schweden (Halsthahammar). Qualitäten nach dem spez. el. Widerstand ζ bei 20 °C in Ωmm^2 m^{-1} und max. Anwendungstemperatur t in °C unterschieden in a) ferritische Heizleiter Kanthal A-1 ($\zeta = 1,45$, t = 1375), Kanthal A ($\zeta = 1,39$, t = 1330), Kanthal DSD ($\zeta = 1,35$, t = 1280), Akrothal ($\zeta = 1,25$, t = 1050). b) austenitische Heizleiter Nikrothal 80 ($\zeta = 1,09$, t = 1200), Nikrothal 60 ($\zeta = 1,11$, t = 1125), Nikrothal 40 ($\zeta = 1,04$, t = 1125), Nikrothal 20 ($\zeta = 0,95$, t = 1050), Kanthal AF ($\zeta = 1,39$, t = 1375–1400), Kanthal APM ($\zeta = 1,45$, t = 1400).

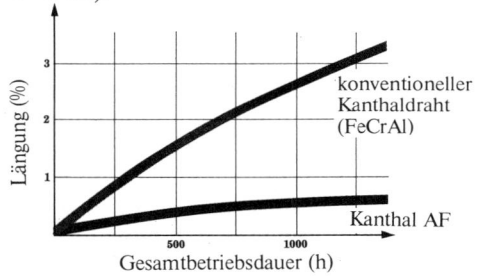

Infolge seiner geringen Längung bildet der Kathal-AF-Draht keine Nester und kriecht nicht aus der Mulde (t = 1375° C).

Kaolin. Aus Mineralen der Kaolingruppe gebildetes Gestein, weißbrennend, feuerfest, findet sich am Ort seiner Entstehung (auf primärer Lagerstätte) und ist wegen seiner gröberen Körnung weniger plastisch als Ton. Rohkaolin (wie er in der Natur vorkommt) ist quarzreicher als geschlämmter Kaolin. Am reinsten ist der sogenannte Standardkaolin von Zettlitz bei Karlsbad, ČSFR. Kaolinvorkommen in Deutschland:
1. Fichtelgebirge
Ursprungsgestein ist Granit. Kaolin findet sich am Fuß von Basaltkegeln, z. B. des Preisbergs bei Konnersreuth, des Rehbergs bei Haingrün, des Steinbergs bei Hohenberg, des Büchelbergs bei Mitterteich oder entlang von Kalkzügen, z. B. Wunsiedel – Göpfersgrün – Kothigenbiebersbach oder Neusorg – Pullenreuth – Ebnat, Waldershof, Redwitz, Arzberg, »Glagerit« von Bergnersreuth, oder in Verbindung mit Quarzgängen kaolinisierter Phyllit, z. B. Leupoldsdorf.

2. Nördliche Oberpfalz
Kaolinisierte Granitgänge zwischen Wondreb und Großensee, bei Marchaneg und Malzersreuth, Brand, Ebnat, Schönhaid und Kornthann bei Wiesau, Großensterz. Kaolinisierter Zweiglimmergranit, als Rohpegmatit bezeichnet, wird zu Tirschenreuther Pegmatit und Kaolin für die Papierfabrikation verarbeitet. Kaolinsande der Amberger Gegend sind kaolinisierter Feldspatsandstein des mittleren Keupers: Hier liegt das wichtigste Kaolinlager der Oberpfalz bei Hirschau – Schnaittenbach. Weitere Kaolinsandnester in unzersetztem Feldspatsand bei Kohlberg, Tanzfleck bei Freihung, Kaltenbrunn, Steinfels sowie Keilberg bei Regensburg.

3. Passauer Gegend
Kaolin zusammen mit Graphit zwischen Hanzenberg und Obernzell, Wegscheid, Tannöd, Klössing, Ritzing, Untertrasham, Rockerfing, bei Eging. Es sind kaolinisierte Gneise und Syenitpegmatite sowie nesterartige Kaoline innerhalb der Syenite. Passauer Kaolin wurde seit 1756 nach Nymphenburg geliefert, Kaolin aus zersetztem Gneis bei Aschaffenburg im 18. Jh. an die Manufaktur Höchst.

4. Rheinisches Schiefergebirge
Kaolinisierte Porphyre bei Geisenheim in Rheingau und Lohrheim im Ahrtal südlich Limburg, Kaolin aus devonischem Schiefer und Diabas in der Kupfererzgrube Glückstern bei Gladenbach in Hessen, kaolinisier-

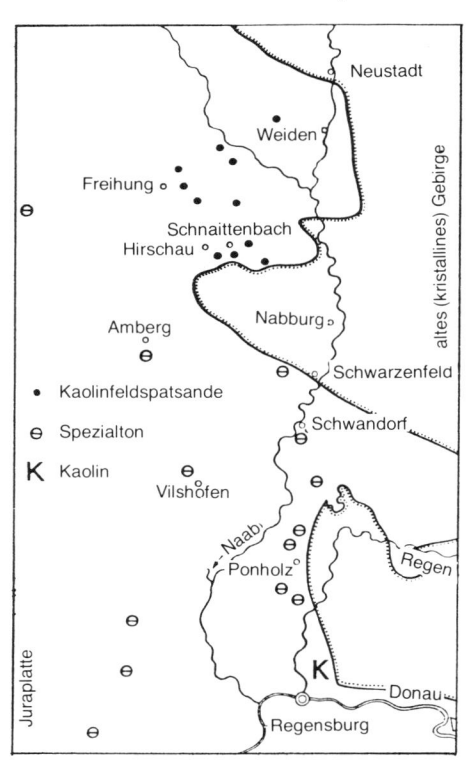

Oberpfälzer Kaolinvorkommen.

Kaoline

	1	2	3	4	5	6	7	8
SiO_2	48,30	47,60	78,60	47,06	49,70	50,00	46,80	46,90
Al_2O_3	36,60	37,90	14,50	36,80	34,69	34,00	35,00	38,10
TiO_2	0,38	0,32	0,60	0,55	–	0,50	0,80	–
Fe_2O_3	0,46	0,42	0,57	0,74	1,56	0,75	1,20	0,70
CaO	0,07	0,10	0,11	0,11	0,12	0,60	0,70	0,30
MgO	0,02	0,03	0,07	0,24	0,08	0,30	0,30	0,20
K_2O	1,58	0,56	0,24	2,10	1,59	0,60	1,80	0,90
Na_2O	0,11	0,08	0,02	0,16	1,02	0,05	0,03	0,20
GV.	12,30	13,10	5,28	12,75	11,30	12,90	12,50	13,00
P_2O_5	0,23			0,05				
T	*91*	*93*	*35*	*97*	*79*	*84*	*84*	*92*
Q	*3*	*6*	*65*	*2*	*3*	*8*	*1*	*4*
F	*6*	*1*	–	*1*	*18*	*4*	*11*	*4*

1 = Kaolin 233, Jäger (Hirschau). 2 = Keram-Kaolin Kick I, Schnaittenbach. 3 = Ehenfelder Rohkaolin, Ponholz. 4 = Tirschenreuther Kaolin. 5 = Gladenbacher Kaolin. 6 = Kaolin von Oberneisen-Lohrheim. 7 = Rohkaolin von Geisenheim. 8 = Kamig-Kaolin P 50, Kriechbaum, Oberösterreich.

te Porphyre bei Birkenfeld – Nohfelden a. d. Nahe = Birkenfelder Feldspat, Saarspat.
In Österreich findet sich ein aus Granit zersetzter Kaolin östlich des Mühlviertels bei Schwertberg. Er wird als Kamig-Kolloid-Kaolin von der Grube Kriechbaum angeboten. Ein zweites großes Kaolinvorkommen liegt 100 km nordwestlich von Wien bei Retz. Dieser Kaolin der Grube Mallersbach wird als Reinkaolin angeboten. Der als »Kaolin 233« handelsübliche Koalin hat die Zusammensetzung: 48,3 % SiO_2, 36,6 % Al_2O_3, 0,46 % Fe_2O_3, 0,38 % TiO_2, 1,58 % K_2O, 0,11 % Na_2O, 0,07 % CaO, 0,02 % MgO, 0,23 % P_2O_5, 12,3 % Glühverlust. Segerformel zum Einrechnen in Glasuren: 1 Al_2O_3. 2.2 SiO_2. Mol.-Gew. 279.

Kaolinitgruppe der Tonminerale. Zweischichtminerale Kaolinit, Dickit, Nakrit, Fireclay-Mineral, Halloysit, sämtlich mit der Formel $Al_2(OH)_4Si_2O_5$, ferner Metahalloysit mit der Formel $Al_2(OH)_4[Si_2O_5] \cdot 2H_2O$.

Kaolinit, Tonmineral $Al_2O_3 \cdot 2\ SiO_2 \cdot 2\ H_2O$, Mol.-Gew. 258,1, enthält 39,49 % SiO_2, 46,55, Al_2O_3, 13,96 % H_2O.

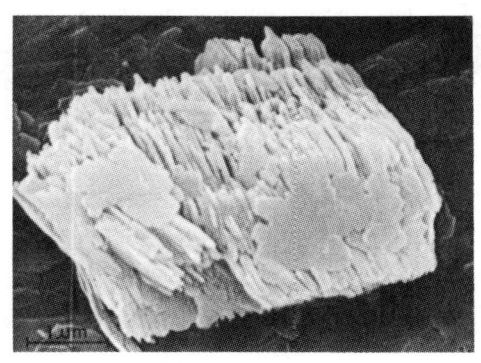

Der reinste Kaolin Europas ist der von Zettlitz bei Karlsbad in der ČSFR. Er besteht aus 92 % Kaolinit, 5 % Illit und weniger als 1 % Quarz. An seinen Kaolinitkristallen läßt sich die plättchenförmige Schichtung gut erkennen. Diese Plättchen sind 0,3 bis 4 µm groß und 0,05 bis 2 µm dick. (Aufn.: Kotsis u. Jónás)

G **Kapsel.** Feuerfester, stapelfähiger, zylindrischer, auch ovaler oder kubischer, gradwandiger Behälter mit flachem Boden und flachem Deckel, der ursprünglich dazu bestimmt war, die glasierte Keramik vor den Brenngasen zu schützen, während man Kapseln auch benutzen kann, um Keramik im Elektroofen zu reduzieren oder zu salzen, indem man sie zusammen mit Holzkohle oder Salzen (siehe unter Smearing) einsetzt. Ist die Kapsel zu porös, so kann man sie innen glasieren.

Kapselbrand. Brennen von (meistens engobierter und geschrühter) Keramik in Schamotte-Brennkapseln, auf deren Boden eine

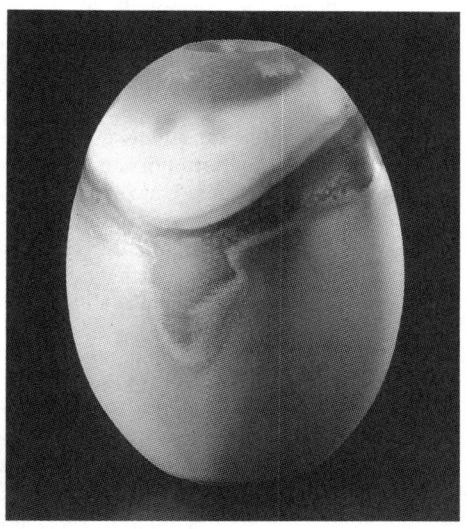

Feuerspuren, wie sie sich im Kapselbrand, aber auch in der Grube (Pitfiring) erzielen lassen. Vase von Ernst Pleuger.

Holzplatte liegt. Darauf wird die Keramik gestellt und mit Sägemehl umgeben. Je nachdem, ob sie oben oder unten schwarz werden soll, wird sie aufrecht oder kopfüber eingesetzt. Kochsalzzusatz zum Sägemehl ergibt einen salzglasurartige Oberfläche, Borax färbt orange. Die einzelne Kapsel kann (im Elektroofen muß sie) verschlossen werden, indem man einen Tonwulst auf den Rand legt und darauf eine Schamotteplatte oder eine zweite Kapsel stellt. In Gas- oder Holzfeueröfen kann die Kapsel auch offen bleiben oder man läßt durch Löcher in der Tonwulst wenig Luft zutreten. Der ganze Ofen kann mit solchen Kapseln gefüllt werden, es können aber auch nur einzelne Kapseln im Mischeinsatz stehen. Nach dem Brennen, gewöhnlich bei 1230°C, sind die unteren Partien der Keramik schwarz mit Übergängen oder schlierig gefärbt je nach dem Zusatz von flüchtigen Salzen zum Sägemehl.

Kapselmasse. Der Kapselscherben soll überwiegend aus kristallinen Bestandteilen und nur zum geringsten Teil aus Scherbenglas bestehen, und dieses Glas soll möglichst viskos sein. Will man Kapseln selbst herstellen, so nimmt man gewöhnlich 2 Teile Schamotte und 1 Teil plastischen Ton. Die im Ton enthaltenen Flußmittel sollen Kalium oder Magnesium sein. Zur Plastifizierung kann man organische Bindemittel (Sulfitablauge) nehmen, Bentonit könnte schon zu viel Flußmittel ergeben.

Beim Zubereiten der Kapselmasse geht man von trockener Schamottekörnung (0 bis 3 mm) und Tonpulver aus. Um zu erreichen, daß jedes Schamottekorn von Bindeton umgeben wird, gibt man erst das Wasser zur trockenen Schamotte und danach das trockene Tonpulver dazu, ehe man alles durchknetet.

Kartoffelasche. Kartoffelknollen sind phosphor- und kalireich, Kartoffelkraut besitzt viel Kalk und Sulfate, müßte geschlämmt werden und lohnt sich deshalb nicht. Anhaltswerte für die Knollenasche: 37 % SiO_2, 15,32 % Al_2O_3, 1,05 % CaO, 2,46 % MgO, 36,32 % K_2O, 7,34 % P_2O_5. Segerformel zum Einrechnen in Glasuren: 1,31 SiO_2, 0,33 Al_2O_3, 0,11 P_2O_5, 0,04 CaO, 0,13 MgO, 0,82 K_2O. Mol.-Gew. 213. Diese Asche ist ein ausgesprochener Alkalityp. Eine Mischung aus rund 41 Asche, 27 Kaolin und 32 Quarz entspricht einem durch wenig Magnesit verunreinigten Kalifeldspat. Leider ist die Gewinnung der Asche mühsam infolge des hohen Wassergehaltes der Knollen.

Kasseler Ofen, Töpferlangofen, liegender Töpferofen. Soll er mit Kohle beheizt werden, so erhält er einen Rost (siehe unter Kohleofen), während der holzbeheizte ohne Rost betrieben wird. Beim Holzofen steht im vorderen Teil des Ofenraumes, der als Feuerungsraum dient, eine durchbrochene Wand (Feuerständer, Brücke), die den Feuerraum vom Brennraum trennt und bis an das Gewölbe reicht. Sie soll ein zu rasches Entweichen der Brenngase durch den Schornstein verhindern. Die Ofensohle des Holzofens ist nahezu quadratisch.

Das Gewölbe steigt bis zur Rückwand auf 1,6 m, seinen höchsten Punkt, an. An dieser Stelle befindet sich der Zugang zu einem Rohr, das in den Schornstein führt. Er wird nach beendetem Brand geöffnet, damit der Ofen schneller abkühlt.

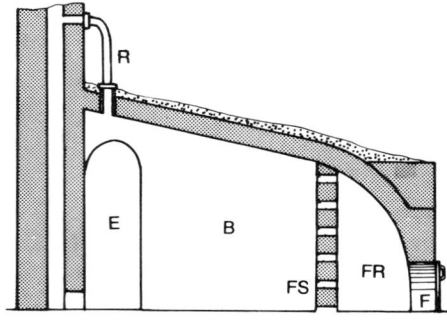

Kasseler Ofen für Holzfeuerung. R = Rohr zum schnellen Kühlen nach dem Brand (sonst verschlossen), E = Einsetzöffnung zum Zumauern, B = Brennraum, Scheitelhöhe 1,6–1,9 m, FS = Feuerständer, FR = Feuerraum, F = Schürloch, durch eine Feuertür verschließbar. Ofenlänge einschließlich Feuerraum 5,25 m, Brennraumlänge 4,25 m.

Kasserolle. Gestielter oder zweihenkeliger Topf mit Deckel zum Kochen und Schmoren.

Katalysator. Vorrichtung zur Entgiftung von Abgasen. Für kleinere thermische Anlagen und Haushaltsheizungen eignen sich nach einem Vorschlag von Dulaga Delić sog. Mehrstoff-Zeolithkatalysatoren, in deren Hohlräumen Moleküle (CO, CO_2, SO_2, O_2, F_2, NO_x) absorbiert werden. Die Reaktionstemperatur beträgt max. 650°, die Entgiftungszeit 1500 bis 2800 h. Die Entstickung und Entschwefelung erreicht 95 %. Das Endprodukt ist als Düngemittel verwendbar.

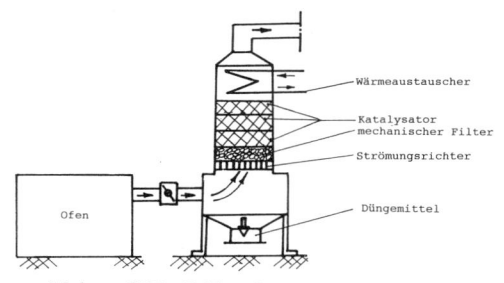

Mehrstoff-Zeolithkatalysator von D. Delić.

Kationen. Positiv geladene Ionen: Alkali-, Erdalkali-, Metall-, Wasserstoff-Ionen. Dagegen sind Sauerstoff- und OH-Ionen negativ (Anionen).

Kationenaustausch. An die Tonkolloide angelagerte zweiwertige Kationen (hauptsächlich Kalzium, weniger Magnesium), verursachen in wäßriger Suspension dünne Wasserhüllen, Anziehung der Teilchen und hohe Viskosität des Tonschlammes. Durch ein Überangebot an anderen Kationen können sie verdrängt, also ausgetauscht werden. Auf diesem Austausch beruht die Tonverflüssigung. Die Austauschfähigkeit der Kationen untereinander zeigt die Hofmeister-Reihe.

kaustisch = gebrannt.

Kegelfallpunkt. Temperatur, bei der ein Segerkegel beim Umsinken mit seiner Spitze die Standfläche berührt. Sie entspricht dem Erweichungsbeginn, d. h., einer Viskosität von $10^{11,3}$ Pa s. Etwa 100 Grad höher erhält man eine Glasur.

Kegel-4-Glasur. Zusammensetzung des Segerkegels 4 als Glasur bei Kegel 8: 0,7 CaO, 0,3 K_2O, 0,5 Al_2O_3, 4 SiO_2. Versatz: 41,7 Feldspat, 27,1 Quarz, 17,5 Kalkspat, 12,9 Kaolin.

Kelvinskala. Absolute Temperaturskala. 0 °K = −273,16 °C.

Kentucky ball clay. US-Ton, entsprechend dem englischen Harrison Mayer Blue ball clay und Wengers Ball clay no. 1. Ersatzmischung: 82,12 weißfetter Ton 91/wfA, 4,92 Spezialgießton 132/1, 10,97 Tonerdehydrat 276, 0,24 kaust. Magnesit 346, 1,66 TiO_2.

Keraion. Handelsname für 8 mm dicke und bis zu 2 m² große Steinzeug-Großplatten der Fa. Buchtal in 8472 Schwarzenfeld.

Kerameikos. Stadtbezirk im antiken Athen.

G **Keramfeinschleifer.** Lehrberuf der Industrie. Tätigkeitsmerkmale: Schleifen, Entgraten, Bürsten, Putzen und Kitten von Keramik.

G **Keramfreidreher.** Lehrberuf der Industrie. Tätigkeitsmerkmale: Freidrehen, Ein- und Überdrehen mit Schablone.

G **Keramik.** Verfahren, in dem eine Rohmasse aus zerkleinerten Mineralen geformt und das Geformte durch Einwirkung von Hitze verfestigt wird; aber auch das aus diesem Herstellungsprozeß hervorgegangene Erzeugnis.

G **Keramiker.** Sammelbegriff für handwerkliche und industrielle Berufe oder nichtberufliche Tätigkeiten (Freizeitkeramiker), die sich mit der Herstellung von Keramik befassen.

Keramiker/Keramikerin. Ausbildungsberuf nach der Handwerksordnung.

Keramiker-Ausbildungsverordnung – **KerAusbV** M vom 19. März 1984. Danach beträgt die Ausbildung drei Jahre. Im dritten Jahr kann zwischen den Fachrichtungen Scheibentöpferei, Baukeramik oder Dekoration gewählt werden. Das Berufsbild (§ 3) fordert mindestens folgende Fertigkeiten und Kenntnisse: 1. Arbeitsschutz, Unfallverhütung, Umweltschutz und rationale Energieverwendung. 2. Kenntnisse des Ausbildungsbetriebes, 3. Handhabe, Pflege und Instandhalten der Werkzeuge, Maschinen und Einrichtungen. 4. Anfertigen und Umsetzen von Entwürfen. 5. Aufbereiten keramischer Rohstoffe und Massen. 6. Drehen und Formen einfacher Rohlinge. 7. Ausführen einfacher Gipsarbeiten. 8. Garnieren und Nacharbeiten von keramischen Rohlingen. 9. Zusammensetzen und Aufbereiten von Glasuren, Engoben und Farben. 10. handwerkliches Veredeln keramischer Oberflächen. 11. Trocknen und Brennen. 12. Handhaben und Prüfen von Halb- und Fertigwaren. Die Ausbildung soll nach einem Ausbildungsrahmenplan erfolgen. Vor Ende des zweiten Ausbildungsjahres soll eine Zwischenprüfung stattfinden, in der der Prüfling in höchstens fünf Stunden fünf Arbeitsproben anfertigen und in höchstens 180 Minuten schriftliche Aufgaben lösen muß. Die Ausbildung wird mit der Gesellenprüfung beendet, deren Anforderungen (Prüfungsstücke, Arbeitsproben, schriftliche Prüfung und Kenntnisprüfung) und Durchführung in § 8 geregelt sind.

Keramikmaler. Keramiker der Fachrichtung G Dekoration. Handwerksberuf. Gesellenprüfung: 1. Gesellenstück. Die Gesellenstücke setzen sich aus zwei Wahlstücken und zwei Pflichtstücken zusammen. Zu den zwei Pflichtstücken muß eine Werkzeichnung im Maßstab 1:1 vorgelegt werden. Ebenso ist eine Entwurfsskizze erforderlich. Die gezeigten Dekorationen auf einem Krug bzw. einer Schale sind die Arbeiten des Prüflings. Die Wahl- und Pflichtstücke sollten sich in der Dekorationsart unterscheiden. Die Bestätigung des Ausbildungsbetriebes über das selbständige Arbeiten der Stücke muß bei der Prüfung vorgelegt werden.

2. Arbeitsprobe. Auf mitgebrachten Formen müssen mit eigenen Farben oder Engoben einige Dekorationen in werkstatteigener Art gezeigt werden. Zusätzlich wird eine andere Dekorationsart verlangt. Zum Nachweis dreherischer Fähigkeiten soll eine Serie einfachster Formen mit einer Höhe von etwa 10 cm gedreht werden.
3. Wie bei den anderen handwerklichen Fachrichtungen müssen Glasurproben, d. h. Einfärbungen einer Grundglasur mit mindestens vier verschiedenen Oxiden und mindestens drei Mengenangaben vorgelegt werden. Außerdem Eintrüben und Mattieren der Grundglasur. Zum Drehen steht bei der Prüfung Ton zur Verfügung, es kann aber auch eigener Ton mitgebracht werden.

Keramikmuseum Frechen. Sammlung von Frechener Keramik des 15. bis 20. Jh. (etwa 400 Exponate). Dokumentation der Frechener Keramikgeschichte. Aktuelle Ausstellungen.

Keramikmuseum Schloß Obernzell. Obernzell, das früher Hafnerzell hieß, war das Zentrum der bayerischen Schwarztöpferei aus Graphit der Passauer Gegend. Handwerkliche Keramik von den frühesten Anfängen bis zur Gegenwart. 1200 Objekte.

Keramikmuseum Westerwald. 1982 eröffnetes Museum in Höhr-Grenzhausen. Träger ist der Westerwaldkreis. Wechselausstellungen, Studio-Ausstellung, Töpferwerkstatt, Verkaufsgalerie.

Keramikpreis der Frechener Kulturstiftung. Seit 1972 alle zwei Jahre verliehener Förderpreis für junge Keramiker unter 30 Jahren. Die Wettbewerbsteilnehmer werden von vier Gutachtern vorgeschlagen und von der Frechener Kulturstiftung eingeladen, die von jedem eine Arbeit erwirbt. Die Preisverleihung nimmt der Frechener Stadtdirektor als Vorsitzender der Stiftung im Frechener Keramion vor, wo die eingesandten Arbeiten ausgestellt werden.

Keramion. Museum für zeitgenössische keramische Kunst in Frechen in einem Gebäude in Form einer Töpferscheibe (Architekt Peter Neufert). Es beherbergt die Sammlung Cremer (4500 Objekte), die nach und nach in den Besitz des Vereins für keramische Kunst e. V. übergeht. Die Kosten trägt die Cremer-Gruppe, eine Familiengesellschaft keramischer Werke. Das Keramion besteht seit 1971.

Keramische Warengattungen. Einteilung der Ⓖ Waren, die aus keramischen Werkstoffen, nach Scherbenfarbe und -porosität unterschieden, hergestellt werden:
1. Feinkeramik

naturfarben und porös	= Irdengut (Töpferware) und Fayence
naturfarben und dicht	= Steinzeug
weiß und porös	= Steingut
weiß und dicht	= Porzellan

2. Grobkeramik

naturfarben und porös	= Ziegel und feuerfeste Baustoffe
naturfarben und dicht	= Grobsteinzeug

3. Technische Keramik

weiß und dicht	= technisches Porzellan.

Kerammaler. Lehrberuf der Industrie. Tätig- Ⓖ keitsmerkmale: Entwerfen von Dekoren, Arbeiten nach Vorlagen, Schablonenschneiden, Farben mischen, Freihandmalen, Spritzen, Stempeln, Drucken, Ätzen, Gravieren, Retuschieren, Einbrennen.

Kerammodelleur. Lehrberuf der Industrie. Ⓖ Tätigkeitsmerkmale: Herstellen von Gips-, Ton- und Plastilinmodellen und -formen für keramische Waren.

Keramographie. a) Beschreibung des Gefüges, der Kornmorphologie und Bindephasen keramischer Werkstoffe auf Grund von Schliffen, die lichtmikroskopisch und elektronenoptisch ausgewertet werden.
b) Gestalterische Anwendung und Umsetzung hauptsächlich von Grafikern, auch Collagen auf Keramik entweder nach den Methoden der Fotokeramik oder über computergestützte Grafikprogramme und Ausdruck mit keramischen Tinten. In der einfachsten Form dienen Holzschnitte oder andere einfarbige Grafiken als Vorlagen. Im klassischen Verfahren lassen sich mehrere Farben nur einzeln nacheinander aufbringen

und einbrennen. Rechnergestützte Verfahren erlauben hingegen das gleichzeitige Aufbringen mehrerer Farben.

Kerampresseneinrichter. Lehrberuf der Industrie. Tätigkeitsmerkmale: Einrichtungen und Bedienen von Pressen in keramischen Fabriken.

Keramschleifer. Anlernberuf der Industrie mit zweijähriger Ausbildung.

Keratophyr. Ergußgestein mit Albit als Hauptgemengteil, dazu Mikroperthit, Augit und Apatit. Keratophyr aus Rübeland im Harz: 61,67 % SiO_2, 0,34 % TiO_2, 17,47 % Al_2O_3, 1,37 % Fe_2O_3, 3,92% FeO, 2,13 % MgO, 0,18 % CaO, 8,52 % Na_2O, 3,38 % K_2O, 0,45 % H_2O, 0,06 % P_2O_5, 0,05 % CO_2. Segerformel zum Einrechnen in Glasuren: 0,18 FeO, 0,18 MgO, 0,50 Na_2O, 0,14 K_2O, 0,61 Al_2O_3, 0,05 Fe_2O_3, 3,68 SiO_2. Mol.-Gew. 355.

Kernguß. Herstellen eines massiven Werkstücks im Gießverfahren. Der Hohlraum der auseinandernehmbaren Form entspricht den äußeren Abmessungen. Der Schlicker steht jedoch so lange in der Form, bis das gesamte Volumen verfestigt ist. Dazu muß für das Nachfließen des Schlickers gesorgt werden.

Kernit. Natriumborat-Mineral (auch Rasorit), $Na_2O \cdot 2B_2O_3 \cdot 4H_2O$, Mol.-Gew. 273,35. Kommt in Spanien, Argentinien und Kalifornien vor.

Kettengewölbe-Ofen, siehe auch unter Bogengewölbe-Ofen. Holzofen, dessen Gewölbe nach einer frei durchhängenden Kette gestaltet ist. Sie wird auf Papier nachgezeichnet

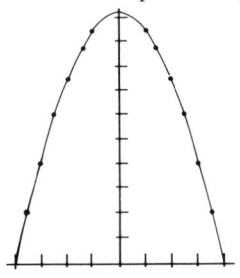

und danach eine Holzschablone gebaut, auf der das Gewölbe in feuerfestem Beton gegossen oder aus Radial- und Normalformatsteinen errichtet wird. Es ist so fest, daß es sogar einen Schornstein trägt, wenn man den Ofen mit aufsteigender Flamme baut. In der Regel ist es aber ein Ofen mit absteigender Flamme.

Keystone. US-Feldspat, entsprechend dem englischen Podmore Potash feldspar. Ersatzmischung: 93,5 Kalifeldspat 82/K11 und 6,5 Quarz.

Kickwheel (engl.) Tretscheibe.

Kiefernasche. Eine basische Asche mit hohem Schwefelgehalt, die man für den oxidierenden Brand schlämmen sollte. Vor allem für niedrigschmelzende Glasuren ist sie ungeschlämmt nicht zu empfehlen. Sie ist eisen- und manganreich und ergibt eine hellbraune Naturfarbe im oxidierenden, ein Olivgrün im reduzierenden Feuer. Anhaltswerte: 10 % SiO_2, 0,43 % Al_2O_3, 4 % Fe_2O_3, 5,06 % MnO, 25 % CaO, 6,32 % MgO, 26,5 % K_2O, 8,6 % Na_2O, 8,88 % P_2O_5, 4,63 % SO_3, 0,52 % Cl. Segerformel zum Einrechnen in Glasuren: 0,15 SiO_2, 0,03 Fe_2O_3, 0,05 P_2O_5, 0,41 CaO, 0,15 MgO, 0,13 Na_2O, 0,25 K_2O, 0,06 MnO. Mol.-Gew. 91.

Kies. Lockersediment aus runden Geröllstücken von 2 bis 63 mm Korngröße. Feinkies 2–6,3 mm, Mittelkies 6,3–20 mm, Grobkies 20–63 mm.

Als Kiese werden auch sulfidische Erzminerale bezeichnet: Arsenkies (Arsenopyrit), Magnetkies (Pyrrhotin), Rotnickelkies (Nikkelin), Schwefelkies (Pyrit), Kupferkies (Chalkopyrit).

Kiesel. Volkstümliche Bezeichnung für Rollstücke aus Quarz oder anderen farblosen Mineralien. In Italien und England oft als Quarzrohstoff. (Siehe auch unter Flußkiesel.)

Kieselalgen, Diatomeen.

Kieselerde, Kieselgur.

Kieselgalmei, Kieselzinkerz, $H_2Zn_2SiO_5$, entspr. $2ZnO \cdot SiO_2 \cdot H_2O$. Meist farblose, durchscheinende, tafelige Kristallchen. Vorkommen zusammen mit Zinkblende in Kalkstein und Dolomit: Aachen, Kärnten, Sardinien, Mexiko.

Kieselgestein. Sammelbezeichnung für verfestigte kieselsäurereiche Sedimentgesteine, die aus Organismen und Kleinlebewesen entstanden sind. Dazu gehören: Radiolarite, Diatomite, Tripel, Kieselgur, Spongilite, Flint und Geyserit.

Kieselglas. Geschmolzene Form der Kieselsäure als Endzustand der SiO_2-Modifikationswechsel über 1700 °C.

KIESELGUR

Kieselgur, Infusorienerde. Aus Ablagerungen von Kieselalgen gebildete Lockermassen, die sich vom Tripel durch stärkere Verfestigung unterscheiden. Die Panzer der Kieselalgen sind hohl und 0,09 bis 0,16 mm lang.

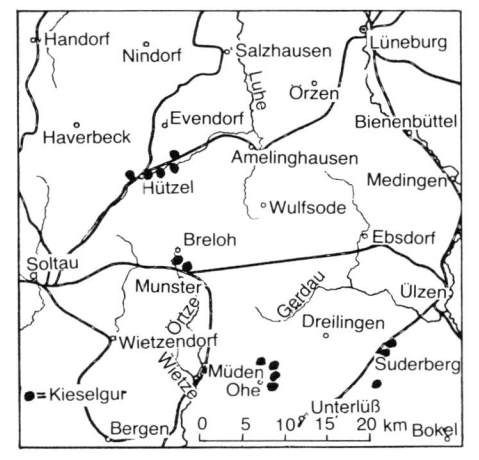

Kieselgurvorkommen in der Lüneburger Heide.

Vorkommen in der Lüneburger Heide bei Breloh-Munster, Unterlüß und Hützel; ein großes Kieselgurlager liegt bei Wiechel, Niederohe, Oberohe und Schmarbeck westlich von Unterlüß, ein zweites zieht sich am Hang des Luhetales hin bei Steinbeck, Grevenhof und Hützel. Mehrere kleinere Vorkommen befinden sich bei Suderburg und Hösseringen nördlich von Celle. Die Kieselgur liegt stets unter Heideboden, Ortstein und Sand. Am Vogelsberg tritt Kieselgur zwischen Altenschlirf und Steinfurt unter bunten Tonen und Basaltdecke zutage, ebenso am Pfarrwäldchen bei Beuern am Vogelsberg. Zu

Kieselgur	1	2	3
SiO_2	90,08	89,17	71,22
Al_2O_3	0,46	0,93	2,04
TiO_2	0,50	0,12	0,14
Fe_2O_3	2,68	0,35	2,22
CaO	Sp.	Sp.	Sp.
MgO	0,30	0,22	Sp.
K_2O	0,41	0,39	0,79
Na_2O	0,53	0,69	0,54
GV.	3,50	3,49	4,83

1 = -Altenschlirf am Vogelsberg. 2 = Unterlüß, Lüneburger Heide, weiße Schicht. 3 = Unterlüß, grüne Schicht.

verwenden ist die Kieselgur in vorgebrannter Form (kalziniert zur Befreiung von organischen Beimengungen) als Isolier-Füllstoff und zur Herstellung von Leichtsteinen als Baumaterial für Brennöfen. Ferner um Smalte herzustellen.

Kieselkupfer, Chrysokoll, $CuSiO_3 \cdot nH_2O$, traubiges, blaugrünes Mineral, Fundorte in Halbach/Baden, Harz, Ungarn.

Kieselsäure, Siliziumdioxid, SiO_2, Mol.-Gew. 60,06. Kommt in der Natur in Form von kristallinem Quarz, mehr oder weniger verunreinigt als Sand oder Sandstein, als Feuerstein (Flint), Opal und als Gemengebestandteil von Gesteinen vor (siehe auch unter Quarz).

Die Kieselsäure SiO_2 ist in ihren in der Natur vorkommenden Mineralformen aus einem Grundbaustein aufgebaut, der aus einem zentralen kleinen, aber kräftigen Siliziumatom besteht, das von vier großen Sauerstoffatomen umgeben ist. Verbindet man die Mittelpunkte dieser fünf Atome miteinander, so erhält man ein Tetraeder. Viele SiO_4-Tetraeder sind miteinander über gemeinsame Sauerstoff-Atome verknüpft, so daß sich insgesamt die Formel SiO_2 ergibt.

Kieselsäure in Glasuren. Wichtigster Glasbildner. Aus Kieselsäure allein bestehendes Glas hat eine hohe Schmelztemperatur (1713°C) mit entsprechend hoher Zähigkeit und eine geringe Wärmeausdehnung ($0,5 \cdot 10^{-6}/°C$). Im allgemeinen ist eine Glasur um so schwerer schmelzbar, zähflüssiger, chemisch beständiger und sicherer gegen Haarrisse, je mehr Kieselsäure sie besitzt. Im einzelnen wird ihr Verhalten jedoch durch die mitwirkenden Partner bestimmt (siehe unter Flußmittel).

Kieselsäure bildet zwar mit Tonerde und Flußmitteln Glasuren in weiten Grenzen, doch haben sich erfahrungsgemäß bestimmte Bereiche als besonders günstig ergeben. So rechnet man für leichtschmelzende Glasuren ein Verhältnis zwischen basischen Flußmitteln und Kieselsäure in der Segerformel von 1:1 bis 1:3, in schwerschmelzbaren von 1:3 bis 1:5.

Kieselsäure in Massen. Ein Teil der Kieselsäure, die sich in der Masse befindet, stammt aus dem Quarz der Tone, ein Teil aus dem Zerfall der Tonminerale. Manchen Massen wird Quarzmehl, Quarzit oder Sand zusätzlich beigemischt. Der Quarz bildet das Stützgerüst sinternder Massen. Die aus den Tonmineralien stammende Kieselsäure ist reaktionsfreudig und bildet erste Schmelzen mit den anwesenden Flußmitteln. In niedrigbrennenden Massen hat die Kieselsäure beiden Ursprungs die Aufgabe, den Kalk zu binden. Dazu muß der Quarz sehr feinkörnig sein. In Steinzeugmassen trägt er zur Bildung von zähen Schmelzen bei, indem er sich im Scherbenglas auflöst. Ungelöste Quarzkörner machen die Verwandlungen der Kieselsäuremodifikationen durch und können beim Abkühlen der Masse Risse verursachen. Durch schnelles Abkühlen hemmt man die Bildung von Cristobalit, der sich mit dem größten Volumensprung aus seiner Hochtemperatur- in die Tieftemperaturform verwandelt.

Kieselsäuremodifikationen. Beim Erhitzen und Abkühlen macht Quarz mehrere Kristallumwandlungen durch, die mit Volumenänderungen verbunden sind. Aus dem bei gewöhnlicher Temperatur beständigen »Tiefquarz« entsteht bei 575°C »Hochquarz«, wobei eine Ausdehnung um 2% und beim Abkühlen eine gleichgroße Zusammenziehung stattfindet. Diese Volumenänderung bei 575°C heißt »Quarzsprung«. Sie entspricht einer Längenänderung um 0,8%. Erhitzt man den Quarz weiter, so kann er bei sehr langsamer Temperatursteigerung bei 870°C in Tridymit übergehen oder – bei normaler Erhitzung über 1000°C – in Cristobalit. Die langsame Temperatursteigerung kommt in der Praxis kaum vor. Sie würde beim Abkühlen zu einem geringfügigen Tridymitsprung von nur 0,6% bei 117°C führen. Entsteht hingegen Cristobalit, so schrumpft dieser zwischen 250 und 190°C beim Abkühlen um 5,6%. Quarzsprung oder Cristobalitsprung können Kühlrisse des Scherbens und Abplatzungen der Glasur verursachen.

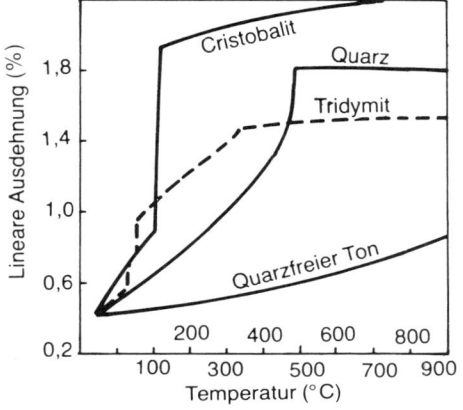

Quarz- und Cristobalitsprung.

Kieselsäuren. Von den verschiedenen Kieselsäuren: Orthokieselsäure H_4SiO_4, Metakieselsäure H_2SiO_3, Dikieselsäure H_2SiO_5, Orthodikieselsäure $H_6Si_2O_7$ usw. führt man die Silikate in der Chemie der Keramik auf die Metakieselsäure zurück. Sie ist zweiwertig, denn sie besitzt zwei durch Metalle ersetzbare Wasserstoffatome. Die »Kieselsäure« SiO_2 kann demnach als die wasserfreie Form der Metakieselsäure betrachtet werden.

Kieselschiefer. Zu Kieselgestein verfestigter Radiolarenschlamm.

Kieselsinter, Kieseltuff. Weißes, wachsglänzendes Mineral, das häufig als Überkrustung von Pflanzenteilen an heißen Quellen auftritt. Es besteht hauptsächlich aus Kieselsäure und Wasser. Kommt u. a. bei Usingen im Taunus vor, wo es als »Geyserit« bezeichnet wird.

Kieselsäure-Rohstoffe

Rohstoff	Mol.-Formel	Mol.-Gew.
Quarzmehl	SiO_2	60,06
Kieselgur	SiO_2	60
Kaolin 233	$2,2 SiO_2 \cdot Al_2O_3 \cdot 2 H_2O$	279
Kalifeldspat 82/K11	$6,2 SiO_2 \cdot Al_2O_3 \cdot K_2O$	563
Natronfeldspat Na 427	$6,3 SiO_2 \cdot Al_2O_3 \cdot Na_2O$	556
Nephelinsyenit 334	$4,8 SiO_2 \cdot Al_2O_3 \cdot Na_2O$	467

Kieselzinkerz, Hemimorphit, Calamin, Kieselgalmei, Galmei, Zinkglas, $H_2Zn_2SiO_5$, entspr. $2\,ZnO \cdot SiO_2 \cdot H_2O$. Zinkerz, das zusammen mit Zinkblende (Sphalerit, ZnS) in Kalkstein und Dolomit vorkommt. Fundorte: Aachen, Kärnten, Sardinien, Mexiko.

Kieserit. Wasserhaltiges Magnesiumsulfat, $MgSO_4 \cdot H_2O$. Weiße bis gelbliche, körnige Masse, die auf Kalisalzlagerstätten, z. B. in Norddeutschland, vorkommt.

Kilnsitter. Im Brennraum von Elektroöfen (Topladern) auf Zweipunktauflage aufgelegter Schmelzkegel (Orton-Kegel), auf dem ein Metallhebel ruht, der sich beim Krummschmelzen des Kegels senkt und eine Klappe außen am Ofen auslöst, die beim Fallen die Stromzufuhr ausschaltet.

Kingman. US-Feldspat, entspricht dem englischen Harrison Mayer Potash feldspar und zu 99,11 % dem Kalifeldspat 82/K11.

Kirschbaumasche. Eine schwefelarme, basische Asche mit hohem Phosphorgehalt. Sie gibt im Reduktionsbrand ein kräftiges Seladongrün, im oxidierenden Feuer wird sie hellbräunlich. Durch den Phosphor läßt sie interessante Färbungen mit anderen Oxiden oder Trübungen zu. Aus 29 Asche, 22 Kaolin und 49 Quarzmehl bekommt man eine Mattglasur bei 1280°C. Anhaltswerte: 24,96 % SiO_2, 2,62 % Fe_2O_3, 7,56 % P_2O_5, 30,24 % CaO, 8,72 % MgO, 21,63 % K_2O, 1,84 % Na_2O, 2,62 % SO_3, 0,81 % Cl. Segerformel zum Einrechnen in Glasuren: 0,41 SiO_2, 0,02 Fe_2O_3, 0,05 P_2O_5, 0,53 CaO, 0,21 MgO, 0,23 K_2O, 0,03 Na_2O. Mol.-Gew. 100.

Kitsch. Süßer Kitsch weckt schöne Illusionen und Rührung, saurer Kitsch täuscht mit effekthaschender Schwarzmalerei Tiefgründigkeit vor. Vom gesellschaftlichen Standpunkt aus gesehen entsteht Kitsch, wenn eine idealistische geistige Gesinnung durch Beschönigung und Überhöhung mit naturalistischen künstlerischen Mitteln die Unsachlichkeit zur Richtigkeit erhebt.

M **Klang des Scherbens.** Ein homogener Scherben ergibt beim Anschlagen harmonische Schwingungen, ein inhomogener unregelmäßig überlagerte Schwingungen. Da Homogenität ein Qualitätskriterium der Keramik ist, stellt die Klangprüfung das einfachste und zutreffendste Prüfverfahren dar.

Klebsand. Kaolinisierter Sand, der für feuerfeste Produkte verwendet wird. Zu den größten Vorkommen Europas gehört das von Eisenberg in der Pfalz. Der Sand besteht aus 12 % Mineralien der Kaolingruppe, der Rest ist Quarz. Der Tonerdegehalt beträgt 5 %.

Klinker. Wegen ihres Klanges so bezeichnete M Keramik, die bei 1100–1140°C dichtgebrannt wird. Der verklinkerte Scherben besitzt einen hohen Glasanteil, ist druckfest und widerstandsfähig gegen Säuren und Laugen. Die Brennfarbe kann hellgelb, braun, bläulichrot oder schwarz sein. Reduzierend gebrannte, blauschwarze Klinker werden als Eisenklinker bezeichnet. Mauerklinker dienen zum Bau von besonders stark belastetem Mauerwerk, Vormauerklinker zur Fassadenverblendung. Spaltklinker sind längsgelocht und werden vor dem Verarbeiten in zwei Platten auseinandergeschlagen. Fußbodenklinker sind Fußbodenfliesen aus diesem Werkstoff, Kanalklinker Rohre für Wasseranlagen, Drainage.

Klinkerton. Kalkfreier, rotbrennender Ton, M der schon bei 1000°C einen festen Scherben ergibt und mehrere Kegel unter der Schmelztemperatur klinkert, ohne die Form zu verlieren. Seine Porosität nach dem Brand darf nicht mehr als 3 % betragen. Typische Klinkertone enthalten etwa zu je einem Drittel Fireclaymineral, Illit und Quarz, als färben-

Klinkertone

	1	2	3
SiO_2	55,70	60,90	51,00
Al_2O_3	22,30	25,00	21,80
TiO_2	1,03	1,58	0,92
Fe_2O_3	10,75	1,26	14,85
CaO	0,18	0,10	0,11
MgO	0,54	0,41	0,45
K_2O	2,68	2,01	2,74
GV.	7,48	7,91	7,42
T	60	66	65
Q	27	28	20
Goethit	11	2	15
Dichtbrand-temperatur °C	1100	1200	1100

1 = Ton KRB I rotbrennend, aus Dahlen, Walderdorff'sche Tongruben. Boden. 2 = Keramischer Ton 306 aus Winkels, St. Schmidt, Langendernbach. 3 = Keramischer Ton BGR I aus Guckheim. Walderdorff'sche Tongruben, Boden.

des Mineral Goethit. Sie zeichnen sich dadurch aus, daß sie bei 1200°C auf 0 % Porenraum sintern, ohne daraufhin zu schnell zu blähen.

⑥ **Kneten.** Manuelle Masseaufbereitungsmethode, bei der eingeschlossene Luftblasen nicht entfernt, sondern lang und dünn ausgezogen werden, so daß sie danach nicht mehr in Erscheinung treten (siehe dagegen Masseschlagen). Man unterscheidet zwischen dem in Europa üblichen Widderkopf-Kneten (nach der während der Arbeit entstehenden Form) und dem in Ostasien angewandten schneckenförmigen Kneten.

Beim widderkopfförmigen Kneten wird die Masse mit beiden Handballen zusammengedrückt, breitgequetscht, gefaltet und wiederholt gedrückt. Zwischen den beiden Händen bilden sich Erhebungen, die der Stirn und dem Nasenrücken eines Widders ähneln. Zu beiden Seiten entstehen runde Verdickungen, die an die Hörner eines Widders erinnern.

Beim schneckenförmigen Kneten wird der Tonballen in kleinen Partien mit der rechten Hand gleitend heruntergedrückt, indem der Handballen den Ton vor sich herschiebt.

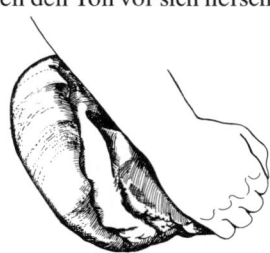

Die linke Hand hebt und dreht den Tonklumpen für den nächsten Schub ein kleines Stück weiter.

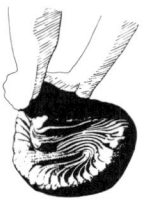

Es entstehen Falten, die sich infolge des Drehens des Tonklumpens vor jedem neuen Ansetzen der Hand spiralig winden.

Das wiederholte Falten dient der Richtungsänderung der Tonteilchen.

Knibistechnik. Traditionelles plastisches Verzierungsverfahren des rheinischen Steinzeugs mit dem Knibisholz, einem Werkzeug mit abgeflachtem, 1–3 cm breitem Ende. Die Vertiefungen können vor dem Salzbrand mit Smalte gefüllt werden.

Knochenasche. Ein Hydroxylapatit. Aus der chemischen Analyse errechnet sich die Summenformel $3 Ca_3(PO_4)_2 \cdot CaO$ entsprechend $10 CaO \cdot 3P_2O_5$, Mol.-Gew. 986,7. Sie enthält außer Kalziumphosphat und Kalziumoxid, die in dieser Formel berücksichtigt sind, noch geringe Mengen an Kalziumfluorid und 2–3 % Magnesiumphosphat. Sie wird bei Glasuren häufig verwendet, um Phosphor einzuführen, der als Trübungsmittel wirkt. Phosphorgetrübte Knochenaschenglasur für 1220°C:

31,2o Knochenasche
 3,97 Zinkoxid
33,85 Kaolin
30,99 Quarz.

Ihre häufigste Anwendung findet die Knochenasche im Knochenporzellan.

Knochenporzellan. In England entwickeltes Weichporzellan von großer Transparenz und Widerstandsfähigkeit gegen Schlag und Absplitterung. Die Masse besteht aus 50 % (bei 1100°C) entfetteten Rinderknochen, 25 % Cornish stone und 25 % China clay. Sie ist unplastisch und wird deshalb mit 1 % Ball clay versetzt. Ferner hat sie ein kurzes Brennintervall und eine große Brennschwindung. Die Stücke neigen zum Verziehen und zur Blasenbildung. Eisenverunreinigungen bilden weißes Ferrophosphat, das an der Luft blau wird. Brenntemperatur 1260–1300°C.

Know-how (»Gewußt wie«). Besondere Kenntnisse oder Erfahrungen in Herstellung oder Vertrieb, deren wirtschaftlicher Wert nach der gewerblichen Rechtsprechung in der Geheimhaltung (daher Lizenzverträge) liegt. Verbreitung von Know-how trägt zu wirtschaftlicher Dynamik und Fortschritt bei und bewirkt eine Auslese nach der Leistung.

Ⓜ **Kobalt**, Co, 2- und 3wertiges, selten 1- oder 4wertiges Metall, Atomgewicht 58,9332, Schmelzpunkt 1495 °C, kommt in der Natur nicht gediegen vor. Kobalterz ist u. a. Kobaltkies (Co_3S_4). Natürliche Kobaltverbindungen sind nicht radioaktiv. Sie haben verschiedene Handelsbezeichnungen und sind meistens an ihrer Pulverfarbe zu erkennen: Das handelsübliche Kobaltoxid 238/RKO hat 71 % Co (entsprechend rd. 90 % CoO), 0,1 % Ni, 0,08 % Fe, 0,02 % Mn, 0,003 % CaO, 0,04 % S, 2,5 % Na_2CO_3. Das handelsübliche Kobaltkarbonat 238 hat 45–47 % Co (entsprechend rd. 58,5 % CoO), 0,12 % Ni, 0,02 % Fe, 0,01 % Mn, 0,001 % Cu, 0,001 % Pb, 0,17 % SiO_2, 0,25 % CaO, 0,18 % S, 0,04 % MgO. Wird 1 % CoO verlangt, so muß man von Kobaltoxid 238/RKO 1,11 %, von Kobaltkarbonat 238 1,7 % nehmen.

Ⓖ **Kobaltglanz** (CoAsS). Kobalt ist ein Blaufärbemittel. Aus dem natürlich vorkommenden Kobaltisotop bildet sich durch Neutroneneinfang das radioaktive Kobalt 60 mit einer Halbwertszeit von 5,3 Jahren.

Ⓖ **Kobalt in Glasuren.** Da Kobalt intensiv färbt, empfiehlt sich die Verwendung von Kobaltkarbonat, denn es ist voluminöser als die Oxide. Die Kobaltverbindungen lösen sich im Glasfluß und bilden ein blaues, durchsichtiges Glas. Soll die Glasur undurchsichtig sein, so lassen sich mit Blaufarbkörpern zahlreiche Blaufarbtöne erzielen, die vom Glasurmilieu beeinflußt werden. Magnesia und Phosphat führen zu Rotstich. Dagegen sind Alkalien und 1 bis 2 % Zink vorteilhaft. Kobalt und Titan ergeben Grün. Man nimmt zur Blaufärbung 1 bis 6 % CoO oder 3 bis 5 % Farbkörper. Je feiner Oxid oder Farbkörper gemahlen sind, desto weniger braucht man davon und desto intensiver wird die Farbe. Das Blau wird klarer, wenn man unter die transparente Glasur eine weiße Engobe legt.

Kobalt in Massen. Beim Färben von Massen Ⓜ und Engoben muß man dafür sorgen, daß das Kobalt so fein verteilt ist, daß es keine dunklen Punkte bildet. Deshalb nimmt man kein Kobaltoxid, denn das ist hart und schwer zu zerkleinern, sondern das lösliche Kobaltchloridhydrat, das sonst als Feuchtigkeitsanzeiger oder Geheimtinte verwendet wird, weil es sich bei Trockenheit oder 30 °C Wärme von rosa (in verdünnter Lösung farblos) in tiefblau und umgekehrt verfärbt. Man stellt eine Lösung von 35 % Kobaltchlorid in Wasser her und vermengt sie mit der Masse oder Engobe, indem man so viel Lösung zugibt, bis die gewünschte Intensität zu erkennen ist. Es genügen bereits 0,5 % des Kobaltsalzes (als Anhaltswert), auf die Trockenmasse berechnet, um ein helles Taubenblau zu erzielen. Man kann das Kobalt aus der Lösung auch mit Ammoniak ausfällen (5,7 g Ammoniak vom spez. Gew. 0.926 auf 10 g Kobaltsalz) und die breiförmige, ausgefällte Masse dem Gieß- oder Engobeschlicker zusetzen. Das Ammoniak verflüchtigt sich im Brand. Färbt man die Masse oder Engobe mit Kobaltkarbonat oder Farbkörpern, so mahlt oder verreibt man einen Teil der Masse mit der Gesamtmenge des färbenden Stoffes und mischt dann das Konzentrat der restlichen Masse zu. Man rechnet 1–3 % CoO oder 1,5–4 % $CoCO_3$ oder 3–8 % Farbkörper auf das Trockengewicht der Masse.

Gebräuchliche Kobaltverbindungen

Verbindung	chem. Formel	Mol.-Gew.	Bez.	Farbe	% Co
Kobalt(II)oxid	CoO	74,94	FFKO	olivgrün	77
Kobalt(II,III)oxid	Co_3O_4	240,82	FKO	schwarz	72
Kobalt(III)oxid	Co_2O_3	165,88	RKO	grau	71
Kobaltkarbonat	$CoCO_3$	118,95	KOH	blaurot	46
Kobaltphosphat	$Co_3(PO_4)_2 \cdot 8\,H_2O$	511	PKO	rosa	30
Kobaltnitrat	$Co(NO_3)_2 \cdot 6\,H_2O$	291,05	–	rot	20
Kobaltchloridhydrat	$CoCl_2 \cdot 6\,H_2O$	237,95	–	rosa/blau	25

Kochfestes Geschirr. Gebrauchsgefäße mit hoher Temperaturwechselfestigkeit (fälschlich auch als »feuerfest« bezeichnet), die sowohl durch einen Scherben mit geringer Wärmeausdehnung als auch durch entsprechende Formgebung erreicht wird, nämlich durch abgerundete Kanten und Vermeidung planer Flächen. Der Boden wird aus diesem Grunde gerippt oder gewellt. Geschirr, in dem man zwar Flüssigkeiten erhitzen und vor allem Napfkuchen backen kann, das sich aber nur bedingt zum Kochen oder Braten eignet, wird aus einem mit 40 % grobem Sand oder grober Schamotte (0,005–0,01 mm) gemagerten Ton hergestellt. Günstig ist die Formgebung im Gießverfahren, weil dadurch eine in allen Teilen gleichmäßige Wandung entsteht. Die Gefäße werden geschrüht und bei 1170°C glattgebrannt, wobei sie porös bleiben sollen. Eine geeignete bleifreie Glasur erhält man für diese Temperatur aus:
56,5 Kalifeldspat
24,7 Kalziumborat
12,2 Quarzmehl
 6,6 Kaolin
Für innen wird sie weiß gefärbt mit 10–12 % Zinnoxid, für außen braun mit 3,6 % Braunstein und 6,4 % Eisenoxid. Ein Violettbraun gibt 9 % Braunstein allein.
Hochgebranntes Kochgeschirr ist gegenüber diesem porösen temperaturwechselfester und uneingeschränkt zum Kochen, Backen und Braten verwendbar. Es beruht auf der geringen Ausdehnung des Cordierits (AK = $1{,}2 \cdot 10^{-6}/°C$), der sich aus Magnesiumoxid, Tonerde und Kieselsäure bei 1260°C bildet. Er hat die Zusammensetzung $2\, MgO \cdot 2\, Al_2O_3 \cdot 5\, SiO_2$. Da es nicht möglich ist, einen Scherben mit einer so geringen Ausdehnung zu glasieren, setzt man die Masse so zusammen, daß sie eine dünne Selbstglasur bildet, z. B. für eine Brenntemperatur von 1280–1300°C aus:
21 Kaolin
13 fettem Ton
29 Göpfersgrüner Speckstein
23 Tonerdehydrat
14 Kalifeldspat
Will man eine farbige Oberfläche erzielen, so nimmt man einen Teil der Masse, färbt sie mit Metalloxiden und trägt sie als Engobe auf.

Kohlenaschen. Wertvollere Kohlen und Briketts sind schwefelärmer als billigere. Gewöhnlich sind diese Aschen alkaliarm und reich an Kieselsäure, Tonerde, Eisen und Kalk. Sie sind nur für dunkle Glasuren brauchbar. Der Eisengehalt als Flußmittel kann die Asche schon bei 1280°C zum Schmelzen bringen. Sulfatreiche Asche aus billiger Kohle muß geschlämmt und gereinigt werden. Zusammensetzung der Kohlenasche aus der Feuerung des Kraftwerks Reuter in Berlin: 49,54 % SiO_2, 24,70 % Al_2O_3, 15,57 % Fe_2O_3, 5,4 % CaO, 1,12 % MgO, 1,87 % K_2O, 0,42 % Na_2O, 0,53 % P_2O_5, 0,62 % SO_3. Segerformel zum Einrechnen in Glasuren: 0,64 CaO, 0,18 MgO, 0,13 K_2O, 0,05 Na_2O, 1,61 Al_2O_3, 0,65 Fe_2O_3, 5,47 SiO_2, 0,02 P_2O_5. Mol.-Gew. 662.

Kohlendioxid, CO_2, Molekulargewicht 44,01. Gasförmiges Zersetzungsprodukt der Karbonate; es entsteht aus Kalkspat, Magnesit und Dolomit zwischen 700 und 950°C. Ferner entsteht Kohlendioxid aus der Verbrennung der organischen Bestandteile des Tones ab 400°C und in Feuerungsöfen bei der vollständigen Verbrennung der Brennstoffe. Luft mit mehr als 5 % CO_2 ist giftig. 8 % führen nach wenigen Minuten zu Schwindel, Schläfrigkeit, Ohnmacht, Tod. Der CO_2-Gehalt der Atmosphäre hat in den letzten hundert Jahren um 13 % zugenommen. Dadurch hat sich die Durchschnittstemperatur der Lufthülle um 0,5 Grad erhöht, weil die von der Erdoberfläche abgestrahlte Infrarotstrahlung verstärkt absorbiert wurde.

Kohlenstoff, C, meist 4wertiges Element, Atomgewicht 12,01115. Für die Keramik ist Graphit (C) als »inneres Reduktionsmittel« von Bedeutung. Es kann in sulfathaltigen Tonen oder Aschenglasuren zur Bekämpfung der schädlichen Wirkungen der Sulfate eingesetzt werden, zur Reduktion von Metalloxiden oder zur Verhinderung ihrer Oxidation (z. B. bei Verwendung von FeO-Pulver). In ähnlicher Weise ist auch Siliziumkarbid (SiC) einsetzbar.
Kohlenstoff entsteht im Scherben aus der bei 400°C einsetzenden Verbrennung der organischen Tonbestandteile. Sie zersetzen sich in gasförmiges CO_2, CO und H_2O; im Scherben bleibt freier Kohlenstoff zurück, der erst

verbrennen kann, wenn der Wasserdampf entwichen ist und Sauerstoff in die Poren eindringen kann. Wird dieser Vorgang durch Porenschluß (Sinterung) verhindert oder kann er nicht ablaufen, weil in diesem Brandabschnitt durch Rauchfeuer Sauerstoffmangel herrscht, so bleibt Kohlenstoff als dunkler Kern im Scherben zurück, der zu Auftreibungen und Blasen führen kann.

Kohleofen. Um die für den Ofen bemessene Brennstoffmenge verbrennen zu können, braucht man eine entsprechende Rostgröße und Schornsteinhöhe. Pro m^2 Rostfläche rechnet man 90–120 kg Fettkohle pro Stunde und einen Zug von 10 mm WS, bei Braunkohle 120–180 kg/h und 8 mm WS. Der traditionelle Kasseler Kohleofen besaß eine Rostfläche von 1,1 × 3,75 m für Steinkohle und von 1,6 × 3,75 m für Braunkohle bei einem Brennraum von 7,5 m Länge, 3,75 m Breite und 3,15 m Höhe. Schornsteinhöhe 11 m, Schornsteindurchmesser unten 1,1, oben 0,65 m.

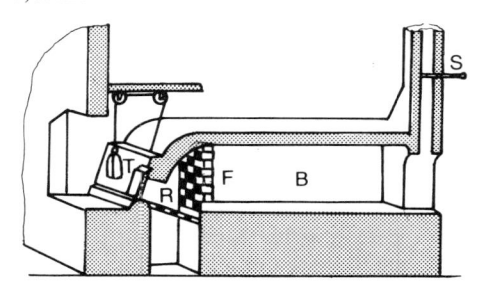

Kasseler Steinkohle-Ofen. T = Schürlochtür, F = Feuerbrücke, B = Brennraum, S = Schornsteinschieber.

Kolloide. Dispergierte Teilchen von 10^{-4} bis 10^{-6} mm (= 0,1–0,001 μm) Größe. Unter den kolloiden Systemen spielen in der Keramik vor allem Suspensionen (feste Teilchen in flüssigem Dispersionsmittel) eine Rolle. In der Glasurtechnik treten weitere kolloide Systeme (Emulsionen aus nichtmischbaren flüssigen Phasen und Schäume bei gasgetrübten Glasuren) auf.

Kolloidton. Ton mit Teilchen unter 2 · 10^{-4} mm (= 0,2 μm) Größe.

Komposition. Anordnung und Verhältnis der Teile eines Werkes zueinander und zum Raum. Das kompositionell wesentliche Element in der Keramik ist die Form, zu der die Farbe (das Hauptelement der sinnlichen Wahrnehmung) in einen Wirkungszusammenhang gebracht wird. Das Material (die »Substanz«) wird durch die Form erfaßbar.

Kona 3 feldspar. US-Feldspat, entspricht dem englischen Podmore Cornish stone und dem Natronfeldspat Na 427.

Kona 4 feldspar. US-Feldspat, entspricht dem englischen Ferro Blended feldspar und einer Mischung aus 60 Kalifeldspat 82/K11, 27 Natronfeldspat Na 427, 8 Kaolin 233, 4 Quarz, 1 Kalkspat 344.

Konstruktivismus. Kunstrichtung, die durch Komposition geometrischer Elemente die technische Komponente der Gestaltung zum Ausdruck bringt.

Koordinationszahl. Die durch die Radienverhältnisse bestimmte Anzahl der Nachbarionen eines Ions. Ionen mit niedrigen Koordinationszahlen sind Netzwerkbildner, mit hohen Netzwerkwandler. Ionen mit der Koordinationszahl 3 haben drei Nachbarn. Denkt man sich deren Mittelpunkte miteinander verbunden, so erhält man ein Dreieck, bei der Koordinationszahl 4 ein Tetraeder, bei 6 ein Oktaeder, bei 8 ein Hexaeder. Verändert ein Ion seine Koordinationszahl, sei es, daß dem System durch Reduktion Sauerstoff entzogen wird, sei es, daß man die Konzentration verändert, so kommt es zu Umlagerungen der Strukturen (aus Tetraedern werden z. B. Oktaeder) und damit zu Eigenschaftsänderungen der Glasur. (Siehe auch unter Feldstärke).

Korngrößenbestimmung. Korngrößen lassen sich nur bis herab auf 0,035 mm mit Sieben trennen (rotes Bayer-Prüfsieb mit 25600 Maschen/cm^2). Der Hauptanteil der Tonminerale in Tonen liegt jedoch unter 0,001 mm, in Kaolinen bei einigen Tausendstel Millimetern. Diese Korngrößen werden mit Hilfe der Sedimentationsanalyse bestimmt, bei der aus dem zeitlichen Verlauf des Sedimentationsvorganges einer Aufschlämmung auf die Korngrößenverteilung geschlossen wird.

Bestimmungsmethode	Korngröße
Trockensieben	>60 μm
Naßsieben	>20 μm
Sedimentation	1–100 μm
Zentrifuge	0,05–10 μm
Elektronenbeugung	<0,01 μm

Krackglasuren, siehe unter Craqueléeglasuren.

Kraterglasuren. Glasuren, die durch schäumende Stoffe blasig aufgetrieben sind, wobei die Blasenwände dick bleiben müssen. Als Schaumbildner eignen sich Aluminiumpulver oder Siliziumkarbid in feinster Körnung. Beispiel für eine weiße Kraterglasur bei 1050°C:
18,60 Fritte D 90 158
3,67 Fritte M 1233
4,38 Kaolin
27,16 Kalkspat
17,46 Zinkoxid
8,26 Zinnoxid
5,37 Titandioxid
15,09 Quarzmehl
0,50 Siliziumkarbid.

Kreativität. Schöpferische Kraft, die durch geistige Flexibilität, unkonventionellen Denkstil, Selbständigkeit, Weltoffenheit, Originalität, Einfallsreichtum, hohe Frustrationstoleranz und Bewertungsfähigkeit charakterisiert ist und besonders zum Auffinden neuer Problemstellungen und Lösungen dient. Voraussetzungen zur Kreativität sind: 1. Fähigkeiten, 2. erkennbarer Stil durch Wiederholung von Mustern, 3. Einschätzung des Originalitätswertes (dazu gehört auch die Offenheit gegenüber Ratschlägen), 4. Selbstkonzept und Überzeugung von dem Problemraum, der auf seinen Entdecker wartet, 5. Arbeitsstil (Taktik). Im Verlauf von kreativen Prozessen lassen sich vier Phasen feststellen: 1. Vorbereitungsphase mit präziser Herausarbeitung des Problems. Beim intuitiven oder inspirierten Zugang wird in dieser Phase möglichst viel Wissen gesammelt. 2. Produktionsphase, die dem Entwurf von Lösungsmöglichkeiten dient (Hilfsmethoden können sein: Brain-Storming = Geistesblitz nach Einfällen Anderer in Gruppendiskussionen oder Bisoziation = Übertragung von Denkmodellen aus fremden Sachgebieten, Assoziation = Aufblitzen von Ähnlichkeiten oder Kontrasten verwandter Inhalte). 3. Inkubationsphase; sie wird meist durch eine plötzliche Einsicht abgeschlossen. 4. Verwirklichungsphase, in der diese Einsicht zur Problembewältigung benutzt wird.

G **Kreide,** $CaCO_3$. Feinkörniger, erdiger, meist weißer Kalkstein aus Schalen von Foraminiferen und Kokkolithen von 0,0047 bis 0,095 mm Größe. Vorkommen im Küstengebiet der Ostsee, in Lägerndorf bei Itzehoe, bei Söhlde zwischen Hildesheim und Braunschweig, in Bolzwang südlich von Wolfratshausen sowie in der Gegend von Mittenwald. Die im Handel angebotene »Kreide 189« hat die Zusammensetzung: 94,09 % $CaCO_3$, 0,71 % MgO, 0,28 % Fe_2O_3, 0,50 % Al_2O_3, 3,6 % SiO_2, 0,06 % H_2O.

Kreuzscheibe. Frühe Form der Töpferscheibe, bei der die untere Führungsscheibe als Kreuz ausgebildet war.

Kreuzton. Westerwälder Ton aus Niederdresselndorf (Analyse siehe unter Westerwälder Tone).

Kriechen der Glasur. Fehler, der auf mangelnder Benetzung des Scherbens durch die Glasur beruht, sei es im trocknenden Zustand, sei es im Brand. Reißt die Glasur beim Trocknen, so werden Schollen vorgebildet, die sich infolge der Oberflächenspannung der Glasur zusammenziehen können. Ist der Scherben beim Glasieren fettig oder staubig, so ist die Benetzung verringert, und die Glasur kann schon beim Trocknen abblättern oder sich im Brand aufrollen. Auch eine zu fein gemahlene Glasur kann zum Kriechen führen, ferner ein zu dicker Glasurauftrag, Glasurbestandteile mit zu hoher Trockenschwindung (plastischer Ton) oder die Anwesenheit von rohem Zinkoxid, das man deshalb besser vorglüht. Weitere mögliche Ursachen: zu feucht eingesetzte Ware, zu schnell erhitzte feuchte Ware, zu grobe Schamotte.
Abhilfe schafft zunächst eine gute Benetzung beim Glasieren, indem man den Scherben, falls erforderlich, mit einem feuchten Schwamm abwischt, dann die Verwendung einer Glasur, die nicht zu fein gemahlen und nicht zu fett ist, indem man einen Teil des Kaolins oder Glasurtones glüht. Die Oberflächenspannung der Glasur soll nicht mehr als 320 mN/m bei 900°C betragen. (Siehe unter Oberflächenspannung.)

Kristall. Festkörper, dessen atomare Bausteine sich in ihrer räumlichperiodischen Anordnung wiederholen und auf diese Weise ein Kristallgitter (Raumgitter) bilden.
Feste, kristalline Körper können aus vielen

kleinen, unregelmäßig gelagerten Kristalliten bestehen (»Polykristall«) wie beim Granit, oder der gesamte Körper kann ein »Einkristall« sein.

Kristallglasur. Leichtflüssige Glasur, in der sich deutlich sichtbare Kristalle bilden. Die Kristallisation wird gefördert durch Dünnflüssigkeit (Alkalien, Mangan), durch leichtkristallisierende Substanzen (Zink, Titan) und die Art des Abkühlens (Wiedererhitzen). Kristallglasuren sind gegenüber sämtlichen Herstellungsbedingungen äußerst empfindlich. Günstig ist es, die dünnflüssige Grundglasur über einer Mattglasur aufzutragen. Mit den folgenden beiden Grundglasuren hat man einen weiten Spielraum zum Experimentieren:
1. Grundglasur für 1050°C
43 Fritte M70
29 Fritte D90 158
18 Fritte M1233
10 Kaolin.
2. Grundglasur für 1280°C
17 Fritte D90 158
26 Fritte M1233
 2 Kalkspat
46 Quarz
 9 Kaolin.
Variationsmöglichkeiten:
a) soll die Grundglasur selbst kristallisieren, so setzt man ihr 10–25 % Rutil und/oder 3–5 % Zinkoxid, womöglich auch eine Molybdän- oder Vanadinverbindung und färbende Stoffe (1–2 % Kobaltoxid, 5–6 % Mangan- oder Kupferoxid) zu.
b) sind besonders große Kristalle erwünscht, so impft man die Grundglasur mit folgen Impfkristallen:
Für 1050°C
70 Fritte M70
68 Fritte D90 158
18 Zinkoxid
 2 Quarz.
Für 1280°C
23 Fritte D90 158
17 Kalifeldspat
36 Zinkoxid
 7 Bariumsulfat
 3 Kalkspat
14 Quarz.
Diese Mischungen kann man mit 10 % Kaolinzusatz selbst als Glasur versuchen. Man kann sie aber auch, wie unter »Glasurmosaik« beschrieben, als Platte auf Fettpapier ausgießen und um 100 Grad niedriger brennen, die Platte mit einer Zange zerbrechen und die Splitter in die Grundglasur nach dem Auftragen mit Hilfe von Dextrin einimpfen. Dazu ist entweder die Grundglasur oder die Impfkristallglasur zu färben. Man kann auch jede der Glasuren mit ihren eigenen Impfkristallen impfen.
c) Aufspritzen von Rutil in dünner Lage auf die Grundglasur oder Aufspritzen der Impfglasur auf eine beliebige Grundglasur. Die Kristallisation kann durch 20minütiges Halten der Temperatur, wenn die Glasur noch nicht erstarrt ist, oder durch Wiederaufheizen, sei es bei derselben Temperatur um 50 Grad, sei es in einem weiteren Brand, gefördert werden.
Alle Kristallglasuren sind leichtflüssig. Man kann die Gegenstände auf einen Sockel stellen, der eine Fortsetzung des Gegenstandes bildet und beide mit einer etwa 1 mm dicken Schicht aus geglühter Tonerde und Dextrin verbinden. Das Ganze stellt man außerdem in eine Schale. Im Brand läuft die Glasur über beide Teile herab und kann nach dem Erkalten an der Tonerdeschicht mit einem Glasschneider getrennt und nachgeschliffen werden.

Kristalline Schiefer. Metamorphe Gesteine mit schiefrig geregeltem, durch Um- oder Neukristallisation gebildeten Gefüge: Gneis, Glimmerschiefer, Phyllit, Amphibolit. Vorkommen: Fichtelgebirge (Glimmerschiefer im Wechsel mit Gneisen), sächsisches Granulitgebirge (Fleckschiefer). Ferner siehe unter Gneisvorkommen.

Kristallisation. Kühlt man eine Schmelze ab, so tritt bei der Schmelztemperatur TS Kristallisation ein, wenn die Abkühlung so langsam verläuft, daß thermodynamisches Gleichgewicht herrscht. Jede Kristallisation beginnt mit Kristallkeimen. Zu ihrer Bildung müssen Anhäufungen von Atomen oder Ionen groß genug sein, um weiter wachsen zu können. »Embryonen« liegen unterhalb dieser kritischen Größe und zerfallen wieder. Die maximale Keimbildungsgeschwindigkeit (KB) liegt bei niedrigerer Temperatur als das Maximum der Kristallisationsgeschwindigkeit (KG). Das Kristallwachstum erfolgt durch Anlagerung von Ionen aus dem umgebenden Medium an einen Kristallkeim, wobei die Beweglichkeit der Teilchen (Diffusion) eine Rolle spielt. Es wird Kristallisationswärme frei. Wird die Temperatur über die Schmelztemperatur TS gesteigert, so lösen sich die Kristalle wieder auf.

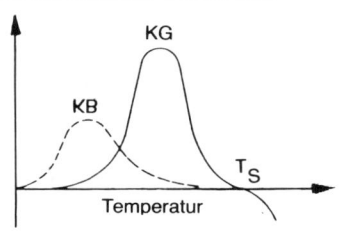

Keimbildungsgeschwindigkeit (KB) und Kristallisationsgeschwindigkeit (KG) in Abhängigkeit von der Temperatur (T). Über der Schmelztemperatur (TS) lösen sich die Kristalle mit zunehmender Geschwindigkeit auf.

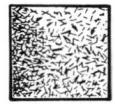

Übergänge zwischen starker Kristallkeimbildung links und großer Kristallisationsgeschwindigkeit rechts.

Unter thermodynamischen Gleichgewichtsbedingungen erfolgt die Kristallisation in einem Mehrstoffsystem in der Weise, daß aus der Schmelze beim Abkühlen so lange Kristalle ausgeschieden werden, bis die Schmelze eutektische Zusammensetzung erreicht hat und erstarrt. Je weiter die Zusammensetzung der Ausgangsschmelze von der des Eutektikums entfernt ist, desto mehr Kristalle bilden sich. Die Art der sich bildenden Kristalle ist durch das Ausscheidungsfeld bestimmt, das der betreffenden Verbindung im Mehrstoffsystem zukommt. Die kristallinen Ausscheidungen können auch Mischkristalle sein. Die Vorgänge werden durch die Phasenregel bestimmt. Der Keramiker kommt mit Kristallisationsvorgängen in Berührung: 1. durch die Rohstoffe (Naturstoffe), die durch Erstarrung eines Magmas entstanden sind, 2. beim Zerfall und der Neubildung von Kristallen im Scherben während des Brandes und beim Kristallwachstum während des Sinterns und 3. bei der Entglasung von Glasuren und bei ausgesprochenen Kristallglasuren.

Kristallit. Einzelnes Kristallkorn, das in einem Aggregat (Gestein, Scherben, Glasur) durch seine Nachbarn am Wachsen gehindert wird und daher nicht von ebenen Flächen begrenzt, d. h. nicht »idiomorph«, ist.

Kristallporzellan. Bezeichnung für Vitreous China.

Kristallwasser. In kristallisierten Verbindungen gebundenes Wasser; es kann 1. kleinen Kationen koordiniert sein (»Koordinationswasser«) oder 2. einem Kation und einem Anion benachbart sein (»Strukturwasser«) oder 3. aus einem Kristallgerüst reversibel entfernbar sein (»Zeolithwasser«) oder 4. zwischen Schichtpaketen eingelagert sein (»Quellwasser«).

Kryolith, Na_3AlF_6, Mol.-Gew. 186,96 mit 32,79 % Na, 12,85 % Al und 54,36 % F, kommt in Grönland vor und wird als Trübungsmittel in Emails sowie für Milchglas verwendet. Durch Zusammenschmelzen von Quarz und Zinkoxid mit 10 % Kryolith erhält man ein milchweißes, zähes, dem französischen Frittenporzellan ähnliches Glas, das man als »Heißgußporzellan« bezeichnet und aus dem man Schmuck, Lampenfüße und ähnliches herstellt. Synthetischer Kryolith hat bis zu 30 % SiO_2.

Kuan-Glasur. Chinesische Aschenglasur mit großem Rissenetz. Siehe unter Craquelée-Glasuren.

Kubismus. Kunstrichtung, die die Erfassung der Natur durch Würfel, Zylinder, Kugel und Kegel und dadurch die Überwindung des Abbildlichen zum Ziel hat.

Künstlerkeramik. Von nichtkeramischen Künstlern geschaffene, oft nur bemalte keramische Werke, meist in Zusammenarbeit mit einem Töpfer: Renoir, Vlaminck, Matisse und andere mit dem Töpfer André Metthey, Ernst Barlach mit Richard Mutz, Picasso mit Suzanne und Georges Rami, Miró mit Josep Llorens Artigas, R. A. Penck mit Kattrin Kühn, Karel Appel mit Henk Trumpie und andere. Nicht zur Künstlerkeramik zählen Tonmodelle, die zur endgültigen Ausführung in einem anderen Material bestimmt sind.

Künstlersozialkasse (KSK). Nach dem Künstlersozialversicherungsgesetz (KSVG) ist die Landesversicherungsanstalt Oldenburg-Bremen, Postfach 669 in 2940 Wilhelmshaven, Tel. 0 44 21-30 80, mit der Durchführung der KSK beauftragt. Betreut werden Künstler und Publizisten durch Kranken- und Rentenversicherung. Künstler ist nach der Definition, wer Musik, darstellende oder bildende Kunst schafft, ausübt oder lehrt.

Kugelmühle. Naßtrommelmühle mit Hartporzellankugeln als Mahlkörper (siehe unter Trommelmühle).

Kugelstäbe. Hantelförmige Temperaturmeßstäbe, die im Feuer erweichen, wobei die freitragenden, durch die Kugeln beschwerten Enden absinken. Die Krümmung wird als Maß für die Temperatur genommen.

Kunst. Schöpferisch-gestaltende Tätigkeit als Ergebnis der Auseinandersetzung mit den Erlebnisinhalten der Gesellschaft und mit dem Ziel des Werterlebnisses des Betrachters. Kunst ist Information mit Sprachcharakter; sie gebraucht Bilder und Symbole, die auf konventionelles Verstehen angewiesen sind. Von dem ursprünglichen Gebrauchszweck hat sich der Ausstellungszweck abgesondert: die Ausstellung als Schauplatz der künstlerischen Selbstdarstellung. Von dem Werkbegriff, der Form und Gestaltung in Anspruch nahm, hat sich die grenzüberschreitende Kunst gelöst; entweder durch Verzicht auf Gestaltung, indem etwas Gefundenes in eine ungewöhnliche Umgebung gestellt oder verfremdet und so in das Bewußtsein gehoben wird, oder durch Verzicht auf die Bewahrung des Kunstwerks, indem es durch den zur Mitwirkung aufgerufenen Empfänger verändert oder der Selbstzerstörung überlassen wird.

Kunstgewerbe. Begriff des 19. Jh., heute mehr für kunsthandwerkliche Massenproduktion gebraucht.

Kunstglasuren. Glasuren, die vom reinen, glasigen Überzug abweichen, sei es durch Farbe, sei es durch Struktur. Heute spricht man mehr von Effektglasuren.

Künstler. Vereinbarungsbegriff, der sich auf keine allgemein verbindliche Norm stützen kann. Wesentlich ist, daß der Künstler (ob ausschließlich oder nicht) darauf abzielt, durch Vorstellungs- und Formkraft zur zeitgemäßen Kunstproduktion beizutragen, selbst wenn er diese für fragwürdig erklärt.

Einige Behörden verlangen, daß diese Tätigkeit von der Gesellschaft als künstlerisch empfunden wird und einem ästhetischen Anspruch entspricht.

Kunsthandwerk. Herstellungsbereich von ästhetisch verantworteten Kunst- und Gebrauchsgegenständen auf handwerklicher Grundlage. Träger des Kunsthandwerks sind die unabhängigen Kunsthandwerker, die in örtlichen Vereinen für Kunsthandwerk zusammengeschlossen sind. Dachorganisation ist der Bundesverband Kunsthandwerk (siehe diesen).

Kunstschulen. An Kunsthochschulen (H), Akademien (A), Fachhochschulen (FH) oder Gesamthochschulen (GH) erfolgt die Ausbildung zum freischaffenden Künstler oder innerhalb des Studienganges Gestaltung/Design zum Produkt-Designer mit Graduierung oder Diplom als Studienabschluß. Für die Zulassung wird der Nachweis der künstlerisch-gestalterischen Begabung verlangt. Keramik ist an folgenden Kunstschulen vertreten: H Berlin, H Bremen, H Halle, H Hamburg, GH Kassel, FH Kiel, FH Köln, FH Krefeld, A München, H Offenbach, A Stuttgart. (s. a. u. Privatschulen.)

Kupfer, Cu, 1- und 2-, selten 3wertiges Metall, Atomgewicht 63,563, Schmelzpunkt 1083°C, kommt u. a. als Kupferkies ($CuFeS_2$) und Kupferglanz (Cu_2S, Cu_9S_5) vor. Die am meisten verwendeten Kupferverbindungen sind das Kupfer(II)oxid (CuO, Mol.-Gew. 79,57), ein schwarzes Pulver, das bei 1336°C schmilzt, und das basische Kupferkarbonat ($2\ CuCO_3 \cdot Cu(OH)_2$, Mol.-Gew. 344,75), ein hellviolettes Pulver, das sich bei 220°C zersetzt. Basische Kupferkarbonate sind auch die Minerale Kupferlasur, Azurit und Malachit sowie die Patina, die sich auf Kupfermetallflächen bildet. Im Grünspan ist Kupferacetat enthalten (man kann Grünspan herstellen, indem man Kupfermetall in Essig legt). Kupfer(I)oxid (Cu_2O, Mol.-Gew. 143,14) ist ein hellrotes, Kupfer(II)chlorid ($CuCl_2$, Mol.-Gew. 134,48) ein hellgrünes, Kupfer(II)nitrat ($Cu(NO_3)_2 \cdot 3\ H_2O$) ein blaues Pulver.

Kupfer in Glasuren. Kupferoxid ist ein Fluß- und Färbemittel. Um seine Flußmittelwirkung zu kompensieren, nimmt man je 1 g Kupferoxid 0,8 bis 1,6 g Quarzmehl, das man mit dem Kupferoxid verreibt. Die Kupferfärbung wird durch die Glasurzusammensetzung beeinflußt. Bleiglasuren färbt es smaragdgrün (die Farbe verrät das Blei), Alkaliglasuren ägyptischblau, Borglasuren himmelblau opak. Für niedrigschmelzende Glasuren nimmt man zur Blau- oder Grünfärbung 1–5 % Kupferoxid (CuO). Fügt man noch 2–6 % Zinnoxid hinzu, so wird das Grün schöner. Zuviel Kupfer bringt ein Graphitgrau. Für Braungrün rechnet man 1–3 % Kupfer- und 2–4 % Eisenoxid. Bei hoher Temperatur sind die kupfergefärbten Alkaliglasuren, z. B. aus Nephelinsyenit + 2 % CuO, ebenfalls grün. Sie haben, wie die niedriggebrannten ägyptischblauen Glasuren, ihren besonderen Reiz in der Transparenz und Craquelierung. Reduzierend gebrannte Hochtemperaturglasuren, die ein Kupferrot ergeben sollen, dürfen nur 0,5 % Kupferoxid enthalten (siehe unter Ochsenblutglasur).

Kupferhammerschlag. Versatzstoff in traditionellen Gmundener Fayenceglasuren. Wird aus geglühten (900–1000°C) Kupferblech- und -drahtresten als abgeplatzte Oxidschicht gewonnen und auf 0,5-mm-Körnung verrieben, dann der Glasur (0,1–0,15 % Gew.-%) zugesetzt.

Kupferkies, $CuFeS_2$, Chalkopyrit, metallisch glänzendes Mineral mit grünschwarzem Strich, kommt zusammen mit Bleiglanz, Eisenkies, auch Zinnerz in Gängen von Granit, Diabas oder Melaphyr oder in kristallinen Schiefern vor, z. B. im Harz (Rammelsberg, Clausthal), Siegen, Müsen, Dillenburg, Bodenmais, Kitzbühel. Läßt sich wie Pyrit in Massen oder als färbender Zusatz in reduzierend gebrannten Glasuren verwenden. Der Kupferkies bei Goslar besitzt 34,93 % Fe, 7,9 % Cu, 3,71 % Zn, 2,17 % Pb.

Kupferlasur, Azurit, $2\ CuCO_3\ Cu(OH)_2$, 344,75, azurblaue, tafelige Kristalle. Fundstellen bei Calw und Wallerfangen.

[M] **Kupfervergiftung.** Kupfer ist ein Magengift. Vergiftung durch Verschlucken hat fast unstillbares Erbrechen mit schmerzhaftem Durchfall und Herzschädigung zur Folge. Maßnahmen: Milch und Haferschleim.

Kupferzeiger. Pflanzenarten, aus deren Vorkommen auf Kupfer geschlossen werden kann. Kleinkopfsproßmoos *(cephaloziella)*, Samtglänzendes Bergmoos *(mielichhoferia nitida)* Spitzlappiges Nacktkelchmoos *(gymnocolia acutiloba)*.

183 LAUFGLASUREN

Kurs, Lehrgang. Eine Folge von Unterrichtsstunden über ein bestimmtes Thema oder Stoffgebiet. Siehe dagegen Seminar, Symposium, Workshop.

Kuselit. Melaphyr aus der Umgebung von Kusel, Saar-Nahe-Gebiet.

L

Labradorit. Zu den Plagioklasen gehöriger Natriumkalkfeldspat mit 50–70 Mol-% Anorthit (= Kalkfeldspat).

Lärchenasche. Eine basische Asche mit hohem Alkaligehalt und außergewöhnlich viel Mangan, das sie für dunkle Glasuren geeignet macht. Aber auch mit Weißtrübungsmitteln lassen sich gute Ergebnisse erzielen. Ein 8%iger Rutilzusatz gibt bei 1280°C im Oxidationsbrand ein schönes Braun, dazu sollte die Asche geschlämmt werden. Anhaltswerte: 10,55 % SiO_2, 0,59 % Al_2O_3, 4,21 % Fe_2O_3, 10,32 % MnO, 25,63 % CaO, 8,23 % MgO, 20,16 % K_2O, 9,05 % Na_2O, 7,76 % P_2O_5, 3,24 % SO_3, 0,26 % Cl. Segerformel zum Einrechnen in Glasuren: 0,15 SiO_2, 0,01 Al_2O_3, 0,03 Fe_2O_3, 0,13 MnO, 0,39 CaO, 0,17 MgO, 0,18 K_2O, 0,13 Na_2O, 0,04 P_2O_5. Mol.-Gew. 87.

Laitier. Kalziumsilikatschlacke aus der Eisenerzschmelze, schmilzt bei 1280°C. Traditioneller Glasurrohstoff in der Gegend von La Borne. 44,77 % SiO_2, 18,30 % Al_2O_3, 4,23 % Fe_2O_3, 1,23 % K_2O, 0,16 % Na_2O, 1,99 % TiO_2, 27,89 % CaO, 0,98 % MgO, 0,19 % MnO, 0,05 % P_2O_5.

Land Art. Teil der modernen Kunst, der die Landschaft großräumig als Kunstwerk verändert oder einbezieht. In der Keramik: Earth Art, Geltaftan, Noyaki, Selffiring.

Laufglasuren. Dünnflüssige Glasuren, die im [G] Brand ab- und ineinanderlaufen. Fast alle Glasuren, die höher gebrannt werden als ihrer vorbestimmten Temperatur entspricht, laufen ab, und man kann auch fast jede Glasur zu einer Laufglasur machen, wenn man sie mit viel färbenden Oxiden (Mangan-, Eisen-, Kobalt-, Kupferoxid) versieht und am oberen Gefäßrand dick aufträgt, oder wenn man ihren Gehalt an Fritte D 90 158 um das Doppelte vermehrt. Borschleier werden bei Laufglasuren gern in Kauf genommen. Man trägt die Laufglasuren über eine strenger flüssige Glasur auf, die bremsend wirkt.

Laugenbeständigkeit, siehe unter Geschirrspüler.

Lausitzer Kaoline und Tone. Auf Granituntergrund zersetzter Granit als Kaolin, darüber Sedimente als Tone. Tonerdereiche Feuerfesttone werden abgebaut: der kohlehaltige Ton Wetro mit bis zu 42 % Al_2O_3 und bis zu 25,3 % Kohlenstoff (Mittelwert Al_2O_3 = 39,56 %), der Ton Großdubrau (38,12 % Al_2O_3), der Ton Guttau (37,2 %) und der Ton Teicha in 4 Sorten (23–38 %).

Lavalit, Lavamehl. Das handelsübliche Lavamehl 133 hat die Zusammensetzung 45,92 % SiO_2, 17,04 % Al_2O_3, 10,96 % Fe_2O_3, 11,52 % CaO, 9,63 % MgO, 4,65 % Alkalien, Spuren MnO. Segerformel zum Einrechnen in Glasuren: 0,29 CaO, 0,33 MgO, 0,04 Na_2O, 0,04 % K_2O, 0,10 Fe_2O_3, 0,23 Al_2O_3, 1,07 SiO_2. Mol.-Gew. 140.

Leach(David)-**Porzellanmasse** entspricht einer Mischung aus 62,22 weißfettem Ton 91/wfA, 26,20 Kalifeldspat 82/K11, 9,35 Kaolin 233, 0,31 kaust. Magnesit 346, 1,91 Quarz.

Lead bisilicate. Engl. Bezeichnung für $PbO \cdot 2 SiO_2$ (Mol.-Gwe. 343,33).

Lead sesquisilicate. Engl. Bezeichnung für $2 PbO \cdot 3 SiO_2$ (Mol.-Gew. 626,6).

G **Lederhärte.** Trocknungsstadium mit 10 bis 3 % Wasser zwischen feuchtplastischem und lufttrockenem Zustand. Der lederharte Ton läßt sich polieren und schneiden wie Leder. Die Lederhärte beginnt, wenn die Trockenschwindung aufhört, und wenn Wasser nur noch in den Poren vorhanden ist. Sie dauert so lange an, bis dieses Wasser aus den Poren verdampft und durch Luft ersetzt ist.

Lehmbau. Leichtlehme (300–1200 kg/m³ Raumgewicht), die mit zerkleinertem Stroh vermischt sind, haben eine äußerst niedrige Wärmeleitfähigkeit (0,1–0,47 W/mK im Gegensatz z. B. zu Vollziegeln mit 0,81 W/mK). Das Formgebungs- und das Trocknungsverhalten dieser feinkörnigen, schluffigen Verwitterungsbildungen bereiten Schwierigkeiten infolge ihres thixotropen Verhaltens: scheinbar normal plastische Massen beginnen zu fließen, sobald man sie bearbeitet. Beim Trocknen führt der gewöhnlich hohe Montmorillonitgehalt (deshalb nicht noch mehr Bentonit hinzufügen, um die Plastizität zu erhöhen!) zu hohem Anmachwasserbedarf, hoher Quellung und hoher Trockenschwindung (12–23 % linear beim Montmorillonit). Aus diesen Gründen sind beim Lehmbau erforderlich: stützende Hilfen (Strohmagerung, Fachwerk) oder hoher Formgebungsdruck (Strangpressen bei Ziegeln, Lehmstampfbau) oder kleine Portionen, die erst antrocknen (Handstrichziegel). Bei keramischen Öfen ist ein Leichtlehmbewurf als Hinterisolation günstig; das Trocknungsverhalten führt jedoch zu stets wiederkehrenden Rissen, die immer wieder ausgebessert werden müssen.

Lehme. Quartäre, also geologisch sehr junge Verwitterungsprodukte. Sie enthalten feinkörnige Kieselsäure (Quarzschluff), Tonerde aus Tonmineralen, Alkalien und Erdalkalien aus Feldspäten, Glimmer und Kalk. Sie sind kalkärmer als der Löß und die Gesteine, aus denen sie entstanden sind, weil der Kalk durch die Verwitterung fortgeführt wurde. Bräunliche Lehme sind durch Goethit (= Limonit) oder amorphe Eisen(III)oxide gefärbt, grünblaue durch Eisen(II,III)oxide oder -silikate, grüne durch eisenhaltige Tonminerale (Nontronit, Chlorit, Glaukonit). In Mitteleuropa lassen sich nach dem Ausgangsmaterial unterscheiden:

1. Lößlehme im Lößgürtel nördlich der Mittelgebirge sowie an Rhein, Elbe und Donau. Sie entstanden durch Verwitterung, d. h. Entkalkung, von Löß.

2. Geschiebelehme (siehe diese) im norddeutschen Vereisungsgebiet sowie im Alpenvorland. Sie entstanden aus der Verwitterung, d. h. Entkalkung, von Geschiebemergel.

3. Lehme als Verwitterungsprodukte älterer Gesteine lassen sich im Prinzip im ganzen übrigen Deutschland, mit Ausnahme reiner Kalkgebiete, finden. Ein solcher Lehm ist z. B. der Rotlehm von Nieder-Bessingen in Hessen. Er hat die Zusammensetzung: 34,45 % SiO_2, 26,25 % Al_2O_3, 2,16 % TiO_2, 17 % Fe_2O_3, 0,06 % MnO, 0,76 % MgO, 0,11 % K_2O, 0,31 % Na_2O, 0,39 % P_2O_5,

17,63 % H_2O. Mol.-Formel, bezogen auf 1 Al_2O_3 zum Einrechnen in Glasuren: 0,07 MgO, 0,02 Na_2O, 1 Al_2O_3, 0,4 Fe_2O_3, 2,8 SiO_2, 0,1 TiO_2, 0,01 P_2O_5. Mol.-Gew. 355. Lehme mit mehr oder weniger quellfähigen Tonmineralien (Montmorillonit, Illit) sind alkalihaltig und können so leicht schmelzbar sein, daß man sie für sich allein als Glasuren verwenden kann.

Lehmglasuren. Selten sind Lehme ohne Zusätze verwendbar, meist muß man ihnen Flußmittel zusetzen. Kalk führt zur Grünfärbung, und man nimmt deshalb besser Petalit, Kalziumborat oder eine Fritte. Zu viel Erdalkalien ergeben matte Glasuren. Will man sie glänzend, so setzt man Alkalien (Fritte M 1233) einem kieselsäurereichen Lehm zu oder erhöht außerdem bei kalkreichen Lehmen den Kieselsäuregehalt. Typisch ist das Einbrandverfahren; man glasiert lederhart

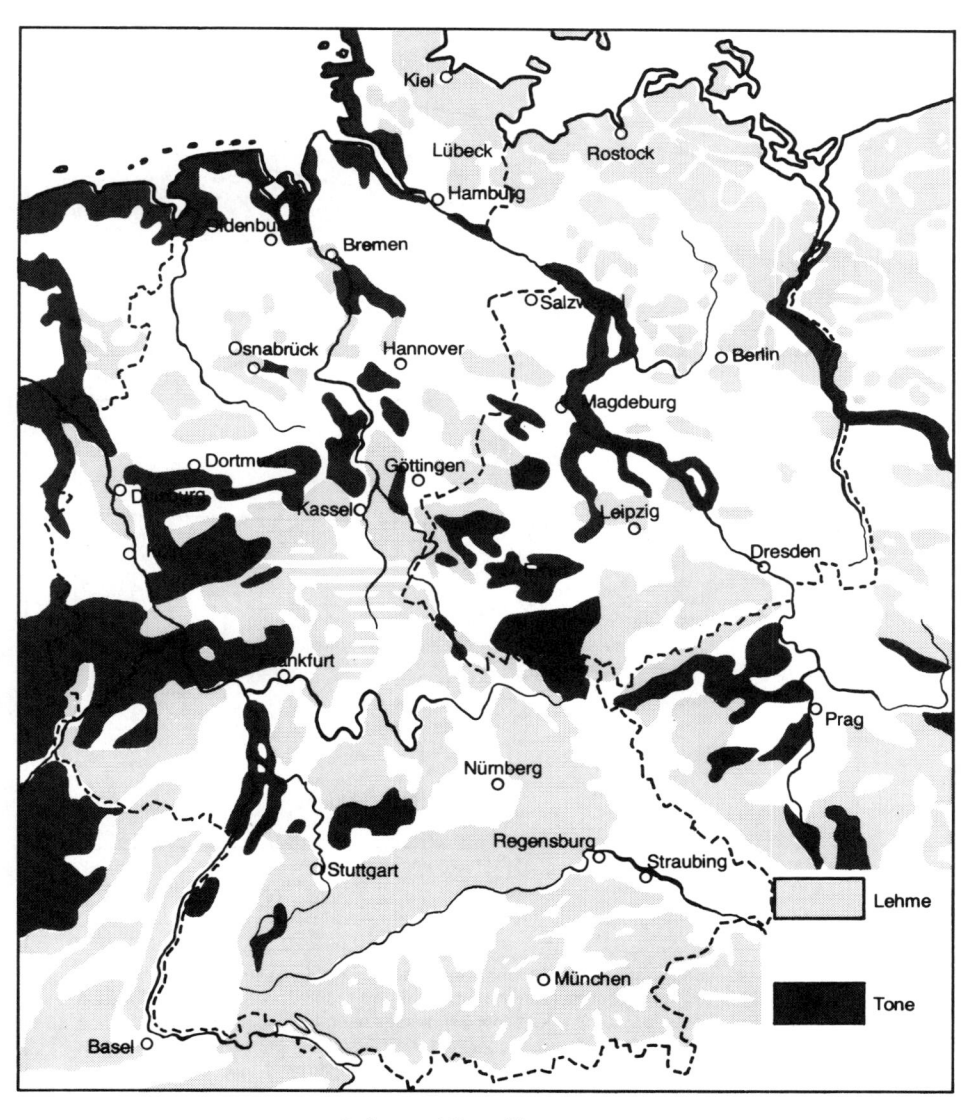

Lehm- und Tongebiete.

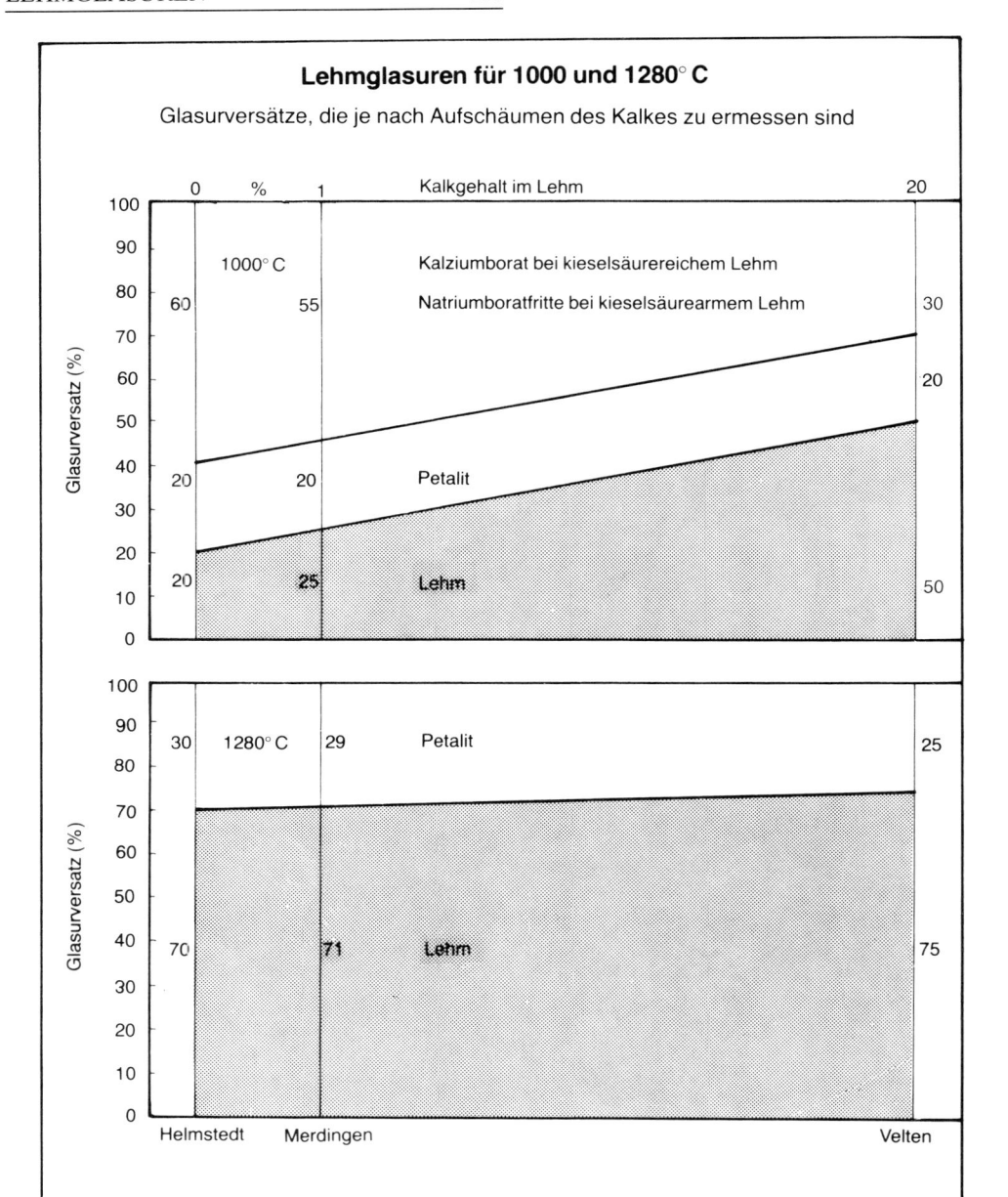

LEHMGLASUREN

Lehmglasuren für 1000 und 1280° C

Glasurversätze, die je nach Aufschäumen des Kalkes zu ermessen sind

Diagramm 1 (1000° C):

Kalkgehalt im Lehm	0 %	1 %		20 %
Kalziumborat bei kieselsäurereichem Lehm / Natriumboratfritte bei kieselsäurearmem Lehm	60	55		30
Petalit	20	20		20
Lehm	20	25		50

Diagramm 2 (1280° C):

	Helmstedt	Merdingen		Velten
Petalit	30	29		25
Lehm	70	71		75

Der Kalkgehalt eines Lehms läßt sich nach dem Aufschäumen mit Salzsäure abschätzen. Ein Lehm ohne Kalk, wie der Helmstedter, schäumt nicht auf und braucht mehr Flußmittel als ein kalkreicher, wie der Veltener. Bei 1000° C kann der Lehmanteil nur gering sein. Bei 1280° C erhält man gute Ergebnisse mit 25–30 % Petalit. Dabei wird die Glasur aus dem kieselsäurereichen Lehm aus Merdingen in Baden (er knirscht zwischen den Zähnen) glänzend, aus den kieselsäurearmen Lehmen von Helmstedt und Velten matt.

oder getrocknet, je nachdem, wie stark der Lehmschlamm schwindet.
Die klassische Bunzlauer Lehmglasur war eine Mischung aus zwei Glasurlehmen (Begußtonen) ohne weitere Zusätze, die man bei 1300°C aufschmolz. Andernorts stellte man Lehmglasuren unter Zusatz von Pottasche oder Mennige her. Da die Zusammensetzungen der Lehme in den meisten Fällen unbekannt sind, ist man auf Mischungsreihen angewiesen. Man setzt solche Reihen mit Lehm: Flußmittel ab 1:1 für Temperaturen über 1200°C und ab 0,5:1 für Temperaturen unter 1200°C an.
Lehme bereitet man gewöhnlich dadurch für die Glasur auf, daß man sie aufschlämmt, den groben Bodensatz zurückläßt und nur das Feine, das nach einer halben Stunde noch in Schwebe ist, verwendet. Dieser Feinschlamm läßt sich durch Zusatz von Kaliumchlorid in Wasser und Feststoff trennen.

Lehm- und Tonanzeiger. Pflanzenarten, aus deren Vorkommen auf Lehm oder Ton im Boden geschlossen werden kann. Ackerdistel *(cirsium arvense)*, Ackerwinde *(convolvulus arvensis)*, Echte Kamille *(matricaria chamomilla)*, Filzige Klette *(arctium tomentosum)*, Gemeine Wegwarte *(cichorium intybus)*, Haselwurz *(asarum)*, Huflattich *(tussilago farfara)*, Klatschmohn *(papaver rho-*

Ackerdistel   Klatschmohn   Leberblümchen

Löwenzahn   Maiglöckchen

Pflanzen, die Lehm und Ton im Boden anzeigen.

eas), Leberblümchen *(hepatica nobilis)*, Löwenzahn *(taraxacum officinale)*, Luzerne *(medicago sativa)*, Maiglöckchen *(convallaria majalis)*, Sternmiere *(stellaria holostea)*, Waldmeister *(galium odoratum)*.

G **Lehrberufe.** Staatlich anerkannte Berufe, für die eine Lehrzeit verlangt wird. Lehrberufe der Industrie (Abschluß = Facharbeiterbrief): Keramiker (Töpfer), Kerammaler, Kerammodelleur, Kerampresseneinrichter, Geschirrkeramformer, Figurenkeramformer, Gipsformgießer. Lehrberufe des Handwerks (Abschluß = Gesellenbrief): Keramiker mit den Fachrichtungen Scheibentöpferei, Baukeramik und Dekoration. Weiterführende Berufe nach der Lehrzeit: Keramotechniker, Meister, Keramikgestalter, Fachlehrer für musisch-technische Fächer, Beschäftigungstherapeut. Mit Abitur und Gesellenprüfung und Studium an einer Kunstakademie oder Fachhochschule: Kunsterzieher.

G **Lehrling.** Ein in Ausbildung befindlicher Handwerker. Die geänderte Handwerksordnung hat die Bezeichnung »Lehrling« beibehalten, vermeidet aber die Bezeichnung »Lehrherr«. Die Ausbildung dauert nicht mehr als drei und nicht weniger als zwei Jahre. Jugendliche unter 18 Jahren dürfen nur in einem anerkannten Ausbildungsberuf ausgebildet werden. Der Berufsausbildungsvertrag muß dem Arbeitsrecht entsprechen. Die Probezeit muß mindestens einen Monat und höchstens drei Monate betragen. Dem Lehrling dürfen nur Arbeiten übertragen werden, die dem Ausbildungszweck dienen und seinen körperlichen Kräften angemessen sind. Nach Abschluß der Ausbildung hat er Anspruch auf ein Zeugnis, das der Ausbildende ausstellt.

Leichtsteine, Feuerleichtsteine, durch poröse M Zuschlagstoffe (z. B. Hohlkugelkorund) oder Ausbrennstoffe (Sägemehl, Styropor, »Cellflock«, Korkmehl, Braunkohlengrus) erhaltene feuerfeste Steine mit Rohdichten von $0,45–1,5 \, g/cm^3$ und Wärmeleitfähigkeit bei 800°C von $0,19–1,18 \, W/(m·K)$. Bei Schamotteleichtsteinen liegt die Wärmeleitfähigkeit bei $0,37–0,47 \, W/(m·K)$.

Leitglasuren. Einfache Segerformeln, nach denen Glasuren verschiedenen Typs für verschiedene Temperaturen zusammengesetzt werden können. In der untenstehenden Tabelle sind die zu den Segerformeln gehörigen Versätze angegeben, in der nebenstehenden Tabelle die Zwischenstufen.

Lepidolith, rosenfarbiger, eisenfreier Lithiumglimmer $KLi_2Al[(OH,F)_2 / Si_4O_{10}]$. Vorkommen: Sachsen, Böhmen, Elba, Kanada, Kalifornien, Madagaskar.

Glasurtyp	SEGERFORMEL für 1050° C						Bleifreie Leitglasuren		
	Na_2O	K_2O	CaO	MgO	BaO	ZnO	Al_2O_3	SiO_2	B_2O_3
Alkali-Kalk-Gl.	0,7	–	0,3	–	–	–	0,4	3,5	1,0
Kalk-Alkali-Gl.	0,1	0,1	0,8	–	–	–	0,5	4,6	1,0
Barytglasur	0,5	–	–	–	0,5	–	0,3	3,5	0,6
Dolomitglasur	–	0,55	0,225	0,225	–	–	0,3	3,5	0,8
Zinkglasur	0,1	0,2	0,4	–	–	0,3	0,3	3,0	0,2
	für 1280° C								
Alkali-Kalk-Gl.	–	0,8	0,2	–	–	–	0,9	8,5	–
Kalk-Alkali-Gl.	–	0,3	0,7	–	–	–	0,5	4,0	–
Barytglasur	–	0,3	0,4	–	0,3	–	0,4	3,5	–
Dolomitglasur	–	0,2	0,5	0,3	–	–	0,3	3,4	–
Zinkglasur	–	0,3	0,3	–	–	0,4	0,6	3,5	–

Zwischenstufen der Leitglasuren nimmt man			
für die Temp.	von der 1050er	von der 1280er Glasur	
1050	100	0	%
1060	95,7	4,3	%
1070	91,3	8,7	%
1080	87,0	13,0	%
1090	82,6	17,4	%
1100	78,3	21,7	%
1110	73,9	26,1	%
1120	69,6	30,4	%
1130	65,2	34,8	%
1140	60,9	39,1	%
1150	56,5	43,4	%
1160	52,2	47,8	%
1170	47,8	52,2	%
1180	43,5	56,4	%
1190	39,1	60,9	%
1200	34,8	65,2	%
1210	30,4	69,6	%
1220	26,1	73,9	%
1230	21,7	78,3	%
1240	17,4	82,6	%
1250	13,0	87,0	%
1260	8,7	91,3	%
1270	4,3	95,7	%
1280	0	100	%

Die Zwischenstufen gelten sowohl für die Segerformeln als auch für die Versätze.

Leucit, $K_2O \cdot Al_2O_3 \cdot 4\,SiO_2$, Feldspatvertreter in kieselsäurearmen Ergußgesteinen. Tritt niemals zusammen mit Quarz auf. Fundorte: Laacher Seengebiet, Kaiserstuhl, Vesuv.

Leucittephrit. Dunkles Ergußgestein mit Leucit, Plagioklas und Pyroxenen als Hauptgemengteile. Leucittephrit vom Vesuv mit 27% Leucit, 35% Plagioklas, 27% Pyroxenen, 5% Olivin und 3% Nephelin mit der chem. Zusammensetzung 48,74% SiO_2, 1,04% TiO_2, 16,38% Al_2O_3, 1,64% Fe_2O_3, 5,3% FeO, 0,14% MnO, 7,07% MgO, 12,19% CaO, 2,01% Na_2O, 4,95% K_2O, 0,71% H_2O, 0,18% P_2O_5, 0,07% Cl. Segerformel zum Einrechnen in Glasuren: 0,13 FeO, 0,32 MgO, 0,39 CaO, 0,06 Na_2O, 0,10 K_2O, 0,29 Al_2O_3, 0,02 Fe_2O_3, 1,46 SiO_2, 0,02 TiO_2, 0,002 P_2O_5. Mol.-Gew. 181.

Leukophyllit. Glimmerreiches Magnesiumsilikatgestein aus Weißkirchen/Steiermark. Durchschnittsanalyse: 51,1 SiO_2, 22,9 Al_2O_3 + TiO_2, 3,9 Fe_2O_3, 0,3 CaO, 12,5 MgO, 0,2 Na_2O, 2,2 K_2O, 6,9 GV (H_2O+CO_2). Sinterung 1240°C, Schmelztemp. 1290°C. Beobachtete Wirkungen: Als Massezusatz kann er die Geschmeidigkeit, Trockenbiegefestigkeit, Scherbenelastizität, Temperaturwechselfestigkeit und die mechanischen Festigkei-

Glasurtyp	VERSATZ Nabofritte	Na-Feldspat	K-Feldspat	Kalk	Dolomit	Bariumkarb.	Zinkoxid	Kaolin	Quarz	Kalziumborat
Alkali-Kalk-Gl.	47,2	27,5	–	7,4	–	–	–	13,4	4,5	–
Kalk-Alkali-Gl.	7,6	–	11,4	–	–	–	–	21,6	33,6	25,8
Barytglasur	15,2	19,3	–	–	–	26,9	–	4,0	34,6	–
Dolomitglasur	27,6	–	33,9	–	10,0	–	–	3,3	25,2	–
Zinkglasur	12,1	–	35,6	12,6	–	–	7,7	8,5	23,5	–
für 1280° C										
Alkali-Kalk-Gl.	–	–	64,7	2,9	–	–	–	3,9	28,5	–
Kalk-Alkali-Gl.	–	–	42,8	17,7	–	–	–	13,7	25,8	–
Barytglasur	–	–	43,9	10,4	–	15,4	–	7,0	23,3	–
Dolomitglasur	–	–	34,0	6,0	16,7	–	–	8,2	35,1	–
Zinkglasur	–	–	45,6	8,1	–	–	8,7	21,8	15,8	–

ten erhöhen. 10–20 % Zusatz ist günstig für glasierte, wasserdichte Erzeugnisse; macht den Scherben dicht und wirkt gegen Scherbenrisse und Haarrisse der Glasur. In gröberer Körnung als Schamotteersatz verwendet man 20–40 % Leukophyllit zur Masse.

Levantiner. Runder Naturschwamm.

Lichtbrechung. Richtungsänderung der Lichtstrahlen beim Übergang von einem Medium in ein anderes mit verschiedener Ausbreitungsgeschwindigkeit. Der Brechungswinkel ist vom Verhältnis der Eigenschaften beider Medien abhängig. Siehe unter Brechungsindex.

Lichtkunst, electric art. Optische Reize und Farbspiele durch ständige Veränderung der Lichtreflexe mit Hilfe beweglicher Teile oder durch Lichträume. In der Keramik: Lichtobjekte vom Windlicht bis zum Schattenspiel.

Liegender Ofen. Ofen mit horizontaler Flammenführung. Von den Franken im 6. Jh. in Europa eingeführter Ofentyp, aus dem sich der karolingische Ofen und der rheinische Salzglasurofen entwickelten. Auch die Slawen verwendeten einen liegenden Ofen, den Vorläufer des Kasseler Ofens, mit Säulen als Flammenteiler. Noch Böttger in Meißen brannte in einem liegenden Ofen. Ein slawischer Ofen wurde in Dümmer in Mecklenburg, ein zweiter in Granzin bei Boizenburg, ein karolingischer Ofen in Walberberg, südlich von Köln, ausgegraben.

Ligusterasche. Eine basische Asche, die etwa gleichviel Kalk und Alkalien enthält. Sie sollte geschlämmt werden, um Chlor und Schwefel zu entfernen. Die Naturfarbe der aus ihr hergestellten Glasuren ist im oxidierenden Brand hellbraun, im reduzierenden ein olives Seladon. Anhaltswerte: 23,53 % SiO_2, 0,56 % Al_2O_3, 4,24 % Fe_2O_3, 0,42 % MnO, 23,63 % CaO, 12,55 % MgO, 15,62 % K_2O, 8,36 % Na_2O, 6,31 % P_2O_5, 3,22 % SO_3, 1,54 % Cl. Segerformel zum Einrechnen in Glasuren: 0,38 SiO_2, 0,01 Al_2O_3, 0,03 Fe_2O_3, 0,01 MnO, 0,40 CaO, 0,30 MgO, 0,16 K_2O, 0,13 Na_2O, 0,04 P_2O_5. Mol.-Gew. 97.

Lime (engl.) CaO

Limestone (engl.) $CaCO_3$.

Limonit, Brauneisenerz, brauner Glaskopf, FeOOH, kommt u. a. im Siegerland und im Lahn-Dill-Gebiet vor. Limonit aus Ludwigssegen in Hessen: 25,71 % SiO_2, 19,57 % Al_2O_3, 4,23 % TiO_2, 24,59 % Fe_2O_3, 0,66 % FeO, 0,28 % MnO, 0,07 % CaO, 0,29 % MgO, 0,56 % K_2O, 0,70 % Na_2O, 0,44 % P_2O_5, 12,69 % H_2O. Molekularformel, berechnet auf 1 Fe_2O_3 : 0,06 FeO, 0,03 MnO, 0,05 MgO, 0,04 K_2O, 0,07 Na_2O, 1,25 Al_2O_3, 1 Fe_2O_3, 2,78 SiO_2, 0,34 TiO_2, 0,02 P_2O_5. Mol.-Gew. 283.

Lindenasche. Eine magnesiumreiche, basische Asche, die nicht geschlämmt zu werden braucht. Im oxidierenden Brand gibt sie eine helle, bräunliche Glasur, im reduzierenden Feuer Seladonfarbe. Alle Färbungen durch andere Oxide werden durch das Eisen gebrochen. Der hohe Magnesiagehalt verleiht den Glasuren Dolomitcharakter, d. h. eine steinig-matte Oberfläche. Besonders schöne Glasuren erhält man mit einem Zusatz von 5 bis 8 % Titandioxid bei 1280°C. Anhaltswerte: 29,44 % SiO_2, 0,26 % Al_2O_3, 2,56 % Fe_2O_3, 0,1 % MnO, 26,11 % CaO, 11,24 % MgO, 12,24 % K_2O, 8,33 % Na_2O, 7,52 % P_2O_5, 1,24 % SO_3, 0,65 % Cl. Segerformel zum Einrechnen in Glasuren: 0,49 SiO_2, 0,05 P_2O_5, 0,02 Fe_2O_3, 0,47 CaO, 0,28 MgO, 0,13 K_2O, 0,13 Na_2O. Mol.-Gew. 100.

Lisene. Simsähnliches, senkrecht versetztes Kachelteil am Kachelofen.

Litharge. (engl.) Bezeichnung für Bleiglätte, PbO.

Lithia. (engl.) Bezeichnung für Li_2O.

Lithiumanomalie. Lithium entspricht in geringen Mengen seiner Zugehörigkeit zu den Alkalimetallen, indem es die Wärmedehnung einer Glasur erhöht. In größeren Mengen scheint das kleine Lithiumion hingegen eher die Eigenschaften des ähnlich kleinen Magnesiumions anzunehmen, was möglicherweise auch für das unterschiedliche Verhalten der kristallisierten Mattglasur im Gegensatz zur Transparentglasur verantwortlich ist, indem sich Bereiche verschiedener Lithiumkonzentration in der Glasur ausbilden. Das bewegliche Lithiumion konzentriert sich stärker in den Kristallen.

Lithium, Li, 1wertiges Alkalimetall, Atomgewicht 6,393, Schmelzpunkt 180,5°C. Kommt in der Natur in den Silikaten Spodumen, Eucryptit und Petalit, in den Lithiumglimmern Lepidolith und Zinnwaldit, in den Lithiumphosphaten Amblygonit, Triphylit, Lithiophylit und Dilithium sowie als Doppelsalz

Cryolithionit vor. Aus den Silikaten wird das Lithiumkarbonat gewonnen. Das Lithiumoxid (Li_2O) hat das Molekulargewicht 28,88 und schmilzt bei 1700°C. Das Lithiumkarbonat Li_2CO_3 enthält 40,44 % Li_2O. Seine Wasserlöslichkeit beträgt bei 0°C 1,54 %, bei 20°C 1,33 %, bei 100°C 0,72 %. Es kann also für Rohglasuren als Alkalirohstoff verwendet werden

Für keramische Sondermassen sind noch folgende Lithiumverbindungen in Gebrauch: Lithiumsilikat, -aluminat, -titanat, -zirkonat und -zirkonsilikat.

Lithiumoxid in Glasuren. Das Lithiumion ist das kleinste Kation unter den Netzwerkwandlern. Sein charakteristisches Merkmal ist die Verringerung der Viskosität der Schmelzen. Deshalb eignet es sich besonders für Kristallglasuren, z. B. für 1000–1050 °C aus:

40 Lithiumkarbonat
46 Fritte M 1233
11 Nalofritte
3 Bentonit
+ 4 Kuperkarbonat

Lithiumreiche Glasuren (>5 % Li_2CO_3) scheiden weiße Flocken aus (= dekorative Flockenglasuren), laufen jedoch Gefahr, vom Scherben aufgesaugt zu werden und ihn brüchig zu machen. Das eingedrungene Lithium kann mit Tonerde und Kieselsäure des Scherbens dessen Wärmedehnung so stark verringern, daß der Zusammenhang zwischen Scherben und Glasur verlorengeht. Aus diesen Gründen nimmt man nur 1–4 % Lithiumkarbonat in eine Glasur und kann damit gute Effekte erzielen: tiefblaue, kupfergefärbte Alkaliglasuren. Kobaltoxid mit Rutil gibt in Lithiumglasuren ein warmes Blau, Eisenoxid auch in oxidierendem Brand ein Graugrün. Infolge seines geringen Gewichts ergibt schon wenig Lithiumkarbonat einen relativ hohen Mol-Anteil in der Segerformel bei niedrigem Prozentanteil in der chemischen Analyse. Das hat zur Folge, daß die negativen Eigenschaften der Alkalien verringert werden, vor allem die Wärmedehnung und Haarrißbildung. Das harte Absetzen kann schon durch 1 % Zinkoxid verhindert werden. Bei höheren Brenntemperaturen verwendet man statt des Lithiumkarbonats meist ein Lithiumaluminiumsilikat, z. B. Petalit, das u. a. in Lehm- oder Basaltglasuren zu warmen Farben oder kristallinen Effekten führt.

Lithiumoxid in Massen. Die Lithiumminerale Eukryptit und Spodumen haben eine niedrigere Wärmedehung als Kieselglas. Petalit ist nur bei tiefer Temperatur beständig. Die Wärmedehnung der Hochtemperaturform des Eukryptits ist nicht in allen Richtungen gleich. Im Pulver findet durch die unregelmäßige Lagerung ein Ausgleich statt. Zwischen den Zusammensetzungen von Eukryptit ($Li_2O \cdot Al_2O_3 \cdot 2\,SiO_2$) und Spodumen ($Li_2O \cdot Al_2O_3 \cdot 4\,SiO_2$) gibt es ein Mischkri-

Lithiumgesteine

	Spodumen	Lepidolith	Petalit Otavlux »P«
SiO_2	62,91	52,89	77,80
Al_2O_3	28,42	26,77	16,30
Fe_2O_3	0,53	0,19	0,027
MnO_2	–	0,59	0,006
CaO	0,11	0,92	0,10
MgO	0,13	0,31	0,40
K_2O	0,69	10,33	0,30
Na_2O	0,46	0,13	0,40
Li_2O	6,78	4,65	4,26
F	–	3,68	–
Glühverl.	0,28	0,66	–

Lithium-Rohstoffe

Mineral	Mol.-Formel	Mol.-Gew.
Lithiumkarbonat	Li_2CO_3	73,89
Amblygonit	$2\,LiF \cdot Al_2O_3 \cdot P_2O_5$	295,78
Eucryptit	$Li_2O \cdot Al_2O_3 \cdot 2\,SiO_2$	251,94
Petalit	$(Li, Na)_2O \cdot Al_2O_3 \cdot 8\,SiO_2$	658,28
Spodumen	$Li_2O \cdot Al_2O_3 \cdot 4\,SiO_2$	372,06
Lepidolit	$2\,Li_2O \cdot K_2O \cdot 2\,Al_2O_3$ $\cdot 6\,SiO_2 \cdot 2\,F_2 \cdot H_2O$	812,22

stallgebiet, in dem die synthetische Zusammensetzung Li$_2$O · Al$_2$O$_3$ · 3,8 SiO$_2$ eine Masse mit der Wärmedehnung Null bei 400°C ergibt. Man fand auch Zusammensetzungen,

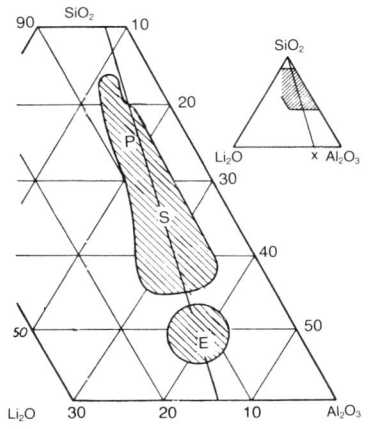

Mischungen aus Quarz, Tonerde und Lithiumkarbonat haben eine negative thermische Ausdehnung, wenn sie im System Li$_2$O – Al$_2$O$_3$ – SiO$_2$ auf der eingezeichneten Linie in den schraffierten Feldern liegen. P = Petalit, S = Spodumen, E = Eukryptit x = Li$_2$O · Al$_2$O$_3$.

die bei Temperatursteigerungen kleiner werden, aber um solche Werkstoffe mit negativer thermischer Ausdehnung herzustellen, mußt man die Temperaturbedingungen so exakt einhalten, daß sie in der Praxis nur durch Kristallisation aus der Schmelze erhalten werden.

Man kann Lithiumaluminiumsilikate, z. B. Petalit, auch in Massen benutzen, um sie dicht zu brennen.

Lithiumoxid in der Zwischenschicht. Aus lithiumhaltigen Glasuren gelangt sowohl infolge der Wasserlöslichkeit der Lithiumrohstoffe als auch wegen der Dünnflüssigkeit von Lithiumglasuren Lithium in den Scherben, wo es mit der Tonerde eine Zwischenschicht extrem niedriger Wärmeausdehnung bilden kann, die dem Eukryptit oder Spodumen nahekommt. Die Folge ist ein Absprengen der Glasur.

Lithophanie. Biskuitporzellan mit durchscheinendem Relief für Lichtschirme.

Lithosphäre, Erdkruste. Sie wird zuoberst aus Sedimentgesteinen, darunter von einer granitartigen und unter dieser von einer gabbroartigen Schicht gebildet. Insgesamt wird sie im Mittel auf folgende Zusammensetzung geschätzt: 62,5 % SiO$_2$, 15,5 % Al$_2$O$_3$, 6,1 % Fe$_2$O$_3$, 3,2 % MgO, 6 % CaO, 3,4 % Na$_2$O, 2,3 % K$_2$O, 0,68 % TiO$_2$, 0,18 % P$_2$O$_5$, 0,13 % MnO. Die Segerformel entspricht einer schwarzbraunen Glasur (Temmokuglasur) für 1280°C: 3,9 SiO$_2$, 0,56 Al$_2$O$_3$, 0,14 Fe$_2$O$_3$, 0,3 MgO, 0,4 CaO, 0,2 Na$_2$O, 0,1 K$_2$O, 0,03 TiO$_2$, 0,004 P$_2$O$_5$, 0,01 MnO.

Löslichkeit. Fähigkeit eines festen Stoffes, mit einem bestimmten Lösungsmittel eine Lösung zu bilden. Das Maß der Löslichkeit ist Gramm pro 100 g Lösungsmittel. Die Aufnahmefähigkeit des Lösungsmittels wird durch die Sättigung beschränkt. Der Rest ist der sogenannte Bodenkörper. Bei Abkühlung einer übersättigten Lösung scheidet sich Bodenkörper ab. Dabei werden die schwerer löslichen Stoffe zuerst ausgeschieden. Diese Vorgänge können sich z. B. in Glasuren abspielen, die mit Eisen übersättigt sind und dieses kristallin ausscheiden.

Bei den Rohstoffen für Massen und Glasuren spielt die Wasserlöslichkeit eine große Rolle.

Lösungsfarben. Farblösungen, die in den porösen, geschrühten Scherben einsinken und danach, mit einer Glasur überzogen, eine Unterglasurmalerei mit weichen Konturen ergeben. Die Metallsalzlösungen können aus Nitraten folgender Metalle bestehen: Kobalt, Chrom, Kupfer, Eisen, Nickel – von diesen wird jeweils 75 % mit 25 % Wasser vermengt – oder Mangan mit 86 % des Nitrats + 14 % Wasser. Dazu kommt eine Hilfslösung, um sie mit dem Pinsel auftragen oder spritzen zu können, aus 50 % Sirup + 25 % Alkohol + 25 % Wasser. Die Hilfslösung dient gleichzeitig zum Verdünnen. Man erhält folgende Farben:

Farbe	Nitratlösung	+ Hilfslösung
Dunkelblau	Kobalt 71	+ 29
Dunkelgelbbraun	Nickel 71	+ 29
Sandfarbe	Eisen 71	+ 29
Hellsteingrau	Mangan 71	+ 29
	+ Kobalt 14	
Dunkelblaugrau	Mangan 47	+ 29
	+ Kobalt 24	
Hellgelbbraun	Nickel 24	+ 29
	+ Eisen 47	
Hellbraun	Chrom 47	+ 29
	+ Nickel 24	+ 29

Farbe	Nitratlösung		+ Hilfslösung
Dunkelbraun	Chrom	71	+ 29
Hellgraugrün	Kobalt	18	
	+ Chrom	53	+ 29
Dunkelgraugrün	Chrom	57	
	+ Kobalt	14	+ 29
Hellblaugrün	Chrom	20	
	+ Kobalt	20	60
Dunkelblaugrün	Chrom	35,5	
	+ Kobalt	35,5	+ 29
Saftgrün	Kupfer	71	+ 29

Weitere Farben sind durch Goldchlorid, Platinchlorid und Urannitrat erzielbar.

Löß. Lockeres Sedimentgestein (vom Wind verwehter Flugstaub) mit sehr feinen Quarzkörnern (60–70 %), die von Kalk (10–30 %) krustenartig umrindet sind. Enthält außerdem Tonminerale, Feldspäte, Glimmer (insges. 10–20 %). Durch klimatische Entkalkung und Verwitterung entsteht Lößlehm, wobei Kalk in die Tiefe gelangt.

Löten. Herstellen von Keramik-Metall-Verbindungen. Zum Weichlöten (mit Blei-Zinn-Loten) wird die Keramik mit einer Silber- oder Eisenschicht überzogen. Diese besteht aus dem Metallpulver, einem Fluß- und einem Harzklebestoff und wird wie eine Glasur aufgetragen oder -gespritzt und bis zum Schmelzen des Flußmittels gebrannt. Wurde eine Silberschicht aufgetragen, so muß zum Weichlöten Blei-Zinn-Cadmiumlot (Schmelzpunkt 142°C) verwendet werden, weil sich Silber in Blei-Zinn-Loten löst. Hartlotverbindungen können die Spannungen beim Abkühlen nicht so gut ausgleichen und müssen daher auf die Ausdehnungskoeffizienten abgestimmt sein. Am besten haften Verbindungen, bei denen das Metall so gestaltet ist, daß es auf die Keramik aufschrumpfen kann wie die Kupferränder der chinesischen Tingware.

Löwenzahnasche. Eine typische Alkaliasche, die fast zur Hälfte aus Kaliumoxid besteht. Sie braucht nicht geschlämmt zu werden und ist wie eine Alkalifritte auch bei niedrigen Temperaturen verwendbar. Anhaltswerte: 3,71 % SiO_2, 7,56 % Al_2O_3, 3,51 % P_2O_5, 26,34 % CaO, 9,97 % MgO, 48,91 % K_2O. Segerformel zum Einrechnen in Glasuren: 0,05 SiO_2, 0,05 P_2O_5, 0,06 Al_2O_3, 0,38 CaO, 0,20 MgO, 0,42 K_2O. Mol.-Gew. 81.

Lommeln. Musterbildung durch Vibration des Abdreheisens beim Abdrehen eines lederharten Gefäßes auf der Scheibe.

Lorbeerasche. Eine natriumreiche Asche, die für den oxidierenden Brand geschlämmt werden sollte. Der Phosphorgehalt ist hoch. Die Naturfarbe der oxidierend gebrannten Lorbeerascheglasur ist hellbräunlich, der reduzierend gebrannten kräftig seladongrün, ins Oliv gehend. Aus 37 Asche, 26 Kaolin und 37 Quarzmehl erhält man eine Glasur bei 1280°C. Anhaltswerte: 26,72 % SiO_2, 0,36 % Al_2O_3, 3,65 % Fe_2O_3, 0,24 % MnO, 14,96 CaO, 6,53 % MgO, 5,77 % K_2O, 8,99 % Na_2O, 8,05 % P_2O_5, 4,61 % SO_3, 0,35 % Cl. Segerformel zum Einrechnen in Glasuren: 0,69 SiO_2, 0,03 Fe_2O_3, 0,42 CaO, 0,25 MgO, 0,09 K_2O, 0,23 Na_2O, 0,09 P_2O_5. Mol.-Gew. 123.

Lüstertechniken. Verfahren zur Herbeiführung von schillernden Oberflächen. Dazu gibt es verschiedene Möglichkeiten:
1. Aufbringen von harzsauren Lösungen (Resinaten) auf die fertiggebrannte Glasur. Diese Lösungen gibt es im Handel. Hierher gehören auch Glanzgold und Glanzsilber. Brennt man den Glanzgoldauftrag ein, überzieht ihn mit Glanzsilber und brennt nochmals, so ergibt sich ein geflammter Effekt mit rötlichen Säumen. Glanzsilber auf Kobaltglasur ergibt einen stark glänzenden, grünlichen Lüster. Craquelierte Lüster ergeben sich, wenn man sie trocken übereinander aufträgt.
2. Die Rakutechnik, bei der in der Nachreduktion bei 800°C irisierende Oberflächen, besonders bei Glasuren, erzielt werden, die Kupfer, Kobalt, Mangan, Eisen, Silber, Wismut oder Molybdän enthalten.
3. Irisierende Glasuren erhält man im Steinzeugbrand durch Sturzkühlung, wenn die Glasuren die unter 2. genannten Metalloxide oder Titan enthalten.
4. Metallnitrat- oder -chloridlösungen, auf die heiß aus dem Ofen genommene, glasierte Keramik (vorteilhaft mit zinkhaltiger Glasur) gespritzt und dann noch bei 800°C eingebrannt, ergeben verschiedenfarbene Lüster, z. B. Rot durch eine aufzuspritzende Mischung aus 88 Zinn-IV-chlorid + 7 Strontiumnitrat + 5 Bariumchlorid. Opal: 90

Zinnchlorid ($SnCl_2 \cdot 2H_2O$) + 10 Wismutnitrat. Blau: 80 Zinnchlorid + 5 Strontiumnitrat + 15 Bariumchlorid.

5. Zinnglasuren (auch gefärbte), glattgebrannt mit einer Paste aus Ocker und Metallverbindung bemalt oder bespritzt, ergibt Lüsterfayencen wie die historischen islamischen. Pasten aus 30 Kupferkarbonat + 70 rotem Ocker ergibt Goldlüster, aus 3 Silberkarbonat + 12 Wismutsubnitrat + 85 rotem Ocker ergibt grünlich blauen Lüster.

Luvos Heilerde, siehe unter Heilerde.

Luzernenasche. Basische Asche vom Kalktyp mit mehr als 75 % Kalk. Sie kann wie ein durch Magnesia, Alkalien und Tonerde verunreinigter, kohlendioxidfreier Kalk angesehen werden. Beim Ersatz von Kalkspat durch Luzernenasche in einem Versatz muß man statt 100 Gewichtsteilen Kalkspat 75 Gewichtsteile Luzernenasche nehmen. Die mitgeführten Verunreinigungen werden von den Glasuren bei 1280 °C ohne weiteres aufgenommen. Anhaltswerte: 4,75 % SiO_2, 3,29 % Al_2O_3, 75,35 % CaO, 8,7 % MgO, 2,16 % Na_2O, 5,94 % K_2O. Segerformel zum Einrechnen in Glasuren: 0,03 SiO_2, 0,03 Al_2O_3, 0,81 CaO, 0,13 MgO, 0,02 Na_2O, 0,04 K_2O. Mol.-Gew. 61.

M

Madras-Scheibe. Aus Madras (Indien) stammende Töpferscheibe von etwa 1 m Durchmesser, die in Südostasien verbreitet ist. Der hölzerne Spurzapfen ist an der Scheibe angebracht und läuft in einer Hartholzpfanne. Das hölzerne Speichenrad besitzt einen verdickten Rand aus verschnürten Bambusstangen, die mit Lehm umhüllt sind. Die Scheibe wird von einem Helfer oder mit einem langen Stock in Drehung versetzt.

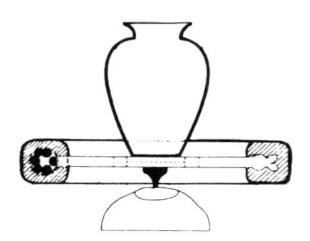

Magerton. Ton zum Verbessern von allzu plastischen Massen zur Verringerung der Schwindung und Rißgefahr. Weißer Magerton 1/m: 80 % SiO_2, 13 % Al_2O_3, 1,1 % Fe_2O_3, 0,2 % CaO, 0,6 % MgO, 2,1 % Alkalioxide, 4 % GV.

Magerungsmittel. Stoff, der die Plastizität einer Mischung verringert, z. B. Sand, Feldspat, Kalkspat, Magnesit, Schamotte, geglühter Kaolin. Die korngrößenmäßig verschieden zusammengesetzten Magerungsmittel beeinflussen das Trocknungsverhalten und die Plastizität der gemagerten Massen verschieden. Trocknungstechnisch ist ein heterogener Kornaufbau, der sich der dichtesten Kugelpackung annähert, am günstigsten; sie bewirkt die geringste Wasseraufnahme und geringste Trockenschwindung, kann aber zu Schwierigkeiten in der Formgebung durch zu hohen Plastizitätsverlust führen. Hier ist die lockere Kornverteilung günstiger. Um beiden Gesichtspunkten zu entsprechen, wird für die Ziegelindustrie eine Mischung aus 60 % Feinkorn und 40 % Grobkorn empfohlen oder eine Gleitkornmagerung mit einem kontinuierlichen Kornband von 40 bis 1000 μm.

Magmatische Gesteine, Magmatite, Erstarrungsgesteine. Sammelbezeichnung für alle aus Magma unmittelbar gebildeten Gesteine:
1. Tiefengesteine (Intrusivgesteine), 2. Ergußgesteine (Effusivgesteine). Die mittlere Zusammensetzung der magmatischen Gesteine in der Erdkruste wird geschätzt auf: 59,12 % SiO_2, 15,34 % Al_2O_3, 3,08 % Fe_2O_3, 3,8 % FeO, 3,49 % MgO, 5,08 % CaO, 3,82 % Na_2O, 3,13 % K_2O, 0,73 % TiO_2, 0,18 % P_2O_5, 0,124 % MnO, 1,15 % flüchtige Bestandteile. Segerformel: 3,06 SiO_2, 0,47 Al_2O_3, 0,06 Fe_2O_3, 0,16 FeO, 0,28 MgO, 0,28 CaO, 0,19 Na_2O, 0,09 K_2O, 0,03 TiO_2, 0,004 P_2O_2, 0,005 MnO. Das ergibt eine braune Glasur bei 1280 °C.

Magnesia = MgO.

Magnesit, $MgCO_3$, Bitterspat, kommt in der Natur entweder als dichter, feinkristalliner, reinweißer (stets mit Kieselsäure, jedoch kaum mit Eisen oder Mangan verunreinigter) oder als gelblich bis brauner, körniger Magnesit vor, der selten Kieselsäure enthält, aber häufig mit Eisen und Mangan verunreinigt ist. Zu der zweiten Gruppe gehören die Magnesite der Steiermark (Veitsch) und Kärntens (Radenthein). Magnesite mit höherem Eisengehalt heißen Mesitinspat ($MgFeCO_3$). Der rohe Magnesit wird meist gebrannt, und zwar entweder zu kaustischem Magnesit bis 700–800 °C, wobei noch kein Periklas (MgO) gebildet wird, oder zu Sintermagnesit bis 400–1790 °C. Der handelsübliche kaustisch gebrannte »Magnesit 346« besitzt 88 % MgO, 6,25 % SiO_2, 1,85 % CaO, 0,45 % Fe_2O_3 + Al_2O_3, 0,2 % SO_3, 3,12 % Glühverlust. Mol.-Gew. 45,45.

G **Magnesitsteingut.** Bei 1000–1200 °C rohgebranntes Steingut mit etwa 40 % Quarz und 5–20 % Magnesit oder Dolomit. Glattbrand bei niedrigerer Temperatur, entsprechend der verwendeten Steingutglasur.

Magnesium, Mg, 2wertiges Erdalkalimetall, Atomgewicht 24,312, kommt in der Natur vor in den Verbindungen $MgCO_3$ als Magnesit, Bitterspat (in der Toskana), $CaMg(CO_3)_2$ Dolomit (im Siegerland, im Lahn-Dill-Gebiet und im Alpenraum) sowie in Magnesiumsilikaten: Talk, Olivin, Hornblende, Serpentin, Asbest, Meerschaum, Speckstein (in Göpfersgrün, Fichtelgebirge). Das Oxid MgO kommt in der Natur als Periklas vor (am Monte Somma, Vesuv). Magnesit wird auch aus Meerwasser gewonnen.

Das künstliche Magnesiumoxid (MgO), Magnesia usta, ist ein weißes Pulver und wird wegen seines Preises nur dann verwendet, wenn es auf die Reinheit des Stoffes ankommt. Im Vergleich zum Magnesiumkarbonat ($MgCO_3$) mit 47,8 % MgO und 52,2 % CO_2 besitzt der natürliche Magnesit von Kraubach in der Steiermark 48,4:50,9 %, dazu 0,2 % SiO_2, der Magnesit von Veitsch in der Steiermark 42,2:50,4 %, dazu 1,7 % CaO, 3,5 % FeO und 0,03 % Al_2O_3. Für die Keramik ist der bei 800 °C gebrannte kaustische Magnesit günstig, der im Keramikbedarfshandel als Magnesit 346 angeboten wird. In der Steatitindustrie wird ein aus Magnesit und Sand synthetisch hergestellter Enstatit, $MgO \cdot SiO_2$, verwendet. Ein günstiger Magnesiumrohstoff ist der Dolomit ($CaMg(CO_3)_2$) mit 56 % $CaCO_3$ und 44 % $MgCO_3$, handelsüblich als Dolomit 5/T mit 53,2:43,4 %, der Rest sind SiO_2, Al_2O_3 und Fe_2O_3. Das Talkum, ein Magnesiumsilikat, ist in der handelsüblichen Form gegenüber der reinen Zusammensetzung des Minerals ebenfalls durch Tonerde und Eisen verunreinigt.

Magnesiumoxid in Glasuren. In geringen G Mengen trägt das Magnesiumoxid zur Ausbildung einer glänzenden Glasur bei. In größeren Mengen bildet es nichtmischbare Flüssigkeiten, die durch unterschiedliche Oberflächenspannung narbige Oberflächen ergeben (Reptilhautglasuren). Im Vergleich zu Kalk erhöht es die Zähigkeit der Glasur doppelt so stark und erniedrigt die Wärmeausdehnung fünfmal stärker. Seine ausgeprägteste Eigenschaft ist jedoch die Erhöhung der Oberflächenspannung der Glasuren. Das bedeutet, daß es in geringen Mengen das Ablaufen leichtflüssiger Glasuren verhindert und Haarrisse vermeiden hilft, in größeren Mengen aber zum Kriechen führt, das zu dekorativen Zwecken als »Naturcraquelée« genutzt werden kann. In zink- und auch in bleihaltigen Glasuren wirkt es trübend, in Tieftemperaturglasuren infolge seiner Schwerschmelzbarkeit mattierend. Typische Dolomitglasuren sind seidenmatte Hoch-

Magnesium-Rohstoffe

Rohstoff	Mol.-Formel	Mol.-Gew.
Magnesia (usta)	MgO	40,32
Magnesit	$MgO \cdot CO_2$	84,33
Magnesit 346 (kaustisch)	MgO	45,45
Dolomit, theoretisch	$MgO \cdot CaO \cdot 2\,CO_2$	184,42
Dolomit 5/T	$MgO \cdot CaO \cdot 2\,CO_2$	188,17
Talkum, theoretisch	$3\,MgO \cdot 4\,SiO_2 \cdot H_2O$	379,22
Talkum 22/H	$MgO \cdot 1,3\,SiO_2$	120,68

temperaturglasuren, z. B. für 1280 °C:
35 Feldspat
16 Dolomit
34 Quarzmehl
9 Kaolin
6 Kalkspat

Magnesiumoxid in Massen. 1770 bis 1820 wurde in Turin ein Magnesiaporzellan hergestellt, dessen Masse 28 % Magnesit enthielt. Später hat man es in Paris nachgemacht. Es hatte den Nachteil, daß es eine sehr große Schwindung aufwies und nicht durchscheinend genug war, um gegen das Konkurrenzporzellan zu bestehen. Es hatte aber den Vorteil, daß es bei niedriger Temperatur gebrannt werden konnte. Übriggeblieben ist nur die Erfahrung mit Magnesia in Massen: Bei sehr niedriger Brenntemperatur erhöht es die Porosität, wie der Kalk. Während aber Kalk beim weiteren Erhitzen das Dichtsintern erst kurz vor dem Zusammenschmelzen bewirkt, tritt die Sinterung des Scherbens in Gegenwart von Magnesia schon bei einer relativ niedrigen Temperatur ein. Im Gegensatz zu Kalk, der die Schmelztemperatur herabdrückt und die Spanne zwischen Sintern und Schmelzen verringert, ist bei magnesiahaltigen Massen die Schmelztemperatur sehr weit, oft 120 bis 200 Grad, von der Sintertemperatur entfernt. Magnesia in der Masse ist für eine Keramik, die früh dichtsintern soll, z. B. für Fußbodenfliesen, außerdem auch deshalb vorteilhaft, weil sich diese Massen trotz starken Schwindung nicht verziehen und scharfe Ecken und Kanten liefern. Magnesia verbessert auch das Kalksteingut; es wird wesentlich dichter und fester. In solche Magnesiasteingutmassen kann man 10 bis 30 % Dolomit einbringen.

Berühmt wurden Magnesiamassen, als man herausfand, daß Massemischungen aus MgO, Al_2O_3 und SiO_2, aus denen sich im Brand Cordierit ($2\,MgO \cdot 2\,Al_2O_3 \cdot 5\,SiO_2$) ausscheidet, eine überaus hohe Temperaturwechselfestigkeit besitzen. Die günstigste Zusammensetzung dieser Cordieritmassen entspricht dem Cordierit selbst: 13,8 % MgO, 34,8 % Al_2O_3 und 51,4 % SiO_2; sie wird durch einen Versatz aus 1 Teil Speckstein und 2 Teilen Ton gewonnen. Diese Masse muß allerdings bei 1350 °C (jedoch nicht über 1450 °C) gebrannt werden. Cordieritmassen haben eine große technische Bedeutung; man kann aus ihnen z. B. Turbinenschaufeln herstellen. Die Brenntemperatur läßt sich durch etwa 15 % Lithiumkarbonat bis auf 1220 °C senken.

In gewöhnlichen, niedriggebrannten Tonmassen, z. B. für Ofenkacheln oder niedriggebranntes Kochgeschirr, vermag Magnesit die Temperaturwechselfestigkeit nicht zu verbessern, weil sich Cordierit erst oberhalb 1260 °C bildet. Kochgeschirr muß also mindestens so hoch gebrannt werden. Vielmehr bildet sich unterhalb 1200 °C Enstatit ($MgO \cdot SiO_2$), der einen sehr hohen Ausdehnungskoeffizienten besitzt und deshalb bei niedrigen Temperaturen als Massebestandteil Haarrissen entgegenwirkt. Eine solche Masse aus
50 fettem Ton
35 Quarzsand
5 Feldspat
10 Magnesit
hat bei 1150 °C nur noch eine Porosität von 5,1 %, bei 1200 °C von 3,8 % und bei 1250 °C von 2,6 %, Brennschwindung etwa 10 %.

Magnesiumphosphat. $Mg_3(PO_4)_2$ (Mol.-Gew. 310) oder $MgHPO_4 \cdot 3H_3O$ (Mol.-Gew. 174,3) zur Weißtrübung von Glasuren über 1240 °C.

Magnetit, Magneteisenerz, Magneteisenstein, Eisen(II, III)oxid, Fe_3O_4, mit dem Mol.-Gew. 231,55, schwarzes, magnetisches Mineral, kommt u. a. im Zillertal (Österreich) und im Binnatal (Schweiz) vor.

Maiglöckchen, Maiblume *(Convallaria)*, Lehmzeiger. Je sandiger der Lehm ist, desto gelber sind die Blätter.

Maine sodium feldspar. US-Feldspat mit der Mol.-Formel 0,64 Na_2O, 0,36 K_2O, 1,18 Al_2O_3, 8,8 SiO_2, Mol.-Gew. 722.

Maisasche. Stroh und Kolbenstrünke geben interessante Aschen, für die sich die Mühe des Verbrennens lohnt. Die Strohasche ist kieselsäure- und kalkreich, die Asche der Strünke phosphor- und kalireich. Dem Stroh braucht man nur 35 % Tonerdehydrat beizumischen, um eine Mattglasur bei 1280 °C zu erhalten. Die Strunkasche gibt in einer Mischung aus 69 Asche, 16 Kaolin und 15 Quarzmehl eine Mattglasur, deren steiniges Aussehen durch den hohen Magnesiagehalt hervorgerufen wird. Der Eisengehalt von

Mais-Asche-Glasuren

aus dem Stiel

	1000° C	1280° C *
Asche	37	15
Kalziumborat	53	–
Kaolin	10	9
Fritte M1233	–	43
Kalifeldspat	–	6
Zinkoxid	–	20
Titandioxid	–	7
Eisenoxid	3	2

aus den Kolben

	1000° C	1280° C *
Asche	9	20
Zinkborat	24	–
Zinkoxid	10	22
Fritte M1233	23	–
Titandioxid	–	7
Natriumboratfritte	–	8
Kalifeldspat	–	33
Kaolin	–	10
Bentonit	3	–
Quarz	11	–
Eisenoxid	4	2

aus dem Stroh

	1000° C	1280° C **
Asche	24	29
Kalifeldspat	7	42
Natriumboratfritte	11	–
Kalziumborat	22	–
Zinkborat	9	–
Zinkoxid	–	5
Bariumsulfat	–	3
Kaolin	17	13
Quarz	10	4
Zinnoxid	–	4
Kupferoxid	3	–

*Kristallglasuren **Weißdeckend

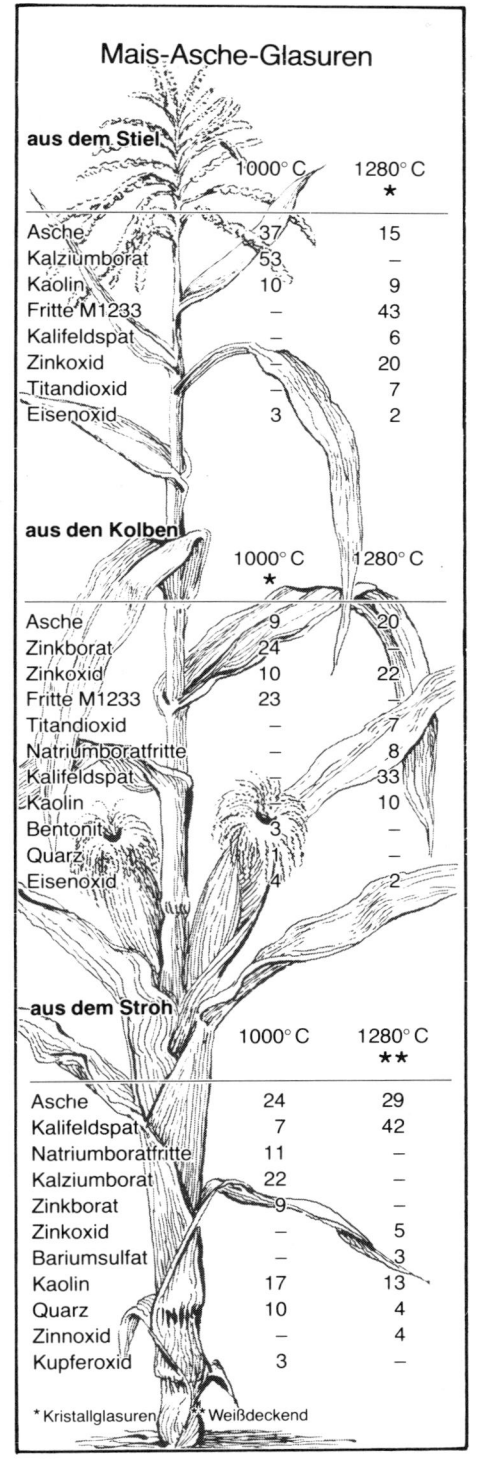

knapp über 1 % führt bei den reduzierend gebrannten Glasuren zu einem kräftigen Seladongrün. Anhaltswerte: 62,28 % SiO_2, 4,27 % Al_2O_3, 1,34 % Fe_2O_3, 0,16 % TiO_2, 1,66 % P_2O_5, 9,24 % CaO, 5,49 % MgO, 15,3 % K_2O, 0,25 % Na_2O. Segerformel zum Einrechnen in Glasuren: 2,22 SiO_2, 0,03 P_2O_5, 0,004 TiO_2, 0,09 Al_2O_3, 0,02 Fe_2O_3, 0,35 CaO, 0,29 MgO, 0,35 K_2O, 0,01 Na_2O. Mol.-Gew. 214.

Majolika. Im deutschen Sprachgebrauch eine Keramikgattung mit naturfarbenem Scherben und deckender Zinnglasur, die – im Gegensatz zur Fayence – gefärbt ist.

Majolikafarben. Farben für die Inglasurmalerei bei Fayence und Majolika. Sie bestehen aus einer mit dem färbenden Oxid oder Farbkörper versetzten Fritte (Fluß), z. B. entspricht Blau der Segerformel 0,35 K_2O, 0,20 Na_2O, 0,45 CoC und 1,23 SiO_2. Bei Violett und Grün sind die 0,45 Mole CoO ersetzt durch dieselbe Menge MnO bzw. CuO. Die Majolikafarben enthalten ein Klebemittel oder können mit Zuckerwasser zum Malen angerieben werden. Ihre Einbrenntemperatur beträgt 900 bis 1100 °C.

Majolikaglasuren. Farbige, zinngetrübte Glasuren. Sie können durch Zusatz von Majolikafarben gefärbt werden. Alte, kupfergrüne Majolikaglasuren sind mit Kupferhammerschlag gefärbt und besitzen verstreut intensivere Farbpunkte.

MAK-Tabelle. Von der Deutschen Forschungsgemeinschaft herausgegebene Tabelle der Maximalen Arbeitsplatz-Konzentration. Sie erlaubt die Beurteilung der Bedenklichkeit oder Unbedenklichkeit der wichtigsten Materialien. Sie soll jedoch nicht zur vergleichenden Wertung der Gefährlichkeit führen, obwohl der Umgang mit einem Stoff mit kleinem MAK-Wert riskanter ist als mit einem Material, für das eine hohe Arbeitsplatzkonzentration angegeben ist. Das wirkliche Ausmaß der Gefährdung ist auch von individuellen Faktoren und Einflußarten abhängig.

Malachit, $CuCO_3 \cdot Cu(OH)_2$, grünes, faserig-knolliges Kupfermineral. Fundorte: Siegerland, Lahn-Dill-Gebiet, Harz, Kärnten.

Malbällchen, Gummibällchen für die Engobemalerei.

MAK-TABELLE

Auszug aus der MAK-Tabelle mit den für die Keramik wichtigen Stoffen
MAK = Maximale Arbeitsplatz-Konzentration

Stoff	Formel	Vorkommen oder Verwendung in der Keramik	MAK-Wert als Gas ml/m^3	als Staub oder Rauch mg/m^3
Bariumverb., lösliche	BaCO$_3$	in Glasuren		0,5
Blei	Pb	in Bleiglasuren, Fritten, Farbflüssen		0,01
Boroxid	B$_2$O$_3$	wie Blei		15
Cadmiumoxid und andere Cadmiumverbindungen	CdO	in cadmiumgelben oder orangefarbenen Cadmium-Selenglasuren		0,005
Calciumoxid	CaO	in Massen und Glasuren		5
Eisenoxid als Feinstaub	Fe$_2$O$_3$	in Massen und Farbglasuren (gelb, braun)		8
Fluor	F$_2$	in Brenngasen	0,1	0,2
Fluoride		in Tonen, Flußspat (für kristalline und gesprenkelte Glasuren), Kryolit, Natriumfluorid, Natriumsilikofluorid		2
Formaldehyd	HCHO	in Verflüssigungsmitteln	1	1,5
Kobaltoxid	CoO	in Farbglasuren	0,1	
Kohlendioxid	CO$_2$	in Abgasen	5000	9000
Kohlenmonoxid	CO	in Reduktionsgasen	50	55
Kupfer als Rauch	Cu	in Abgasen		0,1
Kupfer als Staub	Cu	in Farbglasuren (blau, grün)		1
Magnesiumoxid als Feinstaub	MgO	in Massen und Glasuren		8
Mangan	Mn	in Farbglasuren (braun-violett)		5
Molybdänverbindungen, lösliche		in Kristallglasuren und in blauen Farbkörpern		5
unlösliche				15
Nickeloxid	NiO	in Farbglasuren	1	
Phosphorpentoxid	P$_2$O$_5$	in Knochenasche für Glasuren oder Knochenporzellan		1
Quarzmehl als Feinstaub	SiO$_2$	in Massen und Glasuren		0,15
quarzhaltiger Feinstaub		in Silikaten als Rohstoffe (z. B. Wollastonit, Talkum) oder Fritten		4
Schwefeldioxid	SO$_2$	in Sulfaten (z. B. Bariumsulfat), auch in Tonen und in Abgasen	2	5
Selenverbindungen		wie Cadmium		0,1
Titandioxid	TiO$_2$	in Tonen und Glasuren (als Trübungsmittel oder in Kristallglasuren)		8
Uranverbindungen		in uranroten Glasuren (bes. in alten oder aus den USA stammenden Rezepten)		0,25 radioaktiv!
Vanadiumoxid als Rauch	V$_2$O$_5$	in Gelbfarbkörpern		0,1
als Staub				0,5
Zinkoxid	ZnO	in Glasuren		5
Zinnverbindungen		in weißdeckenden Glasuren		2
Zirkonverbindungen		in weißdeckenden Glasuren		5

Mandelstein. Blasenreiches Eruptivgestein mit Hohlräumen, die mit Mineralien ausgefüllt sind (Melaphyr-Mandelstein, Diabas-Mandelstein, Basalt-Mandelstein).

Mangan, Mn, 1- bis 7wertiges, meist aber 2-, 3-, 4- und 7wertiges Schwermetall, Atomgewicht 54,9381, Schmelzpunkt 1244 °C. Das wichtigste Manganoxid, MnO_2, kommt in der Natur als Polianit, Pyrolusit, Psilomelan und Wad vor, wird aber auch künstlich aus Mangannitrat gewonnen. MnO ist ein graugrünes, Mn_3O_4, ein braunes Pulver und kommt auch als Mineral Hausmannit vor; Mn_2O_3, ein schwarzes Pulver, heißt als Mineral Braunit. Mangankarbonat, $MnCO_3$, ist ein weißes oder hellgefärbtes Pulver, in der Natur kommt es als Manganspat vor, das Manganhydroxid $Mn_2O_3 \cdot H_2O$ als Manganit. Braunstein im engeren Sinne ist das Verwitterungsprodukt von Pyrolusit, verunreinigt durch verschiedene andere Manganminerale. Die wichtigsten deutschen Lagerstätten sind die Lindener Mark bei Gießen und der Bingerbrücker Kalkzug bei Oberroßbach.

Der für Keramik wichtigste Manganrohstoff, der Braunstein, MnO_2, hat das Mol.-Gew. 86,93. Der als »Mangalox C« oder »Braunstein 161/C« im Handel befindliche Braunstein besitzt 76 % MnO_2, 9,7 % Fe, 9 % SiO_2, 2,4 MnO, 1,7 % Al_2O_3, 1,3 % CaO, 2,5 % CO_2, unter 1 % Pb und 1,2 % H_2O. Das Mangankarbonat 183 hat 90,5 % $MnCO_3$.

1 Teil MnO entspricht
1,22 Teilen MnO_2
1,61 Teilen $MnCO_3$
1,25 Teilen $Mn(OH)_2$
1,77 Teilen $MnCl_2$
2,28 Teilen $MnCl_2 \cdot 4 H_2O$.

Manganpulver sind gesundheitsschädlich.

G **Mangan in Glasuren.** Das 2- und das 4wertige Mangan, die in der Form des Mangankarbonats oder des Braunsteins in die Glasur gelangen, sind Fluß- und Färbemittel. Mn entwickelt seine schönste Farbe, das Manganviolett, in kalkfreien Alkaliglasuren, z. B. bei 1150 °C:
68,8 Fritte D 90208
25,9 Kalifeldspat
 5,3 Mangankarbonat.

In geringen Mengen von 0,5 % gibt Braunstein in bleifreien Borglasuren eine zarte, opake Fliederfarbe. In Bleiglasuren erhält man ein schönes Braun, z. B. bei 1050 °C, aus
70 Manganton
30 Fritte M 70.

Manganous oxide. (engl.) Bezeichnung für MnO.

Manganton. Ton mit bis zu 25 % Braunstein G (MnO_2) mit den Mineralen Pyrolusit, Psylomelan, Polianit sowie Manganspat ($MnCO_3$) und Mischkristallen zwischen Mangan- und Kalkspat, ferner Eisenoxiden und Quarz. Das MnO_2 verliert beim Erhitzen auf 300–500 °C allmählich Sauerstoff und wird nacheinander zu Mn_2O_3 und Mn_3O_4, die dunkelbraun sind. Über 1000 °C wird es zum violetten MnO. Wird unter Luftzutritt abgekühlt, so tritt rückläufig in der gleichen Reihenfolge wieder Oxidation bis zum schwarzen MnO_2 ein. Manganton soll schnell und ohne zu halten gebrannt werden, damit nicht zu viel Sauerstoff gebildet wird, das den Scherben aufreibt. Der Manganton von Weilburg a. d. Lahn hat die Zusammensetzung: 32,1 % SiO_2, 25,2 % Al_2O_3, 20,8 % Fe_2O_3, 0,2 % CaO, 9,9 % MnO_2, 0,5 % MgO, 0,4 % Alkalien, 10,9 % Glühverlust. Der Manganton 262: 25–30 % SiO_2, 11–13 % Al_2O_3, 22–24 % Fe_2O_3, 14–16 % MnO_2, 0,4 % CaO, 0,3 % MgO, 0,02 % SO_3.

Manganvergiftung. Einatmen von Manganstaub hat Gehirngiftwirkung und kann zu schweren nervösen Erscheinungen führen wie Lähmungen, Bewegungs- und Sprachstörungen, seelischen Veränderungen. Neigung zu Lungenentzündung.

Mantelform. Gipsform mit Mantel, der die Keilstücke zusammenhält.

Markasit, Schwefeleisen, FeS_2, verhält sich in Tonen wie Pyrit, von dem er sich durch die Kristallform unterscheidet.

Marl (engl.) Mergel. – *argillaceous* Tonmergel, – *calcareous* Kalkmergel.

Marmor, $CaCO_3$. Körnige, dichte Abart des Kalksteins (seltener des Dolomits). Die Marmorierung stammt von Verunreinigungen: Eisen = gelb, rot, braun; Graphit = grau, schwarz. Der warme Ton ergibt sich durch Eindringen des Lichts; es dringt beim carrarischen Marmor durch 25 mm, beim parischen durch 35 mm dicke Marmorplatten hindurch. Der parische besteht aus 56 % CaO, 0,122 % FeO und 43,878 % CO_2. Er war das Vorbild für die Entwicklung des englischen Biscuitporzellans »Parian«. In Deutschland findet sich Marmor vielerorts in den Mittelgebirgen, z. B. bei Wunsiedel im Fichtelgebirge.

Marmorierung. Marmorähnliche Maserung der Masse durch Fladerung.

Marquardporzellan. Feuerfestes Porzellan für 1800 °C Gebrauchstemperatur.

G **Masse.** Tonmischung, die sich gut verarbeiten läßt und im Brand einen Scherben mit bestimmten Eigenschaften ergeben soll. Die Masse kann nur aus einem einzigen Ton bestehen, sie kann aber auch aus mehreren Tonen und Magerungsmitteln zusammengesetzt sein (siehe unter Masseversatz).

Masseberechnung. Die Zusammensetzung einer Masse wird in der Praxis meistens aus der rationellen Zusammensetzung berechnet. Sie läßt sich aber auch graphisch aus der chemischen Analyse ermitteln.

G *1. Berechnung aus der rationellen Analyse.*
In der rationellen Analyse eines Tones sind Tonsubstanz (T), Quarz (Q) und Feldspat (F) bzw. zu diesen Gruppen zu rechnende Minerale angegeben. Diese Angaben müssen in eine gewünschte rationelle Zusammensetzung eingebracht werden. Die wünschenswerten Zusammensetzungen der einzelnen Keramikgattungen sind der Tabelle zu entnehmen. Irdenware und Fayence werden nicht berechnet.
Die Spielräume bei den gewünschten rationellen Zusammensetzungen können nach verarbeitungstechnischen oder wirtschaftlichen Gesichtspunkten genutzt werden. Man wird meistens eine Masse aus einem plastischen und einem mageren Ton zusammensetzen, denn im Magerton ist Quarz in vorteilhafter, feiner Verteilung enthalten. Soll eine Steinzeugmasse mit 45 T, 40 Q und 15 F aus Westerwälder Ton wfE und Magerton 1/m so gemischt werden, daß die Tonsubstanz aus 2 Teilen fettem und 1 Teil Magerton stammt, dann ergibt sich:

		T	Q	F
Ton wfE	gegeben	64	19	17
Ton 1/m		30	63	7
gewünscht:		45	40,5	14,5
ergibt für Ton wfE	30			
für Ton 1/m	15			

Man rechnet nun aus, um wievielmal weniger als 100 Teile man von jedem der Tone nehmen muß:
30:64 = 0,47 × den Ton wfE,
15:30 = 0,50 × den Ton 1/m.
Sämtliche Werte der Tone werden mit dem betreffenden Faktor 0,47 bzw. 0,5 multipliziert:

	T	Q	F
0,47 × 100 =			
47 Gwt. Ton wfE	30	9	8
0,50 × 100 =			
50 Gwt. Ton 1/m	15	31,5	3,5
+ 3 Gwt. Feldspat	–	–	3
100	45	40,5	14,5

Diese Art der Berechnung hat den Vorteil, daß man sie jeweils mit einer Einstellung im Taschenrechner durchführen kann. An der gewünschten Zusammensetzung fehlten noch 3 Gwt. Feldspat.

2. Graphische Ermittlung aus der chemischen Analyse.
Die Analysenwerte werden in drei Gruppen zusammengefaßt, SiO_2 (entsprechend dem Quarz), $Al_2O_3 \cdot 2\,SiO_2$ (entsprechend dem geglühten Kaolin) und $K_2O \cdot Al_2O_3 \cdot 6\,SiO_2$ (entsprechend dem Feldspat). Diese Werte der betreffenden Tone werden in das Mischungsdreieck K_2O-Al_2O_3-SiO_2 eingetra-

Rationelle Masse-Zusammensetzungen

Gattung	T	Q	F
Irdenware	60–90	10–40	
	Töpferton	Sand, Lehm, Kalk, Schamotte	
Fayence	75–90	10–35	
	Töpferton	Schlämmkreide	
Kalksteingut	40–55	40	5–20 Kalkspat
Feldspatsteingut	50–60	40–45	5–10 Feldspat
Feuerton	49	40	11
Steinzeug	30–70	20–60	5–25
Feuersteinzeug	40–50	40	10–30
techn. Steinzeug			
säurefest	25–50	30–45	20–30
Vitreous China	40–50	20–30	20–30 +0–3 Kalkspat
Weichporzellan	25–35	22,5	20–35
Segerporzellan	25	45	30
Hartporzellan	55	22,5	22,5

gen. Sie liegen alle in dem von Quarz, Kaolin und Feldspat begrenzten schiefwinkligen Dreieck. Auf dieselbe Weise sind die chemischen Analysen gewünschter Massen in das Dreieck einzutragen. In diesem Dreieck gilt die Hebelregel. Die gewünschte Masse bildet den Drehpunkt des Hebels. Die Verbindungslinie vom vorhandenen Ton über den Drehpunkt hinaus stellt den Hebel dar, der entweder an der Begrenzung des Dreiecks mündet oder bei einem zweiten Ton oder an einer Verbindungslinie zwischen zwei Tonen. Die Hebelarme, in Millimetern gemessen, ergeben die Gewichtsstelle der beteiligten Rohstoffe. Man kann, ähnlich wie bei einem Mobile, verschiedene Hebel bilden und auf diese Weise viele Rohstoffe einbeziehen.

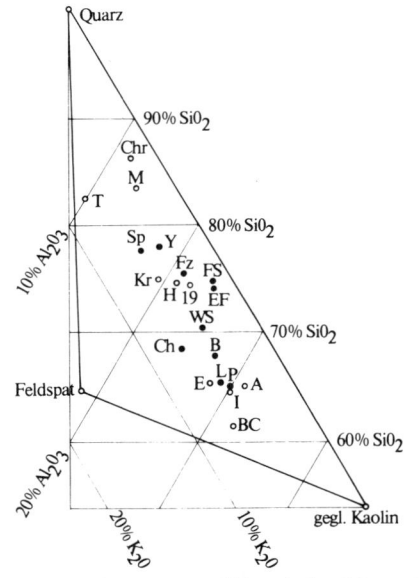

Die Lage einiger Tone und historischer Massen im Ausschnitt Quarz-Kaolin-Feldspat innerhalb des Dreistoffsystems SiO_2–Al_2O_3–K_2O. Als helle Punkte sind folgende Tone eingetragen: Kr = Kreuzton, I = Steinzeugton 178/wfl, 19 = Siershahner Ton I/19, E = weißfetter Ton 178/wfE, A = weißfetter Ton 92/wfA, H = halbfetter Ton 1/hf, M = Magerton 1/m, Chr = Siershahner Ton Chr. 20, BC = Ball clay, T = Tirschenreuther Pegmatit. Als dunkle Punkte sind folgende historische Massen eingetragen. Y = chinesisches Yüeh-Steinzeug, Sp = Segerporzellan, Fz = Feinsteinzeug, EF = Englisches Feinsteinzeug, FS = Feldspatsteingut, WS = Weichporzellan, Ch = chinesisches Ching-Tê-chen-Porzellan, B = Bontjes-van-Beek-Steinzeug, L = Bernard-Leach-Steinzeug, P = Parian Biskuitporzellan.

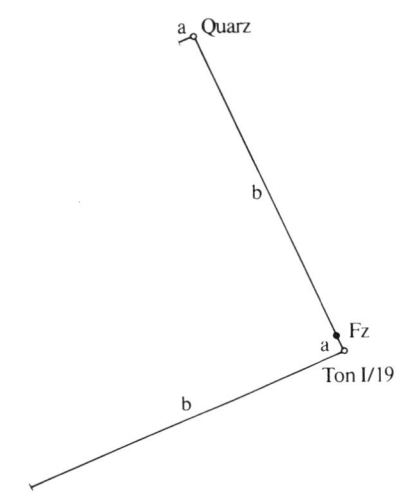

Beispiel der graphischen Ermittlung der Feinsteinzeugmasse Fz aus dem Siershahner Ton I/19. Man zieht von dem vorhandenen Ton I/9 eine Verbindungslinie zur gewünschten Masse und darüber hinaus. Die Linie endet in der Dreiecksspitze, dem Quarz. Man erhält einen Hebel mit dem Drehpunkt Fz und den beiden Armen a und b. Um den Hebel ins Gleichgewicht zu bringen, muß man den langen Arm mit der Menge a (für Quarz) und den kurzen mit der Menge b (für den Ton I/19) belasten. Der Versatz besteht aus a Quarz und b Ton. Mißt man a und b in Millimeter ab, so erhält man die Versatzgewichte: 1,7 mm = 1,7 Gwt. Quarz und 38 mm = Gwt. Ton und durch Umrechnen auf 100 den Versatz: 4,3 Gwt. Quarz und 95,7 Gwt. Ton I/19.

Massequetschen mit einem Vierkantholz. Wirksames Tonbearbeitungsverfahren. Vorläufer der Strangpressen waren Massequetschmaschinen.

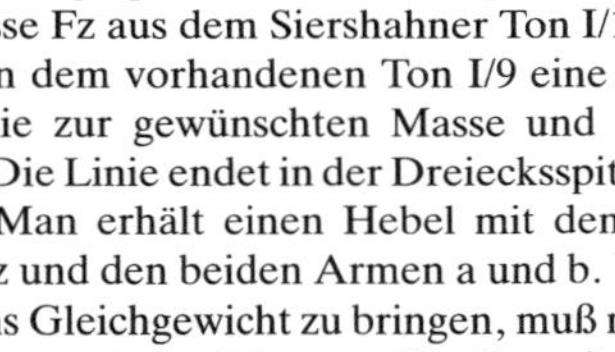

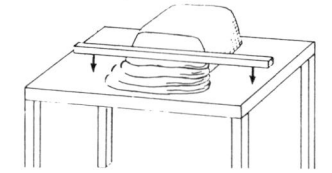

Masseschlagen. Einzige manuelle Tonaufbereitungsmethode zum Entfernen der Luft aus der Masse (siehe dagegen Kneten, Massetreten). Zum Masseschlagen braucht man einen Masseschlagtisch von 70 cm Höhe, der nicht vibrieren darf. Am besten eignet sich ein voll gemauerter Block mit aufbetonierter, glatter Marmorplatte. Der zu bearbeitende Masseklumpen wird so auf den Masseschlagtisch gelegt, daß er über die Tischkante ragt.

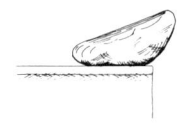

Mit einem Draht trennt man die emporragende Spitze durch einen schrägen Schnitt, der unten angesetzt wird, ab.

Dadurch gewinnt man einen keilförmigen Masseballen.

Das abgetrennte Stück wird nun mit einem über den Kopf ausholenden Schwung so auf die liegengebliebene Hälfte aufgeschlagen, daß Kante auf Kante trifft.

Durch die Wucht des Aufpralls breiten sich die beiden Hälften übereinander aus. Dabei ist wichtig, darauf zu achten, daß sich der Ton von der Kante aus verbreitet, wodurch er die Luft aus der Auflagefläche hinausschiebt.

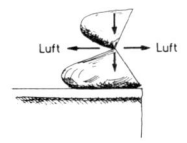

Die Folge ist eine Verbindungsfläche ohne eingeschlossene Luft. Die richtige Ausführung dieses Masseschlages ist daran zu erkennen, daß es ohne klatschendes Geräusch vor sich geht. Mit lautem Klatschen durchgeführtes Masseschlagen ist wirkungslos. Der Masseballen wird nun angehoben und auf seine vordere Kante gekippt,

seitlich mit beiden Händen hochgehoben,

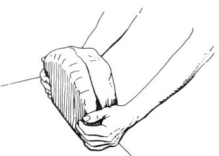

und um 90 Grad gedreht,

so daß die bisherige rechte, untere Hälfte jetzt vorne oben liegt.

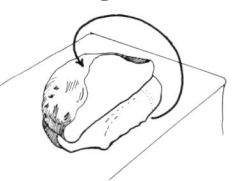

Nun glättet man die Oberfläche mit dem Handballen und erhält wieder die Ausgangsposition.

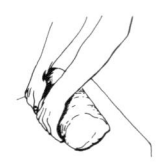

Diese Handgriffe zur erneuten Erlangung der Ausgangspositionen werden 15 bis 25mal wiederholt. Danach formt man die homogenisierte Masse zu einer Rolle, wobei durch seitliches Beklatschen vermieden wird, daß sich Nabel bilden. Dadurch erhält die Rolle runde seitliche Abschlüsse.

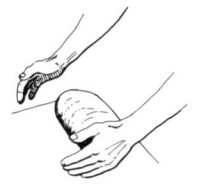

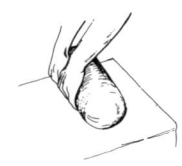

Die Masse wird beim Ausrollen immer etwas angehoben, also durch die Luft geworfen.

Die Rolle kann man entweder mäanderförmig in Portionen schneiden

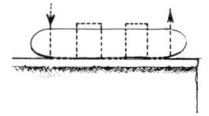

oder durch scherenförmiges Verdrehen in Portionen reißen.

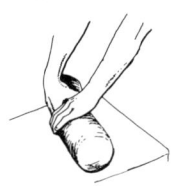

Die Portionen werden in den Händen durch leichtes Beklatschen in eine arbeitsgerechte Form gebracht.

Masseschlagmaschine. Vorrichtung, die aus einem horizontalen, drehbaren, runden Teller besteht, auf dem die Masse kreisförmig als Wulst aufgelegt wird, und darüber befindlichen kurzen, teils zylindrischen, teils kegelstumpfförmigen Walzen, die beim Drehen auf die Masse niedergehen und sie abwechselnd bearbeiten.

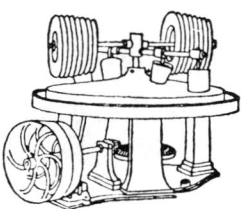

Massetreten. Homogenisieren der Masse durch Bearbeitung mit den Füßen, wobei die eingeschlossene Luft nicht entfernt, sondern auseinandergezogen und in äußerst dünnen Fäden verteilt wird. Das Massetreten wird am besten auf einem Zementfußboden vorgenommen, aber auch Plastik-Sandkästen für Kinder oder asphaltierte Böden sind geeignet. Die Fläche soll 3 m^2 groß sein.
Zuerst wird die Masse aus ihren Bestandteilen (Tonmehl, eventuelle Zusätze) auf dem Boden trocken gemischt und zu einem flachen Schüttkegel aufgehäuft, der etwa 1,5 m Durchmesser haben soll und in der Mitte eine Vertiefung erhält.

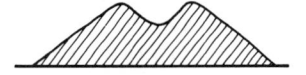

In diese gießt man Wasser oder dünnflüssigen Tonschlicker.

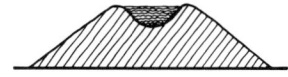

Eine Person beginnt barfuß am Rand des Schlickers mit kleinen Schritten spiralförmig, einwärts gerichtet, den Ton zu treten. Die spiralförmige Bewegungsrichtung soll nach vier bis fünf Umkreisungen das Zentrum erreichen, ohne den äußeren Wall aus trockener Masse flachzutreten.
Der breitgequetschte äußere Rand der Tretbahn wird mit einem großen Schaber zurückgehoben und dabei das noch trockene Pulver von den Rändern über den durchfeuchteten

mittleren Teil gestreut.
Das spiralförmige Treten und das allmähliche Einverleiben von trockenem Ton werden so lange fortgesetzt, bis die Masse zäh und plastisch geworden ist.

Mit dem Arbeitsfortschritt wird ein gesteigerter Kraftaufwand erforderlich. Nach außen gequetschte Masse muß immer wieder hereingenommen werden. Das geschieht jetzt mit der Fußkante.

G **Masseversatz.** Rohstoffmischung zur Erzielung einer Arbeitsmasse, die sich gut verarbeiten läßt, einen gewünschten Scherben ergibt und sich zum Glasieren eignet. Zur guten Verarbeitbarkeit gehören die Eignung als Dreh-, Modellier- (= Aufbau-) oder Gießmasse und die Sicherheit gegen Störungen und Fehler beim Trocknen und Brennen. Zusätze, die auf einen günstigen Scherben abzielen, bezwecken bei niedrigen Temperaturen in erster Linie eine hohe Wärmedehnung, die durch Kalk, Quarz oder Magnesit erreicht werden kann. Bei höheren Temperaturen ist das Sinterverhalten wichtig. Feldspat und Kalk erniedrigen die Sintertemperatur, Quarz und Kaolin erhöhen sie. Mit Magnesit läßt sich kochfestes Geschirr mit geringer Wärmedehnung gewinnen, wenn die Brenntemperatur über 1200 °C liegt.

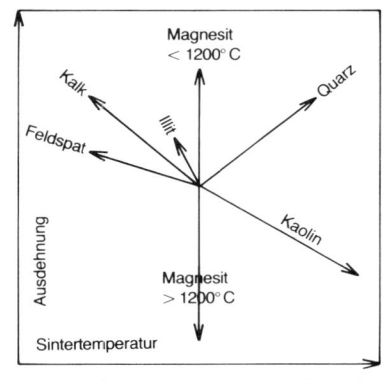

Mastermould (engl.) Mutterform (Gips).

Mattglasuren. Glanzlose Glasuren infolge von G Ausscheidungen. Die Ausscheidungen können durch Übersättigung, Kristallisation oder durch besondere Verhältnisse der Oberflächenspannung (wobei Titan an die Oberfläche treten kann) verursacht sein. Die Vorgänge überlagern sich. Den praktischen Bedürfnissen entspricht die Einteilung der Mattglasuren nach den Stoffen, die zur Mattierung führen: Kalk-, Magnesit-, Barium-, Zink-, Tonerde-, Säure- und Titanmatt.

Will man eine glänzende Glasur mattieren, so darf man bei niedrigschmelzenden, bleifreien, borsäurehaltigen Glasuren weder Kalk noch Tonerde zu Hilfe nehmen, sondern Zink, Titan und Magnesit. Bei borfreien Glasuren sind hingegen sämtliche aufgezählten Stoffe als Mattierungsmittel tauglich, wenn sie in überhöhten Mengen eingesetzt werden. Kalk beginnt bei 1050 °C schon über 0,2 Mole CaO in Bleiglasuren zu mattieren oder Tonerde über einen Zusatz von 10 % Kaolin. Die Mattierung bleifreier, niedrigschmelzender Glasuren ist schwierig, weil sie auf Borsäure angewiesen sind, und weil sie infolge ihrer großen Oberflächenaktivität, d. h. niedrigen Oberflächenspannung, nach außen gepreßt wird. Bei hohen Temperaturen bevorzugt man das seidige Tonerdematt. Bei 1050 °C wird aus der glänzenden, bleifreien Glasur

0,56 Na_2O 0,4 Al_2O_3 4 SiO_2
0,44 SrO   1 B_2O_3
mit dem Versatz
43,2 Fritte D 90158
14,3 Strontiumkarbonat
25,5 Kaolin
17,0 Quarz
durch Zusatz von 17 Gwt. Zinkoxid und 3 Gwt. kaustischem Magnesit eine Mattglasur bei derselben Temperatur mit der Segerformel
0,25 Na_2O
0,20 SrO   0,2 Al_2O_3 1,8 SiO_2
0,40 ZnO   0,5 B_2O_3
0,15 MgO
und dem Versatz
36,4 Fritte D 19158
12,1 Strontiumkarbonat
21,4 Kaolin
14,2 Quarz
13,2 Zinkoxid
 2,7 kaust. Magnesit.

Bei 1280 °C braucht man in der Regel, um eine Mattglasur zu erhalten, nur 20 % Kaolin einer glänzenden Glasur hinzuzufügen. Das Feld der Mattglasuren ist in dem Diagramm unter dem Stichwort Erdkrustenglasur zu finden. Aus der folgenden glänzenden Glasur bei 1280 °C

0,7 CaO   0,37 Al_2O_3 4,24 SiO_2
0,3 K_2O
mit dem Versatz
51 Kalifeldspat
31 Quarz
18 Kalk
erhält man durch Ersatz von etwa 10 % des Quarzes durch insgesamt 30 % Kaolin + Kalkspat die Mattglasur

0,8 CaO   0,4 Al_2O_3 2,6 SiO_2
0,2 K_2O
mit dem Versatz
42,0 Kalifeldspat
14,2 Quarz
28,0 Kalk
15,8 Kaolin.

Im ersten Fall handelt es sich um ein Zinkmatt, dem aussichtsreichsten Mattierungsmittel in Borglasuren, im zweiten Fall um ein Kalk-Tonerde-Matt. In borsäurefreien Glasuren – das gilt auch für niedrigschmelzende Bleiglasuren – genügt es, die Säurezahl nach der Segerformel unter 1 einzustellen, um eine Mattglasur zu erhalten.

Mattgold, siehe unter Poliergold.

Mattolite. Handelsname für ein Zinksilikat von Blythe Colours, Maastricht. 73,1 % ZnO, 26,9 % SiO_2, entsprechend der Mol.-Formel ZnO · 0,5 SiO_2. Mol.-Gew. 111,68.

G **Mauken.** Lagern der aufbereiteten plastischen Masse einige Tage bis Wochen in feuchter Atmosphäre ohne Temperaturschwankungen. Man wählt dazu am besten einen Kellerraum. Das Mauken führt zur besseren Verteilung des Wassers in der Masse, einzelne harte Klümpchen werden durchdrungen und gelockert, die Tonkristalle werden gleichmäßig von Wasser umgeben. Die Plastizität wird verbessert. In manchen Fällen können Bakterieneinwirkungen zusätzlich dazu beitragen.

Merwinit. Magnesium-Kalzium-Silikat MgO · 3CaO · 2SiO_2. Gesteinsbildendes Mineral sowie Komponente von basischen Hochofenschlacken.

Meerschaum, Sepiolith, 2 MgO · 3 SiO_2 · 2 H_2O. Poröses, anfänglich auf dem Wasser schwimmendes, meist weißes Mineral, das in knolligen oder nierigen Stücken zusammen mit Magnesit in der Zersetzungszone von Serpentin vorkommt. Hauptvorkommen Eski-Schehir in der Türkei, sonst auch bei Kraubath in der Steiermark.

Mehrstoffsystem. Summe aller möglichen Mischungen aus mehreren Stoffen. Dient die graphische Darstellung der thermodynamischen Untersuchung, so spricht man von Phasendiagramm (auch von Zustands- oder Gleichgewichtsdiagramm), andernfalls von Mischungs- oder Konzentrationsdreieck.

In der Keramik ist das Zweistoffsystem Tonerde-Kieselsäure (Al_2O_3 SiO_2) wichtig, weil darin die Zusammensetzung des Kaolins und der Tonminerale zu finden ist. Natürliche oder synthetische Mischungen aus Ton oder Kaolin, Quarz und Feldspat können im Dreistoffsystem K_2O-Al_2O_3-SiO_2 erfaßt werden. Bei den Glasuren sind die niedrigschmelzenden, einfachen Bleiglasuren im Zweistoffsystem PbO-SiO_2 darstellbar, die niedrigschmelzenden ägyptischen Alkaliglasuren in den Dreistoffsystemen Na_2O-CaO-SiO_2 oder Na_2O-Al_2O_3-SiO_2, die hochschmelzenden Kalkglasuren, zu denen auch die Holzaschenglasuren zählen, im Dreistoffsystem CaO-Al_2O_3-SiO_2. Sonst sind im allgemeinen die Glasuren Vielstoffsysteme mit mehr als drei Komponenten.

Die praktische Verwertbarkeit der Phasendiagramme ist in der mit Ton und Naturstoffen arbeitenden Keramik sehr beschränkt, da die keramischen Massen Mineralmischungen sind, deren thermische Behandlung auf dem Weg zur Schmelze abgebrochen wird, während die keramischen Glasuren beim Abkühlen auf dem Weg zum Kristall eingefroren werden, womit die thermodynamischen Gleichgewichte, die für die Gültigkeit der Phasendiagramme Voraussetzung sind, nicht erfüllt werden. Die Bedeutung der Phasendiagramme liegt hier vielmehr im Auffinden von niedrigschmelzenden Mischungen (Eutektika).

Meiler. Brennstelle ohne festes Mauerwerk. Das Brenngut ist mit dem Brennstoff vermischt, der Meiler mit Grassoden abgedeckt. Ein Nachlegen ist nicht möglich, jedoch können Züge vorgesehen sein, durch die man ohne Beschädigung des Brenngutes durch Stochern für den Zutritt der Verbrennungsluft sorgen kann.

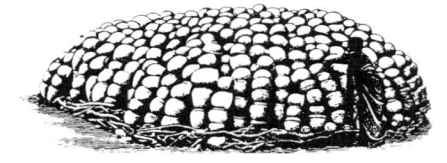

Meilerbrand in Nigeria. Setzen des Brenngutes vor dem Abdecken mit Reisig und Grassoden. Branddauer 3 Tage bei 750–800 °C.

Meilerofen. Ofen mit festen Mauern ohne Gewölbe. Der Feuerraum ist meist durch dicke Lehmarme, die auf einen Mittelpfeiler gestützt sein können, vom Brennraum getrennt. Das eingesetzte Gut ist während des Brennens mit Dachziegelbruch, Wellblech oder ähnlichem abgedeckt.

G **Meisterprüfung.** Befähigungsnachweis zur selbständigen Führung eines Handwerksbetriebes und zur ordnungsgemäßen Ausbildung von Lehrlingen. Der Prüfling muß in der Lage sein, die in seinem Handwerk gebräuchlichen Arbeiten meisterhaft auszuführen, und er muß über die notwendigen Fachkenntnisse sowie über die erforderlichen betriebswirtschaftlichen, kaufmännischen, rechtlichen und berufserzieherischen Kenntnisse verfügen. Zur Vorbereitung auf die Meisterprüfung führen Handwerkskammern und Fachschulen Meisterkurse durch.

Zur Meisterprüfung sind Personen zuzulassen, die eine Gesellenprüfung bestanden haben und mehrere Jahre als Geselle tätig waren oder zum Ausbilden von Lehrlingen fachlich geeignet sind. Für die Zeit der Gesellentätigkeit dürfen nicht weniger als drei und nicht mehr als fünf Jahre gefordert werden. Der Besuch einer Fachschule kann ganz oder teilweise, höchstens jedoch mit drei Jahren auf die Gesellentätigkeit angerechnet werden. Auch die einer Gesellentätigkeit gleichwertige Tätigkeit ist anzuerkennen. In besonderen Fällen kann eine ausnahmsweise Zulassung auch dann erfolgen, wenn die geforderte Gesellenzeit nicht vollständig nachgewiesen werden kann.

Für die Anmeldung zur Meisterprüfung sind Formulare bei den Handwerkskammern erhältlich. Dann folgt die Zulassung und Einplanung zu den Vorbereitungslehrgängen, in deren unmittelbarem Anschluß die Meisterprüfung stattfindet. Sie besteht aus vier Teilen: I. praktischer (mit dem Meisterstück), II. fachtheoretischer, III. wirtschaftlicher und rechtlicher, IV. berufs- und arbeitspädagogischer Teil. Die Urkunde ist der Meisterbrief. Das Prüfungsverfahren ist im Gesetz zur Ordnung des Handwerks (»Handwerksordnung«) vom 17. 9. 1953 in der Fassung vom 28. 12. 1965 geregelt.

Melaphyr. Dunkles, basisches Gestein aus Plagioklas, Augit und Olivin, mit Blasenräumen als Melaphyr-Mandelstein. Melaphyre kommen im Saar-Nahe-Gebiet (Basaltmelaphyr in der Nahemulde), in der Wetterau (Tholeyit bei Bürdesheim) und im Harz (bei Ilfeld und Neustadt) vor. Melaphyr von Kusel (Kuselit): 60,56 % SiO_2, 04,% TiO_2, 17,87 % Al_2O_3, 3,1 % Fe_2O_3, 0,63 % FeO, 0,09 % MnO, 4,67 % MgO, 1,34 % CaO, 4,8 % Na_2O, 2,9 % K_2O, 0,19 % P_2O_5, 3,52 % H_2O. Segerformel zum Einrechnen in Glasuren: 0,03 FeO, 0,45 MgO, 0,1 CaO, 0,3 Na_2O, 0,12 K_2O, 0,68 Al_2O_3, 0,08 Fe_2O_3, 3,9 SiO_2, 0,02 TiO_2, Mol.-Gew. 388.

Melilith, $(Ca, Na)_2(Al, Mg) (Si, Al)_2O_7$, weißliches, glasglänzendes Mineral, Gemengteil von Basalten.

Mennige, Pb_3O_4, Mol.-Gew. 685,63.

Mergel. Feinkörniges Sedimentgestein aus Kalk ($CaCO_3$) und Ton, deshalb auch »Kalktonstein«. Nach dem Verhältnis dieser beiden Bestandteile unterscheidet man die Gesteine der Tabelle auf der gegenüberliegenden Seite.

Die Bezeichnungen »Gipsmergel«, »Dolomitmergel« und »Sandmergel«, deuten auf entsprechende Beimengungen hin. »Steinmergel« ist besonders hart.

Ein typischer Tonmergel, der für Fayencefliesen verarbeitet wird: 41,1 % SiO_2, 9,8 %

Al_2O_3, 1,6% Fe_2O_3, 20,2% CaO, 7,5% MgO. Ein Mergelton für Kalksteingut: 52,1% SiO_2, 8,4% Al_2O_3, 1,7% Fe_2O_3, 14,6% CaO, 6,8% MgO, 17,4% GV.

Mergelschiefer. Leichtverfestigter, dünnschichtiger Mergel.

Mesh (engl.) Maschensieb. *Mesh minus* Siebdurchgang, *mesh plus* Siebrückstand.

Metahalloysit. Tonmineral der Kaolingruppe. $Al_2O_3 \cdot 2\,SiO_2 \cdot H_2O$.

Metakaolin. Zerfallsprodukt der Minerale der Kaolingruppe bei 500–800 °C.

Metalle. Chemische Elemente, die unter anderem dadurch gekennzeichnet sind, daß ihre elektrische und Wärme-Leitfähigkeit mit steigender Temperatur abnimmt. Einteilung: Leichtmetalle (z. B. Magnesium, Aluminium, Titan), niedrigschmelzende Schwermetalle (z. B. Blei, Zink, Zinn, Cadmium), hochschmelzende Schwermetalle (z. B. Eisen, Chrom, Kobalt, Nickel, Kupfer, Silber, Gold, Platin), sehr hochschmelzende Schwermetalle (z. B. Wolfram, Tantal, Molybdän).

Metallisierung. Aufbringen von Metallschichten auf die Keramik: 1. als Pulver (Metallflitter), die mit Flußmitteloxiden vermischt sind (Pulvergold, Pulverplatin); 2. als Paste (Gold-, Silberpaste), mit Flußmittel, Haftoxid und Siebdrucköl vermischt für den Siebdruck; 3. als Flüssigkeit a) Lüsterfarbe = Metallmischung mit ätherischen Ölen, b) Glanzgold, Glanzplatin (= »Silber«) = Lösungen metallorganischer Verbindungen mit Metallverbindungen als Haftmittel und ätherischen Ölen als Stellmittel für hochglänzende Dekore; c) Poliergold, Polierplatin = kolloide Suspensionen mit Gold- und Silberverbindungen, metallischen Lötmitteln für seidenmatte, polierfähige Dekore.

Metall-Keramik-Verbindungen, siehe unter Löten.

Metallspitzen. Brennhilfsmittel aus Stahl zum Auflegen von glasierter Keramik.

Metamorphe Gesteine, Metamorphite, Umwandlungsgesteine. Aus magmatischen oder Sedimentgesteinen durch Veränderungen, die nicht an der Oberfläche stattfanden, entstandene Gesteine.

Methylcellulose. Celluloseklebstoff, entspricht dem Celluloseäther »Tylose«.

Mettlacher Platten. Fußbodenfliesen aus Mettlach (Saar). Feinklinker, stahlhart, weißgrau, selten in der Masse gefärbt. Die Masse aus weißbrennendem, feuerfesten Ton, mit einem feldspat- und quarzreichen Gestein gemischt, ergibt einen Scherben folgender chemischer Zusammensetzung: 68,3% SiO, 23,43% Al_2O_3, 2,63% Fe_2O_3, 0,06% CaO, 1,24% MgO, 4,9% K_2O, 0,37% Na_2O.
Versatz für Schnellbrand-Steinzeugfliesen (65 mm, 1180–1215 °C):
35% Westerwälder Ton
17% Natronfeldspat
15% Saarkalifeldspat
30% Pegmatit
3% Talk.
Brennschwindung 8,4%, Wasseraufnahme 0,04%, Biegefestigkeit 560 kg/cm².

Mikrohärte. Maßzahl für Härte, ermittelt mit einem Diamanten (»Vickerspyramide«), der mit 1 bis 200 kg Belastung in das zu prüfende Material eingedrückt wird. Die eingedrückte

Mergelige Gesteine

	Kalk %	Ton %	geeignet für
Kalkstein	86–95	5–14	Glasuren oder
mergeliger Kalk	75–85	15–25	niedrigbrennende
Mergelkalk	66–75	25–34	Massen als Kalk-
Kalkmergel	36–65	35–64	rohstoff
Mergel	26–35	65–74	
Tonmergel	16–25	75–84	Fayencemassen.
Mergelton	6–15	85–94	Kalksteingut-
mergeliger Ton	1–5	95–99	massen.
Ton	0	100	

Fläche wird mikroskopisch ausgemessen und auf 10 µm bezogen.

Mikroklin. Triklines Mineral von der Zusammensetzung des Orthoklas und Sanidins, die beide monoklin sind.

Mikroporöse thermische Dämmstoffe aus hochdisperser Kieselsäure (HDK), die, gepreßt, ein Gefüge mit geschlossenen Poren bildet. Zwischen den HDK-Teilchen gibt es nur wenige und punktförmige Berührungen. Dieses Gefüge heißt »mikroporös«. Die Wärmeübertragung durch Festkörperleitfähigkeit, Strahlung und Konvektion ist minimal, die Wärmeleitfähigkeit niedriger als die von ruhender Luft. Sie beträgt z. B. beim Fabrikat »WDS« (Platten und Formteile) der Fa. Wacker bei 200 °C = 0,021, bei 450 °C = 0,025 W/mK. Dauerbelastbarkeit = 850 °C. Geeignet zur Hinterisolation von Brennöfen. »Mikroporit« auch in Glaseidesäcken gepreßt.

Mikroprozessor. Durch integrierte Dünnschichttechnik sehr klein ausgeführter Prozessor (= digitales Rechenwerk + Leitwerk) mit festem oder wählbarem Programm als Steuervorrichtung z. B. an Öfen.

Mikrowellenherdtauglichkeit. Dichtgebrannte Keramik ist tauglich. Poröse (z. B. Römertöpfe, Fayencen, Steingut) könnte Wasser enthalten, das infolge von Wasserdampfdruck Abplatzungen verursachen kann. Mikrowellenherde arbeiten mit einer Frequenz von 2,45 GHz.

Minaiware. Iranische Keramik mit Aufglasur-»Malerei in sieben Farben« (Minai = Email), meist in Miniaturenstil, aber auch unbemalt mit Buckeln, mit Perforationen, einfarbigen Glasuren oder Gold. Hauptort Ray bis zum Mongoleneinfall 1224.

Mineral. Unbelebter Bestandteil der Erdkruste. Fast alle Minerale sind fest und kristallin. Amorph sind wasserhaltige Mineralgele wie z. B. Opal. Von den fast 3000 bekannten Mineralen sind etwa 100 gesteinsbildend. Nach der chemischen Zusammensetzung teilt man die Minerale in 9 Klassen (die wichtigsten gesteinsbildenden in Klammern): 1. Elemente (Graphit), 2. Sulfide (Pyrit, Chalkopyrit), 3. Halogenide (Steinsalz, Flußspat), 4. Oxide (Quarz, Magnetit, Hämatit, Ilmenit, Limonit, Korund, Spinelle, Rutil), Hydroxide, 5. Nitrate (Kali-, Natronsalpeter), Karbonate (Kalkspat, Dolomit, Eisenspat, Magnesit), Borate (Colemanit, Kernit), 6. Sulfate (Gips, Anhydrit, Baryt), Chromate, Molybdate, Wolframate, 7. Phosphate (Apatit, Monazit), Arsenate, Vanadate, 8. Silikate (Feldspäte, Leuzit, Nephelin, Kaolinit, Glimmer, Silimanit, Titanit, Zirkon), 9. Organische Verbindungen.

Mineraldünger. Im Gartenbedarfshandel angebotene Mineraldünger eignen sich für dunkle Glasuren. Sie sind wie vulkanische Aschen zu werten und werden von den Händlern, um Fruchtbarkeit zu begründen, mit Nilschlamm verglichen (siehe auch Elbeschlick unter den schleswig-holsteinischen Tonen).

Mineraldünger

	1	2	3
SiO_2	40,73	48,30	48,50
Al_2O_3	12,28	19,20	19,35
Fe_2O_3	–	8,10	10,47
FeO	6,70	–	–
MnO	0,13	0,10	0,23
CaO	7,96	8,10	3,31
MgO	21,66	8,30	2,95
K_2O	0,34	1,70	0,98
Na_2O	–	2,60	0,81
P_2O_5	0,68	–	–

1 = Pholin-Mineraldünger. 2 = Luzian-Steinmehl. 3 = Nilschlamm.

Segerformeln zum Einrechnen in Glasuren:
Pholin-Mineraldünger: 0,12 FeO, 0,18 CaO, 0,7 MgO, 0,15 Al_2O_3, 0,87 SiO_2. Mol.-Gew. 116.
Luzian-Steinmehl: 0,35 CaO, 0,50 MgO, 0,04 K_2O, 0,01 MnO, 0,190 Na_2O, 0,46 Al_2O_3, 0,12 Fe_2O_3, 1,95 SiO_2. Mol.-Gew. 234.

Minimal art. Auf geometrische Grundformen reduzierte Kunst, die auf jede überflüssig erscheinende Zutat verzichtet (Mindestkunst).

Mirabellenbaumasche. Eine basische Asche vom Kalktyp, die zu mehr als drei Vierteln aus Kalk besteht. Sie kann in Versätzen anstelle von Kalkspat genommen werden, und zwar ersetzen 7 Gewichtsteile Asche 10 Gewichtsteile Kalkspat. Der geringe Eisengehalt führt zu einem Gelbstich bei oxidierend gebrannten Aschenglasuren und zu einem zarten Seladon bei reduzierend gebrannten.

Färbungen durch andere Oxide werden kaum beeinflußt. Anhaltswerte: 6,62 % SiO_2, 2,03 % Al_2O_3, 1,51 % Fe_2O_3, 3,02 % P_2O_5, 0,05 % TiO_2, 79,93 % CaO, 3,19 % MgO, 1,31 % K_2O, 0,38 % Na_2O. Segerformel zum Einrechnen in Glasuren: 0,07 SiO_2, 0,01 Al_2O_3, 0,01 Fe_2O_3, 0,01 P_2O_5, 0,93 CaO, 0,05 MgO, 0,01 K_2O, 0,01 Na_2O. Mol.-Gew. 89.

Mischkristall. Die frühere Bezeichnung lautete feste Lösung. Atomare Verteilung eines Kristalls in einem anderen.

G **Mischsteingut.** Kalk-Feldspat-Steingut. Bevorzugte Zwischenstufe zwischen diesen beiden Steingutarten:
50 Tonsubstanz
42 Quarz
3 Feldspat
3 Kalkspat.
Rohbrand bei 1240 °C.

Mischungsdreieck. Dreieck, dessen Ecken jeweils einem Stoff oder einer Stoffgruppe zugeordnet sind. Die Begrenzungslinien werden nur von jeweils zwei Stoffen gebildet, während in jedem Punkt der Dreiecksfläche alle drei Stoffe in entsprechenden Mengenverhältnissen anwesend sind.

Mischungskreuz. Graphische Methode zur Ermittlung einer bestimmten Mischung aus zwei Stoffen. Will man z. B. aus zwei Tonen, von denen A 40 % und B 20 % Quarz besitzt, eine Mischung herstellen, die 35 % Quarz enthält, so zeichnet man ein Kreuz mit dem Kreuzungspunkt 35, an den beiden oberen Enden 40 und 20. Ton A hat 5 % zu viel, Ton B 15 % zu wenig. Man schreibt diese Differenzwerte an die jeweils diagonal gegenüberliegende Ecke. Um das gewünschte Gemisch zu erhalten, muß man 5 Teile von B mit 15 Teilen von A mischen.

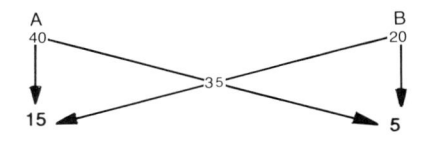

Mischungslücke. Bereich in einem Mehrstoffsystem, in dem sich die flüssigen Phasen trennen. Die Mischungslücke zeichnet sich z. B. in den Erdalkali-Kieselsäure-Systemen in einem flachen Verlauf der Schmelzkurve ab und kann sich nach tiefen Temperaturen ausdehnen oder sich nur unterhalb der Schmelztemperatur befinden.

Mischungsquadrat. Graphische Methode zur Kombination von Mischungen aus vier Stoffen. Das Quadrat erhält 5 × 5 Felder, die Ecken sind je einem Stoff (A, B, C, D) vorbehalten.

4A	3A+1B	2A+2B	1A+3B	4B
3A+1C	3A+1D	1A+2B +1D	3B+1C	3B+1D
2A+2C	2A+1B +1C	1A+1B +1C+1D	1A+1B +2D	2B+2D
1A+3C	1B+3C	1B+2C +1D	1A+3D	1B+3D
4C	3C+1D	2C+2D	1C+3D	4D

Mischungsquadrat

Mischungsreihe. Anordnung von Mischungen zwischen zwei Stoffen:

A ←
100 90 80 70 60 50 40 30 20 10 0
0 10 20 30 40 50 60 70 80 90 100
→ B

In einem Mischungsdreieck bildet jede der drei Seiten eine Mischungsreihe.

Mishima-Technik. Ostasiatische Verzierungstechnik, bei der Muster in den plastischen Ton eingestempelt und durch Engobe ausgefüllt werden.

Mistelasche. Eine typische Alkaliasche mit sehr hohem Kaligehalt. Sie braucht nicht geschlämmt zu werden. Man kann sie wie eine Alkalifritte auch bei niedrigen Brenntemperaturen einsetzen. Sie besitzt viel Phosphor, der die Färbung durch Eisen fast völlig aufhebt, so daß die Färbungen durch andere Oxide kaum beeinflußt werden. Anhaltswerte: 1,61 % SiO_2, 1,06 % Fe_2O_3, 20,04 CaO, 10,16 % MgO, 42,03 % K_2O, 5,06 Na_2O, 18,13 % P_2O_5, 1,51 % SO_3, 0,4 % Cl.

Segerformel zum Einrechnen in Glasuren: 0,03 SiO_2, 0,01 Fe_2O_3, 0,32 CaO, 0,22 MgO, 0,39 K_2O, 0.07 Na_2O, 0,11 P_2O_5. Mol.-Gew. 89.

Mitteldruckbrenner. Atmosphärische Gasbrenner, die mit Drücken bis zu 1,5 bar betrieben werden.

Mittelrheinische Tone. Tertiäre Tone des Mainzer Beckens und seiner Randgebiete: des rheinhessischen Plateaus und des Rheingaus im Westen und der Wetterau, der Hohen Straße und der Hanau-Seligenstadter Senke im Osten. Im Westen liegen Septarientone in einem Streifen von Medenbach am Taunus über Breckenheim und Wicker bis Flörsheim. In höheren Lagen sind die Tone schiefrig, in tieferen sandig, pyrit- und gipshaltig. Der Ton von Wicker wurde in Frankfurt zu weißglasierten Kacheln verarbeitet. Linsenförmig treten Töpfertone bei Bad Soden auf, größere Lager von feuerfesten Tonen befinden sich in der Umgebung von Königstein sowie bei Josbach und Medenbach im Taunus. Im Osten liegen Ziegeltone im nördlichen Odenwald bei Michelstadt und Erbach. Weißlicher Ton von Wenigumstadt wurde früher zu Fayencen verarbeitet, weißer, kalkfreier, feuerfester Ton bei Darmstadt zu feuerfesten Steinen. Ähnliche Vorkommen gibt es bei Egolsbach, Langen und Sprendlingen, bei Messel, Dieburg, Münster, Urberach und Groß-Zimmern. Die Tone wechseln mit Kaolinsanden ab. Ein weißbrennender Ton bei Aschaffenburg wurde früher in Frankfurt zu Ofenkacheln verarbeitet. In Damm kommt ein glimmerreicher Ton vor. Mainabwärts sind Tone in Dettingen, Seligenstadt, Hainstadt und Groß-Steinheim zu finden. In Erbstadt liegt ein feuerfester Ton unter Tage. Das bedeutendste Tonvorkommen dieser Gegend ist das von Klingenberg, das schon von den Römern genutzt wurde. Es ist ein sehr fetter, durch Humus dunkel gefärbter Ball Clay. Er eignet sich zur Herstellung von Graphittiegeln, feuerfesten Steinen, Schleifscheiben und Bleistiften.

Mittelrheinische Tone

	1	2	3
SiO_2	52,48	63,15	52,86
Al_2O_3	33,18	18,56	13,48
Fe_2O_3	1,67	4,10	4,38
CaO	0,72	0,62	4,22
MgO	0,37	2,44	1,91
K_2O	0,63	3,18	2,74
Na_2O	0,32	0,93	0,42
GV.	10,86	6,80	18,30
T	83,95	34	25
Q	8,45	33	44
F	7,87	33	31

1 = Klingenberger Ton. 2 = Blauer Ziegelhauser Ton. 3 = Flörsheimer Ton.

Mixed-layer Minerale. Tonminerale, die aus einer unregelmäßigen Wechsellagerung verschiedener Schichtpakete aufgebaut sind.

Modell. Zum Abformen bestimmte Ausführung des fertigen Gegenstandes plus Schwindungszugabe. Für die Geschirrfabrikation werden Modelle auf der Modelleurscheibe vom Modelleur in Gips angefertigt.

Modellieren. Herstellen von Plastiken (siehe auch Porträtmodellieren, Aufbauen, Plattentechnik). Das Modellieren sollte ohne Werkzeuge beginnen. Wenn die grobe Form hergestellt ist, setzt das prüfende Verbessern, Ausarbeiten und Vervollkommnen ein. Jede Bearbeitungsphase hat ihr optimales Trocknungsstadium, das einer bestimmten Verfestigung des Tones entspricht. Das beste Stadium der Feinbearbeitung liegt kurz vor der Lederhärte, die ein bis drei Tage nach dem feuchtplastischen Formen eintritt.

Modellierte Keramik soll nicht zu dickwandig sein. Stücke bis zu 30 cm Höhe sollen höchstens 1 cm Wanddicke haben. Ein runder Querschnitt von 2 cm wird schon durch eine durchgehende Bohrung mit einer Stricknadel halbiert. Man kann ein Objekt voll herstellen und nachträglich aushöhlen oder hohl aufbauen. Voll modellierte Reliefs höhlt man auf der Rückseite aus. Freistehende Objekte kann man von der Standfläche her aushöhlen oder mit einem Draht zerschneiden, aushöhlen und wieder zusammenkleben. Geschlossene Hohlräume brau-

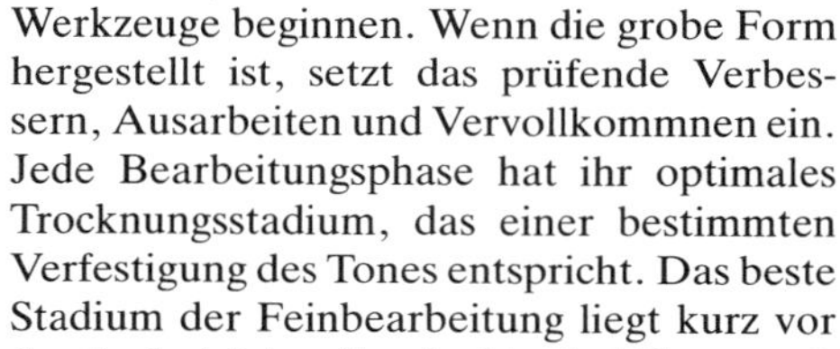

chen eine kleine Öffnung zum Entweichen der Luft. Der richtige Zeitpunkt zum Aushöhlen ist der lederharte Zustand, weil dann die Deformationsgefahr am geringsten ist. Zerschnittenes muß mit Tonschlicker zusammengeklebt werden, weil im lederharten Zustand Wasser allein nicht ausreicht.
Bildhauerarbeiten, die kein Nacharbeiten zulassen, werden nicht zerschnitten, sondern in Gips abgeformt.
Hohl modelliert man Objekte, indem man sie wie Gefäße aus Wülsten oder Streifen aufbaut. Hohlkörper kann man auch über aufgeblasene Luftballone formen oder zusammengeknülltes Papier, das im Feuer verbrennt, als stützenden Kern benutzen. Gekrümmte Röhren kann man herstellen, indem man eine Kordel einmodelliert, die im Feuer ausbrennt. Eine Hohlkugel oder ein hohles Gefäß läßt sich durch Eindrücken und Deformieren zu einer Hohlplastik gestalten.

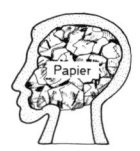

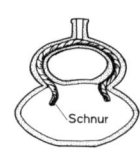

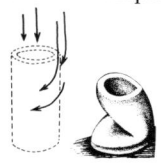

Das keramische Modellieren unterscheidet sich von der Metallbildhauerei durch die Vermeidung abstehender Teile und durch seine kompakten Formen. Abstehende Teile sollen auf den Grundkörper zurückgeführt werden, wie das bei den Henkeln der Fall ist.
Modelliermasse. Sie entspricht der Aufbaumasse.
Modellierwerkzeug. Hilfsmittel zum Modellieren mit Ton: Arbeitsmesser, Modellierhölzer, Modellierschlingen, Rollenschneider oder Henkelzieher, Lochstecher. Siehe auch unter Handtonpresse, Ränderscheibe, Tonharfe.
Modellschmiere. Trennmittel beim Abformen Ⓖ eines Gipsmodells durch eine Gipsform. 200 g Schmierseife in einem halben Liter Wasser im Wasserbad aufkochen und unter Umrühren einen Eßlöffel Maschinenöl hinzugeben. Zu lockerer Paste kaltschlagen.
Mohssche Härte. Von dem Mineralogen Friedrich Mohs (1773–1811) vorgeschlagene Härteprüfung nach einer Vergleichsskala von Mineralien (siehe unter Härte).
Mol, mol. Molekulargewicht in Gramm.
Molekularformel. Schreibweise, bei der die Oxide einer chemischen Verbindung mengenmäßig angegeben werden. Die Summenformel, z. B. $CaCO_3$ wird in ihre oxidischen Bestandteile ($CaO + CO_2$) zergliedert. Da auf diese Weise die in den Glasuren wirksamen Oxide deutlicher sichtbar werden, war diese Schreibweise Ausgangspunkt für die Entwicklung der Segerformel.
Molekulargewicht. Summe aller in einer chemischen Verbindung enthaltenen Atomgewichte.
Moler. Durch plastischen Ton verkittete Diatomeenerde (Diatomeenton). Kommt in Dänemark vor und wird zu Isoliersteinen verarbeitet.
Molochite. Kaolinschamotte.
Molybdän, Mo, 2- bis 6wertiges Übergangsmetall, Atomgewicht 95,94, Schmelzpunkt 2620 °C. Das 6wertige Molybdänion Mo^{6+} hat die Koordinationszahlen 4 und 6. Wichtigstes Erz ist der Molybdänglanz (MoS_2). In Pflanzen dient Molybdän der Assimilation und ist deshalb in geringen Mengen in ihren Aschen enthalten. Molybdän ist als Metall oder Legierungsbestandteil von technischer Bedeutung: keramische Heizleiter aus Molybdändisilizid ($MoSi_2$) gestatten Ofentemperaturen bis 1600 °C,, Molybdändraht läßt sich in Keramik einschmelzen. In Glasuren ist Molybdän ein Kristallbildner. Es bildet eisblumenförmige Kristalle. Man verwendet es hierfür zumeist in der Form des Ammoniummolybdats $(NH_4)_6 Mo_7O_{24} \cdot 4 H_2O)$ in Mengen zwischen 2,5 und 8 %.
Mondré und Manz. Rheinische Email- und Glasurenfabrik, Steinackerstr. 51, D-5210 Troisdorf. Frittenhersteller.

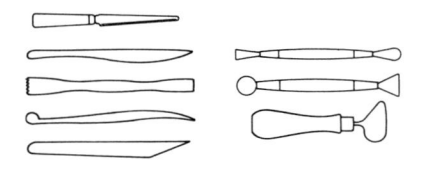

Monmouth fire clay. US-Ton, Ersatzmischung: 90,6 Kaolin 233, 6,4 Tonerdehydrat 276, 2,2 Fe_2O_3, 0,8 TiO_2.

Monmouth stone ware clay. US-Ton, entsprechend dem englischen TA. Ball clay. Ersatzmischung: 97,33 weißfetter Ton 91/wfA, 2 Tonerdehydrat, 0,3 kaust. Magnesit 346.

Montieren. Zusammenfügen von getrennt hergestellten oder zerschnittenen Teilen. Es muß im lederharten Zustand erfolgen. Die Berührungsflächen werden aufgerauht und mit Schlicker bestrichen. Das Aufrauhen dient dem besseren Eindringen der Feuchtigkeit in die Montagefläche. Der beim Zusammendrücken der Teile aus den Fugen quellende Schlicker soll bis zum Antrocknen belassen und danach zum Verstreichen der Verbindungsstelle benutzt werden.

Montmorillonit. Tonmineral der Montmoringruppe mit innerkristalliner Quellfähigkeit, besitzt im getrockneten Zustand noch etwa 20 % Wasser; das entspricht der Formel $Al_2O_3 \cdot 4SiO_2 \cdot 5H_2O$ (Mol.-Gew. 432,28). Montmorillonit bildet das Gestein Bentonit.

Montmoringruppe. Quellfähige Dreischichtminerale, die zu den Tonmineralen gehören: Montmorillonit, Beidellit, Volkonsit, Nontronit, Saponit, Hectorit und Saukonit.

Moosaschen. Saure Aschen, entsprechen etwa den Strohaschen.

G **Mosaikfliesen.** Fußbodenfliesen mit eingelegten, farbigen Massen. Die Massen werden in metallene Formengruppen (die den Stechformen zum Plätzchenbacken ähnlich sind) gefüllt, auf die Fliesen aufgebracht und durch Anpressen verdichtet.

Moseltone. Tertiärer, weißer, plastischer Ton ist in Flußablagerungen aus Lehm, Sand und Kies auf Muschelkalk und Buntsandstein beiderseits der Kill eingelagert. Diesen Ton haben schon die Römer benutzt; später wurde er auch als Pfeifenton verarbeitet. Bunte Töpfertonvorkommen befinden sich zu beiden Seiten der Salm und in Kroev, am linken Moselufer.

Mould (engl.) Gießform. *Jiggering mould* Ein- oder Überdrehform. *Mouldmarks* Formnähte, *casting mould* Gießform.

Mousehole (engl.) tiefliegende Sekundärluftöffnung (Ofen).

Mühle siehe unter Trommelmühle.

Mühlenzusatz. Am Schluß des Mahlens zugesetzte Versatzbestandteile (meist Kaolin), die nicht übermahlen werden dürfen.

Müllschlacke. In Müllverbrennungsanlagen aus dem Hausmüll gewonnene Schlacke. Die Verbrennungstemperatur ist nicht hoch genug, um alle Bestandteile zu einer homogenen Masse zu schmelzen. Deshalb muß die Schlacke nachgemahlen werden. Vergleiche der ständigen Analysenkontrollen unterliegenden Müllschlacken verschiedener Städte ergaben, daß die Abweichungen in der chemischen Zusammensetzung geringer sind als die Unterschiede zwischen Frühjahrs-, Sommer-, Herbst- und Winterschlacke. Die Schlacken aus der Berliner Müllverbrennungsanlage ergaben allein für sich braungrüne, fleckige Glasuren bei 1320 °C. Segerformeln zum Einrechnen in Glasuren:
Frühjahrsmüllschlacke = 0,53 CaO, 0,11 MgO, 0,31 Na_2O, 0,04 K_2O, 0,006 ZnO, 0,003 PbO, 0,0017 CdO, 0,23 Al_2O_3, 0,20 Fe_2O_3, 2,89 SiO_2. Mol.-Gew. 290.
Sommermüllschlacke = 0,51 CaO, 0,08 MgO, 0,37 Na_2O, 0,03 K_2O, 0,006 ZnO, 0,003 PbO, 0,0017 CdO, 0,17 Al_2O_3, 0,11 Fe_2O_3, 3,008 SiO_2. Mol.-Gew. 283.
Herbstmüllschlacke = 0,386 CaO, 0,078 MgO, 0,241 Na_2O, 0,029 K_2O, 0,004 ZnO, 0,261 PbO, 0,0017 CdO, 0,145 Al_2O_3, 0,123 Fe_2O_3, 2,306 SiO_2. Mol.-Gew. 277.
Wintermüllschlacke = 0,56 CaO, 0,11 MgO, 0,28 Na_2O, 0,04 K_2O, 0,006 ZnO, 0,003 PbO, 0,0017 CdO, 0,19 Al_2O_3, 0,14 Fe_2O_3, 2,69 SiO_2. Mol.-Gew. 264.

Münster- und Weserländer Tone Nordrhein-Westfalens. Zwischen Teutoburger Wald, Wesergebirge und Deister liegen sehr alte Tone und Tonschiefer aus Trias und Jura mit feinverteiltem Kalk und Lagen von Toneisenstein. Das wichtigste tertiäre Vorkommen ist das von Dörentrup östlich von Lemgo, das wegen seines Glassandes berühmt ist. Um das Sandvorkommen verlaufen tertiäre Ton- und Mergelbänder. Im Münsterland liegen Tone aus der Unterkreide im Westen, fast an der holländischen Grenze, bei Bentheim, Ochtrup und nördlich von Stadtlohn. Verwitterte Geschiebelehme sind zahlreich im Weserbergland sowie bei Münster, Hamm und Dortmund.

Muffel. Abgeschlossener Raum in einem Ofen. In Elektroöfen können die Heizspiralen und das Mauerwerk geschützt werden, indem man in einer Muffel reduziert, Raku brennt oder Steine erhitzt.

Muffelofen. Ofen, dessen Brennraum aus einem kastenförmigen Einsatz (Muffel) besteht, der wie eine große Kapsel das Brenngut vor den Feuergasen schützt. Meist gas- oder kohlebeheizte Öfen zum Einbrennen von Aufglasurfarben (»Muffelfarben«).

Mullit, $3 Al_2O_3 \cdot 2 SiO_2$. Kristallform, die sich beim Erhitzen nach dem Zerfall der Tonminerale (ab 1130 °C) als schuppiger Primärmullit bildet und aus der Tonerde-Kieselsäure-Schmelze als strahliger Sekundärmullit mit bis zu 10 µm langen und 0,5 µm dicken Nadeln ausscheidet, die sich bei zu langem Brand wieder auflösen können.

Mullitfaser. Aus Tonerde, Bauxit und Quarzsand bei über 1800°C geschmolzene Faser von der Zusammensetzung des Mullits.

Mullitschamotte. Magerungsmittel für feuerfeste Erzeugnisse mit hohem Tonerdegehalt, hergestellt aus kalzinierter Tonerde und Ton, gebrannt bei 1552–1750°C. Die Zusammensetzung entspricht der des Mullits.

Muscheln. $CaCO_3$. Muschelschalen ergeben beim Brennen (Kalzinieren) im Schrühbrand, wobei sie über 850°C zerfallen, einen weißen, sehr reinen Kalk folgender Zusammensetzung:

91,36–97,10 % $CaCO_3$
 0,53– 0,10 % $MgCO_3$
 0,31– 0,45 % $CaSO_4$
 0,13– 0,56 % $Fe_2O_3 + Al_2O_3$
 0,05– 0,23 % $NaCl$
 0,21– 0,67 % $Na_2O + K_2O$
 0,11– 0,58 % lösliche SiO_2
 0,76– 0,79 % Quarz

Kalzinierte Muschelschalen sind ein guter Kalkrohstoff für Glasuren. Sie haben das Molekulargewicht 56.

Museum der deutschen Porzellanindustrie, 8591 Hohenberg/Eger.

Museum für moderne Keramik, 6705 Deidesheim/Weinstraße.

Musikinstrumente, siehe unter Flöten, Gefäßflöten, Glocken, Pfeifen.

Muskowit, Kaliglimmer, Sericit, $K_2O \cdot 3Al_2O_3 \cdot 6SiO_2 \cdot 2H_2O$.

Mutterform. Aus dem Modell abgeformte erste Form, deren Teile für sich wieder abgeformt werden, um Arbeitsformen zu gewinnen, die dem Verschleiß unterliegen.

Nabofritte = Natriumboratfritte mit der ungefähren Zusammensetzung $1Na_2O \cdot 2B_2O_3 \cdot 3SiO_2$. Die genaue Zusammensetzung schwankt bei den einzelnen Herstellern (siehe unter Borfritten).

Nadelstiche. Glasurfehler, verursacht durch [G] aufgeplatzte Bläschen, hinter denen sich die Glasur nicht völlig geschlossen hat. Abhilfe: Erniedrigung der Viskosität und Erhöhung der Oberflächenspannung der Glasur. Beide Forderungen erfüllt ein geringer Zusatz von Lithiumkarbonat. Bei dichtgeschlossenem Ofen (Elektroofen) kann der ansteigende Ofenraumdruck das Austreten der Gase verzögern, so daß sie erst aufplatzen, wenn die Glasur schon zu zäh ist. Abhilfe: Öffnen der Belüftungskanäle. Nadelstiche können auch durch »Primärblasen« beim Glasieren verursacht sein.

Nakrit. Tonmineral der Kaolingruppe, $Al_2O_3 \cdot 2SiO_2 \cdot 2H_2O$.

Naphtalin $C_{10}H_8$ (Mottenkugeln). Hochgiftige Vorstufe des Dioxins, Schädlingsbekämpfungsmittel, das im Feuer eine reduzierende Atmosphäre herbeiführt.

Narbenglasur. Entmischungsglasur mit lederartiger Struktur. Besonders effektvoll mit Borphosphat, Zink-, Titanoxid, Erdalkalien, z. b. für 1040 °C:

59,9 Fritte M70
12,0 Zinkoxid
 6,4 Kalkspat
13,2 Tonerdehydrat
 8,5 Borphosphat

Farbzusätze: 2 % Braunstein, 2 % Kupfer-, 3 % Kobalt- oder 3 % Nickeloxid.

Natrium, Na, 1wertiges Alkalimetall, Atomgewicht 22,9898. Es ist als Natriumchlorid und Natriumsulfat im Meerwasser, als Steinsalz, Natronfeldspat (Albit), als Chilesalpeter ($NaNO_3$) und in Form von Natriumboraten – in ariden Gebieten auch als Natursoda – in der Natur zu finden. Von den wasserlöslichen Natriumverbindungen haben Soda und Borax sowie andere Natriumboratminerale weniger für Rohglasuren als vielmehr für die

Frittenherstellung Bedeutung. Wasserlöslich ist auch Wasserglas. Als Rohstoffe für Rohglasuren spielen Natriumfeldspat und Nephelinsyenit wegen ihrer Wasserunlöslichkeit die Hauptrolle. Darüber hinaus ist Natriumoxid (Na_2O, Mol.-Gew. 61,99) auch in Gesteinen und Aschen enthalten.

Natriumoxid in Glasuren. Das Natriumion Na^+ hat die Koordinationszahlen 6 und 8. In Glasuren ist es ein Flußmittel, das selbst nicht färbt und Farben nicht beeinträchtigt. Gegenüber dem verwandten Kalium verringert es die Viskosität mehr und erhöht die Ausdehnung und damit die Haarrißgefahr niedrigschmelzender Glasuren stärker. Wie beim Kalium, so liegen auch beim Natrium die am niedrigsten schmelzenden Mischungen bei hohen Kieselsäuregehalten. Dort gibt es auch eine Mischungslücke im System Na_2O–SiO_2. Niedrigschmelzende blei- und borfreie Alkaliglasuren lassen sich aus der Fritte D 90208 herstellen, ohne daß man auf Wasserglas angewiesen ist. Wenn es darum geht, die Schmelztemperaturen von Rohglasuren herabzusetzen, leistet der Nephelinsyenit mit seinem niedrigen Kieselsäuregehalt gute Dienste.

Natriumoxid in Massen. Es kommt in geringen Mengen durch Albit in den Tonen vor. Ein absichtlicher Zusatz von Natronfeldspat oder Nephelinsyenit erfolgt nur, wenn die Brenntemperatur herabgesetzt und ein schnelleres Sintern im Schnellbrand erreicht werden soll.

Natronfeldspat. Hauptsächlich aus dem Mineral Albit bestehendes Gestein. Es wird in Oberfranken bei Gefrees und Friedmannsdorf als Albit-Pegmatoid abgebaut und durch Aufbereitung angereichert; in der Oberpfalz wird ein kalkarmer Plagioklas zwischen Erbendorf, Windisch-Eschenbach und Neustadt gewonnen. Der handelsübliche »Feldspat Na 427« hat die Zusammensetzung: 67,9 % SiO_2, 19,9 % Al_2O_3, 0,19 % Fe_2O_3, 0,95 % CaO, 0,15 % MgO, 0,60 % K_2O, 9,48 % Na_2O, 0,007 % F, 0,9 % Glühverlust. Segerformel: 0,85 Na_2O, 0,04 K_2O, 0,09 CaO, 0,02 MgO, 1,08 Al_2O_3 · 6,28 SiO_2. Mol.-Gew. 556,107.

Natronsyenit. Tiefengestein mit den Gemengteilen Albit und Alkalihornblende. Anhaltswerte für die Zusammensetzung: 60 % SiO_2, 0,42 % TiO_2, 16,88 % Al_2O_3, 1,83 % Fe_2O_3, 3,02 % FeO, 0,132 % MnO, 1,4 % MgO, 3,16 % CaO, 9,31 % Na_2O, 0,94 % K_2O, 1,96 % H_2O, 0,14 % P_2O_5, 0,59 % CO_2, 0,06 % BaO, 0,02 % SrO, 0,03 % ZrO_2. Segerformel zum Einrechnen in Glasuren: 0,14 FeO, 0,10 MgO, 0,21 CaO, 0,52 Na_2O, 0,03 K_2O, 0,59 Al_2O_3, 0,03 Fe_2O_3, 3,45 SiO_2, 0,03 TiO_2. Mol.-Gew. 344.

Naturcraquelée, Engobecraquelée. Eine fette Engobe reißt auf einer mageren Masse. Damit die Schollen nicht einfach abfallen, wird die Engobe mit Dextrin versetzt, verschrüht und glasiert.

Naturschutz. Nach dem Naturschutzgesetz von 1935 sind Eingriffe, die den Naturgenuß beeinträchtigen, verboten. Regeln für den naturorientierten Keramiker:

Natrium-Rohstoffe

Rohstoff	Mol.-Formel	Mol.-Gew.
Soda, kalziniert	$Na_2O \cdot CO_2$	106,00
Kristallsoda	$Na_2O \cdot CO_2 \cdot 10H_2O$	286,16
Borax, kalziniert	$Na_2O \cdot 2B_2O_3$	201,23
Borax, kristallin	$Na_2O \cdot 2B_2O_3 \cdot 10H_2O$	381,43
Kernit, Rasorit	$Na_2O \cdot 2B_2O_3 \cdot 4H_2O$	309,35
Ulexit	$Na_2O \cdot 2CaO \cdot 5B_2O_3 \cdot 16H_2O$	636,57
Fritte D90158	$Na_2O \cdot 2B_2O_3 \cdot 3SiO_2$	381,45
Wasserglas	$Na_2O \cdot 3,33 SiO_2$	261,99
Fritte D90208	$Na_2O \cdot 0,2Al_2O_3 \cdot 2,2SiO_2$	214,51
Albit, Mineral	$Na_2O \cdot Al_2O_3 \cdot 6SiO_2$	524,29
Feldspat Na 427	$Na_2O \cdot 1,1Al_2O_3 \cdot 6,3SiO_2$	556,11
Nephelinsyenit 344	$0,77Na_2O \cdot 0,23K_2O \cdot 1,1Al_2O_3 \cdot 4,80 SiO_2$	470,20

1. Sammeln von Bodenschätzen:
   - nur dort sammeln, wo einem dazu die Erlaubnis erteilt wurde;
   - Vorschriften, Verbote und Gebote beachten;
   - nur so viel mitnehmen, wie erlaubt ist;
   - daran denken, daß auch andere sich über Funde freuen möchten;
   - eine Fundstelle so verlassen, wie es sich gehört: aufgeräumt;
   - beim Sammeln Rücksicht auf andere nehmen;
   - in Steinbrüchen usw. einen Schutzhelm tragen;
   - Hinweise auf Gefahren nicht mißachten und nicht leichtfertig Risiken eingehen.
2. Waldschutz:
Gesetze zur Erhaltung des Waldes (LWaldG): »Ordnungswidrig handelt, wer vorsätzlich oder fahrlässig im Wald unbefugt Bodenbestandteile, Steine, Mineralien oder deren Gemische oder ähnliche Gegenstände im Ganzen oder teilweise entfernt, zu deren Gewinnung es einer Verleihung, einer Konzession oder einer Erlaubnis der Behörde nicht bedarf.«

Natursoda. Mischungen von $Na_2CO_3 \cdot 2(NaHCO_3) \cdot 2H_2O$ (= »Trona«), $Na_2CO_3 \cdot 10H_2O$ (= »Natron«), $Na_2CO_3 \cdot H_2O$ (= »Thermonatrit«) sowie NaCl (= Kochsalz) und $Na_2SO_4 \cdot 10H_2O$ (= Glaubersalz). Vorkommen in Europa außer in natürlichen Quellen (Aachen) in der ungarischen Steppe bei Szegedin und Debreczin auf beiden Ufern der Theiss. Die früher ausgebeuteten Sodateiche (Fehértó, Rózcacsapos tó Nagyzsék) sind größtenteils zugeweht, so daß man Natursoda nur noch im Bugaci-Nationalpark findet. Es handelt sich hier vorzugsweise um 6–15 % Natron und Thermonatrit, vermischt mit Flugsand. Für ägyptischblaue Glasuren muß der Sand ausgewaschen werden.

Neapelgelbfarbkörper. Bleipyroantimonat $2PbO \cdot Sb_2O_5$.

Negativmalerei, siehe unter Wachsmalerei.

Neodym. Nd, 3wertiges Element aus der Gruppe der Lanthaniden, Atomgewicht 144,24. Das hellblaue Neodymoxid (Nd_2O_3) dient zur Herstellung von Sonnenschutzgläsern (Neophanglas), Glasuren färbt es blaß rotviolett; in der Keramik wird es hauptsächlich zur Farbkörperherstellung verwendet.

Nephelin. Mineral der Zusammensetzung $NaAlSiO_4$, entsprechend $Na_2O \cdot Al_2O_3 \cdot 4 SiO_2$. Es ist als Feldspatvertreter in basischen magmatischen Gesteinen enthalten und bildet das namensgebende Mineral des Nephelinsyenits. Vorkommen in Deutschland: in Hohlräumen kieselsäurearmer Gesteine im Odenwald, Vogelsberg, am Kaiserstuhl und in Auswürflingen am Laacher See.

Nephelinit. Dunkles Ergußgestein mit Titanaugit, Nephelin und Haüyn als Hauptgemengteile, Olivin, Apatit und Glas. Zusammensetzung des Nephelinits vom Hochstradener Kogel in der Steiermark: 40,99 % SiO_2, 2,41 % TiO_2, 16,5 % Al_2O_3, 10,62 % Fe_2O_3, 0,35 % MnO, 3,29 % MgO, 12,63 % CaO, 5,95 % Na_2O, 2,36 % K_2O, 2,63 % H_2O, 0,89 % P_2O_5, 0,36 % Cl, 0,64 % SO_3. Segerformel zum Einrechnen in Glasuren: 0,189 MgO, 0,52 CaO, 0,23 Na_2O, 0,07 K_2O, 0,36 Al_2O_3, 0,16 Fe_2O_3, 1,55 SiO_2, 0,07 TiO_2, 0,02 P_2O_5. Mol.-Gew. 229.

Nephelinsyenit. Aus Nephelin, Orthoklas oder Mikrolin, Albit und wenig Anorthit gebildetes Gestein. Der Nordkap-Nephelinsyenit stammt von der norwegischen Insel Stjernøj und enthält Feldspat und Nephelin im Verhältnis 2:1. Er wird unter der Bezeichnung Nephelinsyenit M 325 gehandelt: 58,6 % SiO_2, 23,4 % Al_2O_3, 0,12 % Fe_2O_3, 1,1 % CaO, 0,02 % MgO, 7,0 % Na_2O, 9,0 % K_2O, 0,7 % Glühverlust. Segerformel zum Einrechnen in Glasuren: 0,49 Na_2O, 0,42 K_2O, 0,09 CaO, 1,0 Al_2O_3, 4,27 SiO_2. Mol.-Gew. 437,24.

Der kanadische Nephelinsyenit stammt aus Ontario (Blue Mountains). Er wird unter der Bezeichnung Nephelinsyenit 334 angeboten: 60,7 % SiO_2, 23,5 % Al_2O_3, 0,07 % Fe_2O_3, Spuren MgO, 4,6 % K_2O, 10,1 % Na_2O, 0,6 % Glühverlust. Segerformel zum Einrechnen in Glasuren: 0,23 K_2O, 0,77 Na_2O, 1,09 Al_2O_3, 0,002 Fe_2O_3, 4,77 SiO_2. Mol.-Gew. 470,21. Der in den USA und in Großbritannien angebotene Nephelinsyenit ist der kanadische.

Nephelinsyenit hat ein Sinterintervall von 170 Grad; er beginnt bei 1060 °C zu erweichen, und sein Kegelfallpunkt liegt bei etwa 1230 °C. Er besitzt eine größere Schmelzwirkung als Feldspat und wird deshalb zur Brennstoffersparnis in sanitärkeramischen-, in Boden- und Wandfliesen- und in Hartsteingutmassen eingesetzt.

Nephelintephrit. Ergußgestein mit Plagioklas, Titanaugit und Nephelin als Hauptgemengteile. Vorkommen u. a. in Frenzelberg, Lausitz: 46,26 % SiO_2, 1,69 % TiO_2, 18,98 % Al_2O_3, 7,39 % Fe_2O_3, 3,27 % FeO, 3,09 % MgO, 10,59 % CaO, 5,51 % Na_2O, 1,99 % K_2O, 0,96 % H_2O, 0,49 % P_2O_5. Segerformel zum Einrechnen in Glasuren: 0,19 FeO, 0,31 MgO, 0,08 CaO, 0,35 Na_2O, 0,08 K_2O, 0,73 Al_2O_3, 0,19 Fe_2O_3, 2,96 SiO_2, 0,08 TiO_2. Mol.-Gew. 352.

Neriage. Bezeichnung für Fladerung: Verzierung durch gefärbte Massen.

Netzwerk. Nach der Netzwerktheorie von Zachariasen bestehen Silikatgläser aus einem von SiO_4-Tetraedern gebildeten Netzwerk, das durch Eintritt von Kationen verändert wird.

Netzwerkbildner. Kationen, die zur Glasbildung führen: Si, B, Ge und P.

Netzwerkwandler. Kationen, die das Netzwerk verändern, z. B. Alkali- und Erdalkali-Ionen.

Nichtmetalle. (Metalloide). Elektronegative chemische Elemente, deren Oxide mit Wasser Säuren bilden, und Edelgase.

Nickel, Ni, 2- bis 4wertiges Metall, Atomgewicht 58,71. Wichtigstes Erzmineral ist Nickelmagnetkies ((Fe, Ni)S), die wichtigsten Vorkommen sind in Kanada. Das Nickel(II)oxid (NiO, Mol.-Gew. 74,71) ist ein gelb bis grünliches Pulver, das Nickel(III)oxid (Ni_2O_3, Mol.-Gew. 165,42) ein schwarzes Pulver, Nickelkarbonat ($NiCO_3$, Mol.-Gew. 118,72) ein grünliches Pulver. 1 NiO entspricht 1,1 Teilen Ni_2O_3 und 1,6 Teilen $NiCO_3$.

[G] **Nickel in Glasuren.** Das Nickelion Ni^{2+} hat die Koordinationszahl 6. Es besitzt keine starke Flußmittelwirkung. Als Färbemittel bringt es in Abhängigkeit von Art und Konzentration der Begleitstoffe eine große Zahl von Farben hervor. In bleifreien Borglasuren erhält man ein Gelbbraun mit 0,45 CaO, 0,20 BaO und 0,1 MgO, Rest Alkalien, in der Segerformel. In bleifreien, alkalireichen Borglasuren gibt wenig Nickel (0,1 % NiO) ein Grau, das bei Vermehrung des Nickels und bei erhöhtem Tonerde- und Borsäuregehalt in ein Braun übergeht. Das Braun wird intensiver in Anwesenheit von Strontium und Barium bei 2 % NiO. In minimalen Mengen verbessert Nickel sogar das Kobaltblau (neben geringen Mengen Mangan), was man bei chinesischen Kobaltglasuren festgestellt hat.

Die schönsten Nickelfärbungen sind Blau und Altrot. Die Farben sind sehr empfindlich gegen Veränderungen des Milieus.

Blau bei 1180 °C
36 Fritte D90420
37 Fritte M1233
 6 Zinkoxid
21 Kaolin

Altrot bei 1180 °C
46,6 Fritte M1233
14,0 Nephelinsyenit 334
23,0 Bariumsulfat
 7,0 Zinkoxid
 9,4 Kaolin.

In beiden Glasuren beträgt der Nickelgehalt 3 % NiO. Wird das Zinkoxid verringert, so werden die Glasuren braun. Das Blau wird intensiver bei Erhöhung des Zinks. Die Farben halten höheren Temperaturen nicht stand.

Nickeloxid enthält stets eine Spur Kobalt. Das führt dazu, daß man in nickelgefärbten Kristallglasuren blaue Kristalle erhält, während die Grundglasur hellbraun gefärbt ist.

Nickel in Massen. Es wird in magnetischen keramischen Werkstoffen als Nickelferrit verwendet.

Nickelic oxide. (engl.) Ni_2O_3.

Nickelous oxide. (engl.) NiO.

Niederahrer Ton. 178/RI. Roter Ton mit der chemischen Analyse 54,1 % SiO_2, 42,1 Al_2O_3, 11,2 % Fe_2O_3, 0,4 % CaO, 0,4 % MgO, 1,5 % K_2O, 1,1 % Na_2O, 7,3 % Glühverlust.

Niederrheinisches Freilichtmuseum, Kreis Viersen, mit keramischem Zentrum, Vorführungen an der Töpferscheibe, Aktionen zum Mitmachen, Keramikausstellungsraum.

Niederrheinische Tone. Die niederrheinische Bucht schiebt sich wie ein Keil vom Norden zwischen Eifel und rheinisches Schiefergebirge. An seinem Südrand reicht der Bonner Tonbezirk bis an die Ahr. Südlich von Bonn liegen unter Tage die hochplastischen tertiären Tone von Witterschlick, Adendorf, Ringen, Lantershofen und im Süden des Ahrtales die Tonvorkommen zwischen Sinzig und

Crisdorf. Nordwestlich davon, zwischen Eifel und Billiger Wald, finden sich gute, plastische Tone in Firmenich, Satzvey, Antweiler und Arloff. Noch weiter westlich liegen Braunkohlentone bei Eschweiler und Düren, bei Boll und der alten Töpferstadt Langerwehe.
Vortertiäre Tone in der Gegend von Hanseh und Eynatten führten zur Entstehung der Raerener Steinzeugindustrie, deren Blütezeit im 15. bis 17. Jh. lag. Solche alten Tone gibt es auch am Fuß der Kreideberge um den Aachener Wald und als Magerton auf dem Gipfel des Schneebergs bei Vaals.
Reiche Braunkohlentonvorkommen weist die Ville auf, das Vorgebirge, das sich auf der linken Rheinseite in einer Länge von 50 km von Bad Godesberg bis Grevenbroich hinzieht. Die Tone liegen hier über und unter den Braunkohlenflözen. Sie sind plastisch, eisenarm und kalkfrei, unter den Flözen sind sie mit Kohleteilchen vermengt. Am Osthang der Ville kommen solche Tone an zahlreichen Stellen an die Oberfläche, am Westhang sind große Vorkommen bei Heimerzheim, Kriegshoven, Metternich und Hermühlheim. In fränkischer Zeit war Pingsdorf ein berühmter Töpferort. Westlich davon liegt eisenhaltiger Ton, der sich für Töpferware eignet, über der Braunkohle; drunter liegt fetter, eisenarmer, weißbrennender Ton.
Im Wurm- und Ruhrtal kommt tertiärer Ton verschiedener Qualität bei Panneschopp und Bockel, fetter Ton um Odenkirchen bei Mönchen-Gladbach vor.
Auf der anderen Rheinseite, im Bergischen Land, liegen tertiäre Tone bei Bergisch-Gladbach in großen Vertiefungen, die sich durch Auslaugung im Kalkstein bildeten, und in der Wahner Heide bei Burg Wirren und Siegburg. An der Sieg lagern gelbe und graue Tone bei Kaldauen und Seligental, die im 16. Jh. zur Herstellung des Siegburger Steinzeugs verwendet wurden.
Nordwestlich von Köln kommen oberhalb von Stommeln und bei Wasserberg gelbe Töpfertone an die Oberfläche. Weiter gegen Norden im Inneren der rheinischen Bucht lassen Aufschüttungen durch Rhein und Maas tertiäre Tone nur selten zutage treten. Glimmertone finden sich am Westrand des Beckens von Münster, in Dingen und Bocholt, ein fetter Töpferton am Wellar in der Nähe von Stadtlohn.
An der holländischen Grenze sind Töpfertone nördlich und südlich des Swalmtales in der Umgegend von Brüggen und Heidhausen verbreitet.

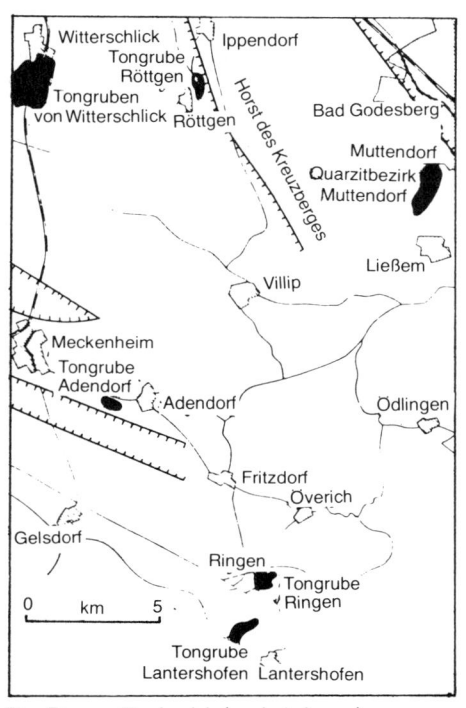

Der Bonner Tonbezirk (nach Ashauer).

Niederrheinische Tone

	1	2	3
SiO_2	81,38	48,40	62,55
Al_2O_3	11,67	34,50	20,63
TiO_2	0,56	1,12	–
Fe_2O_3	0,73	1,36	5,01
CaO	0,03	0,21	0,66
MgO	0,05	0,64	1,75
K_2O	0,99	2,01	2.00
Na_2O	1,25	0,32	1,12
GV.	3,82	11,30	6,28
T	53,90	96,00	42
Q	43,50	4,00	32
F	2,60	–	26

1 = Adendorfer Fischerton
2 = Witterschlicker Blauton HFF
3 = Pliozäner Ton Brüggen

Niedersächsische Tone. Im nördlichen Harzvorland kommen brackische Seeablagerungen aus der Unterkreide, die man als Wealden- (sprich: Wielden-)tone bezeichnet, südlich von Hannover zutage, wo sie ein Töpferzentrum in Duingen entstehen ließen. Ältere Tone, aus Keuper und Jura, liegen östlich von Helmstedt, ebenso die fetten Tone bei Sommersdorf und Sommerschenburg. In der Umgebung von Braunschweig finden sich blaugraue und gelbe Tone der Oberen Kreide, deren Kalkgehalt mit der Tiefe ansteigt.

Im Solling gibt es Töpfertone in Neuhaus, ferner südlich von Uslar in Schöningen und Fürstenhagen sowie in Fredelsloh, wo eine alteingesessene Bauerntöpferei ansässig ist, im Bölletal nördlich von Mohringen und noch weiter südlich im Nettetal unweit Bokkenem.

Kreidetone und Tertiärtone liegen im Norden Hannovers von Burgdorf und Burgwedel über Mellendorf, Scherenbostel bis Schessinghausen.

Im Küstengebiet zwischen Elbe und Weser kommen graue und braune eozäne Tone mit Bändern von vulkanischer Asche bei Hemmoor an der Oste vor. In Spalten des braunen Tones haben sich Aragonit = $CaCO_3$ und Schwerspat = $BaSO_4$ angereichert. Derartige Tone finden sich auch auf dem Wingst zwischen Land Hadeln und Land Kehdingen. In Stade unter dem Hohewedel liegt ziegelroter Zechsteinton. Hier, auf dem Südufer der Elbe, ist der Marschenschlick (Klei) kalkhaltig und gut für Lehmglasuren zu gebrauchen. In der Lüneburger Heide bei Jesteburg im Seevetal, dann weiter nach Südwesten über Rotenburg, Hassendorf, Eversen zieht sich ein Streifen aus rotbrennendem, schwach kalkhaltigen Glimmerton, der gemagert werden muß, damit er nicht bläst.

Nikrothal. Handelsbezeichnung für austenitische Heizleiterlegierungen der Kantal AB.

Nilschlamm siehe unter Mineraldünger.

Nippes. Aus dem Rotwelschen »Neppsore« (= Betrugsware) stammende Bezeichnung, meistens für Zierporzellan gebraucht.

Noborigama. Japanische Bezeichnung für den chinesischen Drachenofen. Hangofen aus mehreren Kammern mit niedergehender Flammenführung. Der Feuerraum an der Stirnseite ist ohne Roste. Die einzelnen Kammern (meist drei) werden zusätzlich von der Seite geheizt. Sie steigen treppenförmig an und enden in einem Schornstein.

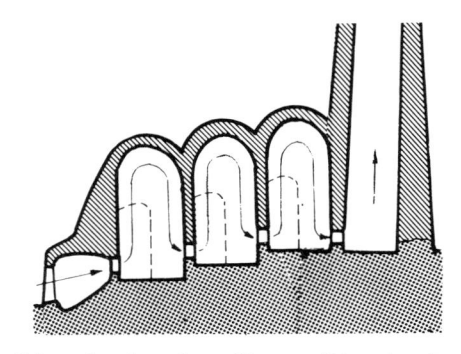

Nontronit. Quellfähiges Tonmineral der Montmoringruppe.

Norflot-Feldspat. Norwegischer Flotationsfeldspat: *K10* mit 11,8 K_2O, 2,9 Na_2O, 0,09 Fe_2O_3, *Na10* mit 2,9 K_2O, 7,7 Na_2O, 0,13 Fe_2O_3.

Nordwestdeutsche Flachlandtone. Unterkreidetone finden sich in größeren Flächen nördlich der Weserberge bei Bohmte, Lübbecke, Minden, in Schaumburg-Lippe und den Rehburger Bergen. In Heisterholz bei Minden kommt verfestigter, illitreicher Schieferton in drei Arten vor: blauer, darüber brauner und in oberster Schicht gelber Schiefer, der noch überlagert wird von dem »Pottlehm«, einem Lößlehm, der sich zur Herstellung von Terra sigillata eignet. Im südlichen Oldenburg gibt es rote kalkfreie Tone bei Nütteln, blaue kalkfreie bei Süd-Lohne und Steinfel-

Nordwestdeutsche Flachlandtone

	1	2	3
SiO_2	58,92	70,22	44,78
Al_2O_3	20,22	13,67	19,59
Fe_2O_3	7,94	6,80	5,81
CaO	1,69	–	10,80
MgO	0,97	1,30	1,47
K_2O	0,20	1,50	1,50
Na_2O	0,34	1,87	0,61
GV.	8,04	5,30	15,44
T	49	41,88	*41,40*
Q	58	44,06	*16,24*
F	9	14,06	*14,03*

1 = Kreideton von Heisterholz bei Minden.
2 = Roter Ton von Bockhorn, Friesland.
3 = Bielefelder Ton.

de; jüngere, tertiäre Tone treten zu beiden Seiten der Ems in den Baccumer, Lohner und Emsbürener Bergen auf.
Normalschamotte. Zwischen 1475 und 1675 °C aus feuerfestem Ton gebrannte Schamotte. Enthält u. a. Mullit und Cristobalit.
Norite. Tiefengesteine der Gabbrogruppe aus Plagioklasen und Pyroxenen, nach denen sie unterteilt werden. Vorkommen bei Bad Harzburg und am Brocken.
Notfuß. Kleiner Fuß unter flachen Plattenböden, der das Durchbiegen im Brand verhindert.
Noyaki (jap. No = Erde, yaki = Gebranntes) siehe unter Earth Art.

O

Oberflächenspannung. Grenzflächenspannung. Zusammenziehende Kraft, die bei Flüssigkeiten (beim Anmachwasser und bei den Glasuren) und festen Stoffen (bei der Scherbensinterung) die Oberfläche zu verkleinern versucht.
Beim Trocknen fällt die Oberflächenspannung des Anmachers von 72,6 bei 20 °C auf 58,8 mN/m bei 100 °C ab, wodurch sich die Kapillarkraft des Wassers verringert und die Trocknung etwas langsamer wird. Im austrocknenden Ton zieht die Oberflächenspannung der Wasserhäutchen die Teilchen zusammen und verursacht die Trockenschwindung. Die Oberflächenspannung von Glasuren liegt zwischen 250 und 280 mN/m, die des Scherbenglases bei 320 mN/m. Tonerde hat hohe Werte, Borsäure sehr niedrige. Im allgemeinen sinkt die Oberflächenspannung mit steigender Temperatur. Bei Fensterglas um 4 Punkte je 100 Grad. Bei Glasuren, die borsäurereich sind und daher ohnehin eine niedrige Oberflächenspannung besitzen, steigt sie hingegen mit der Temperatur geringfügig an. Aus der chemischen Analyse läßt sich die Oberflächenspannung durch Multiplikation mit den Faktoren der Tabelle annähernd berechnen. Wie in den meisten Fällen, so taugt auch hier die Addition (je mehr, desto mehr) nur zu einem groben Bild. In Wirklichkeit kommt es auf die Partner an. Diejenigen mit der niedrigen Oberflächenspannung reichern sich in der Oberfläche an. So können schon geringe Verunreinigungen oder Zusätze die Oberflächenspannung stark herabsetzen. Das gilt besonders für die Borsäure. Bei Glasuren spielt auch die Grenzflächenspannung zwischen Glasur und Scherben eine große Rolle. Glasuren mit niedriger Grenzflächenspannung benetzen den Scherben gut, halten aber das Laufen nicht auf. Mit hoher Oberflächenspannung verhindern sie das Ablaufen, können aber zum Kriechen führen.

Faktoren zur Berechnung der Oberflächenspannung

SnO_2	>6,6	CoO	4,5
MgO	6,6	ZrO_2	4,1
Al_2O_3	6,2	BaO	3,7
CaO	4,8	SiO_2	3,4
ZnO	4,7	TiO_2	3,0
Li_2O	4,6	Na_2O	1,5
Fe_2O_3	4,5	PbO	1,2
MnO	4,5	B_2O_3	0,8
NiO	4,5	K_2O	0,1

Die Werte der chemischen Analyse, mit diesen Faktoren multipliziert, ergeben die Oberflächenspannung in mN/m bei 900 °C. Je hundert Grad mehr müssen 4 Punkte abgezogen werden.

Objekt. In der Keramik ein Gegenstand, der kein Gefäß ist.
Objektkunst. Richtung der modernen Kunst, die die Objekte selbst anstelle ihrer künstlerischen Darstellung vorführt: Industrieprodukte, Objets trouvés, Ready Mades.
Obsidian. Dunkles, vulkanisches, glasreiches Gestein aus kieselsäurereicher Lava, in der Geschichte bekannt als Werkstoff für Messer und Pfeilspitzen. Zusammensetzung: 74 % SiO_2, 13 % Al_2O_3, 1 % Fe_2O_3, 0,6 % CaO, 0,6 % MgO, 5 % K_2O, 4 % Na_2O, 2 % Glühverlust. Segerformel zum Einrechnen in Glasuren: 0,08 CaO, 0,10 MgO, 0,37 K_2O, 0,45 Na_2O, 0,89 Al_2O_3, 0,04 Fe_2O_3, 8,60 SiO_2. Mol.-Gew. 700.
Ochre (engl.) Ocker.
Ochsenblutglasur. Mit Kupfer im Reduktionsbrand rot gefärbte Glasur. Als Scherben eig-

net sich unschamottiertes, hellbrennendes Steinzeug oder Porzellan. Das Rot wird durch Zinnoxid, Zinkoxid und eine leichtschmelzende Borfritte gefördert. Die Glasuren sollen sofort verbraucht werden, weil die Fritten leicht wasserlöslich sind und zur Kristallisation führen. Eine abgestandene Glasur gelingt nicht mehr so gut wie eine frische. Als Kupferverbindung ist basisches Kupferkarbonat vorzuziehen, weil es sich besser verteilt und reaktionsfähiger ist als Kupferoxid.

Die folgende Glasur ergibt ein Kupferrot bei 1280 °C. Sie kann auch mit inneren Reduktionsmitteln versetzt und oxidierend gebrannt werden:

16,54 Fritte D90158
40,13 Fritte M1233
 9,99 Kalkspat
33.23 Kaolin
 0,50 bas. Kupferkarbonat
 1,00 Zinnoxid.

Mit Zinkoxid erhält man violett-weiße Töne, mit viel Borsäure violett-blaue. Auch Eisen tönt die Farbe nach Blau ab. Je leichtflüssiger die Glasur ist, desto leichter erhält man das Rot.

Ocker. Verwitterungsprodukte metallischer Erzminerale. Man unterscheidet Antimon-, Wismut-, Molybdän-, Wolfram- und Eisenocker. Dieser ist ein mit Ton vermischtes rotes Eisenoxid mit mehr oder weniger großen Mengen Eisenoxidhydrat (Brauneisenerz). Je nach dem Anteil dieser beiden Oxidationsformen des Eisens gibt es verschiedene Übergänge in den Farbtönen. Meist besitzen die Ocker auch Beimengungen von Phosphorsäure und Mangan, die die Farbe ebenfalls beeinflussen. Die aus fast reinem Eisenoxidhydrat bestehenden Ocker sind am hellsten gelb gefärbt (Terra die Siena), während ein steigender Mangangehalt braunere und tiefere Farbtöne verursacht. Zu den Übergangsstufen gehört die tiefbraune, eisenhaltige Umbra. Fette, tonhaltige Ocker besitzen gewöhnlich weniger Eisenoxidhydrat als magere, kalk- und sandhaltige. Verunreinigter Ocker ist häufig. Reine Vorkommen gibt es im Harz in Oker bei Goslar, in Tilberg, Bruchberg, Acker, in Gefell und Pottiga im Frankenwald, in Ransbach im Westerwald, in Nidda am Vogelsberg, auf den Eisenerzlagerstätten im Siegerland, in Wehr im Kreis Mayen, in Theley im Kreis Ottweiler, in Sulzbach/Rhein, in Neuleiningen, Battenberg und Wunsiedel in Bayern, in Oberebersbach in Unterfranken, in Amberg, Auerbach und Eschenbach in der Oberpfalz und in Sulzerrain bei Hofen in Württemberg und vor allem in Frankreich bei Roussillon im Departement Yonne und Vaucluse bei Apt, Ru und Auxerre bei Rouen. Der französische Ocker hat die molare, auf 1 Mol Fe_2O_3 bezogene Zusammensetzung: 1 Fe_2O_3, 0,01 MgO, 0,03 CaO, 1,42 Al_2O_3, 6,99 SiO_2, 3,96 H_2O, Mol.-Gew. 813,81. Man kann die Zusammensetzung eines Ockers an seiner Färbung beim Brennen im Schrühbrand erkennen; je intensiver das Rot dabei erscheint, desto geringer sind die Verunreinigungen.

Odenwälder Ton. Rotbrennender Ton. Handelsbezeichnung 84/rf mit der Zusammensetzung 63,1 % SiO_2, 19,9 % Al_2O_3, 6,3 % Fe_2O_3, 0,1 % CaO, 1,3 % MgO, 4,8 % K_2O, 1,1 % Na_2O, 3,7 % Glühverlust.

Öfen. Brennvorrichtungen, die periodisch (ein G Brand nach dem anderen), halbkontinuierlich (mit Herdwagen) oder kontinuierlich (Tunnelofen, Ringofen) betrieben werden können. Bei periodischen Öfen muß jedesmal mit der Ware das Mauerwerk aufgeheizt werden. Einteilungen nach der Heizenergie (Elektro-, Gas-, Holz-, Öl-, Kohleöfen), nach der speziellen Technologie des Brenngutes (Schwarzbrand-, Raku-, Steinzeug-, Salzbrandöfen), nach dem Standort (Freilandöfen, Studioöfen), nach der Beschickung (Kammeröfen, Schachtöfen [= Toplader], Haubenöfen).

Die mit Gas, Holz oder anderen Brennstoffen befeuerten Öfen sind die im folgenden näher beschriebenen Feuerungsöfen. In ihrer primitivsten Form kommt der Brennstoff mit dem Brenngut direkt in Berührung und kann so maximal ausgenutzt werden, wobei es zu punktweisen Überfeuerungen kommt. Nach dem Flammenweg unterscheidet man bei Feuerungsöfen zwischen

– Öfen mit aufsteigender Flamme (stehender Ofen, Schachtofen). Bei ihnen wird das Feuer entweder direkt unter der Sohle angelegt, oder es führen Schürgassen unter der Sohle hindurch. Die unten stehende Ware erhält die größte Hitze, die Feuergase strei-

chen zu schnell durch das Brenngut und werden nicht genügend ausgenutzt. Diese Öfen brauchen keinen Schornstein. Die Flugasche wird mitgerissen oder fällt in die Feuerung zurück.
– Öfen mit horizontaler Flamme (liegender Ofen, Anagama). Sie haben den Vorteil, daß das Feuer in unmittelbarer Nähe des Brenngutes liegt. Das Brenngut muß so gesetzt sein, daß die Feuergase durchstreichen können (Schürgassen). Diese Öfen sind länger als breit und hoch und werden deshalb als liegende bezeichnet. Ihr Nachteil ist die große abstrahlende Fläche; vor allem das Deckengewölbe verschluckt viel Wärme. Die Temperatur ist sehr ungleichmäßig. In der von der Feuerung am weitesten entfernten Zone wird das Brenngut am wenigsten erhitzt. Man begegnet diesem Nachteil bei den japanischen Öfen dadurch, daß man an diesen entfernten Stellen neue Feuer durch seitliche Öffnungen schürt. Diese Öfen sind für die Ablagerung von Flugasche günstig.
– Öfen mit absteigender Flamme (Olsen-Ofen, Bogen- oder Kettengewölbeofen). Bei ihnen werden die Brenngase über der Ofensohle abgezogen. Sie ziehen nicht frei durch den Brennraum, sondern müssen gedrückt werden. Das oben eingesetzte Brenngut wird am meisten erhitzt. Brennstoffausnutzung und Temperaturverteilung sind besser als bei den anderen Typen.
– Öfen mit niederschlagender Flamme (Gaskammerringofen). Bei ihnen werden die Brenngase durch die Ofensohle abgezogen. Die größte Hitze entsteht unter dem Gewölbe. Die Abgastemperaturen sind hoch, deshalb koppelt man mehrere aneinander.

In der historischen Entwicklung der keramischen Brennöfen entstand im Vorderen Orient, in Ägypten und China zuerst der stehende Ofen mit aufsteigender Flamme.
Im Vorderen Orient fand man die ältesten Öfen in Sialk und Susa im Iran aus dem 4. Jt. v. Chr. Der Sialk-Ofen ist ein runder Meilerofen mit einer Ofentenne von 1,76 m Durchmesser und einem Stützpfeiler im Feuerraum. Solche Öfen sind heute noch in Nordafrika im Gebrauch. Der Ofen von Susa hatte ein Gewölbe mit seitlicher Einfüllöffnung und einem Rauchabzug im Scheitel. Unter dem Ofen verliefen im Erdboden drei Feuerkanäle, aus denen mehrere senkrechte Stichkanäle im Feuerraum mündeten.

Die Öfen der Ägypter, die in Wandmalereien dargestellt sind, waren schlank und mannshoch und wurden von oben beschickt. Der älteste ostasiatische Ofenfund stammt aus Nordchina (Hsing-t'ai in Hopei) aus der Shang-Dynastie (1450–1050 v. Chr.). Er besaß ebenfalls eine durchbrochene Ofensohle und einen senkrechten Rauchabzug, daneben jedoch seitlich durch das Mauerwerk führende Abzugskanäle und Schieber zum Lenken des Flammenweges:

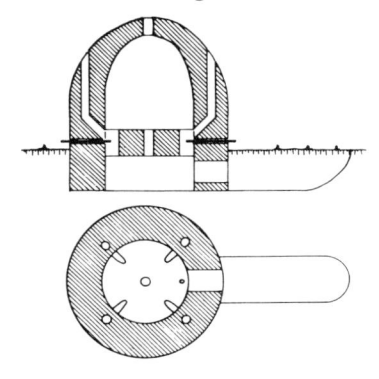

Im 6. Jh. v. Chr. kam in Griechenland der korinthische Ofen auf. Er besaß einen Feuerraum wie der Sialk-Ofen und ein Gewölbe wie der Susa-Ofen. Er beherrschte die Keramik der klassischen Antike. Im Rheinland hielt er sich bis ins 4. Jh. n. Chr.

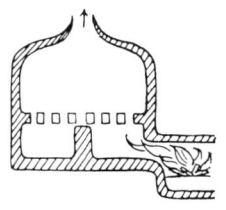

Die Kelten verwendeten einen ähnlichen Ofentyp, den Hallstatt-Ofen (5. Jh. v. Chr.):

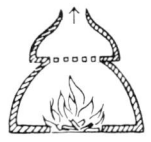

Der erste bekannte liegende Ofen wurde in Südchina (Chiu Chen, Vietnam) aus der

Tang-Zeit (100 n. Chr.) gefunden. Es ist ein 17 m langer Ofen mit 5,5 m Scheitelhöhe und ansteigender Ofensohle.

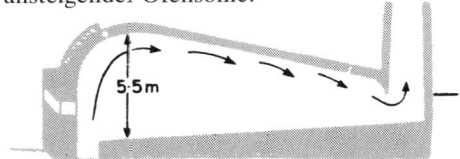

Aus ihm entwickelte sich der Drachenofen, der auch als japanischer Noborigama bekannt ist. In diesem holzgefeuerten Hangofen wurden die Süd-Sung-Keramiken gebrannt. In Nordchina entstand hingegen der kohlegefeuerte Pferdehuf-Ofen, in dem die Nord-Sung-Keramiken gebrannt wurden:

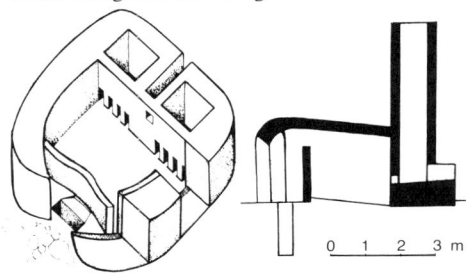

Auch die Römer besaßen bereits einen liegenden Ofen (Ausgrabung in Farnham, Surrey):

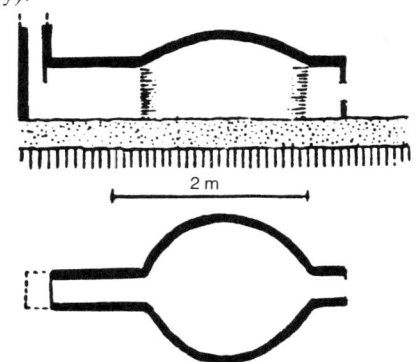

Der älteste liegende Ofen des Rheinlandes stammt aus Mayen aus merowingischer Zeit (6. Jh.), karolingisch ist der Ofen aus Walberberg:

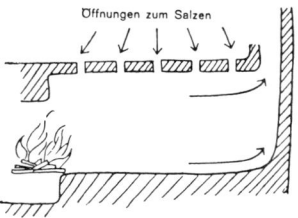

Der rheinländische, mittelalterliche Salzglasurofen hatte – wie heute noch – Öffnungen zum Salzen in der Decke.

Die slawischen liegenden Öfen besaßen mehrere Stützsäulen aus ineinandergesetzten Töpfen, die als Feuerständer dienten, wie beim späteren Kasseler Ofen.
Die liegenden Öfen waren bis zum aufkommenden Manufakturzeitalter verbreitet. Noch Böttger brannte sein Porzellan in einem solchen Ofen, der als »Wiener Ofen« verbessert wurde. 1770 erfand Jean-Etienne Guettard in Sèvres den Rundofen, der wieder ein stehender Ofen war. Dieser Ofentyp wurde vom Tunnelofen abgelöst.

Ökologie. Bezeichnung von Ernst Haeckel 1866 für die Wissenschaft von den Beziehungen des Organismus zur Umwelt.

Ölfleckenglasur. Sie beruht auf Blasen in der Glasur, die aus der Zersetzung des Eisenoxids stammen und mit Sauerstoff und Stickstoff gefüllt sind. Im reduzierenden Brand dringt Wasserstoff in die Blasen ein, wo er sich mit dem Sauerstoff zu Wasser verbindet, das sich in der Glasur löst. Sie wird dadurch dünnflüssiger. Die Schmelze füllt die Blasen, die unter dem Gasdruck des Stickstoffs aufplatzen. In der dünnflüssigen Schmelze kann das silbrige Fe_3O_4 auskristallisieren. Die kleinen runden Ausscheidungen an der Oberfläche erinnern an Ölflecken. Sie sind sehr temperaturempfindlich. Bei anhaltender oder weiter steigender Erhitzung kann es zur Auflösung der Ränder, bei zu langsamer Abkühlung zur Kristallisation über die Ränder hinaus kommen. Die Einflüsse der Glasurzusammensetzung, des Scherbens und der Brandführung sind noch nicht erforscht. Experimentiergrundlage für 1280 °C:
39,7 Lavalit
29,3 Niederahrer Ton 187 R/I
10,0 Kaolin
 5,0 Kalifeldspat
14,0 Tonerdehydrat
 2,0 Manganton.

Ölofen. Mit einem Öl-Gebläsebrenner beheizter Ofen, dessen Konstruktion einem Gasofen entspricht, jedoch ist hier noch stärker als bei Gas für eine gute Verwirbelung der Flamme zu sorgen, um eine zufriedenstellende Temperaturverteilung im Brennraum zu erzielen. Man erreicht dies durch Brennplattenstücke, die man als Flammengitter oder Prallplatten anordnet, sowie mit Hilfe des Kaminschiebers. Die Zündung erfolgt durch einen glühenden Zünddraht oder per Hand. Langsames Hochheizen verringert den Ölverbrauch. (Siehe auch unter Brennen mit Öl.)

G **Ofenkacheln.** Die ältesten sind die Napfkacheln (Altdeutsche Kacheln), die auf der Scheibe gedreht und durch Hochheben eines Rahmens, der beim Drehen auf dem Scheibenkopf liegt, viereckig deformiert werden. Diese Kacheln sind wegen ihrer großen wärmeabstrahlenden Oberfläche günstig. Die Oberfläche kann auch durch Reliefs vergrößert werden.

Es gibt gewöhnliche Kacheln, Eckkacheln und Simskacheln; sie können glatt oder abgefast, mit Stegen oder Rümpfen versehen sein. Nach dem Werkstoff unterscheidet man Schmelzkacheln (Fayencekacheln) von Schamottekacheln.

G **Ofenkachelglasuren.** Bleihaltige, transparente Farbglasuren für 1000 bis 1100 °C. Am beliebtesten ist das »Nürnberger Grün« für den »Altfränkischen Ofen« aus

88,6 Fritte M70
4,0 Kaolin
7,4 Quarzmehl
5,5 Kupferoxid.

Ofenkachelherstellung. Im Gegensatz zu den G auf der Scheibe hergestellten Napfkacheln bestehen die glatten und die Reliefkacheln aus dem Blatt als Ansichtsfläche, auf dessen Rückseite sich ein 2 cm breiter Rumpf befindet.

Das Formen der glatten Kacheln kann entweder durch Hartformen oder durch Weichformen geschehen. Beim Hartformen werden Blatt und Rumpf im lederharten Zustand vereinigt, und die Kacheln werden nicht nachgeschliffen. Beim Weichformen werden sie im steifplastischen Zustand verbunden und nach dem Trocknen oder Brennen nachgeschliffen. Für das Hartformen schneidet man die Masseblätter von 12 mm Dicke mit dem Draht, an Holzleisten entlang, vom Masseblock (Stößel), legt sie auf ein Brett, glättet sie mit der Ziehklinge und läßt sie übertrocknen. Der Rumpf kann auf der Scheibe gedreht und mit der Hand rundlich-viereckig gestaltet werden. Nach dem Ansteifen legt man das Blatt auf eine Eisenplatte von der genauen Größe des Blattes, bringt es durch Entlangfahren mit der Ziehklinge auf das Maß und garniert den Rumpf mit Hilfe einer Massewulst (»Würgel«) auf. Nach diesem »Belegen« werden die Kacheln auf Lattenrosten getrocknet. Vor dem völligen Trocknen werden sie noch einmal »beschickt«, indem man sie mit einem Holzhammer (»Auspocher«) und einem Brett (»Klopfholz«) beklopft.

Die ebenfalls glatten, jedoch farbig glasierten Schamottekacheln werden aus Ton mit 40 %

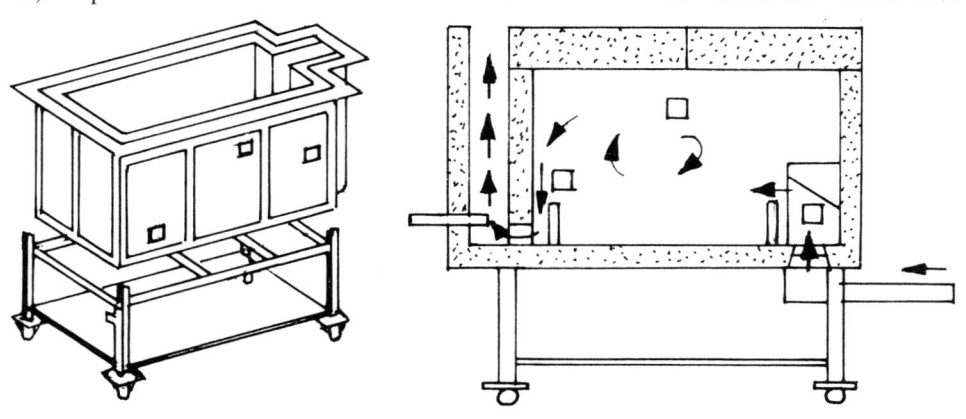

Kleiner, transportabler, japanischer Ölofen mit topfförmigem Gebläsebrenner.

Schamotte unter 3 mm Korngröße hergestellt und mit einer Engobe begossen. Die Begußmasse dieser Kacheln besteht aus weißbrennendem Ton mit etwa 5% Kaolin- und 5% Feldspatzusatz. Die Kacheln werden roh oder geschrüht geschliffen und nach dem Schleifen mit einer Flickmasse nachgebessert. Diese Flickmasse besteht aus 1 Teil Glasur, 1 Teil Sand und 1 Teil Kaolin. Danach werden die Kacheln glasiert. Bei Reliefkacheln wird die feine Überzugsmasse (Vorformmasse) in die Gipsform eingedrückt und mit dem Arbeitston hinterformt. Glattbrandtemperaturen: Schmelzkacheln um 1000 °C, Schamottekacheln um 1100 °C.

Ofenkachelmasse. Die im Handel angebotene Kachelmasse 4-P besteht aus:
32 Niederahrer Ton
22 Ton von Wirges, halbfett
15 Talkum
31 Schamotte.

Okarina, ital. Gänschen, Gefäßflöte, die man ähnlich wie Pfeifinstrumente herstellen kann. Sie ist nicht überblasbar. Tonumfang max. Duodezime (12 Töne). Die Grifflöcher können nach der hier wiedergegebenen Anordnung gesetzt werden.

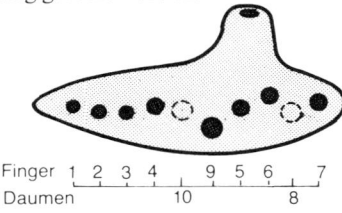

Oligoklas. Zu den Plagioklasen gehöriger Kalknatronfeldspat mit 10–30 Mol.-% Anorthit (= Kalkfeldspat).

Olivin, Peridot, $2(Mg, Fe)O \cdot SiO_2$, gesteinsbildendes Mineral einer Mischungsreihe zwischen dem Magnesiumsilikat Forsterit und dem Eisensilikat Fayalit. Vorkommen u. a. in der Eifel und in Mondgestein.

Olivinleucitit. Basisches Ergußgestein mit Titanaugit und Leucit als Hauptgemengteile, dazu Nephelin, Olivin und Biotit. Vorkommen vom Killerkopf, Südeifel: 42,2% SiO_2, 2,44% TiO_2, 12,13% Al_2O_3, 7,27% Fe_2O_3, 4,62% FeO, 9,24% MgO, 14,32% CaO, 2,75% Na_2O, 3,69% K_2O, 0,66% H_2O, 0,8% P_2O_5, 0,04% S. Segerformel zum Einrechnen in Glasuren: 0,10 FeO, 0,37 MgO, 0,41 CaO, 0,06 Na_2O, 0,06 K_2O, 0,19 Al_2O_3, 0,08 Fe_2O_3, 1,11 SiO_2, 0,05 TiO_2, 0,02 P_2O_5. Mol.-Gew. 161.

Olsen-Ofen. Holzofen mit absteigender Flamme, der auch mit zusätzlichen Gasbrennern ausgerüstet werden kann. Es ist eine Konstruktion des Amerikaners Frederick L. Olsen. Die Feuerungen sind seitlich gegenläufig angeordnet. Der Abzug mündet ohne Fuchskanal in den Schornstein. Dadurch wird dieser vom Brennraum erhitzt, und die Abgase erhalten im ersten Brennabschnitt mehr Auftrieb als bei einem freistehenden Schornstein.

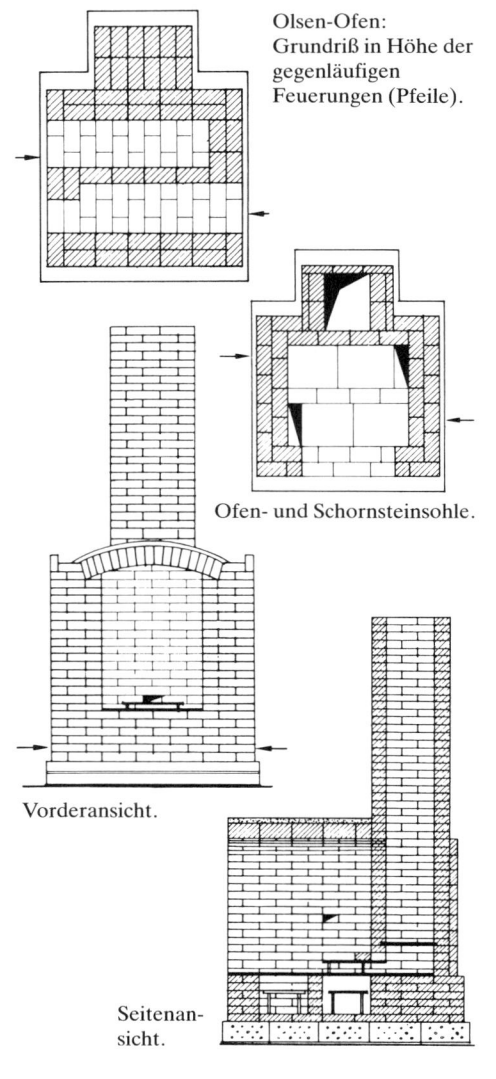

Olsen-Ofen: Grundriß in Höhe der gegenläufigen Feuerungen (Pfeile).

Ofen- und Schornsteinsohle.

Vorderansicht.

Seitenansicht.

Der Original-Olsen-Ofen (Seite 224) ist gemauert und über einem Betonfundament aus 18 Leichtbetonplatten 40 × 40 × 20 cm errichtet. Der Grundriß ist 6 Steine breit und 5,5 Steine tief + 2 × 6 Steine für die Schornsteinfläche. Die Ofenhöhe beträgt 24 Steine. Zum Bau des Ofens benötigt man insgesamt 934 Normalformat-Schamottesteine und 86 Gewölbesteine. Die Abmessungen des Ofens sind aus der Anzahl der Steine ersichtlich. Die Feuerungen münden links vorn und rechts hinten durch die Ofensohle in die Brennkammer. Die Vorderansicht zeigt die Einsetzöffnung, die zugemauert wird. In der Seitenansicht sind die Feuerungen und die Abzugsöffnung zum Schornstein mit Schornsteinschieber zu sehen.

Von 1 m³ Brennraum sind 0,75 m³ Nutzraum. Der Ofen erreicht bei geschickter Brennweise 1300 °C in 5 Stunden bei einem Verbrauch von 6 Festmeter trockenem Holz (10 % Feuchtigkeit).

Mit Faserisolierung kann der Olsen-Ofen transportabel gebaut werden. Der hier wiedergegebene 150-l-Ofen stammt von Fritz Vehring und Niels Dietrich. Er ist fahrbar mit Rücksicht auf die Feuerstättenverordnung, die für ortsfeste Heizeinrichtungen Genehmigungen vorschreibt.

Der Unterofen besteht aus gelegten 26er Feuerleichtsteinen. Die gegenläufigen Feuerungskanäle sind mit je einem Rost aus 15-mm-Rundeisen versehen und stehen auf 15 cm hohen Füßen. Dadurch ist der Luftzutritt durch die Feuerungsöffnungen in den Brennraum genau bemessen. Die Ofensohle ist erhöht für den Fuchskanal. Die Faser-Isolation besteht aus drei Lagen, 2,5-cm-Fasermatten, innen 1430er, außen 1260er. Sie sind mit Porzellanknöpfen und Kanthaldraht wie beim Tapezieren befestigt. Danach wurden sie mit der Spritzpistole mit einer Mischung aus 70% Tonerdehydrat und 30% Kaolin besprüht. Der Ofenmantel ist aus Lochblech ST 37 geschweißt, das Schauloch aus VA-Stahl, der aufsteckbare Schornstein besteht aus federleichtem Edelstahl und ist

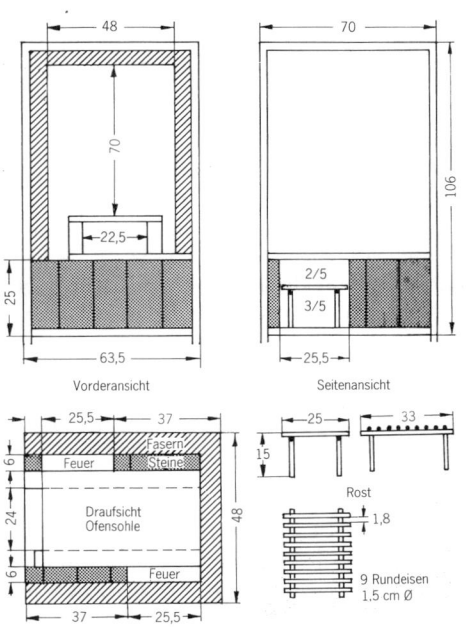

OPALESZENZ

Faserisolierter, fahrbarer Olsen-Ofen.

3 m hoch, ⌀ = 18 cm. Zum Feuern soll das Holz kleingehackt und nicht länger als der Rost sein. Das Feuer soll sich nur am Ende des Rostes entwickeln, damit es wie eine Gasflamme direkt in den Brennraum strahlt. Dadurch ist der Holzverbrauch minimal (25 kg bis 1300° C in 1 Stunde). Die beiden Brennstellen sind abwechselnd zu feuern.

Der hier wiedergegebene Bauplan mit den Maßangaben in Zentimetern kann zum Selbstbau dienen.

Opal. Wasserhaltiges, amorphes Kieselsäuremineral ($SiO_2 \cdot nH_2O$). Entsteht als farblose, durchscheinende, geschichtete Ausscheidung heißer Quellen, die durch Lösen von Gesteinen (besonders von Effusivgesteinen) kieselsäurereich geworden sind. Der opalisierende (in allen Farben schillernde) Edelopal und der leuchtend rote Feueropal sind Edelsteine. Der Holzopal ist durch diese Ausscheidungen versteinertes Holz. Aus Opal besteht die Kieselgur.

Opaleszenz. Streuung des Lichts in trüben Medien durch Teilchen von der Größe der

Oxide
und ihre Molekulargewichte

Aluminiumoxid (Tonerde)	Al_2O_3	101,94
Antimon(III)oxid	Sb_2O_3	291,52
Antimon(V)oxid	Sb_2O_5	323,52
Bariumoxid	BaO	153,36
Berylliumoxid	BeO	25,02
Bleioxid	PbO	223,21
Borsäure	B_2O_3	69,64
Cadmiumoxid	CdO	128,41
Ceroxid	CeO_2	172,13
Chrom(III)oxid	Cr_2O_3	152,02
Eisen(II)oxid	FeO	71,85
Eisen(III)oxid	Fe_2O_3	159,70
Gold(I)oxid	Au_2O	410,40
Kaliumoxid	K_2O	94,20
Kalziumoxid	CaO	56,08
Kieselsäure	SiO_2	60,06
Kobalt(II)oxid	CoO	74,94
Kohlendioxid	CO_2	44,01
Kupfer(I)oxid	Cu_2O	143,14
Kupfer(II)oxid	CuO	79,57
Lithiumoxid	Li_2O	29,88
Magnesiumoxid	MgO	40,32
Mangan(II)oxid	MnO	70,94
Mangan(II,III)oxid	Mn_3O_4	228,81
Mangan(III)oxid	Mn_2O_3	157,86
Mangan(IV)oxid	MnO_2	86,93
Molybdän(IV)oxid	MoO_2	127,95
Molybdän(VI)oxid	MoO_3	143,95
Natriumoxid	Na_2O	61,99
Nickeloxid	NiO	74,69
Phosphor(V)oxid	P_2O_5	141,96
Silberoxid	Ag_2O	231,76
Siliziumdioxid = Kieselsäure	SiO_2	60,06
Strontiumoxid	SrO	103,63
Titandioxid	TiO_2	79,90
Tonerde = Aluminiumoxid	Al_2O_3	101,94
Vanadin(V)oxid	V_2O_5	181,90
Wasser	H_2O	18,02
Wismutoxid	Bi_2O_3	466,00
Wolfram(IV)oxid	WO_2	215,92
Wolfram(VI)oxid	WO_3	231,92
Zinkoxid	ZnO	81,38
Zinn(II)oxid	SnO	143,70
Zinn(IV)oxid	SnO_2	150,70
Zirkonoxid	ZrO_2	123,22

Lichtwellenlänge: 0,4 bis 0,75 µm. Da das langwellige rote Licht weniger gestreut wird als das kurzwellige blaue, zeigt sich die Opaleszenz gegen das Licht rötlich (»Chün-Effekt«).

Opaline, CeO_2, Cerdioxid, Weißtrübungsmittel.

Opax, Zirkon, $ZrO_2 \cdot SiO_2$.

Orangefarbene Glasuren. Orangetöne lassen sich in bleireichen Glasuren mit Chrom oder in bleihaltigen Antimonglasuren mit 3 % Fe_2O_3 erzielen. Orangefarbkörper können ebenfalls auf Chromfärbung beruhen, sind jedoch meist Kadmiumselenfarbkörper. Im Steinzeugbrand kann sich ein zarter Orangeton wie Pinkfarbe aus Kalk und Zinn bilden.

Orthoklas, Kalifeldspat, als Mineral $K_2O \cdot Al_2O_3 \cdot 6SiO_2$, Mol.-Gew. 556,5. Hauptgemengteil in magmatischen und metamorphen Gesteinen. Handesüblich z. B. als »Feldspat 82/K11« mit der chem. Analyse 66,3 % SiO_2, 18,5 % Al_2O_3, 0,1 % Fe_2O_3, 0,5 % CaO, 11,5 % K_2O, 2,9 % Na_2O, 2,9 % Na_2O, 0,008 % F, 0,3 % Glühverlust, Segerformel: 0,69 K_2O, 0,26 Na_2O, 0,05 CaO, 1,02 Al_2O_3 0,0035 Fe_2O_3, 6,2 SiO_2, 0,002 F. Mol.-Gew. 563,10.

Ortonkegel. Nach Edward Orton benannte Brennkegel. Von den beiden Arten wird die kleinere als »Kilnsitter« zum Ausschalten von elektrischen Schachtöfen benutzt. Die häufigsten Kegel haben die Nummern 07 = 1008, 05 = 1062, 04 = 1098, 02 = 1148,4 = 1209 °C bei 300 °/h Erhitzungsgeschwindigkeit.

Ortstein. Im Boden auftretender, von Eisenhydraten und Humusstoffen verkitteter Sand; kommt vor allem in Bleicherden (unter der Humusdecke ausgebleichter Boden in kaltfeuchtem Klima) vor.

Oxford. US Feldspat, entspricht dem englischen Ferro Blended feldspar. Ersatzmischung: 70 Kalifeldspat 82/K11, 12 Natronfeldspat Na 427,5 Kaolin 233,13 Quarz.

Oxid. Chemische Verbindung mit Sauerstoff.

Oxidationsbrand. Brennen mit Luftüberschuß.

Oxidkeramik. Eine Keramik, die nur aus einem Oxid, rein oder mit geringen Zusätzen, besteht. Meist sind es hochfeuerfeste oder verschleißfeste Werkstoffe. Zur hochfesten Oxidkeramik gehört das $Al_2O_3 \cdot ZnO_2$ mit 15 % ZnO_2 mit der Festigkeit von Hartmetall.

P

Packungsdichte. In der Raumeinheit untergebrachte Körner (Raumdichte, Massendichte), gemessen in g/cm^3. Die dichteste Kugelpackung geht davon aus, daß in einer Ebene jede Kugel von sechs gleichen umgeben wird und daß die Kugeln in den weiteren Schichten in den Zwischenräumen lagern.
Die Packungsdichte beeinflußt Brenn- und Schmelzvorgänge. Sinterung und Schmelzen gehen umso schneller vor sich, je dichter die Pulver gepackt sind. Die dichte Packung wird durch günstige Korngrößenverteilung, austrocknendes Anmachwasser und Druck bei der Formgebung erzeugt.

Pädagogische Hochschulen. Für das künstlerische Lehramt an allgemeinbildenden Schulen befähigt die Ausbildung im Fachbereich Kunsterziehung oder Kunsterziehung/Werken an folgenden Pädagogischen Hochschulen (PH), Fachhochschulen (FH) oder Gesamthochschulen (GH): PH Aachen, FH Augsburg, HdK Berlin, PH Berlin, FH Bielefeld, PH Bonn, HbK Braunschweig, Uni Bremen, FH Darmstadt, PH Dortmund, KA Düsseldorf, GH Duisburg, Uni Essen, PH Eßlingen, PH Freiburg, PH Heidelberg, FH Hildesheim, PH Karlsruhe, AbK Karlsruhe, PH Köln, Uni Mainz, PH Neuß, PH Reutlingen, PH Schwäbisch-Gmünd, PH Weingarten, FH Wiesbaden, GH Wuppertal.

Palissy, Bernard. Französischer Keramiker (1509/10–1589/90), Glasmaler für Katharina von Medici, entdeckte 1557 das Verfahren, Keramik zu glasieren, leitete seit 1564 eine Werkstatt in den Tuilerien in Paris. Er formte kleine Reptilien, Pflanzen und Steine ab und belegte damit Zierschüsseln (»Rustiques figulines«). Er hielt Vorträge über Naturkunde, Chemie und Agrikultur. Er starb als Gefangener in der Bastille, nachdem er sich geweigert hatte, zum katholischen Glauben überzutreten.

Palygorskit. Silikatisches Tonmineral.

Papierofen. Von Aline Favre erfundenes Brennverfahren, bei dem die das Brenngut pyramidenförmig umgebenden trockenen Holzscheite mit etwa zwölf Schichten Papier (am besten Glanzpapier) bedeckt werden, das vorher mit einem Kaolin- oder Tonbrei eingestrichen wurde. Das Brenngut ruht auf einem Gitterrost aus frisch gefällten Ästen und ist mit Holzkohle vermischt. Seitlich unterhalb der Kuppel bleibt in der Papierabdeckung ein Loch von 20 cm Durchmesser als Schornstein. Der Ofen wird über einem mäßigen Holzfeuer langsam (nach 2 Stunden) abgesenkt und brennt dann in etwa 4 Stunden zu Ende.

Pappelasche. Eine sulfatarme, basische Asche, die nicht geschlämmt zu werden braucht. Sie besteht etwa zu zwei Dritteln aus Kalk und kann daher wie ein verunreinigter Kalk und in Versätzen verwendet werden: 7,5 Gewichtsteile Asche ersetzen 10 Gewichtsteile Kalkspat. Anhaltswerte: 12,20 % SiO_2, 6,7 % Al_2O_3, 1,4 % Fe_2O_3, 02, % TiO_2, 74,3 % CaO, 3 % MgO, 3,67 % K_2O, 2,05 % Na_2O. Segerformel zum Einrechnen in Glasuren: 0,14 SiO_2, 0,05 Al_2O_3, 0,01 Fe_2O_3, 0,92 CaO, 0,05 MgO, 0,01 K_2O, 0,02 Na_2O. Mol.-Gew. 71.

Paragon pin crank. Brennhilfsmittel zum Stapeln von Tellern. In den dreiarmigen Vertiefungen der Sparkapsel sind die Pinnen auswechselbar.

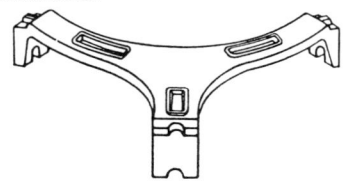

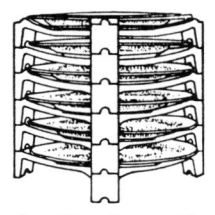

Parian. Englisches Weichporzellan mit hohem Feldspatgehalt für Figuren.

Pastellfarbene Glasuren erhält man mit 8–12 % Ultrox ($ZrSiO_4$) zu Farbglasuren.

Pegmatit. Groß- bis riesengroßkörnig kristallisiertes Tiefen- oder Ganggestein. Am häufigsten ist der Granitpegmatit mit großen Kristallen von Quarz, Kalifeldspat und Muskovit oder Lithiumglimmer. Vorkommen in

Deutschland: Harz, Fichtelgebirge, Oberpfalz, Hagendorf im Bayerischen Wald, Spessart, Odenwald, Schwarzwald, Erzgebirge, Thüringer Wald.

Pei-Test (Tiefen-Abriebtest). Prüfmethode auf Abriebfestigkeit mit einer schnell rotierenden Scheibe (bis zu 25 000 U/min.). Nach dem ersten Abschleifen wird der Prüfgegenstand mit Öl verschmutzt, das in einem zweiten Schleifgang restlos entfernt werden muß.

Pemco. US-Frittenfirma.

Pendeln. Halten einer bestimmten Temperatur im Elektroofen durch Aus- und Einschalten der Stromzufuhr über eine gewünschte Zeit.

Periklas, MgO. Mineral aus kleinen kubischen Kristallen, kommt in metamorphem Kalkstein, Dolomit und vulkanischen Auswürfen am Vesuv vor.

Perlen. Tonperlen für Halsketten kann man über Stecknadeln zwischen Daumen und Zeigefinger drehen. Sie werden am einfachsten aus farbigem, feinschamottierten Ton angefertigt, poliert und unglasiert gelassen. Für das Brennen glasierter Perlen gibt es Kanthaldraht im Handel, auf den man die Perlen für den Brand auffädeln kann. Für die Befestigung des Drahtes gibt es Gestelle.
Eine elegantere Methode, glasierte Perlen herzustellen, wenden iranische Töpfer an. Sie legen die geformten Perlen in einem flachbodigen Keramikgefäß schichtweise in Glasurpulver.

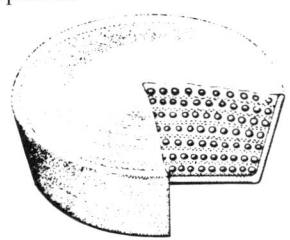

Das Pulver besteht aus 6 Teilen Soda, 4 Teilen Quarzmehl und 1 Teil Holzkohle, dazu 2 Teile Kupferhammerschlag (es geht auch mit 4 % Kupferoxid). Das Keramikgefäß hat etwa 33 cm Durchmesser und 18 cm Höhe. In ihm haben 100 Perlen, in Pulver eingebettet, Platz. Gebrannt wird bei 1000 °C.
Nach dem Abkühlen werden die Töpfe umgestülpt und die glasige, zerbrechliche Masse aufgebrochen. Die Kugeln fallen heraus, sind leuchtend blau und perfekt glatt.

Perlenglasur. Borphosphatglasur mit glasperlenartigen Ausscheidungen, die, mit färbenden Oxiden (außer Eisen) eingefärbt, zusätzlich noch interessante Färbungen annimmt, z. B. für 1040 °C:
42,1 Fritte M70
 1,5 Zinkoxid
 1,9 Kalkspat
 6,3 Quarz
 8,2 Kaolin
40,0 Borphosphat.
Mit 3 % Kobaltoxid violett, mit 2 % Kupferoxid blau, mit 2 % Braunstein purpur.

Perowskit, $CaO \cdot TiO_2$. Diamantglänzender kubischer oder oktaedrischer Kristall in Chloritschiefern, Kalken, Basalten und Pegmatiten. Vorkommen: Zermatt (Wallis), Pfitsch (Südtirol).

Petalit, Lithiumerz, kommt in Pegmatiten, u. a. auf Elba, vor. Vereinfachte Zusammensetzung $0,88 \, Li_2O \cdot 0,06 \, Na_2O \cdot 0,06 \, MgO \cdot 1 \, Al_2O_3 \cdot 8 \, SiO_2$. Mol.-Gew. 622,66 entsprechend der chemischen Analyse von Petalit 127 (Otaflux »P«): 4,26 % Li_2O, 77,8 % SiO_2, 16,3 % Al_2O_3, 0,3 % K_2O, 0,4 % Na_2O, 0,03 % Rb_2O, 0,027 % Fe_2O_3, 0,006 % MnO, 0,1 % CaO, 0,4 % MgO.

Pfälzer Tone siehe unter Rheinpfälzische Tone.

Pfahlquarz. 140 km langer Quarzgang von Freyung bei Passau bis Freihung in der Oberpfalz. Er läßt sich leicht zerkleinern, 55–99 % SiO_2.

Pfeifen. Pfeifinstrumente aus Ton. Sie werden hergestellt, indem man durch den als Mundstück ausgebildeten Teil der Tonwandung einen Windkanal bis zu einem Hohlraum, der Windkammer, sticht. Am Windkanal spaltet eine zugespitzte Zunge den Luftstrom, wo-

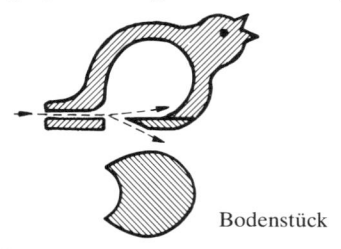

Bodenstück

durch der Pfeifton erzeugt wird. Man kann in der Weise vorgehen, daß man die zunächst offene Windkammer mit einem Bodenstück verschließt, dessen Ausschnitt eine scharfe Kante besitzt. Im plastischen Zustand läßt sich diese scharfe Zunge so justieren, daß man den gewünschten Pfeifton erhält. Seine Höhe ist vom Volumen der Windkammer abhängig. Ein größeres Volumen gibt einen tieferen Ton.

Pfeifen für Tabak, siehe unter Tonpfeifen.

Pfeifenton. Weißbrennender, plastischer, kaolinitischer Steingutton, der bei etwa 1000 °C Brenntemperatur einen festen, porösen Scherben ergibt und sich somit zur Herstellung von Tonpfeifen eignet. Ein typischer Pfeifenton ist der Keramik-Ton 302 (weiß halbfett) aus Winkels (Stephan Schmidt, Dornburg-Langendernbach). Er hat bei 1100 °C eine Brennschwindung von nur 1 % bei 19 % Porosität, brennt rein weiß und besteht zu 31 % aus kaolinitischen Mineralen, 18 % Illit und 2 % aus Quarz.

Pfirsichblütenglasur. Bezeichnung (nach dem Chinesischen) für eine schwach bläuliche, mit kupferroten Flecken gefärbte Glasur für den Reduktionsbrand, verlangt einen niedrigen Tonerdegehalt; z. B. bei 1280 °C:
79,2 Feldspat
 8,1 Colemanit
12,7 Kalkspat
 0,3 Kupferoxid
 1,0 Zinnoxid.

Pflanzen, die Bodenschätze anzeigen, siehe unter Bodenzeiger.

Pflanzenaschen. Nach dem Säurewert, der aus der Segerformel ermittelt wird, kann man – mit fließenden Übergängen – zwischen sauren, neutralen und basischen Aschen unterscheiden. Zu den sauren zählen die Gräser, Schilfrohr und Stroh, zu den neutralen Heu, Mais und Farne, zu den basischen Bäume, Sträucher, Reben, Raps und Luzerne. Aus der Verbrennung von Pflanzen erhält man 0,2 bis 5 % Asche, je größer der Kieselsäuregehalt, desto mehr. Basische Pflanzen geben im Mittel 1,5 % Asche, saure 4 bis 5 %. Die chemischen Zusammensetzungen der Pflanzenaschen unterliegen erheblichen Schwankungen: Innerhalb der Pflanze selbst sind im allgemeinen Rinde, Stengel und Blätter kieselsäurereicher, Samen phosphatreicher, Knollen und Früchte kalireicher als die Pflanze im Durchschnitt, Seepflanzen sind natriumreicher als Landpflanzen. Neben diesen Unterschieden gibt es Abweichungen nach Standort, Jahreszeit und Alter der Pflanze. Getreide und Gräser sind auf Moorböden deutlich kieselsäureärmer als auf Ackerböden. Auf Kalkböden wachsende Pflanzen liefern kalkreichere Aschen als Pflanzen von sauren Böden.

Im Laufe der Vegetationsperiode nehmen die Blätter der Pflanzen mehr Kalk und Kieselsäure auf als andere Stoffe. Bei der Platane sinkt der Kali- und Phosphorgehalt, wäh-

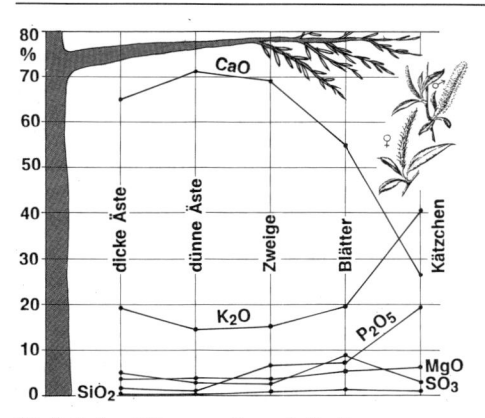

Einfluß der Pflanzenteile auf die Zusammensetzung der Asche am Beispiel der Silberweide. Das hier nicht eingetragene Mangan, das besonders in den Wurzeln zur Nitratreduktion und Sauerstoffatmung benötigt wird, nimmt vom Stamm zur Peripherie des Baumes hin ab.

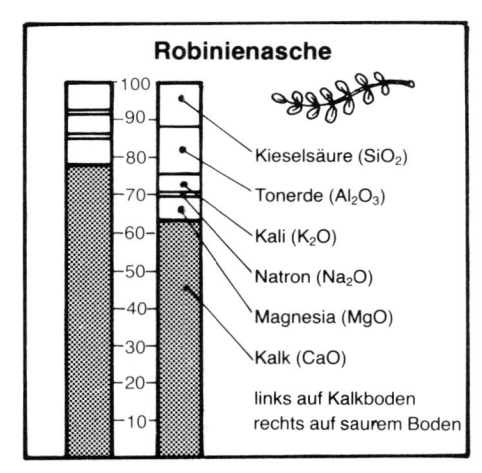

Einfluß des Standortes auf die Aschenzusammensetzung am Beispiel der Robinienasche.

PFLASTERSTEINGLASUREN 230 Einfluß der Vegetationsperiode auf die Aschenzusammensetzung am Beispiel der Platanenasche.

Platanenblätter

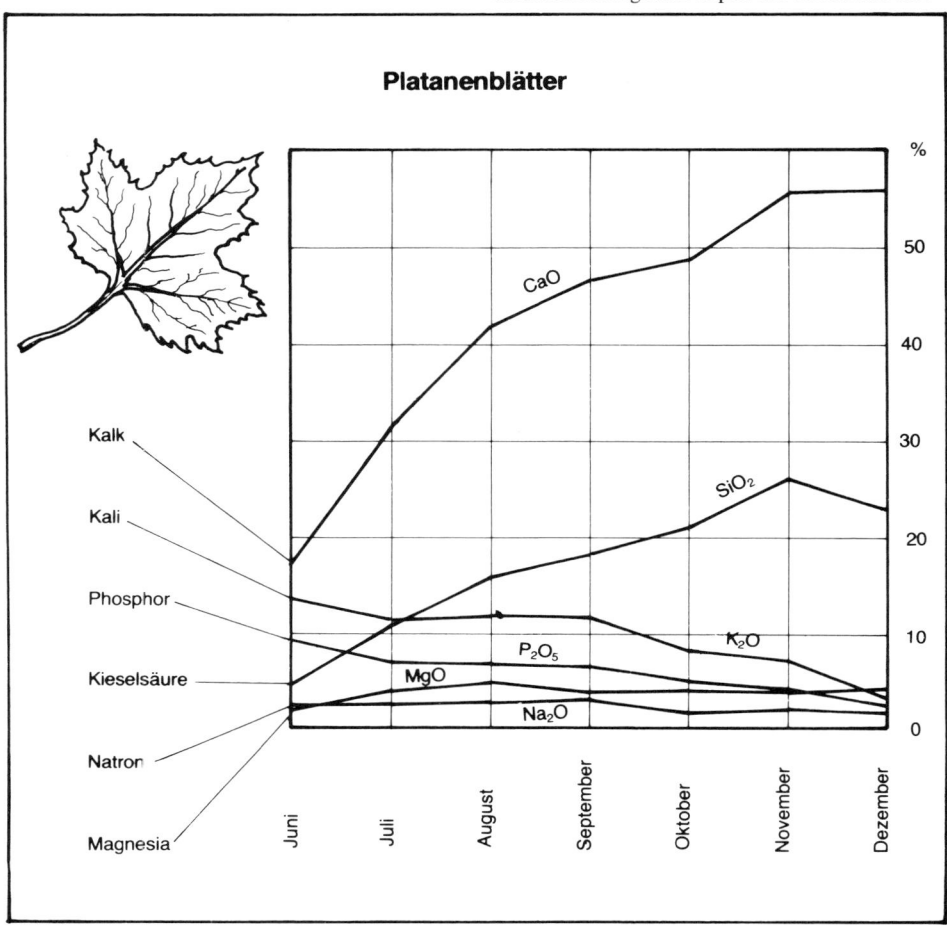

(Diagramm: CaO, SiO$_2$, P$_2$O$_5$, K$_2$O, MgO, Na$_2$O von Juni bis Dezember; Achsenbeschriftung in %. Legende links: Kalk, Kali, Phosphor, Kieselsäure, Natron, Magnesia.)

rend Magnesia und Natron ziemlich konstant bleiben. Die schädlichen Verunreinigungen, Schwefel und Chlor, die in das Diagramm nicht eingezeichnet sind, nehmen stark zu. Die Herbstasche der Platanenblätter muß geschlämmt werden.

Aschenanalysen können nur Anhaltswerte sein. Für Glasuren kommt es hauptsächlich auf den Kieselsäuregehalt an, der am Gewicht der Asche erkennbar ist.

Pflastersteinglasuren. Pflastersteine bestehen aus Granit, Basaltlava, Diorit, Gabbro, Grauwacke oder Melaphyr. Für Glasuren kommen in erster Linie Mosaikpflasterstein-Würfel von 4–6 cm oder Kleinpflaster mit 8–10 cm Kantenlänge in Frage, weil sie sich gut zerkleinern lassen. Sie werden im Ofen bis 900 °C erhitzt, mit der Zange herausgenommen und in Wasser abgeschreckt, danach in der Reibschale oder Mühle zerkleinert. Die Trennung der Korngrößen durch Sieben ist empfehlenswert, weil sich durch Korngrößensteuerung verschiedene Effekte ergeben: glatte Glasuren durch Feinkorn, gesprenkelte durch grobe Körnung. Für das Erhitzen im Elektroofen empfiehlt sich eine Schamottemuffel, die man aus Kapselmasse selbst anfertigen kann. Sie schützt Heizdrähte und Ofenmauerwerk vor dem Temperaturschock beim Öffnen des Ofens (siehe unter Reduktion im Elektroofen). Granit-Pflastersteinglasuren: braune Glasur für 1050 °C

55,7 Pflastersteinmehl
7,6 Fritte D90158
11,8 Holzasche
2,1 Bentonit
16,2 Quarz
6,6 Eisenoxid
braune Glasur für 1280 °C
73,0 Pflastersteinmehl
12,0 Holzasche
9,0 Quarz
6,0 Eisenoxid.

Phantasie, Einbildungskraft, Vorstellungskraft. Abgewandelte Erinnerung von früher Wahrgenommenem oder Assoziation von Wahrnehmungsbestandteilen zu neuen Gebilden oder Neuproduktion vorgestellter Inhalte. Produktives Denken und Kreativität sind ohne Phantasie nicht denkbar.

Phase. Abgegrenzter Stoffbereich eines bestimmten Aggregatzustandes. In einem System (Gemisch von Reaktionspartnern) können mehrere feste und flüssige Phasen, aber nur eine gasförmige vorkommen, weil Gase in jedem Verhältnis mischbar sind. Die Zahl der Phasen ergibt sich aus der Phasenregel.

Phasendiagramm. Graphische Darstellung der thermodynamischen Phasen-Gleichgewichte eines Systems.

Phasenregel. Von Gibbs aufgestellte Gleichung für die im chemischen Gleichgewicht möglichen Phasen (P), Bestandteile (B) und frei wählbaren Variablen (F) eines Systems: $P + F = B + 2$.

Phasentrennung. Bildung mehrerer Phasen durch Entmischung.

Phenakit, Berylliumsilikat, Be_2SiO_4.

Phlogopit, Magnesiumglimmer, $K_2O \cdot 6MgO \cdot Al_2O_3 \cdot 6SiO_2 \cdot 2H_2O$.

Phonolith. Ergußgestein mit Feldspatvertretern. Hauptgemengteile sind Natronsanidin und Nephelin, wenig Sodalith und Titanit. Vorkommen in der Eifel (Selberg bei Quiddelbach, im Laacher Seegebiet auch Leuzitphonolithtuffe und Trass = verfestigte Tuffe), Westerwald (Breiteberg, Hülsberg bei Wirges, Mahlberg bei Haarweiler und bei Niedersayn), Vogelsberg (große Blöcke am Oberlauf der Altfell, Schieferberg westlich Bad Salzhausen), Rhön, siehe Seite 232 (Nephelinreicher Phonolit von der Milseburg, Trachytischer Phonolit vom Pferdskopf), Thüringen (Veste Heldburg), Sachsen (Lobau, Seifhennersdorf), Als Durchschnittswerte können angenommen werden: 57,45 SiO_2, 0,41 % TiO_2, 20,60 % Al_2O_3, 2,35 % Fe_2O_3, 1,03 % FeO, 0,13 % MnO, 0,30 % MgO, 1,50 % CaO. 8,84 % Na_2O, 5,23 % K_2O, 2,05 % H_2O, 0,12 % P_2O_5. Segerformel zum Einrechnen in Glasuren: 0,05 FeO, 0,006 MnO, 0,29 CaO, 0,02 MgO, 0,46 Na_2O, 0,18 K_2O, 0,65 Al_2O_3, 0,05 Fe_2O_3, 3,077 SiO_2, 0.01 TiO_2. Mol.-Gew. 400.

Phonolite

	1	2	3
SiO_2	55,69	43,25	60,88
Al_2O_3	19,59	24,46	19,18
TiO_2	–	–	0,56
Fe_2O_3	4,42	3,19	2,09
FeO	–	–	0,92
MnO	1,31	0,51	–
CaO	5,63	3,05	2,19
MgO	1,12	0,35	0,53
K_2O	4,85	3,96	5,55
Na_2O	4,93	13,45	6,14
BaO	–	–	–
P_2O_5	–	–	0,15
SO_3	–	0,76	0,02
Cl	–	–	–
H_2O	2,47	6,25	1,37

1 = Phonolith vom Selberg bei Quiddelbach, Eifel. 2 = Phonolith vom Breiteberg bei Wirges, Westerwald. 3 = Phonolith vom Schieferberg, westl. Bad Salzhausen, Vogelsberg.

Phosphor, P, meist 3- oder 5wertiges Element, Atomgewicht 30,9738. Das 5wertige Phosphorion P^{5+} kann als Flußmittel (bei geringen Mengen) oder (in größeren Mengen) als Netzwerkbildner auftreten. Das Phosphor-(V)oxid (P_2O_5, Mol.-Gew. 141,96) wird als Kalziumphosphat ($Ca_3(PO_4)_2$, Mol.-Gew. 310,20) oder durch Knochen ($Ca_3(PO_4)_3OH$) oder Pflanzenaschen in die Glasuren eingebracht, in Knochenporzellan durch Rinderknochen. Selten wird das teure Borphosphat (BPO_4, Mol.-Gew. 105,8) in Glasuren verwendet. Phosphor beeinflußt die Glasurfarben: Eisen kann es entfärben oder blau färben, Mangan macht es violett, Kobalt rotstichig, Kupfer bläulich, Nickel grün-gelblich. Bei höherer Konzentration bilden sich Phosphatgläser, die mit dem Sili-

katgrundglas nicht mischbar sind: perlartige Emulsionen, Narben, Sprenkelungen. In Steinzeugglasuren bilden sich weiße Schleier oder irrisierende Effekte (Chüneffekt).
Phosphorglasuren siehe unter Knochenasche.
Phosphorit. $3CaO \cdot P_2O_5$.
Pigmente sind nach der Norm-Definition unlösliche farbgebende Stoffe (Farbkörper, Trübungsmittel) im Gegensatz zu »Farbstoffen«, die löslich sind.
Pikrit. Dunkles Ergußgestein mit Olivin und Augit als Hauptgemengteile, wenig Plagioklas, Apatit. Pikrit aus Wommelshausen in Hessen: 40,02 % SiO_2, 0,59 % TiO_2, 8,32 % Al_2O_3, 1,51 % Fe_2O_3, 11,14 % FeO, 0,85 % MnO, 27,63 % MgO, 4,04 % CaO, 0,65 % Na_2O, 0,32 % K_2O, 5,0 % H_2O, 0,51 % FeS_2. Segerformel zum Einrechnen in Glasuren: 0,17 FeO, 0,01 MnO, 0,73 MgO, 0,07 CaO, 0,01 Na_2O, 0,09 Al_2O_3, 0,01 Fe_2O_3, 0,71 SiO_2, 0,01 TiO_2. Mol.-Gew. 107.
Pinchtechnik. Aufbautechnik, die, von Daumenschalen ausgehend, ein Gefäß aus einem Masseklumpen ohne weitere Massezugabe

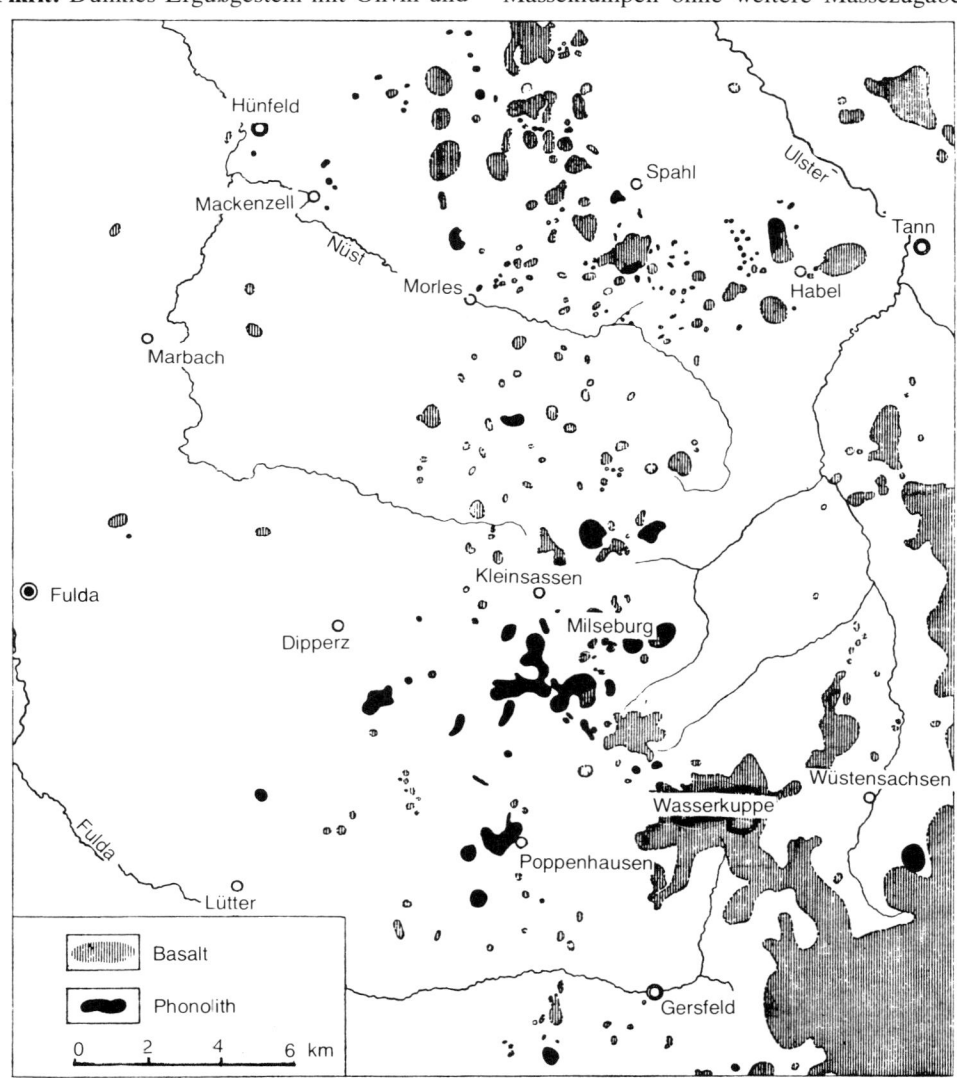

Phonolith- und Basaltvorkommen in der Röhn.

(im Gegensatz zu Wulst- und Plattentechnik) ergibt, das auf der langsam laufenden Töpferscheibe vollendet wird.

Pinhole (engl.) Nadelstich (Glasurfehler).

Pink. Aus dem Englischen übernommene Bezeichnung für Fliederfarbe. Unbeabsichtigte Pinkverfärbungen können bei Zinnglasuren auftreten, in deren Nähe Chrom aus anderen Glasuren oder von Heizdrähten einwirken kann. Chrom und Zinn sind auch die Stoffe, aus denen Pinkfarbkörper hergestellt werden. Für mehr ins Violett gehende Pinkfarben verwendet man Mischungen aus Aluminium- und Manganverbindungen.

Pinne, engl. pin, Nadel, Stift. Brennhilfsmittel (Trennungsstück). Dreikantige, kleine Leiste, die entweder an einem Ende ein scharfkantiges Köpfchen besitzt (Kopfpinne) oder mit einem Ausschnitt versehen ist, der in eine scharfe Spitze ausläuft. Pinnen werden mit dem glatten Ende in Löcher in der Kapselwand gesteckt und dienen zum Stapeln von glasierten Tellern. Man stellt sie in der Pinnen- oder Sporenpresse her oder durch Stanzen.

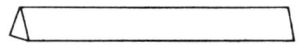

Pinsel. Die meisten Pinsel werden aus Fehhaar, dem Schweifhaar der Eich- und Flughörnchen, gefertigt. Besonders feine Spitzen bewahren Rotmarderhaarpinsel und japanische Dachshaarpinsel. Zum Schablonieren eignen sich Ziegenhaar-, zum Stupfen Iltishaarpinsel. Einige Formen: a schräger, b spitzer, c stumpfer Ränderpinsel, d Staffierpinsel, e schräger, f gerader Stupfpinsel, g Schablonierpinsel.

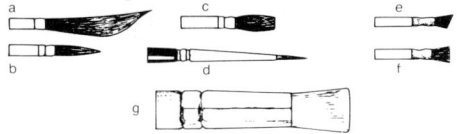

Zum Linienziehen (Rändern) eignet sich a (Schlepper aus Rindshaar); er kann für feine Striche als »Trekker« zugeschnitten werden.

Pitfiring. Brennen in bis zu 10 m langen, 1 m tiefen und bis zu 2 m breiten Gräben, die mit einer 30 cm dicken Bodenschicht von Sägemehl und seitlichen Brettern versehen werden. In das Sägemehl bettet man meist kopfüber die großen Gefäße, steckt Meerestang dazwischen, bestreut sie mit Kochsalz und legt Holzscheite darauf. Der Graben wird mit Wellblechplatten abgedeckt und in Brand gesetzt. Mit langen Stangen werden die Wellbleche während des Brandes kurz angehoben, damit das Feuer durchziehen

Einsetzen der Ware beim Pitfiring.

Wellblechabdeckung während des Brandes.

kann. Die Keramik erhält Feuerspuren wie beim Kapselbrand (siehe diesen).

Plagioklase, Kalknatronfeldspäte, Mischkristalle aus Albit (= Natronfeldspat) und Anorthit (= Kalkfeldspat). Die alkalireicheren heißen Kalknatronfeldspäte, die kalkreicheren Natronkalkfeldspäte. Der Albit kann noch bis zu 10 % Anorthit enthalten, der Anorthit 10 % Albit. Die Glieder der Mischungsreihe sind nach dem Anorthitgehalt definiert:

Albit	0– 10 Mol.-% Anorthit
Oligoklas	10– 30 Mol.-% Anorthit
Andesin	30– 50 Mol.-% Anorthit
Labradorit	50– 70 Mol.-% Anorthit
Bytownit	70– 90 Mol.-% Anorthit
Anorthit	90–100 Mol.-% Anorthit

Plastic Vitrox. US-Ton, entsprechend dem englischen Ton Super Strength BKS.5. Ersatzmischung: 48,73 Kalifeldspat 82/K11, 15,53 Kaolin 233, 35,04 Quarz, 0,39 Kalkspat 344, 0,23 Magnesit, kaust. 346.

Plastilin zur Herstellung von Modellen: 1 Teil Bienenwachs, 1 Teil Vaseline, 1 Teil Talkum, 2 Teile Kartoffelmehl. Wachs und Vaseline im Wasserbad schmelzen und die übrigen Zutaten einrühren.

Plastizität. Die Eigenschaft eines Stoffes, sich durch Druck ohne Bruch verformen zu lassen und diese Form beizubehalten, wenn der Druck aufhört. Die Plastizität eines Tones läßt sich praktisch durch die Daumenprobe, theoretisch durch den Anteil der Körnung unter 2 µm ermessen. Es ist aber auch wichtig, wie diese feinsten Teilchen beschaffen sind. Am wenigsten trägt das Tonmineral Dickit zur Plastizität bei, am meisten das Tonmineral Montmorillonit. Dazwischen liegen Quarz – Illit – Kaolinit, d. h. daß der Kaolinit mehr zur Plastizität beiträgt als der Illit. Die Plastizität wird auch dadurch beeinflußt, daß die Tonkolloide Wasser auf ihrer Oberfläche anlagern und dieses mit Hilfe kleiner Kationen mit hoher Ladung stärker festhalten. Die Kraft, die erforderlich ist, um den Ton auseinanderzureißen, hängt vom Grad der Wasserbindung an der Oberfläche der Tonteilchen ab. Wenn Alkalien vorhanden sind, ist die Wasserhülle weniger fest gebunden als durch Erdalkalien. Natriumtone sind leichter zu verformen, aber sie reißen auch leichter auseinander. Kalziumtone brauchen mehr Wasser als Natriumtone. Die Plastizität läßt sich erhöhen durch langes Mauken, Auswintern und Aussommern, wodurch sich das Wasser gleichmäßiger verteilt, durch Mikroorganismen, durch Harnstoff oder Ammoniumazetat sowie durch Entfernen von Lufteinschlüssen.

Plastizitätsmessung. a) nach Atterberg durch Feststellung der Differenz des Wassergehaltes der Masse an der Fließgrenze und an der Ausrollgrenze. Je größer die Differenz, desto bildsamer die Masse; b) nach Pfefferkorn durch Viskositätsmessung, indem der Wassergehalt der Masse beim Stauchen bis zum Deformationsverhältnis 3,3 bestimmt wird. Je höher der Wert, desto höher die Bildsamkeit; c) durch Bestimmung der Trockenbiegefestigkeit.

Platin, Pt, meist 2- oder 4wertiges Metall, Atomgewicht 195,09, Schmelzpunkt 1769 °C. Kommt gediegen als Mineral stets mit großen Eisengehalten vor oder u. a. als Platin-Arsenid (Sperrylith, $PtAsS_2$). Platinverbindungen dienen zur Herstellung grauer Farbkörper.

Plattenengobe. Anstrich auf Ofeneinsetzplatten als Schutz gegen ablaufende Glasur. Man nimmt entweder eine mit Dextrin versetzte Aufschlämmung von kalzinierter Tonerde oder eine Mischung aus kalzinierter Tonerde: Kaolin = 1:1.

Plattentechnik. Aufbautechnik aus Tonplatten. Ecken werden durch Würgel verstärkt. Um eine homogene Wandung zu erhalten, soll die Montage der Teile nicht erst im lederharten Zustand erfolgen. Deshalb bedient man sich verschiedener Holz- oder Hartfaserplatten oder gegen Feuchtigkeit isolierter Wellpappe als Formhilfen. Die Platten sollen mit Leinen bespannt sein, damit der Ton nicht festklebt.

Plattenwalze. Gerät zum Ausrollen plastischer Massen zu Platten. Die mit einem Überschlagtuch bedeckte Masse wird von einer oder zwischen zwei beweglichen Walzen plattgerollt.

Polieren. Oberflächenbearbeitung niedrig zu brennender Keramik, vor allem für den Schwarzbrand. Die Masse soll feinkörnig sein und keine Schamotte enthalten. Auftrag eines besonders feinen Polierschlickers aus möglichst illitreichem Ton, mit weichem Wasser oder Regenwasser angerührt und zum besseren Haften mit einem Klebstoff (Methylzellulose) versetzt, begünstigt das Polieren. Das Gefäß muß bereits vor dem Auftragen des Polierstückes gut geglättet sein. Der Polierschlicker wird dünn angemacht und mit dem Pinsel auf die trockene, glatte Keramik aufgetragen. Danach werden nochmals Unebenheiten beseitigt und eine zweite, diesmal gefärbte Polierschlickerschicht aufgetragen und mit einem Achat strichweise poliert. Auf diese glatte Fläche kann mit einem andersgefärbten Polierschlicker gemalt werden, z. B. schwarz matt auf schwarz glänzendem Grund. (In der Industrie werden glasurfreie Tassenränder nach dem Glattbrand poliert.)

Poliergold, Mattgold. In Königswasser gelöstes Gold, das mit einem Reduktionsmittel (Oxalsäure, schweflige Säure oder Quecksilbernitrat) kolloidfein ausgefällt ist. Dem mit Terpentin- und Dicköl angerührten Gold werden Wismutnitrat und Borax als Flußmittel zugesetzt. Nach dem Auftragen auf die glatte Glasur und dem Einbrennen bei 700 bis 830 °C ergibt sich ein matter Belag, der bis zu 30 % Gold enthält und entweder mit feinem Sandbrei, mit einer Glasbürste oder einem Achat poliert wird.

Pop art. Gegenständliche Kunstrichtung, die sich mit dem Massenkonsum auseinandersetzt in der Absicht, Kunst mit moderner Lebenswirklichkeit zu verbinden. Banale Gegenstände des täglichen Lebens erhalten Darstellungswert. Gegen das Elitäre gerichtete populäre Kunst.

G **Porosität.** Es gibt offene durchgehende, offene sackartige und geschlossene Poren. Bei der Porositätsbestimmung durch Wasseraufnahme dringt das Wasser in die offenen Poren ein, da beim Kochen die Luft auch aus den sackartigen Poren entfernt wird. Porosität entsteht beim Trocknen nach dem Austritt des Anmachwassers und beim Brennen durch unvollständige Sinterung oder Gasbildung. Der gebrannte Scherben hat infolge der Kristallwasserabgabe der Tonminerale bei 900 °C die höchste Porosität. Sie beträgt etwa 32–34 %, bei tonmineralreichen, d. h. plastischen Massen mehr als bei mageren. Wird bis dahin geschrüht, so nimmt der Scherben die größte Glasurmenge an. Beim folgenden höheren Brand nimmt die Porosität durch Sinterung ab, bei Überfeuerung jedoch durch Bildung von Gasen wieder zu. Die Gase sind hauptsächlich auf Eisenoxid-Umwandlungen zurückzuführen.

Porphyre. Aus granitischem Magma entstandene saure bis intermediäre Ergußgesteine. Sie sind meist rötlich gefärbt, daher ihr Name »porphyrus« = purpurfarbig. Die sauren Quarzporphyre, -keratophyre und -porphyrite bestehen aus Quarz und Alkalifeldspäten, die in der folgenden Aufstellung, von oben nach unten zunehmend, durch Plagioklase ersetzt werden, d. h., es nimmt der Kalkgehalt auf Kosten des Alkaligehaltes zu. In der zweiten Gruppe, bei den Feldspatgesteinen, findet der gleiche Wandel lediglich

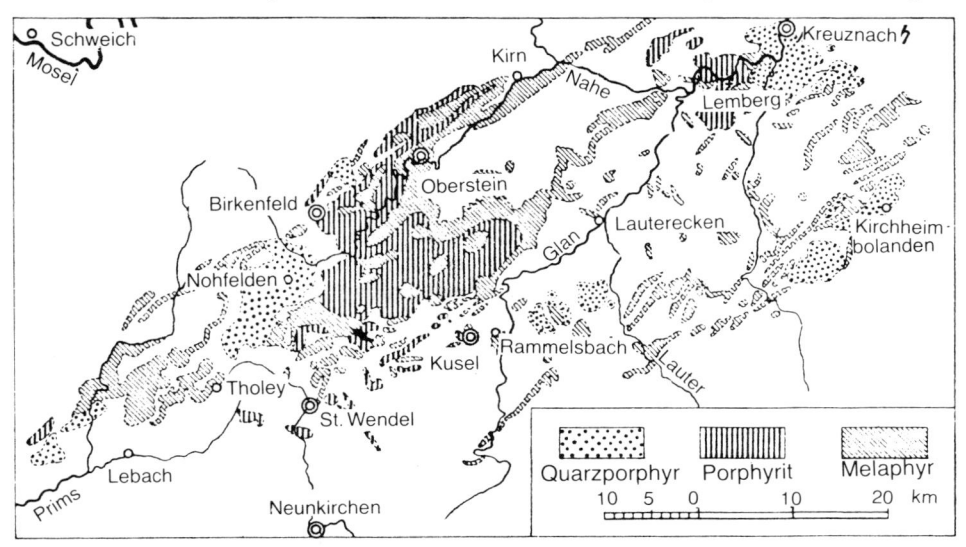

Porphyre, Porphyrite und Melaphyre im Saar-Nahe-Gebiet.

in Gegenwart von viel weniger Quarz statt. Insgesamt werden die Gesteine in der Aufstellung von oben nach unten basischer und dunkler. Die dunklen Gemengteile, Biotit, Hornblende und Pyroxene, werden zahlreicher. Das bedeutet, daß auch die Gehalte an Magnesium und Eisen zunehmen.

Tiefengesteine	Ergußgesteine alte (Porphyre)
Quarz-Feldspat-Gestein:	
Alkaliaplitgranit	Quarzorthophyr
Alkaligranit	Quarzkeratophyr
Kalkalkaligranit	Quarzporphyr
Quarzdiorit	Quarzporphyrit
Feldspatgesteine (mit wenig Quarz):	
Alkalisyenit	Keratophyr
Syenit	Orthophyr
Diorit	Porphyrit
Gabbro, Norit	Melaphyr, Diabas

Porphyrvorkommen: Saar-Nahe-Gebiet (die sauren Quarzporphyre sind hauptsächlich intrusiv, d. h., sie erreichen nicht die Oberfläche; überwiegend effusiv sind die basischen Porphyrite, auch Augitporphyrite und vor allem die basischen Melaphyre), Odenwald (Dossenheimer Quarzporphyr, Quarzporphyr des Wacheberges bei Weinheim, kleinere Porphyrvorkommen bei Groß-Umstadt), Schwarzwald (Mooswaldporphyr, verkieselte Porphyrtuffe bei Hirzwald und Kesselberg), Oberpfälzer Wald (Felsitporphyrgänge bei Weiden und Erbendorf), Fichtelgebirge (Felsitporphyrgänge am Kornberg bei Marktleuthen), Vorspessart (Felsitporphyr bei Ober-Sailauf), Thüringer Wald, Harz (Porphyre, Porphyrite, Melaphyre, Porphyr- und Porphyrittuffe), Erzgebirge.

Porphyrite. Aus dioritischen oder syenitischen Magmen entstandene und daher basischere Ergußsteine als die Porphyre. Hauptgemengteile sind Plagioklas, Orthoklas, Enstatit-Einsprenglinge, wenig Augit, Biotit, Quarz, Apatit. Steinbrüche u. a. in Ilfeld-Wiegersdorf (Harz), im Odenwald, Saar-Nahe-Gebiet, Zwickau. Zusammensetzung des Porphyrits aus Ilmenau: 54,94 % SiO_2, 1,11 % TiO_2, 18,38 % Al_2O_3, 3,15 % Fe_2O_3, 3,02 % FeO, 3,59 % MgO, 6,29 % CaO, 3,97 % Na_2O, 2,31 % K_2O, 2,39 % H_2O, 0,27 % P_2O_5, 0,69 % CO_2, 0,12 % SO_2. Segerformel zum Einrechnen in Glasuren: 0,13 FeO, 0,28 MgO, 0,34 CaO, 0,19 Na_2O, 0,06 K_2O, 0,56 Al_2O_3, 0,06 Fe_2O_3, 2,84 SiO_2, 0,03 TiO_2, Mol.-Gew. 307.

Portabor U-25, Boronatrokalzit der Fa. Jan de Poorter, Gertruidenberg, Holland: 0,69 CaO, 0,25 Na_2O, 0,06 MgO, 1,38 B_2O_3, 4,5 H_2O. Mol.-Gew. 234.

Porträtmodellieren. Um aus dem Vollen modellieren zu können, muß die Tonmasse über einem stützenden Gestell aufgebaut werden. Damit sie nicht durch ihr Eigengewicht zusammensackt, wird mit Papier um das Gerüst ein Hohlraum geschaffen. Das Gerüst muß auf einer Platte starr befestigt sein. Modelliert wird durch Auf- und Abtragen von Ton. Dazu muß die Masse plastisch gehalten werden. Im plastischen Zustand wird sie auch nach der Fertigstellung in einer verlorenen Form abgeformt oder nach ausreichendem Ansteifen zerschnitten, von dem Gerüst abgehoben, mit der Modellierschlinge ausgehöhlt und wieder zusammengesetzt. Das Abformen mit Gips ist zeitraubender, bringt aber nicht die Gefahr der Deformation mit sich. Es kann mit einer verlorenen Form oder mit einer Mantelform geschehen.

Porzellan. Werkstoff mit dichtgesintertem [G] weißen, in dünner Lage durchscheinendem Scherben. Hartporzellan wird bei 1380–1460, Weichporzellan bei 1200–1350 °C gebrannt. Geschrüht wird bei 900–960 °C. Zum Weichporzellan gehören Fritten-, Knochen- und Segerporzellan.
Der Porzellanscherben ist dichter als der des Steinzeugs. Er darf nicht mehr als 0,5 % Wasser aufnehmen. Die geschlossenen Poren betragen 0,01–6 %.

Porzellanglasuren. Rohglasuren für Temperaturen zwischen 1200 und 1500 °C mit den Grenzwerten: RO · 0,5–1,2 Al_2O_3 · 6–12 SiO_2.

Porzellankitt. Zum Reparieren von zerbrochenem Porzellan im kalten Zustand hat sich ein Brei aus Bleiglätte, Glyzerin, Wasserglas, Magnesia usta, Zinkoxid und feinzerriebenem Zement bewährt. Verkitten mit Fritten durch Erhitzen gefährdet die Aufglasurmalerei.

Porzellanmassen. Der klassische europäische Hartporzellanversatz besteht aus 2 Gwt. Kaolin, 1 Gwt. Quarz und 1 Gwt. Kalifeldspat. Im allgemeinen nimmt man aus Gründen der Bildsamkeit mindestens 40 % Kaolin, falls dies zu viel ist, einen geringeren Anteil an fettem, weißbrennendem Ton, 20–35 % Feldspat und 0–40 % Quarz. Der Quarzgehalt steigert die Festigkeit. Günstiger aber ist es, die Festigkeit durch teilweisen oder völligen Ersatz des Quarzes durch Tonerde oder Zirkonsilikat zu steigern. Damit erhält man auch kochfestes Porzellan. Für Weichporzellan bei 1200–1300 °C erhöht man den Feldspatgehalt bis auf 40 %.

M **Porzellansteingut,** Halbporzellan, Vitreous China. Dichter, weißer, jedoch nicht transparenter Werkstoff aus:
40–50 Tonsubstanz
33–40 Quarz
17–20 Feldspat.
Der Rohbrand erfolgt bis zum Dichtsintern bei 1280–1350 °C, dann wird der Scherben mit einer dick eingestellten Steingutglasur glasiert und bei 1200 °C glattgebrannt. Das Porzellansteingut kann aber auch bei 920 °C geschrüht und mit der unter Weichporzellan angegebenen Glasur bei 1280 °C glattgebrannt werden.

Potash, auch Pearlash (engl.) K_2CO_3.

Potassa, auch »Potash«, (engl.) Bezeichnung für K_2O.

Potsassium silicate. Kaliwasserglas, Kasil Nr. 1 mit 3,92 SiO_2 auf 1K_2O.

Potclays-Massen. Steinzeugmassen von Potclays Ltd., Etruria, Stoke-on-Trent: Oxidising St. Thomas Body, entsprechend einer Mischung aus 17 Niederahrer Ton 178/RI, 24 weißfettem Ton 178/wfE, 26 Kaolin 233, 3 Kalifeldspat 82/K11, 26 Kaolin 233 und 30 Quarz. Reducing Thomas Body, entsprechend 18 Niederahrer, 10 wfE, 3 Natronfeldspat Na 427, 31 Kaolin, 37 Quarz, 5 Kalkspat 344 und 0,5 TiO_2.

Pottlehm. Über dem Heisterholzer Schieferton bei Minden liegender feinkörniger Lehm, der für Terra sigillata verwendet wird. Er besteht auf 65 % Illit, 10 % Kaolinit, 18 % Quarz, 5 % Feldspat und 1 % Kalzit.

Praseodym, Pr, 3-, selten 4wertiges Element aus der Gruppe der Lanthaniden, Atomgewicht 140,907. Das gelbbraune Praseodym (III)oxid (Pr_2O_3) färbt Glasuren grün und wird hauptsächlich zur Herstellung grüner Farbkörper verwendet.

Primärmullit. Aus dem Zerfall der Tonminerale bei etwa 1000 °C gebildeter schuppiger Mullit, 3 Al_2O_3 · 2 SiO. Bei längerem Brand widersteht er der lösenden Wirkung des Scherbenglases besser als der strahlige Sekundärmullit.

Primitivofen. Ofen, der ohne Rücksicht auf Energieersparnis mit einfachen Mitteln errichtet wird. Der primitivste Ofen ist die Brenngrube. Ein verlorener Ofen (siehe diesen) ist der in der Entwicklung folgende Meiler. Er wird um das Brenngut herum gebaut und nach dem Brand abgerissen. Das Brenngut wird wie in der Grube mit Brennstoff vermischt eingesetzt. Im Grundbrandofen, der in der Entwicklung folgt, ist das Brenngut vom Brennstoff getrennt, und die Ware steht erhöht auf Lehmstufen oder -barren. Der stehende Ofen besitzt dagegen bereits aus Lehm errichtete Roste, die den Feuerraum vom Brennraum trennen. Diese Öfen werden, durch eine Erdaufschüttung abgedichtet, auch als Schwarzbrandöfen verwendet. (Siehe unter Verlorener Ofen, Meiler, Meilerofen, Hasseris-Ofen, Schwarzbrandofen, Öfen.)

Privatschulen. Töpferschule im Keramik Art Studio Hansing, Hamburg. Freie Kunstschulen: Türk, 7440 Nürtingen, und Gersten, 7950 Biberach 1. Kunsthandwerkschule: Dr. Brehmer-Röhner, 2320 Plön.

Produkthaftung. Verschuldungsunabhängige Haftung des Herstellers für ein fehlerhaftes Produkt, d. h. wenn dieses nicht die Sicherheit bietet, die man berechtigterweise von ihm erwarten kann. Das Produkt muß dem Stand der Wissenschaft und Technik zu dem Zeitpunkt entsprechen, in dem es der Hersteller in den Verkehr bringt.

Promat GmbH in 4030 Ratingen mit den Mineralfaser-Dämmplatten Promalam, Promasil, Promaform, Promaton sowie Alsiblock und Alsiflex.

Propangas, C_3H_8, Heizwert 93 000 kJ. Unter Druck gelöst in Stahlflaschen oder Tanks, unterliegt es der Druckgasverordnung.

Proterobas. Diabasartiges Gestein aus brauner Hornblende, Quarz und Biotit.

Pueblo-Keramik. Niedrig gebrannte, polierte

Keramik, die im Südwesten der USA von den Pueblo hergestellt wird. Die bekannteste Künstlerin war die 1980 verstorbene Maria Martinez in San Ildefonso. Von ihr und ihrem 1971 verstorbenen Sohn Popovi Da stammen die Pueblo-Keramik-Typen: Schwarzmatt auf Schwarzpoliert oder umgekehrt, (Malerei mit Pflanzensirup »Guaco« oder mit rotem Ton, gebrannt bei 650 °C), Siena oder Siena mit Schwarz (schwarzgebrannte und reoxidierte Keramik), Gunmetal ware (silbrig glänzende, höher gebrannte, polierte Keramik) und Türkise auf Keramik.

Pukall, Wilhelm, 1860–1936. Direktor der keramischen Fachschule Bunzlau 1887–1925. Verfaßte »Keramisches Rechnen auf chemischer Grundlage an Beispielen erläutert«. Breslau: Hirt 1907.

Puki. Formschüssel der Pueblo aus geschrühtem Ton mit 5–7 mm Wanddicke.

Pultfeuerung siehe Bourry-Ofen.

Pumice (engl.) Bimsstein.

Pyramidenofen. Ein von Niek Schoorl und Nicoline Nieuwenhuis in Roderveld 1982 erfundener pyramidenstumpfförmiger Ofen für den Gas- oder Holzbrand, wofür jeweils der Unterofen ausgewechselt wird. Der Oberofen ist faserisoliert mit Blechmantel. Die Geometrie des Ofenraumes bedingt eine gute Temperaturverteilung. Die seitliche Tür macht den Ofen besonders für Raku geeignet.

Pyrit, Schwefelkies, Eisenkies, FeS$_2$, Eisensulfid, Härte 6–6,5. Häufig Zwillinge bildender, kubischer Kristall, blaß messinggelb metallglänzend mit grünlich-schwarzem Strich. Vorkommen u. a. in Rammelsberg/Harz, Meggen a. d. Lenne, Waldsassen/Oberpfalz. In Steinzeugmassen ist Pyrit oft erwünscht, weil er braune Punkte gibt. Die Pyritkörner dürfen dazu nicht kleiner als 0,06 und nicht größer als 0,6 mm sein, weil sie sonst keine Punkte geben bzw. Scherbenfehler verursachen. Der Pyritanteil soll auch nicht größer als 1 bis 3 % sein.

Bei großem Luftüberschuß und langsamem

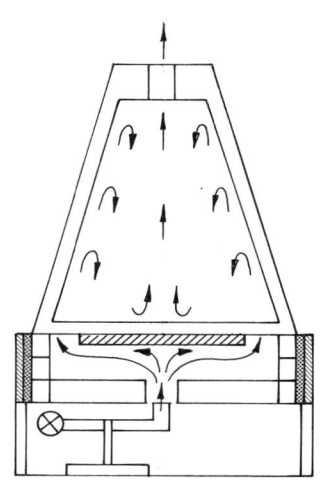

Pyramidenofen mit Gassteuerung.

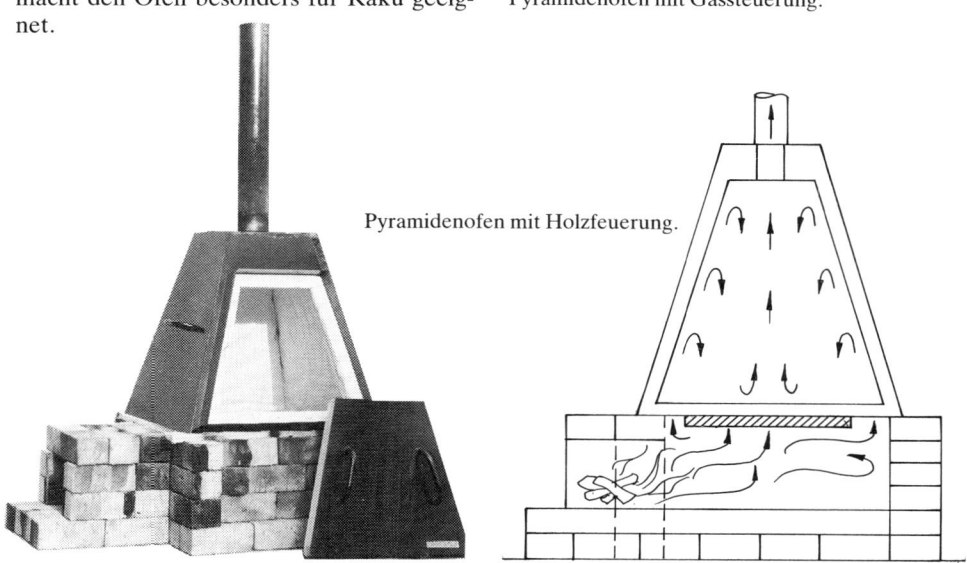

Pyramidenofen mit Holzfeuerung.

Brennen zerfällt der Pyrit zwischen 425 und 510 °C zum größten Teil in Eisen(III)oxid und Schwefel(IV)oxid (4 $FeS_2 + 11 O_2 = 2 Fe_2O_3 + 8 SO_2$). Größere Körner bleiben jedoch im Kern unzersetzt, und bei zu geringer Turbulenz im Ofen wird der Schwefel nicht abgeführt. Bei schnellem Brennen und reduzierender Atmosphäre zerfällt der Pyrit (unter diesen Bedingungen bereits bei 42 °C) in Eisen(II)sulfid (FeS) und Schwefeldampf und bei höheren Temperaturen weiter in Eisen(III)oxid und Schwefel(VI)oxid (4 $FeS + 9 O_2 = 2 Fe_2O_3 + 4 SO_3$). Dieses dispers verteilte Eisen(III)oxid gibt rote Kerne und rote Höfe, sogenannte »Sesamkörner«. Ein Teil des Eisensulfids (FeS) reagiert jedoch mit Kieselsäure zu einem zähen, schwarzen Glas, das die unzersetzten FeS-Körner umhüllt (es bildet »schwarze Kerne«) und beim Zerfall des FeS zu Aufblähungen führt. Die Bildung schwarzer Kerne läßt sich durch 0,25 % Ammoniumchlorid, auf Trockenmasse bezogen, vermeiden. Die Erzielung von Sesamkörnern aus einer mit entsprechenden Pyritkörnern versehenen Masse gelingt nur in tonerdereichen Massen durch frühzeitiges Reduzieren des FeS_2 zu FeS und anschließendes Oxidieren.

Pyrometer. Temperaturmeßgerät auf der Grundlage der Wärmestrahlung. Sie ist von Material und Oberflächenbeschaffenheit (Emissionsfaktor) abhängig. Das Meßgerät muß auf die spezifischen Meßverhältnisse eingestellt werden. Es lassen sich Temperaturen bis 3500 °C berührungslos messen. Man unterscheidet Gesamtstrahlungs-, Teilstrahlungs- und Farbpyrometer. Gemessen wird z. B. mit dem Teilstrahlungspyrometer durch Farbvergleich eines elektrischen Glühfadens mit der Glühfarbe des zu messenden Objekts. Der Heizstrom steht dann in reproduzierbarem Zusammenhang mit der Objekttemperatur. (Siehe auch unter Thermoelement.)

Pyrophyllit, Agalmatolith, $Al_2O_3 \cdot 4 SiO_2 \cdot H_2O$, helles, spaltbares Mineral mit ähnlichen Eigenschaften wie Talk. Der Pyrophyllit der Fa. H. J. Schmidt, Neuwied, hat die Zusammensetzung 79,98 % SiO_2, 16,06 % Al_2O_3, 0,24 % Fe_2O_3, 0,76 % K_2O, 0,09 % Na_2O. Mol.-Formel. bezogen auf 1 Al_2O_3, zum Einrechnen in Glasuren: 0,05 K_2O, 1,0 Al_2O_3, 8,46 SiO_2. Mol.-Gew. 617.

Pyropot Toasted Body, amerikanischer Steinzeugton, entsprechend 28,5 Niederahrer, 20,5 kanad. Nephelinsyenit, 48 Kaolin, 1,5 TiO_2, 0,5 Magnesit, 1 Quarz.
Special Stoneware entsprechend 41,5 wfE, 6,5 Niederahrer, 37 Kaolin, 14,5 Quarz, 0,5 TiO_2.

Pyroxene. Gruppe gesteinsbildender Eisensilikate wie Augit (Ca, Mg, Fe, Al) $[(AlSi)_2O_6]$ und Enstatit, Hypersthen $(Mg, Fe)_2 [Si_2O_6]$.

Q

Quarz. SiO_2, Mol.-Gew. 60,06. Meist Zwillinge bildender Kristall, überwiegend in Form sechsseitiger Prismen mit pyramidenähnlichen Endungen. Nach den Feldspäten das häufigste und verbreitetste Mineral der Erdkruste. Gemengteil in Eruptivgesteinen, Sedimentgesteinen und kristallinen Schiefern. Aus deren Verwitterung hervorgegangener Quarz kann weggespült und als Sand abgesetzt oder, mit dem verwitterten Produkt vermischt, z. B. in Kaolinen und Tonen gefunden werden. Abgelagerter Quarz kann mit Feldspat, Glimmer und anderen Gesteinstrümmern zusammen zu Sandstein verfestigt sein.
Neben dem weißen gemeinen oder Milchquarz gibt es den farblosen Bergkristall, den gelben Citrin, den grünen Prasem, den roten Rosenquarz oder Eisenkiesel, den blauen Blauquarz, den violetten Amethyst und den braunen bis schwarzen Rauchquarz oder Morion. Fremdeinschüsse von Rutilnädelchen (»Venushaar«) kennzeichnen den Sagenit, von Glimmer- oder Hämatitplättchen den schillernden Aventurinquarz, von Amphibolen den lauchgrünen Prasem. Unverzwillingte Quarzkristalle mit piezoelektrischen Eigenschaften finden als Schwingquarze in der Elektronik Verwendung.
In der Keramik dient Quarz nur in Form von Sand, Sandstein, Quarzit als Kieselsäurerohstoff neben dem kryptokristallinen Flint und dem amorphen Diatonit. Je gestörter das

Gefüge des Quarzrohstoffes, desto besser reagiert er. Deshalb sind die Quarzite als Masserohstoffe besonders günstig, vor allem der sehr reine Gangquarz für Porzellanmassen, während die aus Sanden verfestigten Zementquarzite und die durch Glimmer und Feldspat verunreinigten Felsquarzite in der feuerfesten Keramik Verwendung finden. Ein für Feinsteinzeug vorteilhafter Kieselsäurerohstoff ist gemahlener Quarzgutbruch. Der Sand in der Natur ist meistens verunreinigt und hat Korngrößen von 0,1–0,3 mm und ist gröber als das handelsübliche Quarzmehl.

Ⓖ **Quarz in Glasuren.** Das Umwandlungsverhalten des Quarzrohstoffs ist für Glasuren unerheblich. Wichtiger sind für Farbglasuren Reinheit und Korngröße. Feinkörniger Quarz ergibt schneller eine homogene Schmelze. Diatomit ist wegen seiner Feinheit ein günstiger Glasurrohstoff. Quarzsand, wie man ihn in der Natur findet, ist meist zu grobkörnig und muß gemahlen werden; nur der Strandsand ist fein genug.

Ⓖ **Quarz in Massen.** In Massen ist die Reaktion und Auflösung des Quarzes nicht nur von der Korngröße, sondern auch von der Art des Quarzrohstoffes abhängig. Gangquarz mit seinem gestörten Gefüge bildet mehr Scherbenglas und gibt beim Porzellan eine höhere Transparenz als Sand. Die Auflösung des Quarzes verläuft selten vollständig, und es bleibt stets noch ein Rest im Scherben. Gegenüber dem Scherbenglas besitzt der Quarz eine weit geringere Ausdehnung, wodurch es zu Spannungen kommt. Je mehr Quarz sich gelöst hat, desto besser ist das Scherbenglas dem Quarz angeglichen. Restquarz, der sich in Cristobalit verwandelt, zieht sich beim Abkühlen zwischen 250 und 190 °C ruckartig zusammen und kann den Scherben zerstören. Durch Sturzkühlung läßt sich die Cristobalitbildung teilweise vereiteln.

Quarzdiorit. Tiefengestein mit den Hauptgemengteilen Plagioklas und Quarz, wenig Biotit, Hornblende, Augit, Orthoklas und Apatit. Anhaltswerte für die Zusammensetzung: 64,07 % SiO_2, 0,45 % TiO_2, 15,82 % Al_2O_3, 3,4 % Fe_2O_3, 1,44 % FeO, 3,39 % MgO, 4,43 % CaO, 4,06 % Na_2O, 2,27 % K_2O, 0,52 % H_2O, 0,18 % P_2O_5, 0,05 % NiO. Segerformel zum Einrechnen in Glasuren: 0,07 FeO, 0,30 MgO, 0,30 CaO, 0,26 Na_2O, 0,07 K_2O, 0,59 Al_2O_3, 3,96 SiO_2, 0,04 TiO_2. Mol.-Gew. 371.

Quarzfrittescherben. Von den islamischen Töpfern des Mittelalters verwendeteter Scherben, auf dem die Alkaliglasuren rissefrei saßen. Er bestand aus 79 Alkalifritte, 13 Quarzsand, 7 Magnesit und 1 Plastifizierungsmittel. Als solches kann man Dextrin oder bis zu 5 % Bentonit nehmen.

Quarzglas. Aus Bergkristall geschmolzenes, ultraviolett durchlässiges Glas mit der niedrigen Wärmeausdehnung von $0,5 \cdot 10^{-6}/°C$.

Quarzgut. Aus Sand geschmolzenes, chemisch und thermisch widerstandsfähiges Glas, das beim Schmelzen infolge seiner Zähigkeit die an den Sandkörnern haftende Luft nicht entweichen läßt und daher durch Luftbläschen milchig getrübt ist.

Quarzite. Geologisch ältere Felsquarzite (auch »kristalline Quarzite«) und jüngere Findlingsquarzite (auch »Zementquarzite«). Die Findlingsquarzite sind für die Keramik besonders gut geeignet, da sie ein günstigeres Umwandlungsverhalten beim Erhitzen zeigen. Solche tertiären Quarzite kommen u. a. im Westerwald bei Herschbach, im Siebengebirge bei Queckstein und in der Rostinger Heide vor.

Quarzkeratophyr. Ergußgestein mit Albit als Hauptgemengteil, ferner Quarz und Hornblende. Vorkommen Alsenberg im Fichtelgebirge mit der Zusammensetzung: 67,9 % SiO_2, 0,24 % TiO_2, 14,36 % Al_2O_3, 4,36 % Fe_2O_3, 1,44 % FeO, 0,32 % MnO, 0,22 % MgO, 1,34 % CaO, 6,89 % Na_2O, 1,85 % K_2O, 1,52 % H_2O. Segerformel zum Einrechnen in Glasuren: 0,11 FeO, 0,06 MgO, 0,11 CaO, 0,61 Na_2O, 0,11 K_2O, 0,78 Al_2O_3, 0,17 Fe_2O_3, 6,28 SiO_2. Mol.-Gew. 556.

Quarzmehl. Durch Zerkleinerung von Sand, Ⓖ Pfahlquarz, Stückquarz, Gangquarz oder aus Rückständen der Kaolin- oder Feldspataufbereitung gewonnenes Mehl mit der Korngröße 0,04 bis 0,125 mm. Der SiO_2-Gehalt beträgt 99,2–99,8 %, der Eisengehalt etwa 0,02 %.

Quarzporphyr. Ergußgestein mit den Hauptgemengteilen Orthoklas, Quarz, Plagioklas und wenig Biotit, Hämatit, Apatit. Vorkommen siehe unter Porphyr. Zusammensetzung des Vorkommens von Thal, südlich Eisenach: 76,03 % SiO_2, 11,76 % Al_2O_3, 1,99 % Fe_2O_3, 0,27 % MgO, 0,45 % CaO, 3,36 % Na_2O. 5,61 % K_2O, 0,63 % H_2O. Segerformel zum Einrechnen in Glasuren: 0,08 MgO, 0,08 CaO, 0,38 Na_2O, 0,46 K_2O, 0,92 Al_2O_3, 0,08 Fe_2O_3, 9,77 SiO_2. Mol.-Gew. 772.

Quarzporphyrit. Ergußstein mit Plagioklas als Hauptgemengteil, dazu Orthoklas und Quarz, als dunkle Gemengteile Hornblende, Augit, Apatit. Anhaltswerte für die Zusammensetzung: 63,39 % SiO_2, 0,44 % TiO_2, 16,8 % Al_2O_3, 1,41 % Fe_2O_3, 3,09 % FeO, 2,15 % MgO, 4,76 % CaO, 3,47 % Na_2O, 2,79 % K_2O, 2,09 % H_2O, 0,14 % P_2O_5, 0,11 BaO. Segerformel zum Einrechnen in Glasuren: 0,15 FeO, 0,19 MgO, 0,31 CaO, 0,23 Na_2O, 0,12 K_2O, 0,62 Al_2O_3, 0,04 Fe_2O_3, 4,08 SiO_2, 0,04 TiO_2. Mol.-Gew. 388.

Quarzsprung. Volumenänderung des Quarzes bei 575 °C durch Übergang von Tief- zu Hochquarz beim Erhitzen (Ausdehnung) und umgekehrt beim Abkühlen (Schrumpfung). Oft Ursache von Kühlrissen und Glasurabplatzungen.

Quebracho-Extrakt. Gerbstoff des Quebrachobaumes zur Tonverflüssigung.

Queensware. Steingut von Wedgwood.

Quetschform. Zweiteilige Form zum Auslegen mit Ton und Zusammenpressen der beiden Formhälften. Zur Aufnahme des herausgequetschten Tonüberschusses verläuft um die Formvertiefung eine Rinne.

R

Radioaktivität. Alle aus natürlichen Lagerstätten stammenden Verbindungen von Strontium, Zirkon, Wismut, Kobalt sind unbedenklich. Nur solche Verbindungen, die aus industrieller Verarbeitung Ergebnisse von Zerfallsreihen darstellen, sind bedenklich.

Radscheibe. Europäische Form der Madras-Scheibe aus einem Wagenrad. In England bis ins 19. Jh. anzutreffen.

Rädeln. Aufbringen von Verzierungen mit dem Rollstempel.

G **Rändern.** Aufmalen einer Randlinie auf ein sich drehendes Gefäß mit dem Ränderpinsel auf der Ränderscheibe. Der Ränderpinsel ist ein schräg geschnittener Schleppinsel. Die Ränderscheibe wird mit der freien Hand an der Scheibenspindel in Drehung versetzt.

Ränderscheibe. Ursprünglich zum Rändern G bestimmte Scheibe, heute auch zum Aufbauen in Gebrauch. Neben der Tischränderscheibe gibt es in der Höhe verstellbare Standränderscheiben.

Raku. Ursprünglich japanische Technik, bei der die Keramik bei etwa 900 °C dem Ofen entnommen und im glühenden Zustand in Wasser abgeschreckt wird. An die Stelle der entnommenen Keramik wird eine neue in den glühenden Ofen gestellt. Neben dem Tieftemperatur-Raku, das auf rotbrennendem Ton eine transparente Bleiglasur trägt und daher rotes Raku genannt wird, kennt man in Japan auch ein bei 1200 °C gebranntes schwarzes Raku mit Temmoku-Glasur. Raku-Gefäße gehörten ursprünglich zur Teekeramik, weil sie in ihrer naturhaften Schlichtheit der Ästhetik der Teezeremonie entsprachen. Stammvater des Raku ist der 1592 verstorbene Töpfer Chojiro. Seine Nachfolger gleichen Namens sind in der 14. Generation in Kyoto tätig. Amerikanische Keramiker, vor allem Paul Soldner, haben das Raku-Verfahren durch die Nachreduktion ergänzt. Dadurch wurde es variationsreich und künstlerisch sowie experimentell ergiebiger. Raku ist zu einer beliebten Freizeitkeramik geworden und erfüllt den ursprünglichen Sinn des Wortes »Raku«, »Freude an der Muße«.

Rakuglasuren. Niedrigschmelzende Glasuren, die durch die Besonderheiten der Rakutechnik verändert werden. Dadurch ist Raku immer spannend. Die Glasuren werden nicht nach Temperaturanzeige gebrannt, sondern aus dem Ofen genommen, wenn sie glänzen. Mit vier Grundglasuren, die sich gut einfärben lassen, hat man einen großen Spielraum:
1. eine deckende weiße Glasur ohne Blei, ohne Bor und ohne Zinn (gut für Craquelées)

33,43 Kalifeldspat
33,53 Fritte D90208
11,64 Kaolin
3,25 Wollastonit
2,76 Zinkoxid
15,40 Quarz

2. eine durchsichtige, blei- und borfreie Glasur auf reiner Alkalibasis
71,24 Fritte D90208
9,32 Kaolin
19,44 Quarz

3. eine durchsichtige, bleifreie, borhaltige Glasur
28,46 Kalziumborat 238
12,26 Fritte D90158
33,28 Kalifeldspat
6,55 Kaolin
19,45 Quarz

4. eine deckende weiße Glasur, ohne Blei, mit Bor und Zinn
68 Kalziumborat 238
23 Nephelinsyenit
9 Zinnoxid.

Die Glasuren lassen sich mit Kobalt-, Kupfer-, Nickel-, Eisen-, Mangan- oder Antimonverbindungen färben, mit Rutil übersprühen, mit Zinkoxid mattieren, mit Silbernitrat bespritzen. Man kann unter die Glasuren eine weiße oder gefärbte Engobe oder auch nur färbende Oxide + 3 % Bentonit auftragen.

Aus jeder der beiden verwendeten Fritten läßt sich mit 10 % Kaolinzusatz eine neue Glasur gewinnen.

Zur Entwicklung interessanter Rakuglasuren bieten sich auch Mischungen aus Natriumborat mit Quarz sowie aus Kalziumborat mit Quarz an. Im System Na_2O-B_2O_3-SiO_2 gibt es eine Entmischungslinie (»Boraxlinie«) als Mischungsreihe zwischen kalziniertem Borax und Quarz. Die Schmelztemperaturen liegen bei 40 % SiO_2 unter 1000 °C. Im System CaO-B_2O_3-SiO_2 liegt ein großes Entmischungsgebiet auf der dem Kalk abgewandten Seite. Es wird von der Mischungsreiche aus Kalziumborat und Quarz durchzogen. Im Punkt E, der kalkreicher ist, beträgt die eutekische Temperatur 977 °C.

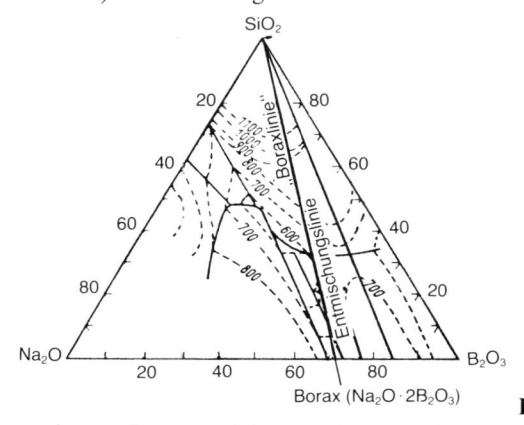

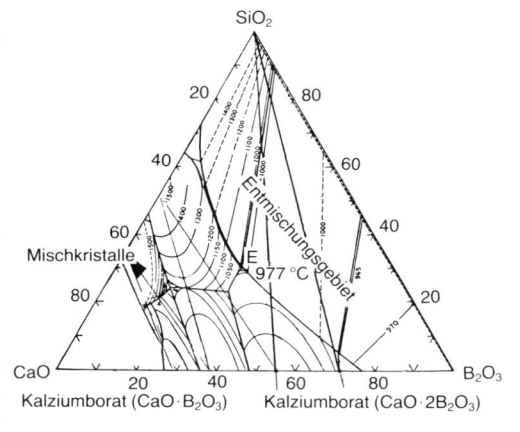

Zur Nachreduktion gibt man die glühenden Stücke mit Hilfe einer langstieligen Rakuzange in einen Behälter mit Sägemehl, zusammengeknülltem Zeitungspapier, Tannennadeln oder Laub, worin die Glasur unter Luftabschluß erkalten soll. Der Reduktionsbehälter wird dazu mit einem Deckel verschlossen. Man kann die heißen Stücke auch mit Speiseöl begießen oder einen Öllappen um sie herumlegen.

Rakumassen. Um dem Temperaturschock standzuhalten, müssen die Massen temperaturwechselbeständig sein. Sie werden gewöhnlich mit bis zu 50 % Schamotte der Körnung 0–3 mm versetzt. Mit Lithium lassen sich sehr temperaturwechselfeste Massen erzielen. Eine oft als Rakuporzellan bezeichnete Masse ist aus
50 Kaolin
20 plastischem Ton
15 Feldspat
15 Quarz zusammengesetzt.

Kalkhaltige Massen eignen sich für Raku nicht, da der Kalk unter den Brennbedingungen nicht gebunden werden kann; auch wollastonithaltige sind ungünstig, weil sie eine zu hohe thermische Ausdehnung besitzen, die die Craquelierung der Glasur verhindert.

Raku̇öfen. Die ursprünglichen Rakuöfen sind kleine, holzkohlebeheizte Schachtöfen mit einem Deckel, um die Keramik leicht her-

ausnehmen und einsetzen zu können. Man kann heute drei Rakuofentypen unterscheiden:
1. den mit Holzkohle, Gas oder Elektrizität beheizten Schachtofen (Toplader),
2. den mit Gas beheizten Haubenofen,
3. den mit Holz beheizten Ofen mit seitlich zugänglicher »Backröhre«.

Der Schachtofen kann aus einer Muffel bestehen, die von außen beheizt wird. Er hat den Nachteil, daß man die Stücke von oben her entnehmen muß.

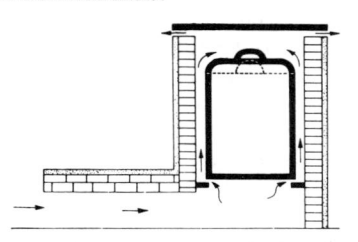

Raku-Schachtofen, gemauert, für Holzfeuerung.

Beim Haubenofen, bei dem die Ofenhaube zum Entnehmen abgehoben wird, ist zwar der Wärmeverlust größer, doch sind die Stücke leichter zugänglich. Dieser Ofen erlaubt die größten Formate.

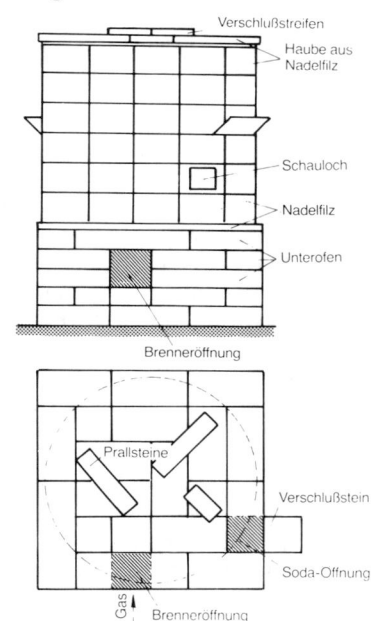

Raku-Haubenofen mit Faserisolierung mit Unterofen aus Feuerleichtsteinen.

Die Haube aus keramischen Fasern ist leicht herauszustellen. Mit einem Flaschenzug oder einer Hebelvorrichtung mit beschwertem Kraftarm kann der Ofen auch von einer Person allein bedient werden. Eine faserisolierte Haube läßt sich auch ohne Unterofen benutzen, wenn man an ihrem unteren Rand eine Öffnung für den Gasbrenner vorsieht. Am bequemsten läßt sich die Keramik aus einem Ofen mit »Backröhre« entnehmen. Er hat jedoch den Nachteil, daß nur kleine Stücke in ihm gebrannt werden können.

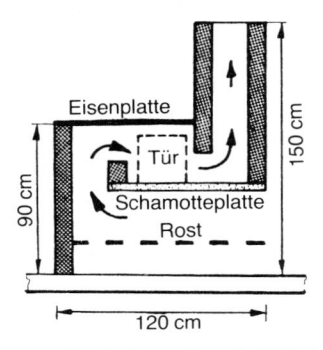

Gemauerter »Backröhrenofen« für Holzfeuerung.

Zum Einsetzen der vorgeschrühten Keramik in den heißen Ofen muß die Ware vorgewärmt werden. Beim Schachtofen stellt man sie dazu auf den vorgezogenen Feuerungskanal, beim »Backröhrenofen« auf die dafür vorgesehene Eisenplatte. Beim Haubenofen aus Fasern muß das Vorwärmen gesondert erfolgen.

Rapsasche. Eine an Kalzium- und Natriumoxid reiche Asche, aus der man unter anderem eine schöne mattweiße Glasur für 1280 °C gewinnen kann: 27 Asche, 17 Kaolin, 52 Quarzmehl, 4 Zinnoxid. Anhaltswerte für die Asche: 10,07 % SiO_2, 0,93 % Al_2O_3, 59,99 % CaO, 3,99 % MgO, 17 % Na_2O, 8,33 % K_2O. Segerformel zum Einrechnen in Glasuren: 0,11 SiO_2, 0,006 Al_2O_3, 0,70 CaO, 0,06 MgO, 0,18 Na_2O, 0,06 K_2O. Mol.-Gew. 66.

Raseneisenstein. Verunreinigter Limonit, der sich aus eisenhaltigem Grundwasser in sumpfigen Senken gebildet hat.

Rasorit. Handelsbezeichnung für Kernit ($Na_2O \cdot 2\ B_2O_3 \cdot 4\ H_2O$, Mol.-Gew. 273,35) aus Kalifornien.

Rationelle Analyse. Von Seger eingeführte Unterscheidung zwischen Tonsubstanz, Quarz und Feldspat bei Rohstoffen und Massen. Die Tonsubstanz umfaßt die Tonminerale der Kaolingruppe und die glimmerartigen Tonminerale, die für die Plastizität verantwortlich sind. Als Feldspat gelten die Flußmittel enthaltenden Bestandteile, also auch die Erdalkalikarbonate (Kalkspat, Magnesit). Unter Quarz fallen die anderen Bestandteile. Die rationelle Analyse beruht darauf, daß die Tonerde der Tonminerale nach dreistündigem Glühen bei 700 °C salzsäurelöslich wird, also von den übrigen Bestandteilen der Tonminerale getrennt und dadurch bestimmt werden kann. Die lösliche Tonerde, multipliziert mit 2,5318, ergibt die Menge an Tonsubstanz. Beim Montmorillonit wird nur wenig Tonerde durch das Glühen löslich. Die rationelle Zusammensetzung läßt sich annäherungsweise aus der chemischen Analyse berechnen, indem man folgende Faktoren benutzt:

$K_2O \cdot 5,9081$ = Kalifeldspat
$K_2O \cdot 0,1823$ = Al_2O_3 im Kalifeldspat
$K_2O \cdot 0,647$ = SiO_2 im Kalifeldspat
$Na_2O \cdot 8,4573$ = Natronfeldspat
$Na_2O \cdot 0,195$ = Al_2O_3 im Natronfeldspat
$Na_2O \cdot 0,687$ = SiO_2 im Natronfeldspat
$CaO \cdot 1,784$ = Kalkspat
$MgO \cdot 2,0915$ = Magnesit
$Al_2O_3 \cdot 2,5318$ = Tonsubstanz
GV. $\cdot 7,18$ = Tonsubstanz

Zunächst werden aus den Alkalien der chemischen Analyse der Kali- und Natronfeldspat errechnet und gleichzeitig die im Feldspat enthaltene Tonerde. Diese wird von der gesamten Tonerde der Analyse abgezogen; aus dem Rest ergibt sich durch Multiplikation mit 2,5318 die Tonsubstanz. Zur Kontrolle muß der Glühverlust, mit 7,18 multipliziert, ebenfalls den Wert der Tonsubstanz ergeben. Ist dieser Wert jetzt größer, so kann man auf Humus und Karbonate schließen. Der Quarz ergibt sich aus der Differenz von Tonsubstanz + Feldspat gegen 100. Wenn auch die Alkalien in Wahrheit nicht nur dem Feldspat zuzuschreiben sind, sondern auch aus dem Illit der »Tonsubstanz« stammen können, so ist dieser Einwand für die Berechnung eines Versatzes von untergeordneter Bedeutung, denn bei hohen Temperaturen kommt es mehr auf die chemische Zusammensetzung an. Die rationale Analyse ist ein praktisches Mittel zur Masseberechnung. Exakter ist die Mineralanalyse.

Rebenasche. Eine durch hohen Tonerdegehalt ausgezeichnete Asche. Unter den Flußmitteln überwiegt bei weitem der Kalk. Es ist eine Asche, die sich vor allem für hohe Temperaturen anbietet. Sie kann wie ein verunreinigter Kalk eingesetzt werden: Neun Zehntel Asche ersetzen zehn Zehntel Kalkspat. Man erhält eine Mattglasur bei 1280 °C aus 31 Asche, 30 Kaolin und 39 Quarz. Die Glasur läßt sich gut färben, es lohnt sich, mit ihr zu experimentieren. Anhaltswerte für die Zusammensetzung der Asche: 10,53 % SiO_2, 23,10 % Al_2O_3, 49,78 % CaO, 6,75 % MgO, 4,06 % Na_2O, 5,78 % K_2O. Segerformel zum Einrechnen in Glasuren: 0,14 SiO_2, 0,19 Al_2O_3, 0,74 CaO, 0,14 MgO, 0,01 Na_2O, 0,01 K_2O. Mol.-Gew. 83.

Redart. US-Ton, entsprechend dem englischen Etruria Marl. Ersatzmischung: 26,71 Niederahrer Ton 178/Ri, 17,87 Natronfeldspat Na 427, 23,26 Quarz, 1,07 TiO_2, 1,51 kaust. Magnesit 346, 1,09 Fe_2O_3.

Red Dalton. US-Ton, rotbrennend wie der Redart, aber flußmittel- und eisenärmer. Ersatzmischung: 57,37 Niederahrer Ton 178/RI, 13,55 Natronfeldspat Na 427, 1,34 TiO_2, 5,82 Kaolin 233, 21,49 Quarz.

Red lead. (engl.), Mennige, Pb_3O_4.

Red-Technik. Mit dem Red-Holz eingeschnittene Konturen, die mit Smalte bemalte Felder abgrenzen. Eine Verzierungstechnik beim salzglasierten Westerwälder Steinzeug.

Redox-Anlauffarben. Für Ziegeleierzeugnisse, Fliesen und Gartenkeramik entwickelte Oberflächenüberzüge, die bei 980 bis 1250 °C eingebrannt werden.

Redox-System. Reduktions-Oxidations-System, bei dem sich das chemische Gleichgewicht nach dem Massenwirkungsgesetz einstellt. Wird z. B. das Oxid des dreiwertigen Eisens mit dem des dreiwertigen Titans zusammengebracht, so wird das Eisen teilweise zu zweiwertigem Eisen reduziert und das Titan teilweise zu vierwertigem Titan oxidiert.

Reduktion. Entfernung von Sauerstoff aus sauerstoffhaltigen Verbindungen. Die positive Ladung des reduzierten Stoffes wird vermindert (aus $Fe_2^{3+}O_3^{2-}$ wird $Fe^{2+}O^{2-}$). Gegensatz zur Oxidation (= Zuwachs an positiver Ladung).

Reduktion im Elektroofen. Bis 900 °C sind die Heizleiter gegen Reduktion unempfindlich, jedoch bei Öfen, deren Heizdrähte in Mulden liegen, also nicht auf Haltestäbe aufgefädelt sind, kann sich unterhalb dieser Temperatur Kohlenstoff in den Rinnen ablagern und Lichtbogen-Überschläge verursachen, die die Heizleiter unbrauchbar machen.

Bei höheren Temperaturen können durch reduzierendes Brennen kohlenstoffhaltig Gase in die Heizleiter eindringen. Während Eisen-Chrom-Aluminium-Legierungen keine Besonderheiten zeigen, fällt die Lebensdauer der Nickel-Chrom- und Nickel-Chrom-Eisen-Heizleiter steil ab, was auf die Erniedrigung des Schmelzpunktes zurückzuführen ist. In derartigen Fällen sollte man 50 Grad unter der höchsten Anwendungstemperatur bleiben. Durch die Verringerung des Sauerstoffgehalts im Brennraum werden auch mögliche chemische Reaktionen der Heizspiralen begünstigt. Vor allem Fluor und Chlor zerstören die Heizleiterlegierungen schon bei niedrigen Temperaturen. Auch Wasserdampf führt zu einer Verkürzung der Lebensdauer.

Um eventuelle Beeinträchtigungen während des Reduzierens zu beseitigen, sind mindestens zwei oxidierende Brände nach jedem Reduktionsbrand erforderlich. Die Reduktion kann mit bleistiftgroßen Kiefernholzspänen vorgenommen werden, die man durch das Schauloch wirft, oder auch mit Propangas, das über 900 °C gefahrlos verbrennt und den Sauerstoff verzehrt. Das Reduzieren mit Stickstoff ist unwirksam (siehe unter Schutzgas).

Während und nach dem Reduzieren ist der Ofen abzudichten. Gelingt dies nicht, muß die Reduktion beim Abkühlen bis herab auf die Transformationstemperatur der Glasur geführt werden, damit das Reduzieren nicht umsonst war.

Das Reduzieren in gut abgedichteten Kapseln (Rand mit Sandrinne, in die der haubenförmige Deckel einpaßt) ist mit Hartholz oder Steinkohle möglich.

In Elektroöfen ohne Türheizung kann man eine eckige Kapsel einsetzen. Sie wird aus Kapselmasse in Plattentechnik gebaut, im Ofen auf einen Schamotteleichtstein gestellt und vorn mit der Länge nach zersägten, in den Zwischenraum zwischen Kapsel und Ofenmauerung eingeschobenen Schamotteleichtstein-Streifen umgeben. Die Ofentür schließt beim Zumachen die Kapsel vorn dicht ab. Zum Reduzieren wirft man Kienholzstäbchen durch das Schauloch.

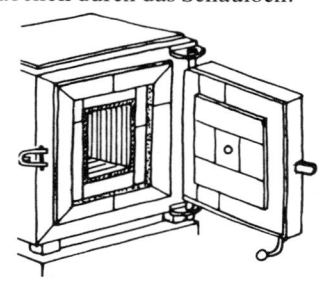

Reduzierendes Brennen. Verfahren, bei dem M das keramische Brenngut durch Luftmangel der Reduktion ausgesetzt wird. Bei der »Scharffeuer-Reduktion« beginnt der Sauerstoffentzug beim Aufheizen vor Erreichen der Endtemperatur, beim »Räuchern« (»Dämpfen«) nach dem Erreichen der Höchsttemperatur, beim »Lüsterbrand« beginnt die Reduktion erst nach dem Erstarren der Glasur während des Abkühlens. Die Scharffeuer-Reduktion kann erst einsetzen, wenn die organischen Verbindungen aus dem Scherben herausgebrannt sind. Sie bezweckt die baldige Bildung von FeO zur Verhinderung der zu späten Gasentwicklung aus dem Fe_2O_3 und zur Herabsetzung der Viskosität des Scherbenglases, wodurch das Dichtsintern begünstigt wird. Außerdem bewirkt die Reduktion eine Zersetzung der Sulfide, wie FeS_2, die sonst zu Fehlern führen könnten. Da aber die Reduktion den Feuerfortschritt hemmt, müssen reduzierende mit oxidierenden Brennphasen abwechseln. Man beginnt mit der Scharffeuerreduktion bei etwa 1100 °C für 10 Minuten und schaltet im weiteren Brennverlauf bis zur Endtemperatur alle 30 Minuten eine solche Reduktionsphase ein. Nach dem Erreichen der Höchsttemperatur kann man entweder die luftarme Ofenatmosphäre durch Abdichten oder Nachreduzieren während der Abkühlung beibehalten oder das Brenngut reoxidieren. In der reduzierenden Atmosphäre können sich auch schwarze Kerne von elementarem Si bilden, weil sich SiO_2 unter reduzierenden Bedingungen zu SiO verflüchtigen kann. Mögliche Erklärung: Ein Teil des SiO_2 reduziert sich zu $SiO + ½O_2$. Beim Abkühlen verschiebt sich das Gleichgewicht nach der Formel $SiO_2 + Si \lessgtr 2SiO$ (Gas) nach links, wobei sich elementares Silizium ausscheidet (siehe auch unter Kohlenstoff).

Glasuren werden durch die Scharffeuer-Reduktion in ihrer Tiefe verwandelt. Beim Dämpfen oder Räuchern dringt die reduzierende Atmosphäre nur oberflächlich in Scherben und Glasur ein.

Im Lüsterbrand (auch bei Raku) wird eine Oberflächenschicht im Größenbereich der Lichtwellen reduziert (Irisierung).

Reel cutter (engl.) Tonharfe.

Reimbold & Strick, Kunftstraße 4, D-5000 Köln 91, Frittenhersteller.

Reineclaudenasche. Eine Asche vom Alkalityp mit hohem Gehalt an Kaliumoxid. Sie besitzt gleichzeitig überdurchschnittlich viel Phosphor. Die schädlichen Verunreinigungen sind gering, deshalb braucht sie nicht geschlämmt zu werden. Anhaltswerte für die Zusammensetzung: 14% SiO_2, 3,26% Fe_2O_3, 0,51% MnO, 20,62% CaO, 8,21% MgO, 34,17% K_2O, 6,1% Na_2O, 10,36% P_2O_5, 1,91% SO_3, 0,86 Cl. Segerformel zum Einrechnen in Glasuren: 0,22 SiO_2, 0,02 Fe_2O_3, 0,01 MnO, 0,36 CaO, 0,19 MgO, 0,35 K_2O, 0,10 Na_2O, 0,07 P_2O_5. Mol.-Gew. 97.

Reiskorntechnik. Ursprünglich durch Eindrücken von Reiskörnern in den plastischen Ton erzeugte Grübchen oder Perforationen im Scherben. Dadurch erhielten die persischen Töpfer transparente Punkte in ihrem Frittenporzellan. Später hat man den Scherben mit ähnlichen Mustern exakt ausgehöhlt oder durchstochen; die Glasur verdeckt die Durchbrüche.

Reisspelzenasche. Anhaltswerte: 53,9% SiO_2, 2,0% AlO_3, 1,3% MgO, 0,7% CaO, 40,6% Glühverlust. Nach Abzug des Glühverlustes bleiben 93,1% SiO_2. Man kann die Asche also wie einen verunreinigten Sand verwenden, beim Einrechnen in die Segerformel jedoch mit dem ganzen Glühverlust-Ballast, nämlich mit dem Molekulargewicht 110, entsprechend einer molekularen Zusammensetzung von 1 SiO_2, 0,6 MgO, 0,01 CaO und 0,02 AlO_3. Bei Austausch des Quarzes in einem Versatz muß man für 1 Gwt. Quarz 1,8 Gwt. Reisspelzenasche nehmen. Eine Mattglasur bei 1280°C:
21,67 Reisspelzenasche
41,96 Kalifeldspat 82/K11
21,98 Kalkspat
 0,90 kaust. Magnesit
10,40 Tonerdehydrat
 3,00 Bentonit.

Reisstrohasche. Eine saure Asche mit hohem Kieselsäure- und Tonerdegehalt und entsprechend hoher Schmelztemperatur von 1420°C. Sie braucht Flußmittel, um zu einer Glasur zu werden. Das kann auch durch Kombination mit einer Asche vom Alkalityp geschehen, z. B. mit der Mistelasche: 86 Reisstrohasche und 14 Mistelasche ergeben eine Mattglasur bei 1280°C. Anhaltswerte für die Zusammensetzung der Reisstrohasche: 77,68% SiO_2, 9,11% Al_2O_3, 2,93% Fe_2O_3, 0,9% P_2O_5, 4% CaO, 2,44% MgO, 1,68% K_2O. Segerformel zum Einrechnen in Glasuren: 8,60 SiO_2, 0,60 Al_2O_3, 0,13 Fe_2O_3, 0,07 P_2O_5, 0,47 CaO, 0,40 MgO, 0,13 K_2O. Mol.-Gew. 663.

Regeln, Regelung. Angleichen einer physikalischen Größe, z. B. Temperatur (Istwert) an eine gewünschte Größe (Sollwert oder Führungsgröße).

Regenerator. Wärmeaustauscher, in dem die Abgaswärme über eine Speichermasse (Schamottesteine) geleitet und nach Umschalten Luft oder Gas vorgewärmt werden.

Rekristallisation. Primäre: Umkristallisation eines Kristalls nach plastischer Verformung. Die dadurch entstehenden Spannungen werden durch neu wachsende Kristalle ausgeglichen. Die Temperatur, bei der dies am schnellsten erfolgt, heißt Rekristallisationstemperatur. Sekundäre: Kornwachstum von Kristallen über alle Einschlüsse hinweg, wodurch das Kristallkorn größer wird (Kornvergröberung).

Rekuperator. Wärmeaustauscher zur Ausnutzung der Abwärme eines Ofens zum Vorwärmen der Verbrennungsluft. An der Wandung, die von den Ofenabgasen auf ihrem Weg zum Schornstein erhitzt wird, strömt die Frischluft vorbei und nimmt Wärme auf. Besser als keramisches Material eignen sich hitzebeständige Stahlsorten oder legiertes Gußeisen zum Bau von Rekuperatoren.

Relatin. Quellbarer, wasserunlöslicher Cellulosekleber, entsprechend der »Tylose«.

Relaxationszeit. Die Zeit, die ein Stoff braucht, um sich bei Einwirkung eines äußeren Zwanges auf die neue Lage einzustellen. Sie ist bei Flüssigkeiten sehr kurz und verlängert sich mit der Viskosität. Bei Gläsern gilt die Relaxationszeit von 1 Minute als Grenze für den Übergang der Schmelze in einen festen Körper. Dieser Viskositätswert entspricht dem Transformationsbereich.

Relief. An einen Hintergrund gebundenes, plastisch gestaltetes Objekt: Flach-, Hoch-, versenktes, gequetschtes Relief.

Rezeptentwicklung. Historische Entwicklung der Glasurrezepte. Aus drei Urglasuren, der ägyptischen Alkaliglasur, der kleinasiatischen Bleiglasur und der ostasiatischen Kalkglasur entstanden durch Kombination die späteren Glasuren, z. B. die Alkali-Bleiglasur des osmanischen Steinguts. Alle drei Urglasuren hatten Rezepturen aus zwei Stoffen im Verhältnis 1:1 zur Grundlage. Die Alkaliglasur wurde gewogen von 1 Gwt. Wüstensand und 1 Gwt. Natursoda, die Bleiglasur abgemessen aus 1 Volumenteil Bleierz und 1 Volumenteil Sand, die Kalkglasur aus 1 Volumenteil Ton und 1 Volumenteil Holzasche. In manchen Gebieten haben sich die Rezepte bis heute erhalten.

Rheinpfälzische Tone. In dem an das Haardtgebirge nach Westen anschließenden vorderpfälzischen Hügelland treten tertiäre Tonschichten an die Oberfläche. In sandigen, kalkhaltigen Schichten gibt es sporadisch mergelige Tone im Süden bei Schaidt, Septarientone bei Marnheim und Kirchheimbolanden. Jungtertiäre rötliche Tone ziehen sich von Grünstadt, Friensheim, Bad Dürkheim und Lautersheim südlich über Landau, Langenkandel und Weißenburg nach dem Elsaß; ein zweiter Zug verläuft zwischen Hettenleidelheim und Kirchheimbolanden. Ein ähnlicher kieselsäurereicher, roter Ton wie in Freinsheim liegt bei Gerolzheim und Weisenheim. Diese Tone wurden von den örtlichen Töpferwerkstätten und Manufakturen in Herchelheim, Frankenthal, Worms und Ludwigshafen benutzt. Das wichtigste Vorkommen befindet sich um Eisenberg; es sind weiße Sande und Tone, miozäne Ablagerungen aus Seen und Flüssen auf Buntsandstein. Die feuerfesten Tone liegen unter einer kalkigen Tonschicht, die ihrerseits noch bedeckt ist von Lehm, Kies und Klebsand. Außer bei Hettenleidelheim gewinnt man Tone bei Grünstadt und Lautersheim.

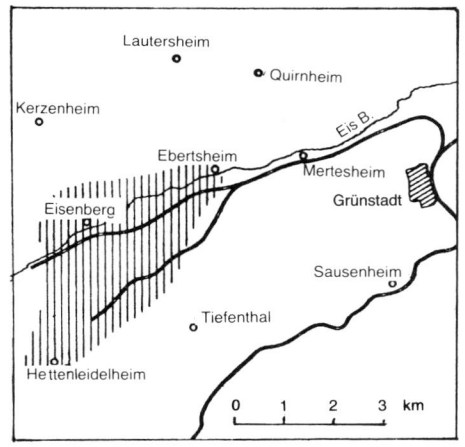

Rheinpfälzische Tone

	1	2	3
SiO_2	51,49	62,93	46,86
Al_2O_3	33,30	27,21	38,76
TiO_2	–	–	0,10
Fe_2O_3	2,31	0,52	0,78
CaO	0,58	–	0,21
MgO	0,90	–	–
K_2O	1,00	–	1,20
Na_2O	0,72	–	–
GV.	9,70	9,26	12,18
T	*78,49*	38,2	98,04
Q	*6,97*	30,6	1,53
F	*12,00*	1,2	0,43

1 = Hettenleidelheimer Ton hell. 2 = Grünstädter Ton A. H. T. 3 = Grünstädter Ton.

Ton- und Klebsandlagerstätten bei Eisenberg in der Rheinpfalz (nach Dienemann-Burre).

Hier tritt in der obersten Schicht ein weißer, feuerfester Ton zutage, der für Tonpfeifen verarbeitet wurde. Vortertiäre Schiefertone kommen südöstlich von Stauf, in Eisenberg, Schneckenhausen, Otterbach, Sembach im Lautertal vor, grünlichgraue mergelige Tone bei Nieder-Würzbach und Blieskastel.

Rhodonit, $MnO \cdot SiO_2$. Mangankiesel. Vorkommen in Deutschland zwischen Kieselschiefern: Elbingerode und Lautental, Harz; Laasphe, Westfalen.

Rhyolith. Ergußgestein mit den Gemengteilen Albit, Quarz und Apatit. Ein Teil der Grundmasse besteht aus Glas mit Plagioklas- und Biotiteinsprenglingen. Anhaltswerte für die Zusammensetzung: 74,02 % SiO_2, 0,02 % TiO_2, 13,2 % Al_2O_3, 0,75 % Fe_2O_3, 0,29 % FeO, 0,06 % MgO, 0,56 % CaO, 4,18 % Na_2O, 4,82 % K_2O, 1,86 % H_2O. Segerformel zum Einrechnen in Glasuren: 0,08 CaO, 0,54 Na_2O, 0,38 K_2O, 1,0 Al_2O_3, 9,46 SiO_2. Mol.-Gew. 758.

Richard-Bampi-Preis. Der 1965 verstorbene Keramiker Richard Bampi hat die Gesellschaft der Keramikfreunde e. V. (Geschäftsstelle Mannheim) zu seinem Erben eingesetzt mit der Auflage, aus dem hinterlassenen Vermögen, sofern und solange Mittel dafür vorhanden sind, den Richard-Bampi-Preis zu vergeben. Bedacht werden sollen nur künstlerisch hochbegabte Keramiker, die selbständig in der Bundesrepublik Deutschland arbeiten, das 30. Lebensjahr nicht überschritten haben und des Preises würdig sind. Die Preisträger werden in einem Wettbewerb ermittelt, der in dreijährigem Turnus stattfindet (bisher 1969, 1973, 1975, 1978, 1981, 1984, 1987, 1990).

Riedgrasasche, die Asche von Carexgräsern. Sie besitzt zu viel Erdalkalien, als daß sie allein für sich unter 1300 °C schmelzen würde. Sie erreicht 1280 °C z. B. in einer Mischung 1:1 mit der Alkalifritte M 1233. Im oxidierenden Brand ist diese Glasur schwach hellbräunlich, im reduzierenden Feuer zart seladonfarben. Anhaltswerte für die Asche: 58,115 % SiO_2, 5,84 % Al_2O_3, 4,41 % P_2O_5, 1,27 % Fe_2O_3, 0,19 % TiO_2, 19,28 % CaO, 4,125 % MgO, 0,34 % Na_2O, 6,92 % K_2O. Segerformel zum Einrechnen in Glasuren: 1,87 SiO_2, 0,12 Al_2O_3, 0,02 Fe_2O_3, 0,06 P_2O_5, 0,65 CaO, 0,19 MgO, 0,02 NaO, 0,13 K_2O. Mol.-Gew. 194.

G **Ringofen.** Zum Brennen von Ziegeleierzeugnissen bestimmter Ofen mit endlosem, im abgeflachten Kreis verlaufenden Tunnel, in dem die Brennzonen wandern. Die Schüttlöcher für den Brennstoff befinden sich in der Decke. Die Strömung der Abgase wird durch eine Papierwand, die zwischen die Ziegel gespannt wird, geregelt. Sobald das Feuer genügend dicht herangekommen ist, wird das Papier eingerissen und der Zug an die nächste Kammer gelegt.

Rinnenviskosimeter. Eine mit 45 °C geneigte, geschrühte Platte aus der in Frage kommenden Scherbenmasse mit (gewöhnlich sechs) senkrechten Rillen, in denen die Glasuren unter den betrieblichen Brennbedingungen herunterfließen. In jeder Rinne befindet sich oben eine Vertiefung, in die jeweils dieselbe Menge Glasur (gewöhnlich zu Tabletten gepreßt) eingelegt wird.

Risse. 1. Massefehler, die auf inhomogene G Aufbereitung und dadurch verursachte innere Spannungen oder auf ungleichmäßiges Trocknen, Erhitzen oder Abkühlen zurückgeführt werden können. Risse treten entweder beim Trocken- oder Brennschwinden oder beim Kühlen auf und werden daher als Trocken-, Brand- oder Kühlrisse bezeichnet, auch wenn ihre Ursache in der Aufbereitung oder Formgebung liegt.

Trockenrisse können durch ungleichmäßiges Trocknen entstehen, wenn Ränder oder Kanten infolge ihrer größeren Oberfläche schneller trocknen und die nachfolgenden Teile in einem solchen, durch Trocknung starren Rahmen hängen. Dadurch bilden sich Zugspannungen aus, die z. B. zu Bodenrissen führen können. Ungleichmäßig geformte Wandungen können an den dünneren Stellen schneller trocknen und auf diese Weise zu Trockenrissen führen. Einseitiges Trocknen durch Luftzug führt ebenfalls zu Spannungen und kann Risse ergeben, die oft nicht zu erkennen sind und erst im Brand hervortreten. Radial oder vom Rand aus verlaufende Risse sind auf schlecht durchgearbeitete oder allzu magere Masse zurückzuführen. Sonst ist Magerung von Vorteil (s. a. u. Trockenfestigkeit).

Trockenrisse (links) sind nach dem Sintern oder Glattbrennen durch abgerundete Ufer

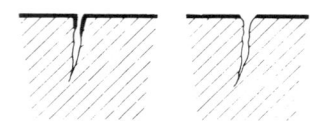

zu erkennen. Brandrisse (rechts) entstehen beim Schwinden, wenn die Glasur schon erstarrt ist. Daher sind ihre Ufer scharfkantig. Kühlrisse treten durch Temperaturunterschiede beim Abkühlen auf, wobei sie sich bis zum endgültigen Abkühlen wieder schließen können, oder sie bleiben erhalten, wenn – wie beim Trocknen – das weiche Innere in einer bereits erstarrten Schale hängt.

Kühlriß

2. Als Glasurfehler entstehen Risse in der Glasur infolge von Spannungen zwischen Scherben und Glasur, wenn sich die Glasur beim Abkühlen stärker zusammenzieht als der Scherben. Im umgekehrten Fall wird entweder die Glasur abgesprengt, wobei sie Kanten des Scherbens mitreißen oder klaffende Scherbenrisse verursachen kann (siehe unter Druckfestigkeit).

Ritzhärte. In Gramm angegebene Belastung, die erforderlich ist, um mit einem Diamanten eine Ritzbreite von 0,1 mm zu erzielen.

Robinienasche. Eine kalkreiche, basische Asche, aus der mit Kaolin und Quarz eine Mattglasur für 1280 °C gewonnen werden kann. Ihre Naturfarbe ist im oxidierenden Brand leicht hellbräunlich, im reduzierenden hellgrün. Die Zusammensetzung der Glasur: 26 Asche, 41 Kaolin, 33 Quarzmehl. Anhaltswerte für die Asche: 9,026 % SiO_2, 0.066 % Al_2O_3, 1 % Fe_2O_3, 0,1 % TiO_2, 62.33 % CaO, 8,39 % MgO, 1,14 % Na_2O, 8,21 % K_2O. Segerformel zum Einrechnen in Glasuren: 0,10 SiO_2, 0,06 Al_2O_3, 0,01 Fe_2O_3, 0,78 CaO, 0,15 MgO, 0,01 Na_2O, 0,06 K_2O. Mol.-Gew. 70.

RO. Kurzbezeichnung für die Gruppe der basischen Flußmitteloxide in der Segerformel (siehe unter Basen). R = Radix (die Wurzel), O = Sauerstoff. Unkorrekterweise umfaßt in der Segerformel »RO« außer den Sauerstoffverbindungen der zweiwertigen Erdalkalimetalle (CaO, MgO, BaO, SrO) auch die Verbindungen der einwertigen Alkalimetalle mit Sauerstoff (Na_2O, K_2O, Li_2O).

Römerbrand. Schwarzbrand in einem aus Ziegeln errichteten, lehmverstrichenen, turmförmigen Ofen, der sorgfältig gegen Luftzutritt abgedichtet wird. Man brennt mit Sägewerksabfällen und fettem Kienholz, möglichst mit frischen Föhrenstubben.

Röntgenfeinstrukturanalyse. Verfahren zur Identifikation von Mineralen auf Grund der Beugung von Röntgenstrahlen an ihrem Kristallgitter. In der Keramik wird diese Analyse meistens nach der Methode von Debye-Scherrer angewandt, bei dem aus dem kristallinen Pulver ein Stäbchen hergestellt und in einer Röntgenkammer mit eingelegtem Film beim Drehen durchleuchtet wird. Aus Lage und Intensität der Kurven kann man die Art der Kristalle bestimmen.

Röntgenfluoreszenzanalyse. Chemisches Analyseverfahren ohne Probenahme. Es beruht auf der Messung der Fluoreszenz-Intensität beim Bestrahlen einer Oberfläche mit Röntgenstrahlen. Die Fluoreszenz wird spektral zerlegt und mit einem Photoelement gemessen.

Roggenstrohasche. Eine saure Asche vom Alkalityp, die bei 1340 °C schmilzt. Sie kann als ein durch Dolomit verunreinigter Feldspat angesehen werden. Zwei Gewichtsteile der Asche können in einem Versatz einen Teil Feldspat ersetzen. Die Roggenstrohasche läßt sich mit fast jeder Holzasche zu einer Glasur für 1280 °C verarbeiten, z. B. mit Buchenasche im Verhältnis 80 Roggenstrohasche, 10 Buchenasche, 10 Kaolin. Anhaltswerte für die Roggenstrohasche: 57,1 % SiO_2, 15,57 % Al_2O_3, 1,81 % Fe_2O_3, 3,33 % CaO, 1,25 % MgO, 18,12 % K_2O, 2,81 % P_2O_5. Segerformel zum Einrechnen in Glasuren: 3,36 SiO_2, 0,54 Al_2O_3, 0,04 Fe_2O_3, 0,07 P_2O_5, 0,68 K_2O, 0,11 MgO, 0,21 CaO. Mol.-Gew. 353.

Rohbruchfestigkeit s. u. Trockenfestigkeit.
Rohglasur aus ungefritteten Rohstoffen.
Rohkaolin. Nicht aufbereiteter Kaolin.
Rohstoffe. Naturstoffe und aufbereitete oder chemische (= synthetische) Produkte oder Abfallstoffe, die zur Weiterverarbeitung dienen. Demnach sind auch Fritten Rohstoffe. Als Naturstoffe sind solche Rohstoffe zu bezeichnen, die ohne industrielle Aufbereitung verwendet werden. Dagegen sind die meisten handelsüblichen Rohstoffe aufbereitete Mischungen, bei denen Verunreinigungen beseitigt oder bestimmte Stoffe angereichert sind. Man unterscheidet zwischen plastischen Rohstoffen (Tonen und Kaolinen) und unplastischen (Quarzen, Kalken, Dolomiten, Magnesiten).

Rollenschneider, Henkelschneider. Werkzeug zum Ziehen von runden Strängen aus einem Tonbatzen.

Rollermaschine. Automat oder Halbautomat zum Formen von Flachgefäßen im Überdrehverfahren, jedoch ohne Schablone, und zwar mit einem gesondert angetriebenen, beheizten Roller, der sich langsamer als die Spindel dreht und über dem Werkstück abrollt. Umdrehungsgeschwindigkeit des Rollers 240–600, der Spindel 300–600 U/min.

Rollstempel. An einer Achse drehbar befestigter Stempelzylinder, der an ein Gefäß gehalten wird, das sich auf der Töpferscheibe dreht, und der im Drehen Vertiefungen einstempelt.

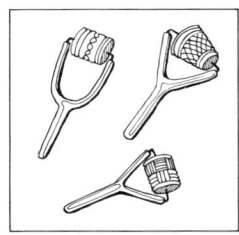

Roßkastanienasche. Eine basische Asche vom Alkalityp. Sie kann mit einer sauren Asche und Kaolin zu einer Glasur bei 1280 °C gemischt werden, z. B. mit Schilfrohr: 15 Roßkastanienasche, 70 Schilfrohrasche, 15 Kaolin. Die Naturfarbe dieser Glasur ist gelblich im oxidierenden und grünlich im reduzierenden Brand. Anhaltswerte für die Roßkastanienasche: 13,42 % SiO_2, 0,56 % Al_2O_3, 1,53 % Fe_2O_3, 0,21 % MnO, 20 % CaO, 16,01 % MgO, 23 % K_2O, 14,61 % Na_2O, 8,65 % P_2O_5, 1,2 % SO_3, 0,81 % Cl. Segerformel zum Einrechnen in Glasuren: 0,18 SiO_2, 0,01 Al_2O_3, 0,01 Fe_2O_3, 0,05 P_2O_5, 0,29 CaO, 0,32 MgO, 0,19 K_2O, 0,19 Na_2O. Mol.-Gew. 81.

Rotbrennende Tone. Kalkfreie oder kalkarme Tone, deren natürliche Brennfarbe durch das Oxid des dreiwertigen Eisens verursacht wird. Sie sollen bis in möglichst hohe Temperaturbereiche rot bleiben, ehe sie durch zunehmenden Schwarzanteil des entstehenden zweiwertigen Eisenoxids eine braune Brennfarbe annehmen. Sie besitzen eine höhere Wärmeleitfähigkeit und Temperaturwechselfestigkeit als weißbrennende Tone und sind deshalb im Brand und im Gebrauch weniger rißgefährdet. Sieh auch unter »Thüringische Tone«.

Rotbrennende Tone

	1	2	3	4
SiO_2	61,5	51,0	55,7	56,7
Al_2O_3	19,7	21,8	22,3	20,0
TiO_2	0,95	0,92	1,03	1,4
Fe_2O_3	7,3	14,85	10,75	10,0
CaO	0,14	0,11	0,18	0,3
MgO	0,48	0,45	0,54	2,0
K_2O	2,04	2,74	2,68	3,2
Na_2O	0,18	0,19	0,09	0,25
GV	7,2	7,42	7,48	6,10
1000 °C	hellziegelr.	ziegelrot	ziegelrot	
1100 °C	ziegelrot	ziegelrot	dkl.ziegelr.	
1200 °C	rotbraun	dkl.ziegelr.	braun	

1 = Ton Z 25, Meudt, Bergbauges. Marx, Ruppach-Goldhausen. 2 = Keramischer Ton BGR I, Guckheim, Walderdorff'sche Tongruben, Boden. 3 = Ton KRB I, Dahlen, Walderdorff'sche Tongruben, Boden. 4 = Thierfelder Ton, Zwickau.

Rote Glasuren.
a) Chromrot in bleireichen Glasuren bei niedrigen Temperaturen ist ein Siegellackrot. Das Optimum des Chromzusatzes liegt bei 4,5 bis 5 % Cr_2O_3. Diese Farbe verträgt nur wenig Tonerde und Kieselsäure, in der Segerformel 0,1–0,3 Al_2O_3 und 0,5 bis 1,3 SiO_2. Die Oberflächenspannung der Chromglasuren ist extrem niedrig. 2–3 % Chrom setzen sie um 19 Punkte herab. Deshalb dürfen diese Glasuren nicht neben andere gesetzt werden; sie würden sich über diese ausbreiten. Bleioxid kann alleiniges Flußmittel sein (950 °C) oder gemeinsam mit Natrium- oder Lithiumoxid (980 °C).
b) Selenfarbkörper färben tief rot.
c) Eisenrot erreicht man in kieselsäure- und alkalireichen, bleihaltigen Glasuren ohne Kalk bei Steinzeugtemperaturen, z. B. bei 1280 °C aus:
68,8 Kalifeldspat 81/K11
 7,5 Fritte D 90208
 4,9 Fritte M 70
 4,4 Tonerdehydrat
13,0 Kaolin 233
 1,4 rotes Eisenoxid
d) Nickelrot ist ein Altrosa für mittlere Temperaturen in Barium-Zink-Glasuren, in denen der Bariumanteil gegenüber den nickelblauen Glasuren gesteigert ist.
e) Kupferrot = Reduktionsrot, siehe unter Ochsenblutglasur.

Rotschlamm. 1. Angeschwämmter Lateritboden (Roterde) in tropischen Gebieten. 2. Nebenprodukt bei der Gewinnung von Tonerdehydrat aus Bauxit.

Rotverfärbung von Zinnglasuren (seltener von zinnfreien Titanglasuren) wird durch Chrom verursacht und durch Kalk in der Glasur verstärkt. Das Chrom kann aus dem Ton stammen oder im Elektroofen aus der Verdampfung der Heizleiter. Die Pinkbildung tritt schon bei 0,04 % Cr_2O_3 auf. Abhilfe: Verringerung des Kalkgehaltes der Glasur.

Rough stuff (engl.) Schamotte oder andere Magerungsmittel.

Rudd (engl.) Roter Ocker.

Rumpfpresse. Handpresse für Kachelrümpfe, die als Strang herausgepreßt werden.

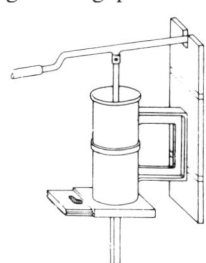

Rundofen. Stehender Ofen mit aufsteigender Flamme für den Porzellanbrand, 1770 von Jean-Etienne Guettard in Sèvres erfunden. Der erste Etagen-Rundofen folgte 1797 in Berlin. In der unteren Etage befand sich der Glattbrandraum, in der oberen der Glühbrandraum. 1878 wurde er mit überschlagender Flamme ausgestattet (»Sturzflammofen«). Er wurde im 19. Jh. vom Tunnelofen abgelöst (erster Tunnelofen 1906).

G **Rutil,** eisenverunreinigtes Titanoxid, TiO_2, braunes bis schwarzes Mineral, kommt in Pegmatiten sowie in Apatit-(= Kalziumphosphat-)Gängen und in Verwachsungen mit Quarz vor, u. a. in Pfitsch (Südtirol) und im Binnatal (Schweiz). Der handelsübliche »Rutil 196« hat 96 % TiO_2, 1 % Fe_2O_3 und 1 % ZrO_2. Mol.-Gew. 79,5. Er ist in Glasuren ein Trübungsmittel für gelbstichiges Weiß und ein Kristallbildner. Er war Bestandteil der Bunzlauer Braunglasur.

Rutilgelb. Bis 1200°C beständiger Gelbfarbkörper aus Rutil + Fe_2O_3 + ZnO + Cr_2O_3, der mit zunehmendem Eisengehalt in Orange übergeht. Rutil nur mit Chromoxid ergibt Gelb.

Rutilkeramik. Kondensatorbaustoff mit hoher Dielektrizitätskonstante.

S

Saartone. Verbreitet sind paläozoische Tonschiefer und aus ihnen entstandene Verwitterungslehme im Nordosten an den Ausläufern des nordpfälzischen Berglandes. Weiße und grüne Walkerden kommen bei Alsweiler an die Oberfläche. Lockere, grobkörnige Arkosen liegen unweit davon westlich bei Steinbach. Nicht ohne weiteres zugänglich sind die Tonsteine oder Steintone in den flözführenden Schichten von Dudweiler und Neunkirchen-Wellesweiler.

Saarländische Tone

	1	2
SiO_2	58,60	49,55
Al_2O_3	25,13	35,19
Fe_2O_3	2,17	0,31
CaO	0,50	0,45
MgO	1,49	0,31
K_2O	1,00	0,70
Na_2O	0,60	0,53
GV.	10,90	13,70

1 = Dudweiler-, 2 = Wellesweiler Tonstein.

Sächsische Kaoline und Tone. In Sachsen befinden sich die größten Kaolinlager Deutsch-

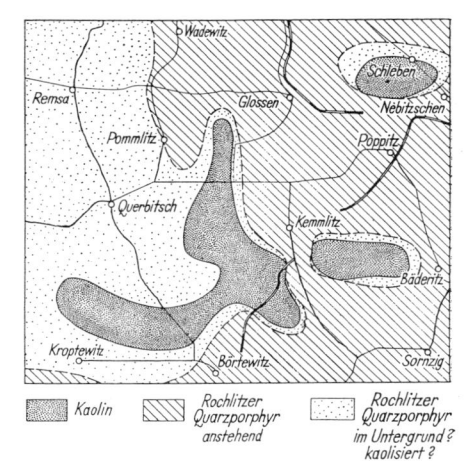

Die Kaolinlagerstätten von Kemmlitz-Börtewitz (nach Laubenheimer u. Lehmann).

SÄCHSISCHE KAOLINE 252

lands, und zwar im nordsächsischen Porphyrgebiet (südöstlich von Leipzig) bei Kemmlitz-Börtewitz, im Meißener Gebirgsmassiv und in der nördlichen Lausitz. Die Kemmlitzer Kaoline werden in die Sorten Meka, Oka und Wolfka unterschieden mit geringfügig verschiedenen Tonerde- und Kieselsäuregehalten. In der Meißener Gegend ist der Kaolin umgelagert; es handelt sich also um einen Kaolinton, der auch als Steingutton dient und von Seger für sein Segerporzellan verwendet wurde.

Sächsische Kaoline und Tone

	1	2	3	4	5	6	7
SiO_2	52,97	52,91	57,61	56,09	63,89	74,07	60,88
Al_2O_3	33,00	32,50	30,00	30,10	25,15	14,70	25,35
Fe_2O_3	0,70	0,60	0,80	0,76	1,10	1,79	2,48
TiO_2	0,20	0,30	0,20	–	–	1,90	2,00
CaO	0,30	0,65	0,24	0,38	0,32	0,39	0,56
MgO	0,13	0,54	0,05	Spur	–	0,40	0,50
K_2O	0,30	0,18	0,25	0,69	0,43	1,40	1,13
Na_2O	0,05	0,03				0,14	0,22
GV.	14,00	12,09	11,40	12,20	9,91	5,07	7,18

1 = Kemmlitzer Kaolin Oka, 2 = Wolfka, 3 = Meka, 4 = fetter und 5 = magerer Löthainer Ton, 3 = Frohnsdorfer Masseton, 7 = Frohnsdorfer Emaillierton. Die hochplastische Schlettaer Erde, die in Meißen zur Porzellanfabrikation verwandt wird, besteht aus 30 % Kaolinit, 34 % Illit, 25 % Quarz und 4 % Feldspat.

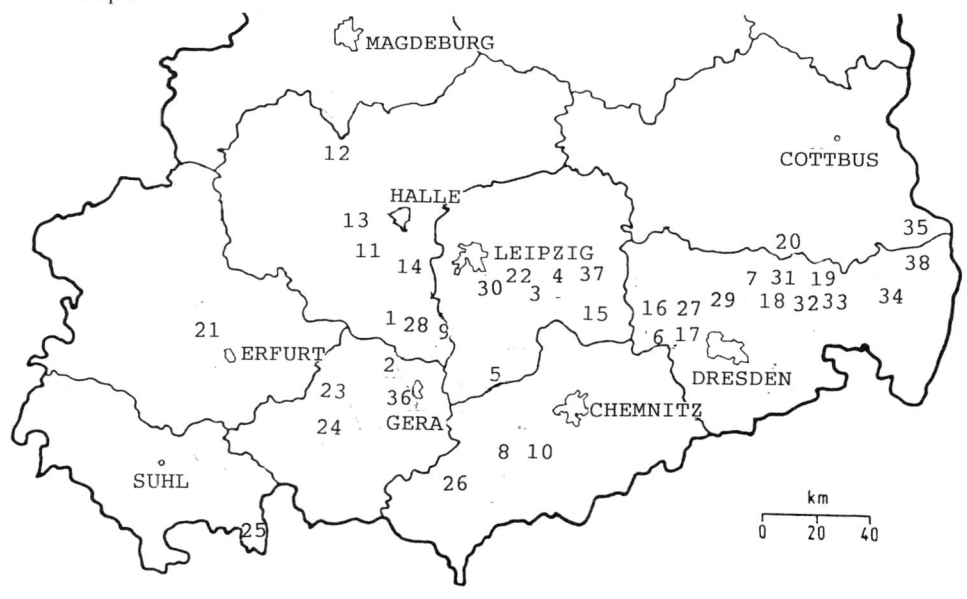

Rohstoffvorkommen in Sachsen und den angrenzenden Bundesländern. Rot- und weißbrennende Tone: 1 Roßbach, 2 Osterfeld rot, 3 Frohnsdorf, 4 Hohnstädt, 5 Haselbach, 6 Löthain-Mehren, 7 Schwepnitz braunrot, 8 Thierfeld rot. Spezialtone: 9 Grana, 10 Neukirchen, 11 Benstedt, 12 Gerleburg. Kaoline: 13 Salzmünde, 14 Spergau, 14 Kemlitz, 16 Seilitz, 17 Ockrilla, 18 Wiesa, 19 Caminau. Sande: 20 Hohenbokka. Kalk: 21 Herbsleben, 22 Brandis. Feldspatreiche Gesteine: 23 Kahla-Altendorf, 24 Freienorla, 25 Neuhaus, 26 Schreiersgrün, 27 Dobritzer Quarzporphyr. Feuerfesttone: 28 Profen-Süd, 29 Plessa, 30 Liebertwolkwitz, 31 Großdubrau (Klix) 32 Thonberg, 33 Wetro, 34 Guttau, 35 Rietschen-Teicha. Dolomit: 36 Caschnitz. Quarz: 37 Glossen, 38 Sproitz. Eingezeichnet sind die ehemaligen Bezirksgrenzen und Bezirkshauptstädte.

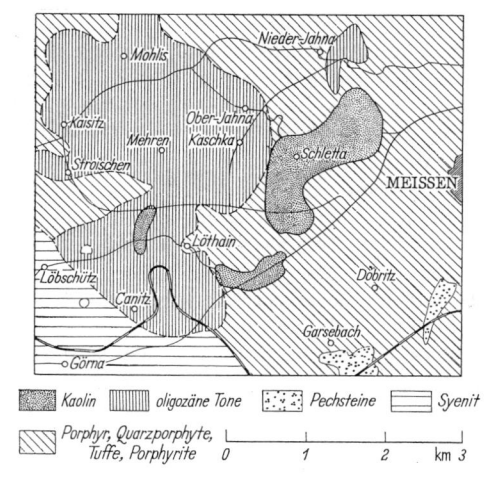

Die Kaolinlagerstätten von Meißen-Löthain (nach Laubenheimer u. Lehmann).

Sägemehlofen. Ofen, in dem das Brenngut in Sägemehl eingebettet ist. Er kann aus Ziegeln errichtet sein oder aus einer Öltonne bestehen. Im Kontakt mit dem glimmenden Sägemehl wird die Keramik schwarz (siehe unter Brennen im Sägemehl).

Säurefestigkeit. Säuren haben sehr leicht bewegliche Wasserstoff-Ionen, die die Alkali-Ionen verdrängen und sich im SiO_4-Netzwerk einlagern, das dadurch hydratisiert. Es ändert sich die Lichtbrechung, und es entstehen Interferenzfarben, ohne daß das Netzwerk zerstört wird. Flußsäure und Alkalien lösen hingegen das Netzwerk auf. Um im ersten Fall den Austausch der Alkali-Ionen durch Wasserstoff zu verhindern, ersetzt man sie durch Erdalkalien, Zink oder Blei. Die dadurch bewirkte Schwerschmelzbarkeit kann man durch Borsäure in geringen Mengen ausgleichen. In größeren Mengen verringert Borsäure die Säurefestigkeit, TiO_2 und ZrO_2 erhöhen sie. Die Festigkeit gegenüber Flußsäure und Laugen wird durch Kieselsäure und Tonerde bei hohem Brand erhöht. Der Einsatz möglichst vieler verschiedener Bestandteile ist günstig, und zwar zunehmend in der Reihenfolge Na_2O, K_2O, BaO, CaO, PbO, MgO, ZnO, TiO_2, Al_2O_3, ZrO_2.

G **Säurezahl.** Verhältnis der Säuren zu den Basen in der Segerformel. Zur Berechnung dieses Verhältnisses werden die Segerformelwerte mit den Wertigkeiten der betreffenden Oxide multipliziert. Dabei wird der Summe aller basischen Oxide die Wertigkeit 2 zugesprochen, und die sechswertige Tonerde wird (obwohl sie amphoter ist) ganz den Basen zugeschlagen. Die Säurezahl ist der Quotient Säuren : Basen.

$$\text{Säurezahl } s = \frac{SiO_2}{1 + 3\,Al_2O_3}$$

Je größer die Säurezahl, desto saurer ist die Glasur. Saure Glasuren sind glänzend, basische matt. Stark saure Glasuren können jedoch wieder matt sein (»Säurematt«). Mit Borsäure läßt sich sehr schwer eine Mattglasur erzielen, weil sie sechswertig ist.
Will man eine auf dem Säure-Basen-Verhältnis beruhende Mattglasur bei einer anderen Temperatur unter Beibehaltung der Säurezahl verwenden, so muß man die Tonerde- und Kieselsäurewerte in folgender Weise der neuen Temperatur anpassen:
Man sucht auf Seite 262 den der gewünschten Temperatur entsprechenden Wert für die Kieselsäure. Den Wert für die Tonerde erhält man dann nach folgender Berechnung:

$$Al_2O_3 = \frac{SiO_2 - s}{3s}$$

Geht man dagegen vom Tonerdewert aus, so findet man den dazu gehörigen Kieselsäurewert mit Hilfe der Formel $SiO_2 = s\,(1 + 3\,Al_2O_3)$.
Soll z. B. der Säurewert einer Glasur $s = 1,4$ betragen und die Kieselsäure $SiO_2 = 3,8$, so ist der dazugehörige Wert für die Tonerde

$$Al_2O_3 = \frac{3,8 - 1,4}{3 \cdot 1,4} = \frac{2,4}{4,2} = 0,57$$

Soll hingegen bei gleicher Säurezahl von $s = 1,4$ die Tonerde nur 0,5 Mole betragen, so ergibt sich für die Kieselsäure $SiO_2 = 1,4 \,(1 + 3 \cdot 0,5) = 1,4 \,(1 + 1,5) = 1,4 \cdot 2,5 = 3,5$.

Saffil. Handelsname der Aluminiumoxidfaser von Dyko-Morgan, Düsseldorf. 95 % Al_2O_3 und 5 % SiO_2. Maximale Gebrauchstemperatur 1600 °C.

Saggar, auch sagger (engl.) Brennkapsel.

Sagger. US-Ton, entsprechend etwa dem englischen TA Ball clay. Ersatzmischung 94,25 weißfetter Ton 91/wfA, 2,9 Quarz, 1,7 TiO_2.

Salpeter, meist für Kalisalpeter (KNO$_3$), jedoch auch Natronsalpeter (NaNO$_3$), Kalksalpeter (Ca(NO$_3$)$_2$ + H$_2$O) und Magnesiasalpeter (Mg(NO$_3$)$_2$ + H$_2$O). Oxidationsmittel, das zur Reinigung von Glasschmelzen eingesetzt wird.

Salzbrandofen. Ofen zum Salzen. Prototyp ist der liegende Ofen des 16. Jh. im Rheinland. Kleine, gasbeheizte Salzbrandöfen werden heute mit absteigender Flamme gebaut.

Salzglasur. Anflugglasur, bei der natriumhaltiger Dampf im Brennraum entwickelt wird, der auf der Scherbenoberfläche eine Glasur bildet. Das eingeworfene feuchte Kochsalz NaCl spaltet sich in Anwesenheit des Wasserdampfes in NaOH und die flüchtige Salzsäure HCl, die Ofenwandung und Schornstein angreift. Das NaOH setzt sich auf dem dichtgesinterten Scherben ab und bildet mit dessen Bestandteilen als Na$_2$O eine Glasur etwa der Zusammensetzung:

0,777 Na$_2$O
0,0002 K$_2$O
0,002 MgO ·0,586 Al$_2$O$_3$ · 2,588 SiO$_2$
0,174 CaO
0,045 FeO

Das Verhältnis Tonerde: Kieselsäure beträgt 1 : 4,417. Dieses Verhältnis ist auch für die Masse günstig. Bei ihr kann es jedoch innerhalb der Grenzen 1 : 3,3 bis 12,0 liegen. Zum Salzglasieren muß der Scherben dicht sein. Das Salz wird entweder durch die Feuerung eingeführt (auf das Holz gelegt) oder in die Brennkammer eingeworfen. Es soll sich gut verteilen; deshalb sind auch Sprüheinrichtungen in Gebrauch. Man rechnet 1,5 bis 2 kg denaturiertes Kochsalz auf 1 Kubikmeter Brennraum und salzt bei Höchsttemperatur in kleinen Portionen in Abständen von 20 Minuten eine Stunde lang. Während dieser Zeit soll der Ofen, der beim Salzen abkühlt, immer wieder auf Temperatur gebracht werden. Günstig für die Bildung der Salzglasur sind Eisen, Kalk, Magnesia und Titanoxid in der Masse. Hellbrennende Steinzeugtone werden bei 1250–1320 °C gesalzen, weil sie dann erst dicht sind. Rotbrennende Tone können schon bei 1140–1200 °C gesalzen werden, wobei man anstelle von reinem Kochsalz eine Mischung aus
91–93 Kochsalz + 7–9 Borsäure
oder 90–91 Kochsalz + 9–10 Borax
neben reinem Kochsalz und Boraten einsetzt. Man salzt die ersten drei Male mit Kochsalz allein, das vierte Mal mit dem Gemisch und das fünfte Mal nur mit Borsäure oder Borax.
Kobaltchlorid zum Kochsalz ergibt eine blaue Salzglasur, Zinkchlorid eine grüne. Bei niedriger Temperatur kann man mit Soda salzen. Siehe unter Soda-Raku.

Salz- und Pfefferbohrer. Werkzeug zum Aufbohren von lederhartem Ton.

Sanblend. Englische Tone von Watts Blake Bearne, in Deutschland über Fuchssche Tongruben, Ransbach-Baumbach. Die Tonmischung Sanblend 55 entspricht einer Mischung aus 52 Ball clay 232, 36 Kaolin 233, 11 Quarz und 1 TiO$_2$.

Sand. Aus Trümmern älterer Gesteine gebildetes Lockersediment mit Korngrößen zwischen 0,063 und 2 mm. Gröber ist Kies, feiner ist Schluff. Unterteilung: Feinsand = 0,063 bis 0,2 mm, Mittelsand = 0,2 bis 0,63 mm, Grobsand = 0,63 bis 2 mm.
Sand besteht in der Regel aus Quarz (Quarzsand). Als Quarzmehl aufbereiteter, handelsüblicher Quarzsand hat etwa 99 % SiO$_2$. Hauptsächliche Verunreinigung ist Eisen. Vorkommen in Deutschland: Dörentrup, Frechen, Freihung, Hohenbocka. Weitverbreitete Natursande sind stärker verunreinigt, jedoch für Massen und Glasuren, bei denen es nicht auf Farblosigkeit ankommt, gut zu verwenden. Grobe Sande können die Schamottemagerung ersetzen; für Glasuren müssen sie gemahlen werden. Sie sollen das Sieb Nr. 50 passieren.

Sandsteine. Verfestigte Sedimentgesteine mit verschieden starker Verfestigung, verschiedenen Bindemitteln (kalkig, tonig, kieseligtonig, eisenschüssig) und Nebengemengteilen. Eigentlicher Sandstein besitzt mehr als 50 % Quarz, 8–20 % Feldspat und ebensoviel Glimmer und 0–7 % Limonit, Amphibole und Pyroxene, Sulfide und Karbonate. Buntsandstein hat den gleichen Mineralbestand, jedoch ohne Amphibole, Pyroxene und Karbonate. Arkosen besitzen mehr als 20 % Quarz und ebensoviel Feldspat, 0–7 % Glimmer, Amphibole und Pyroxene und 8–20 % Karbonate. Grauwacken haben keine Karbonate, jedoch 8–20 % Pyroxene und Amphibole sowie 0–7 % Limonit und Sulfide, sonst den gleichen Mineralbestand wie die Arkosen.

Sandzeiger. Pflanzenarten, aus deren Vorkommen auf Sand geschlossen werden kann. Ackerschachtelhalm *(equisetum)*, Besenginster *(cytisus scoparius)*, Gelbe Lupine *(lupinus luteus)*, Heidekraut *(calluna vulgaris)*, Heidenelke *(dianthus deltoides)*, Katzenpfötchen *(antennaria dioica)*, Quecke *(agrapyron repens)*, Renntierflechte *(cladinia alpestris)*, Schafschwingel *(festuca ovina)*, Silbergras *(cortaderia selloana)*, Stechginster *(ulex europaeus)*, Strohblume *(helicrysum arenarium)*, Vogelfuß *(seradella)*, Windhalm *(apera spica-venti)*.

Sanidin. Monoklines Mineral von der Zusammensetzung des Orthoklas.

G **Sanitärsteingut.** Relativ dichtes und festes Steingut, aus dem Badezimmereinrichtungen und Haushaltsgeschirr hergestellt wird. Die größte Festigkeit wird kurz vor dem völligen Dichtsintern durch Ineinandergreifen der Kristalle erreicht, während die weitere Verdichtung mit einer Wiederauflösung der Kristalle im Scherbenglas verbunden ist. Sanitärsteingut ist unter der Bezeichnung Vitreous China verbreitet (siehe dieses).

Saponit. Quellfähiges Tonmineral der Montmoringruppe.

Satin spar (engl.) Kalkspatgestein aus Gips, Kalzit und Aragonit.

Sauerstoff, O, 2wertiges Element mit dem G Atomgewicht 15,9994. Verbindungen mit Sauerstoff heißen Oxide. Im Brand hat das Sauerstoffangebot aus der Brennatmosphäre Einfluß auf Brennverlauf und Brennergebnis.

Sauerstoffsonde. Gerät zur Messung der Atmosphäre des Ofenraumes. Es besteht aus einem dünnen Porzellanschutzrohr, an dessen Ende sich der Sauerstoff-Sensor aus Zirkonoxid befindet. Durch dieses Rohr wird auch das Thermopaar zur Temperaturmessung geführt, so daß gleichzeitig Sauerstoffanteil und Temperatur gemessen werden.

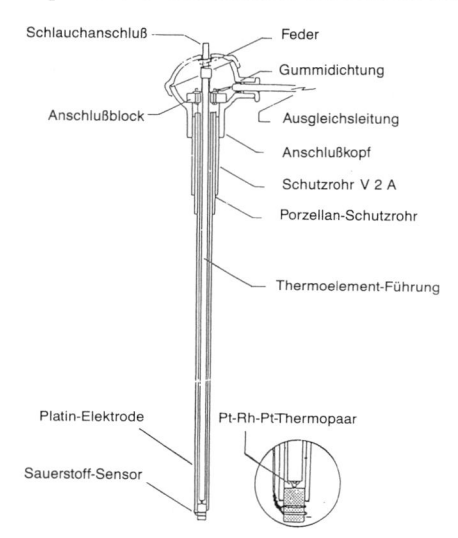

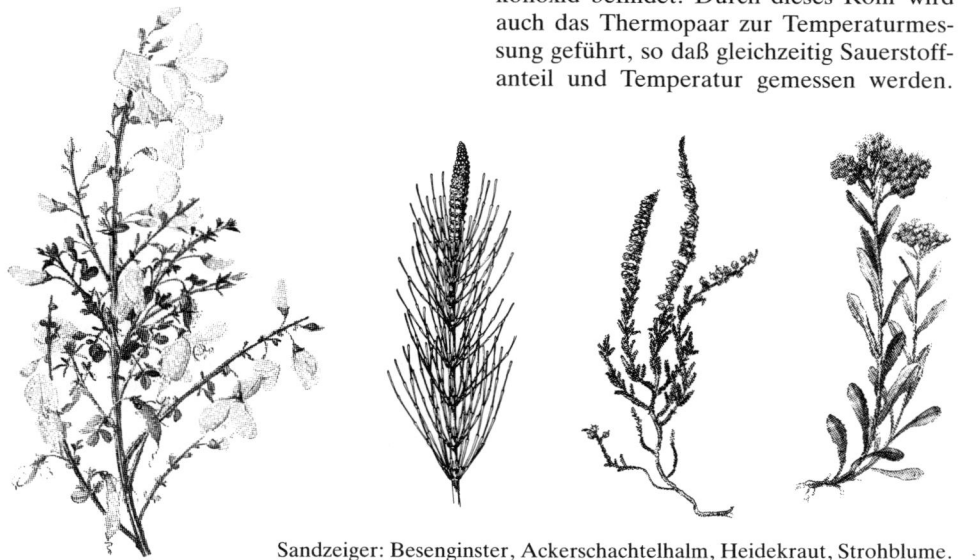

Sandzeiger: Besenginster, Ackerschachtelhalm, Heidekraut, Strohblume.

Die Messung reicht von 50% O_2 (extremer Luftüberschuß) über 0% O_2 (neutrale Atmosphäre) bis 50% CO (extreme Reduktion). Die wirtschaftliche Brennweise liegt um den neutralen Wert.

Saukonit. Quellfähiges Tonmineral der Montmoringruppe.

Schablonenhalter. Hebel an Dreherspindeln, der die Schablone zum mechanischen Überdrehen und Eindrehen von Tellern, Schalen, Tassen und Kapseln über oder in Gipsformen enthält. Die Schablone selbst besteht aus Metall oder aus einem metallenen Halteblech, an das die scharf zugefeilte Holzschablone von etwa 1,5 cm Dicke angeschraubt ist.

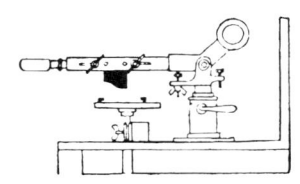

Schablonenherstellung zur Modellanfertigung oder zum Ein- und Überdrehen. 2 mm dickes Hartalumunium wird mit feinem Schmirgelleinen zum Anreißen mattiert und mit Metallaubsäge und Schlüsselfeilen bearbeitet. Schablonen zum Eindrehen erhalten eine Holzversteifung. Ziehschablonen werden in einen Holzklotz gesteckt, um sie senkrecht führen zu können.

Schablonieren. Abdecken von Flächen mit Hilfe einer Schablone aus Zinn- oder Alufolie von 0,03–0,06 mm Dicke. Die Schablone wird auf einer Glasplatte oder bei gekrümmten Flächen auf diesen mit einem nassen Schablonenmesser geschnitten. Die aufzuspritzende Farbe soll dickflüssig, evtl. mit Glyzerin versetzt sein. Schablonen zum Ausbürsten von Engoben für den Ätzkantendekor müssen aus Metallblech geschnitten werden. Zum einmaligen Abdecken beim Überspritzen einer Fläche genügt hingegen saugendes Papier, das man naß auflegt. Es hebt sich beim Trocknen von selber ab.

Schachtofen, Toplader. Ofen, der von oben beschickt und mit einem Deckel verschlossen wird. Oft sind Schachtöfen rund oder vieleckig, weil sie dann die kleinste abstrahlende Außenfläche besitzen. Sie sind wärmetechnisch günstiger als Kammeröfen.

Schale. Kriterien für die Gestaltung:
1. Die Lippe (Rand) soll rund sein, nicht spitz zulaufend, eher etwas verdickt. Ein geringfügig auswärts gebogener Rand ist lippenfreundlich. Ein zu weiter oder gerade aufsteigender, senkrechter Rand vermindert die Gestaltfestigkeit.
2. Der Körper bestimmt die Schalenform im ganzen. Am günstigsten für die Festigkeit ist die halbkugelige Form, ungünstiger die zylindrische. Ein geschwungener Körper ist fester als ein gerader. Schalen und Tassen neigen zum Unrundwerden. Gegen das Verziehen hilft ein Spannring, das ist eine unterhalb des Randes umlaufende Verdichtung.
3. Die Hüfte bildet den Übergang vom Körper zur Grundfläche und gibt der Schale Spannung. Wichtig ist auch die Partie unterhalb der Hüfte in etwa 3 cm Entfernung rund um den Standring. Sie trägt das Gewicht des Körpers und darf nicht austrocknen.
4. Die Bodenansicht bestimmt die ästhetische Qualität der Schale, wenn man in sie hineinsieht. In ihrer Mitte befindet sich eine kaum merkliche Vertiefung, die nicht von Glasur ausgefüllt sein soll.
5. Der Standring (Fuß) soll so hoch sein, daß man ihn beim Glasieren festhalten kann. Der Übergangswinkel zur Gefäßhüfte soll deren Spannung verstärken.

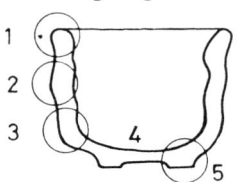

Schamotte. Gebrannter und zerkleinerter Ton zum Magern von Massen. Handelsüblich in den Körnungen: zementfein, mittlere Körnung (0–2 mm) und grobe Schamotte (0–4 mm). In den meisten Fällen ist basische Schamotte einer sauren (kieselsäurereichen) vorzuziehen. (Siehe unter Normalschamotte, Hartschamotte, Kaolinschamotte.)

Schamottemassen, siehe unter Kapselmasse.

Scharffeuerfarben, Scharffeueremails. Malfarben, die im Glattbrand über 1160°C eingebrannt werden. Für 1240–1280°C nimmt man zu dem färbenden Oxid als Fluß eine Glasur aus

43,73 Feldspat
2,63 Magnesit
3,82 Zinkoxid
15,67 Kalkspat
4,07 Kaolin
30,08 Quarz.

Für niedrigere Temperatuen setzt man Kalziumborat oder eine leichter schmelzbare Fritte zu. Diesen Fluß färbt man mit Oxiden ein und kann ihn mit Titandioxid auch als Mattglasur verwenden.

Scharffeuerglasuren. Glasuren für hohe Temperaturen; gewöhnlich versteht man darunter mehr als 1230 °C.

Schaumkeramik. Rekristalliertes Siliziumkarbid mit durchgehenden Poren, ursprünglich als Filter verwendet, hergestellt durch Tränken eines grobporigen Kunststoffschwammes mit einer SiC-Suspension. Nach dem Brennen bleibt das SiC-Gerüst zurück.

Scheibentöpfer. Handwerksberuf mit Gesellen- und Meisterprüfung. Gesellenprüfung: 1. Gesellenstück. Die Gesellenstücke setzen sich aus zwei Arbeiten nach eigener Wahl und zwei Pflichtstücken zusammen. Männliche Prüflinge müssen eine Schale oder einen Wandteller nicht unter 30 cm Durchmesser und einen Krug nicht unter 30 cm Durchmesser und 18 cm Höhe drehen. Weibliche Prüflinge müssen eine Schale und einen Wandteller nicht unter 30 cm Durchmesser und einen Krug nicht unter 25 cm Höhe und 15 cm Durchmesser drehen. Zu diesen Pflichtstücken ist eine Werkzeichnung im Maßstab 1:1 und eine Entwurfsskizze erforderlich. Ebenso soll eine Dekorationsidee erkennbar sein. Über die selbständige Anfertigung dieser eingereichten Stücke muß dem Prüfungsausschuß eine Bestätigung des Ausbildungsbetriebes vorgelegt werden.
2. Arbeitsprobe. Es wird das Nachdrehen des Gesellenkruges verlangt, weiterhin das Drehen einer Krugform von 20 cm Höhe und 14 cm bauchigem Durchmesser in Serie. Hierfür stehen dem Prüfling 60 Minuten zur Verfügung. Ferner ist auf einem vorbereiteten Stück ein Henkel zu ziehen und auf ein mitgebrachtes Stück eine Mal- oder sonstige Dekorationsprobe anzubringen. Die Dekoration der Arbeitsprobe soll sich möglichst von der der Pflichtstücke unterscheiden.
3. Wie bei den anderen handwerklichen Fachrichtungen der Keramik müssen Glasurproben vorgelegt werden, die das Einfärben einer Grundglasur mit mindestens vier verschiedenen Oxiden und mindestens drei Mengenangaben sowie das Eintrüben und Mattieren der Grundglasur zeigen. Zum Drehen steht Ton zur Verfügung, es kann aber auch eigener Ton mitgebracht werden.

Scherben. Aus der Masse durch Brennen entstandener keramischer Werkstoff.

Scherbenbildung. In den Tonen überwiegen unter den mineralischen Komponenten die Tonminerale, die beim Erhitzen zwischen 500 und 600 °C ihr Kristallwasser abgeben, dadurch zerfallen und neue Kristalle sowie Schmelze bilden und Kieselsäure freisetzen. Zu ihrem Zerfall benötigen sie Energie (endotherme Reaktion), während die Kristallbildung unter Wärmeabgabe (exotherme Reaktion) erfolgt (siehe unter Differenzthermoanalyse). Das bedeutet, daß der Temperaturanstieg im Ofen bis etwa 950 °C auf natürliche Weise verlangsamt und bei etwa 1000 °C durch die umgekehrten kalorischen Effekte des Brenngutes selbst beschleunigt wird.

Das Produkt der Entwässerung der Tonminerale wird als »Metakaolin« bezeichnet; seine chemische Formel ist $Al_2O_3 \cdot 2SiO_2$. Aus ihm beginnt sich bei 950 °C ein Aluminiumsilikat vom Spinelltyp und daraus bei etwa 1100 °C eine neue Kristallart, der schuppenförmigen Mullit, zu bilden. Er hat die chemische Formel $3Al_2O_3 \cdot 2SiO_2$. Das bedeutet, daß bei seiner Bildung freie Kieselsäure entsteht: aus $3(Al_2O_3 \cdot 2SiO_2)$ wird $3Al_2O_3 \cdot 2SiO_2 + 4SiO_2$. Diese zunächst amorphe, dann zu Tridymit umgewandelte Kieselsäure ist sehr reaktionsfähig und bildet, wenn entsprechende Flußmittel in ihrer Umgebung vorhanden sind, mit diesen eutektische Schmelzen; sonst wandelt sie sich in Cristobalit um. Der entstandene schuppenförmige Mullit wird als Primärmullit bezeichnet. Seine Lage (Anordnung im Scherben) entspricht der Anordnung der Tonmineralteilchen, aus denen er sich gebildet hat, d. h. die schon bei der Tonaufbereitung gebildete Textur bleibt erhalten.

Ist Kalk (CaO) im Scherben vorhanden, so reagiert er in verschiedenen Mengenverhältnissen zwar schon bei 1000 °C mit der Kieselsäure, doch sind das CaO· SiO$_2$ und das 2CaO · SiO$_2$ stabil, und die Überführung des gesamten Kalkes braucht längere Zeit. Man schrüht deshalb das (kalkhaltige) Steingut bei 1100 bis 1120 °C.

Der in der Masse vorhandene Feldspat führt schon bei 985 °C (in Anwesenheit von Natronfeldspat bereits bei 925 °C) zur Bildung einer Schmelze. Bei 1100 °C ist sämtlicher Feldspat aufgeschmolzen und hat eine Glasphase gebildet, in der sich der Quarz zunehmend auflöst. Die Schmelzphase ist bei Kalifeldspat oder Illit zäher als bei Natronfeldspat oder Nephelinsyenit. Die chemische Zusammensetzung reicht allein jedoch zur Charakterisierung nicht aus, denn die gleichen Kaligehalte, durch Kalifeldspat eingeführt, wirken sich auf das Sinterverhalten der Masse günstiger aus als durch Illit. Im allgemeinen steigen mit der Temperaturerhöhung Dichte, Schwindung und Festigkeit des Scherbens.

Das Dichtbrennverhalten eines Scherbens ist von der chemischen Zusammensetzung, von der Korngröße und der Packungsdichte abhängig. Kurze Zeit bei höherer Temperatur kann einer längeren Zeit bei niedrigerer Temperatur entsprechen, aber die auf beide Arten erzielten Ergebnisse sind nicht gleich. Bei Sintermassen kann ein bestimmter Sinterzustand auch bei längerer Zeit nicht überschritten werden.

Mit steigender Temperatur und durch längere Haltezeit wird der Restquarz von der alkalihaltigen Scherbenglasschmelze aufgelöst und kann sich dann nicht mehr in Cristobalit umwandeln. Die Auflösung der Quarzkörner führt zur Viskositätssteigerung der Schmelze infolge Kieselsäureanreicherung, die die Viskositätsverminderung durch den Temperaturanstieg kompensiert. Neben dem aus dem Metakaolin hervorgegangenen, schuppenförmigen Primärmullit bildet sich ein nadelförmiger »Sekundärmullit«. Das Nadelwachstum dieses Sekundärmullits aus der Randschmelze des Primärmullits wird durch die Veränderung der Kieselsäurekonzentration des Scherbenglases sowie durch deren Menge beeinflußt. Je mehr Schmelze im Scherben, desto länger und dünner werden die Sekundärmullitnadeln, da sie in die Scherbenglasschmelze hineinwachsen. Beide Arten von Mullit können aber, da sie basisch sind, durch die zunehmend saure Schmelze teilweise wieder gelöst werden.

Scherbenfestigkeit. Widerstand gegen mechanische Krafteinwirkung auf den Scherben. Sie ist von Porosität und Korngröße abhängig. Je größer diese sind, desto geringer sind die Festigkeiten. Kleine Poren setzen sie weniger stark herab als große. Keramik mit 0 % Porosität ist weniger fest als mit 1 %; dann fällt die Festigkeit mit weiterem Porositätsanstieg ab. Die Zugfestigkeit, die stets wesentlich kleiner ist als die Druckfestigkeit, kann dadurch erhöht werden, daß man eine Glasur wählt, die eine etwas geringere Wärmeausdehnung besitzt als der Scherben.

Scherenschnitt-Technik. Verzierung bei chinesischer Keramik, die dadurch erzielt wird, daß ein unter die Glasur gelegter Scherenschnitt aus Reispapier verbrennt und durch seine Asche ein Muster bildet.

Schiefer. Gestein mit dünnplattiger Ausbildung infolge tektonischen Drucks: Tonschiefer (Dachschiefer, Tafelschiefer, Griffelschiefer, Wetzschiefer) und kristalline Schiefer (Phyllite, Grünschiefer, Glimmerschiefer, Glaukophanschiefer, Gneise, Amphibolite). Schiefertone und Schieferletten sind hingegen ohne (seitliche) tektonische Beanspruchung dünnschichtig abgesonderte und unter Gebirgsdruck verfestigte Sedimentgesteine. Chemisch und mineralogisch unterscheiden sie sich kaum von den Tonen; sie sind etwas härter und ein willkommenes Magerungsmittel für Steinzeugmassen. Auch die Tonschiefer sind von gleicher chemischer Zusammensetzung, jedoch im Mineralgehalt umgewandelt.

Dach- und Tafelschiefer kommen im Rheinischen Schiefergebirge in mehreren Zügen von der Mosel bis an die Ruhr, in Thüringen, Nordbayern und im Harz vor, Griffel- und Wetzschiefer in Thüringen und Nordbayern. Phyllite und Glimmerschiefer kommen gemeinsam mit Serizit in der Umgebung von Mammolshain, südlich von Kronberg im Taunus vor, Glimmerschiefer im Wechsel mit Gneisen in Bayern an der Grenze zu Tschechien und im Fichtelgebirge und Grünschiefer im Nordwesten des Fichtelgebirges, im Münchberger Gneismassiv.

Schilfrohrasche. Eine saure Asche, die allein für sich bei 1380 °C schmilzt. Flußmittel zur Erniedrigung der Schmelztemperatur können ihr durch eine basische Asche zugeführt werden. Da sie selbst bereits kalkreich ist, kommen vor allem kalkärmere, alkalireichere Holzaschen in Frage, z. B. die Asche von Birnbaumholz. Eine Mischung aus 80 Schilfrohrasche, 7 Birnbaumasche und 13 Kaolin gibt eine fast farblose Glasur bei 1280 °C, die mit zugesetzten färbenden Oxiden klare Farben hervorbringt. Anhaltswerte für die Schilfrohrasche: 81,755 % SiO_2, 0,965 % Al_2O_3, 0,2 % Fe_2O_3, 7,545 % CaO, 1,51 % MgO, 1,995 % Na_2O, 5,53 % K_2O. Segerformel zum Einrechnen in Glasuren: 5,23 SiO_2, 0,04 Al_2O_3, 0,50 CaO, 0,15 MgO, 0,12 Na_2O, 0,23 K_2O. Mol.-Gew. 381.

Schlämmanalyse. Kornfeinheitsbestimmung nach der Fallgeschwindigkeit fester Teilchen in einem flüssigen Medium, das sich – im Gegensatz zur Sedimentationsanalyse – in einem Schlämmkelch mit einer bestimmten Geschwindigkeit aufwärts bewegt. Die Schlämmgeschwindigkeit trennt die Korngrößen:

Schlämm- geschwindigkeit mm/s	Korngröße mm
0,122	0,0185
0,303	0,0217
0,544	0,0354
0,994	0,0490
1,549	0,0616
2,060	0,070
3,430	0,092
6,240	0,135

Seger bezeichnete die Teilchen, die bei 0,2 mm/s durch den Überlauf gehen, als Ton, bei 0,7 mm/s als Schluff, bei 1,5 mm/s als Staubsand und bei 2–2,5 mm/s als Feinsand. Apparaturen für die Schlämmanalyse entwickelten Schulze, Hartkort und Schöne.

Schlämmanlage. Einrichtung zum Aufschlämmen des Tones. Sie besteht aus einem Schlämmbecken, das erhöht angeordnet und mit einem Überlauf versehen sein kann, oder aus dem man den Schlamm über ein Sieb in das Absetzbecken schöpft bzw. ablaufen läßt, wo das Wasser verdunsten kann, damit aus dem Schlamm eine plastische Masse entsteht. Moderne Schlämmanlagen sind mit einem elektrischen Rührquirl versehen und können Überlauföffnungen in verschiedenen Höhen des Behälters besitzen. Der Behälter darf nicht rund sein, weil sich der Schlamm sonst dreht und nicht durchmischt. Das abgezogene Wasser soll nicht weggekippt, sondern für neue Aufschlämmungen verwendet werden, denn es ist durch die gelösten Alkalien weich und enthält wertvolles Feinstkorn.

Schlangenhautglasur. Durch hohe Oberflächenspannung gekrochene Glasur, die mit einer zweiten, andersfarbigen kombiniert wird, wodurch sich Inseln von Glasur in Glasur bilden. MgO und Al_2O_3 sind die geeignetsten Oxide, die das Kriechen bewirken. Bei 1000 °C erhält man eine gekrochene Glasur bei einer Oberflächenspannung von mindestens 298 mN/m, bei 1140 °C von mindestens 360 mN/m. Das Kriechen wird auch durch dickere Glasurauflage begünstigt. Viel plastischer Ton im Glasurschlamm führt schon beim Trocknen zum Reißen und erleichtert die Inselbildung. Notfalls müssen Klebstoffe in den Glasurschlamm gemischt werden, damit die Schollen nicht abfallen.

Schlehenstrauchasche. Eine basische Asche vom Kalktyp, die wie ein durch Magnesia, Tonerde und Quarz verunreinigter Kalk verwendet werden kann. 7 Gewichtsteile Asche ersetzen 10 Gewichtsteile Kalkspat in Versätzen. Anhaltswerte für die Zusammensetzung der Asche: 4,84 % SiO_2, 2,92 % Al_2O_3, 0,99 % Fe_2O_3, 4,5 % P_2O_5, 0,06 % TiO_2, 80,51 % CaO, 2,96 % MgO, 2,08 % K_2O, 0,16 % Na_2O. Segerformel zum Einrechnen in Glasuren: 0,05 SiO_2 0,02 Al_2O_3, 0,01 Fe_2O_3, 0,02 P_2O_5, 0,94 CaO, 0,05 MgO, 0,01 K_2O. Mol.-Gew. 100.

Schleifen. Bearbeitungsverfahren zur Beseitigung von Unebenheiten oder Fremdkörpern von Werkstücken. Glasurtropfen beseitigt man am besten durch rotierendes Naßschleifen mit wasserfestem Naßschleifpapier. Das Naßschleifen verhindert örtliche Erhitzung und Schmieren. Ebenfalls zum Naßschleifen geeignete Sandsteinscheiben müssen öfter abgerichtet (mit dem Diamanten abgedreht) werden. Um den Schleifdurck im Hinblick auf eine geringe Abnutzung gering zu halten, verwendet man hohe Umfangsgeschwindigkeiten bis etwa 40 m/s.

Schleswig-holsteinische Tone. Unter den Tonvorkommen Schleswig-Holsteins sind die älteren, die sich vor dem Pleistozän gebildet haben, selten. Zu ihnen gehören die rotbrennenden Zechsteintone im Liether Moor bei Elmshorn und bei Stade unter dem Hohenwedel und auf dem Horst, alttertiäre Tone in Lägerdorf, Uetersen, Itzehoe, Innien, Kellinghusen, Bergedorf, Sommerstedt, Schwarzenbeck sowie bei Katharinenhof auf Fehmarn, jungtertiäre Glimmertone bei Reinbek, Friedrichsruh, Elmshorn und Becklum bei Bredstedt. Alle diese Tone sind kalk- und sandhaltig und durch Knollen von Toneisenstein, Phosphorit, Schwerspat und vulkanischen Aschen verunreinigt. Sie treten an der Oberfläche nur in kleinen Flächen auf. Geschlämmt und gereinigt sind sie ein gutes plastisches Material für Töpferware. Im Pleistozän setzte sich am südöstlichen Marschensaum zwischen Hamburg und Lauenburg ein bläulich bis grauer, fetter Ton an der Unterelbe, im westlichen Holstein und in Dithmarschen bis zur Eider der jüngere sogenannte interglaziale Meereston ab, der als Ziegeleiton verwendet wird. In der Lübecker Gegend kam es zur Ablagerung eines blauen, mehr oder weniger plastischen jungpleistozänen Staubeckentones entlang der Trave von Dänischburg bis Reeke, an der Grinau, der Stegnitz, am Landgraben und in den Niederungen von Vorwerk bis Mori und Bargerbrück.
Der Geschiebelehm im östlichen Schleswig-Holstein ist durch Verwitterung entkalkter Geschiebemergel; er liegt über 1 m dick an der Oberfläche. Der Schlick (Klei) der Marschen im Mündungsgebiet der Elbe ist dem Lehm gleichzusetzen. Auf dem nördlichen Elbufer bei Altengamme westlich von Geesthacht ist er kalkfrei, auf dem Südufer bei Stade kalkhaltig. Der SO_3-Gehalt ist gering und nimmt in der Tiefe zu. (Siehe auch unter nordwestdeutsche Flachlandtone.)

Schlick, Klei, toniger Rohstoff der Marschen im Mündungsgebiet der Elbe. Schlammiger Absatz der Hochwassertrübe im Außendeichland. In der Hamburger Gegend, auf dem rechten Elbufer, ist er kalkfrei, bei Stade kalkhaltig. Die oberen Schichten sind durch Oxidation des Eisens bräunlich, die unteren graublau bis schwarz, der SO_3-Gehalt beträgt 0,01 %. Der Oberflächenschlick aus der Gegend von Altengamme hat 57,86 SiO_2, 16,66 Al_2O_3, 7,35 Fe_2O_3, 1,02 CaO, 1,29 MgO, 2,56 K_2O, 0,85 Na_2O und 12,26 Glühverlust.

Schlicker. Mit Wasser angemachter Tonbrei, der als Klebstoff plastische oder lederharte Tonteile verbindet. Schlicker von sahniger Konsistenz dient als Gießschlicker für das Gießverfahren oder als Malschlicker für die Schlickermalerei.

Schlickercraquelée. Eine aus fettem Ton mit 5 % Dextrin angerührte Farbengobe reißt auf einem mageren, andersfarbigen Grund und ergibt nach dem Glattbrennen ein farbiges Rißmuster.

Schlickermalerei. Mit dem Pinsel oder der Gießbüchse aufgebrachter Malschlicker, den man mit Glyzerin geschmeidiger machen kann.

Schluff. Auf Trümmern älterer Gesteine entstandenes Sediment der Korngröße 0,002 bis 0,063 mm und damit gröber als Ton und feiner als Sand.

Schmauchen. Austreiben des Wassers aus dem Brenngut während der ersten Periode des Brandes. Die Schmauchperiode reicht bis etwa 400 °C und umfaßt die Austreibung des Anmachwassers, des hygroskopischen und des chemischen gebundenen Wassers. In der Ziegelindustrie versteht man unter Schmauchen das Vorwärmen des frischen Einsatzes beim Ziegelbrennen im Ringofen. Es geschieht mit abgezogener Frischluft vor dem Feuer durch ein besonderes Rohrsystem und

Schleswig-holsteinische Tone

	1	2	3
SiO_2	56,68	63,13	57,86
Al_2O_3	13,77	15,62	16,66
Fe_2O_3	5,54	6,72	7,35
CaO	4,20	0,32	1,02
MgO	1,92	1,29	1,29
K_2O	2,28	2,77	2,56
Na_2O	1,09	0,63	0,85
GV.	15,52	9,43	12,26
T	24	29	32
Q	42	46	41
F	34	25	27

1 = Schwarzenbeker Ton. 2 = Lauenburger Ton.
3 = Schlick aus Altengamme aus 1 m Tiefe.

verhindert durch diese Warmluft, daß der Saugzug des Schornsteins durch zu kalte Abgase absinkt, und daß sich Kondenswasser auf der rohen Ware und in den Zügen abscheidet.

Schmelzbarkeit. Thermische Eigenschaft, die vor allem bei Glasuren wichtig ist und die durch die Glasstrukturbildung und durch das individuelle Verhalten von Systemen bestimmt wird.

1. Vom Standpunkt der Strukturbildung lassen sich fünf Hauptregeln aufstellen, um zu einer leichtschmelzenden Glasur zu kommen:

a) In Abwesenheit von Alkalien lockert sich das Netzwerk der Kieselsäure durch Zusatz von Borsäure, was eine Erhöhung des Ausdehnungskoeffizienten und eine Erniedrigung der Schmelztemperatur zur Folge hat. In Anwesenheit von Alkalien erniedrigt Bor den Ausdehnungskoeffizienten und ebenfalls die Schmelztemperatur.

b) Alkalien, Erdalkalien, Schwermetalloxide und Phosphorpentoxid lockern das Netzwerk infolge Erhöhung des Sauerstoff-Kieselsäure-Verhältnisses und setzen die Schmelztemperatur herab. Tonerde erniedrigt bei hohem Anteil das SiO_2-Verhältnis und erhöht die Schmelztemperatur. Bei niedrigem Tonerdeanteil kann sie jedoch zur Senkung der Schmelztemperatur führen.

c) Da die Bindung Kation-Sauerstoff schwächer ist als die von Silizium-Sauerstoff, setzen Titandioxid, Zirkon- und Zinnoxid die Schmelztemperatur herab.

d) Je kleiner der Ionenradius des Netzwerkwandlers ist, desto geringer ist die Viskosität. Deshalb wird die Schmelztemperatur bei geringer Alkalikonzentration, wie sie in Glasuren üblich ist, in Richtung K-Na-Li zunehmend herabgesetzt. Bei den zweiwertigen ist die Reihenfolge Ca-Sr-Ba, während Mg und Zn sowohl Netzwerkwandler als auch Netzwerkbildner sein können.

e) Die einwertigen Halogene lockern die Struktur; deshalb ist Fluor ein Flußmittel.

2. Die Schmelzkurven der Mehrstoffsysteme zeigen stets eine Herabsetzung der Schmelztemperatur bei Hinzutreten eines neuen Stoffes. Die Mischungen sind umso leichter schmelzbar, je mehr verschiedene Stoffe beteiligt sind. Das gilt auch für die Tonerde. Ihr Zusatz setzt die Schmelztemperatur herab, bis mit steigendem Zusatz die eutektische Temperatur erreicht wird. Zu einer Alkaliglasur muß, um ein Eutektikum zu erreichen, mehr Tonerde zugesetzt werden als zu einer Bleiglasur.

Die Schmelzbarkeit läßt sich überschläglich aus Faktoren berechnen, indem man die Werte der folgenden Tabelle benutzt und nach dem auf diese Weise additiv ermittelten Flußmittelfaktor aus dem Diagramm die Temperatur abliest. Diese einfache Rechnung vermag jedoch das wahre Schmelzverhalten nicht wiederzugeben. Dazu sind die Vorgänge zu kompliziert. Genauer rechnet man nach der Viskosität (siehe dort). Die Tabelle der Schmelzbarkeitsfaktoren kann jedoch auch nützlich sein, um die relative Fluß-

Faktoren zur Berechnung der
Schmelzbarkeit
nach H. Lengersdorf

PbO	2,00 ⎫	CaO	0,58 ⎫
B_2O_2	1,00	MgO	0,54 ⎬ x
Na_2O	0,88	SiO_2	0,38
K_2O	0,88	TiO_2	0,38
Li_2O	0,88 ⎬ x	SnO_2	0,38 ⎬ y
BaO	0,60	Al_2O_3	0,32
ZnO	0,60	ZrO_2	0,32 ⎭
Fe_2O_3	0,60		
SrO	0,59 ⎭		

Die Werte der Segerformeln mit diesen Faktoren multipliziert, ergeben den Flußmittelfaktor

$$F = \frac{x \cdot 100}{x+y}$$

der nach dem folgenden Diagramm in Temperaturgrad umgewandelt werden kann.

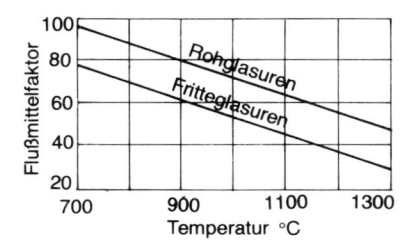

Die untere Kurve entspricht etwa dem Halbkugelpunkt (siehe unter Feldspat). Er liegt etwa 100 Grad niedriger als die Glattbrandtemperatur der Glasur und entspricht der dilatometrischen Erweichungstemperatur (siehe unter Viskosität).

Unter der Voraussetzung, daß der Al_2O_3-Gehalt ein Zehntel des SiO_2-Gehaltes beträgt, kann man den SiO_2-Gehalt z für eine bestimmte Temperatur aus $z = y/0{,}412$ errechnen. Auf dieser Grundlage läßt sich nach der Formel
$x = -0{,}412z\,(t - 1782)/(t - 432)$ der SiO_2-Gehalt einer solchen tonerdehaltigen Glasur aus der Summe der basischen Mole x nach dem folgenden Diagramm ermitteln. Wegen der Borsäureanomalie darf das Verhältnis $B_2O_3:SiO_2$ nicht größer sein als 0,2.

Schmelzen. Übergang eines Festkörpers oder eines Festkörperpulvergemisches durch Wärmeeinwirkung in eine mehr oder weniger zähflüssige (viskose) Schmelzphase. Der Anteil der Schmelzphase bestimmt den Grad des Schmelzens. Dieses ist eine Folge der Wärmeschwingungen der Atome oder Moleküle, die die Bindungskräfte im Kristallgitter oder Glasnetzwerk überwinden. Dazu muß dem zu schmelzenden Stoff Wärme zugeführt werden (endotherme Reaktion, Schmelzwärme), die bei der Differenzthermoanalyse (siehe diese) gemessen wird. Kristalle haben feste Schmelzpunkte, Gläser einen Transformationsbereich (siehe unten). Die Schmelztemperatur beim Erhitzen entspricht der Erstarrungstemperatur beim Abkühlen (exotherme Reaktion). Durch schnelles Unterschreiten der Erstarrungstemperatur wird die Energie eingefroren (darauf beruht die altägyptische Erfindung der Fritte).
Die Bildung einer Schmelzphase (siehe Eutektikum) beim Erhitzen eines Festkörpergemisches beeinflußt die Vorgänge bei weiter steigender Temperatur durch Reaktionen, deren Ablaufgeschwindigkeit bis zum völligen Schmelzen von der Viskosität beeinflußt wird: Je höher die Viskosität der Schmelzphase, desto geringer die Diffusions-

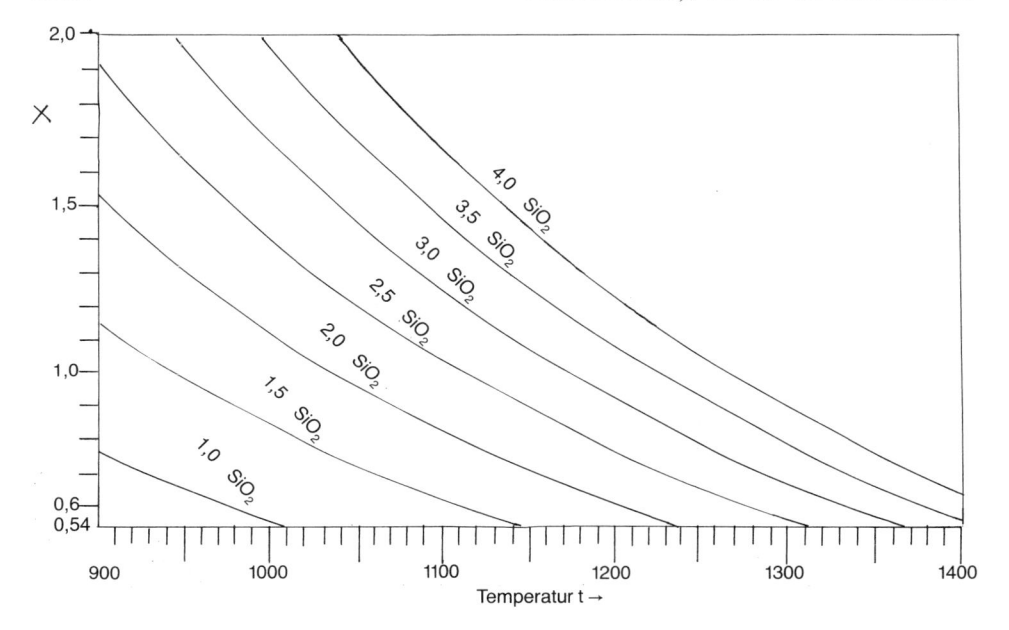

mittelwirkung der einzelnen Oxide abzuschätzen. Danach ist das Blei doppelt so flußmittelwirksam wie das Bor. Man kann also als Faustregel das Blei durch die doppelte Menge Borsäure und 2,3fache Menge Alkalien ersetzen. Wie alle Faustregeln berücksichtig auch diese nicht die individuellen Schmelzkurven der Mehrstoffsysteme.

Schmelzbarkeitskorrektur. Will man eine Glasur auf eine höhere Temperatur umstellen, so rechnet man je 10 Grad Temperatursteigerung mit einem Zusatz von 0,83 Gew.-% Kaolin + 0,97 Gew.-% Quarz. Zur Herabsetzung der Schmelztemperatur rechnet man in der Segerformel mit 0,05 Molen B_2O_3 je 20 Grad. Das entspricht bei bleifreien Glasuren einem Zusatz von etwa 1 % Kalziumborat je 10 Grad Temperaturerniedrigung.

geschwindigkeit. Durch die Zunahme an Beweglichkeit der Atome vergrößert sich prinzipiell das Volumen der schmelzenden Stoffe. In pulverförmigen Stoffgemischen jedoch weicht diese Vergrößerung in die Zwischenräume aus, und es folgt ein Zusammenschmelzen, das beschleunigt wird 1. durch Feinkörnigkeit, 2. durch die Viskosität der eutektischen Erstschmelze, 3. durch die Dichte der Körnerpackung und 4. durch die Erhitzungsgeschwindigkeit. Bei Glasuren folgt auf ein Minimum ein kurzfristiges Aufblähen.

Schmelzfarben. Aus Farbkörper und Fluß bestehende Malfarben für die Aufglasurmalerei. Der Fluß ist eine niedrigschmelzende Glasur, die es erlaubt, die Malerei bei 720–850 °C auf die bereits glattgebrannte Keramik aufzubrennen. Siehe unter Aufglasurdekoration.

Schmelzpunkte von Metallen. Metalle schmelzen wie reine Kristalle bei Wärmezufuhr bei einer bestimmten Temperatur durch Über-

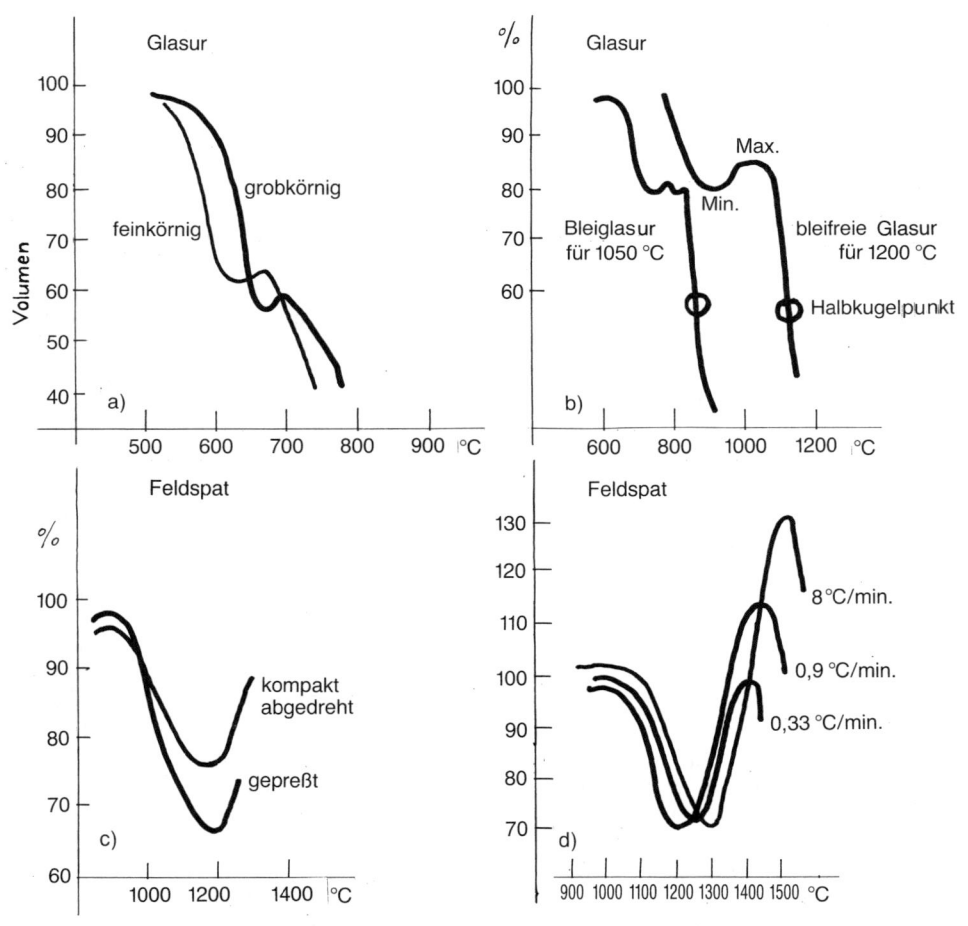

Volumenänderungen beim Schmelzen. a) Ein feinkörniger Glasurschlicker schmilzt schneller zusammen als ein grobkörniger. b) Eine leichtflüssige Bleiglasur für 1050 °C verkleinert schneller ihr Volumen als eine bleifreie für 1200 °C; beide Kurven haben ein Maximum infolge von gasbildenden Zerfallsreaktionen. c) Ein kompakt abgedrehter Feldspat verliert nicht so viel an Volumen wie ein gepreßter. d) Er bläht nach dem Niederschmelzen wieder auf, und zwar um so mehr, je schneller er erhitzt wird. Das Ausgangsvolumen (100 %) wurde stets bei 20 °C gemessen.

windung der Gitterkräfte, während amorphe, glasartige Stoffe allmählich durch Verringerung der inneren Reibung in den flüssigen Zustand übergehen. Für die Keramik interessante Schmelzpunkte von Metallen:

Zinn	321,9 °C
Blei	327,4 °C
Zink	419,5 °C
Aluminium	659 °C
Silber	961,3 °C
Gold	1064,76 °C
Kupfer	1083 °C
Eisen	1536 °C
Platin	1769 °C
Graphit	3800 °C

Schmelzware. Veraltete Bezeichnung für Fayence.

Schmuck, siehe unter Perlen, Schmucksteine.

Schmucksteine. Künstliche Steine aus Glasurmasse ohne Scherben. Sie können entweder wie Edelsteine geschliffen und gefaßt oder auf eine keramische Unterlage aufgeschmolzen werden. Die Glasurmasse muß eine hohe Oberflächenspannung besitzen, um kugelkalottenförmige Tropfen zu bilden. Dazu dienen Zinkoxid und Tonerde, wobei das Zinkoxid mit Kobaltoxid ein leuchtendes Blau ergibt, das dem Lapislazuli gleicht. Eine Glasurmasse für 1200 °C kann man zusammensetzen aus 51 % Natronfeldspat, 5,6 % Kaolin, 33,8 % Quarzmehl und 9,6 % Zinkoxid, dazu 4 % Kobaltoxid. Die Masse wird mit dextrinhaltigem Wasser zu einer dicken Paste angeteigt und so glatt wie möglich geformt, dann auf eine völlig ebene Schamotteplatte, die man mit einem dünnen Brei aus geglühter Tonerde bestrichen hat, gelegt. Eine Perle setzt man erhöht auf einen Sockel vor das Schauloch und brennt so lange, bis sich die Kugelkalotte rundet. Sofortiges Unterbrechen des Brandes führt zu glänzenden Perlen, Halten der Temperatur über 10–15 Minuten zu seidig matten Schmucksteinen. Größe und Form können verändert werden, durch Zusätze lassen sich verschiedene Effekte und Marmorierungen wie bei echten Steinen erzielen. Die Härte dieser Schmucksteine liegt zwischen 7 und 8 im Gegensatz zum echten Lapislazuli, der nur 5 bis 5,5 erreicht.

Schnaupenziehen. Formen des Ausgusses an einem Krug oder einer Kanne im frisch gedrehten Zustand auf der Scheibe vor dem Abschneiden des Gefäßes. Man zieht die Schnaupe, indem man mit der nassen Hand erst tief in das Gefäß hineinlangt und einen Finger mit leichtem Druck an der Innenwand hochführt. Zum Gefäßrand zu verstärkt sich sein Druck, und während man mit zwei Fingern der anderen Hand zu beiden Seiten dagegen hält, zieht der formende Finger dazwischen die Schnaupe aus.

Schneckenpresse siehe unter Strangpresse.

Schnellbrand. Beschleunigtes Brennen, vor allem von Geschirr und Fliesen. Brenndauer 30 Minuten bis mehrere Stunden, z. B. Aufheizgeschwindigkeit 40 grd/min und Sturzkühlung. Besonders geeignet sind Steinzeug- und Porzellanmassen, da sie keine entgasenden Karbonate besitzen. Ferner werden Anorthit, Wollastonit, Natronfeldspat, Nephelinsyenit und synthetischer Diopsid ($CaO \cdot MgO \cdot 2SiO_2$), Talkum und auch Hochofenschlacke als Flußmittel in der Masse empfohlen. 15–20 % Diopsid ermöglichen den Einbrand-Schnellbrand (ohne Schrühbrand) und Dichtsinterung in 1–2 h bei 1160 °C. Vorteile sind geringere Fluoremission und bei Kombination mit niedrigerem Brand beim Porzellan (bis 1300 °C) billigere Brennhilfsmittel. In Porzellanmassen soll der Quarz etwa 10 μm Teilchengröße haben. Häufiger Fehler beim Schnellbrand sind schwarze Kerne im aufgeblähten Scherben, die dadurch verursacht werden, daß organische Stoffe keine Zeit haben auszubrennen. Die Tone sollen daher möglichst wenig organische Bestandteile (Humus) besitzen.

Im ersten Brennstadium spielt die Temperaturleitfähigkeit des Brenngutes die Hauptrolle. Dünne, dichte Scherben sind günstig, weil sie eine höhere Wärmeleitfähigkeit besitzen. Da die Entgasungsreaktionen (Wasserdampf) die meiste Zeit beanspruchen, ist

die Verwendung von Karbonaten von Nachteil. Wenn sie unverzichtbar sind, werden sie vorgebrannt. Die Glasuren müssen lange porös bleiben, um die Entgasung nicht zu behindern. Die maximale Aufheizgeschwindigkeit zwischen 400 und 700 °C – wenn die Tonminerale ihr Konstitutionswasser abgeben und sich (bei 573 °C) der Quarz umwandelt – ist 44 Grad pro Minute. Um die weiter folgenden Reaktionen zur Scherbenbildung schnell ablaufen zu lassen, müssen die Teilchen sehr klein sein. Da die frühzeitige Bildung von Schmelzen wegen deren höherer Diffusionsgeschwindigkeit angestrebt wird, setzt man der Masse Fritten oder Sintermehl zu. Von den Feldspäten wird Anorthit bevorzugt, weil er dünnflüssigeres Scherbenglas bildet. Auch Nephelinsyenit ist günstig. Die Glasur muß schnell schmelzen und sich schließen; dazu wird sie mit Hilfe von Fritten so eingestellt, daß sie den Scherben gut benetzt. Um bei der Höchsttemperatur möglichst viel Quarz aufzulösen, muß dieser sehr feinkörnig sein. Gehalten wird die Temperatur nur zur Quarzauflösung, weil Quarzkörper Risse bilden können, und der verbleibende Quarz die Kühlungsgeschwindigkeit beeinflußt. Die Umwandlung des Primärmullits in Sekundärmullit ist geringfügig. Abgekühlt wird in Sturzkühlung, die bis zur Transformationstemperatur des Scherbenglases bei etwa 700 °C ungefährlich ist. Je mehr Quarz der Scherben noch enthält, desto langsamer muß bei 573 °C wegen der starken Schrumpfung des Quarzes gekühlt werden.
Eigens für den Schnellbrand von Fliesen sind Rollen- und Schlittenöfen entwickelt worden.

Schonung. Trichterförmiger Aufsatz auf Gießformen, durch den der Gießschlicker nachsinkt und an dessen Innenwandung mit einem Messer entlanggeschnitten wird, um das Werkstück vom überschüssigen »Abgang« zu trennen.

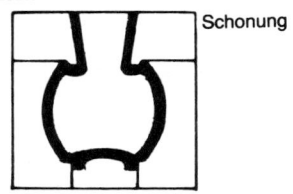

Schonung

Schorl. Turmalinhaltiger Granit.
Schornstein. Die Höhe des Schornsteins ist von der Abgastemperatur und von der Abkühlung der Abgase im Schornstein und somit auch von Isolation und Außentemperatur abhängig. Metallene Ofenrohre bringen eine zu starke Abkühlung. Rechnet man als Faustregel für jeden Meter abwärtssteigender Flamme bei einer Abgastemperatur von 400 °C 3 m Schornstein, so müßte bei nur 200 °C Abgastemperatur der Schornstein 10 statt 3 m hoch, bei 100 °C 20 m hoch sein, damit die Abgasgeschwindigkeit mindestens 5 m/s beträgt, die Verbrennungsluft durch den Rost gesaugt wird und keine kalte Luft einfällt. Schornsteine, die unmittelbar am Brennraum liegen, sind wegen ihrer höheren Abgastemperaturen günstig. Wechselnde Temperaturen, Atmosphärendrücke und Saugwirkungen des Windes muß man durch einen Schornsteinschieber ausgleichen. Eine Schornsteinöffnung zum Nachverbrennen der Abgase ist umweltfreundlich.

Schrühen. Vorbrennen der Keramik zur Festigung des Scherbens, um ihn glasieren zu können. Ⓖ

Schrühbrand. Dem Glattbrand vorausgehendes Erhitzen des Scherbens, in dessen Verlauf folgende Prozesse abgeschlossen werden sollen: Austreibung des Anmachwassers, des hygroskopischen (adsorbierten) und des chemisch gebundenen Wassers, Verbrennung der organischen Bestandteile und Entgasung des Scherbens nach dem Zerfall der Karbonate. Der Schrühbrand soll einen porösen Scherben ergeben, der das Wasser aus dem Glasurschlicker aufsaugt. Die größte Porosität besitzt er bei 900 °C. Die Karbonate zerfallen erst um 940 °C; die Entgasung des Kohlendioxids ist bei dieser Temperatur noch nicht abgeschlossen. Je größer der Karbonatanteil in der Masse, desto höher muß der Schrühbrand sein. Das Ineinanderstapeln des Brenngutes kann die Diffusionsvorgänge behindern. Bei Massen, die bei den Schrühbrandtemperaturen bereits schwinden, muß durch eine Streuung gewährleistet sein, daß sie sich bewegen können. Ein solches Brenngut darf durch Stapeln nicht belastet werden. In diesem Fall sind runde Ränder übereinander zu setzen, damit sie nicht deformieren. Die Temperatur soll bis zur Austreibung des Absorptionswassers, das ist bis 400 °C, langsam gesteigert werden.

Schulen. Ausbildungsmöglichkeiten für Keramiker siehe unter: Berufsschulen, Fachschulen, Fachhochschulen, Universitäten, Kunstschulen, Pädagogische Hochschulen, Privatschulen, Beschäftigungstherapie.

Schuppenmullit. Veraltete Bezeichnung für den aus dem Zerfall der Tonminerale bei etwa 1000 °C entstehenden Primärmullit. Bei dieser Kristallisation spielt das aus Feldspat oder Illit stammende Kaliumion eine Rolle, weil es in das Tonmineral eindringt und dort eine Schmelze bildet, aus der der Mullit kristallieren kann. Feldspat und Illit bilden ihrerseits Schmelzen und Mullit aus.

M **Schutzgasatmosphäre.** Inertes, inaktives Gas, das beim Brennen den Zutritt von Luftsauerstoff und damit Oxidation verhindern soll. In der Keramik sind für Spezialmassen in Gebrauch: Wasserstoff, Ammoniak, Kohlenwasserstoffgas, Gemische aus Wasserstoff und Kohlenmonoxid sowie Stickstoff. Stickstoff beeinträchtigt die Heizelemente nicht, seine Verwendung ist jedoch wenig effektiv, weil es wie CO_2 neutral wirkt, also keine Reaktionen auslöst. Hingegen wirken Kohlenmonoxid (CO), Wasserstoff (H_2) und Kohlenwasserstoffgas (C_nH_{2n+2}, Methan, Propan, Butan).

G **Schwämmeln.** Aufbringen von Unterglasurmustern mit Schwammstempeln.

Schwarzbrand. Brennverfahren zum Erzielen von schwarzer Keramik: 1. in reduzierender Ofenatmosphäre unter der Bedingung, daß jeglicher Luftzutritt unterbunden wird (siehe auch Römerbrand), 2. im Kontakt mit dem Brennstoff im Meiler oder im Sägemehlofen, 3. aus graphierter Masse (siehe unter Graphitmassen), 4. schwarzfleckige Keramik siehe unter Indianderbrand.

Schwarzbrandofen. Die meistverwendeten Öfen zum Schwarzbrennen sind Meileröfen mit getrenntem Feuer- und Brennraum, in die Erde eingelassen oder mit einem Erdwall zur Luftabdichtung umgeben. Die Feuerungsöffnung wird nach abgeschlossenem Brand durch einen vorgebauten Sandverschluß abgedichtet. Eine neue Variante des Schwarzbrandofens ist der Sägemehlofen (siehe unter Brennen im Sägemehl).

Schwarze Glasuren. Annäherung an ein voll-

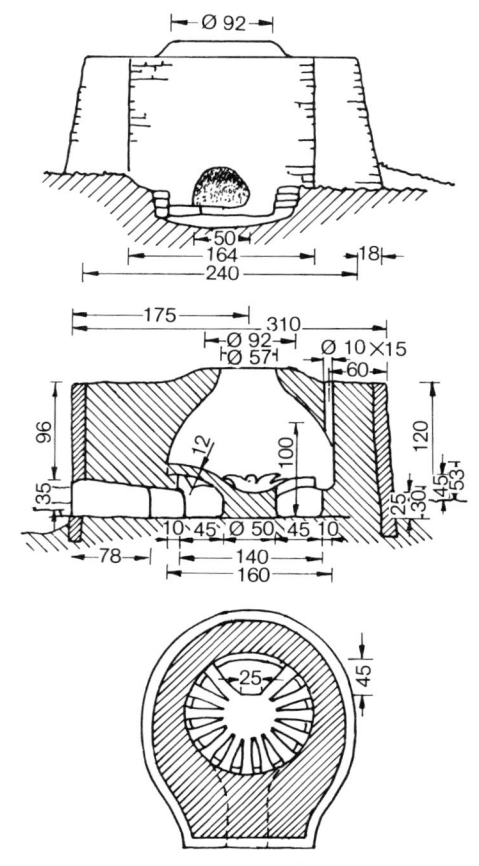

Schwarzbrandofen von Mohács, Ungarn, mit Erdaufschüttung, die durch eine Ringmauer abgestützt ist. Maße in Zentimetern.

kommenes Schwarz erreicht man durch eine Oxidmischung aus

31,0 Kobaldoxid
 7,0 Chromoxid
36,2 Eisenoxid
12,0 Manganoxid
12,8 Nickeloxid,

die einer Grundglasur zur Färbung zugesetzt wird.

Farbstiche können durch Verminderung oder Vermehrung der betreffenden Oxide korrigiert werden.

Schwarzkeramik. Nicht abwischbare, schwarz gefärbte Keramik, die meistens auf verschiedene, gleichzeitig wirksame Ursachen während des Reduktionsbrandes zurückzuführen ist. Bei der Reduktion geht das dreiwertige, rote Eisen in das zweiwertige schwarze über, das als Katalysator die Zersetzung kohlenstoffhaltiger Verbindungen aus den Brennstoffen an der Scherbenoberfläche fördert. Kohlenstoff kann der Masse als Graphit absichtlich zugegeben worden sein oder sich während des Brandes im Scherben ablagern. Aus der Zersetzung der Kohlenwasserstoffe des Brennstoffs stammender feiner Kohlenstoff lagert zwischen 1000 und 600 °C auf der heißen, polierten Scherbenoberfläche als Glanzkohlenstoff, auf unpolierten Flächen als nicht glänzende, schwarze Schicht. Weiterer Kohlenstoff stammt bei sinkender Temperatur aus der Zersetzung des Kohlenmonoxids nach dem Boudouardschen Gleichgewicht, und zwar umso mehr, je mehr Eisen der Ton enthält. Der Scherben wird wasserdicht, wenn mindestens 4,5 % Kohlenstoff in ihm enthalten ist. Zusätzlich wird die Schwarzfärbung durch Eisenreduktion, durch Mangan/Eisenoxid-Mischkristalle und Spinelle bewirkt. Das Oxid des dreiwertigen Eisens, Fe_2O_3, wird über die Zwischenstufe des schwarzen Eisenspinells Fe_3O_4 zu FeO reduziert, das Eisenspinell FeO. Al_2O_3 (Herzynit) färbt in Gegenwart von dreiwertigem Eisen (Fe^{3+}) schwarz, das Manganspinell Mn_3O_4 (Hausmannit) entsteht bei 950 °C aus Mn_2O_3. Mangan färbt erst über 10 % Mn tiefschwarz.

Schweb. Selten verwendete Bezeichnung für feinste Sediment-Teilchen unte 0,2 µm Korngröße (auch »Kolloidton«).

Schwefel, S, 2-, 4- und 6wertiges Element, Atomgewicht 32,964. Als Bestandteil des Magmas in allen magmatischen Gesteinen, und als Bestandteil der Aminosäuren in allen Pflanzenaschen enthalten. Im allgemeinen kann eine Glasur nur 1 % SO_3 in sich aufnehmen, der Rest scheidet sich als »Galle« ab. Ähnlich kann auch Fluor zu »Fluorgalle« führen. In den für Gesteins- und Aschenglasuren vor allem in Frage kommenden Steinzeugglasuren sorgen für den Zerfall der Sulfate: 1. die Temperaturhöhe ($2SO_3$ + Wärme = $2SO_2 + O_2$), 2. der hohe Kieselsäuregehalt der Glasuren ($CaSO_4 + SiO_2 = CaSiO_3 + SO_3$), 3. die Reduktion ($So_3 + CO = SO_2 + CO_2$ oder $2SO_3 + C = 2SO_2 + CO_2$). Das SO_4^{--}-Ion erniedrigt in Glasuren die Oberflächenspannung. Siehe auch unter Sulfate.

Schwermetalle. Metalle mit einem spez. Gewicht über 3,5 g/m^3. Niedrigschmelzende sind Zinn, Zink, Blei, Cadmium, hochschmelzende Kupfer, Nickel, Eisen, Chrom, Kobalt, Gold, Silber, Platin, sehr hoch schmelzende Wolfram, Tantal, Molybdän.

Schwermetalle in Glasuren und Massen. Mit Ausnahme von Blei und Zink wirken die gebräuchlichen Schwermetalloxide färbend. Die Flußmittelwirkung ist bei Mangan am stärksten, wie die Schmelzkurven bei Zusatz von TiO_2, FeO und MnO zu Kaolin zeigen.

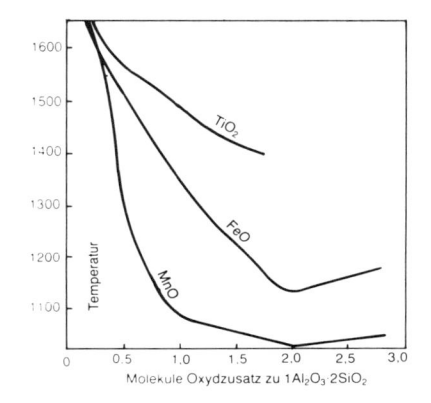

Schwerminerale. Minerale mit einem spez. Gewicht über 2,9 g/m^2, z. B. Zirkon, Rutil, Disthen.

Schwerspat, Baryt, Bariumsulfat, $BaSO_4$. Verbreitetes Bariummaterial, Füllstoff für besonders weißes »Barytpapier«, Rohstoff für chemisches Bariumkarbonat. Kommt z. T. knollenartig als »Barytrose« vor. An der Lenne in Westfalen findet sich Baryt als 7 km langes flözartiges Lager, ferner in der Wetterau und im Harz.

Schwindung. Trockenschwindung tritt im ersten Teil der Trocknung auf, wenn das die Teilchen umgebende Wasser (Hüllenwasser, Schwindungswasser) verdampft. Das danach abgegebene Wasser aus den Zwischenräumen (Porenwasser) hat keine Volumenverringerung mehr zur Folge; es hinterläßt Poren. Das Schwindungswasser macht etwa die Hälfte des gesamten mechanisch gebundenen Wassers aus. Bei Beendigung der Trockenschwindung geht der Ton vom plastischen in den spröden Zustand über. Während des Austrocknens der plastischen Masse tritt infolge der Kapillarkräfte, die das Wasser zum Verdunsten an die Oberfläche befördern, ein Unterdruck auf, der konstant bleibt, solange die Oberfläche mit Hilfe des Wassers absolut gasdicht ist. Der Unterdruck und die Oberflächenspannung des Wassers ziehen die Teilchen zusammen und bilden so die eigentliche Ursache der Trokkenschwindung.

Beim Erhitzen findet die bei Festkörpern normale Ausdehnung beim Ton nur bis 500 °C statt, dann setzt die Schwindung ein. Sie beruht nicht auf dem Wasseraustritt aus den Tonmineralen (bei 500–600 °C), sondern auf Sinterung. Das Maß der Brennschwindung ist von der Temperaturhöhe, -dauer und -atmosphäre abhängig.

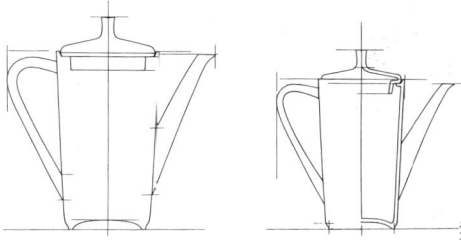

Werkzeichnung in Modellgröße und in gebrannter Größe bei 15,5 % Schwindung.

Schwindung in Prozenten

Linear	quadratisch	kubisch
1	1,99	2,97
2	3,96	5,88
3	5,91	8,73
4	7,84	11,53
5	9,75	14,26
6	11,64	16.94
7	13,51	19,56
8	15,36	22,08
9	17,19	24,64
10	19,00	27.10
11	20,79	29,50
12	22.56	31,85
13	24,13	34,15
14	26,04	36,39
15	27,75	38,59
16	29,44	40,71
17	31,11	42,82
18	32,76	44,86
19	34,39	46,86
20	36,00	48,80

Aus der Längenschwindung, die durch eine eingeritzte Schwindmarke an einem Prüfplättchen festgestellt wird, lassen sich die Flächen- und Raumschwindung sowie die Zugabe berechnen, um die ein Gefäß größer angefertigt werden muß, um im gebrannten Zustand ein gefordertes Maß zu besitzen. Die Zugabe entspricht bis etwa 4 % der Schwindung und wird dann größer.

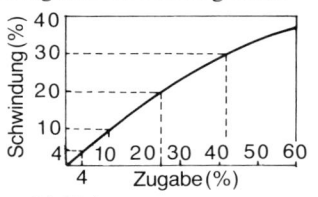

Screen (engl.) Sieb.
Seasoning (engl.) Sommern und Wintern.
Sedimentationsanalyse. Verfahren zur Bestimmung der Korngrößen von 0,3 bis 0,0003 mm. Es beruht auf der unterschiedlichen Fallgeschwindigkeit der Teilchen im Wasser in Abhängigkeit vom Korndurchmesser. Die Analyse kann nach der Pipettiermethode oder nach der Wiegemethode (Spezifische Gewichtsmethode) erfolgen. Nach der üblichen Pipettiermethode mit dem Apparat nach Andreasen wird mit einer beweglichen oder starren Pipette aus Fallhöhe und Entnahmezeit der Anteil der Korngrößen berechnet. So beträgt z. B. die Fallzeit von 36 μm-Körnern aus 10 cm Höhe 1 min. 27 s., von 2 μm-Körnern 7 h 52 min. bei einer Wassertemperatur von 20 °C.
Sedimentgesteine. Durch Ablagerung oder chemische Veränderung entstandene, mehr oder weniger feste Gesteine. Die mittlere Zusammensetzung der Sedimentgesteine der Erdkruste wird geschätzt auf: 55,64 % SiO_2, 14,44 % Al_2O_3, 6,87 % Fe_2O_3, 2,93 % MgO, 4,69 % CaO, 1,21 % Na_2O, 2,87 % K_2O, 0,69 % TiO_2, 0,17 % P_2O_5, 0,12 % MnO, 0,65 % C und 10,37 % flüchtige Bestandteile. Segerformel: 4,46 SiO_2, 0,68 Al_2O_3, 020 Fe_2O_3, 0,35 MgO, 0,40 CaO, 0,10 Na_2O, 0,15 K_2O, 0,04 TiO_2, 0,006 P_2O_5, 0,006 MnO, 0,26 C. Das entspricht einer dunkelbraunen bis schwarzen Glasur bei 1280 °C.
Segerformel. Von Hermann Seger vorgeschlagene Molekularformel zur Darstellung von Glasurzusammensetzungen. Die Oxide werden nach Basen, amphoteren Oxiden und Säuren gruppiert, wobei die Gruppe der Ba-

sen insgesamt 1 Mol bildet. Die Mol-Werte aller übrigen Oxide sind auf dieses eine basische Mol bezogene, äquivante Mole. Die Basen entsprechen der allgemeinen Form RO für Oxide zweiwertiger Metalle oder R_2O für Oxide einwertiger Metalle. Die Summe der Basen nennt man verkürzt »RO-Gruppe«. R bedeutet chemisches Radikal, in diesen Fällen das Metallatom. Als Metallatome sind die Atome der Schwer- und Leichtmetalle, der Alkali- und Erdalkalimetalle gemeint. Die amphoteren Oxide entsprechend der allgemeinen Form R_2O_3, sind also Sesquioxide, weil bei ihnen zwei Metallatome mit drei Sauerstoffatomen verbunden sind. Sie heißen amphoter, weil sie in sauren Milieus als Basen und in basischen als Säuren wirken. Eine Ausnahme bildet die Borsäure B_2O_3, die zu den Säuren geschrieben wird, weil sie eine Glasbildnerin ist. Sonst entsprechen die sauren Oxide der allgemeinen Form RO_2 bei den vierwertigen und R_2O_5 bei den fünfwertigen Metallatomen.

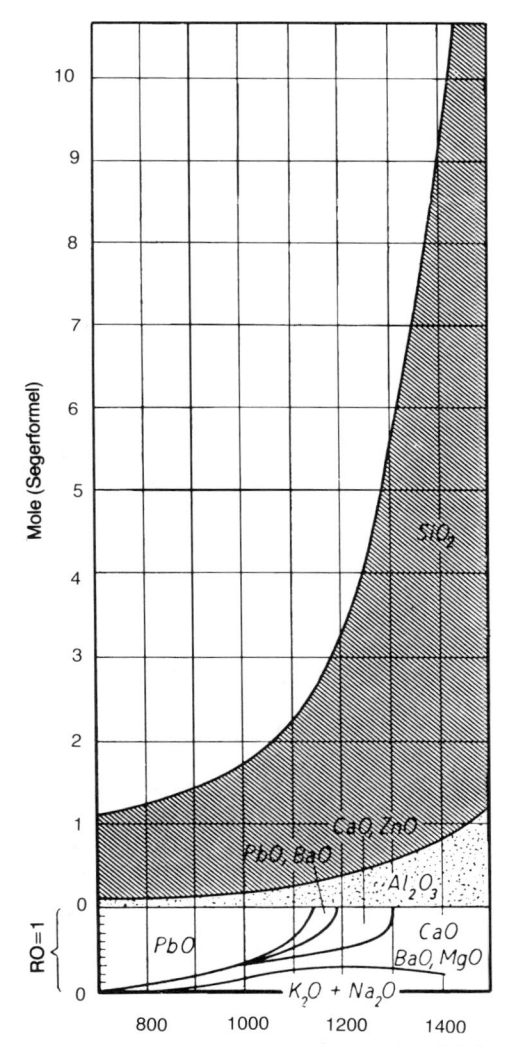

Zur Aufstellung der Segerformel einer Glasur in der Absicht, eine Glasur zu komponieren, muß man die Flußmittelwirkungen der basischen Bestandteile im Verhältnis zum Kieselsäure- und Tonerdegehalt erwägen, um eine Glasur für eine bestimmte Temperatur zu erhalten. Dazu können die Tabellen der Schmelzbarkeit, die Leitglasuren, die Segerkegelzusammensetzungen und das Diagramm der Segerformelwerte in Abhängigkeit von der Schmelztemperatur hilfreich sein. Soll die Glasur bestimmte weitere Eigenschaften aufweisen, so können die Tabellen der Oberflächenspannung und Wärmeausdehnung sowie die unter den betreffenden Stichworten angegebenen Wirkungen der Oxide herangezogen werden. Das gilt

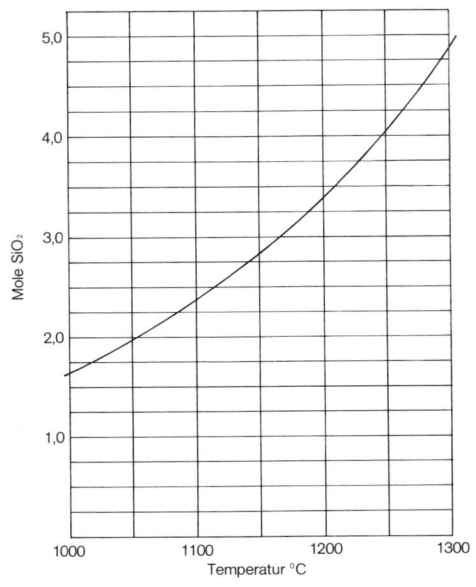

Diagramm der Segerformelwerte in Abhängigkeit von der Schmelztemperatur nach Norton.

Von Han Börrigter korrigierte Kurve der SiO_2-Werte des Norton-Diagramms.

SEGERKEGEL

auch für die Abänderung einer Segerformel zur Abstellung von Fehlern.

Segerkegel, SK. Von Hermann Seger 1886 entwickelt, von Cramer 1892 von 01a bis 010a und von Hecht 1895 von 011a bis 022 ergänzte Massemischungen, die bei bestimmten keramischen Brandbedingungen umsinken. Die Kegel besitzen eine schräge Standfläche, damit sie beim Erweichen und Umsinken mit der Spitze den Boden berühren. Es werden immer drei Kegel nebeneinander aufgestellt, die in der Temperaturanzeige hintereinander folgen. Der Kegel, dessen Spitze den Boden berührt, zeigt die Temperatur an, während die anderen beiden entweder noch nicht oder bereits zu weit umgesunken sind.

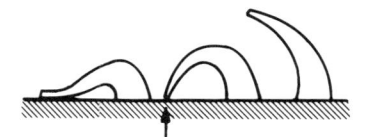

Segers erster Kegel bekam die Nr. 4, weil dessen Segerformel $4SiO_2$ hatte, Kegel 5 hatte $5SiO_2$ usw. bis Kegel 10. Die Temperaturskala abwärts ging Seger nur bis Kegel 1, der ebenfalls $4 SiO_2$, jedoch als Flußmittel Fe_2O_3 und weniger Tonerde hatte als Kegel 4. Seger setzte den Kegel 1 dem Schmelzpunkt einer Legierung aus 90 % Gold und 10 % Platin gleich. Sämtliche Kegel Segers hatten als Flußmittel $0,3 K_2O$ und $0,7 CaO$ in der Segerformel. Erst Cramer nahm Borsäure und Hecht außerdem je zur Hälfte Na_2O und PbO in der Segerformel der niedrigschmelzenden Kegel auf.

Segerporzellan. Von Seger erfundenes Weichporzellan auf Tonbasis und deshalb leichter zu verarbeiten als andere Weichporzellane. Seger verwendete als Masse
31 fetten Löthainer Steingutton
39 Quarz
30 Kalifeldspat
Die Glasur hatte die Zusammensetzung
21,27 Kalifeldspat
4,29 Magnesit
16,50 Kalkspat
11,50 Kaolin, roh
9,90 Kaolin, geglüht
36,54 Quarz.

Mittlere Segerkegelfallpunkte

Seger-Kegel-Nr. SK	bei einer Temperatursteigerung um:			
	150 Grad je Stunde		20 Grad je Stunde	
	Große Segerkegel (Normalkegel) °C	Kleine Segerkegel (Laborkegel) °C	Große Segerkegel (Normalkegel) °C	Kleine Segerkegel (Laborkegel) °C
022	595	605	**580**	585
021	640	650	**620**	625
020	660	675	**635**	640
019	685	695	**655**	665
018	705	715	**675**	680
017	730	735	**695**	695
016	755	760	**720**	720
015 a	780	785	**740**	750
014 a	805	815	**780**	790
013 a	835	845	**840**	860
012 a	860	890	**860**	880
011 a	900	900	**880**	890
010 a	920	925	**900**	910
09 a	935	940	**920**	930
08 a	955	965	**940**	940
07 a	970	975	**960**	955
06 a	990	995	**980**	980
05 a	1000	1010	**1000**	1010
04 a	1025	1055	**1020**	1035
03 a	1055	1070	**1040**	1055
02 a	1085	1100	**1060**	1090
01 a	1105	1125	**1080**	1105
1 a	1125	1145	**1100**	1120
2 a	1150	1165	**1120**	1135
3 a	1170	1185	**1140**	1150
4 a	1195	1220	**1160**	1170
5 a	1215	1230	**1180**	1185
6 a	1240	1260	**1200**	1210
7	1260	1270	**1230**	1230
8	1280	1295	**1250**	1255
9	1300	1315	**1280**	1270
10	1320	1330	**1300**	1290
11	1340	1350	**1320**	1315
12	1360	1375	**1350**	1340
13	1380	1395	**1380**	1375
14	1400	1410	**1410**	1395
28	$1Al_2O_3 \cdot 10SiO_2$		**1630**	
32	$1Al_2O_3 \cdot 4SiO_2$		**1710**	
38	$1Al_2O_3 \cdot 1SiO_2$		**1850**	
42	Al_2O_3		**2000**	

Die fettgedruckte Zahlenspalte entspricht den üblichen Nenntemperaturen.

Die alten Segerkegelzusammensetzungen als Ausgangspunkte für eigene Glasuren

Bei der Entwicklung von Glasuren nach der Segerformel für bestimmte Temperaturen (Spalte 3) können die Zusammensetzungen der Segerkegel (um 120 Grad höher gebrannt, als es ihre Nenntemperatur in Spalte 2 angibt) als Orientierungshilfen dienen. SK 09a z. B. ist die Zusammensetzung einer Glasur für 1040 C. Die ursprünglichen, alten Segerkegel dieser Tabelle enthielten noch bis Kegel 011a (= Glasur für 1000°C) Blei und bis Kegel 01a (= Glasur für 1200°C) Borsäure. Ferner diente ihnen (für Glasuren von 1020 bis 1260°C) Eisen als Flußmittel. (Siehe dagegen die neuen Kegelzusammensetzungen auf Seite 272.)

SK	°C	Glasuren: °C	Na_2O	PbO	K_2O	CaO	Al_2O_3	Fe_2O_3	B_2O_3	SiO_2
022	600	720	0,5	0,5	–	–	–	–	1,0	2,0
021	650	760	0,5	0,5	–	–	0,1	–	1,0	2,2
020	670	790	0,5	0,5	–	–	0,2	–	1,0	2,4
019	690	810	0,5	0,5	–	–	0,3	–	1,0	2,6
018	710	830	0,5	0,5	–	–	0,4	–	12,0	2,8
017	730	850	0,5	0,5	–	–	0,5	–	1,0	3,0
016	750	870	0,5	0,5	–	–	0,55	–	1,0	3,1
015 a	790	910	0,5	0,5	–	–	0,6	–	1,0	3,2
014 a	815	935	0,5	0,5	–	–	0,65	–	1,0	3,3
013 a	835	955	0,5	0,5	–	–	0,7	–	1,0	3,4
012 a	855	975	0,5	0,5	–	–	0,75	–	1,0	3,5
011 a	880	1000	0,5	0,5	–	–	0,8	–	1,0	3,6
010 a	900	1020	–	–	0,3	0,7	0,3	0,2	0,5	3,5
09 a	920	1040	–	–	0,3	0,7	0,3	0,2	0,45	3,55
08 a	940	1060	–	–	0,3	0,7	0,3	0,2	0,4	3,6
07 a	960	1080	–	–	0,3	0,7	0,3	0,2	0,35	3,65
06 a	980	1100	–	–	0,3	0,7	0,3	0,2	0,3	3,7
05 a	1000	1120	–	–	0,3	0,7	0,3	0,2	0,25	3,75
04 a	1020	1190	–	–	0,3	0,7	0,3	0,2	0,2	3,8
03 a	1040	1160	–	–	0,3	0,7	0,3	0,2	0,15	3,85
02 a	1060	1180	–	–	0,3	0,7	0,3	0,2	0,1	3,9
01 a	1080	1200	–	–	0,3	0,7	0,3	0,2	0,05	3,95
1 a	1100	1220	–	–	0,3	0,7	0,3	0,2	–	4,0
2 a	1120	1240	–	–	0,3	0,7	0,4	0,1	–	4,0
3 a	1140	1260	–	–	0,3	0,7	0,45	0,05	–	4,0
4 a	1160	1280	–	–	0,3	0,7	0,5	–	–	4,0
5 a	1180	1300	–	–	0,3	0,7	0,5	–	–	5,0
6 a	1200	1320	–	–	0,3	0,7	0,6	–	–	6,0

Das Segerporzellan erwies sich als besonders günstig als Untergrund für Kunstglasuren (Seladon-, Ochsenblut-, Kristallglasuren). Schrühtemperatur 920 °C, Glattbrandtemperatur 1280 °C.
Mit Knochenmehl erhält man aus
57,3 fettem Löthainer Ton
15,5 Quarz
10,2 Knochenasche
17,0 Kreide
bei 1280°C ein Seger-Knochenporzellan.

Selffiring siehe unter Earth Art.

Sekundärmullit. Aus Primärmullit durch Umkristallisation entstandener nadelförmiger Mullit. Zu seiner Bildung ist Schmelzphase erforderlich. Es genügen bereits 1 % Alkali- oder Eisenoxide. Die Mullitnadeln werden bis zu 10 µm lang bei einem Durchmesser von 0,5 µm.

Seladonglasur. Durch wenig Eisen im Reduktionsbrand lauchgrün gefärbte Glasur. Oft genügt der in einer Asche vorhandene Eisen-

Die neuen Segerkegelzusammensetzungen als Ausgangspunkte für eigene Glasuren

Zur Entwicklung von bleifreien Glasuren für bestimmte Temperaturen (Spalte 3) kann man sich an den Segerkegelzusammensetzungen orientieren oder diese selbst als Glasur nehmen. Die um 120 Grad höher gebrannten Segerkegel ergeben Glasuren, die hier alle borhaltig sind. (siehe hingegen unter „Leitglasuren".)

SK	°C	Glasuren: °C	Na_2O	K_2O	CaO	MgO	Al_2O_3	B_2O_3	SiO_2
021	650	760	0,5	–	0,25	0,25	0,02	1,0	1,04
020	670	790	0,5	–	0,25	0,25	0,04	1,0	1,08
019	690	810	0,5	–	0,25	0,25	0,08	1,0	1,16
018	710	830	0,5	–	0,25	0,25	0,13	1,0	1,26
017	730	850	0,5	–	0,25	0,25	0,20	1,0	1,4
016	750	870	0,5	–	0,25	0,25	0,31	1,0	1,61
015 a	790	910	0,432	–	0,432	0,136	0,34	0,86	2,06
014 a	815	935	0,385	–	0,385	0,230	0,34	0,77	1,92
013 a	835	955	0,343	–	0,343	0,314	0,34	0,69	1,78
012 a	855	975	0,345	–	0,341	0,341	0,365	0,68	2,04
011 a	880	1000	0,349	–	0,340	0,311	0,40	0,68	2,38
010 a	900	1020	0,338	0,011	0,338	0,313	0,423	0,675	2,626
09 a	920	1040	0,336	0,018	0,335	0,311	0,468	0,671	3,087
08 a	940	1060	0,279	0,038	0,369	0,314	0,543	0,559	2,691
07 a	960	1080	0,261	0,055	0,391	0,293	0,554	0,521	2,984
06 a	980	1100	0,247	0,069	0,407	0,277	0,561	0,493	3,197
05 a	1000	1120	0,229	0,086	0,428	0,257	0,571	0,457	3,467
04 a	1020	1140	0,204	0,109	0,458	0,229	0,586	0,407	3,86
03 a	1040	1160	0,182	0,130	0,484	0,204	0,598	0,363	4,199
02 a	1060	1180	0,157	0,153	0,513	0,177	0,611	0,314	4,572
01 a	1080	1200	0,134	0,174	0,541	0,151	0,625	0,268	4,931
1 a	1100	1220	0,109	0,198	0,571	0,122	0,69	0,217	5,32
2 a	1120	1240	0,085	0,220	0,599	0,096	0,652	0,17	5,687
3 a	1140	1260	0,059	0,244	0,630	0,067	0,667	0,17	6,083
4 a	1160	1280	0,043	0,260	0,649	0,048	0,676	0,119	6,699
5 a	1180	1300	0,028	0,274	0,666	0,032	0,684	0,056	6,565
6 a	1200	1320	0,013	0,288	0,685	0,014	0,693	0,02	6,801

gehalt. Beispiel für 1280 °C:
45,0 Kalifeldspat
17,5 Kalkspat
7,5 Kaolin
27,5 Quarz
2,5 rotes Eisenoxid

Seladonit, Grünerde. Ein kalihaltiges, nicht quellfähiges, glimmerähnliches Tonerde-Eisensilikat wechselnder Zusammensetzung. Vorkommen in Blasenräumen von Eruptivgesteinen, z. B. im Melaphyr, in großen Mengen am Monte Baldo bei Brentonico in Südtirol.

Selbstglasierende Massen. Keramische Massen, die wasserlösliche Flußmittel (meist Soda) enthalten. die beim Trocknen mit dem Verdunstungsstrom des Anmachwassers an die Oberfläche gelangen und eine leicht schmelzbare Haut bilden. Die in Großbritannien handelsübliche Wengers Egyptian Paste besteht aus 40 Gwt. Natronfeldspat, 18 Gwt. Quarzmehl, 15 Gwt. Kaolin, 5 Gwt. weißem, fetten Ton, 12 Soda, 5 Kalkspat, 8 feinem Sand, 2 Bentonit, gefärbt mit 1–3 % Kupferoxid oder 2–3 % Braunstein oder 1–2 % Kobaltoxid oder 1–3 % Chromoxid. Die Masse wird mit Wasser zu einer steifen Paste angeteigt. Beim Trocknen der Keramik kristallisiert die Soda auf der Oberfläche aus und ergibt beim Brennen bei 980 °C eine entsprechend gefärbte Glasur.

Die Selbstglasur ist auch wichtig für hochgebranntes kochfestes Geschirr (siehe unter diesem), das sonst nicht glasiert werden könnte. Der Scherben »schwitzt« den zugesetzten Feldspat aus. Die Glasur ist nötig, wenn der Scherben porös ist.

Selen, Se, 2-, 4- und 6wertiges Element mit dem Atomgewicht 78,96, wird in elementarer Form oder in Form von Seleniden oder Seleniten zur Herstellung von roten Glasuren verwendet. Cadmiumfarbkörper enthalten ebenfalls Selen. Alle Selenverbindungen sind giftig.

Seminar. Lehrveranstaltung mit einem kleinen, begrenzten Teilnehmerkreis, in der die Teilnehmer in die selbständige wissenschaftliche Arbeit eingeführt werden, indem sie sich an der Diskussion beteiligen und selbst Arbeiten anfertigen. Proseminare für Anfänger.

Sepiolith. Kristallwasserhaltiges Magnesiumsilikat-Mineral aus feinsten Nädelchen; Bestandteil des Meerschaums.

Septarienton. Meist aus dem Alttertiär (Oligozän) stammender, kalkhaltiger Ton mit Knollen aus Pyrit, Quarz, Lößgruppen oder ähnlichen mineralischen Ansammlungen, oft mit radialen Schrumpfungsrissen.

Sericit. Besonders feinschuppiger Muskowit (heller Glimmer).

Serpentin, 3 MgO · 2 SiO$_2$ · 2 H$_2$O, meist grünes, in metamorphen Gesteinen vorkommendes Mineral. Vorkommen: Fichtelgebirge (Serpentinlinsen im Glimmergneis zwischen Kupferberg und Eplas und am Südostrand des Münchberger Gneismassivs, vor allem an der Wojaleite bei Wurlitz), Odenwald (Serpentinschollen im Gabbro bei Waschenbach).

Serpentinzeiger. Pflanzenarten, aus deren Vorkommen auf Serpentin geschlossen werden kann. Almrausch *(rhododendron hirsutum)*, Edelweiß *(leontopodium alpinum)*, Gletscherhahnenfuß *(ranunculus parnassifolius)*, Goldhafer *(trisetum distichophyllum)*, Hornkraut *(cerastium)*, Streifenfarn *(asplenium)*.

Almrausch.

Service. Zusammenstellung von Geschirrteilen. Ⓜ

Tafelservice		16teilig	22teilig
flache Teller 25cm Durchm.	6	6	6
tiefe Teller 19cm Durchm.	6	6	–
flache Teller 19cm Durchm.	–	6	6
Suppentassen	–	–	6
Terrine	1	1	1
Kasserolle	1	1	1
Schüssel 19cm Dmr.	1	1	1
Platte 30cm Dmr.	1	1	1

Kaffee/Teeservice	15teilig
Kanne	1
Tassen mit Untertassen	6
Zuckerdose	1
Gießer	1
flache Teller 19cm Durchm.	6

Settertile oder -plate (engl.) Ofeneinsetzplatte. Ringsetter, Ringbomse.

Setzmaß. Das Maß des Schwindens des Ziegelstapels beim Brennen. Der Ziegler schätzt den Abstand von der Schüttlochoberkante zum Ziegelstapel. Hat er ein bestimmtes Maß erreicht, wird der Brand beendet.

Sgraffitotechnik. Verzierungsart, bei der man Ⓖ Linien in eine Engobe ritzt, wodurch diese zu Strichen in der Farbe des Grundscherbens werden. Im östlichen Mittelmeerraum wird diese Technik seit byzantinischer Zeit mit einer weißen Engobe angewandt, die auf eine dunklere Grundmasse aufgebracht ist. Die eingeritzte Zeichnung bildet dunkle Konturen, die gleichzeitig Farbflächen aus Oxiden unter der Glasur am Zusammenlaufen hindern. Die Sgraffitotechnik wird im rohen Zustand angewandt. Ist die engobierte Keramik gebrannt, so spricht man von Schabetechnik. Werden statt Ritzlinien Flächen ausgenommen, so nennt man diese Technik nach dem Grubenschmelz »Champlevé-Technik«. Um die Engobe am Ausbrechen zu hindern, mischt man Glyzerin zu.

Shingle (engl.) Seekiesel.

Shots (engl.) Tröpfchen in Fasermatten, die sich beim Verblasen gebildet haben.

Sialon-Fasern. In Japan entwickelte anorganische Fasern, die in einem Sol-Gel-Verfahren hergestellt werden.

Siebdruck, Schablonendruck. Die Farbe wird mit einem Rakel durch ein feinmaschies Draht- oder Seidengewebe gedrückt. Auf dem Gewebe sind Stellen mit Fett-Tusche, Papier oder fotografisch hergestellter Schablone abgedeckt. Auf flache Keramik läßt sich mit keramischer Farbe, die für diesen Zweck im Handel erhältlich ist, direkt drukken, auf gekrümmte Flächen überträgt man den Druck mit Hilfe eines Seidenpapiers wie beim Abziehbild. Zum Herstellen der Schablone auf fotografischem Weg wird die Gaze mit einer lichtempfindlichen Lösung von Kaliumbichromat in Gelatine, Leim oder Polyvinylalkohol beschichtet. Nach dem Eintrocknen der Schicht im Dunkeln wird diese mit dem Positiv bedeckt und dem Sonnenlicht oder einer starken Lampe ausgesetzt. Dabei zersetzt sich das Kaliumbichromat, das Zersetzungsprodukt gerbt das Lösungsmittel und macht es unlöslich. Die nichtbelichteten Stellen sind wasserlöslich und werden abgespült, wobei das Gewebe frei wird.

M **Siebe.** Zum Trennen von Korngrößen genügen für die meisten Zwecke fünf Siebgrößen (Tabelle Seite 275):

Sieb ASTM Nr. 50 (400 Maschen/cm^2) für Steinzeug-Massemischungen und zum Aussondern grober Verunreinigungen beim Schlämmen.

Sieb ASTM Nr. 70 (807 Maschen/cm^2) für Frittenglasuren, Aschen, alkali- und borhaltige Substanzen

Sieb ASTM Nr. 80 (1075 Maschen/cm^3) für Quarzmehl und Kalk in Massen, Gesteinsmehle, die grobe Sprenkelung verursachen sollen, für Lehmglasuren und Pyritkörner in Steinzeugmassen

Sieb ASTM Nr. 100 (1600 Maschen/cm^2) für Rohglasuren, Gesteinsmehle, Gießschlicker und Malschlicker

Sieb Nr. 120 (2163 Maschen/cm^2) für Transparentglasuren über Unterglasurmalerei.

SiC, Siliziumkarbid, Werkstoff für Brennhilfsmittel. a) mit keramischer Bindung, b) mit Oxynitridbindung, c) rekristallisiert, d) reaktionsgesintert, e) gesintert. AK für a = 5,8, b = 5,0, c = 4,8, d = 4,3, e = 4,9 · 10^{-6}/K. Wärmeleitfähigkeit bei 600°C für a = 16, b = 21, c = 28, d = 60, e = 50 W/(m.K)

Siederit, Eisenspat, Spateisen, FeCO$_3$, Mol.-Gew. 115,86, enthält oft Mangan. Vorkommen vor allem bei Eisenerz (»Erzberg«) in der Steiermark, a. im Siegerland und Harz.

Siebengebirgstone. Tertiäre Tone, die an folgenden Orten zutage treten: am Rheintal zwischen Petersberg und Dollendorfer Haardt, nördlich von Königswinter, östlich von Römlinghofen, südwestlich von Boseroth, im Pleistal bis etwa nach Utweiler, zwischen Pleis- und Hanftal bei Bennerscheid, in Schluchten südlich von Geistingen. Es sind weißbrennende Tone, in den tieferen Schluchten fetter, in den oberen sandiger. Auf der nördlichen Gebirgsseite zur Sieg hin liegen über dem Eruptivgestein, besonders in den kleinen Tälern zwischen Rhein- und Lauterbachtal bei Niederpleis, Birlinghofen, Großenbusch, Hangelar, Holzlar leicht zugängliche, jüngere Braunkohlentone, die weniger plastisch und sandiger sind, von gelblicher Brennfarbe und durch die kohligen Beimengungen dunkel gefärbt. Weitere plastische Tertiärtone finden sich beiderseits des Wiedtales bei Linz.

Siena = Terra di Siena, siehe unter Umbra.

Sierralit. Wasserhaltiges Magnesium-Aluminiumsilikat, ergibt 50:50 mit Ton vermischt eine Masse mit den Eigenschaften des Cordierits. Sierralit aus Grönland: 49,17 % SiO$_2$, 31,71 % Al$_2$O$_3$, 10,16 % MgO, 0,33 % MnO, 8,32 % FeO.

Sikron. Quarzmehl der Quarzwerke Frechen.

Silber, Ag, 1-, selten 2- oder 3wertiges Metall, Atomgewicht 107,868, Schmelzpunkt 960,8 °C. Wichtiges Erz ist Silberglanz (Ag$_2$S). In der Keramik verwendet man Silbernitrat (AgNO$_3$) oder Silberchlorid (AgCl) in Mengen von 1 bis 3 % gemeinsam mit der gleichen Menge Wismutoxid, um Lüsterglasuren zu erzielen, die einem reduzierenden Brand unterworfen werden. Ferner dient Silber zur Herstellung von Lüstertinkturen, die im oxodierenden Brand Lüstereffekte ergeben. Sie sind im Handel erhältlich.

Silbertannenasche. Eine Asche vom Dolomittyp, die wie ein verunreinigter Dolomit verwendet werden kann: 1 Teil Asche ersetzt etwa 1 Teil Dolomit. Die Gehalte an schädlichen Bestandteilen, Schwefel und Chlor, sind gering, so daß die Asche nicht gewaschen zu werden braucht. Sie besitzt jedoch sehr viel Eisen und Mangan, die jede Färbung mit anderen Oxiden beeinflussen. Anhaltswerte für die Zusammensetzung der Asche: 15,49 % SiO_2, 3,56 % Al_2O_3, 2,02 % Fe_2O_3, 0,09 % MnO, 30,09 % CaO, 12,56 % MgO, 6,31 % Na_2O, 12,47 % K_2O, 5,88 % P_2O_5, 0,99 % SO_3, 0,53 % Cl. Segerformel zum Einrechnen in Glasuren: 0,21 SiO_2, 0,02 Al_2O_3, 0,01 Fe_2O_3, 0,11 Mn, 0,45 CaO, 0,26 MgO, 0,08 Na_2O, 0,11 K_2O, 0,03 P_2O_5. Mol.-Gew. 81.

Silcablock Keramikfasermodule, *Silcafelt* Keramikfaserplatten und -faserfilze, *Silcafix* Keramikfaser-Steckblocksystem, *Silcaflex* Keramikfasermatten, *Silcapan* Wärmedämmplatten, *Silcaref* Feuerleichtsteine, *Silcavac* vakuumverformte Keramikfaserteile der Silca Service- und Vertriebsgesellschaft für Dämmstoffe mbH in 4020 Mettmann.

Silhouettentyp. Ursprünglich iranische Keramik mit schwarzer Unterglasurmalerei unter türkisgrüner Transparentglasur. Damit die Farbe nicht von der Glasur gelöst wird, soll sie tonerdereich sein. Man setzt dem Farbkörper notfalls Quarz und Talkum zu.

Silica. Engl. Bezeichnung für SiO_2.

Silikate. Chemisch: Salze der Kieselsäure, mineralogisch: gesteinsbildende Minerale der 8. Klasse in der Klassifikation der Minerale.

Gültige **Sieb-Normen**: ISO/DIN/AFNOR/ASTM/BS (Auszüge)

ISO 565-1972 Maschenweite	Maschen pro cm^2	DIN 4188 AFNOR NF	ASTM E 11-70	BS 410
mm	M/cm^2	mm	No	Mesh
8	1,00	8	⁵⁄₁₆″	–
5,6	1,93	5,6	3 ½	3
4	3,43	4	5	4
2,8	6,51	2,8	7	6
2	11,9	2	10	8
1,4	22,5	1,4	14	12
1	41,1	1	18	16
um	M/cm^2	mm	No	Mesh
710	74,3	0,71	25	22
600	100	–	30	25
500	151	0,5	35	30
425	201	–	40	36
400	237	0,4	–	–
355	298	0,355	45	44
300	400	–	**50**	52
250	595	0,25	60	60
212	807	–	**70**	72
200	865	0,2	–	–
180	1 075	0,18	**80**	85
150	1 600	–	**100**	100
125	2 163	0,125	**120**	120
100	3 420	0,1	–	–
90	4 272	0,09	170	170
75	6 400	–	200	200
63	8 573	0,063	230	240
45	16 866	0,045	325	350

Die für die Keramik wichtigen Siebe sind durch Fettdruck hervorgehoben.

Die Silikate werden aus SiO_4-Tetraedern aufgebaut, die über ihre Ecken verknüpft sind. Diese Verknüpfungen können sich in nur einer Dimension als Ketten, in zwei Dimensionen als Schichten oder in drei Dimensionen als Gerüste erstrecken, oder sie können isoliert vorkommen mit der Dimension Null. Die Silikate bevorzugen die höheren Dimensionen. Deshalb sind diese in der Natur am stärksten verbreitet, wobei alle Tetraederanordnungen in Mineralen vorkommen:
1. Insel-(Neso-)silikate mit isolierten Einzeltetraedern (z. B. Olivin, Topas),
2. Gruppen-(Soro-)silikate aus zwei Tetraedern mit einem gemeinsamen Sauerstoff (z. B. Wollastonit),
3. Ring-(Cyklo-)silikate aus Dreier-, Vierer- oder Sechserringen (z. B. Beryll, Dioptas, Turmalin),
4. Ketten-(Ino-)silikate (z. B. Augit, Diopsid, Hornblende),
5. Schicht-(Phyllo-)silikate; hierher gehören die Zweischichtminerale Kaolinit, Dickit, Nakrit, Fireclay-Mineral, Halloysit und Metahalloysit und die Dreischichtminerale Glimmer, Montmorillonit und Illit.
6. Gerüst-(Tekto-)silikate; bei ihnen sind alle Sauerstoff-Anionen Brückensauerstoffe zwischen den SiO_4-Tetraedern. Prototypen der reinen Gerüstsilikate sind Quarz, Tridymit und Cristobalit. Oft ist in den Gerüstsilikaten ein Drittel bis die Hälfte der vierwertigen Siliziumionen durch dreiwertige Aluminiumionen ersetzt und die dadurch freie Wertigkeit durch Alkalien oder Erdalkalien abgesättigt, wie z. B. im Albit oder im Anorthit.

In der Keramik beanspruchen die verschiedenen künstlich eingebrachten Ionen je nach ihren Radien unterschiedlich viel Platz. In Abhängigkeit von den Radienverhältnissen bilden sich neben den Tetraedern Oktaeder und Hexaeder aus, in denen die Ionen nicht mehr nur von vier, sondern von sechs oder acht Nachbarionen umgeben sind.

Silikose, Staublunge. Durch ständiges Einatmen von Staub unter 10 µm Teilchengröße von Quarz und Silikaten verursachte meldepflichtige Berufskrankheit, die die Funktion der Lunge beeinträchtigt. Symptome: chronischer Husten mit wenig Auswurf, Atemnot, Kreislaufbelastung, Herzschädigung.

Silizium, Si, selten 2-, meist 4wertiges Nichtmetall, Atomgewicht 28,086. Reines Silizium ist ein dunkelgraues Pulver, das im Schmelzen Sauerstoff an sich bindet und deshalb in der Metallurgie als Desoxidationsmittel verwendet wird. Zu dem gleichen Zweck ist es als inneres Reduktionsmittel in Glasuren am besten geeignet. Das feste braune Siliziummonoxid (SiO) wird aus Si und SiO_2 im Vakuum hergestellt und dient durch Aufdampfen zum Vergüten von Glaslinsen. Das Si^+-Ion hat dem Sauerstoff gegenüber die Koordinationszahl 4 und bildet mit ihm das sehr stabile SiO_4-Tetraeder, den Grundbaustein der Silikate. Durch Verknüpfung der Tetraederecken ergibt sich die Formel SiO_2 für die Kieselsäure. Silizium verbindet sich mit Stickstoff zu dem sehr temperatur- und oxidationsbeständigen Siliziumnitrid (Si_3N_4) und mit Kohlenstoff zu dem sehr harten Siliziumkarbid (SiC). Die aus Silizium-Sauerstoff-Ketten aufgebauten Silikone nehmen eine Zwischenstellung zwischen den Silikaten und den organischen Kunststoffen ein.

Siliziumdioxid, siehe unter Kieselsäure.

Siliziumkarbid, SiC, Karborundum, völlig synthetischer, feuerfester Werkstoff von hoher Wärmeleitfähigkeit, der wegen seiner guten Temperaturwechselfestigkeit für Brennhilfsmittel verwendet wird (Werte siehe unter SiC). Die höchste Gebrauchstemperatur ist 1540 °C. Ofenplatten bestehen aus tongebundenem SiC. Während eine Platte aus Ton eine Bruchfestigkeit von 33,8 kp/cm^2 besitzt, hat eine Platte aus 60 % SiC und 40 % Ton 274 kp/cm^2. In Glasuren bildet SiC leicht Blasen und eignet sich deshalb nur beschränkt, in feinster Körnung und geringen Mengen, als Reduktionsmittel. Elektrische Widerstände für Temperaturen bis 200 °C kann man aus Mischungen von Ton und SiC-Pulver selbst herstellen und unterhalb der Sinterung brennen (beim Sintern bilden sich Blasen). Hochtemperatur-Heizwiderstände für 1400 °C in oxidierender Atmosphäre heißen Silit- oder Globarstäbe. Wegen einer Mikrohärte von 2500 kp/mm^2 wird SiC zu Schleifkörpern verarbeitet.

Sillimanit-Gruppe, $Al_2O_3 \cdot SiO_2$. Minerale gleicher chemischer Zusammensetzung: Sillimanit oder Fibrolit, Cyanit oder Disthen und Andalusit mit den Abarten Chiastol und

Viridin. Sie zersetzen sich beim Erhitzen von Mullit und SiO$_2$-Schmelze. Rohstoffe für technisches Porzellan.

Sillun. Handelsname für ein Quarzmehl aus Neuburg/Donau, das aus einer weißen Cenomanablagerung gewonnen wird. Cenoman (lat. Name von Le Mans) ist die unterste Stufe der oberen Kreidezeit, in der es durch Überflutung zur Ablagerung von Sandstein, Kalk und Mergel kam.

M **Sinterengobe.** Engobe, die im Brand sintert. Sie muß bis unter die Schmelztemperatur gebrannt werden. Ihre Brennschwindung muß an den Scherben angepaßt sein. Ihr Bestreben, die kleinste Oberfläche einzunehmen, äußert sich u. a. darin, daß sich ihre Kanten, z. B. bei Sgraffitoverzierung, abrunden. Da die Sinterung hauptsächlich von der chemischen Zusammensetzung abhängt, muß man einer gewöhnlichen Engobe eine Farbengobe oder einem Ton Flußmittel zusetzen. Als solches kann man als Faustregel 75 % von der Glasur nehmen, die man bei der betreffenden Temperatur verwenden würde, dazu 15 % Kreide und nur 10 % Ton oder Engobe. Am sichersten ist es, eine Mischungsreihe aufzustellen, in der man auf die eine Seite die Glasur (G) oder eine Fritte und auf die andere den Ton (T) oder die Engobe mit 60 % Kalk setzt. Diese beiden Eckpfeiler der Mischungsreihe mischt man in fünf Stufen in den Verhältnissen G:T = 1 bis 5:1, also von 50:50 bis 83:17 %.

Sinterhaut. Verkittung der Oberfläche im Brand infolge von Lösungsvorgängen.

Sintermehl. Zerkleinertes Verpackungsglas. Handelsbezeichnung »Sintermehl 62/220 E«. Durchschnittsanalyse: 71,39 % SiO$_2$, 2,25 % Al$_2$O$_3$, 0,46 % Fe$_2$O$_3$, 9,82 % CaO, 0,94 % MgO, 13,88 % Na$_2$O, 0,87 % K$_2$O, 0,13 % SO$_3$. Segerformel zum Einrechnen in Glasuren: 0,41 CaO, 0,05 MgO, 0,52 Na$_2$O, 0,02 K$_2$O, 0,05 Al$_2$O$_3$, 0,007 Fe$_2$O$_3$, 2,75 SiO$_2$. Mol.-Gew. 231.

Sintern. Verfestigung im Brand, die mit einer G Volumenverkleinerung verbunden ist. Infolge von Lösungsvorgängen verschiedener Bestandteile tritt bei beginnender Sinterung eine Schmelze auf, die verkittend wirkt. Mit steigender Temperatur werden durch Platzwechsel der Elementarteilchen die kleinen Körner aufgezehrt und die großen wachsen. Diese Kornvergrößerung ist bei salzglasiertem Steinzeug besonders deutlich zu erkennen. Die Oberfläche versucht, sich zu verkleinern, was sich in der Brennschwindung äußert. Der Sinterprozeß ist von der chemischen Zusammensetzung abhängig, wird aber durch die Korngröße, Packungsdichte, Brenntemperatur und -atmosphäre beeinflußt. Durch Sintern wird der Scherben dicht.

Slab roller (engl.) Plattenwalze.

Slip (engl.) Schlicker. Casting Slip Gießschlicker. Slip trailer Malhörnchen.

Smalte. Unterglasurfarbe für salzglasiertes G Steinzeug. Zu ihrer Herstellung wird das färbende Metalloxid mit Ton und Sand zusammengeschmolzen, damit sich auf der aufgetragenen Malschicht Salzglasur bilden kann. Die ursprüngliche Mischung bestand aus 70 Teilen geröstetem Kobaltglanz und 30 Teilen Ton. Heut wird das handelsübliche Smaltepulver zum besseren Haften mit 20–30 % Wirgeser Ton versetzt, ehe man damit auf die getrocknete Keramik malt. Neben blauer Smalte aus Kobaltoxid gibt es eine violette aus Braunstein, eine grüne aus Chromoxid, eine braune aus Eisenoxid und eine schwarze aus einer Mischung dieser Oxide. In manchen Werkstätten wird die bemalte Keramik noch mit einer in Wasser aufgeschlämmten

Sinterengoben für 1000–1200 °C
(je tiefer die Temperatur, desto höher der Flußmittelgehalt)

Flußmittel:	Borax		Natriumboratfritte		Fertigglasur*	
Fertigengobe	40–60	–	30–50	–	20–50	–
fetter Ton	–	20–30	–	15–25	–	10–25
Kaolin	–	20–30	–	15–25	–	10–25
Flußmittel	40–60	40–60	50–70	50–70	50–80	50–80

* gemeint ist eine beliebige, für 1050 °C bestimmte Fertigglasur.

Mischung (»Kölschbraun«) aus Lavalitmehl und 10% Wirgeser Ton überspritzt, die im Salzbrand eine bräunliche Sprenkelung hervorruft.

Seger gibt folgende Smalteanalyse an: 67,51% SiO_2, 0,17% Al_2O_3, 0,66% Fe_2O_3, 7,07% CoO, 0,27% CaO, 0,26% MgO, 14,72% K_2O, 9,41% As_2O_5.

Man kann eine Kobaltmalte für Steinzeug als Rohglasur zusammensetzen aus

41,9 Kalifeldspat
14,8 Bariumkarbonat
10,0 Kalkspat
 3,3 plastischem Ton
24,0 Quarz
 6,0 Kobaltoxid.

Eine violette Smalte erhält man durch Ersatz des Kalkspats + Kobaltoxid durch die gleiche Menge Braunstein.

Smearing (engl.) Verschmieren. Salzen in der Brennkapsel, indem diese mit einer verdampfenden Mischung ausgeschmiert wird, die die Kapsel gleichzeitig gasdicht abdichtet. Die Mischung besteht aus 67 Kochsalz, 28 Pottasche und 15 Bleiglätte. Die bei 1300°C aufgedampfte Glasur ist farblos. Eine schwarze Glasur erhält man aus 5 Mennige, 40 Kochsalz, 20 Pottasche und 15 Manganchlorid.

Smektite = Tonminerale der Montmoringruppe.

Smithsonit. Zinkspat.

Smoking (engl.) Rauchen. Water smoking Schmauchen.

Soda ash. (engl.) Soda, Na_2CO_3.

Soda-Raku. Anflugglasur im Rakubrand. Erforderlich ist eine möglichst dichtbrennende Masse, wie sie unter Rakumassen als »Rakuporzellan« beschrieben ist. Um eine für das Soda-Raku typische Patina in der verdampfenden Soda zu erhalten, werden die geschrühten Stücke mit einem Schlamm aus gleichen Teilen Eisenoxid und Kupferkarbonat besprüht, begossen oder betupft. Im Ofen werden sie auf plattgedrückte Massekügelchen gestellt, die vorher in Tonerdepulver gewälzt wurden. Wenn die Masse gut getrocknet ist, kann sie in 1 bis 3 Stunden auf 900 bis 1150°C aufgeheizt werden. Ist diese Temperatur erreicht, so schüttet man eine kleine Tasse voll Soda-Sägespäne-Mischung auf die Unterlageplatte und verteilt die Mischung mit einem Metallstab. Insgesamt werden etwa 3 bis 4 kg Backsoda, zu gleichen Teilen mit feinem Sägemehl vermischt, in mehreren Portionen 15 bis 30 Minuten lang in den Ofen eingebracht. Sobald der Ofen zu rauchen aufhört, wird das Brenngut zur sekundären Reduktion entnommen und soll mindestens 5 Minuten im geschlossenen Reduktionsbehälter bleiben, empfindliches Rakuporzellan soll ganz darin abkühlen. Die Farben changieren von gelb zu rot und von grün zu blau. Die Farbtöne sind abhängig von der Dicke des Eisen-Kupfer-Auftrages, von der Temperaturhöhe und von der Art des Reduzierens.

Sodazeiger. Pflanzenarten, aus deren Vorkommen auf Soda geschlossen werden kann. Grasnelke *(armeria maritima)*, Milchkraut *(glaux maritima)*, Strandaster *(aster tripolium)*, Strandnelke *(limonium)*. Sodazeiger sind Indikatoren für alkalische Böden.

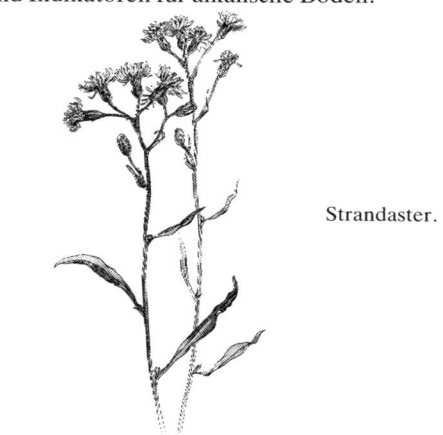

Strandaster.

Sodium carbonate (engl.) Soda, Na_2CO_3.

Sodium silicate (engl.) Natronwasserglas. SS-65 brand powdered sodium silicate pulverförmig mit 3,33 SiO_2, N Brand liquid dasselbe flüssig, BW brand mit 1,65 SiO_2, GC brand mit 2,0 SiO_2, RU brand mit 2,48 SiO_2, K brand mit 3,0 SiO_2 jeweils auf 1Na_2O.

Sommern. Dörren des Tones in dünner Lage G in der Sonne mit ähnlicher Homogenisierungswirkung wie das Wintern.

Sonnenblumenasche, entspricht etwa der Asche des Löwenzahns.

Sonnenbrenner. Zum Zerbröckeln neigender, hellfleckiger Basalt.

Sonnenenergie. Durch Spiegel oder Wärmeaustauscher nutzbar gemachte Energie. In der Vorgeschichte der Böttgerschen Porzellanerfindung hatte Tschirnhaus um 1700 mit Hilfe von Brennspiegeln Porzellan zu brennen versucht. Mit Spiegelanordnungen werden in den Pyrenäen Schmelzöfen bis 3300 °C beheizt. In neuseeländischen Töpfereien werden Sonnenkollektoren (wasserdurchströmte Röhrenanordnungen) zur Erzeugung von Biogas eingesetzt. Siehe unter Biogas und Brennen mit Biogas.

Sortwell-Formel zur Berechnung des Tonerdegehaltes in der Segerformel:
$$Al_2O_3 = 0,3 + \frac{SiO_2}{12}$$

Spaltplatten. Doppelseitige Wandplatten, die durch Stege getrennt sind und zum Vermauern mit einem Schlag getrennt werden.

Sparstäbe. In Sparstützen gesteckte dünne Stäbe aus feuerfestem Material, die als Brennhilfsmittel zum Aufstellen von Gegenständen unter Vermeidung von Wärmestauungen dienen.

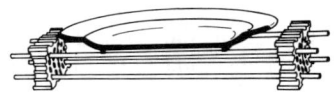

Speck's, auch *Spot's* (engl.) Grob granulierte Oxide für Sprenkeleffekte in Massen und Glasuren.

Spezifisches Gewicht. Gewicht der Raumeinheit eines Stoffes in g/cm^3.

Spezifische Oberfläche. Auf die Gewichtseinheit bezogene wirkliche Oberfläche von Feststoffen. Sie beeinflußt eine Reihe von Reaktionsvorgängen in der Keramik. Sie kann experimentell durch Gasadsorption oder rechnerisch aus dem Siebrückstand mit Hilfe des im Handel erhältlichen Rosin-Rammler-Bennet-Diagramms ermittelt werden.

Spezifische Wärme. Veraltete Bezeichnung für spezifische Wärmekapazität in J/kg. Wärmemenge, die erforderlich ist, um 1 kg eines Stoffes um 1 Grad zu erwärmen. Molwärme = um ein Mol ebenso zu erwärmen.

Sphalerit. Zinkblende.

Spinell. 1. Mineral $MgAl_2O_4$ · 2. Künstliche Kristallverbindung aus einem zweiwertigen mit einem dreiwertigen Metalloxid (Spinelltyp AB_2O_4). Spinelle spielen bei der Farbkörperherstellung eine große Rolle, weil sie der lösenden Wirkung der Glasur besser widerstehen als die einfachen Oxide. Solche Farbkörper-Spinelle sind z. B. $FeO · Cr_2O_3$, $MnO · Cr_2O_3$, $MnO · Al_2O_3$, $CuO · Al_2O_3$, $FeO · Al_2O_3$. Sie werden durch Brennen der Mischungen erzeugt. Ferner spielen Spinelle eine Rolle bei der Erzeugung ferromagnetischer keramischer Werkstoffe, und schließlich sind sie auch beim Zustandekommen der Schwarzkeramik beteiligt (siehe unter Schwarzkeramik).

Spitzenverzierung. Plastische Strukturierung der keramischen Oberfläche durch Eindrücken von Textilspitzen.

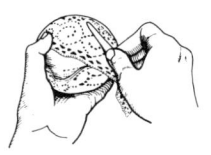

Spodumen, $Li_2O · Al_2O_3 · 4 SiO_2$. Mol.-Gew. 372,06. Mineral der Pyroxengruppe, durchsichtig, glasglänzend, kommt in lithiumhaltigen Granitpegmatiten in Schweden, Schottland und Irland vor.

Spritzen von Glasuren, Engoben, Metalloxiden und Farben. Auftragen durch Zerstäuben, meist mit einer druckluftbetriebenen Spritzpistole. Der Druck beträgt 2,1–2,8 kg/cm^2. Die dabei entstehenden Nebel werden durch eine Spritzkabine mit Absauganlage abgeführt. Eine Atemschutzmaske ist erforderlich.

Sponse. Durchstaubschablone aus durchlöchertem Pergamentpapier zur Übertragung von Vorzeichnungen für die Malerei in die trockene Glasur bei Fayencen.

Spülmaschine. Siehe Geschirrspüler.

Spur (engl.) Dreispitz (Brennhilfsmittel).

Spurensicherung. Kunstrichtung zur Rekonstruktion der Vergangenheit aus Relikten der eigenen Lebensgeschichte oder der Vorzeit.

Spyhole (engl.) Schauloch (Ofen).

Squattering (engl.) Erweichen im Feuer.

SSiC, gesintertes Siliziumkarbid (s. u. SiC).

Stadtgas. In städtischen Gasleitungen bereitstehendes Gas mit etwa 20 % Methan, 50 % Wasserstoff, 20 % Kohlenmonoxid, 10 % Kohlendioxid und einem Heizwert von 16 000 bis 17 600 kJ.

Staffieren. Bemalen einer Figur.

Stapeln im Ofen. Die Stapelhöhe im Schrühbrand wird begrenzt durch die auftretenden Kräfte: Stapeldruck und Volumendehung. Diese hat ihr Maximum von 2–2,5 % bei 600–1000 °C. Am meisten gefährdet sind Rohscherben, die viel Quarz und grobe Tonminerale (Kaolin) enthalten und gegossen sind. Am wenigsten gefährdet ist gedrehtes Steinzeug. Ein langsam getrockneter Scherben kann doppelt so stark belastbar sein wie ein schnell getrockneter. Hygroskopische Wasseraufnahme aus der Luft setzt die Belastbarkeit des trockenen Rohlings herab.

[G] **Standzeit.** Aufenthaltsdauer des Gießschlickers in der Gipsform beim Gießverfahren. Sie hängt vom Ton-Wasser-Verhältnis, von der Art des Verflüssigungsmittels, von der Korngröße der Masseteilchen (ein Steingutschlicker braucht länger als ein Porzellanschlicker) und von der Saugfähigkeit der Gipsform ab. Ein geringer Zusatz von Tonerdeschmelzzement verkürzt die Standzeit.

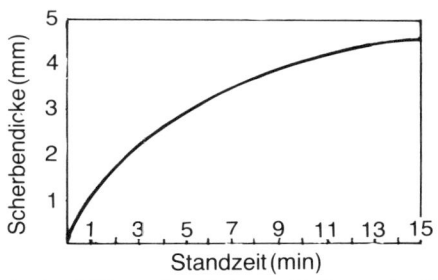

Scherbenbildung einer Steingut-Gießmasse in Abhängigkeit von der Standzeit.

Kernguß braucht länger als Hohlguß. Durch Anritzen des gebildeten Scherbens läßt sich feststellen, ob die gewünschte Ansatzdicke erreicht ist. In der Industrie werden Proben nach 5, 10 und 20 Minuten Standzeit gewogen, und nach dem Ergebnis die endgültige Standzeit festgelegt.

Stechginsterasche. Eine basische Asche vom Dolomittyp, die wie ein durch Alkalien verunreinigter Dolomit verwendet werden kann. Sie ersetzt ihn in Versätzen etwa zu gleichen Teilen, ist jedoch leichter schmelzbar. Für den oxidierenden Brand sollte die Asche gewaschen werden. Aus 20 Asche, 34 Kaolin und 46 Quarzmehl erhält man eine Mattglasur bei 1280 °C. Mit zusätzlich 50 % Kalziumborat ergibt die Mischung eine Glasur bei 1180 °C. Anhaltswerte für die Zusammensetzung der Asche: 10,73 % SiO_2, 0,63 % Al_2O_3, 2,61 % Fe_2O_3, 0,52 % MnO, 30,14 % CaO, 10,62 % MgO, 26,42 % K_2O, 11,86 Na_2O, 3,66 % P_2O_5, 1,48 % SO_3, 1,32 % Cl. Segerformel zum Einrechnen in Glasuren: 0,14 SiO_2, 0,01 Al_2O_3, 0,02 Fe_2O_3, 0,01 MnO, 0,42 CaO, 0,20 MgO, 0,22 K_2O, 0,15 Na_2O, 0,02 P_2O_5. Mol.-Gew. 80.

Stechpalmenasche. Eine Asche mit überwiegend Magnesium unter den Flußmitteloxiden. Sie kann Dolomit ersetzen, wenn man ihren hohen Alkaligehalt dabei berücksichtigt, der sie leichter schmelzbar macht. 1 Teil Asche ersetzt etwa 1 Teil Dolomit. Um selbst eine Glasur darzustellen, besitzt sie zu wenig Glasbildner. Ihr Gehalt an Schwefel und Chlor läßt es empfehlenswert erscheinen, sie – zumindest für niedrige Temperaturen, für die sie sich sonst gut eignet – zu schlämmen. Aus 22 Asche, 33 Kaolin und 45 Quarzmehl erhält man eine Mattglasur bei 1280 °C, mit zusätzlich 50 % Kalziumborat eine glänzende bei 1180 °C. Die Farbbeeinflussung durch Eisen und Mangan macht sich bei allen Färbungen bemerkbar. Am klarsten gelingen Brauntöne mit 6 % Eisenoxidzusatz im oxidierenden Feuer. Im reduzierenden Brand macht sich der hohe Phosphorgehalt in Weißschleiern bemerkbar. Anhaltswerte für die Zusammensetzung der Asche: 21,69 % SiO_2, 0,41 % Al_2O_3, 2,59 % Fe_2O_3, 0,36 % MnO, 15,61 % CaO, 15,42 % MgO, 16,39 % K_2O, 12,13 % Na_2O, 11,41 % P_2O_5, 2 % SO_3, 1,99 % Cl. Segerformel zum Einrechnen in Glasuren: 0,35 SiO_2, 0,02 Fe_2O_3, 0,01 MnO, 0,27 CaO, 0,37 MgO, 0,16 K_2O, 0,19 Na_2O, 0,08 P_2O_5. Mol.-Gew. 97.

Stegerscher Spannungsmesser. Gerät zur Messung der Spannung zwischen Glasur und Scherben. Dazu wird ein einseitig glasierter Prüfstab von etwa 30 cm Länge an einem Ende starr befestigt und erhitzt. Das freie Ende biegt sich bei Zugspannung der Glasur konkav nach oben, bei Druckspannung konvex nach unten. Diese Bewegung wird auf eine

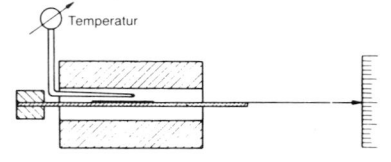

Skala übertragen und in einem Diagramm grafisch aufgezeichnet.

Stehender Ofen. Ofen mit aufsteigender Flamme. Seit vorgeschichtlicher Zeit bekannter Typ. Eine Verbesserung, die lange beispielhaft blieb, war der korinthische Ofen des griechischen Altertums, der auch von den Römern verwendet wurde. In der Manufakturzeit kam 1770 in Sèvres der Rundofen auf.

G **Steingut.** Poröser Werkstoff mit weißer Brennfarbe. Typisch ist Unterglasurmalerei mit farbloser Transparentglasur. Steingut war ursprünglich (in osmanischer Zeit) eine Alternative, Porzellan nachzuahmen. Es löste historisch die Manufakturperiode der Fayencen ab und begründete das Fabrikzeitalter in Europa. Verbreitet ist das Gießverfahren. Der Scherben wird bei hoher Temperatur roh- und bei einer um etwa 100 Grad niedrigeren Temperatur glattgebrannt.

Da der Scherben porös ist, muß er durch die Glasur abgedichtet werden. Er wird deshalb allseits glasiert und auf Spitzen gebrannt. Die Glasur muß haarrissefrei bleiben; sie wird auf geringe Druckspannung eingestellt. Im Gegensatz zum Steinzeug ist in Steingutmassen die Bildung von Cristobalit erwünscht, weil er die Ausdehnung des Scherbens erhöht und den Haarrissen entgegenwirkt. Da bei der niedrigen Glattbrandtemperatur (die Farbenreichtum zuläßt) leichtschmelzende Glasuren erforderlich sind, wurden gefrittete Blei-Bor-Glasuren zu typischen Steingutglasuren. Sie besitzen zugleich eine niedrige Ausdehnung und eine hohe Lichtbrechung, die den Unterglasurfarben zugute kommt. Eine Zwischenform zwischen Hartsteingut und Porzellan bildet Vitreous China, das ebenfalls hoch verschrüht (1250–1300 °C) und mit einer Steingutglasur zwischen 1120 und 1240 °C glattgebrannt wird.

Steingutglasuren. Die typische Steingutglasur M ist gefrittet, blei- und borhaltig. Seger gibt folgende Grenzwerte für 900–1000 °C an: $RO \cdot 0{,}1{-}0{,}4\ Al_2O_3 \cdot 2{-}4\ SiO_2 \cdot 0{-}0{,}5\ B_2O_3$. Daneben gibt es jedoch fast alle Kombinationen von bleihaltigen und bleifreien, borhaltigen und borfreien Roh- und Fritteglasuren. Die Fritteglasuren lassen sich mit handelsüblichen Fritten herstellen. Eine Besonderheit bleifreier Steingutglasuren sind die Barytglasuren. Sie werden aus barium- und borhaltigen Fritten hergestellt.

Das Kalk- und Magnesitsteingut weist die leuchtendsten Farben auf und wird für eine Keramik verwendet, bei der die Malerei im Vordergrund steht. Sie wird meist zwischen 940 und 1100 °C glattgebrannt. Diese Glasuren findet man auch überwiegend im Bedarfshandel für die Freizeitkeramik. Das festere Mischsteingut wird überwiegend für Gebrauchsgeschirr verwendet und zwischen 1120 und 1240 °C glattgebrannt. Das Hart- und Feldspatsteingut (englisches Steingut) wird meist im »umgekehrten Brennverfah-

Steingutglasurarten

Glattbrand-temperatur (°C):	940–1100	1120–1240	1230–1300
Fritteglasuren			
bleihaltig, borhaltig	×	×	–
bleihaltig, borfrei	×	×	–
bleifrei, borhaltig	×	×	–
bleifrei, borfrei	–	×	–
Rohglasuren			
bleihaltig, borhaltig	×	–	–
bleihaltig, borfrei	×	×	–
bleifrei, borhaltig	–	×	–
bleifrei, borfrei	–	–	×

Steingutmassen

Rohstoffe (Gew.-%):	Ton/Kaolin	Feldspat	Quarz	Kalk/Magnesit
Feldspatsteingut Rohbrand 1260–1320 °C	40–50	3–5	42–55	–
Mischsteingut Rohbrand 1120–1240 °C	45–50	1–3	42–48	5–7
Kalksteingut Rohbrand 970–1240 °C	40–55	–	40	5–20 Kalk
Magnesitsteingut Rohbrand 970–1240 °C	40–55	–	40	5–20 Magnesit

ren« niedriger verschrüht und bei 1230 bis 1300 °C mit blei- und borfreien Rohglasuren glattgebrannt.

M **Steingutton.** Weißbrennender, plastischer Ton mit hohem Gehalt an kaolinitischen Tonmineralen und geringem Gehalt an Illit, Alkalien und Eisen. Gute Gießbarkeit. (Siehe die Tabelle).

Steinmark. Zwischen Erzgängen unterirdisch im Erzgebirge angebaute Tone, die als Heilerden Anwendung fanden.

G **Steinzeug.** Dichter Werkstoff mit natürlicher Brennfarbe. Die Masse besteht häufig nur aus einem einzigen Steinzeugton. Meist ist es jedoch besser, durch Kombination eines fetten mit einem mageren Ton evtl. unter Hinzunahme eines rotbrennenden Tones sowie durch Zusatz von flußmittelreicheren Magerstoffen wie Feldspat, Basalt-, Porphyr- oder Granitmehl die Verarbeitungs-, Trocknungs-, Brenn- und Gebrauchseigenschaften der Masse zu bestimmen. Während sich Steinzeugmassen wegen ihrer Feinkörnigkeit nur schlecht für das Gießverfahren eignen, steht die Drehfähigkeit im Vordergrund der Verarbeitungseigenschaften. Das Trocknungsverhalten der meist sehr plastischen Tone kann durch magernde Zusätze verbessert werden. Im Hinblick auf die Bildung einer ausreichenden, viskosen Schmelzphase, die ein breites Schmelzintervall verbürgt, werden illitische Tone bevorzugt.

In Steinzeugmassen wird Kalk vermieden, da er ein leichtflüssiges Scherbenglas mit geringer Viskositätsspanne bildet. Der Quarz soll weitgehend in der Glasphase geschmolzen sein, weil er sich sonst in Cristobalit verwandelt, der sich bei 230 °C stark zusammenzieht und zu Glasurabplatzungen oder zur Zerstörung des Scherbens führen kann. Um Cristobalitbildung zu vermeiden, wird oft Sturzkühlung angewandt. Dann bleibt der Quarz erhalten und schrumpft in einem etwas weniger gefährlichen Bereich, bei 580 °C, wenn die Glasur noch weicher ist, und mit geringerer Volumendifferenz. Im Steinzeugscherben sind 25–55 % Scherbenglas, 25–50 % Quarz und Cristobalit und 15–35 % Mullit enthalten. Es ist eine Kunst des Steinzeugtöpfers, durch die Wahl der Massekomponenten und des Brennverfahrens sowie durch gestaltfeste Gestaltung zu erreichen, daß die Menge des Scherbenglases unter Vermeidung von Deformation hoch ist, daß sich viel Mullit und wenig Cristobalit bildet.

Steinzeugglasuren. Die ostasiatischen, im M Holzfeuer, daher reduzierend gebrannten Hochtemperaturglasuren stellen seit der Sungzeit den Höhepunkt der Glasurenkunst dar. Es sind Glasurfarben und -effekte auf der Grundlage von Eisen (Seladone und die Temmoku-Familie, zu der Hasenfell-, Tee-

Steinguttone

	1	2	3	4	5	6	7
SiO_2	54,30	72,10	63,70	64,00	84,50	74,50	73,00
Al_2O_3	29,20	17,80	23,70	22,00	9,00	15,90	16,20
TiO_2	1,31	1,43	1,18	1,40	0,50	1,20	1,66
Fe_2O_3	1,90	0,77	0,89	1,50	0,50	0,86	1,00
CaO	0,14	0,04	0,09	0,90	0,70	0,08	0,70
MgO	0,35	0,29	0,39	0,30	0,30	0,36	0,17
K_2O	0,92	1,36	2,40	0,40	0,40	1,26	0,10
Na_2O	0,13	0,13	0,26	0,03	0,04	0,10	0,01
GV.	10,88	5,52	6,90	9,30	3,80	5,30	6,30
T	83	47	60	54	22	34	41
Q	15	50	32	37	73	53	54
F	2	3	8	3	3	8	1

1 = Ton GFR. Großheirath, Tonwerke Adolf Gottfried. 2 = Keramischer Ton 303, Winkels, Stephan Schmidt, Langendernbach. 3 = Keramischer Ton 1401. Leuterod, Goerg u. Schneider, Tonbergbau. 4 = Löthainer Steingutton Ia hell. Silikatrohstoffkombinat 7261 Kemmlitz. 5 = Löthainer Steingutton IIR. Bezugsquelle wie 4. 6 = Roßbacher Ton III. Kaolin- und Tonwerke Salzmünde, 4101 Salzmünde. 7 = Steingutton Ockrilla OII. Kaolin- und Tonwerke Kemmlitz 8251 Mehren Nr. 11.

staub- und Ölfleckenglasuren gehören), Kupfer (Ochsenblut), Titan und Phosphor (Chün).
In Europa sind im Hochtemperaturbereich Salz- und Lehmglasuren traditionell. Dazu kommen Glasuren, in denen Feldspäte, Aschen oder Gesteine die charakteristischen Bestandteile bilden.
Feinsteinzeug im Elektroofen wird bevorzugt mit Weichporzellanglasuren und bleiborfreien Steingutglasuren für 1230–1300 °C, glasiert.

Feldspatglasuren:
Glänzende Glasur für 1180–1280 °C
36,54 Kalifeldspat 82/K11
 5,50 Dolomit
16,73 Kalkspat
12,67 Kaolin
28,57 Quarz.
Mattglasur für 1180 °C
36,58 Kalifeldspat 82/K11
12,82 Kalkspat
19,12 Zinkoxid
28,84 Kaolin
 2,63 Quarz.
Mattglasur für 1280 °C
56,23 Kalifeldspat 82/K11
20,10 Kalkspat
18,94 Kaolin
 4,73 Tonerdehydrat.

[M] **Steinzeugton.** Farbiger, zwischen 1100 und 1300 °C sinternder, plastischer, gut drehfähiger Ton. Im Mineralbestand sollen Kaolinit und Illit überwiegen. Er ist feinkörnig und eignet sich deshalb schlecht zum Gießen, weil er die Poren der Gipsform verstopft. Im Steinzeugton soll das Feinkorn unter 2 µm

Steinzeugtone

	1	2	3
SiO_2	58,10	49,70	62,65
Al_2O_3	28,36	33,60	25,40
TiO_2	1,38	1,19	1,44
Fe_2O_3	0,96	1,17	0,98
CaO	0,18	0,44	0,24
MgO	0,30	0,12	0,10
K_2O	3,62	2,76	2,70
Na_2O	0,49	0,35	0,18
GV.	6,45	10,28	6,63
Kaolinit	29	55	40
Illit	36	28	24
Quarz	31	9	29
Feldspat	–	2	5

1 = Steinmühler Keramik-Ton, Erste Bayerische Basaltstein AG, Mitterteich. 2 = Siershahner Blauton 1501, Goerg u. Schneider KG, Siershahn. 3 = Keramischer Ton 1701, Boden, Goerg u. Schneider KG, Siershahn.

Durchmesser 50–95 % betragen. Von einem Steinzeugton verlangt man, daß er mindestens 5 Kegel zwischen Sinterung (SK 7–8) und Schmelzen (SK 15–16) aufweist.

Stellmittel. Zusatz zum Glasurschlicker zur [M] Einstellung seiner Konsistenz. Es verhindert das Absetzen der nichtkolloiden Bestandteile. Die wichtigsten Stellmittel sind Kaolin oder Ton, die durch Quellung den Schlicker sämig machen. Taucht man einen Glasstab in einen gut eingestellten Schlicker, so bleibt der Schlicker an ihm haften. Als Stellmittel wirken Säuren (Essig-, Salpeter, Schwefel-,

[M] Gesichtspunkte für die Zusammenstellung von Steinzeugmassen

Rohstoff	Freidrehen	Trocknen	Brennen	Scherben
kaolinitischer Steinzeugton	kernig	Neigung zu Rissen und Deformation	mullitbildend	fest
illitischer Steinzeugton	weich	und Deformation	glas- und mullitbildend	dicht
quarzreicher Magerton	kernig	günstig	cristobalitbildend	günstig für Salzglasur
roter Ton	kernig	ungünstig	glasbildend	getönt
Feldspat	ungünstig	günstig	glasbildend	dicht
Granit, Porphyr	ungünstig	günstig	glas- und cristobalitbildend	dicht
Basalt	ungünstig	günstig	glasbildend	getönt

Salzsäure), Soda, Borax, Kalziumborat, Ammoniumkarbonat, -oxalat, -chlorid (= Salmiak), vor allem aber organische Kolloide wie Stärke, Dextrin, Methylcellulose (CMC, Tylose), Gelatine, Gummi arabicum, Quittensamen und Tierblut.

Stempeltechniken. Einzelstempel und Rollstempel für eingetiefte oder aufgesetzte plastische Verzierungen, Schwammstempel zum farbigen Verzieren.

Steppengrasasche. Eine saure Asche, die infolge ihres hohen Alkaligehaltes allein für sich schon bei 1300 °C eine Glasur ergibt. Die Eigenfarbe ist äußerst schwach gelblich bzw. im reduzierenden Feuer seladongrün. Anhaltswerte für die Zusammensetzung: 59,2 % SiO_2, 1,78 % Al_2O_3, 0,95 % Fe_2O_3, 3,99 % P_2O_5, 0,06 % TiO_2, 7,93 % CaO, 2,46 % MgO, 21,12 % K_2O, 0,69 % Na_2O. Segerformel zum Einrechnen in Glasuren: 2,30 SiO_2, 0,05 Al_2O_3, 0,02 Fe_2O_3, 0,07 P_2O_5, 0,33 CaO, 0,14 MgO, 0,51 K_2O, 0,02 Na_2O. Mol.-Gew. 230.

Sternmiere *(stellaria)*, Nelkengewächs mit weißen Blüten, Lehmzeiger. Je fetter der Lehm, desto dunkler die Blätter.

Sternmiere.

Stichschablone. Festes Papier mit Nadeleinstichen, durch die Holzkohlepulver auf ungebrannte Fayenceglasuren gepudert wird, um die Konturen einer zu übertragenden Zeichnung anzugeben.

Stickstoff, N, meist 3- oder 5wertiges Element mit dem Atomgewicht 14,0067. Geruchloses, unbrennbares Gas, das als Schutzgas in Elektroöfen Oxidation verhindert, ohne die Heizdrähte zu beeinträchtigen. Nitrate des Kobalts, Silbers, Kupfers, Wismuts, in dünner Lage auf leichtschmelzbare Farbglasuren, die bis 1000 °C glattfließen, aufgespritzt, ergeben farbige Schildpatteffekte, wenn man bei 800 °C reduziert.

Stilts (engl.) Metallspitzen (Brennhilfsmittel).

Stößel siehe unter Donsel.

Stoober Ton. Burgenländischer Ton (Österreich) der Zusammensetzung 58,68 % SiO_2, 23,61 % Al_2O_3, 0,62 % TiO_2, 3,75 % Fe_2O_3, 0,42 % CaO, 1,93 % MgO, 3,93 % K_2O, 1,45 % Na_2O, 5,49 % GV. Rationelle Analyse: 31,5 % Tonsubstanz, 19,6 % Quarz, 26,2 % Feldspat, 16,6 % Glimmer, 6,1 % sonstige Minerale. Dieser frühsinternde, rötlich brennende Ton muß beim Brennen 30 min auf 950 °C gehalten werden, damit er keine Blasen schlägt.

Stovetile (engl.) Ofenkachel.

Strangpresse. Masseaufbereitungsmaschine, in der die Masse von einer Förderschnecke wie in einem Fleischwolf transportiert und durch ein Mundstück gepreßt wird, aus dem der Massestrang austritt. Im Gegensatz zum Tonschneider besitzt die Strangpresse eine ununterbrochene Schneckenwelle. Die Strangpressen werden über gegeneinanderlaufende Speisewalzen oder mit Hilfe einer Druckplatte beschickt.

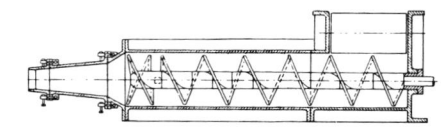

Streuglocke (Dusting bell). Trockenauftragsverfahren von Glasuren auf Fliesen.

Streumittel. Auf die Unterlage gestreute Körner, die im Brand das Festbacken des sinternden Keramikscherbens verhindern. Am besten eignet sich Sand von gleichmäßiger Körnung zwischen 0,2 und 0,3 mm. Die kugeligen Körner behindern nicht die Brennschwindung und lassen sich nach dem Brand leicht abreiben, weil sie nur punktförmig ankleben.

Strohaschen. Die verschiedenen Stroharten

besitzen unterschiedliche Zusammensetzungen, immer sind es jedoch saure Aschen, für die im Mittel folgende Anhaltswerte gelten können: 59,81 % SiO_2, 1,9 % Al_2O_3, 1,15 % Fe_2O_3, 0,22 % TiO_2, 10,615 % CaO, 4,575 % MgO, 3,31 % Na_2O, 8,715 % K_2O, 9,41 % P_2O_5. Segerformel zum Einrechnen in Glasuren: 2,27 SiO_2, 0,05 Al_2O_3, 0,02 Fe_2O_3, 0,16 P_2O_5, 0,43 CaO, 0,25 MgO, 0,11 Na_2O, 0,20 K_2O. Mol.-Gew. 227.

Strontia (engl.) Bezeichnung für SrO.

Strontianit, $SrCO_3$, Strontiumkarbonat, Mol.-Gew. 147,64. Vorkommen häufig in Verbindung mit Schwerspat, z. B. in Erzgängen bei Clausthal, Bad Grund und St. Andreasberg im Harz, in Leogang in Salzburg, vor allem aber in Westfalen in dem von den Orten Münster, Lüdinghausen, Werne, Herzfeld und Warndorf begrenzten Gebiet.

Strontium, Sr, 2wertiges Erdalkalimetall, Atomgewicht 87,62, kommt in den Mineralen Coelestin ($SrSO_4$, Mol.-Gew. 183,69) und Strontianit ($SrCO_3$, Mol.-Gew. 147,64) vor. Das Isotop Strontium 90 entsteht bei der Kernspaltung des Urans als radioaktiver Abfall mit einer Halbwertszeit von 28 Jahren. Die natürlichen Strontiumrohstoffe sind nicht radioaktiv.

Strontiumkarbonat, $SrCO_3$. Das im Keramikbedarfshandel angebotene »Strontiumkarbonat N« hat 90–94 % $SrCO_3$, bis zu 5 % $BaCO_3$, 2 % $CaCO_3$, 0,15 % Na_2CO_3, 0,02 Fe_2O_3, 0,05 % Al_2O_3, 0,01 % Cu, 0,01 % Ni, 1,5 % SO_4, Mol.-Gew. 157,19 (entsprechend 0,92 SrO, 0,04 BaO, 0,04 CaO). Ärmer an Strontium ist Coelestin.

Strontiumoxid in Glasuren. Das Strontiumion Sr^{2+} hat die Koordinationszahlen 6 und 8. Geringe Strontiumgehalte (bis 10 % $SrCO_3$) wirken als Flußmittel, das sogar Blei ersetzen kann, höhere Gehalte (über 10 %) geben Effekte und Mattglasuren durch Übersättigung. Strontium beeinflußt den Viskositätsbereich günstiger als Kalzium, indem es ihn erweitert. Es hilft, Nadelstiche, Eierschaligkeit und Borschleier zu bekämpfen. Eisenfärbungen tendieren in Gegenwart von Strontium zu Gelb, Manganfärbungen zu Violett, Kupferfärbungen zu Türkis, Kobaltfärbungen zu Graublau, Nickelfärbungen zu Blau und Violett.

Glasuren, in denen Strontium das Blei ersetzt:

für 960 °C
30,75 Fritte D 90158
17,31 Fritte M 1233
 4,93 kaust. Magnesit
23,51 Strontiumkarbonat
19,59 Kaolin
 3,90 Quarz;

für 1050 °C
10,4   Strontiumkarbonat
39,5   Kalifeldspat 82/K11
20,0   Fritte D 90158
18,8   Fritte D 90208
11,3   Kalziumborat;

für 1280 °C
23,99 Kalifeldspat 82/K11
10,34 Strontiumkarbonat
20,37 Bariumsulfat
 2,17 Kalkspat
12,18 Kaolin
30,96 Quarz.

Diese Glasur kann von 1120 bis 1300 °C verwendet werden.

Strontiumoxid in Massen. Zusammen mit Titan wird es in ferroelektrischen Sondermassen eingesetzt.

Struktur. Naturwissenschaftliche Bedeutung siehe unter Gefüge.

In der Kunst: innerer Aufbau, Gesamtgefüge aufeinander bezogener Elemente. Mannigfaltigkeit in der einheitlichen Ganzheit.

Strukturalismus. Von der elektronischen Datenverarbeitung beeinflußte Denkrichtung, die entgegen der traditionellen Ableitung von der Natur die Auffassung vertritt, daß die dingliche Welt sich nach bestimmten Regeln aus einzelnen Form-Elementen zusammensetzt. Durch die Erforschung dieser Regeln und Elemente soll die Kunst ein soziales Anliegen erfüllen: Sie soll nicht mehr die Botschaft eines Individuums an ein anderes Individuum sein, sondern sich an die Gesellschaft insgesamt richten.

Studiokeramik. In England entstandene Bezeichnung (studio pottery) für die kunstorientierte, kunsthandwerkliche Keramik.

Stuckfayencen. Aus der Barbotinetechnik entwickelte islamische Fayencen mit plastischem Buckeldekor. Gehört zur iranischen Minai-Ware des 12. Jh.

Stuckkeramik. Keramik des zentralmexikanischen Hochlandes (Teotihuacán) mit Kalkbewurf, auf den Kaltmalerei mit Mineral- oder Pflanzenfarben aufgebracht wurde. Um 500 n. Chr.

Ⓜ **Sturzkühlung.** Forcierte Abkühlung des Ofens zwischen Höchsttemperatur und 1000 °C durch Öffnen aller Luftzutrittsöffnungen beim Steinzeugbrand in der Absicht, die Bildung von Christobalit aus dem Quarz im Scherben zu unterbinden (siehe unter Schnellbrand).

Sulfate. Salze der Schwefelsäure. In Gesteinen und Aschen sind meistens, in Tonen seltener, Sulfate enthalten, z. B. in Form von Eisen-, Aluminium-, Kalzium-, Magnesiumsulfat; in Glasuren wird zunehmend das ungiftige Bariumsulfat an Stelle des Bariumkarbonats verwendet. Die Sulfate zersetzen sich bei ansteigender Temperatur unter Bildung des gasförmigen SO_3. Anwesenheit von Reduktionsmitteln (z. B. Graphit oder Holzkohle in bariumsulfathaltigen Glasuren) oder reduzierende Atmosphäre beschleunigt den Sulfatzerfall. Er verläuft in den meisten Fällen zwischen 550 und 1000 °C; danach sind nur noch wenige Sulfate übrig; am hartnäckigsten sind Kalziumsulfat (Gips) und Bariumsulfat. Zu ihrer Zersetzung trägt Reduktion bei, während Pyrit (FeS_2) zu seiner Zersetzung viel Sauerstoff benötigt. Er bekommt ihn aber nicht, solange noch Kohlenstoff im Scherben vorhanden ist, denn dieser hat eine größere Affinität zu Sauerstoff. Da inzwischen die Temperatur ansteigt, bildet sich leicht Ferrosulfat, das sich mit Kieselsäure zu einem schwarzen Glas (»schwarzen Kern«) verbindet. (Siehe auch unter Schwefel.)

Sulfatausblühungen. Absetzen von wasserlöslichen Schwefelverbindungen aus Scherben oder Glasur, die durch den Verdunstungsstrom an die Oberfläche befördert werden, wo sie einen weißen Belag bilden. Bei Baukeramik ist meist Magnesiumsulfat die Ursache.

Sulfitablauge. Bei der Gewinnung von Zellstoff anfallende Lauge. In der Keramik als Plastifizierungsmittel in Massen und Glasuren verwendbar.

Ⓖ **Sumpfen.** Lagern von Ton in einer Atmosphäre mit 100 % Luftfeuchtigkeit in einem geschlossenen Raum ohne Temperaturschwankungen, denn durch die würde sich Kondenswasser bilden. Das Sumpfen führt zur gleichmäßigen Durchfeuchtung und Homogenisierung des Tones und findet vor der Aufbereitung der Masse statt.

Superpax. Handelsname für feinstgemalenes Zirkonsilikat.

Super strength. Englischer Ton, dem die folgende Mischung entspricht: 11 Niederahrer Ton 178/RI, 7 Kalifeldspat 82/K11, 2 TiO_3, 66 Kaolin 233, 14 Quarz.

Surrealismus. Kunstrichtung, die das Überwirkliche, Tiefenpsychologische, Irrationale, Phantastische darstellt. Das geschieht entweder mit naturalistischen oder mit abstrakten Mitteln.

Syenit. Tiefengestein mit den Hauptgemengteilen Natronfeldspat, Plagioklas, Quarz, Hornblende. Vorkommen im Schwarzwald (Glimmersyenit = Durbachit), Fichtelgebirge (Syenitgranit = Redwitzit), Oberpfälzer Wald, Meißener Granitsyenitmassiv (Amphibol- oder Hornblendesyenit, Biotithornblendesyenit, Biotitsyenit, Pyroxensyenit = Groebait). Zusammensetzung des Syenits aus dem Plauenschen Grund bei Dresden: 58,7 % SiO_2, 0,95 % TiO_2, 17,09 % Al_2O_3, 3,17 % Fe_2O_3, 2,29 % FeO, 2,41 % MgO, 4,71 % CaO, 4,38 % Na_2O, 4,35 % K_2O, 1,12 % H_2O, 0,23 % P_2O_5. Segerformel zum Einrechnen in Glasuren: 0,10 FeO, 0,21 MgO, 0,28 CaO, 0,24 Na_2O, 0,17 K_2O, 0,59 Al_2O_3, 0,07 Fe_2O_3, 3,38 SiO_2, 0,03 TiO_2. Mol.-Gew. 342.

Symposium. Tagung, auf der in Vorträgen und Diskussionen bestimmte Fragen erörtert werden. Keramische Symposien sind Veranstaltungen, auf denen die Teilnehmer durch tätige Mitarbeit an gemeinsamen künstlerischen oder praktischen Problemen ihre Fähigkeiten vergleichen und erweitern wollen (siehe dagegen Workshop).

System. Zusammenwirken von mehreren Stoffen oder Phasen. Die thermodynamischen Gleichgewichte der Phasen in Ein- und Mehrstoffsystemen werden durch die Gibbssche Phasenregel bestimmt. Die Systeme werde nach ihren Bestandteilen benannt. Die wichtigsten sind das Tonerde-Kieselsäure-System, die Systeme aus Alkalien bzw. Erdalkalien und Kieselsäure sowie das System aus Kaliumoxid, Tonerde und Kieselsäure (siehe unter Dreistoffsystem).

Talkum, Talk, Steatit, Speckstein. Die Zusammensetzung schwankt zwischen 3Mgo · 4 SiO$_2$ · H$_2$O. Mol.-Gew. 379,22 und 4 MgO · 5 SiO$_2$ Mol.-Gew. 479,6. Sinterintervall 1270 bis 1350 °C, Schmelzpunkt 1490 °C, lineare Wärmedehnung 4,5 · 10^{-7}/°C. Vorkommen: Göpfersgrün im Fichtelgebirge, Zöblitz in Sachsen, Zillertal in Tirol, Rabenwald in der Steiermark. Das handelsübliche Talkum 22/H hat die Zusammensetzung 59,9 % SiO$_2$, 31 % MgO, 2 % Al$_2$O$_3$, 1,2 % FeO, 0,3 % CaO und 5,6 % Glühverlust. Segerformel zum Einrechnen in Glasuren: 0,972 MgO, 0,021 FeO, 0,007 CaO, 0,025 Al$_2$O$_3$, 1,261 SiO$_2$, Mol.-Gew. 126,4.

G **Talkum in Glasuren.** Als Magnesiumrohstoff, in dem über die Hälfte Kieselsäure enthalten ist, zeigt Talkum die charakteristischen Wirkungen des Magnesiumoxids, nur in gemilderter Form. 10 bis 20 % Talkum im Glasurversatz wirken mattierend, selbst in Gegenwart von Borsäure, z. B. bei der folgenden elfenbeinfarbigen Mattglasur für 1150 °C:
17,5 Degussa-Fritte 90167
15,3 Kaolin
26,3 Quarzmehl
21,9 Talkum
5,5 Kalkspat
3,5 Dolomit
3,6 Bariumkarbonat
6,1 Zinnoxid
Zirkongetrübte, weiße Steinzeugglasuren werden mit Talk matt, z. B. bei 1280 °C:
31,4 Kalifeldspat
19,3 Quarzmehl
13,8 Kalkspat
7,3 Kaolin
5,9 Talk
3,5 Zinkoxid
18,8 Ultrox

M **Talkum in Massen.** In der nichtindustriellen Keramik kann mit Hilfe von Talkum oder anderen magnesiumhaltigen Materialien kochfestes Geschirr hergestellt werden. Talkum besitzt geringe Bindefähigkeit und hohe Gleitfähigkeit plättchenförmiger Teilchen, die in der Masse Texturen bilden, während Speckstein aus regellos geformten Teilchen besteht und diesen Nachteil nicht besitzt. Der Göpfersgrüner Speckstein ist deshalb ein günstigerer Masserohstoff als Talkum. Talkum oder Speckstein besitzen nur 4,8 % Glühverlust und sind deshalb günstig für den Schnellbrand. Man nimmt aber nur 2–6 % davon in die Masse. Dort bildet es mit Feldspat im Verhältnis 85:15 ein Eutektikum, das zur schnellen Sinterung führt. Oberhalb 800 °C gibt das Talkum sein Kristallwasser ab, und oberhalb 1000 °C bilden sich Protoenstatit (MgO · SiO$_2$ mit sehr hoher Wärmedehnung) und freie Kieselsäure unter weiterer Wasserabgabe. Aus Magnesiumsilikat und Tonerde bildet sich im Brand Cordierit, der eine sehr niedrige Wärmeausdehnung hat, wodurch die Temperaturwechselfestigkeit der Masse verbessert wird und man sie zu Kochgeschirr verarbeiten kann. Das gilt auch für die Verwendung anderer magnesiumhaltiger Rohstoffe als Zusätze zum Ton.

Tamba-Ofen. Gespaltener-Bambus-Ofen in der japanischen Provinz Tamba (Haupttöpferort: Tachikui).

Tan (engl.) rotbraun.

Tannenasche. Eine basische Asche mit geringen Mengen an schädlichen Verbindungen, die daher nicht geschlämmt zu werden braucht. Sie besitzt jedoch viel Eisen und Mangan, so daß sie jede Farbwirkung anderer Oxide beeinflußt. Anhaltswerte für die Zusammensetzung: 19,01 % SiO$_2$, 2,19 % Al$_2$O$_3$, 2,46 % Fe$_2$O$_3$, 8,65 % MnO, 30,83 % CaO, 8,65 % MgO, 10,99 % K$_2$O, 6,53 % Na$_2$O, 8,99 % P$_2$O$_5$, 1,33 % SO$_3$, 0,56 % Cl. Segerformel zum Einrechnen in Glasuren: 0,29 SiO$_2$, 0,02 Al$_2$O$_3$, 0,02 Fe$_2$O$_3$, 0,11 MnO, 0,50 CaO, 0,19 MgO, 0,11 K$_2$O, 0,10 Na$_2$O, 0,05 P$_2$O$_5$. Mol.-Gew. 92.

Taster. Werkzeug zum Übertragen der Gefäßmaße auf der Töpferscheibe. G

Technologie. Verfahrenskunde. Die keramische Technologie umfaßt mechanische (Zerkleinern), chemische (Verflüssigen) und thermische Verfahren (Trocknen und Brennen). Sie ist auf die Ingenieurwissenschaften

eingeschränkt und berücksichtigt – im Gegensatz zu ihrer ursprünglichen Bedeutung – weder die gesellschaftlichen Zusammenhänge noch die Kunst.

Teco ware (engl.) mattglasierte Keramik mit Kristallausscheidungen.

Teekannen, Gestaltungsgrundsätze:

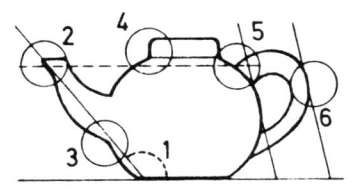

1. Neigungswinkel der Tülle. Je steiler er ist, desto mehr muß man die Kanne neigen, um Tee auszuschenken.
2. Höhe und Gestaltung der Tülle. Sie muß etwas höher sein als der Flüssigkeitsspiegel in der Kanne, damit man nicht beim Anheben Tee verschüttet.
Das Tropfen läßt sich vermeiden, wenn man durch eine entsprechend scharf ausgeprägte Wasserscheide erreicht, daß der Flüssigkeitsstrom beim Zurücknehmen der Kanne abreißt (siehe auch unter Teekanneneffekt).
3. Höhe des Tüllenansatzes. Je höher die Tülle angesetzt wird, desto mehr muß man die Kanne neigen.
4. Deckelauflage. Ein Deckel, der in die Kanne ragt, ist sicherer als einer, der nur aufgelegt ist. Damit der hineinragende Zylinder nicht als Taucherglocke wirkt und die Flüssigkeit verdrängt, muß der Deckel ein Luftloch enthalten. Eine Nase zum Festhalten des Deckels ist dann nicht nötig.
5. Ansatz des Henkels. Je höher der Henkel angesetzt ist, desto leichter ist die Kanne zu heben, aber desto schwerer zu gießen. Bei großen Kannen ist ein Querhenkel sehr zu empfehlen.
6. Neigung des Henkels. Die Tangente an der Anfaßstelle soll parallel zum Kannenkörper verlaufen. Die Tangente soll 60 Grad zur Grundfläche geneigt sein.

Teekanneneffekt. Herunterlaufen der Flüssigkeit an der Wandung beim Ausgießen aus einer Tülle. Abhilfe: geringfügiges Ausziehen der Tüllenkante mit dem Zeigefinger beim Formen, wodurch die Fließrinne vertieft und an der Unterseite gestaut wird, wobei sich auch eine scharfe Unterlippe bilden kann.

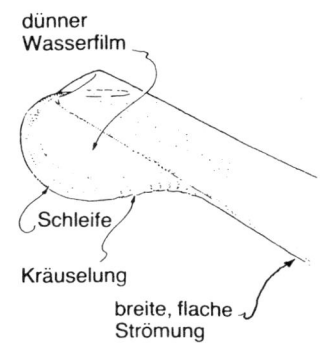

Günstig ist eine Verjüngung der Tülle, wodurch die Strömung beschleunigt wird.

Teekeramik. Keramik für Teezeremonie des Zen-Buddhismus: Teeschale, Teedose, Räucherwerkbehälter, Weihrauchbrenner, Wasserbehälter, Urne für den Teevorrat, Blumenvase.

Teestaubglasur. Von der Temmokuglasur abgeleiteter Typ, bei dem kleine, metallisch ausgeschiedene Eisen(III)partikel die Glasur sprenkeln. Reduktionsbrand bei 1280 °C:
  6,1 Kaolin
12,2 Kalkspat
44,3 Quarzmehl
24,4 Feldspat
13,0 Rotes Eisenoxid.

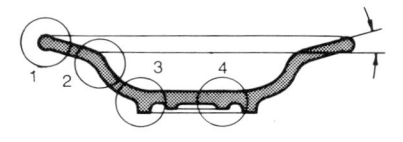

Teller. Flachgefäß mit geringer Gestaltfestigkeit. Deshalb neigen Teller zum Verziehen (Flattern). Dieser Gefahr muß durch homogenes Aufbereiten der Masse und durch entsprechende Gestaltung begegnet werden. 1. Die Tellerfahne bildet den Spannring im Umkreis. Sie soll durch eine Randverdickung gefestigt werden. 2. Der Winkel, in dem die Tellerfahne aufsteigt, soll 15 Grad betragen. Bei Steingut gestaltet man die Fahne gerade, bei erweichenden Massen rechnet man mit einem Absinken des äußeren Randes und bildet die Fahne deshalb geringfügig konkav aus. 3. Der Standring soll möglichst weit sein, um die Wandung des Tellerkessels zu unterstützen. 4. Vor dem Durchhängen des Tellerspiegels schützt bei Untertassen eine Stufe zum Spiegel, bei flachen und tiefen Tellern ein Ring innerhalb des Fußrings. Bei erweichenden Massen formt man den Spiegel geringfügig konvex.

Teller mit aufsteigendem Rand (Coupeteller) sind einfacher herzustellen, werden aber bei erweichenden Massen leichter unrund, weil die Fahne als Spannring fehlt. Bei ihnen ist, wie bei Schüsseln, der Rand zu verdikken.

M **Tellerkapseln.** Brennhilfsmittel zum raumsparenden Unterbringen von Tellern im Ofen. Eckige Kapseln nehmen die Teller senkrecht auf. In offenen Kassetten liegen die Teller auf drei Auflagepunkten horizontal auf (die Stützen können Fingerhüte sein).

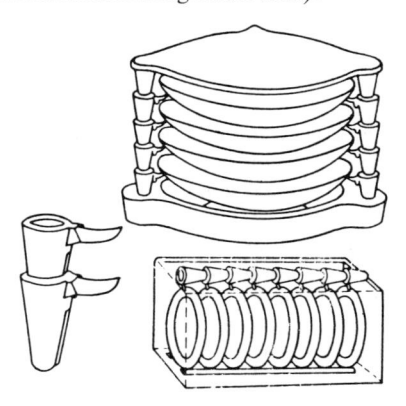

Flache, runde Tellerkapseln, die nur je einen Teller aufnehmen, werden übereinander gestapelt.

Wegen der Raumersparnis nennt man solche Kapseln auch »Sparkapseln«. Das Ineinandersetzen von Flachgeschirr war schon im alten China üblich. Die Ware wurde in Stufenkapseln übereinander auf den Rand gestellt.

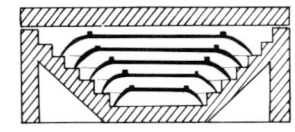

Temmokuglasur. In dünner Lage braune, in dicker schwarze Glasur, die bei 1280 °C durch einen geeigneten Lehm (Albany slip) oder durch eine Rohstoffmischung erzielt werden kann:
11,2 Kalkspat
40,8 Quarzmehl
22,4 Kalifeldspat
 5,6 Kaolin
12,0 Eisenoxid
 8,0 gewaschene Herbstlaubasche.
Aus der Temmokuglasur leitet sich die Ölflecken-, die Teestaub- und die Hasenfellglasur ab.

Temperatur. Maß für die mittlere Bewegungsenergie der Moleküle. Je höher die Temperatur, desto größer die Bewegungsenergie. Am absoluten Nullpunkt haben die Moleküle keine Bewegungsenergie mehr. Temperatur ist nicht identisch mit dem Wärmeinhalt.

Temperaturdifferenz im Ofen. Sie wird verursacht durch die Entfernung von den Heizelementen bzw. von der Flamme und ihrer Turbulenz, von der Geschwindigkeit des Temperaturanstiegs, von der Dichte und Anordnung des Ofenbesatzes und von der Dauer des Temperaturausgleichs durch Halteperioden. Die von den Massen tolerierten Temperaturdifferenzen entsprechen deren Temperaturwechselbeständigkeit. Bei den Glasuren vertragen die hochviskosen Alkali-Aluminium-Silikate (Feldspatglasuren) größere Differenzen als die flußmittelreichen und tonerdearmen, niedrigschmelzenden Glasuren geringerer Viskosität. In Elektroöfen können die Temperaturdifferenzen auf ein Minimum herabgedrückt werden, wenn man einzelne Ofenraumpartien getrennt regelt (Zonenregelung). Über die Verminderung der Temperaturdifferenzen im Gasofen siehe unter Brennen mit Gas.

Temperaturleitfähigkeit. Materialkonstante, die die Geschwindigkeit des Temperaturausgleichs in einem Körper kennzeichnet. Sie beträgt bei porösen Massen 0,0024–0,0038, bei Schamotte 0,003–0,01, bei Porzellan 0,008–0,01 cm/s. Durch Multiplikation mit der Dichte und spezifischen Wärme erhält man die Wärmeleitfähigkeit.

Temperaturmessung in der Keramik: mit G Thermoelement, Pyrometer, Segerkegeln, Ortonkegeln, Kugelstäben, Bullers Ringen.

Temperaturregelung. Bei Elektroöfen ist die M einfachste Regelung die mechanische, bei der durch Erweichen eines horizontal aufgelegten Brennkegels bei der gewählten Temperatur eine Schaltvorrichtung betätigt und die Stromzufuhr ausgeschaltet wird. (Kilnsitter).

Die elektronische Regelung kann entweder analog (mit kontinuierlichen Größen im richtigen = analogen Verhältnis) oder digital erfolgen. Beim analogen Verfahren werden die Meßwerte durch Zeigerausschlag an einer Skala angezeigt, beim digitalen durch Ziffern. Bei der elektronischen Steuerung werden Impulse gezählt, Spannungen verglichen oder über eine gewisse Zeit integriert und dann verglichen, wenn z. B. die Temperatur um einen bestimmten Wert in der Zeiteinheit ansteigen soll. Durch Vergleich der Istwerte mit den Sollwerten erfolgt die Regelung. Bei der Programmsteuerung wird eine vorgegebene Kette von Programmschritten ausgelöst: gedrosseltes Anheizen, Erhitzen mit voller Leistung und Halten der Brenntemperatur (Pendeln) über eine vorgegebene Zeit, in manchen Fällen auch Wiedererhitzen bei einer bestimmten Abkühlungstemperatur, um Kristallisation zu erzielen.

Temperaturschock, Thermoschock. Schroffe Temperaturveränderung, der die Keramik durch Abschrecken oder schnelles Erhitzen ausgesetzt wird. Der Widerstand gegen diese Beanspruchung entspricht der Temperaturwechselbständigkeit (TWB). Schamotte hat eine niedrigere TWB als dichtes Porzellan. Weichporzellan allerdings besitzt infolge seines hohen Flußmittelgehalts eine starke Wärmeausdehnung und eine geringe TWB. Einen mit Schamottesteinen ausgekleideten Ofen sollte man unter 1100° C keiner Temperaturdifferenz über 300 Grad aussetzen.

M **Temperaturwechselbeständigkeit,** TWB, Widerstandsfähigkeit gegen schroffe Temperaturwechsel. Sie ist abhängig von der thermischen Ausdehnung. Je niedriger der Ausdehnungskoeffizient, desto höher die TWB. Zu ihrer Beschreibung gehören noch Wärmeübergangszahl und Wärmeleitfähigkeit, d. h. wie schnell sich ein Körper im ganzen (Kern und Oberfläche) erhitzt.

Tempern. Ausgleich von Restspannungen durch langsames Abkühlen, u. a. zur Vermeidung von Kühlrissen. »Auftempern« = langsames Anfahren von neuen Öfen.

Tennessee ball clay. US-Ton, entsprechend dem englischen Harrison Mayer Blue ball clay. Ersatzmischung: 25,05 weißfetter Ton 178/wfE, 9,67 Kalifeldspat 82/K11, 1,41 TiO_2, 0,85 Fe_2O_3, 59,75 Kaolin 233, 3,16 Quarz.

Tephrit. Nephelinführender Basalt.

Terra di Siena. Ocker aus Eisenoxidhydrat, ursprünglich vom Monte Amiata bei Toskana, kommt jedoch auch im Harz vor. Zusammensetzung, auf 1 Mol Fe_2O_3 berechnet: 1 Fe_2O_3, 0,4 Al_2O_3, 1,18 SiO_2, 1,98 H_2O, Mol.-Gew. 307,43. Die gebrannte Siena hat die molare Zusammensetzung 1 Fe_2O_3, 0,05 CaO, 0,06 Al_2O_3, 0,7 SiO_2, 0,61 H_2O, Mol.-Gew. 221,3.

Terra fusca, rotbraune Erde, Kalksteinbraunlehm. Ockerfarbener bis braunroter, tonmineralreicher, mergeliger Lehm im Mittelmeergebiet.

Terrakotta, gebrannte Erde. Meist auf Plastiken oder Reliefs aus rotem oder gelbem schamottegemagerten Ton bezogene Bezeichnung. 15–35 % Schamotte, dicht und härter als Irdenware, als Bauterrakotta bei 1100–1300 °C gebrannt.

Terra rossa, rote Erde. Eisenoxid- und tonmineralreicher, kalkfreier Boden auf Kalkgestein in den Mittelmeergebieten. Dient auf Kreta zur Gefäßbemalung.

Terra sigillata, gesiegelte Erde (mit Herstellersiegel versehen). In Formschüsseln gedrehte römische Irdenware aus rotem Ton mit illitischem Feintonbeguß (10–30 µm dicker Glanztonüberzug). Typisch sind die aus der Formschüssel abgeformten plastischen Verzierungen.

Textur, siehe unter Gefüge u. Trockenfestigkeit.

Thenard's Blau, $CoO \cdot Al_2O_3$, als hellblauer Farbkörper handelsüblich.

Theralith. Dunkles Tiefengestein mit den Gemengteilen Plagioklas, Nephelin, Biotit, Hornblende, Pyroxen, entsprechend dem Ergußstein Nephelintephrit.

Thermodynamik. Grundlagenwissenschaft zum Erkennen der Wechselwirkung zwischen Wärme und anderen Energieformen, wie sie bei der Entstehung von Keramik im Brennprozeß auftreten. Die Thermodynamik erlaubt Berechnungen unter der Voraussetzung, daß Gleichgewichtszustände vorliegen. Gleichgewicht bedeutet, daß sich die

Konzentration der beteiligten Phasen bei gegebenem Druck und Temperatur nicht ändern. In der Keramik kommen viele Phasen gleichzeitig vor. Demzufolge spricht man von heterogenen Gleichgewichten.

M **Thermoelement.** Temperaturmeßgerät. Es beruht auf der Erscheinung, daß an der Verbindungsstelle (Heißlötstelle) zweier Drähte aus verschiedenen Metallen eine von der Temperatur abhängige elektrische Spannung auftritt.

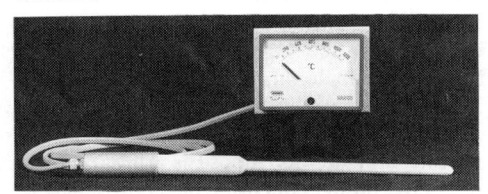

Thermoelement im Pyrometerschutzrohr mit Abgleichsleitung und analogem Anzeigegerät. Die Anzeige kann auch digital erfolgen.

Aus der in Millivolt (mV) gemessenen Spannung kann die Temperatur bestimmt werden, z. B. bei PtRh-Pt-Termoelementen:

9,6 mV = 1000 °C	11,9 mV = 1200 °C
10,0 mV = 1035 °C	12,4 mV = 1240 °C
10,7 mV = 1100 °C	12,9 mV = 1280 °C
11,0 mV = 1120 °C	13,2 mV = 1300 °C

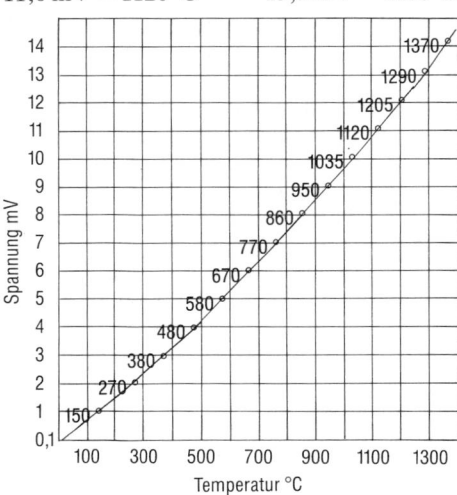

Vom Millivoltmeter läßt sich an Hand dieser Kurve die Temperatur ablesen.

Die Thermoelementendrähte sind isoliert und stecken in einem Schutzrohr. Ihr anderes Ende mündet in der Kaltlötstelle. Die thermoelektrische Spannung hängt von der Temperaturdifferenz zwischen Heiß- und Kaltlötstelle ab. Damit die Temperatur der Kaltlötstelle von der Ofenhitze unbeeinflußt bleibt, wird sie über eine Ausgleichsleitung entfernt angebracht. Diese besteht aus zwei Metallen, die die gleichen thermoelektrischen Eigenschaften besitzen wie die Thermoelementendrähte. Von der Kaltlötstelle führen Kupferleitungen zum Anzeigegerät.

In der Keramik werden Thermoelemente aus folgendem Material verwendet:
1. Nickelchrom-Nickel (NiCr-Ni) bis maximal 1200 °C,
2. Platinrhodium-Platin (PtRh-Pt) bis 1600 °C einsetzbar.

Thermolumineszenzanalyse. Verfahren zur Altersbestimmung von poröser Keramik. Es beruht darauf, daß der Scherben beim Lagern im Boden Bodenstrahlung aufgenommen hat, die er beim Erhitzen auf 500 °C als Lichteffekt abgibt. Die Messung der Lichtmenge läßt auf das Alter schließen. Das Licht, das die Probe (b) beim Erhitzen auf 500 °C (a) abgibt, wird photometrisch gemessen (c), elektronisch verarbeitet (d) und graphisch dargestellt (e).

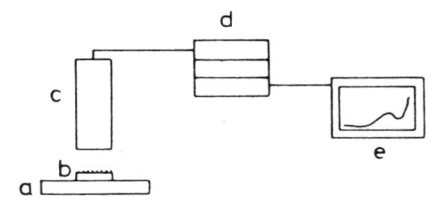

Thermoskop. Temperaturkennkörper: Seger- und Ortonkegel, Bullers Ringe (siehe diese).

Thixotropie. Überführung eines Gels in ein Sol nicht durch Peptisation (Hinzufügung von Lösungsmittel), sondern durch Schütteln. Glasurschlicker sollen thixotrop sein, weil sie dann schneller trocknen. Bei Gießschlickern hingegen ist Thixotropie zu vermeiden, weil sie sonst nur schlecht Scherben ansetzen. Bei Wiederverwertung von Gießschlickerabfällen kann sich die Thixotropie infolge der Erhöhung des Anteils am Verflüssiger steigern. Der Gießschlicker-Thixotropie kann durch Natriumhexametaphosphat entgegengewirkt werden.

Thorium, Th, 4wertiges, radioaktives Element mit einer Halbwertzeit von 13,9 Milliarden

Jahren, Atomgewicht 232,038. Das Thoriumdioxid (ThO_2) hat hohe Feuerfestigkeit und ist so reaktionsträg, daß es in Sonderfällen als Streu- und Isoliermittel verwendet wird, wenn ein spezieller keramischer Werkstoff mit allen anderen Unterlagen im Brand reagiert.

Thorpe-Formel für die Wasserunlöslichkeit von Fritten. Sie müssen folgende Bedingungen erfüllen:

$$\frac{RO_2 + Al_2O_3}{RO_2 + B_2O_3} = 0,5.$$

Thüringische Tone. In der Gegend um die Töpferstadt Bürgel in Walpernhain kommt der für das Töpferhandwerk ideale Eisenberger Ton vor. Er enthält etwa zu gleichen Teilen (je 35–40 %) kaolinitische und illitische Tonminerale, keinen Montmorillonit, 10–20 % (Rot) bzw. 22–24 % (Grau) Quarz, 1–2 bzw. 2–3 % Feldspat und 5–6 % (Rot) bzw. in Spuren Eisenminerale. Die beiden Varietäten unterscheiden sich chemisch nur im Eisen- und Kaliumoxidgehalt:

Eisenberger Ton	Rot	Grau
SiO_2	59,58	60,02
Al_2O_3	21,66	22,20
Fe_2O_3	5,09	3,39
TiO_2	0,84	0,74
CaO	0,78	0,70
MgO	1,50	1,25
Na_2O	0,18	0,25
K_2O	2,82	3,06
F	0,054	0,067
GV	6,25	6,85
bei 950 °C:		
lineare Gesamt- schwindung %	8,0	8,8
Wasseraufnahme %	12,0	12,0
lineare Gesamt- schwindung %	12,9	13,9
Wasseraufnahme %	0,5	0,4
Brennfarbe		
bei 1050 °C:	MOB	HOB
bei 1100 °C	DOB	MRK
bei 1150 °C	DOB	MBG

(MOB = Mittelorangebraun, HOB = Hellorangebraun, DOB = Dunkelorangebraun, HRK = Hellrotocker, MRK = Mittelrotocker, MBG = Mittelbraungrau). Lieferant: Sicor-Werk Triptis, O-6520 Eisenberg.

Eisenberger Ton brennt schon bei 1050 °C dicht, darüber erfolgt keine weitere Verdichtung des Scherbens und bis 1150 °C auch kein Blähen.
Sonst gibt es in Thüringen noch kleinere Vorkommen an rotbrennenden Tonen sowie einen Dolomit in Caaschwitz und orthosilikatreiche Buntsandsteinsedimente in Altendorf bei Kahla.

Tialit. Mineral Al_2TiO_5, das in tonerde- und titanreichen keramischen Scherben, nicht aber in der Natur auftritt.

Tiefengestein, siehe unter Intrusivgestein.

Tillit. Geschiebelehm, ähnlich der Grauwakke, von sehr unterschiedlicher Zusammensetzung. Die Ausrichtung seiner Gesteinspartikel läßt auf fließendes Eis in alten geologischen Zeiten schließen. Es dient deshalb als Nachweis für Polverschiebungen. Vorkommen z. B. in Südaustralien aus dem Kambrium, in Südafrika und Brasilien aus dem Karbon.

Tinkal, natürlicher Borax, $Na_2O \cdot 2 B_2O_3 + 10 H_2O$, Mol.-Gew. 381,43, kommt in Tibet, Indien, Iran, USA vor.

Tinkalkonit. $Na_2O \cdot 2 B_2O_3 \cdot 5 H_2O$.

Titan, Ti, bevorzugt 4wertiges, aber auch 2- und 3wertiges Metall, Atomgewicht 47,90, Schmelzpunkt 1668 °C. Erzminerale sind Ilmenit ($FeTiO_3$), Titanomagnetit ($TiFe_2O_4$) und Rutil (TiO_2). Weitere TiO_2-Modifikationen sind Brokit und Anatas.

Titandioxid in Glasuren. Das Ti^{4+}-Ion hat die Koordinationszahl 6. In Glasuren wird es hauptsächlich als Effektbildner eingesetzt, denn zwischen SiO_2 und TiO_2 treten nichtmischbare Phasen auf. Infolge seiner starken Kristallisationsneigung verursacht das Titandioxid Kristallisation oder Trübung schon bei normal verlaufender Abkühlung im Elektroofen.

Titangetrübte Glasur für 1200 °C:
41,14 Fritte D 90208
 6,84 Kalkspat
10,80 Zinkoxid
 3,47 Titandioxid
 8,26 Kaolin
30,48 Quarz.

Zink fördert diese Effekte und gibt mit Rutil zusammen stets Kristalle, wenn die Schmelze eine niedrige Viskosität besitzt, d. h. in Gegenwart von kristallisationsfördernden Stoffen wie Lithiumoxid, Manganoxid, Stron-

Titan-Rohstoffe

Rohstoff	Mol.-Formel	Mol.-Gew.
Titandioxid 3/	TiO_2	79,90
Rutil 196/	TiO_2	79,50
EA 71410 (Bayer)	$Na_2O \cdot TiO_2 \cdot SiO_2$	201,95
Ilmenit	$FeO \cdot TiO_2$	151,75

Das Titandioxid 3/ hat 98,5–99 % TiO_2, 0,32 % P_2O_5, 0,01 % Fe_2O_3, 0,14 % SiO_2 und 0,34 % K_2SO_4. Das Rutil 196/ hat mindestens 96 % TiO_2, 1 % Fe_2O_3 und 1 % ZrO_2. Das EA 71410 von Bayer entspricht dem früheren V26.

tiumoxid, in der obigen Glasur durch die Fritte. Titandioxid allein gibt kleine, regelmäßig verteilte Kristalle. Die färbende Wirkung von reinem Titandioxid in bleifreien, möglichst bariumhaltigen Glasuren ist weiß, von Rutil gelblich. Reduzierend gebrannte Steinzeugglasuren färbt Titan blau.

Titandioxid in Massen. In gewöhnlichen Tonmassen verstärkt das TiO_2, obwohl es selbst farblos ist, die Färbung durch das Eisen. 1 % TiO_2 + 0,4 % Fe_2O_3 färben genauso stark wie 0,7 % Fe_2O_3. Diese Wirkung wird dem stark färbenden Ilmenit ($FeO \cdot TiO_2$) zugeschrieben. In der technischen Keramik wird Titan zusammen mit Barium in ferroelektrischen Sondermassen verwendet.

Titania (engl.) Bezeichnung für TiO_2.

Titanit, Sphen, Kalium-Titan-Silikat, $CaO \cdot TiO_2 \cdot SiO_2$. Mineral von hoher Lichtbrechung, deshalb auch als Edelstein geschätzt. Kommt u. a. im Diorit des Passauer Waldes, in Syeniten bei Dresden, am St. Gotthard und am Laacher See vor.

T-Material (engl.) Textured Material. Mit feiner bis mittlerer Schamotte (0–3 mm) gemagerte Modelliermasse.

Tixoton. Bentonit für Borspülungen der Südchemie AG München.

Töpfereimuseum Kohren Sahlis. Ehemalige Töpferei, O-7234 Kohren Sahlis, seit 1961 Museum.

Töpfereimuseum Thurnau. Alte Lateinschule, D-8656 Thurnau, Oberfranken.

Töpfereimuseum Langerwehe mit Töpferei, Pastoratsweg 1, D-5163 Langerwehe.

Töpferglasuren. Bleihaltige Rohglasuren für Temperaturen zwischen 920 und 1150 °C, z. B. für 920 °C aus
229 Mennige
30 Kaolin
48 Quarz,

bei höheren Temperaturen mit Kalkspat, z. B. für 1055 °C:
183 Mennige
58 Ton
68 Quarz
20 Kalkspat.

Zu den Töpferglasuren zählen ferner Mischungen aus Ton und Mennige (1:4) oder Ton und Borax (1:3), Soda oder Pottasche. Seger gibt folgende Grenzwerte für bleihaltige Rohglasuren bei 900–1000 °C an: $RO \cdot 0,1$–$0,3\ Al_2O_3 \cdot 1$–$3\ SiO_2$.

Töpferschamotte. Schamotteplatten, die als Kachelofenfutter verwendet werden. Sie müssen 1100 °C aushalten. Der im Scherben enthaltene Quarz darf sich nicht umwandeln, da sonst der Kachelofen Risse bekommen.

Töpferton. Örtlich vorkommender, meist pleistozäner Ton, wie er auch in Ziegeleien verwendet wird.

Töpferscheibe. Aus einer beweglichen Unterlage (»langsam laufende Töpferscheibe«) im 4. Jt. v. Chr. durch zentrale Lagerung entstandene »schnell laufende« Scheibe zum Herstellen torsionssymmetrischer Gegenstände durch Freidrehen. Die ältesten Scheiben waren aus Stein und niedrig. Ein Zapfen im Boden griff in eine Spurpfanne auf der Unterseite des Scheibenkopfes (a). Im 2. vorchristlichen Jahrtausend gab es in Ägypten und Kreta eine alternative Art der Lagerung mit starrer Achse und Spurpfanne im Boden (b). Diese von Hand gedrehte Scheibe ermöglichte es bereits, ein Gefäß aus einem Tonklumpen in einem Arbeitsgang zu ziehen. Aus Typ (a) entwickelt sich über (c) in hellenistischer Zeit die Blockscheibe (d) als erste Fußdrehscheibe und aus dem Typ (b) gegen Ende des Mittelalters die besser gelagerte Spindelscheibe (e) mit rotierender

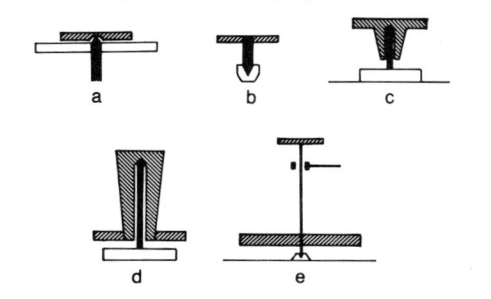

TÖPFERSCHEIBENARTEN

Achse. Auf diesem Typ beruhen die heutigen Töpferscheiben, sowohl die Fußdrehscheibe mit Schwungrad als auch die elektrischen Scheiben mit oder ohne Schwungrad mit stufenlos regelbarem Friktionsantrieb:

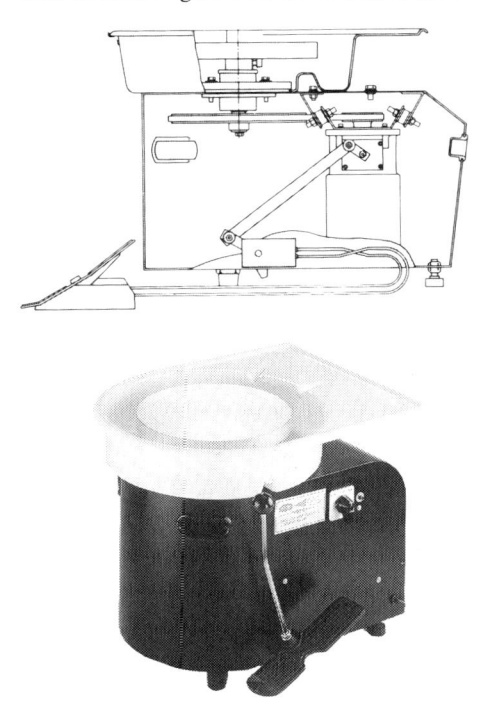

Schubscheibe mit Elektromotorantrieb.

Elektrische Töpferscheibe mit Friktionsantrieb.

Töpferscheibenarten. 1. Schubscheibe mit Schwungrad und Fußantrieb. 2. Schubscheibe mit Elektromotorantrieb. Bei ihr wird ein Elektromotor mit Reibrad durch Fußpedal auf das Schwungrad gedrückt. 3. Elektrische Töpferscheibe mit Kegelreibradgetriebe. Bei ihr wird das Umsetzungsverhältnis durch Reibräder (Friktion), Reibkegel (PIV-Getriebe) oder Spreizscheiben (verstellbare Riemenscheibe) im Verhältnis 1:5 bis 1:8 stufenlos verändert. 4. Elektronisch geregelte Töpferscheibe a) mit Riemengetriebe: Keil-, Flach- oder Poly-V-Riemen (Flachriemen mit mehreren Keilprofilen). b) mit Direktantrieb über einem Zahnrad- oder Schneckenradgetriebe. Alle elektronischen Scheiben werden mit Gleichstrommotor (mit Thyristor) oder (noch seltener) mit Drehstrommotor und Frequenzumrichter betrieben. Ihr großer Regelbereich (1:20) erlaubt Scheibendrehzahlen von 0 bis 300 U/min. Die Regelung erfolgt über einen Widerstand, der im Fußpedal eingebaut ist.

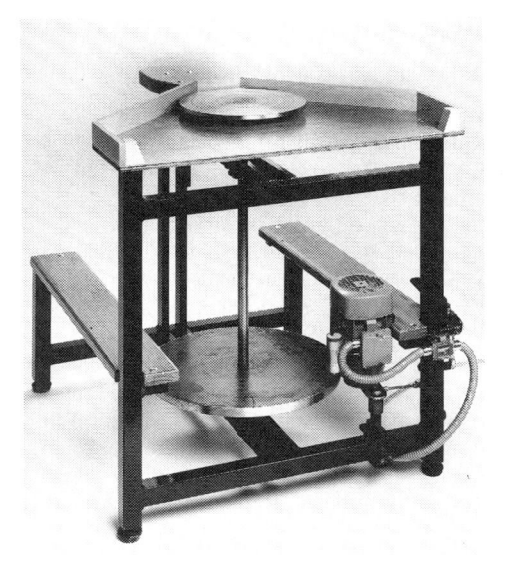

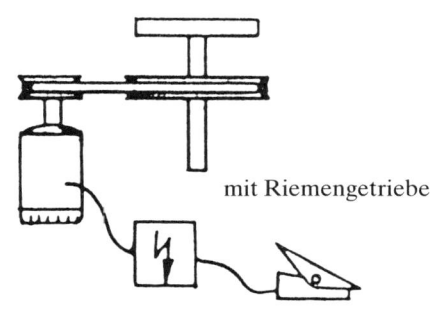

mit Riemengetriebe

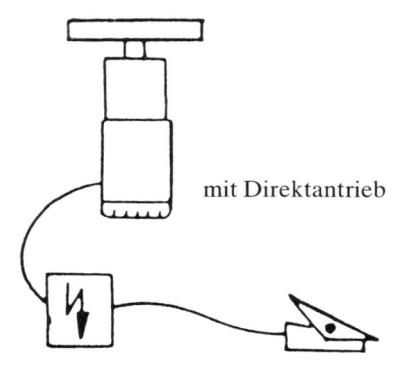

mit Direktantrieb

Elektronische Scheibe

Töpferware. Poröse Keramik mit farbigem Scherben, einfach aufbereitet, plastisch geformt, niedrig gebrannt, mit Bleiglasuren glasiert und oft mit Engoben verziert.

G **Ton.** Plastisches Sedimentgestein, vorwiegend aus Tonmineralen unter 0,002 mm Teilchengröße, meist durch Wassertransport auf sekundärer Lagerstätte abgesetzt. Weißbrennend sind Steinguttone und Ball Clays; feuerfest, d. h. über 1600 °C schmelzend, sind Kaolintone, Fireclays, tonderereiche Tone; plastisch und flußmittelhaltig sind Steinzeugtone, plastische und eisenhaltige Ziegeltone oder Begußtone. Wenig plastische, aber flußmittelhaltige Tone und Tonschiefer eignen sich als Zuschlagstoffe für Steinzeugmassen.

Tonabscheider. Behälter zur Entsorgung des mit Masse- und Glasurschlamm belasteten Abwassers (Kleinkläranlage). Der fahrbare Behälter wird unter das Abflußrohr des Spülbeckens geschoben und an den Abfluß zur Kanalisation angeschlossen. Der Schlamm setzt sich in den drei Kammern ab; es gelangen nur etwa 2 ml absetzbare Stoffe pro Liter Abwasser in die Kanalisation. 10 ml/l werden von der Abwassertechnischen Vereinigung als unbedenklich angesehen. Der Schlamm wird von Zeit zu Zeit aus den Kammern entnommen.

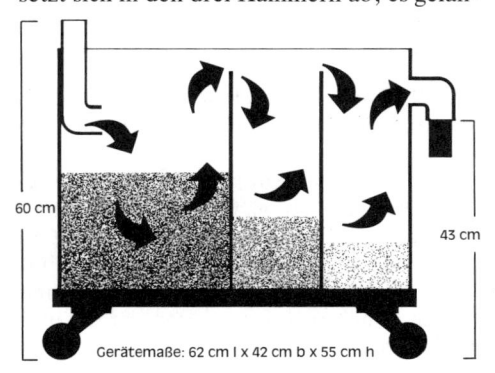

Tonerde, Aluminiumoxid, Al_2O_3, Mol.-Gew. G 101,94. Schmelzpunkt 2046 °C, kommt in der Natur als Korund vor (gefärbt als Saphir und Rubin). Mit vielen zweiwertigen Metallen bildet das Aluminiumoxid Spinelle. Dem Tonerdehydrat ($Al(OH)_3$) entspricht in der Natur der Hydrargillit (Gibbsit), während die Minerale Bohmit und Diaspor der Zusammensetzung $AlO(OH)$ entsprechen. Diese Tonerdeminerale bilden das Gestein Bauxit, das außerdem noch Eisen, Kieselsäure und Titan als Verunreinigungen enthält. Aus Bauxit wird Tonerdehydrat künstlich hergestellt, wobei die Verunreinigungen als Rotschlamm anfallen. Das Tonerdehydrat wird zur kalzinierter Tonerde entwässert. Dieses Produkt ist sehr feinkörnig und reaktionsfähig, während es daneben eine gekörnte, geschmolzene Tonerde gibt, die in der feuerfesten Keramik verwendet wird. Als Streu- und Trennmittel im Ofen verwendet man entweder das Tonerdehydrat oder die kalzinierte Tonerde. Wichtiger für die Keramik im allgemeinen sind die natürlichen Tonerdesilikate: die Tone, Kaoline und Feldspäte.

Tonerde in Glasuren. Das Al^{3+}-Ion hat die G Koordinationszahlen 4 und 6. Das bedeutet, daß man mit unterschiedlichen Wirkungen

Gerätemaße: 62 cm l x 42 cm b x 55 cm h
60 cm
43 cm

Tonerde-Rohstoffe

Rohstoff	Mol.-Formel	Mol.-Gew.
Tonerdehydrat	$Al_2O_3 \cdot 3\,H_2O$	156,00
Tonerde, kalziniert	Al_2O_3	101,94
Kaolinit (Mineral)	$Al_2O_3 \cdot 2\,SiO_2 \cdot H_2O$	258,10
Kaolin 233 (Gestein)	$Al_2O_3 \cdot 2,2\,SiO_2$	278,67
Orthoklas (Mineral)	$K_2O \cdot Al_2O_3 \cdot 6\,SiO_2$	556,50
Feldspat 82/K11 (Gestein)	$0,7\,K_2O \cdot 0,3\,Na_2O \cdot Al_2O_3 \cdot 6,2\,SiO_2$	563,10
Albit (Mineral)	$Na_2O \cdot Al_2O_3 \cdot 6\,SiO_2$	524,29
Feldspat Na 427 (Gestein)	$0,9\,Na_2O \cdot 0,1\,CaO \cdot Al_2O_3 \cdot 6,3\,SiO_2$	556,10

Weitere Tonerde-Rohstoffe, die aber für die nichtindustrielle Keramik kaum in Fragen kommen, sind die Minerale der Sillimanitgruppe ($Al_2O_3 \cdot SiO_2$), synthetischer Mullit ($3\,Al_2O_3 \cdot 2\,SiO_2$) sowie Dumortierit ($8\,Al_2O_3 \cdot 6\,SiO_2 \cdot B_2O_3 \cdot H_2O$).

der Tonerde rechnen muß. Ihre wichtigste Eigenschaft ist die Erhöhung der Viskosität. Sie wirkt stabilisierend auf das Netzwerk, verhindert Entglasung und Kristallisation und wirkt Haarrissen entgegen. Gewöhnlich rechnet man bei Transparentglasuren mit einem Zehntel der Kieselsäuremenge an Tonerde in der Segerformel. Über diesen Anteil hinaus wirkt die Tonerde mattierend und ergibt seidenmatte Glasuren. Alkaligläser erfordern mehr Tonerde, um eine transparente Glasur zu ergeben, als Bleiglasuren, die mit viel Tonerde milchig werden. Eine durch Borschleier milchig getrübte, bleifreie Glasur kann durch Tonerdezusatz zu einer klaren Transparentglasur werden. Tonerde selbst besitzt, bei 2150 °C geschmolzen, eine siebenmal höhere Oberflächenspannung als Borsäure und eine doppelt so hohe wie eine normale Glasur. Man kann demnach Tonerde zur Erhöhung der Oberflächenspannung und gleichzeitig der Viskosität in die Glasur einführen. Beide Eigenschaften verhindern das Ablaufen einer Glasur. In Gegenwart von Borsäure kann jedoch eine tonderereiche Glasur eine niedrige Oberflächenspannung besitzen, weil sich die Borsäure infolge ihrer geringeren Oberflächenspannung an der Glasuroberfläche anreichert und die Oberflächenspannung der Glasur herabsetzt. Erst mit höherer Temperatur wird die Borsäureschicht zerstört, und die Oberflächenspannung steigt an, während sie sonst bei Temperatursteigerung abnimmt. Diese Erscheinung ist auch in Gegenwart von Kaliumoxid zu beobachten.

Tonerde in Massen. Die in Tonen, Kaolinen und Feldspäten enthaltene Tonerde führt zur Bildung von Mullitkristallen im Scherben. Sie beginnt mit dem Zerfall der Tonsubstanz bereits um 1000 °C. Mit Alkalien und Kieselsäure bildet die Tonerde schon unterhalb 900 °C erste Schmelzen. Bei weiterem Temperaturanstieg ist vor allem der Feldspat an der Bildung der Schmelzphase beteiligt, wobei er selbst an K_2O verarmt und Mullit auskristallisiert. Während der Mullit aus den Tonmineralen schuppenförmig ist, ist dieser aus dem Feldspat bereits ein nadelförmiger Sekundärmullit. Im Scherben ist dann die Tonerde sowohl in der Kristall- als auch in der Glasphase enthalten und trägt zur Bildung einer kieselsäurereichen, zähen Schmelze mit hoher Oberflächenspannung bei, die die Feuerstandfestigkeit erhöht.

Tonerdehydrat, $Al_2O_3 \cdot 3\ H_2O$, Mol.-Gew. 156.

Tonerde-Kieselsäure-System. Das grundlegende Zweistoffsystem der Keramik, das über die Mischungen zwischen Quarz und Tonerde Auskunft gibt. Es weist bei 8 % Tonerde ein Eutektikum auf. Bis dahin ist die Tonerde ein »Flußmittel«. Schmilzt man eine Mischung, z. B. von der Zusammensetzung des geglühten Kaolins, und läßt sie langsam abkühlen, so scheidet sie Mullit aus, wobei die restliche Schmelze immer kieselsäurereicher wird, bis sie die Zusammensetzung des Eutektikums erreicht und erstarrt. Wenn sich aus Kaolin Mullit bildet, bleibt also Kieselsäure übrig. Die Schmelztemperatur sinkt, wenn zum Kaolin Quarz hinzugefügt wird. In diesem Fall ist Quarz das »Flußmittel«. Die Menge an ausgeschiedenem Mullit ist um so größer, je tonerdereicher eine Mischung ist.

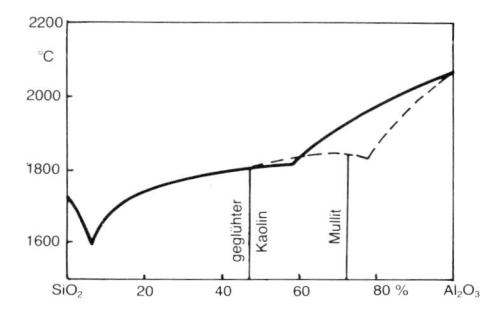

Tongeruch. Verursacht durch Geosmin, ein ätherisches Öl, Stoffwechselprodukt von Streptomyceten. Da sich diese besonders in fetten Tonen mit höheren Gehalten an Humusstoffen entwickeln, bietet sich die Annahme eines Zusammenhanges zwischen Tongeruch und Tonqualität an.

Tonharfe. Metallspannbügel mit verstellbarem Abschneidedraht, zum Abschneiden von Tonplatten vom Stoß bestimmt, eignet sich jedoch auch zum Anbringen von Hochschnitten an Gefäßen.

TONMINERALE

Tonminerale. Wasserhaltige Aluminiumsilikate, die vorwiegend den Mineralbestand der Tone und Kaoline bilden. Sie besitzen Schichtgitter, die den einzelnen Kriställchen plättchenförmige Gestalt verleihen, die Ursache der Plastizität ist. Aus zwei Schichten bestehen die Schichtpakete der Zweischichtminerale: Kaolinit, Dickit, Nakrit, Fireclay-Mineral, Halloysit, Metahalloysit, aus drei Schichten die Dreischichtminerale: Mineralgruppen zwischen Glimmer und dem quellfähigen Montmorillonit, am wichtigsten darunter die nicht quellfähigen glimmerartigen Tonminerale oder Illite. In den Tonen sind die Tonminerale infolge des Transports von der primären zur sekundären Lagerstätte kleiner als in den Kaolinen. Tone besitzen einen wesentlichen Anteil unter 0,001 mm Korngröße, während Kaoline noch große Anteile von mehreren Tausendstel Millimeter Korngröße enthalten.

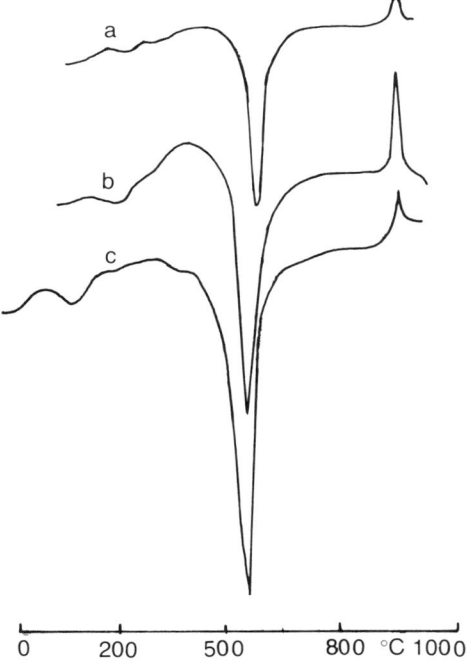

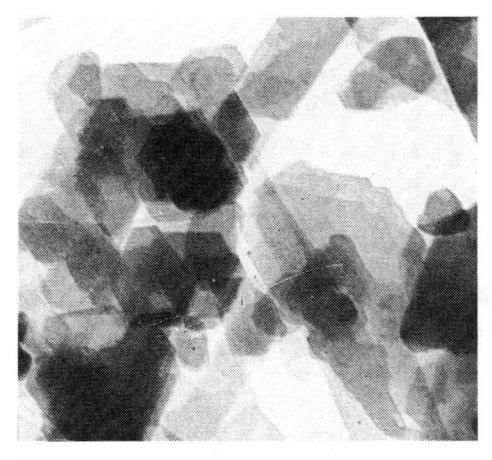

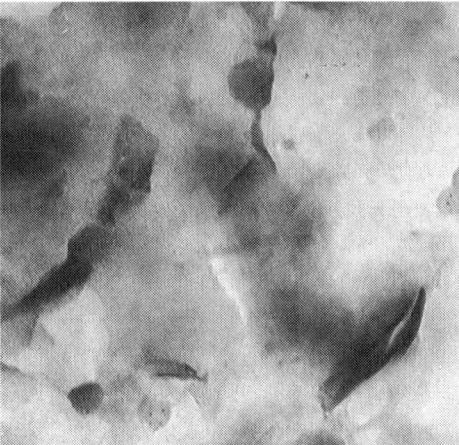

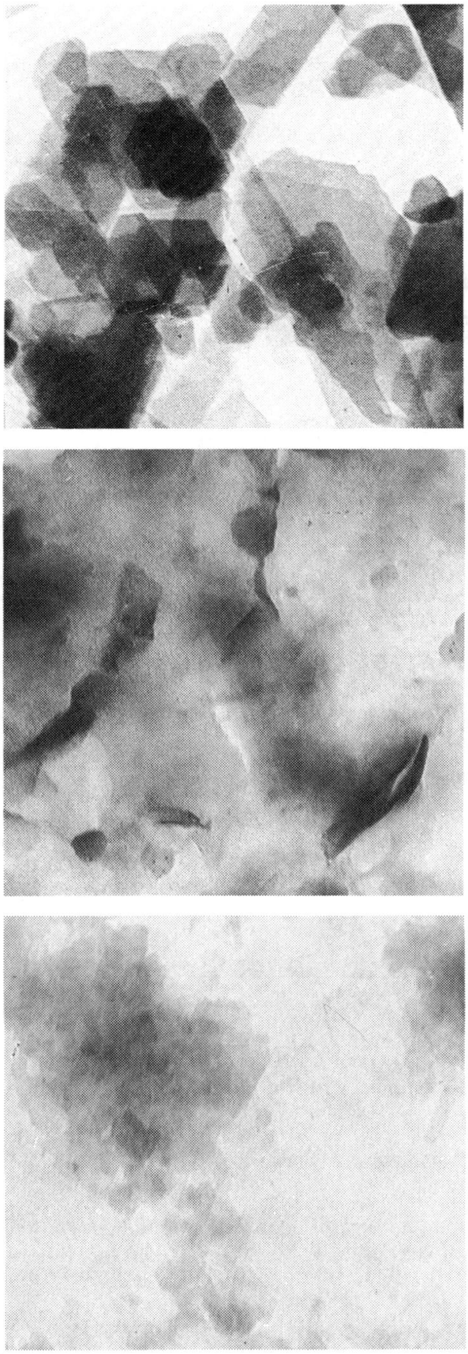

Die einheitliche 35 000fache Vergrößerung zeigt, um wieviel feiner die Kriställchen von Illit (Mitte) und Montmorillonit (unten) als die des Kaolinits (oben) sind. (Aufn. J. Wiegmann)

Kurven der Thermodifferenzanalyse von Tonmineralen.
Zerfall der Tonminerale ↓ bei 500–600 °C und Neubildung von Mullit ↑ bei 900–1000 °C sind bei illitischen (a), kaolinitischen (b) und quarzreichen Tonen (c) verschieden stark ausgeprägt.

Tonperlen, siehe unter Perlen.

Tonpfeifen. Aus Pfeifenton geformte Tabakspfeifen (»kölnische«, »holländische Pfeifen«). Der Scherben ist weiß, undurchsichtig und durchlässig (Steingutbiscuit). Die Fabrikation war im 18./19. Jh. im Westerwald, Gouda, Frankreich und England verbreitet. Zur Gestaltung der aus einem Stück bestehenden Pfeifen wurde eine Rolle bis zur Länge und Dicke des Pfeifenstils (Halm) mit der flachen Hand geformt. An das eine Ende der Rolle setzte man einen kleinen Tonwulst an, der später den Kopf bildete. Nach dem Antrocknen wurde der Halm mit einem geölten Messingdraht mit abgerundeter Spitze (Weiserdraht) der Länge nach bis etwa 25 cm vom Kopfende entfernt durchbohrt. Daraufhin kam der Formling in eine zweiteilige, geölte, verschraubbare Metallform. Um das Innere des Kopfes zu formen, benutzte man einen eingeölten, metallenen, eichelförmigen

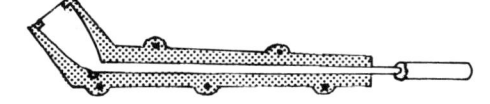

Kern (Stopfer). Mit einem kleinen Stempel wurde der Rand begradigt. Nun stieß man den Draht bis in die Kopföffnung durch, wobei sich ein kleiner Tonwulst bildete, der in England stehengelassen wurde, damit der Raucher sicher war, daß es sich um eine unbenutzte Pfeife handelte. Zum Trocknen gab es besonders geformte Holzbretter und Stützen, die den Pfeifenstil in seiner Biegung unterstützten. Gebrannt wurden die Pfeifen mit dem Stiel nach oben in Kapseln oder Muffeln, die an der Innenwand eine Schamotteleiste zum Auflegen der Köpfe und in der Mitte ein Gestell zur Unterstützung der Stiele besaßen. Der Brand war reduzierend, damit das im Ton enthaltene Eisen nicht gelb färbte. Nach dem Brennen tränkte man das Stielende in einer Abkochung von Wachs, Seife und Gummi arabicum und polierte es mit einem Flanelltuch. Damit vermied man das Kleben der Stiele an den Lippen im Gebrauch. Man hat die Tonpfeifen auch mit einer Auschlämmung von Schmelzfarben in Wasser mit etwas Glyzerinzusatz eingestrichen und noch einmal gebrannt.

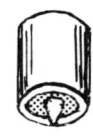

Tonschamotte. Schamotte aus einem Ton, der 24–45 % Al_2O_3 enthält.

Tonschiefer. Durch Verfestigung aus Ton gebildetes Gestein. Vorkommen: Rheinisches Schiefergebirge (an Mosel, Lahn, Ruhr), Thüringen, Sachsen, Harz.

Tonschneider. Maschine zum Mischen und Homogenisieren von Massen mit Hilfe von unterbrochenen Förderschnecken, die aus schneckenförmig angeordneten Messern bestehen. Liegende Tonschneider können auch zwei Messerwellen besitzen. Stehende haben einen größeren Zylinderdurchmesser.

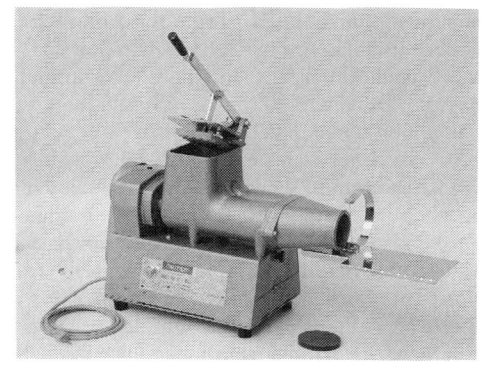

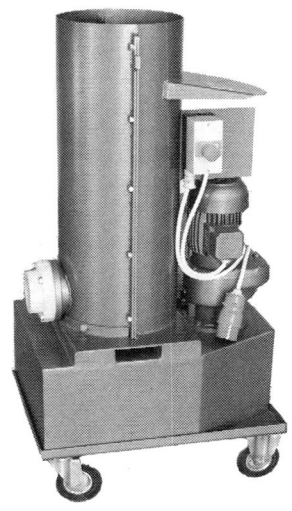

Kleiner, liegender Tonschneider.

Stehender Tonschneider.

Tonsubstanz, Rechengröße in der rationellen Analyse, entspricht den Tonmineralen.

Tonverflüssigung. Verringerung der Viskosität von wäßrigen Tonsuspensionen durch geringe Mengen von elektrolyten oder organischen Kolloiden. Bei größtem Zusatz wird die Suspension wieder zähflüssiger. An die negativ geladenen Tonteilchen sind positiv geladene Ionen (Kationen) und Wasser angelagert. Die Anzahl der in der Gegenionhülle befindlichen Ladungsträger verhindert die Annäherung der einzelnen, gleichsinnig geladenen Partikel und bewirkt damit die Verflüssigung.

Tonvorkommen, siehe unter: Badische, Bayerische, Harzvorland-, Hessische, Mittelrheinische, Mosel-, Münster- und Weserländer, Niederrheinische, Niedersächsische, Nordwestdeutsche, Rheinpfälzische, Saar-, Sächsische-, Schleswig-holsteinische, Siebengebirgs-, Thüringische-, Westerwälder-, Württembergische Tone.

Tonzeiger siehe unter Lehmzeiger.

Tonzeug. Bezeichnung für gesinterte Grobkeramik: Klinker, Fußbodenplatten und Steinzeugrohre.

Topfbrenner. Atmosphärischer Gasbrenner, bei dem der (vergrößerte) Brennerkopf um 90 Grad abgewinkelt ist, so daß der Brenner bei horizontaler Anordnung unter dem Ofen (Einbauhöhe 80 mm) senkrecht nach oben brennt. Die Stauscheibe aus Metall oder Keramik befindet sich im (runden oder quadratischen) Topf.

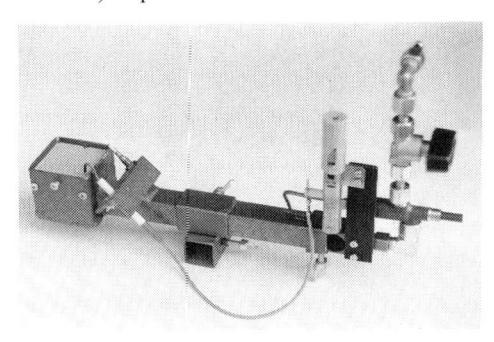

Topfbrenner mit Piezo-Zündung, Sicherheitsschalter und Flammenüberwachung.

G **Topfroller.** Kugelmühle (Topfmühle), die auf rotierenden Achsen oder auf einer elektrischen Töpferscheibe betrieben wird.

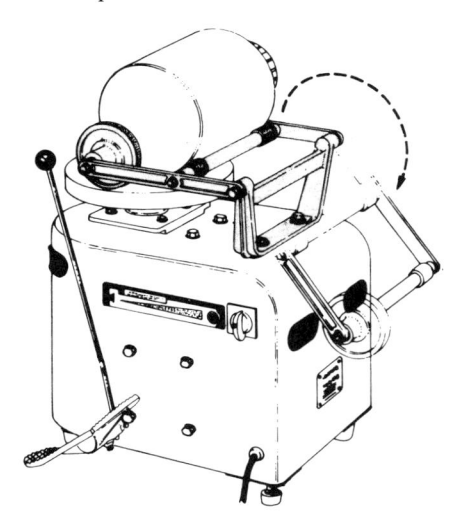

Topfroller, von der rotierenden Töpferscheibe angetrieben.

Toplader, Schachtofen. Brennofen, der von oben zu beschicken ist und daher einen Deckel besitzt im Gegensatz zum Kammerofen mit Tür.

Torfasche. Basische Asche, etwa mit Holzaschen vergleichbar: Glasur für 1280 °C, im Holzofen olivgrün, im Gasofen jadegrün: 35 Kalifeldspat, 30 Natronfeldspat, 10 Quarz, 30 Torfasche.

Trachyt. Tiefengestein mit den Hauptgemengteilen Sanidin, Plagioklas und Diopsid, wenig Titanit und Apatit. Trachytvorkommen in der Eifel (bei Reimerath, nordöstlich von Kelberg, trachytische, verfestigte Tuffe im Laacher Seegebiet), Siebengebirge (Drachenfelstrachyt, Quarztrachyandesit, Lohrbergtrachyt, Riebeckittrachyt, Trachyttuffe bilden den größten Teil des Siebengebirges), Westerwald (phonolithischer Trachyt, Andesittrachyt), Hohenburg bei Beckum. Zusammensetzung des Trachyts aus dem Siebengebirge: 61,25 % SiO_2, 0,05 % TiO_2, 17,7 % Al_2O_3, 2,95 % Fe_2O_3, 1,4 % FeO, 0,07 % MgO, 3,1 % CaO, 3,4 % Na_2O, 8,08 % K_2O, 1,35 % H_2O, 1,1 % P_2O_5. Segerformel zum Einrechnen in Glasuren: 0,09 FeO, 0,27 CaO, 0,23 Na_2O, 0,41 K_2O, 0,77 Al_2O_3, 0,09 Fe_2O_3, 4,64 SiO_2, 0,05 P_2O_5. Mol.-Gew. 459.

Tradition. Kontinuität im Überlieferungszusammenhang. In der Keramik selektierten sich aus einfachen Vorläufern durch die Auswahlkriterien Nützlichkeit und Ökonomie bestimmte Formen. Isolierte Gruppen entwickelten sich außerdem auf bestimmte Merkmale hin, die eine regionale Tradition als Ausdruck der Anpassung an die Mentalität darstellen. Unter dem Einfluß der gesellschaftlichen Entwicklung können sich die Auswahlkriterien verändern und die durch Selektion ausgereiften Formen einem neuen Konkurrenzdruck von außen gegenübersehen.

Transformationsbereich. Temperaturbereich, in dem ein Glas von der Schmelze in den starren Zustand übergeht. In einem Diagramm, das die Längenabnahme des Glases in Abhängigkeit von der abkühlenden Temperatur zeigt, zeichnet sich der Transformationsbereich durch einen Wechsel in der Steilheit der Kurve ab. Legt man Tangenten an die beiden Kurvenäste, so ergibt der außerhalb der Kurve liegende Schnittpunkt der Tangenten den Wert für die Transformationstemperatur. Der Logarithmus der Viskosität der Schmelzen liegt im Transformationspunkt bei 13 dPa · s (Dezipascalsekunden), die Relaxationszeit bei 1 Minute. Man kann beide erhöhen, wenn man langsamer abkühlt, weil dann ein Zustand niedrigerer Temperatur eingefroren wird.

Transparenz. Lichtdurchlässigkeit.Sie ist eine Eigenschaft des Porzellans und beträgt bei 1 mm Dicke 2 bis 10 %. Sie steigt mit dem Anteil an Glasphase, während Mullit, Quarz und besonders feine Bläschen die Transparenz herabsetzen.

Trass. Trachyttuff, kommt in der Eifel vor.

G **Treibtechnik.** Formgebung mit Klopfholz (Paddel) und dagegengehaltenem runden Stein.

Trekker. Pinsel für feine Striche.

Tremil. Mittel zum Verhindern des Ablaufens der Glasur. Es wird in Wasser aufgelöst, und die Standfläche der geschrühten Ware so hineingetaucht, daß der Seitenrand oberhalb der Standfläche noch 2 mm damit getränkt wird. Eingetr. WZ. DP Nr. 34287/4.

G **Trennmittel** bei Gipsformen siehe unter Modellschmiere, bei Brennplatten siehe unter Isoliermittel, Streumittel.

Tridymit. Eine der drei Kristallformen der Kieselsäure. Bei langsamem Erhitzen wandelt sich Hochtemperatur-Quarz bei 870 °C in Tieftemperatur-Tridymit um, wobei sich das Volumen um 12 % erhöht. Es kommt jedoch selten zur Tridymitbildung, weil die Erhitzung zu schnell vor sich geht.

Tripel. Aus kieseligen Panzern von Diatomeen (Gattungen Melosira und Bacillaria) bestehendes,leicht zerreibliches Gestein, das hauptsächlich aus Kieselsäure und Wasser besteht und eine Abart des Opals darstellt. Vorkommen u. a. am Hüttenberg im Habichtswald bei Kassel.

Triphylit. Lithiummineral (Mn, Fe)$_2$O$_3$ · P$_2$O$_5$ · Li$_2$O.

Triton-Kaowool. Handelsname für Isolierfasern von Dyko-Morgan, Düsseldorf. Normalfasern bis 1260, Zirkonfasern bis 1430 °C

Anwendungstemperatur. Auch als Faserpapier von 0,5 bis 5 mm Dicke.

Trockenfestigkeit. Summe der mechanischen Festigkeit (Stoß-, Druck-, Zug-, Biegefestigkeit) und der Formfestigkeit im »grünen« Zustand. Wichtig für die Handhabung zwischen Formgebung und Brand sowie für den Trocknungsprozeß (Rißbildung). Sie ist abhängig von der Orientierung der Tonmineralplättchen (= Textur), die auf Trennfestigkeit (bei der Schneckentextur) oder Gleitfestigkeit (bei der Fließtextur) beansprucht werden. Obwohl die Gleitfestigkeit geringer ist, ist die Fließtextur günstiger als die Schneckentextur, weil die Überschreitung der Trennfestigkeit zu einem scharfen Abriß führt, der sofort durch den ganzen Körper läuft. Dagegen bleiben bei der Beanspruchung auf Gleitfestigkeit die Plättchen miteinander im Kontakt und können neue Bindungen eingehen, wodurch Spannungsspitzen abgebaut werden. Die Zugfestigkeit bewegt sich zwischen 0,5 (bei dicker Wandung) und 1,0 N/mm^2 (bei dünner Wandung). Bei dicker Wandung ist die Gefahr der Bewahrung der Schneckentextur größer. Sie wird durch Schlagen der Masse vor der Verarbeitung durch Drehen oder durch Verstreichen kleinteiliger Portionen beim freien Aufbauen beseitigt.

Trockenschwindung. Volumenverminderung G als Folge von Kapillarkräften in der feuchten Masse. Die Teilchen sind von Wasserhäuten umgeben. Beim Trocknen zieht das Wasser infolge seiner Oberflächenspannung die Teilchen zusammen in dem Bestreben, die kleinste Oberfläche zu bilden. Der statische Druck des Wassers stellt Kapillarkräfte dar, die einem äußeren Druck von 250 kp/cm^2 entsprechen. Unter diesen Drücken ordnen sich die Teilchen, solange sie noch beweglich sind und sind bestrebt, den kleinstmöglichen Raum einzunehmen. Der Körper schwindet.

Trocknung. Feuchtplastischer Ton gibt Wasser mit anfangs konstanter, dann abnehmener Geschwindigkeit ab. In dieser Periode ist seine Oberfläche gleichmäßig feucht, und er schwindet. Wenn er sein Schwindungswasser abgegeben hat, erscheint die Oberfläche trocken, aber die Trocknung geht im Scherben weiter, und das Stück schwindet nur

TROCKNUNGSFEHLER

noch wenig oder gar nicht, weil die Teilchen bereits einander berühren. Das ist das Stadium der Lederhärte. Es dauert so lange an, bis das Wasser aus den Poren verdampft ist und die Poren mit Luft gefüllt sind. Der Ton

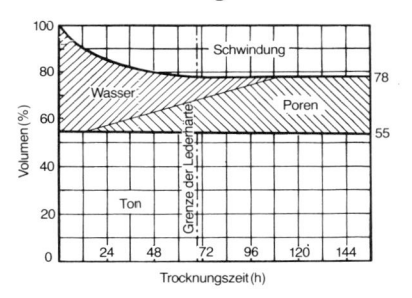

Bourry-Diagramm der Tontrocknung.

ist dann lufttrocken. Beim Trocknen bei Zimmertemperatur trocknet der Ton nur bis auf 2–3 % Wasser. Er trocknet dann gewöhnlich im Ofen zu Ende und ist bei 250 °C völlig trocken, d. h. ohne Anmachwasser. Trocknet man ihn nur bis 70 °C, so kann man ihn wieder anteigen und erneut verwenden. Bei 80 °C sind hingegen die Kolloidteile schon so verändert, daß der Ton nicht wieder zu einer plastischen Masse wird. Der Brennprozeß beginnt also bei 80 °C. Der Trocknungsfortschritt hängt von der Fähigkeit der umgebenden Luft ab, Wasserdampf aufzunehmen, d. h. von ihrer Sättigung, Temperatur und Bewegungsgeschwindigkeit.

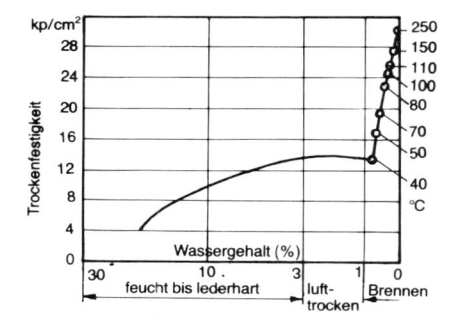

Der trockene Ton ist hygroskopisch und kann bei 25° C und 95 % Luftfeuchtigkeit über 3 % Wasser aufnehmen. Er dehnt sich dabei je 1 % Wasser um 0,04 % (linear) aus.

Ⓖ **Trocknungsfehler.** Während des Trocknens entsteht im Ton ein Unterdruck, der zu Spannungen führt. Die innere Spannung verursacht eine Schwindung, die direkt proportional der Größe der Spannung ist. Trocknungsfehler entstehen durch ungleichmäßige Spannungen infolge einseitiger Trocknung oder infolge zu schnellen Trocknens, wenn die Oberfläche vor dem Kern trocknet, während das Wasser im Inneren unter dem beträchtlich verminderten Druck den Siedepunkt erreicht. Ecken, Kanten und Ränder haben eine größere Oberfläche als Flächen und trocknen daher schneller. Um die Trocknung so zu lenken, daß der Kern oder der Boden eines Gefäßes nicht in der Trocknung zurückbleibt, müssen große, flache Böden durch eine Glühbirne erwärmt oder kleine Gefäße umgestülpt werden.

Trommel (Pauke). Mit präparierten Tierhäuten oder Kalbfellen bespannte Becherformen ohne Boden (Trommeln) oder halbkugelige Schalen (Pauken). Beide sind seit der Steinzeit in fast allen Regionen der Erde verbreitet. Die südamerikanische Topftrommel ist ein großer, kugeliger Krug mit einem seitlichen Loch (fast Handtellergröße), der auf einem gepolsterten Ring aus Stroh, Leder oder Stoff aufliegt und auf den federnd mit flachen Händen geschlagen wird.

Trommelmühle. Rotierende Trommel, in der Ⓖ Mahlkugeln das Mahlgut zerkleinern. Bei kleinen Mühlen besteht die Trommel aus Porzellan (Büchsenmühle). Die Mahlleistung hängt von der Umdrehungsgeschwindigkeit, von der Größe der Mahlkugeln, ob naß oder trocken gemahlen wird, von der Härte des Mahlgutes und vom Füllungsgrad ab. Man füllt die Mühle zu je einem Drittel mit Mahlgut, Kugeln und Wasser, läßt dabei aber einen Luftraum frei.

Trübung. Streuung der Lichtstrahlen an Teilchen, die eine andere Lichtbrechung besitzen als die Glasur. Die beste Trübung erhält man durch Teilchen, die 0,4 bis 0,75 µm groß sind. Das erreicht man am einfachsten dadurch, daß man z. B. feines Zinnoxidpulver in die Glasur einführt, das sich darin zum Teil löst und so eine Korngrößenreihe in dem Bereich der Wellenlängen des sichtbaren Lichts bildet. Das Zirkon hingegen trübt dadurch, daß es sich aus der Glasur, in der es gelöst wird, ausscheidet. Fluoride wirken (in Emails) trübend durch Bläschen, entmischte Glasuren durch Tröpfchen. So trüben z. B.

Kalziumphosphate, indem sich zwei flüssige Phasen (PO_4/SiO_2) bilden, die miteinander nicht mischbar sind.

Trübungsmittel. Stoffe, die eine Glasur undurchsichtig machen. Es sind vor allem Oxid (Zinnoxid = SnO_2, Zirkonoxid = ZrO_2, Titanoxid = TiO_2), Silikate (Zirkon = $ZrSiO_4$) und Fluoride (Flußspat = CaF_2, Kryolith = Na_3AlF_6, Natriumsilikonfluorid = Na_2SiF_6). Über 1200 °C sind jedoch auch Phosphate wie die Knochenasche oder Magnesiumphosphat Trübungsmittel.

Türkisglasuren, transparente, durch Kupfer türkis gefärbte, alkalireiche Glasuren. (Bei hohen Temperaturen schwer zu erzielen.)

G **Tunnelofen.** Kanalförmiger Brennofen, bei dem das Brenngut kontinuierlich auf Tunnelofenwagen durch die Brennzone transportiert wird. Horizontale Flammenführung bei verschiedenen Beheizungsarten. Das Brenngut wird außerhalb des Ofens auf die Wagen gesetzt, welche die feststehende Brennzone passieren.

Tylose. Handelsname der Farbwerke Hoechst für ein umfangreiches Sortiment von niedrig- bis hochviskosen, wasserlöslichen Celluloseäthern. Es sind wasserunlösliche, quellbare Celluloseklebstoffe, die zur Viskositätsregelung von Glasuren- und Masseschlämmen verwendbar sind. Meist setzt man in Glasurschlämmen 10 g/l zum besseren Haften ein.

U

G **Überdrehen.** Mechanische Anfertigung von Flachgefäßen (Tellern) auf einer Dreherspindel, bei der die an einem Schablonenhalter befestigte Schablone die Außenseite des Gefäßes und den Fuß formt, während die Innenseite von der Gipsform (Arbeitsform) geformt wird. Die Gipsform steckt in einem Metalltopf der Dreherspindel. Die Tonmasse wird als flachgewalztes Blatt aufgelegt und nach dem Ingangsetzen der Spindel mit der Schablone heruntergedrückt. Die Umdrehungsgeschwindigkeit der Spindel beträgt 230 U/min. Bei Ovaldrehwerken beträgt die Umdrehungsgeschwindigkeit nur 60 U/min.

Übergangsmetalle. Im Periodischen System der Elemente den Nebengruppen zugeordnete Atome, die meistens in mehreren Oxidationsstufen auftreten und deren Ionen gefärbt sind. Auf ihnen beruhen in der Keramik alle Farbwirkungen.

Überschlagtechnik. Herstellungsverfahren G von Kachelöfen in einem Stück. Der Ofenmantel wird über einem Fachwerk aus Plattenstegen, auf die Platten aufgeschlickert werden, aufgebaut und im lederharten Zustand in Teile zerschnitten. Dazu müßten die Stege, die das Gerüst bilden, bereits so angeordnet worden sein, daß die Schnitte gleichmäßige Kacheln ergeben.

Ulexit. $Na_2O \cdot 2\,CaO \cdot 5\,B_2O_3 \cdot 16\,H_2O$, Mol.-Gew. 636,57. Feinfaserige, flockige Knollen (cotton balls) oder feste Faserplatten (television stones) in Boraxseen und Sümpfen der Wüstengebiete Amerikas (Nevada, Oregon, Peru, Argentinien). Der Ulexit gibt schon bei 70 °C einen Teil seines Kristallwassers ab und wird dadurch zum »Probertit«: $Na_2O \cdot 2\,CaO \cdot 5\,B_2O_3 \cdot 10\,H_2O$, Mol.-Gew. 528,45.

Ulmenasche. Eine basische Asche vom Kalktyp. 7 Gewichtsteile dieser Asche können 10 Gewichtsteile Kalkspat ersetzen. Sie braucht nicht geschlämmt zu werden. Anhaltswerte für die Zusammensetzung: 6,84 % SiO_2, 1,8 % Al_2O_3, 0,53 % Fe_2O_3, 0,04 % TiO_2, 76,6 % CaO, 5,62 % MgO, 4,61 % K_2O, 0,22 % Na_2O, 2,28 % P_2O_5. Segerformel zum Einrechnen in Glasuren: 0,07 SiO_2, 0,01 Al_2O_3, 0,88 CaO, 0,09 MgO, 0,03 K_2O, 0,01 P_2O_5. Mol.-Gew. 62.

Ultrox. Zirkontrübungsmittel ($ZrSiO_4$) von M & T Chemicals Inc., New York, enthält 63 % ZrO_2, 36,5 % SiO_2, 0,2 % Al_2O_3, 0,1 % TiO_2 und 0,05 % Fe_2O_3. Es wird in drei Mahlfeinheiten angeboten: Standard mit 2 µm, 500W mit 1,5 µm und 1000W unter 1 µm Korngröße. Zusätze für Trübglasuren 10–23 %, für transparente Farbglasuren 3–5 %, für Pastellglasuren 8–12 %.

Umbra. Brauneisenstein- und manganhaltiges Tonmineralgemenge mit feinstverteiltem Goethit. Mittlere molare Zusammensetzung: 1 Fe_2O_3, 0,16 MgO, 0,28 CaO, 0,57 MnO, 0,09 Al_2O_3, 0,69 SiO_2, 2,28 H_2O; Mol.-Gew. 314,42. Gebrannte Umbra: 1 Fe_2O_3, 0,11 MgO, 0,18 CaO, 0,32 MnO, 0,18

Al$_2$O$_3$, 0,89 SiO$_2$, 0,89 H$_2$O, Mol.-Gew. 284,96. Die aus Braunkohle bestehende sogenannte kölnische Umbra ist für keramische Zwecke nicht zu gebrauchen.

G **Umgekehrtes Brennverfahren.** Hoher Schrühbrand und niedriger Glattbrand beim Steingut.

G **Umdruckverfahren.** Graphisches Verfahren, bei dem ein Motiv im Stahldruck, Siebdruck oder Steindruck mit keramischen Farben auf beschichtetes Seidenpapier aufgedruckt und mit der Farbseite nach unten auf die Keramik aufgebracht wird.

M **Umweltschutz.** Die objektiven Belastungen von Luft und Wasser betreffen entweder den Arbeitenden selbst (siehe unter Arbeitshygiene) oder dessen Umwelt.
1. Umweltbelastung durch Brennen.
In jedem Brennprozeß entwickeln sich Abgase. Die meisten Tone und Naturstoffe enthalten Fluoride, Sulfide, Chloride, Kohlendioxide, die beim Brennen entweichen.
Für das Brennen im Freien gilt das Bundes-Immissionsgesetz vom 14. Dezember 1976, § 4, Abs. 1: »Anlagen, die von Natur aus in besonderem Maße geeignet sind, schädliche Umwelteinwirkungen hervorzurufen oder in anderer Weise die Allgemeinheit oder die Nachbarschaft zu gefährden, erheblich zu benachteiligen oder erheblich zu belästigen, sind genehmigungspflichtig«. Für keramische Öfen für nichtindustrielle Zwecke gilt § 22: »Sie sind so zu betreiben, daß schädliche Umwelteinwirkungen verhindert werden, die nach dem Stand der Technik vermeidbar sind. Ist eine völlige Verhinderung nicht möglich, sind die schädlichen Umwelteinwirkungen auf ein Mindestmaß zu beschränken«.
Neben dem biologischen (= ökologischen) Umweltschutz spielt in der Keramik vor allem der technische Umweltschutz eine Rolle. Relativ umweltfreundlich ist das Brennen mit Erdgas (Methangas), weitestgehend umweltfreundlich das Brennen mit elektrischer Energie, die aus Sonne oder Wind gewonnen wird, mit einem Fluorfilter, vorausgesetzt, daß weder Blei- noch Anflugglasuren verwendet werden.
2. Umweltbelastung durch Abfälle.
Abfallbeseitigungsgesetz, § 2: »Abfälle sind so zu beseitigen, daß das Wohl der Allgemeinheit nicht beeinträchtigt wird, insbesondere dadurch, daß... Gewässer, Boden und Nutzpflanzen schädlich beeinflußt... werden.« (Entsorgung s. u. Abfallbeseitigung.)

Underslip (engl.) Sinterengobe.

Unfallversicherungsschutz, gesetzlicher. Nach M den Satzungen der Berufsgenossenschaft der keramischen und Glas-Industrie (Hauptverwaltung in Würzburg) erstreckt sich der Unfallversicherungsschutz auf alle Mitglieder und ihre mittätigen Ehegatten, sofern in dem Unternehmen regelmäßig nicht mehr als fünf Personen beschäftigt werden. Darüber hinaus besteht die Möglichkeit der freiwilligen Versicherung bei der Berufsgenossenschaft.

Universitäten/Technische Hochschulen. Einrichtungen zur Pflege der Wissenschaft, Forschung und Lehre in der Keramik: Aachen (Gesteinshüttenkunde), Berlin (Werkstoffwissenschaften), Clausthal (Steine und Erden), Erlangen (Werkstoffwissenschaften), Freiberg (Silikathüttenkunde).

Unterglasurmalerei. Für das Steingut typische Verzierungsart, bei der die Malerei mit Unterglasurfarben oder Farbkörpern auf den verschrühten, weißen Scherben aufgebracht und mit einer möglichst stark lichtbrechenden Glasur überzogen wird. Schwere Atome bewirken eine hohe Lichtbrechung; daher sind die Deckglasuren ursprünglich bleihaltig.

Unterzugfeuerung siehe unter Bourry-Ofen.

Updraught kiln (engl.) Ofen mit aufsteigender Flamme.

Uran, U 3- bis 6wertiges radioaktives Element, Atomgewicht 238,03 Schmelzpunkt 1132 °C. Hauptsächliches Mineral ist das Uranpecherz (UO$_2$). Das 6wertige Uranion hat die Koordinationszahl 6, das 4wertige die Kordinationszahlen 6 und 8. In der Keramik wurde früher meist das hochgiftige Natriumuranat (Na$_2$U$_2$O$_7$), ein gelbes Pulver, seltener das braunes Urandixoid (UO$_2$) oder das orangegelbe Urantrioxid (UO$_3$) verwendet, um rote oder gelbe Glasuren zu bekommen.

Urglasuren. Die Glasuren am Beginn der historischen Glasurentwicklung: die ägyptische Alkaliglasur (aus Wüstensand und Natursoda aus den nordägyptischen Salzseen), die kleinasiatische Bleiglasur (aus Bleierz und Sand) und die chinesische Kalkglasur (aus Kiefernasche und Ton).

V

V 26. Natriumtitansilikat von Bayer Leverkusen, $Na_2O \cdot TiO_2 \cdot SiO_2$. Mol.-Gew. 201,95.

Vakuumstrangpresse. Weiterentwicklung der Strangpresse durch Einbau einer Vakuumkammer. Der Zylinder der Förderschnecke ist von einer Lochplatte abgeschlossen, die die Masse in fadenförmige Stränge aufteilt. Die Masse wird vor einer zweiten Schnecke weiterbefördert, die eine größere Steigerung besitzt. Dadurch entsteht hinter der Lochplatte ein freier Raum, der evakuiert wird.

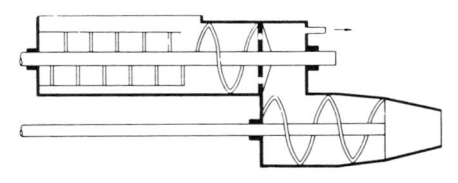

Durch ein Fenster kann man kontrollieren, ob die Vakuumleitung verstopft ist. Die entlüftete Masse wird von der Transportschnecke verdichtet und aus dem Mundstück gepreßt.

Vanadin, V, 2- bis 5wertiges Metall, Atomgewicht 50,942, Schmelzpunkt 1890 °C, kommt in vielen Gesteinen und Tonen vor, vor allem aber als Mineral Patronit (V_2S_5). Vanadin(III)oxid (V_2O_3) ist ein schwarzes, metallisch glänzendes Pulver, Vanadin(V)oxid (V_2O_5) ein orangegelbes bis rotes Pulver. Dieses wird am häufigsten in der Keramik verwendet. Das 5wertige Vanadinion V^{5+} wirkt als färbendes Flußmittel; man verwendet es meistens in Kristallglasuren in Mengen von 2,5 bis 15 %, um verschiedene Farbtöne zu erzielen, denn das Vanadin reagiert auf viele Begleitstoffe mit Farbänderungen.

Veegum. Handelsname der ACIMA AG, CH-9470 Buchs, für ein kolloides Magnesiumaluminiumsilikat, das das Absetzen von Glasurschlämmen verhindert (Zusatz 1 % der Feststoffmenge).

[G] **Verätzung** durch Umrühren von Ascheschlamm mit den Händen. Hilfe: Absprühen mit Wasser, medizinische Handcreme. Vorbeugen durch Handschuhe.

[G] **Verbrennung.** Oxidation brennbarer Stoffe unter Bildung von Kohlendioxid und Wasserdampf; bei unvollkommener Verbrennung bilden sich Kohlenmonoxid und Ruß. (Siehe auch unter Feuer.)

Vereisen von Gasflaschen. Folge der Verdampfungskälte. Vereisung vermindert den Druck. Die maximale Gasentnahme aus einer 33-l-Flasche ist 1 kg/h. Das einzige ungefährliche Mittel, Vereisung zu verhindern, besteht in der richtigen, verbrauchsgerechten Bemessung von Flaschengröße und -anzahl.

Verflüssiger. Stoff, der in geringen Mengen [G] die Viskosität von Tonsuspensionen herabsetzt. Verflüssiger können Elektrolyte (Soda, Wasserglas) oder organische Stoffe sein (Kasseler Braun = Huminsäure, Quebrachoextrakt = Gerbsäure).

Verlorene Form. Meist zum Abformen von Porträts angewandtes Verfahren. Das Porträt wird mit Gipsbrei übergossen, wobei man eine Trennungsnaht vorsieht, die mit einem festen Faden durch den erhärtenden Gips gezogen wird. Durch einen entsprechenden Linienzug wird dafür gesorgt, daß die Teile später paßgerecht zusammengebracht werden können. Die verlorene Form soll so dick sein, daß sie stabil genug ist, und so dünn, daß sie leicht zerstört werden kann, wenn sie ausgeformt ist. Je nach Größe des Porträts soll die Wanddicke 0,5 bis 1 cm betragen. Zum Ausformen wird die Form mit Ton ausgelegt und zusammengesetzt. Sie ist verloren, weil sie sich wegen der Unterschneidungen nicht abheben läßt und zerstört werden muß.

Verlorener Ofen. Um große Gegenstände errichteter Ofen, der nach dem Brand wieder abgerissen wird.

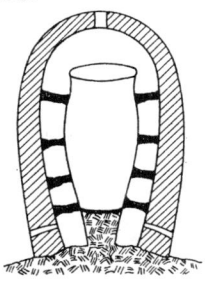

Jungsteinzeitlicher verlorener Ofen, in dem bis zu 100 l große Gefäße gebrannt wurden. Der Ofen mußte um das Gefäß herum errichtet werden. Die

Ofenwandung bestand aus Lehm und Flechtwerk und stützte sich durch Stege gegen den Topf ab. Der Zwischenraum nahm das Brennmaterial auf.

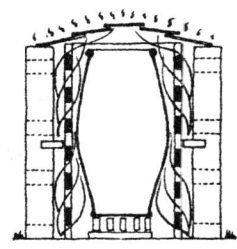

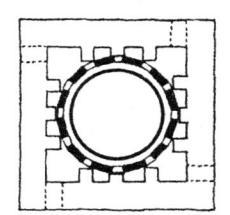

Verlorener Ofen der früheren Wandertöpfer auf Kreta. In solchen Öfen wurden in mionoischer Zeit bis zu 2,5 m hohe Pythoi gebrannt. Der Ofen wurde mit Scherben abgedeckt. Er besaß vier Schüröffnungen in verschiedenen Höhen.

Vermiculit, $3\,MgO \cdot 4\,SiO_2 \cdot x\,H_2O$. Verwitterungsprodukt von Glimmermineralen. Die Teilchen blättern sich beim Erwärmen auf.

Versatz. Aufzählung der Mengenanteile der Rohstoffe für eine Masse oder Glasur, angegeben in Gewichtsteilen (Gwt.) oder Gewichtsprozenten (Gew.-%). Der Versatz enthält (im Gegensatz zu einem Rezept) im allgemeinen keine Anleitung zur Verarbeitung.

Verschleißfestigkeit. Widerstand gegen den fortschreitenden Materialverlust aus der Oberfläche, hervorgerufen durch mechanische Ursachen. Bei Glasuren liegt im allgemeinen die Verschleißfestigkeit umso höher, je höher ihr Kieselsäuregehalt ist, doch erreicht man eine gute Verschleißfestigkeit auch, wenn sie einen etwas höheren Ausdehnungskoeffizienten besitzen als der Scherben, so daß sie unter einer geringen Druckspannung stehen. Matte oder opake Glasuren sollen mit Zirkon getrübt sein, weil dieses besonders verschleißfeste Kristallnadeln bildet. (Siehe auch unter Pei-Test.)

Verzierungstechniken. Plastische: Stempel, Rollstempel, Knibis, Red, Kerbschnitt.
Grafische: Schwämmeln, Spritzen, Schablone, Siebdruck, Fotokeramik, Federzeichnung, Diamantrisse.
Malerische: Unterglasur-, Inglasur-, Aufglasur-, Schlicker-, Wachsmalerei.
Spezifisch keramische: Kunstglasuren, Fladerung und Feuerspuren.

Violette Glasuren. Manganoxid gibt in Alkaliglasuren ein amethystfarbenes, rötliches Violett (»Manganpurpur«). Eine Spur Kobalt verstärkt den Purpur. 0,5 % Braunstein in borreichen Glasuren ergibt ein zartes, pastellfarbenes Violett.

Viskosität. Zähflüssigkeit. Eine von den Bindungen im Netzwerk abhängige Eigenschaft von Schmelzen. Sie verringert sich durch Trennstellen, die entweder durch Kationeneinbau oder durch Temperaturerhöhung verursacht sind. Je höher die Wertigkeit der Kationen, desto zahlreicher die Trennstellen bei Temperaturanstieg. Deshalb sind die zweiwertigen Erdalkalien erst bei höheren Temperaturen starke Flußmittel. Der Einfluß der Kationen auf die Viskosität ist von der Koordinationszahl abhängig und ändert sich mit deren Wechsel. Blei und Fluor wirken stets verflüssigend. Kleiner Ionenradius führt zu starker Erniedrigung der Viskosität. Das zeigt sich besonders bei dem kleinen Lithium- im Vergleich zum großen Barium-Ion.

Die Viskosität läßt sich nach der Vogel-Fulcher-Tammann-Gleichung (VFT-Gleichung) $\lg \eta = A + B/(T-T_0)$ berechnen. Darin sind A, B und T_0 Konstanten, die man aus der Tabelle der Koeffizienten für die Viskositätsberechnung ablesen muß. Diese Koeffi-

Koefizienten für die
Viskositätsberechnung nach Lakatos

	A	B	T_0
Na_2O	1,48	– 6039,7	– 25,1
K_2O	– 0,84	– 1493,6	– 321,0
CaO	– 1,60	– 3919,3	544,3
MgO	– 5,49	6285,3	– 384,0
Al_2O_3	1,52	2253,4	294,4
SiO_2	– 1,46	5736,4	198,1

zienten multipliziert man mit den Molprozenten, die man – wie bei der Berechnung einer Segerformel – aus der chemischen Analyse errechnet, indem man die Gewichtsprozente der Analyse (im folgenden Beispiel Spalte 1) durch die Molekulargewichte der betreffenden Oxide (Spalte 2) dividiert. Im Gegensatz zur Segerformel werden die Werte jedoch nicht auf 1 Mol basische Flußmittel, sondern auf 1 Mol SiO_2 bezogen, d. h., es werden sämtliche Ergebnisse (Spalte 3)

durch den SiO_2-Wert dividiert. In dem folgenden Beispiel soll die Viskosität der Glasur
0,5 Na_2O 0,5 CaO 0,19 Al_2O_3 3,3 SiO_2
berechnet werden. Sie läßt sich zusammensetzen aus
35,6 Gew.-% Fritte D-90208 (Seite 214)
16,6 Gew.-% Kalkspat
 8,0 Gew.-% Kaolin
39,8 Gew.-% Quarz.

Diese Glasur liegt in den für die Viskositätsberechnung nach der chemischen Analyse geforderten Grenzen.

Man erhält die Zahlen in Spalte 4:

	1	2	3	4
Na_2O	11,2 :	62,0 = 0,18 :	1,19 =	0,151
CaO	10,1 :	56,1 = 0,18 :	1,19 =	0,151
Al_2O_3	7 :	101,9 = 0,07 :	1,19 =	0,059
SiO_2	71,7 :	60,1 = 1,19 :	1,19 =	1

Die Werte der Spalte 4 multipliziert man nun mit den Koeffizienten A, B und T_0 der Tabelle und erhält dann durch Addition die für die VFT-Gleichung erforderlichen Konstanten:

	A	B	T_0
Na_2O	0,223	– 912,0	– 3,79
CaO	– 0,242	– 591,8	82,19
Al_2O_3	0,090	133,0	17,37
SiO_2	– 1,460	5736,4	198,10
Summe:	– 1,389	4365,6	293,87

Setzt man diese Zahlen in die VFT-Gleichung ein und sucht man die Viskosität bei 1200°C (der Grenze zwischen Hoch- und Niedrigtemperatur-Glasuren), so erhält man $\lg n = -1,389 + 4365,6 / (1200 - 293,87)$ und schließlich $-1,389 + 4,818 = 3,4$. Um dieses Ergebnis beurteilen zu können, braucht man Vergleichswerte. Das sind Fixpunkte der Viskosität, die angeben, bei welchem Wert die Glasur schmilzt, steht oder abläuft.

Der erste Orientierungswert ist die Viskosität bei der Transformationstemperatur. Sie liegt zwischen 10^{13} und $10^{14,5}$ dPa · s (Dezipascalsekunden), entsprechend $\lg n = 13-14,5$. Über dieser Viskosität ist die Glasur fest. Bei $\lg n = 19$ liegt ihre Viskosität bei Raumtemperatur im Gebrauchszustand.

Der zweite Orientierungswert ist die dilatometrische Erweichungstemperatur. Bei ihr hat die Glasur eine Viskosität von $\lg n = 10$ bis 12. Ihr entspricht die Temperatur, die in den Frittenkatalogen angegeben wird und die oft irrtümlich für die Schmelztemperatur der Fritte gehalten wird. Es ist ein Meßpunkt bei der dilatometrischen Messung.

$\lg n = 6$ bis 9 ist der optimale Entmischungsbereich zur Wärmebehandlung von Effektglasuren unterhalb ihrer Schmelztemperatur.

Jene Viskosität, bei der die Glasur glattfließt, liegt zwischen 3,5 und 4. Kleinere Werte bedeuten, daß sie bereits überfeuert, größere, daß sie noch nicht ausgeflossen ist. Bei 5 ist sie noch nicht gar, bei 2,6 bereits überfeuert.

Um nun zu berechnen, bei welcher Temperatur die Glasur ihr Optimum von 3,75 hat, oder wann sie beim Abkühlen ihren Transformationsbereich durchschreitet, muß man die VFT-Gleichung umstellen. Man ermittelt die Temperatur aus $B / (n - A) + T_0$. Die als Beispiel ausgewählte Glasur war bei 1200°C bereits etwas überfeuert. Ihr Optimum, nämlich eine Viskosität von 3,75 errechnet sich aus $4365,6 / (3,75 + 1,389) + 293,87 = 4365,6 / 5,139 + 293,87 = 849,5 + 293,87 = 1143°C$. Und sie wird fest bei 582°C errechnet aus $4365,6 / (13,75 + 1,389) + 293,87 = 4365,6 / 15,139 + 293,87 = 288,37 + 293,87 = 582°C$. Unter dieser Temperatur tritt sie beim Abkühlen in ihr Spannungsverhältnis zum Scherben.

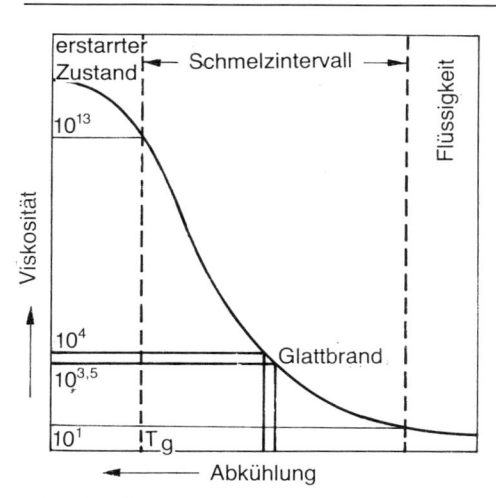

Viskositätsfixpunkte im Verlauf der Viskositätssteigerung beim Abkühlen. Viskosität in dPa·s.

Vitblende. Tonmischung der Firma Watts, Blake, Bearne, in Deutschland über Fuchssche Tongruben. Ransbach-Baumbach.

Vitreous China, auch nur »Vitreous«, Halbporzellan. Werkstoff mit festem Scherben und einer Wasseraufnahme von 0–1 %. Nach US-Standard darf eine Fuchsinlösung am Bruch nur 3,175 mm tief eindringen. Beispiel einer Masse für die Sanitärkeramik bei einem Rohbrand von 1180 °C:
46,4 Mischung aus China Clay und Ball Clay 1:1
19,7 Flint
 6,8 Spodumen
 6,8 Talkum
20,4 Nephelinsyenit.
Die Glasur muß dick eingestellt werden, damit sie auf dem fertig gesinterten Scherben haftet. Es ist in diesem Beispiel eine Steingutglasur für 1120–1240°C. Höher (bis 1320 °C) gebrannte Vitreous-China-Massen können auch mit blei-borfreien Steingut-Rohglasuren für 1230–1300 °C glasiert werden.

Vivianit, Blaueisenerz, $3 FeO \cdot P_2O_5 \cdot 8 H_2O$, $Fe(PO_4)_2 \cdot 8 H_2O$. (Ein Fingerzeig der Natur, wie man ein Eisenblau erzielen kann.)

Volkonskoit. Tonmineral der Montmoringruppe.

Volkshochschule. Von Gemeinden, Kreisen oder örtlichen freien Vereinigungen getragene schulähnliche Einrichtungen mit eigenen Bildungszielen. Die Volkshochschulen sind in Landesverbänden für Erwachsenenbildung und im Deutschen Volkshochschulverband e. V. mit dem Sitz in Bonn zusammengeschlossen.

Volkskunst. Weltanschaulich unbeeinflußte, historische Tradition vermittelnde Zierkunst, die sich oft auf die eigenschöpferische Umformung von Hochkunstvorbildern gründet. Ursprünglich bestand die Volkskunst in der Eigenproduktion für den Eigenbedarf, dann wurde sie vom ländlichen Handwerk als bäuerliche oder provinzielle Standeskunst vertreten, und schließlich ging sie in ein kommerzialisiertes Massenangebot von volkstümlicher Kunst über. Als Bauernkeramik wird die buntdekorierte Massenware bezeichnet, die im 18. und 19. Jh. als Hafnerware ihren Höhepunkt hatte. Die heutige Freizeitkeramik setzt als »Populärkunst« die Tradition der Volkskunst unter veränderten Voraussetzungen fort.

Vulkanische Aschen. Auswurfmassen aus glasiger Lava und Bestandteilen der Schlotwand, die oft über weite Entfernungen transportiert sind. Sie können sauer oder basisch sein. Gemenge aus Auswurfmaterial und tonigen, kalkigen oder sandigen Sedimenten heißen Tuffite, verfestigte Auswurfmassen vulkanische Aschentuffe.

W

Waagen. Geräte zur Gewichtsmessung (Massenmessung). Für Glasurexperimente sind Hebel- oder Balkenwaage mit großem Wiegebereich verbreitet, gleicharmige (analytische) mit Gewichtssätzen von 0,01 bis 50 g, ungleicharmige (Ohaus-, Bosch-, Kern-Modelle), mit Ablesegenauigkeiten von 0,1 oder 0,05 g, zum Teil mit Zusatzgewichten, die den Wiegebereich bis 2610 g erweitern. Bei elektronischen Waagen wird das durch die Last hervorgerufene Drehmoment durch ein elektromagnetisches Gegendrehmoment ausgeglichen; digitale Ablesung, Genauigkeit bis 0,1 g und feiner. Für Massemischungen benutzt man Tafelwaagen mit 20 kg Höchstlast. Federwaagen eignen sich gut für Flüssiggasflaschen, um den Verbrauch zu messen.

Wacholderasche. Basische Asche, die als ein durch Magnesia und Alkalien verunreinigter, kohlendioxidfreier Kalk angesehen werden kann. Im Kalkgehalt ersetzen 7 Teile der Asche 10 Teile Kalkspat. Anhaltswerte für die Zusammensetzung der Asche: 4,7 % SiO_2, 6,32 % Al_2O_3, 4,11 % Fe_2O_3, 0,14 % TiO_2, 74,08 % CaO, 4,41 % MgO, 3,67 % K_2O, 2,05 % Na_2O. Segerformel zum Einrechnen in Glasuren: 0,50 SiO_2, 0,04 Al_2O_3, 0,02 Fe_2O_3, 0,88 CaO, 0,07 MgO, 0,03 K_2O, 0,02. Mol.-Gew. 67.

Wachsmalerei. In der traditionellen Technik erwärmt man das Wachs und vermengt es zu einem Drittel mit Terpentinöl oder Petroleum. Es läßt sich jedoch mit Flüssigwachs

bequemer arbeiten. Die Malerei wird mit dem Pinsel auf die rohe oder geschrühte Ware oder auf eine bereits aufgebrachte Glasur aufgetragen, und die Deckglasur darübergegossen oder getaucht. Sie läuft von den gewachsten Stellen ab. Im Feuer brennt das Wachs weg, und die Malerei wird als Negativmalerei sichtbar. Die Unterglasur ist meist eine dunkle, mit Mangan und Eisen oder einer Kobalt-Nickel-Mischung gefärbte Transparentglasur. Sie kann vor dem Aufbringen des Wachses gebrannt werden oder roh bleiben. Auf jeden Fall muß sie trocken sein. Die Überglasur nach der Wachsbemalung ist die deckende Zinn- oder Zirkonglasur, die nach dem Brennen durch die Unterglasur abgetönt wird. Der häufigste Fehler ist Blasigkeit, und zwar um so mehr, je dicker die Glasur aufgetragen wurde. Eine Möglichkeit, den Fehler zu bekämpfen, besteht im Kalzinieren des Mangans und Eisens. Blasen können auch durch Überfeuerung entstehen. Eine Überglasur für 1280 °C:
40 Kalifeldspat
18 Kalkspat
3 Kaolin
22 Fritte D 902808
17 Zirkon
+ evtl. 1–2 Kobaltoxid zur Blaufärbung.

Wad. Feinerdiger, wasserhaltiger braunsteinähnlicher Manganschaum, $MnO_2 \cdot n\, H_2O$, kommt in der Nähe von Manganerz und an Sümpfen vor.

Wad box (engl.) Strangpresse mit dünnem, rundem Strang (»Wurstpresse«).

Wärme. Energieform mit der Einheit Joule (1 cal = 4,1868 J). Wärmekapazität eines Körpers ist die Wärmemenge, die ihm zugeführt werden muß, um seine Temperatur um 1 Grad zu erhöhen.
Die Wärmeleitfähigkeit ist eine Materialkonstante für den Übergang der Molekularbewegung Wärme von einem Körper auf den anderen durch Berührung. Die Wärmeleitfähigkeit ist definiert als jene Wärmemenge, die in einer Sekunde durch $1\,m^2$ fließt bei einem Temperaturgefälle von 1 Grad pro Meter. Einheit ist $J/s \cdot m \cdot K$. Bei Kristallen sind Wärmeleitfähigkeit und Wärmeausdehnung in Richtung und Gegenrichtung gleich. Die höchste Wärmeleitfähigkeit bis 800 °C besitzt BeO, dann folgen SiC, MgO und Al_2O_3; SiO_2 besitzt einen niedrigen Wert.

Wärmeausdehnung. Längen-, Flächen- und Volumenzunahmen beim Erhitzen und -abnahme beim Abkühlen. Die Wärmeausdeh-

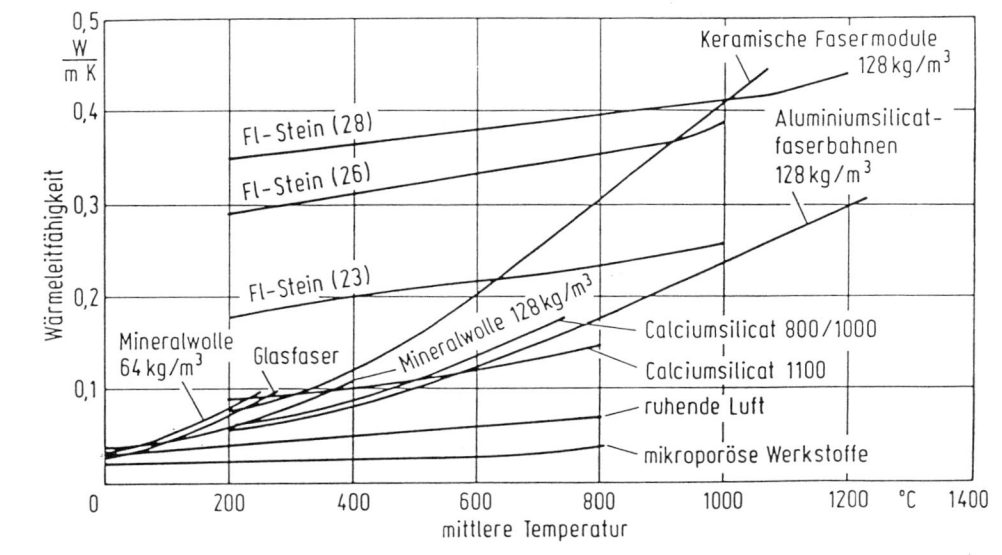

Der Vergleich der Wärmeleitfähigkeit verschiedener Ofenbaustoffe zeigt, daß bei höheren Temperaturen die Feuerleichtsteine (Fl-Steine) den Aluminiumsilikatfasern von 127 kg/m³ in der Wärmedämmung überlegen sein können.

nung beruht auf den mit der Temperatur zunehmenden Schwingungen der Atome, die zur Vergrößerung ihrer Abstände führen.
Wärmeausdehnungskoeffizient, WAK. Der lineare WAK (α) ist auf die Längeneinheit Meter bezogen und beträgt für die einzelnen Oxide 0,08 bis 1,65 Millionstel Meter pro Meter und Grad = $0{,}08-0{,}165 \cdot 10^{-6}$/K. Die Angabe des Ausdehnungskoeffizienten enthält meistens den betreffenden Temperaturbereich als Index, z. B. $\alpha_{(20-600)}$. Der Ausdehnungskoeffizient kann dilatometrisch gemessen (aus der Dilatometerkurve berechnet) oder durch Multiplikation mit Faktoren berechnet werden, die den einzelnen Oxiden zugeordnet sind. Die Faktoren sind der Tabelle zu entnehmen.

Faktoren zur Berechnung der Wärmeausdehnung

Li_2O	2,0	PbO	3,0
Na_2O	10,0	MnO	2,2
K_2O	8,5	CuO	2,2
SrO	6,2	SnO_2	2,0
Cr_2O_3	5,1	ZnO	1,8
Al_2O_3	5,0	MgO	1,0
CaO	5,0	SiO_2	0,8
CoO	4,4	ZrO_2	0,7
TiO_2	4,1	Fe_2O_3	0,4
BaO	3,0	B_2O_3	0,1

Die Werte der chemischen Analyse, mit diesen Faktoren multipliziert, ergeben die kubische Wärmedehnung in 10^{-7}/K

Darin sind sie nach ihrer Wirkung angeordnet, wodurch man gleich ersieht, welche Oxide man bevorzugen muß, um eine Glasur von hoher oder niedriger Ausdehnung zu gewinnen oder einen durch Ausdehnung verursachten Fehler zu beseitigen. Zum Berechnen der Ausdehnungskoeffizienten einer Glasur werden die Gewichtsprozente der Oxide aus der chemischen Analyse mit den Faktoren der Tabelle, die – um nicht mit allzu kleinen Zahlen umgehen zu müssen – in 10^{-7} angegeben sind, multipliziert. Aus dem errechneten kubischen Ausdehnungskoeffizienten erhält man den linearen durch Division durch 3, und die Ausgabe in 10^{-6} durch Verschieben des Dezimalpunkts um eine Stelle nach links. Genauer läßt sich die Ausdehnung unter Berücksichtigung der konzentrationsabhängigen Koordinationswechsel berechnen. In diesem Fall benutzt man die Tabelle nach Appen und multipliziert die darin enthaltenen Faktoren nicht mit den Gewichtsprozenten der chemischen Analyse, sondern mit den Mol.-Prozenten, die man aus der Segerformel berechnen kann, indem man deren Mol.-Werte addiert und in Prozente umrechnet.

Faktoren zur Berechnung des linearen Ausdehnungskoeffizienten $\alpha_{20-400°C}$ in 10^{-8}/°C nach Appen

RO:
CaO	13
MgO	6
BaO	20
SrO	16
BeO	4,5
ZnO	5
PbO	13 in Glasuren mit 0 bis 3 % Alkalien oder in denen der Wert $(RO+R_2O_3)/R_2O$ größer ist als ⅓
	11,5 + (0,5 R_2O) in allen anderen Fällen.

R_2O:
Na_2O	39,5
	41 in binären Alkalisilikaten (Wasserglas)
K_2O	46,5 in Glasuren mit mehr als 1 % Na_2O
	50 in binären Alkalisilikaten (Wasserglas)
	42 in allen anderen Fällen
Li_2O	27

R_2O_3:
Al_2O_3	−3
B_2O_3	−1,25 · a, wobei a = $(R_2O+RO-Al_2O_3)/B_2O_3$
	−5 wenn a größer ist als 4

RO_2:
SiO_2	10,5 − 0,1SiO_2 wenn SiO_2 größer ist als 67 %
	3,8 wenn SiO_2 kleiner ist als 67 %
TiO_2	10,5 − 0,15SiO_2 (der Faktor für TiO_2 kann von −1,5 bis 3 reichen)
ZrO_2	−6

R_2O_5:
P_2O_5	14

Sämtliche Oxidwerte sind in Molprozenten einzusetzen.

Wärmeausdehnung der Glasuren. Sie nimmt beim Erhitzen gleichmäßig und vom Transformationsbereich an stärker zu. Ihre Größe

311 WÄRMEAUSDEHNUNG DES SCHERBENS

ist nicht nur von der chemischen Zusammensetzung, sondern auch von der Koordinationszahl der am Netzwerk beteiligten Kationen abhängig. Das Bor-Ion vergrößert sich z. B. beim Übergang von der Dreier- zur Viererkoordination um das Sechsfache.

Die Wärmeausdehnung der Glasur muß dem Scherben angepaßt sein. Ist ihre Ausdehnung größer, so hat sie das Bestreben, sich stärker zusammenzuziehen als der Scherben und reißt, sobald ihre Zugfestigkeit überschritten wird. Die entstehenden Haarrisse sind der am häufigsten auftretende Fehler bei niedrig gebrannter Keramik. Ist hingegen die Ausdehnung des Scherbens größer als die der Glasur, so gerät sie unter Druckspannung, von der sie etwa zehnmal mehr verträgt. Infolgedessen staut sich sehr viel Druck auf, der beim Überschreiten der Druckfestigkeit der Glasur zu Abplatzungen oder zur völligen Zerstörung des Scherbens führen kann. Dieser Fehler tritt häufig bei hochgebrannter Keramik auf, wenn sich im Scherben viel Cristobalit bilden konnte, der sich stark zusammenzieht, wenn die Glasur bereits erstarrt ist. Eine geringe Druckspannung ist erwünscht, weil dann jede im Gebrauch auftretende Zugbeanspruchung zunächst als Entlastung der Druckspannung abgefangen wird. Die Anpassung der Wärmeausdehnung an den Scherben kann mit dem Stegerschen Spannungsmesser geprüft werden.

Glasuren mit Ausdehnungskoeffizienten zwischen 6 und $6,5 \cdot 10^{-6}$/K sind auf Kalksteingut sicher gegen Haarrisse; zwischen 6,6 und 7 sind sie meistens noch ausreichend haarrißsicher; zwischen 7,1 und 7,5 verlangen sie bereits einen Scherben von hoher Ausdehnung, die durch große Anteile Quarz oder Kalk erreichbar ist. Glasuren mit Werten zwischen 7,5 und 8,6 erfordern einen Scherben mit besonders hoher Ausdehnung (Quarzfrittescherben).

Wärmeausdehnung des Scherbens. Der Scherben besteht aus Kristallen, Scherbenglas und Poren. Die Art, Menge, Größe und Lage dieser Bestandteile wirken sich auf Ausdehnung und Zusammenziehung aus. Sogar durch die Formgebung entstandene Strukturen führen zu Ausdehungsunterschieden bis zu $0,4 \cdot 10^{-6}$/K in verschiedenen Richtungen. Der Ausdehnungskoeffizient einer Masse läßt sich deshalb nicht berechnen. Die Angaben auf Seite 312 beruhen auf dilatometrischen Messungen.

Beim Vergleich Masse/Scherben muß man darauf achten, ob die Werte für die lineare oder für die etwa dreimal so große kubische Ausdehnung gelten.

Beispiel für die Berechnung des linearen Wärmeausdehnungskoeffizienten der Glasur

0,5 PbO
0,2 CaO   0,3 Al_2O_3 2,8 SiO_2
0,1 Na_2O 0,3 B_2O_3
0,2 K_2O nach Appen

aus den Mol-Werten			erhält man Mol-Prozente,	die mit dem Faktor der Tabelle von Seite 310 multipliziert werden	Ergebnis
PbO	0,5	=	11,36	· 13	= 147,68
CaO	0,2	=	4,55	· 13	= 59,15
Na_2O	0,1	=	2,27	· 39,5	= 89,67
K_2O	0,2	=	4,55	· 46,5	= 211,58
Al_2O_3	0,3	=	6,82	· − 3	= − 20,46
B_2O_3	0,3	=	6,82	· − 2,91	= − 19,85
SiO_2	2,8	=	63,63	· 3,8	= 241,79
	4,4		100,00 Mol-%		709,56

Das Ergebnis ist der in 10^{-8} angegebene lineare Ausdehnungskoeffizient α. Auf 10^{-6} umgerechnet, lautet er $7,1 \cdot 10^{-6}$/K.

Die linearen Wärmeausdehungskoeffizienten der Massen liegen in folgenden Grenzen (10^{-6}/K):

Steinzeug	4,05–4,5
Hartsteingut	5,0–7,0
Kalksteingut	6,0–7,0
Porzellan	3,8–4,2

Lineare Wärmeausdehnungskoeffizienten von Scherbenbestandteilen:

Tiefquarz	12,3
Tiefcristobalit	10,3
Tieftridymit	21
Kalifeldspat	6,6
Kali-Natronfeldspat	7,4–7,5
Scherbenglas im Porzellan	3,0
Mullit	4,5
Kalziumsilikat	10
Magnesiumsilikat	7–10
Cordierit	2–4

Man sieht, daß die Ausdehnung des Scherbens durch Quarz und Kalziumsilikat (Wollastonit) erhöht wird. Bei niedrigen Temperaturen, bei denen man Glasuren verwenden muß, die sich stark ausdehnen, muß der Scherben quarz- und kalkhaltig sein. Dagegen setzen Mullit und Kalifeldspat die Ausdehnung herab. Dem tragen die kalkreichen Steinzeugglasuren Rechnung. Der Restquarz im Steinzeugscherben hat zwar einen größeren Ausdehnungskoeffizienten als der Christobalit, doch findet seine Umwandlung zu Tiefquarz beim Abkühlen bereits bei 573 °C statt, und die weitere Zusammenziehung verläuft allmählich, während beim Cristobalit die plötzliche Schrumpfung bei 273 °C gefährlich ist, weil dann die Glasur nicht mehr ausheilen kann.

Die Verwendung von Magnesium, das in den Massen ein Silikat bildet, entspricht im Magesitsteingut etwa der Verwendung von Kalk. Sobald es jedoch bei höheren Brenntemperaturen zur Cordieritbildung kommt, kann der Scherben als feuerfestes Geschirr große Temperaturunterschiede ertragen; es ist aber schwierig, eine Glasur für ihn zu finden, weil selbst die Kalkglasuren eine höhere Ausdehnung besitzen.

Wärmeaustauscher. Vorrichtung zur Wärmerückgewinnung, die von Abgas und Luft durchströmt wird, wobei das Abgas seine

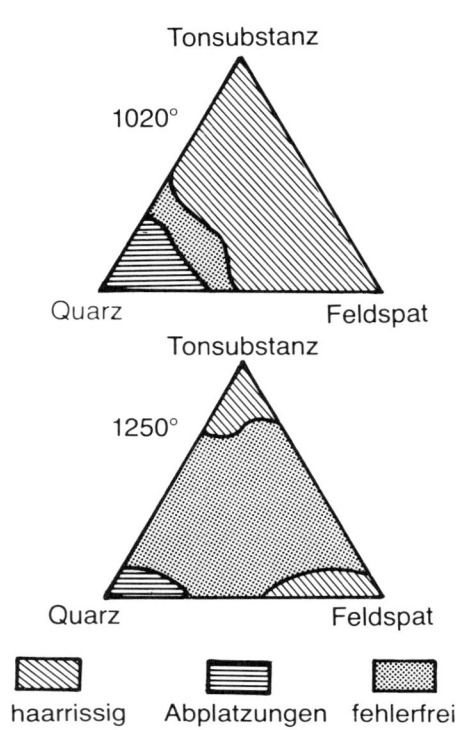

Nach der hier dargestellten Faustregel muß eine Masse in der rationellen Analyse 60 % Quarz enthalten, um bei niedrigen Temperaturen Glasuren haarrissefrei zu tragen. Bei Steinzeugtemperaturen sind Haarrisse nur noch bei tonsubstanz- oder feldspatreichen Massen zu befürchten.

Wärme entweder a) durch eine Trennwand an die Luft abgibt (Rekuperator) oder b) feuerfeste Steine erhitzt, die beim Umschalten des Strömungsweges die Wärme an die Luft abgeben (Regenerator, Winderhitzer). In der Keramik dienen Rekuperatoren (sog. DEG Prozess-Therm-Wärmetauscher) gleichzeitig zur Kondensierung der Verunreinigung in der Abluft.

Wärmedämmung. Eindämmung der Wärmeleitung durch a) Dämmstoffe, b) Reflexion der Wärmestrahlung an spiegelnden Flächen, c) Verminderung der Konvektion. Die Wärmedämmung vermindert oder verhindert das nutzlose Abfließen von Wärmeenergie in die Umgebung.

Wärmekapazität, spezifische (= »spezifische Wärme«) ist jene Wärmemenge, die einem Kilogramm eines Körpers zugeführt werden muß, um ihn um 1 Grad zu erwärmen. Sie steigt mit zunehmender Temperatur an,

d. h. man braucht für einen Temperaturanstieg bei hoher Temperatur länger als für den gleich großen Anstieg bei niedriger Temperatur. Die mittlere Wärmekapazität der Glasphase (0,63) ist geringer als die der Kristallphase. Bei Keramik schwanken die Werte zwischen 0,7 und 1,2 J/(kg·K); akzeptabler Mittelwert ist 1,0. Er verringert sich bis zu 38 % Porengehalt auf ein Minimum und nimmt dann wieder zu.

Wärmetransport. Er ergibt sich aus Wärmeleitung und Strahlung. Beide zusammen kann man vereinfachend als Wärmeleitfähigkeit bezeichnen. Bei keramischen Körpern ist sie vom Phasenbestand abhängig, da sie drei Phasen besitzen: eine kristalline, eine glasige (Scherbenglas) und eine gasförmige (Poren). Die Kristalle (Mullit) verringern ihre Wärmeleitfähigkeit mit steigender Temperatur, die des Scherbenglases erhöht sich. Mit steigender Porosiät nimmt sie linear ab.

WAK = Wärmeausdehungskoeffizient.

Waldmeister (*Galium odoratum*), Rötegewächs mit quirlig stehenden, schmalen Blättern und endständigen, weißen Blüten, Lehmzeiger. Je fetter der Lehm, desto kräftiger die Pflanze.

Walkerde, Fullerde. Ursprünglich zum Walken, d. h. Entfetten von Wolle, verwendete Erde. Sie besitzt in hohem Maße die Fähigkeit, Fett aufzusaugen und basische Farbstoffe aus ihren Lösungen zu adsorbieren. Es ist umgelagerter, sehr feiner Basalttuff, aus dem durch Verwitterung Alkalien und Erdalkalien ausgelaugt wurden. Hauptbestandteile sind die Minerale Smektit ($Al_2O_3 \cdot 7\ SiO_2 \cdot 12\ H_2O$) und Malthacit (ds. mit 16 H_2O). Die Westerwälder Walkerde kommt unter Deckbasalt bei Weilburg, Dillenburg, Ahlbach, Hadamar an vielen Stellen in verschiedener Güte vor. Weitere Vorkommen u. a. in Merenberg, Hessen, mit der Zusammensetzung: 48,56 % SiO_2, 12,76 % Al_2O_3, 22,92 % H_2O, 12,65 % Fe_2O_3.

Walnußbaumasche. Eine schwefel- und chlorreiche, basische Asche, die geschlämmt werden muß. Aus 30 Asche, 44 Kaolin und 25 Quarzmehl kann man eine Mattglasur für 1280 °C gewinnen. Sie ist im oxidierenden Brand hellbräunlich, im reduzierenden seladonfarbig. Die groben Anhaltswerte für die Zusammensetzung der Holzasche können auch für die Walnußschalen genommen werden, die etwas phosphorreicher sind: 16,71 % SiO_2, 0,06 % Al_2O_3, 1,26 % Fe_2O_3, 0,41 % MnO, 40 % CaO, 6,59 % MgO, 14,68 % Na_2O, 6,44 % P_2O_5, 8,17 % SiO_2, 0,82 % Cl. Segerformel zum Einrechnen in Glasuren: 0,25 SiO_2, 0,01 Fe_2O_3, 0,01 MnO, 0,63 CaO, 0,14 MgO, 0,14 K_2O, 0,07 Na_2O, 0.04 P_2O_5. Mol.-Gew. 89.

Wandfliesen. Zur Wandverkleidung bestimmte Fayence- oder Steingutfliesen.
Altes Herstellungsverfahren von Fayencefliesen in holländischen Manufakturen: Die kalkhaltige Masse wird mit einem Nudelholz auf einer Holzplatte zwischen zwei angeschraubten Holzleisten von 8 mm Dicke ausgerollt. Zum leichten Ablösen ist das Holz mit Teak-Öl bestrichen. Zum Zuschneiden auf Maß dient ein Brett mit zwei in diagonalen Ecken angebrachten Nägeln. Es wird auf die lederharte Platte aufgelegt, die Nägel, die sich in die Masse einbohren, verhindern das Verschieben. Mit der scharfen Kante einer Ziehklinge wird entlang jeder Brettkante die Rohfliese auf Maß geschnitten, wobei die Ziehklinge schräg nach innen gedrückt wird, so daß die (mit den Nadellöchern versehene) Fliesenoberseite größer ist als die Unterseite. Dadurch erhält man beim Aneinandersetzen der Fliesen beim Verlegen eine dreieckige, versteckte Rinne, die es erlaubt, Fliesenbilder ohne sichtbaren Steg zu verlegen. Die geschnittenen Rohfliesen werden, paarweise Oberseite auf Oberseite, zu zehn Paaren übereinander gestapelt, mit einem Backstein beschwert und vier Wochen getrocknet, dann mit zwischen die Paare gelegten Streifen aus zerschnittenen Rohfliesen in den Ofen gestapelt, so daß die Wärme überall gut zutreten kann. Geschrüht wird bei 1000 °C, dann mit Fayenceglasur begossen, mit Hilfe einer Stichschablone bemalt und bei 900 °C glattgebrannt.
Steingutfliesen sind gewöhnlich Industrieerzeugnisse mit Farb- und Effektglasuren. Zu ihrer rationellen Produktion wurden Fließbänder entwickelt, auf denen die Fliesen einzeln hintereinander vom Formgebungsautomaten über eine Glasursprühanlage durch den Tunnelkanal transportiert werden.

Wasser. Das als mechanisch gebundenes Wasser bezeichnete flüssige Anmachwasser wird beim Trocknen ausgetrieben, das hygroskopische (Adsorptions-Wasser) und das in den Tonmineralen befindliche chemisch gebundene (Konstitutions-)Wasser im Brand. Die Viererkoordination der H_2O-Moleküle entspricht dem SiO_4-Tetraeder, und Eis hat die Struktur des Tridymits.

Tone reagieren sauer. Ihr pH-Wert liegt zwischen 4,5 und 6,5. Die Oberflächenspannung des Wassers beträgt bei 25 °C 72 mN/m. Sie steigt durch Auflösung der Salze und Verflüssigungsmittel auf 80 und 90 mN/m und wirkt durch Konzentrationsanstieg der Salze beim Austrocknen zusammenziehend auf die Tonteilchen.

Das Adsorptionswasser schlägt sich schon bei gewöhnlicher Raumtemperatur in den Poren nieder, wenn diese sehr klein sind. Zur Kondensation des Wassers in Poren von 0,01 m Größe genügen schon geringe Dampfdrücke. Dieses Wasser kann mit den Oberflächen der feinen Teilchen reagieren und OH-Gruppen ausbilden, die sich erst bei 400 °C entfernen lassen.

Noch fester sind die OH-Ionen in den Tonmineralen gebunden. Sie werden erst frei mit der Zersetzung der Minerale, die schon bei 400 °C beginnt, aber erst bei 1000 °C abgeschlossen ist. Nur das Zwischenschichtwasser kann schon unter 100 °C entweichen.

Wasseraufnahme. Ein als dicht geltender Werkstoff darf nur 0,1 % seines Gewichts an Wasser aufnehmen. Beim Steinzeug spricht man schon bei 3 % Wasseraufnahme von einem dichten Scherben. Bei der Prüfung durch halbstündiges Auskochen, Abtrocknen und Wiegen entweicht die Luft aus den durchgehenden und den sackartigen Poren und macht dem Wasser Platz.

Wasserdichte Keramik. Durch Kohlenstoff (Schwarzkeramik), Glasur oder Scherbensinterung dichte Keramik. Die Glasur hat vor allem beim Steingut die Aufgabe, den Scherben abzudichten. Es wird deshalb allseitig glasiert. Durch die Narben, die die Spitzen der Brennhilfsmittel hinterlassen, kann jedoch allmählich Wasser eindringen und den Scherben zum Quellen bringen, wodurch sich erst im Gebrauch Glasurrisse zeigen.

Wasserglas. Wasserlösliches Alkalisilikat, das durch Schmelzen von Sand mit Soda oder Pottasche als glasige Substanz gewonnen wird und entweder flüssig oder als Pulver in den Handel kommt. Das häufigste ist das Natronwasserglas mit der Molekularformel $Na_2O \cdot 3\ SiO_2$ (Mol.-Gew. 242), das flüssig gehandelt wird, während $Na_2O \cdot 3,33\ SiO_2$ (Mol.-Gew. 199,8) als Pulver angeboten wird. Flüssig ist auch das seltenere Kaliwasserglas $K_2O \cdot 9,92\ SiO_2$ (Mol.-Gew. 329,8). Wasserglas ist klebender Bestandteil von Klebstoffen und Anstrichen und kann auch dazu verwendet werden, poröse Keramik wasserdicht zu machen. Bei Glasuren, die gegen Tonerde empfindlich sind (z. B. Aventuringlasuren), kann ein Wasserglasanstrich auf dem Scherben unter der Glasur sinnvoll sein.

Wasserglasglasuren. Leichtflüssige, blei- und borfreie Glasuren, die der ägyptischen Urglasur nachgebildet sind und kaum Tonerde enthalten, lassen sich nur mit einem extrem alkalireichen Rohstoff erzielen. Zum Beispiel erhält man aus
66 Wasserglas 1 : 3,3
14 Kalkspat
20 Quarz
eine Glasur, die zwischen 900 und 1000 °C schmilzt. Ein geringer Tonerdegehalt erhöht die Schmelztemperatur unwesentlich, wie bei der folgenden Glasur für 970 °C aus
52 Wasserglas
48 Kalifeldspat
oder mit kalzinierter Tonerde für 980 °C
90 Wasserglas
10 Tonerde.
Alle diese Mischungen ergeben mit 2 % Kupferoxid eine ägyptischblaue Glasur. Das Wasserglas neigt jedoch zum Aufblähen und die Glasuren zum Verwittern. Günstiger als Wasserglas ist die Natrium-Silikat-Fritte Degussa 90208, die einen geringen Tonerdegehalt besitzt, der sie vor Wasserlöslichkeit und Verwitterung bewahrt.

Wasserlöslichkeit. Fähigkeit, mit Wasser eine Lösung zu bilden. Da Massen und Glasuren mit Wasser angemacht werden, spielt die Wasserlöslichkeit der Rohstoffe eine große Rolle. Gelöste Stoffe wandern mit dem verdunstenden Wasser an die Oberfläche, wo sie sich ansammeln, oder werden mit dem vom porösen Scherben angesaugten Wasser abtransportiert. Es tritt eine Entmischung ein. Im Scherben gelöste Alkalien können im Brand die Oberfläche des Scherbens zu früh verschließen und zu blasigen Auftreibungen führen. Meist sind lösliche Salze in den Tonen Ursache für Anflüge und Ausblühungen und stören bei der Herstellung von Gießschlickern. Zu Ausblühungen führen Sulfate (Kalzium-, Magnesium-, Eisen-, Kalium, Natriumsulfat). Zusätze von 0,05 bis 0,15 % Bariumkarbonat genügen, um die Sulfate in unlösliche Karbonate überzuführen.

Wasserlösliche Glasurbestandteile sind eine der Ursachen für die Verwendung von Fritten. Bei geringen Mengen und schnellem Verbrauch der schnell alternden Glasurschlicker können lösliche Bor- und Alkaliverbindungen auch roh verwendet werden. Dabei spielt die Temperatur des Glasurschlickers eine große Rolle:

Wasserlöslichkeit von Glasurrohstoffen in g/100 ml Wasser

	bei 0 °C	21 °C	100 °C
Borsäure (H_3BO_3)	1,95	5,15	39,1
Borsäure (B_2O_3)	1,10		15,7
Borax	2,29	5,14	191,1
Wasserglas		7,0	
Soda	7,1		45,5
Pottasche		112,0	156,0
Salpeter	13,3	31,6	247,0
Lithiumkarbonat	6,67		10,02
Bariumkarbonat		0,002	0,006
Kalziumkarbonat		0,0017	0,0018
Wollastonit		0,0095	
Magnesiumkarbonat		0,0106	
Strontiumkarbonat		0,0011	0,065
Zinkoxid		0,00016	

Eine geringe Wasserlöslichkeit zeigen auch die Alkalifeldspäte durch eine alkalische Reaktion des Anmachwassers. Gegenüber den Bor- und den Alkaliverbindungen erweisen sich die Erdalkaliverbindungen als praktisch wasserunlöslich. Wasserlösliche Stoffe kann man auch mit Spiritus oder Akohol anmachen (siehe auch unter Thorpe-Formel). Bei Aschen prüft man die Wasserlöslichkeit der Alkalien (>pH7) mit Lackmuspapierstreifen.

Wealdentone. Aus Salzablagerungen in der Unterkreide (Wealden-Zeit) entstandene Tone, vor allem südlich von Hannover bei der Töpferstadt Duingen.

Wechsellagerungsstruktur. Die unregelmäßige Wechsellagerung der Schichtpakete bei den danach benannten Mixed-layer-Mineralen (Corrensit, Hydrobiotit).

Weichporzellanmassen. Niedrig gebranntes Porzellan. Arten: Fritten-, Knochen- und Segerporzellan (siehe diese) sowie feldspatreiches Weichporzellan mit geringem Kalkgehalt für 1200 bis 1350 °C (Schrühbrand bei 920–960 °C).

a) Massen für 1200–1300 °C:
   25–30 Tonsubstanz
   0–20 Quarz
   40–60 Feldspat
   0,5– 2 Marmormehl, Magnesit, Dolomit oder Flußspat

b) Massen für 1250–1280 °C
   25–30 Tonsubstanz
   30–50 Quarz
   30–40 Feldspat
   0,5– 2 Marmormehl, Magnesit oder Dolomit.

c) Massen für 1300–1350 °C:
   30–40 Tonsubstanz
   30–40 Quarz
   25–40 Feldspat
   0,5– 2 Marmormehl, Magnesit oder Dolomit (s. a. u. Leach [David]- Porzellanmasse).

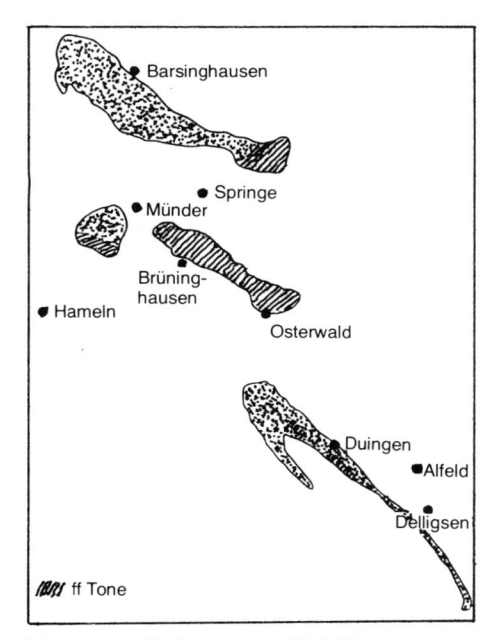

Wealdenton-Vorkommen südlich Hannover.

Weichporzellanglasuren. Seger gibt folgende Grenzwerte an:
für 1230–1280°C:
0,1–0,3 K_2O 0,5–0,4 Al_2O_3 3,5–4,5 SiO_2
0,3–0,0 MgO
0,0–0,3 BaO
0,4–0,7 CaO
für 1300–1350°C:
0,1–0,3 K_2O 0,6–0,8 Al_2O_3 5,5–7,5 SiO_2
0,3–0,0 MgO
0,3–0,0 BaO
0,4–0,7 CaO

Zu den auf Seite 315 angegebenen Weichporzellanmassen passende Glasuren:
Glasurbeispiel für a):
16,70 Fritte D 90420
33,20 Kalifeldspat 82/K11
12,50 Bariumsulfat
7,20 Kalkspat
12,70 Kaolin
17,70 Quarz
Glasurbeispiel für b):
43,73 Kalifeldspat 82/K11
15,67 Kalkspat 344
2,63 kaust. Magnesit
3,82 Zinkoxid
4,07 Kaolin
30,08 Quarz
Glasurbeispiel für c):
21,27 Kalkspat 82/K11
16,50 Kalkspat 344
4,29 kaust. Magnesit
11,50 Kaolin
9,0 geglühter Kaolin
36,54 Quarz.
Sämtliche Glasuren sind gut einfärbbar: blau mit 1 % Kobalt-, braun mit 2 % Eisen- oder 2 % Mangan-, grün mit 1 % Kupferoxid.

Wedgwood, Josiah. Englischer Keramiker (12. 7. 1703–3. 1. 1795). Gründete 1769 die Fabrik »Etruria«, in der er weißes Steingut (»Queens ware«), schwarzes Steingut (»Basalt ware«) und gefärbtes Steinzeug mit aufgeklebten Reliefs (»Jasper ware«) im klassizistischen Geschmack herstellte, das u. a. in Meißen in Lizenz hergestellt wurde.

Weidenasche. Eine Asche vom Alkalityp, die nicht geschlämmt zu werden braucht und sich auch für niedrigschmelzende Glasuren eignet. Aus 22 Asche, 33 Kaolin und 45 Quarzmehl gewinnt man eine Mattglasur für 1280 °C, mit zusätzlich 50 % Kalziumborat eine glänzende Glasur für 1180 °C. Die Naturfarbe der Glasur ist schwach hellbräunlich im oxidierenden und grünlich im reduzierenden Brand. Anhaltswerte für die Zusammensetzung: 4,44 % SiO_2, 0,05 % Al_2O_3, 1,25 % Fe_2O_3, 0,18 % MnO, 20,21 % CaO, 8,26 % MgO, 49,81 % K_2O, 2,5 % Na_2O, 10 % P_2O_5, 1,22 % SO_3, 0,08 % Cl. Segerformel zum Einrechnen in Glasuren: 0,06 SiO_2, 0,01 Fe_2O_3, 0,32 CaO, 0,18 MgO, 0,47 K_2O, 0,04 Na_2O, 0,06 P_2O_5. Mol.-Gew. 87.

Weinstein. Kaliumbitartrat.

Weiß. Vom Grad der Reflexion des Lichts und von der Farbtönung abhängige subjektive Bewertung, objektiv bestimmbar durch Messungen der Reflexionsgrade mit Blau (B)- und Rotfilter (R). Weiße = 2B-R (Stephansensche Gleichung). Weißes Papier hat den Reflexionsgrad 0,7–0,8, Schnee 0,8, Bariumsulfat 0,97. Porzellan mit 0,6 gilt noch als weiß.

Weißbuchenasche. Eine basische Asche mit hohem Kalkgehalt, die geschlämmt werden sollte. Sie besitzt neben Kalk zu wenig andere Flußmittel, um nur mit Kaolin und Quarz allein unter 1300 °C eine Glasur zu ergeben. Man kann die Asche 1:1 anstelle von Kalkspat einsetzen und erzielt damit eine stärkere Flußmittelwirkung als mit Kalkspat. Anhaltspunkte für die Zusammensetzung der Asche: 4,16 % SiO_2, 1,16 % Al_2O_3, 0,46 % Fe_2O_3, 0,09 % TiO_2, 66,14 % CaO, 3,37 % MgO, 9,37 % K_2O, 0,21 % Na_2O, 5,93 %, P_2O_5, 3,6 % SO_3, 1,21 % Cl. Segerformel zum Einrechnen in Glasuren: 0,05 SiO_2, 0,01 Fe_2O_3, 0,87 CaO, 0,06 MgO, 0,07 K_2O, 0,03 P_2O_5. Mol.-Gew. 66.

Weißdeckende Glasuren. In erster Linie sind es zinn- oder zirkongetrübte Glasuren. Das Zinnoxid ist besonders für niedrige Temperaturen günstig, weil es die Rißbildung durch Erhöhung der Elastizität verhindern hilft. Das Zirkon konnte das Zinn in diesem Bereich teilweise verdrängen, da es sich nach Feinstmahlung als ebenbürtiges Weißtrübungsmittel erwies. Beim Steinzeug wird das Titandioxid am häufigsten gebraucht, weil sich das Zirkon bei hoher Temperatur vergröbert, wodurch seine Trübwirkung nachläßt. Das Titan wirkt am kräftigsten durch Entmischung im System CaO-TiO_2-SiO_2, aber sie tritt erst über 10 % TiO_2 ein und er-

gibt Glasuren mit hoher Ausdehnung von $8 \cdot 10^{-6}$/K und mehr. Interessant sind weißdeckende Glasuren ohne Trübungsmittel, z. B. die folgende Glasur bei 1050 bis 1150 °C:
39,73 Fritte D 90208
40,72 Kalifeldspat 82/K11
12,10 Kalkspat
 1,47 Bentonit
 5,98 Tonerdehydrat
In bleifreien Rohglasuren über 1240 °C ist Magnesiumphosphat, $Mg_3(PO_4)_2$, ein gutes Trübungsmittel, das anstelle von Zinnoxid verwendet werden kann.

Weißdornasche. Eine kalkreiche, basische Asche, die nicht geschlämmt zu werden braucht. Um zu einer Glasur zu werden, die unter 1300 °C schmilzt, benötigt sie noch andere Flußmittel, Tonerde und Kieselsäure. Das kann z. B. durch Feldspat geschehen: 17 Asche, 67 Kalifeldspat und 16 Kaolin ergeben eine Mattglasur bei 1280 °C. Die Glasur ist fast farblos und läßt sich gut einfärben. Anhaltswerte für die Zusammensetzung der Asche: 7,73 % SiO_2, 1,16 % Al_2O_3, 0,68 % Fe_2O_3, 0,06 % TiO_2, 69,69 % CaO, 4,54 % MgO, 9,71 % K_2O, 0,41 % Na_2O, 5,45 % P_2O_5, 2 % SO_3, 0,5 % Cl. Segerformel zum Einrechnen in Glasuren: 0,09 SiO_2, 0,01 Al_2O_3, 0,85 CaO, 0,08 MgO, 0,07 K_2O, 0,01 Na_2O, 0,03 P_2O_5. Mol.-Gew. 69.

Weißtrübung, siehe unter Trübung.

Weizenstrohasche. Eine saure Asche vom Alkalityp, die bei 1350 °C schmilzt. Sie kann mit einer Asche vom Kalktyp kombiniert werden, um eine niedriger schmelzende Glasur zu erhalten; z. B. genügt schon ein Zusatz von 5 % Ulmenasche zu 95 % Weizenstrohasche, um eine Glasur für 1280 °C zu erhalten. Anhaltswerte für die Zusammensetzung der Weizenstrohasche: 62,985 % SiO_2, 9,21 % Al_2O_3, 0,2 % Fe_2O_3, 0,1 % MnO, 3,75 % CaO, 2,26 % MgO, 13,81 % K_2O, 0,2 % Na_2O, 2,33 % P_2O_5. Segerformel zum Einrechnen in Glasuren: 3,75 SiO_2, 0,32 Al_2O_3, 0,07 P_2O_5, 0,25 CaO, 0,21 MgO, 0,54 K_2O. Mol.-Gew. 341.

Werkstoff. Ein Stoff, aus dem durch Be- und Verarbeitung Waren hergestellt werden. In der Keramik, die Massen aus vorwiegend natürlichen Rohstoffen zu Gebrauchswaren oder Kunstwerken verarbeitet, die nicht weiter bearbeitet werden, sind eigentlich die Massen (Arbeitsmassen) selbst die Werkstoffe. Unter dem Eindruck der Entwicklung völlig neuer keramischer Werkstoffe, für die es keine natürlichen Rohstoffe gibt, und die zum Teil nur als Werkstoffplättchen in einen technischen Apparat eingebaut werden, hat sich die Bezeichnung »Werkstoffe« gegenüber der alten Unterscheidung von Warengattungen durchgesetzt.

Werkunterricht. Unterrichtsfach an allgemeinbildenden Schulen. Es wird entweder als Kunsterziehung verstanden unter Außerachtlassung der Natur, oder als technisches Werken unter Ausschluß der Kunst. Ein richtig verstandener Werkunterricht müßte Natur und Kunst vereinen.

Werkzeug. Das Selbermachen von Werkzeugen ist ein weitgehend unerschlossenes Erlebnisfeld innerhalb der Keramik. Solange es sich um Handwerkszeug handelt, werden die Möglichkeiten der Hand durch natürliche Mittel erweitert. In diesen Fällen sind Werkzeugspuren werkgerecht, die Spuren mechanischer Vervielfältigung (Gießnähte) jedoch nicht.

Wertigkeit. Zahl der Wasserstoffatome, die ein Element zu binden oder zu ersetzen vermag. Die Wertigkeit errechnet sich aus Molekulargewicht durch Äquivalentgewicht, z. B. bei SiO_2 60 : 30 = 2. Aus den Wertigkeiten, multipliziert mit den Segerformelwerten, ergibt sich die Säurezahl als Anhaltspunkt für matte oder glänzende Glasuren. Aus praktischen Gründen hat sich die Bedeutung der Wertigkeit in der Keramik erhalten.

Westerwälder Tone. Wegen ihrer guten Plastizität und hellen Brennfarbe bei relativ niedrigen Dichtbrenntemperaturen begehrte Tone. Die weißen Tone liegen meist unter gelben und roten, und diese unter einer Decke von basaltischem Schotter und Lehm.
Im Hohen Westerwald treten sie unter der Decke des stark zerlappten Dachbasalts zutage und verbreiten sich in vielen Windungen vom Pfaffenreim nördlich von Breitscheid und den Tongruben südlich von Langenaubach über Gusternhain, Roth, beiderseits des Rehbachtales nach Driedorf und beiderseits des Ulmbaches nach Münchhausen bei Beilstein und südlich von Odersberg am Nordhang des Kannenbergbachtales. Bei

WESTERWÄLDER TONE

Breitscheid ist der unterste Ton rotbrennend für Töpferware, in den oberen Schichten weiß und feuerfest wie auch in Langenaubach, wo er mit eingekieselten Quarzitsanden auftritt. Ein blauer, sehr bildsamer feuerfester Ton steht in Holzhausen-Rodenroth. Im Ulmbach-, Seel- und Rehbachtal liegen unter weißem Sand bunte Tone.

Im Gebiet zwischen Mengerskirchen, Hintermeilingen und Hadamar lagern rote, weiße und gelbe Kaolintone bei Winkels, rote, eisenreiche Tone nordwestlich von Weilburg, feuerfeste Tone bei Hadamar, Hintermeilingen, Offheim, Frickhofen. Am Ahrbach- und Auerbachtal liegen rotbrennende Tone bei Niederahr und Moschheim; der Ton von Girod eignet sich als Glashafenton. Im Krug- und Kannenbäckerland liegen die

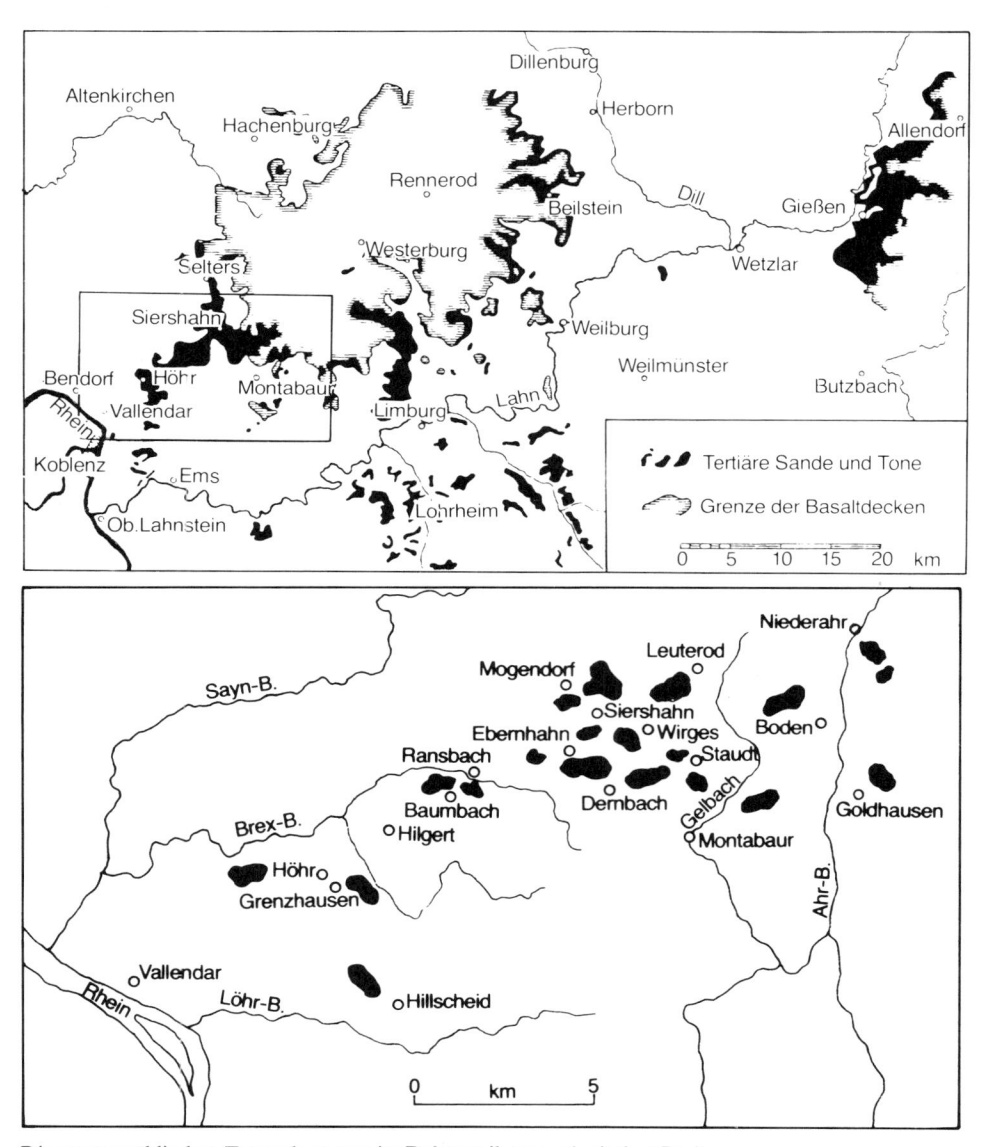

Die westerwäldischen Tonvorkommen im Rahmen ihrer geologischen Bedingungen.

Tone in Mulden zwischen den von unterdevonischen Gesteinen gebildeten Höhen. Die größte ist die von Wirges mit den Tonen von Ebernhahn und Lämmersbach; die Ransbacher Mulde liegt westlich davon, südöstlich die Dernbach-Staudter-Tonmulde, deren Tone häufig Brauneisenstein enthalten. Eine weitere Mulde liegt zwischen Siershahn und Mogendorf und der kleinen Hillscheider Mulde bei Höhr-Grenzhausen. Es sind rote und sehr fette weiße Tone, z. B. der Siershahner Blauton mit hoher Kornfeinheit, hohem Tonerdegehalt, 50 bis 60 % fehlgeordnetem Kaolinit, 20 bis 30 % Illit und nur 5 % Quarz bei 5 bis 10 % Feldspatanteil. Je höher der Tonerdegehalt, desto teurer sind die Tone. Über 35 % Al_2O_3 sind sie gewöhnlich feuerfest.

Außerhalb des Krug- und Kannenbäckerlandes liegen Roßbach, Ellenhausen und Essenhausen mit weiß- und rotbrennenden Tonen. Im südwestlichen Westerwald liegen die Vallendarer Tone nordwestlich der Linie Vallendar–Bendorf im Bendorfer Wald und Urbar. Es sind weiße, gelbe und rote Tone mit Übergängen zu tonigen Sanden.

Westerwaldpreis für Keramik. Offener Wettbewerb für alle Keramiker, die in Deutschland leben, ohne Altersbegrenzung. Höchstdotierter deutscher Keramikpreis, vom Landrat des Westerwaldkreises 1973 ins Leben gerufener und seither alle zwei Jahre vom Westerwaldkreis veranstalteter Wettbewerb. Zulässig sind je 5 Einsendungen der Teilnehmer. Mit dem Wettbewerb ist eine Ausstellung im Keramikmuseum Westerwald verbunden.

Wettbewerbe. In der Bundesrepublik Deutschland: Westerwaldpreis für Keramik, Keramikpreis der Frechener Kulturstiftung, Richard-Bampi-Preis, Preis der Stadt Offenburg für zeitgenössische Keramik, Staatspreise der Bundesländer, organisiert von den Landesverbänden des deutschen Kunsthandwerks; überregional sind der hessische, der auf der Frankfurter Messe vergeben wird, und der bayerische. Der Hamburger Staatspreis wird von der Justus-Brinkmann-Gesellschaft veranstaltet. Der Landesverband des deutschen Kunsthandwerks in Nordrhein-Westfalen organisiert periodisch Ausstellungen mit Preisen für die Jugend. Auf der internationalen Handwerksmesse München wird alljährlich der Anerkennungspreis »Jugend gestaltet« verliehen. Die Dannerstiftung verleiht alle drei Jahre den Dannerpreis an Bayern, die Nassauische Sparkasse in Wiesbaden alle drei Jahre einen Förderpreis an bis zu 40jährige Keramiker(innen) des Kannenbäckerlandes. Italien: Faenza, Cervia, Gualdo Tadino. Frankreich: Vallauris, Jugoslawien: Zagreb.

Westerwälder Tone

	hellbrennend						rot	gelb
	1	2	3	4	5	6	7	8
SiO_2	71,10	72,30	72,90	49,70	57,30	59,60	62,52	62,00
Al_2O_3	19,00	19,50	18,00	31,20	28,71	26,20	23,15	24,70
TiO_2	–	1,20	0,94	1,34	1,22	1,27	0,83	–
Fe_2O_3	0,70	0,53	0,80	1,28	0,80	1,24	10,50	1,60
CaO	0,20	0,10	0,09	0,55	0,27	0,29	0,18	1,50
MgO	0,10	0,38	0,52	0,12	0,08	0,68	0,23	0,90
K_2O	1,20	3,50	2,33	1,68	2,90	2,84	1,95	0,70
Na_2O	1,60	0,88	0,13	0,22	0,59	0,14	0,63	0,80
GV.	4,90	3,30	4,76	14,30	8,10	7,41	7,56	8,00
T	–	13	47	79	54	69	52	74
Q	–	55	50	18	23	25	27	22
F	–	22	3	3	23	6	4	4

1 = Wirges-Ton Halbfett hell. 2 = Kreuzton Niederdresselndorf. 3 = Gießton 502, Mengerskirchen/Weilburg. 4 = Ton V 35/38, Höhr-Grenzhausen. 5 = Siershahner keramischer Ton I 24. 6 = Keramik-Ton 501 Mengerskirchen/Weilburg, Stephan Schmidt KG. 7 = Rotbrennender Niederahrer Ton 178/RI. 8 = Gelbbrennender Ton 157/G. Jäger.

Widerstandsthermometer. Temperaturmeßgerät für Messungen bis etwa 800 °C. Das Meßprinzip beruht auf Änderung des elektrischen Widerstandes eines metallischen Leiters, z. B. Nickel, Platin in Abhängigkeit von der Temperatur.

Wiesenkalke. Süßwasserablagerungen von Kalkstein, die vor allem im norddeutschen Flachland verbreitet sind. Sie enthalten 80–90 % $CaCO_3$, organische Substanzen und zuweilen Phosphorsäure und Stickstoff. Wiesenkalklager liegen unter dem Grundwasserspiegel und müssen durch Vorflutgräben entwässert werden.

Willemit. $2\,ZnO \cdot SiO_2$. Zinkerz. Vorkommen: Altenberg bei Aachen.

Wintern. Durchfrieren und Wiederauftauen des Tones, wodurch er gelockert wird. Der Frost verursacht unzählige feine Risse, durch die Wasser schnell in das Innere eindringen und sich verteilen kann. Der Ton wird dadurch homogener und plastischer. Der Frost kann kleine Mineralteilchen sogar noch zum Verwittern bringen, wenn er lange genug einwirkt. Bevor die Aufbereitung durch Maschinen aufkam, hat man Tonhalden in Nordost-Südwest-Richtung angelegt, damit sie den kältesten Winden ausgesetzt waren. Plastische Tone brauchen zu ihrem Aufschluß länger als magere. Außer der mechanischen Wirkung hat das Wintern auch eine chemische durch Auslaugen schwefelhaltiger Verbindungen. Gut gewinterte Tone zerfallen beim Einsumpfen innerhalb kurzer Zeit.

Wirex. Handelsname für Edelstahlfasern der Fa. Trefil Arbed, Köln, die Schamottemassen zugesetzt werden, um deren Lebensdauer bei hoher Beanspruchung zu verlängern (für Unterbauten und Plattformen von Tunnelofenwagen).

Wismut, Bi, meist 3-, seltener 5wertiges Metall, Atomgewicht 208,980, Schmelzpunkt 271,3 °C, wird meist als Nebenprodukt aus anderen Erzen gewonnen. In der Keramik verwendet man meist das unlösliche Wismutoxidnitrat ($BiONO_3 \cdot H_2O$), ein weißes Pulver, das auch in der Kosmetik benutzt wird, oder das durch Kalzination daraus gewonnene Wismutoxid Bi_2O_3 (Mol.-Gew. 466). Beide sind wasserunlöslich. Das 3- und das 5wertige Wismution (Bi^{3+}, Bi^{5+}) haben die Koordinationszahl 6. Sie sind Flußmittel und färben in oxidierender Atmosphäre sowohl in der Glasur als auch als Lüster goldgelb. Mit Wismut läßt sich aber auch eine graue Glasur gewinnen.

Wismutglasuren kommen in der Schmelzbarkeit den Bleiglasuren gleich und übertreffen sie in Lichtbrechung, Schmelzintervall und Haarrißsicherheit. Sie haben den großen Vorteil, ungiftig zu sein. Die Gelbfärbung des Wismuts ist bis in hohe Temperaturen beständig. Eine Wismutglasur für 1200 °C, die im reduzierenden Feuer gelb wird:

6,56 Fritte D 90208
39,58 Kalifeldspat 82/K11
3,00 Kalkspat
21,07 Bariumsulfat
7,31 Zinkoxid
11,86 Wismutoxid
0,13 Bentonit
10,50 Quarz.

White bodied ware (engl.) Steingut.

Witherit, Bariumkarbonat, $BaCO_3$, Mol.-Gew. 197,37. Vorkommen bei Peggau in der Steiermark und Leogang in Salzburg. Giftige Bariumverbindung.

Wolfram, W, 2- bis 6wertiges Metall, Atomgewicht 183,85, Schmelzpunkt 3390 °C. Wichtigstes Erzmineral ist Wolframit $(Fe,Mn)WO_4$. In der Keramik wird meist das Wolfram(III)oxid (Wolframsäure, WO_3), ein gelbes, wasserunlösliches Pulver, verwendet. Das 6wertige Wolframion W^{6+} hat die Koordinationszahlen 4 und 6. Der Gebrauch beschränkt sich auf Kristallglasuren, in denen das Wolframtrioxid in Mengen von 2 bis 5 %, meist zusätzlich zu Molybdän, Zink und Titan sowie färbenden Oxiden farbig schillernde Kristalle hervorbringt.

Wollastonit, auch Tafelspat, Kalziumsilikat, $CaO \cdot SiO_2$, Mol.-Gew. 116,143, Schmelzpunkt 1512 °C. Wandelt sich bei 1125 °C in Pseudowollastonit um. Faseriges, farbloses bis weißliches Mineral. Vorkommen als Kontaktmineral in Kalken, z. B. bei Auerbach (Bergstraße), oder in kristallinen Schiefern, z. B. in Gengenbach (Schwarzwald), in Italien im Val di Fassa, Hauptvorkommen in Willboro, N. Y. Der handelsübliche Wollastonit A38 hat 51,5 % SiO_2, 43 % CaO, 0,2 % Fe_2O_3, 1,3 % Al_2O_3, 1,7 % MgO (beschleunigt die Umwandlung), 0,02 % TiO_2 und 2 % Glühverlust.

G **Wollastonit in Glasuren.** Vorteilhafter Kalkrohstoff, da er keine Gase abspaltet und deshalb nicht zu Eierschaligkeit oder Nadelstichen führt. Wirkt wie eine Kalziumsilikatfritte schmelzerleichternd. In ägyptischblauen Alkaliglasuren beeinflußt Wollastonit die Farbe nicht und hemmt das Ablaufen. In Mengen über 40 % ist er ein Mattierungsmittel.

M **Wollastonit in Massen.** Geeigneter Zusatz für niedrig gebrannte Massen, die im Einbrandverfahren gebrannt werden sollen, weil Wollastonit im Gegensatz zu Kalk beim Brennen keine Gase entwickelt. Die faserigen Wollastonitkristalle erhöhen die Rohbruchfestigkeit. Mit Wollastonit lassen sich bei 1200 °C dichtbrennende Massen herstellen, die eine geringe Brennschwindung besitzen und sich deshalb nicht verziehen, z. B. aus 70 % Wollastonit, 20 % fettem Ton und 10 % Sintermehl.

Workshop. Treffen von Leuten, die an einem bestimmten Gebiet interessiert sind und durch Austausch von Ideen und praktische Vorführungen ihre Kenntnisse erweitern wollen. Keramische Workshops bestehen meistens aus praktischen Vorführungen, denen die Teilnehmer lediglich zusehen, ohne selbst tätig zu werden, im Gegensatz zu Symposien.

Würfelspiel. Glasuren-Würfelspiel mit den kombinatorischen Elementen von eutektischen Mischungen (siehe unter Elementensystem). Mischungen der Eutektika ergeben Glasuren nur bei bestimmten Temperaturen. Durch diese Einschränkungen werden Spielregeln erforderlich, die für eine gewünschte Temperatur ungeeignete Kombinationen ausschalten.

Die Würfel kann man aus rotem und weißem Ton herstellen. Als Augen ritzt man in die sechs Flächen der roten Würfel die Kurzzei-

Die Spielregeln des Glasuren-Würfelspiels

Brenn-temp. °C	Würfel-anzahl rot : weiß	gültige »Augen« rot	gültige »Augen« weiß	ungültige »Augen« rot	ungültige »Augen« weiß
1000	5 : 0	1–5 Pb(F)*,B 1–2 Li	–	1–5 Na,K 3–5 Li	–
1050	5 : 1	1–5 Pb(F),B 1–2 Li	1 Ca,Mg,Sr, Ba,Zn	1–5 Na,K 3–5 Li	–
1100	4 : 1	1–4 Pb(F),B 1–2 Li	1 Ca,Mg,Sr, Ba,Zn	1–4 Na,K 3–4 Li	–1
1150	5 : 2	1–4 Pb(F),B 1 Na(K)** 1–3 Li	1 Ca,Mg,Sr, Ba,Zn	5 Pb(F),B 2–5 Na,K 4–5 Li	2 Ca,Mg,Sr, Ba,Zn
1200	4 : 2	1–3 Pb(F),B 1 Na,K 1–3 Li	1–2 Ca 1 Mg,Sr, Ba,Zn	4 Pb(F),B 2–4 Na,K 4 Li	2 Mg,Sr,Ba, Zn
1250	5 : 3	1–3 Pb(F),B 1 Na,K 1–4 Li	1–2 Ca 1 Mg,Sr. Ba,Zn	4–5 Pb(F),B 2–5 Na,K 5 Li	3 Ca 2–3 Ma,Sr,Ba, Zn
1300	5 : 4	1–3 Pb(F),B 1 Na,K 1–4 Li	1–3 Ca 1–2 Mg,Sr, Ba,Zn	4–5 Pb(F),B 22–5 Na,K 5 Li	4 Ca 3–4 Mg,Sr,Ba, Zn
1350	5 : 5	1–2 Pb(F),B 1–2 Na,K 1–4 Li	1–4 Ca 1–3 Mg,Sr, Ba,Zn	3–5 Pb(F),B 3–5 Na,K 5 Li	5 Ca 4–5 Mg,Sr,Ba, Zn

* In bleifreien Mischungen gilt statt Pb die Fritte F.
** entweder 1 Na oder 1 K, jedoch nicht beide gleichzeitig.

chen der kombinatorischen Elemente, nämlich Pb, Na, K, Li, B und B, wodurch das B eine doppelte Chance erhält. Für bleifreie Glasuren wählt man anstelle des B ein F für die Natriumboratfritte D90158. Die Augen der weißen Würfel sind Ca, Ca, Mg, Sr, Ba, Zn. Beim Würfeln kann man die den Spielregeln nicht entsprechenden Augen wiederholen. Will man z. B. Glasuren für 1050°C, so nimmt man 5 rote und 1 weißen Würfel. Würfelt man damit Li-F-B-Na-K-Ba, so wiederholt man Na oder K solange, bis ein weiteres Li, B oder F fällt. Die gewürfelte Mischung kann man abwiegen oder volumetrisch abmessen und nach der Pastellfarbe des Glasurschlickers mit Kupferoxid einfärben.

Das Würfelspiel ist für Anfängerkurse geeignet, um die Teilnehmer an Glasuren zu interessieren.

Würgel. Plastischer Tonwulst zum Verstärken von Ecken beim Aufbauen eines Gegenstandes aus Platten oder zum Befestigen von Gefäßen oder Donseln auf dem Scheibenkopf beim Abdrehen.

Württembergische Tone. Die an der Oberfläche vor allem im Donaugebiet verbreiteten schwäbischen Tone stammen aus dem Weißen Jura und sind infolge ihres Kalk- und Eisengehaltes für niedriggebrannte Keramik gut zu verwenden. Größere Vorkommen finden sich in Zahnberg, Heidenheim, Münsingen, Tone des Braunen Juras bei Aalen, des Unteren Muschelkalks bei Aischfeld und Alpirsbach, des Keupers bei Schönaich. Sehr alte Schiefertone (aus dem Unterrotliegenden) sind bei Schramberg, weiße Kaolintone kommen im Sandstein des schwäbisch-fränkischen Keupers vor, wie in Neuenhaus a. d. Aich.

Y

Yaki (jap. »Gebranntes«) Keramik.
Yield value (engl.) Anlaßwert.

Z

Zaffer. Vom blauen Edelstein Saphir abgeleitete alte Bezeichnung für eine Smalte, die aus geröstetem Kobaltglanz, Quarz und Pottasche hergestellt wurde.

Zahnporzellan. Bei 1320°C gebranntes Porzellan aus 20–30 % Quarz, 70–80 % Nephelinsyenit und 0,5–2,5 % Kreide, evtl. mit 5 % Kaolin.

Zedernholzasche. Eine kalkreiche, basische Asche mit hohem Gehalt an Schwefel und Chlor. Sie muß für den oxidierenden Brand geschlämmt werden. Bemerkenswert hoch ist ihr Phosphoranteil. Sie besitzt zu viel Erdalkalien, als daß sie ohne andere Flußmittel, nur mit Kaolin und Quarz allein, eine Glasur unter 1300°C bilden würde. 21 Asche mit 58 Kalifeldspat und 21 Quarzmehl hingegen ergeben eine Glasur für 1280°C, zusätzlich mit 50 %Kalziumborat schmilzt die Glasur bei 1180°C. Anhaltswerte für die Zusammensetzung der Asche: 24,28 % SiO_2, 0,52 % Al_2O_3, 1 % Fe_2O_3, 0,26 % MnO, 44,21 % CaO, 6 % MgO, 4,24 % K_2O, 3,61 % Na_2O, 10,62 % P_2O_5. 4 % SO_3, 1,2 % Cl. Segerformel zum Einrechnen in Glasuren: 0,38 SiO_2, 0,01 Al_2O_3, 0,1 Fe_2O_3, 0,75 CaO, 0,14 MgO, 0,05 K_2O, 0,06 Na_2O, 0,07 P_2O_5. Mol.-Gew. 96.

Zeitgenössische Keramik. Wettbewerb des Kultur- und Verkehrsamtes der Stadt 7600 Offenburg.

Zement. Portlandzement hat die mittlere Zusammensetzung: 21,5 % SiO_2, 6,5 % Al_2O_3, 0,55 % TiO_2, 3,75 % Fe_2O_3, 63,5 % CaO, 1,75 % MgO, 0,5 % MnO, 0,5 % K_2O, 0,25 % Na_2O, 2 % SO_3, Schmelztemperatur 1350°C Segerformel zum Einrechnen in Glasuren: 0,95 CaO, 0,04 MgO, 0,006 MnO, 0,004 K_2O, 0,003 Na_2O, 0,05 Al_2O_3, 0,02 Fe_2O_3, 0,30 SiO_2, 0,01 TiO_2. Mol.-Gew. 85. Tonerdezement: 0,1 % SiO_2, 74,5 % Al_2O_3, 0,2 % Fe_2O_3, 22,5 % CaO, 0,2 % MgO, 0,2 % K_2O, 0,2 % Na_2O. Schmelztemperatur 1750°C. Segerformel zum Einrechnen in Glasuren: 0,97 CaO, 0,01 MgO, 0,01 K_2O, 0,01 Na_2O, 1,78 Al_2O_3, 0,003 Fe_2O_3, 0,004 SiO_2. Mol.-Gew. 238.

Zeolithe (früher »natürliche Permutite« genannt). Wasserhaltige Aluminiumsilikatminerale, die beim Erhitzen aufschäumen, daher auch »Siedesteine« genannt werden.

M **Zerrieseln nach dem Brennen.** Eine bei kalkreichen Naturstoffen auftretende Erscheinung, die darauf zurückzuführen ist, daß sich im Brand aus Kalk und Sand Dikalziumsilikat ($2\,CaO \cdot SiO_2$) bildet, das bei etwa 650 °C unter starker Volumenvergrößerung von einer Kristallform (β-Dikalziumsilikat) in die andere (γ-Dikalziumsilikat) übergeht. Wenn die gebrannten Stücke den Ofen auch hart gebrannt verlassen, können sie nach einigen Stunden oder noch nach Wochen zerfallen.

Zeta-Potential siehe unter Elektrophoretische Formgebung.

Zick-Zack-Ofen. Ringofen mit mäanderförmig angeordnetem Brenntunnel zum Brennen von Ziegeleierzeugnissen.

Ziegeltone. Tone mit hohem Gehalt an flußmittelwirksamen Verunreinigungen wie Eisenverbindungen, Kalk und Alkalien. Ihr Hauptanteil sind Kaolinit und Fireclay, in den feinsten Fraktionen illitische Tonminerale, ferner Quarz und Reste organischer Stoffe. Die Erweichungstemperaturen liegen zwischen 1000 und 1150 °C und die Brennfarbe ist rot, bei hohem Kalkgehalt gelb.

Zincflashing. Beim Brennen von Klinkern im Kammerofen angewandtes Verfahren, um die Brennfarbe von Vormauerziegeln zu verändern. Rotbrennende Tone erhalten durch das Zincflashing eine grüne Oberfläche. Dabei werden am Ende des Brandes Zinkmetallblechklumpen bei fast geschlossenem Schieber in die Brennkammer eingeworfen und das Brenngut 20 Minuten den Zinkdämpfen ausgesetzt. Das wird zwei- bis dreimal wiederholt. Da das Zink leicht verfliegt, muß entweder schnell gekühlt oder der Ofen 24 Stunden mit dicht geschlossenen Schiebern stehengelassen werden.

Zink, Zn, 2wertiges Metall, Atomgewicht 65,38. Das wichtigste Erzmineral ist die Zinkblende (Sphalerit, häufig verwachsen mit Wurtzit, beide ZnS). Bei ihrer Verwitterung entsteht Galmei. Willemit und Rotzinkerz (Zinkit) sind ZnO. Lagerstätten von Zinkblende befinden sich in Bodenmais (Bayern), im Oberharz, in Ems, Siegen, Bensberg, Altenberg und Stolberg (Aachen), Wiesloch (Baden), Brilon (Westfalen), Meggen, Rammelsberg. Als Rohstoffe in der Keramik dienen die technisch hergestellten Zinkoxide (ZnO, Mol.-Gew. 81,38): Rotsiegel mit 99 % ZnO, Grünsiegel mit 99,5 % und Weißsiegel mit 99,8 % ZnO. In allen ist 0,2 % PbO enthalten. Das handelsübliche Zinkoxid 90/RS hat 99,5 % ZnO, 0,1 % Pb, 0,06 % Cd, 0,0002 % Cu, 0,001 % Fe, 0,00002 % Mn, 0,01 % Cl und 0,04 % SO_3.

Zink-Rohstoffe

Rohstoff	Mol.-Formel	Mol.-Gew.
Zinkoxid	ZnO	81,38
Zinksilikat »Mattolite«	$ZnO \cdot 0,5\,SiO_2$	111,68
Zinkborat	$ZnO \cdot B_2O_3 \cdot 2\,H_2O$	187,06

Zinkblende. ZnS, Zinksulfid. Metallisch glänzende Kristalle, braun bis schwarz, gelb als »Honigblende«. Häufig mit Bleiglanz vergesellschaftet.

Zinkborat, $ZnO \cdot B_2O_3 \cdot 2\,H_2O$, Mol.-Gew. 187. Es enthält 45 % ZnO, 35 % B_2O_3 und 20 % H_2O.

Zinkerz. Zinkgalmei.

Zinklässigkeit von Glasuren. Nach den EG-Richtlinien »über Qualität von Trinkwasser für den menschlichen Gebrauch« sind 5000 µg Zn pro Liter Trinkwasser zugelassen. Alkaliglasuren, die 5–25 % ZnO enthalten, geben 0–280 µg/l an eine 10 %ige Essigsäurelösungen ab, unbeschadet der Gegenwart von Eisen als Färbemittel. Bleiglasuren geben bei gleicher Zinkkonzentration 30–400 µg/l ab und Borglasuren 460–2100 µg/l. Zinkglasuren können demnach als ungefährlich angesehen werden.

Zinkoxid in Glasuren. Das Zink-Ion Zn^{2+} hat G die Koordinationszahl 4 und 6. Es ist in geringen Mengen ein Flußmittel, in großen Mengen ein Trübungsmittel und Kristallbildner. Bei Berührung mit Wasser neigt es zur Bildung von Zinkhydrat-Gel und in der Glasur zum Kriechen, obwohl es die Oberflächenspannung nicht stärker erhöht als der Kalk. Das liegt an seiner starken Schwindung sowohl beim Trocknen, wenn es ein Gel bildet, als auch im Brand. Verglühen kann dieses nachteilige Verhalten beseitigen. Empfehlenswert ist auch die Verwendung der Zinksilikatfritte F 190 von Blythe, die unter der Be-

zeichnung »Mattolite« im Handel ist.
Das Zinkoxid bildet mit Kieselsäure zwei Eutektika:
ZnO · 0,43 SiO$_2$ (1505 °C)
ZnO · 1,469 SiO$_2$ (1427 °C)
und ein Entmischungsgebiet zwischen 65 und 98 % SiO$_2$.

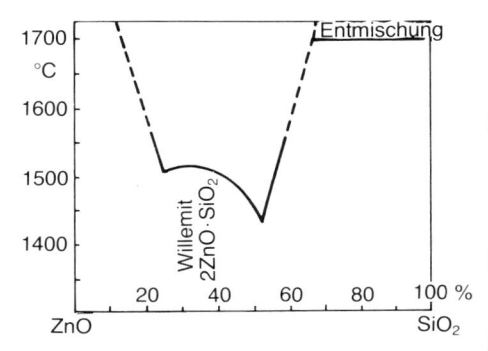

Typische Hochtemperaturen-Zinkglasuren sind die in Bristol für das Einbrandverfahren entwickelten Rohglasuren, die als »Bristolglasuren« bekannt geworden sind. In englischen Ziegeleien kennt man auch »Zinc flashing«, das sind grüne Zink-Anflug-Glasuren auf Verblendern. Zink gibt seidig matte Glasuren und fördert die Weißtrübung in deckenden Zinn-, Zirkon- oder Titanglasuren. Es kann selbst ohne weitere Trübungsmittel weißdeckende Glasuren ergeben, z. B. die folgende weißgetrübte Zinkglasur für 1200 °C:
20,09 Kalifeldspat 81K/11
 4,66 Kalkspat
11,34 Zinkoxid
32,47 Kaolin
26,43 Quarz.
Zinkoxid wird in Kristallglasuren bevorzugt, weil der Willemit (Zn$_2$SiO$_4$) in relativ kurzer Zeit große, flächige Kristalle bildet. Man kann sich diese Bildung durch Diffusion und Lösung innerhalb einer Mischung aus 2 ZnO + SiO$_2$ über mehrere Stadien vorstellen:

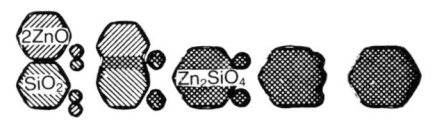

Um diese Vorgänge zu begünstigen, sorgt man für eine niedrige Viskosität durch wirksame Flußmittel und gibt den Kristallen Zeit zum Wachsen. Die folgende Zinkkristallglasur wird bis 1050 °C gebrannt, dann bis 750 °C abgekühlt und erneut auf 1050 °C erhitzt und auf dieser Temperatur 3 Stunden gehalten:
26,90 Fritte D 90158
15,54 Fritte D 90208
25,20 Zinkoxid
 1,97 Kobaltoxid
 2,58 Bentonit
27,81 Quarz.

Zinkoxid in Massen. Magnetische, keramische Sondermassen werden aus Zinkferrit, Varistoren aus Zinkoxid hergestellt. Varistoren sind spannungsabhängige Widerstände, die Geräte vor zu hoher Spannung zu schützen.

Zinksilikat, »Mattolite« von Blythe Colours, Maastricht, ZnO · 0,5 SiO$_2$, Mol.-Gew. 111,68.

Zinkspat, Smithsonit, Galmei, ZnCO$_3$, entspr. ZnO · CO$_2$. Meist farblose, glänzende, kleine Kristalle. Vorkommen in Kalk- und Dolomitgestein: Aachen, Wiesloch in Baden, Kärnten, England, Sardinien, Nordspanien, Algerien, SW-Afrika, USA, Australien.

Zinkzeiger, Galmeipflanze. Zink im Boden anzeigende Pflanzen, deren Asche bis zu 20 % ZnO enthält: Zinkveilchen (Galmeiveilchen, *vila calaminaria*), Galmeitäschelkraut (Galmei-Hellerkraut, *thlaspi alpestre*), Frühlingsmiere *(minuartia verna)*, Grasnelke *(armeria maritima)*, Taubenkropf-Leinkraut *(silene vulgaris)*. Auf den zinkkarbonat- und zinksilikatreichen Galmeiböden bei Aachen in La Calamine (Kelmes) und Stollberg.

Galmeiveilchen.

Zinn, Sn, 2- und 4wertiges Metall, Atomgewicht 118,69, Schmelzpunkt 231,9 °C. Wichtigstes Erzmineral ist der Zinnstein (Kassiterit, SnO$_2$). Das als Rohstoff verwendete Zinn (IV)oxid = Zinndioxid (SnO$_2$, Mol.-Gew. 150,70) ist ein künstlich hergestelltes, weißes

Pulver. Das Zinn(II)oxid = Zinnmonoxid (SnO, Mol.-Gew. 143,70) ein blauschwarzes Pulver, das mit Antimonoxid zu einem blauen Farbkörper verarbeitet werden kann. Zinnfluorid (SnF_2) ist in fluorhaltiger Zahnpasta enthalten. Alle anorganischen Zinnverbindungen sind ungiftig, zinnhaltige Anstrichstoffe sehr giftig.

G **Zinnoxid in Glasuren.** Das Sn^{4+}-Ion hat die Koordinationszahl 6. Es ist in Glasuren ein Weißtrübungsmittel und typisch für das warme Weiß der Fayencen. Es erhöht die Elastizität und somit die Haarrißsicherheit. Das Zinnweiß ist empfindlich gegen Kalk, auch gegen benachbarte kalkhaltige Glasuren im Ofen: Die Zinnglasur verfärbt sich pinkfarbig. Man nimmt 8–12% Zinnoxid in die kalkfreie oder kalkarme Glasur. Zuviel Zinn macht hart und unschmelzbar, zu wenig trübt nicht. Borsäure löst Zinn auf. Deshalb muß man in Borglasuren die Zinnmenge erhöhen.

G **Zinnglasuren.** Weißdeckende Glauren. Sie sind typisch für Fayencen, bei denen die Malerei in die rohe Glasur gemalt wird. Fayencen haben eine Glattbrandtemperatur um 1000 °C. Unter diesen Umständen sind Zinnglasuren besonders günstig, weil sie nicht so leicht reißen. Traditionelle Fayenceglasuren sind bleihaltig. Sie wurden früher aujs Blei-Zinn-Äscher hergestellt. Eine weiße Zinnglasur für 1000 °C:
23,3 Kalifeldspat
43,3 Fritte M 70
10,2 Quarzmehl
 8,7 Kaolin
 2,1 Kalkspat
 1,8 kaust. Magnesit
 2,3 Zinkoxid
 8,4 Zinnoxid.
Eine weiße Zinnglasur für 1280 °C:
55,88 Kalifeldspat
16,33 Quarzmehl
 8,17 Kaolin
 8,37 Kalkspat
 3,32 Bariumsulfat
 4,45 Zinkoxid
 3,54 Zinnoxid.
Zinnglasuren sind empfindlich gegen verdampfendes Chrom aus den Heizspiralen, das zur Pinkverfärbung führen kann, und gegen Siliziumkarbidplatten, auf denen sie sich grau verfärben können. 0,1 % Chromoxid, der weißen Zinnglasur zugesetzt, ergibt bereits eine pinkfarbige Glasur. Chromdrähte, neben die zinnglasierte Keramik gelegt, bilden Pinkschatten auf der Glasur. Kalk fördert die Pinkverfärbung.

Zinnwaldit, Lithiumeisenglimmer, $K_2O \cdot Li_2O \cdot 2\,FeO \cdot Al_2O_3 \cdot 6\,SiO_2 \cdot 4\,F$.

Zircon (engl.) Bezeichnung für $ZrSiO_4$.

Zirconia (engl.) Bezeichnung für ZrO_2.

Zirkit. Gemenge von Baddeleyit (ZrO_2) und Zirkon ($ZrO_2 \cdot SiO_2$).

Zirkon, $ZrSiO_4$, Mol.-Gew. 183,28 aus 67,12 % ZrO_2 und 32,88 % SiO_2, kommt in der Natur in gut ausgebildeten Kristallen, jedoch niemals derb vor, z. B. bei Niedermendig in der Eifel oder bei Pfitsch in Südtirol. Der gelbrote Edelstein heißt Hyazinth. Das im Keramikfachhandel angebotene Zirkonsilikat 335 besteht aus 65 % ZrO_2, 33 % SiO_2, 0,17 % TiO_2 und 0,05 % Fe_2O_3. Ein synthetisches Zirkon ist als »Ultrox« in mehreren Kornfeinheiten im Handel. Zirkon ist ein um so besseres Trübungsmittel in Glasuren, je feiner es ist. Es kann mit Zinnoxid kombiniert werden und ist völlig ungiftig. Zirkon trübt besonders stark in Gegenwart von Fluor (Bildung von Zirkonfluorid).

Zirkondioxid, ZrO_2, Mol.-Gew. 123,22, ein chemisches Erzeugnis, das als Rohstoff in Glasuren dienen kann.

Zirkonfarbkörper. Bei hohen Temperaturen, auch unter reduzierenden Brennbedingungen beständige Farbkörper auf der Basis des Zirkons $ZrO_2 \cdot SiO_2$: Zirkonvanadingelb, Zirkonrosa, Zirkonblau, Zirkonvanadingrün, Zirkongrau. Sie sind gut untereinander mischbar und eignen sich besonders als Unterglasurfarben für Prozellan.
Der Zirkonpraseodymgrünfarbkörper besitzt eine größere Leuchtkraft als das pastosere Zirkonvanadingrün. Alle diese Farbkörper sind für bleihaltige und/oder alkalireiche Glasuren ungeeignet.

Zirkonglasuren. Weißdeckende Glasuren, in G denen Zirkondioxid als Trübungsmittel dient. Wird als Rohstoff Zirkon (»Ultrox«) genommen, so erreicht man die maximale Deckkraft bei »Standard« mit 15 %, bei der feinsten Korngröße (1000 W) genügen jedoch 4 bis 5 %. Die Glasur muß für die Zirkontrübung erdalkali (kalk- und barium-) und tonderreich sein, sie kann Zinkoxid

enthalten. Blei nur wenig, da es gelb färbt; Borsäure erhöht den Glanz, in größeren Mengen löst es das Zirkondioxid auf.
Bleifreie Zirkonglasuren:
für 1000 °C
43,84 Fritte D 90150
11,11 Fritte D 90208
 6,75 Ultrox Standard
20,94 Bariumkarbonat
16,32 Zinkoxid
 1,05 Bentonit.
Für 1280 °C
31,46 Kalifeldspat 82/K11
19,12 Ultrox Standard
 5,68 Talkum
13,91 Kalkspat
 3,92 Zinkoxid
 6,54 Kaolin
19,38 Quarz.
Zirkonglasuren sind verhältnismäßig dünnflüssig, das Zirkondioxid wirkt gegen Haarrisse. Ein geringer Zinnzusatz verstärkt die Trübkraft. Zu viel Zirkon führt zum Kriechen. Treten Nadelstiche auf, so erhöht man den Tonerdegehalt, bei Eierschaligkeit genügt 1 % Lithiumkarbonat zur Beseitigung des Fehlers. Mit Talkum bildet Zirkon Mattglasuren.
Die Weißtrübung durch Zirkon ist wie beim Zinn und Titan eine Pigmentfärbung, jedoch scheidet sich das Zirkonoxid (wie das Titanoxid), nachdem es von der Glasur gelöst wurde, kristallin aus, während das Zinnoxid sich in der Glasur nur so weit löst, daß es die für die Trübung notwendige Korngröße erreicht.

Zirkonium, Zr, 4-, seltener 2- und 3wertiges Metall, Atomgewicht 91,22, Schmelzpunkt 1850 °C, kommt im Baddeleyit und Zirkon-Glaskopf (Zirkon-Favas), die beide ZrO_2-Minerale sind, am häufigsten jedoch in Form des Minerals Zirkon ($ZrSiO_4$) als Nebengemengteil in vielen Gesteinen vor. In geringen Mengen wird Zirkon aus den Rückständen der Kaolinschlämmereien als Schwermineral abgeschieden. Wichtigster Rohstoff für die feuerfeste Keramik ist der aus Baddeleyit bestehende Zirkonsand, der vereinzelt auch an der Ostsee oder am Vesuv vorkommt. Zirkondioxid wird Cordieritmassen zur Verbreiterung ihres Brennintervalls oder Rutilmassen zur Verminderung der Kristallisation zugesetzt. Es verhält sich ähnlich wie Tonerde. Das Zirkoniumion Zr^{4+} hat die Koordinationszahlen 5 und 8.

Zirkopax. Handelsbezeichnung für Zirkon in den USA.

Zufall. Unbestimmbarkeit, Regellosigkeit. Als Unvorhergesehenes trägt der Zufall zur Originalität bei. Das Wirkenlassen von Naturkräften wird oft wegen deren Komplexheit als zufällig angesehen im Gegensatz zum Vorbestimmten, das nach dem Willen des Künstlers vorgezeichnet ist.

Zugfestigkeit. Widerstandsfähigkeit gegen Zugspannungen. Bei silikatischen Werkstoffen ist sie sehr gering. Deshalb sind Haarrisse häufig Glasurfehler. Kalk und Zink sind für die Zugfestigkeit der Glasuren günstig, die Alkalien und Magnesia ungünstig. Steinzeugmassen haben Zugfestigkeiten von 70–100, Hartsteingutmassen 80–100, Hartporzellan 200–300, Gläser 70–90 kp/cm². Die Zugfestigkeit von Glasuren läßt sich aus der chemischen Analyse durch Multiplikation ihrer Werte mit den Faktoren der folgenden Tabelle errechnen.

Faktoren zur Berechnung der Zugfestigkeit

CaO	2,00	BaO	0,49
ZnO	1,50	PbO	0,25
SiO_2	0,88	Na_2O	0,20
B_2O_3	0,64	K_2O	0,10
Al_2O_3	0,49	MgO	0,10

Die Werte der chemischen Analyse, mit diesen Faktoren multipliziert, ergeben die Zugfestigkeit in kp/cm².

Zustandsdiagramm. Graphische Darstellung der thermodynamischen Gleichgewichte zwischen den Phasen eines Systems.

Zweibrandverfahren. Zweimal gebrannte Keramik: 1. im Schrüh-, Glüh- oder Rauhbrand, 2. im Glatt-, Glasur- oder Scharfbrand. Beim Kalksteingut und Knochenporzellan ist der Schrühbrand höher als der Glattbrand, bei Hartporzellan und Hartsteingut ist es umgekehrt. Töpferware und Steinzeug werden traditionell im Einbrandverfahren hergestellt.

Zweischichtminerale. Tonminerale der Kaolinitgruppe. Ihre Schichtpakete bestehen aus einer Tetraeder-($Si_2O_3(OH)_2$) und einer Oktaederschicht ($Al_2(OH)_6$). Das wichtigste Zweischichtmineral ist der Kaolinit. Es sind nicht quellfähige Tonminerale.

Zweistoffsysteme. Zusammenwirken zweier Stoffe in ihren gegenseitigen Mischungen. Von praktischer Bedeutung sind die Schmelztemperaturen dieser Mischungen und die sich bildenden Phasen. Das wichtigste Zweistoffsystem der Keramik ist das Tonerde-Kieselsäure-System (siehe dieses). Es zeigt, daß im keramischen Scherben Mullit als Kristall auftritt. Seine Menge läßt sich aus der Entfernung vom Eutektikum bei der Differenzthermoanalyse ablesen. Erkenntnisse aus Zweistoffsystemen sind auch wichtig für das Auffinden leichtschmelzbarer Mischungen aus basischen Oxiden und der glasbildenden Kieselsäure in Glasuren. Eutektikum aus zwei Stoffen werden noch leichter schmelzbar durch Hinzufügen eines weiteren Stoffes, da die fernären Eutektikum tiefer liegen als die binären.

Zwetschenbaumasche. Eine phosphorreiche, basische Asche vom Alkalityp mit hohem Gehalt an Kalium. Für den oxidierenden Brand sollte sie geschlämmt werden. Eine Mischung aus 24 Asche, 32 Kaolin und 44 Quarzmehl ergibt eine Glasur bei 1280 °C, mit zusätzlich 50 % Kalziumborat schmilzt diese Kombination bei 1180 °C. Anhaltswerte für die Zusammensetzung der Asche: 1,3 % SiO_2, 5,21 % Fe_2O_3, 6,39 % CaO, 9,25 % MgO, 56,99 % K_2O, 5,24 % Na_2O, 12,09 % P_2O_5, 3,33 % SO_3, 0,2 % Cl. Segerformel zum Einrechnen in Glasuren: 0,02 SiO_2, 0,03 Fe_2O_3, 0,11 CaO, 0,23 MgO, 0,59 K_2O, 0,09 Na_2O, 0,09 P_2O_5. Mol.-Gew. 98.

Zwischenoxide. Gruppe von Oxiden, die nach der Netzwerktheorie je nach den vorherrschenden Bedingungen sowohl als Glasbildner (Netzwerkbildner) als auch als Netzwerkwandler (die zur Glasbildung nicht fähig sind) auftreten können. (Siehe unter Glasstruktur).

M **Zwischenschicht** zwischen Glasur und Scherben. Durch die lösende Wirkung der Glasur entstehende Zonen von 10 bis 50 µm Dicke, die einen Übergang von der Glasur zum Scherben bildet. Besonders reaktionsfähig ist der Kalk des Scherbens. Deshalb ist in der Zwischenschicht seine Konzentration größer als in der Glasur. Er kann auch als Anorthit oder Wollastonit auskristallisieren. Die gelösten Stoffe beeinflussen den Ausdehnungskoeffizienten der Glasur nicht immer im Sinne einer Angleichung an den Scherben. Der Kalk verringert die Wärmedehnung, beschleunigt aber anderseits die Umwandlung von Quarz in Cristobalit mit seiner starken Wärmedehnung. Durch die Auflösung der Scherbenoberfläche werden auch geschlossene Poren geöffnet, und die Gase aus den Poren oder der Sauerstoff, den das Eisen abspaltet, dringen in die Glasur ein. Wird zu lange gebrannt, so kann die Blasenbildung durch intensive Reaktion mit dem Scherben so stark werden, daß die Glasur überfeuert erscheint.

Zwischenschichtwasser. Das zwischen den Schichtpaketen der quellfähigen Dreischichtminerale absorbierte Wasser. Es weitet das Kristallgitter aus. Diese Minerale werden als Montmoringruppe zusammengefaßt, deren wichtigster Vertreter der Montmorillonit ist. Die Wassermoleküle können bei dieser innerkristallinen Quellung als einzelne Schicht oder als Doppelschicht gelagert sein. In den Wasserschichten befinden sich austauschbare Alkali- und Erdalkali-Ionen.

Zypressenasche. Eine basische, kalkreiche Asche mit hohem Phosphorgehalt. Sie braucht nicht geschlämmt zu werden. Ihre Flußmittel bestehen zu einem Viertel aus Alkalien. Eine Mischung aus 30 Asche, 20 Kaolin und 50 Quarz ergibt bei 1280 °C eine Mattglasur von hellbrauner Farbe, im reduzierenden Brand ein Seladon. Anhaltswerte für die Zusammensetzung der Asche: 19,65 % SiO_2, 1,69 %, 2,46 % Fe_2O_3, 3,88 % MnO, 24,97 % CaO, 7 % MgO, 12,51 % K_2O, 6,04 % Na_2O, 9,24 % P_2O_5, 2,1 % SO_3, 0,64 % Cl. Segerformel zum Einrechnen in Glasuren: 0,37 SiO_2, 0,02 Al_2O_3, 0,02 Fe_2O_3, 0,06 MnO, 0,50 CaO, 019 MgO, 0,14 K_2O, 0,11 Na_2O, 0,08 P_2O_5. Mol.-Gew. 101.

In fachlichen Fragen
und bei auftretenden Problemen
berät Sie die Redaktion
NEUE KERAMIK
Unter den Eichen 90
D-12205 Berlin
E-Mail: NeueKeramik.Berlin@ceramics.de
www.ceramics.de